「縄文弥生から飛鳥奈良」を知る本

日外アソシエーツ

Guide to Books
of
Jomon, Yayoi, Aska and Nara Era

Compiled by
Nichigai Associates, Inc.

©2010 by Nichigai Associates, Inc.
Printed in Japan

本書はディジタルデータでご利用いただくことができます。詳細はお問い合わせください。

●編集担当● 松本 千晶
カバーイラスト：浅海 亜矢子

刊行にあたって

　「知る本」シリーズは、利用者のニーズに対応した細やかなテーマごとに調査の手がかりを提供するため、各冊ごとにそのテーマを知るための事項・人物・団体などのキーワードを選定し、キーワードの解説と、より深く知るための参考図書リストを提示するスタイルのブックガイドである。これまでに「大事件」「ものの歴史」「国宝」「江戸時代」「明治時代」「昭和時代」「中国」「戦国時代」「仏教」「鎌倉・室町時代」といったテーマを扱ってきた。

　今回、新たに『「縄文弥生から飛鳥奈良」を知る本』を刊行する。本書では、縄文、弥生から飛鳥、奈良時代の人物・政治・経済・社会・文化に関する202のテーマと参考図書8,530点を収録した。

　人類が日本列島に移住してきた数万年前から律令国家が生まれ平安京に遷都するまでの上代は、未だ明らかにされない点も多いことから日本史の中でも最も謎めいた時代である。その一方で、原始社会から階級が分化し、渡来した文化を吸収して成熟した国家が成立する黎明期として、古くから人々の関心をひきつけてきた。邪馬台国論争はここ最近進められている纒向遺跡の発掘などで一層の盛り上がりを見せているし、2009年秋には縄文時代の土偶が、国内のみならずロンドンの大英博物館でも展示され好評を博した。また、2010年は平城京への遷都から1300年目となり、記念事業が行われるなど大きな注目を集めている。

　本書は、日本の上代（縄文〜奈良）について知りたいという人のために、調査の第一歩となるツールを目指して編集し、それぞれの時代を象徴するキーワードと参考図書を選定収録した。なお、大きなテーマや著名な人物では参考図書の数が膨大になるため、そのテーマ・人物全体を扱った概説書、入手しやすい図書を中心に、主要な図書を選

んで収録した。本書が上代への理解を深めるためのツールとして、既刊の「知る本」シリーズと同様に広く活用されることを願っている。

2009年12月

日外アソシエーツ

凡　例

1．**本書の内容**

　　本書は、旧石器・縄文・弥生・古墳・飛鳥・奈良時代の政治・経済・社会・文化を知るための202のテーマを設け、それぞれのテーマを解説するとともに、より深く学ぶための参考図書リストを付したものである。

2．**見出し**
1) 全体を「旧石器時代」「縄文時代」「弥生時代」「古墳時代」「飛鳥時代」「奈良時代」の6つの時代に分け、大見出しとした。
2) 各時代ごとに、人物、政治・経済制度、遺跡や遺物、外交・交易上の出来事、文化的な事物などを選び、テーマ見出しとした。
3) いずれのテーマにも、その概要を示す解説を付した。

3．**参考図書リスト**
1) それぞれのテーマについて、より深く学ぶための参考図書を示した。収録点数は8,530点である。
2) 参考図書は、入手しやすい最近の図書を優先することとし、刊行年の新しいものから排列した。

4．**事項名索引（巻末）**

　　本文の見出し項目、その中に含まれている関連テーマなどを五十音順に排列し、その見出しの掲載頁を示した。

目　　次

旧石器時代

　旧石器時代 …………………………… 1
　岩宿遺跡 ……………………………… 4
　打製石器 ……………………………… 5
　明石原人（明石人骨） ……………… 6
　港川人 ………………………………… 7

縄文時代

　縄文時代 ……………………………… 8
　縄文土器 ……………………………… 19
　磨製石器 ……………………………… 22
　骨角器 ………………………………… 23
　竪穴住居 ……………………………… 23
　貝塚 …………………………………… 24
　屈葬 …………………………………… 25
　土偶 …………………………………… 26

弥生時代

　弥生時代 ……………………………… 28
　弥生土器 ……………………………… 34
　青銅器 ………………………………… 35
　銅剣・銅戈・銅鐸・銅鏡 …………… 36
　鉄器 …………………………………… 39
　高床倉庫 ……………………………… 41
　環濠集落 ……………………………… 41
　唐古遺跡 ……………………………… 41
　登呂遺跡 ……………………………… 42
　吉野ヶ里遺跡 ………………………… 43
　弥生時代の埋葬 ……………………… 45
　方形周溝墓 …………………………… 46
　支石墓 ………………………………… 46
　楽浪郡・帯方郡 ……………………… 46
　『漢書』地理志 ……………………… 47
　倭 ……………………………………… 47

　『後漢書』東夷伝 …………………… 50
　奴国 …………………………………… 50
　漢委奴国王印 ………………………… 51
　邪馬台国 ……………………………… 51
　卑弥呼 ………………………………… 70
　『魏志』倭人伝 ……………………… 72

古墳時代

　古墳時代 ……………………………… 77
　大和政権 ……………………………… 83
　地方政権 ……………………………… 86
　大王（大君） ………………………… 90
　天皇 …………………………………… 91
　記紀神話 ……………………………… 96
　天照大神 ……………………………… 109
　伊勢神宮 ……………………………… 110
　高天原 ………………………………… 118
　日本武尊 ……………………………… 119
　神武天皇 ……………………………… 121
　応神天皇 ……………………………… 122
　神功皇后 ……………………………… 123
　仁徳天皇 ……………………………… 124
　古墳 …………………………………… 124
　前方後円墳 …………………………… 133
　竪穴式石室・横穴式石室 …………… 134
　群集墳 ………………………………… 135
　埴輪 …………………………………… 135
　氏姓制度 ……………………………… 138
　国造制・部民制 ……………………… 138
　蝦夷 …………………………………… 139
　熊襲 …………………………………… 141
　古代朝鮮外交 ………………………… 142
　好太王碑（広開土王碑） …………… 147
　倭の五王 ……………………………… 148
　『宋書』倭国伝 ……………………… 149

(6)

目　次

帰化人・渡来人 …………………149
土師器・須恵器 …………………153
漢字の伝来 ………………………155
稲荷山古墳出土鉄剣 ……………156
隅田八幡人物画像鏡 ……………157
神代文字 …………………………157
仏教の伝来 ………………………158
儒教の伝来 ………………………160

飛鳥時代

飛鳥時代 …………………………162
継体天皇 …………………………165
磐井の乱 …………………………167
豪族 ………………………………167
推古天皇 …………………………170
聖徳太子 …………………………171
蘇我 馬子 ………………………180
冠位十二階・十七条憲法 ………180
三経義疏 …………………………182
遣隋使・遣唐使 …………………184
小野 妹子 ………………………185
高向 玄理 ………………………186
旻 …………………………………186
阿倍 仲麻呂 ……………………186
『隋書』東夷伝倭国条 …………187
大化の改新 ………………………187
孝徳天皇 …………………………189
難波宮 ……………………………189
蘇我 蝦夷 ………………………190
蘇我 入鹿 ………………………191
山背大兄王 ………………………191
天智天皇 …………………………191
藤原 鎌足 ………………………193
斉明天皇（皇極天皇）…………194
阿倍 比羅夫 ……………………194
白村江の戦い ……………………194
近江大津宮 ………………………195
律令 ………………………………196
近江令・飛鳥浄御原令 …………201
弘文天皇 …………………………201
壬申の乱 …………………………202

天武天皇 …………………………204
八色の姓 …………………………205
持統天皇 …………………………205
藤原京 ……………………………206
都城 ………………………………207
文武天皇 …………………………210
大宝律令・養老律令 ……………210
神祇官・太政官 …………………212
八省 ………………………………212
大宰府 ……………………………212
五畿七道 …………………………213
国郡里 ……………………………214
戸籍・計帳 ………………………215
班田収授法 ………………………215
条里制 ……………………………216
租庸調・雑徭 ……………………216
防人 ………………………………217
木簡 ………………………………217
飛鳥文化 …………………………220
法隆寺 ……………………………223
法興寺 ……………………………232
元興寺 ……………………………232
中宮寺 ……………………………233
當麻寺 ……………………………234
伽藍配置 …………………………234
金銅像（金銅仏）………………235
鞍作 止利 ………………………236
玉虫厨子 …………………………236
天寿国繡帳 ………………………237
白鳳文化 …………………………237
薬師寺 ……………………………239
大官大寺 …………………………241
高松塚古墳 ………………………242
柿本 人麻呂 ……………………243

奈良時代

奈良時代 …………………………249
平城京 ……………………………253
聖武天皇 …………………………255
藤原 不比等 ……………………256
光明皇后 …………………………257

(7)

長屋王 …………………257	舎人親王 …………………324
橘 諸兄 …………………258	六国史 …………………325
玄昉 …………………259	続日本紀 …………………325
藤原 広嗣 …………………259	風土記 …………………328
吉備 真備 …………………259	漢詩 …………………333
紫香楽宮(信楽宮) …………260	懐風藻 …………………333
国分寺 …………………260	大津皇子 …………………334
東大寺 …………………262	石上 宅嗣 …………………334
大仏開眼 …………………267	和歌 …………………335
行基 …………………267	万葉集 …………………339
孝謙天皇(称徳天皇) ………268	東歌 …………………374
道鏡 …………………269	防人歌 …………………376
淳仁天皇 …………………269	山上 憶良 …………………377
藤原 仲麻呂 ………………269	山部 赤人 …………………378
和気 清麻呂 ………………270	大伴 旅人 …………………378
光仁天皇 …………………270	大伴 家持 …………………379
長岡京 …………………271	額田王 …………………382
三世一身法 ………………271	高橋 虫麻呂 ………………383
墾田永年私財法 ……………272	大伴 坂上郎女 ……………384
駅制・駅家 ………………272	万葉仮名 …………………384
和同開珎 …………………273	
皇朝十二銭 ………………273	**事項名索引** …………………387
出羽国 …………………274	
多賀城 …………………274	
隼人 …………………275	
天平文化 …………………276	
西大寺 …………………279	
興福寺 …………………280	
南都六宗 …………………282	
鑑真 …………………283	
唐招提寺 …………………284	
正倉院 …………………286	
正倉院文書 ………………292	
校倉造 …………………294	
塑像 …………………295	
乾漆像 …………………295	
大学寮・国学 ……………296	
古事記 …………………296	
稗田 阿礼 …………………312	
太 安麻呂 …………………312	
帝紀・旧辞 ………………313	
日本書紀 …………………313	

旧石器時代

旧石器時代　きゅうせっきじだい

土器保有以前の古い石器文化の時代。先土器時代、先縄文時代、無土器時代とも呼ばれる。明治44年（1911年）にイギリス人医師 N. G. マンローが、昭和6年（1931年）に直良信夫が旧石器時代の具体的な資料を提示したが、学界からは無視されていた。しかし、昭和24（1949年）に相沢忠洋が群馬県岩宿の関東ローム層中に包含されている石器を発見したことで、日本に旧石器時代は存在しないという長い間の学界の通説が破られた。岩宿発見以来、研究が急速に進展し日本全国から発見された旧石器時代遺跡の数は5000か所以上に達しており、発掘された石器は膨大な量になっている。旧石器時代の人骨については、昭和4年（1929年）に発見された明石原人の腰骨をはじめ、葛生人、牛川人、三ヶ日人、浜北人などが報告されたが、いずれの場合も遺跡から旧石器時代の石器を伴って出土していないため説得力に欠ける。石器と共存して発見されたものとしては、大分県聖嶽（ひじりだけ）洞穴の頭骨破片と、同県岩戸遺跡出土の右側上顎犬歯および切歯の細片4点のみである。

◇旧石器時代ガイドブック―ビジュアル版　堤隆著　新泉社　2009.8　93p　21cm　（シリーズ「遺跡を学ぶ」別冊 02）〈文献あり〉　1500円　①978-4-7877-0930-1

◇月見野の発掘―先土器時代研究の転換点　戸沢充則編　新泉社　2009.3　220p　27cm　5000円　①978-4-7877-0904-2

◇よみがえる氷河時代の狩人―平成20（2008）年度秋季企画展図録　長野県立歴史館編　千曲　長野県立歴史館　2008.9　61p　30cm　〈会期・会場：平成20年9月25日―11月24日　長野県立歴史館企画展示室　文献あり〉

◇後期旧石器時代の成立と古環境復元　比田井民子, 伊藤健, 西井幸雄編　六一書房　2008.4　206p　21cm　（考古学リーダー14）　3000円　①978-4-947743-58-9

◇前期旧石器再発掘―捏造事件その後　安斎正人著　同成社　2007.10　187p　19cm　1500円　①978-4-88621-411-9

◇旧石器考古学辞典　旧石器文化談話会編　3訂版　学生社　2007.5　307p　20cm　3600円　①978-4-311-75039-7

◇日本列島における後期旧石器時代の地域構造　比田井民子著　六一書房　2006.12　254p　27cm　9000円　①978-4-947743-45-9, 4-947743-45-X

◇赤城山麓の三万年前のムラ―下触牛伏遺跡　小菅将夫著　新泉社　2006.9　93p　21cm　（シリーズ「遺跡を学ぶ」30）　1500円　①4-7877-0640-3

◇氷河期を生きる―2万年前の日本列島　開館10周年記念特別企画展示解説図録　仙台市富沢遺跡保存館編　仙台　仙台市教育委員会　2006.7　47p　30cm　〈会期・会場：平成18年7月21日―9月18日　仙台市富沢遺跡保存館〉

◇日本海沿岸地域における旧石器時代の研究　麻柄一志著　雄山閣　2006.6　332p　22cm　7000円　①4-639-01929-7

◇旧石器時代の地域編年的研究　安斎正人, 佐藤宏之編　同成社　2006.5　371p

旧石器時代

27cm 〈文献あり〉 14000円 ⑪4-88621-358-8
◇石槍革命―八風山遺跡群 須藤隆司著 新泉社 2006.3 93p 21cm （シリーズ「遺跡を学ぶ」25） 1500円 ⑪4-7877-0635-7
◇「環状ブロック群」－3万年前の巨大集落を追う―展示図録 第40回企画展 笠懸野岩宿文化資料館編 笠懸町（群馬県） 笠懸野岩宿文化資料館 2005.10 60p 30cm 〈会期・会場：平成17年10月1日―11月23日 笠懸野岩宿文化資料館〉
◇前期旧石器時代の型式学 竹岡俊樹著 学生社 2005.8 267p 26cm 〈文献あり〉 6400円 ⑪4-311-30064-6
◇石器文化の研究―先土器時代のナイフ形石器・尖頭器・細石器 織笠昭著, 織笠昭著作集刊行会編 新泉社 2005.6 513p 27cm 〈肖像あり 著作目録あり〉 12000円 ⑪4-7877-0513-X
◇黒曜石3万年の旅 堤隆著 日本放送出版協会 2004.10 236p 19cm （NHKブックス 1015） 920円 ⑪4-14-091015-1
◇石器実測法―情報を描く技術 田中英司著 雄山閣 2004.9 87p 26cm 2500円 ⑪4-639-01859-2
◇神々の汚れた手―旧石器捏造・誰も書かなかった真相 文化庁・歴博関係学者の責任を告発する 奥野正男著 （福岡）梓書院 2004.6 372p 21cm 〈年表あり〉 2000円 ⑪ISBN4-87035-221-4
◇古代史捏造 毎日新聞旧石器遺跡取材班著 新潮社 2003.10 219p 15cm （新潮文庫） 400円 ⑪ISBN4-10-146824-9
◇旧石器時代の型式学 竹岡俊樹著 学生社 2003.10 267p 22cm 3200円 ⑪4-311-30053-0
◇旧石器社会の構造変動 安斎正人著 同成社 2003.10 310p 27cm 13000円 ⑪4-88621-276-X
◇発掘捏造 毎日新聞旧石器遺跡取材班著 新潮社 2003.6 306p 15cm （新潮文庫） 476円 ⑪ISBN4-10-146823-0
◇日本考古学を語る―捏造問題を乗り越えて 斎藤忠監修, 小林達雄, 石野博信, 岩崎卓也, 坂詰秀一編 雄山閣 2003.5 101p 26cm 〈「季刊考古学」別冊11〉

2200円 ⑪ISBN4-639-01795-2
◇歴史教育から見た考古学―旧石器捏造の混乱を越えて シンポジウム 歴史部会例会シンポジウム報告書編集委員会編 宮城県高等学校社会科（地理歴史科・公民科）教育研究会歴史部会（仙台） 2003.5 63p 30cm 〈会期：平成14年7月1日〉
◇前・中期旧石器問題の検証 前・中期旧石器問題調査研究特別委員会編 日本考古学協会 2003.5 625p 図版32p 30cm
◇日本の旧石器文化 小田静夫著 同成社 2003.5 665p 27cm 〈文献あり〉 19000円 ⑪4-88621-274-3
◇石器の見方 竹岡俊樹著 勉誠出版 2003.3 232p 22cm 3500円 ⑪4-585-05126-0
◇氷河時代の狩人たち―旧石器時代の自然と暮らし 企画展図録 栃木県立博物館編 宇都宮 栃木県立博物館 2003.3 81p 30cm 〈会期：2003年4月27日―6月15日〉 ⑪4-88758-021-5
◇旧石器遺跡捏造 河合信和著 文芸春秋 2003.1 193p 18cm （文春新書） 680円 ⑪ISBN4-16-660297-7
◇旧石器発掘捏造のすべて 毎日新聞旧石器遺跡取材班著 毎日新聞社 2002.9 206p 19cm 〈年表あり〉 1600円 ⑪ISBN4-620-31584-2
◇旧石器時代の社会と文化 白石浩之著 山川出版社 2002.5 95p 21cm （日本史リブレット 1） 〈文献あり〉 800円 ⑪4-634-54010-X
◇図説日本列島旧石器時代史 竹岡俊樹著 勉誠出版 2002.5 546p 31cm 25000円 ⑪4-585-05121-X
◇前期旧石器問題とその背景―いったい、あの捏造事件はなんだったのか…!? 段木一行監修, 法政大学文学部博物館学講座編 ミュゼ 2002.3 218p 21cm 2000円 ⑪ISBN4-944163-24-X
◇捏造遺跡その真相と原人の実体 太田浩二, アートブック編集部著 アートブック本の森, コアラブックス〔発売〕 2002.2 188p 21cm 3000円 ⑪ISBN4-87693-851-2
◇遊動する旧石器人 稲田孝司著 岩波書店 2001.12 163, 7p 27cm （先史日本を復元する 1） 2900円 ⑪4-00-

006787-7
◇旧石器・縄文文化　札幌　北海道新聞社　2001.11　239p　21cm　（新北海道の古代 1）〈シリーズ責任表示：野村崇, 宇田川洋編　文献あり〉　2000円　①4-89453-176-3
◇石槍の研究―旧石器時代から縄文時代初頭期にかけて　白石浩之著　ミュゼ　2001.8　431p　26cm　（未完成考古学叢書 4）〈シリーズ責任表示：小林達雄監修〉　4500円　①4-944163-21-5
◇発掘捏造　毎日新聞旧石器遺跡取材班著　毎日新聞社　2001.6　257p　19cm　1400円　①ISBN4-620-31521-4
◇遺跡と発掘の社会史―発掘捏造はなぜ起きたか　森本和男著　彩流社　2001.6　247p　19cm　1800円　①ISBN4-88202-696-1
◇検証日本の前期旧石器　春成秀爾編　学生社　2001.5　110, 91p　21cm　〈執筆：岡村道雄ほか〉　2200円　①4-311-30041-7
◇旧石器考古学辞典　旧石器文化談話会編　増補改訂　学生社　2001.3　249p　20cm　3400円　①4-311-75031-5
◇前期旧石器フォーラム―秩父原人その時代と生活 秩父市制施行50周年記念　埼玉県埋蔵文化財調査事業団編　〔秩父〕　秩父市　2000.11　1冊　30cm　〈会期・会場：2000年11月11日 秩父宮記念市民会館〉
◇旧石器考古学辞典　旧石器文化談話会編　学生社　2000.5　244p　20cm　〈他言語標題：Dictionary of palaeolithic archaeology〉　3200円　①4-311-75029-3
◇旧石器・縄文・弥生時代　小和田哲男監修　岩崎書店　2000.4　47p　29cm　（人物・資料でよくわかる日本の歴史 1）　3000円　①4-265-04841-2, 4-265-10223-9
◇旧石器時代のムラを探る―東広島市西ガガラ遺跡をめぐって　東広島市教育委員会編　東広島　東広島市教育委員会　2000.3　72p　30cm　（安芸のまほろばフォーラム 記録集 第6回）
◇ワンステップ旧石器時代・縄文時代の探索記　成田供著　国分寺　武蔵野書房　2000.3　196p 図版8p　27cm　〈年表あり〉　2000円　①4-943898-04-1
◇日本列島の石器時代　岡村道雄著　青木書店　2000.1　254p　20cm　（Aoki library）〈下位シリーズの責任表示：白石太一郎〔ほか〕編〉　2400円　①4-250-99025-7, 4-250-95062-X
◇日本旧石器時代史　岡村道雄著　増補版　雄山閣出版　1999.8　236p　22cm　（考古学選書）　3500円　①4-639-00995-X
◇旧石器　戸田正勝著　ニュー・サイエンス社　1999.5　127p　21cm　（考古学ライブラリー 67）　1800円　①4-8216-0394-2
◇旧石器―最新情報展　群馬県埋蔵文化財調査センター, 群馬県埋蔵文化財調査事業団編　〔北橘村（群馬県）〕　群馬県埋蔵文化財調査センター　1999.3　9p　30cm　（展示レポート 3）
◇赤土の中の文化―八千代市域の旧石器時代　八千代市歴史民俗資料館編　八千代　八千代市歴史民俗資料館　1999　26p　26cm　〈平成11年度第2回企画展：平成11年10月1日―11月29日　文献あり〉
◇武井遺跡と北関東の槍先形尖頭器文化―予稿集　笠懸野岩宿文化資料館編　〔笠懸町（群馬県）〕　笠懸町教育委員会　1998.10　56p　30cm　〈第6回岩宿フォーラムシンポジウム　共同刊行：新里村教育委員会, 岩宿フォーラム実行委員会〉
◇旧石器時代の考古学　岡村道雄ほか著　学生社　1998.5　354p　20cm　（シンポジウム「日本の考古学」 1）　2400円　①4-311-40111-6
◇西日本後期旧石器文化の研究　松藤和人著　学生社　1998.3　444p　22cm　〈文献あり〉　8200円　①4-311-30468-4
◇歴史発掘　1　石器の盛衰　田中琢, 佐原真監修　岡村道雄著　講談社　1998.1　174p　27cm　〈文献あり　索引あり〉　3398円　①4-06-265101-7
◇氷河期を生きる―2万年前の旧石器人と動物たち 地底の森ミュージアム開館記念特別企画展　仙台市歴史文化事業団仙台市富沢遺跡保存館編　仙台　仙台市歴史文化事業団仙台市富沢遺跡保存館　1996.11　55p　30cm　〈会期：平成8年11月2日～平成9年2月2日　参考文献：p55〉
◇野牛とその時代―旧石器時代のいわて 岩手県立博物館第42回企画展　岩手県立博

物館編　盛岡　岩手県文化振興事業団　1996.3　63p　30cm　〈会期：平成8年3月19日～5月6日　引用・参考文献：p62～63〉
◇和田村の黒耀石をめぐる課題―原産地遺跡分布調査を終えて　和田村教育委員会編　和田村（長野県）　和田村教育委員会　1996.3　112p　26cm
◇図説日本の古代　第2巻　木と土と石の文化―旧石器時代～縄文時代後期　森浩一著　中央公論社　1989.9　158p　27cm　〈参考文献・基礎年表：p151～153〉　3200円　①4-12-402792-3
◇日本人はどこから来たか―東アジアの旧石器文化　加藤晋平著　岩波書店　1988.6　208p　18cm　（岩波新書 26）　480円　①4-00-430026-6
◇旧石器・縄文の時代　藤森栄一著　学生社　1986.8　455p　21cm　（藤森栄一全集 第12巻）　5600円
◇旧石器時代の東北　東北歴史資料館編　多賀城　東北歴史資料館　1981.9　86p　26cm　〈東北地方旧石器時代に関する参考文献：p79～82〉
◇日本の考古学　第1　先土器時代　杉原荘介編　河出書房新社　1965　427, 20p 図版　20cm

岩宿遺跡　いわじゅくいせき

　群馬県みどり市笠懸町にある遺跡。昭和24年（1949年）、相沢忠洋の採集した石器が端緒となって発掘調査が行われ、洪積世にさかのぼる縄文時代以前の旧石器時代文化が日本に存在することが最初に確認された、学史的に記念すべき遺跡である。範囲は桐生市の西郊、JR桐生駅西南西約4.4キロメートルの丘陵地帯のほぼ全域にわたる。表土近くに堆積した黒色土層下部から縄文早期の稲荷台式土器片、ローム層（火山灰層）中から瑪瑙、黒曜石製の切出し型ナイフなどの小形石器が発見された。また、ローム層上面から約1メートル下位に約40センチメートルの厚さの黒みを帯びた有機質を含むローム層があり、この層中から頁岩（けつがん）製の大形ブレード、握槌状石器などが発掘された。無遺物層とされてきたローム層から石器群が出土し、縄文土器を全く伴わないことなどが明らかとなったこれらの発掘で、日本の旧石器時代文化の発見と研究は飛躍的に進展した。昭和54年（1979年）に国史跡に指定され、出土品は国指定重要文化財に指定された。

◇岩宿人のくらしをさぐる学習シート　岩宿博物館編　みどり　岩宿博物館　2008.3　29p　30cm　〈平成19年度芸術拠点形成事業〉
◇『蔵石・叩き石』予稿集―岩宿フォーラム2007/シンポジウム　岩宿博物館, 岩宿フォーラム実行委員会編　〔みどり〕　岩宿博物館　2007.11　91p　30cm　〈会期・会場：平成19年11月3日―4日　みどり市笠懸公民館1階交流ホール　共同刊行：岩宿フォーラム実行委員会〉
◇在野の考古学者相沢忠洋―赤城南麓岩宿の地に古代の光を灯した人　加藤正義著　高崎　白樺図書（製作）　2007.3　277p　19cm　①978-4-9902905-1-1
◇岩宿時代はどこまで遡れるか―立川ローム層最下部の石器群　岩宿フォーラム2006/シンポジウム　予稿集　岩宿博物館, 岩宿フォーラム実行委員会編　〔みどり〕　岩宿博物館　2006.11　83p　30cm　〈会期：平成18年11月4日―5日　共同刊行：岩宿フォーラム実行委員会〉
◇岩宿時代はどこまで遡れるか―展示図録　第42回企画展　岩宿博物館編　みどり　岩宿博物館　2006.10　52p　30cm　〈会期・会場：平成18年10月7日―平成18年11月26日　岩宿博物館〉
◇笠懸野岩宿文化資料館平成16年度年報　笠懸野岩宿文化資料館編　笠懸町（群馬県）　笠懸野岩宿文化資料館　2006.2

67p 30cm
◇「環状ブロック群」―3万年前の巨大集落を追う―展示図録 第40回企画展 笠懸野岩宿文化資料館編 笠懸町（群馬県） 笠懸野岩宿文化資料館 2005.10 60p 30cm 〈会期・会場：平成17年10月1日―11月23日 笠懸野岩宿文化資料館〉
◇追憶・相沢忠洋――一九四九年九月十一日この日に歴史が動いた 相沢忠洋顕彰刊行会編 新里村（群馬県） 相沢忠洋顕彰刊行会 2005.3 347p 19cm 〈年譜あり〉 1715円
◇An album―赤土にひそむ文化の謎に挑む 旧石器文化研究の幕開けは一人の青年のふとした疑問から始まった 〔高崎〕 群馬県立歴史博物館 〔2001〕 1冊（ページ付なし） 26cm 〈共同刊行：笠懸村教育委員会 年譜あり 著作目録あり〉
◇岩宿に想う 笠懸野岩宿文化資料館編 笠懸町（群馬県） 笠懸野岩宿文化資料館 2000.3 101p 21cm
◇岩宿遺跡発掘50年の足跡―第28回企画展 岩宿遺跡発掘50周年記念特別企画展3 笠懸野岩宿文化資料館編 笠懸野町（群馬県） 笠懸野岩宿文化資料館 1999.10 100p 30cm 〈会期：平成11年10月1日―11月23日 共催：相沢忠洋記念館 年表あり〉
◇岩宿発掘50年の成果と今後の展望―予稿集 笠懸野岩宿文化資料館編 〔笠懸町（群馬県）〕 笠懸町教育委員会 1999.10 80p 30cm 〈第7回岩宿フォーラムシンポジウム 共同刊行：岩宿フォーラム実行委員会〉
◇日本史を書き換えた岩宿の発見―第27回企画展 岩宿遺跡発掘50周年記念特別企画展2 笠懸野岩宿文化資料館編 〔笠懸野町（群馬県）〕 〔笠懸野岩宿文化資料館〕 1999.7 52p 30cm 〈共催：相沢忠洋記念館 年表あり〉
◇岩宿時代を遡る―前・中期旧石器の探究 岩宿遺跡発掘50周年記念特別企画 第26回企画展 笠懸野岩宿文化資料館編 笠懸野（群馬県） 笠懸野岩宿文化資料館 1999.4 111p 30cm 〈共催：相沢忠洋記念館〉
◇相沢忠洋―「岩宿」の発見幻の旧石器を求めて 相沢忠洋著 日本図書センター 1998.8 246p 20cm （人間の記録 80） 〈肖像あり〉 1800円 ①4-8205-4325-3, 4-8205-4305-9
◇群馬県岩宿発見の石器文化 杉原荘介著 明治大学文学研究所 1956 64, 29p 図版21枚 26cm （明治大学文学部研究報告 考古学 第1冊）

打製石器
だせいせっき

　石を打ち欠いてつくった道具類の総称。広義には装飾品や他の用途の不明な遺物も含む打製石製品を指すこともある。加工方法には、主に石でできた硬質ハンマーを使って直接たたき割る方法（直接打撃法）と、石より軟らかい木、骨角などの軟質ハンマーを用いて押し剥ぐ方法（押圧剥離法）がある。黒曜石、頁岩、安山岩、硅岩などの割れ口の鋭い岩石が多用された。旧石器時代の石器類の99％以上が打製で作られ、礫器（れっき）、握斧（あくふ）、尖頭器、細石器などがある。石鏃（せきぞく）、石槍（せきそう）、打製石斧（せきふ）などが縄文時代にみられ、弥生時代には石鏃、石槍、石錐、打製石包丁、主として楔の役割をしたとみられる不定形石器、打製石鍬（いしぐわ）などが上げられる。

　　　　＊　　　＊　　　＊

◇石器文化の研究―先土器時代のナイフ形石器・尖頭器・細石器 織笠昭著, 織笠昭著作集刊行会編 新泉社 2005.6 513p 27cm 〈肖像あり 著作目録あり〉 12000円 ①4-7877-0513-X
◇道具の考古学 佐原真著, 金関恕, 春成秀爾編 岩波書店 2005.5 492, 6p 20cm （佐原真の仕事 2） 〈シリーズ責任表示：佐原真著〉 3400円 ①4-00-027112-1
◇武井遺跡の槍先形尖頭器―第12回岩宿フォーラム/シンポジウム 予稿集 笠懸野岩宿文化資料館編 〔笠懸町（群馬県）〕 笠懸町教育委員会 2004.11 86p 30cm 〈会期：平成16年11月6日―7日 共同刊行：新里村教育委員会ほか〉
◇石器づくりの実験考古学 石器技術研究会編 学生社 2004.5 243p 22cm 2800円 ①4-311-30058-1
◇日本列島の槍先形尖頭器 藤野次史著 同成社 2004.3 543p 27cm 16000円

◇石斧の系譜―打製斧形石器の出現から終焉を追う 第10回岩宿フォーラム/シンポジウム 予稿集 笠懸野岩宿文化資料館、岩宿フォーラム実行委員会編 笠懸町(群馬県) 笠懸野岩宿文化資料館 2002.10 75p 30cm 〈会期・会場：平成14年10月19日―20日 笠懸町公民館 共同刊行：岩宿フォーラム実行委員会〉 ⒤4-88621-287-5

◇「有樋尖頭器の発生・変遷・終焉」予稿集・記録集―平成13年度企画展公開シンポジウム 千葉県立房総風土記の丘編 栄町(千葉県) 千葉県立房総風土記の丘 2002.3 146p 30cm 〈会期：13年10月14日 背のタイトル：予稿集・記録集〉

◇槍の身振り―平成13年度企画展図録 千葉県立房総風土記の丘編 栄町(千葉県) 千葉県立房総風土記の丘 2001.10 54p 30cm 〈会期：平成13年10月2日―11月11日〉

◇槍先形尖頭器文化期の集落と武井遺跡―第8回岩宿フォーラム/シンポジウム 予稿集 笠懸野岩宿文化資料館編 〔笠懸町(群馬県)〕 笠懸町教育委員会 2000.10 67p 30cm 〈共同刊行：新里村教育委員会ほか〉

◇北関東の槍先形尖頭器文化―資料集 岩宿フォーラム実行委員会編 笠懸町(群馬県) 岩宿フォーラム実行委員会 1998.10 219p 30cm 〈第6回岩宿フォーラムシンポジウム〉

明石原人(明石人骨)
あかしげんじん(あかしじんこつ)

　昭和6年(1931年)に直良信夫が兵庫県明石市西八木海岸の高さ約10mの断崖下で採取したヒトの左側腰骨化石の通称。昭和20年(1945年)の東京大空襲で現物が焼失したため、長谷部言人が石膏模型に基づき研究を行い、昭和23年(1948年)、ニッポナントロプス・アカシエンシスNipponanthropus akashiensisと仮称し、原人級のものと主張した。同年、西八木海岸の大規模な発掘調査が長谷部らにより行われたが、遺物の出土は無く、腰骨の産出地層を明らかにすることもできなかった。昭和57年(1982年)に遠藤万里と馬場悠男が詳細な形態学的研究を行い、縄文時代以降現代までのいずれかの時代に属する日本人の腰骨であって、更新世の骨ではないことが立証された。

　　　＊　　　＊　　　＊

◇直良信夫コレクション目録 佐倉 人間文化研究機構国立歴史民俗博物館 2008.3 246p 図版12枚 30cm （国立歴史民俗博物館資料目録 7）〈他言語標題：Naora Nobuo collection of paleontological, paleobotanical and archaeological objects and related documents 文献あり〉

◇見果てぬ夢「明石原人」―考古学者直良信夫の生涯 直良三樹子著 時事通信出版局、時事通信社(発売) 2007.4 278p 19cm 〈1996年刊(2刷)を原本としたオンデマンド版 肖像あり 文献あり〉 2800円 ⒤978-4-7887-0674-3

◇図説・「語りつぐ直良信夫」―明石原人の発見者 佐藤光俊編著 姫路 播磨学研究所 2006.8 76p 30cm 〈年譜あり〉 500円

◇直良信夫と明石―発掘された明石の歴史展 '05企画展 明石市立文化博物館編 明石 明石市立文化博物館 2005.11 54p 30cm 〈年譜あり 文献あり〉

◇「明石人」と直良信夫 白崎昭一郎著 雄山閣 2004.1 287p 19cm 〈肖像あり〉 2200円 ⒤4-639-01831-2

◇直良信夫生誕100年展―「明石原人」の発見者 明石市立文化博物館編 〔明石〕 明石市立文化博物館 〔2002〕 88p 30cm 〈'02特別企画 肖像あり 年譜あり 著作目録あり〉

◇直良さんの明石時代―手紙で綴る 春成秀爾編 六一書房 2000.10 426p 22cm 2858円 ⒤4-947743-08-5

◇見果てぬ夢「明石原人」―考古学者直良信夫の生涯 直良三樹子著 角川書店 1999.3 300p 15cm （角川文庫） 780円 ⒤4-04-346901-2

◇学問への情熱―明石原人発見者の歩んだ道 直良信夫著 岩波書店 1995.12 324p 16cm （同時代ライブラリー 247）〈佼成出版社1981年刊の増訂 著者の肖像あり〉 1100円 ⒤4-00-260247-8

◇見果てぬ夢「明石原人」―考古学者直良信夫の生涯 直良三樹子著 時事通信社 1995.12 278p 20cm 〈直良信夫の肖像あり〉 1600円 ⒤4-7887-9534-5

◇「明石原人」とは何であったか　春成秀爾著　日本放送出版協会　1994.11　317p　19cm　(NHKブックス　715)　1100円　①4-14-001715-5

◇明石原人の発見―聞き書き・直良信夫伝　高橋徹著　社会思想社　1984.1　257p　15cm　(現代教養文庫　1097)　480円

◇学問への情熱―「明石原人」発見から五十年　直良信夫著　佼成出版社　1981.10　269p　20cm　〈著者の肖像あり〉　1200円　①4-333-01035-7

◇明石原人の発見―聞き書き・直良信夫伝　高橋徹著　朝日新聞社　1977.9　262p　図　肖像　19cm　880円

◇日本原人99の謎―50万年前に始まる日本の歴史　松崎寿和著　産報　1975　246p　18cm　(サンポウ・ブックス)　550円

◇直良信夫先生年譜および著作論文目録　小田原考古学研究会編　直良信夫教授古稀記念事業会　1972　21p　肖像　21cm

◇港川人と旧石器時代の沖縄　沖縄県文化振興会公文書館管理部史料編集室編　〔那覇〕　沖縄県教育委員会　1998.3　55p　30cm　(沖縄県史ビジュアル版2(考古1))　〈他言語標題：Minatogawa Human remains and palaeolithic Okinawa　英文併記〉

港川人
みなとがわじん

　沖縄県具志頭村(ぐしちゃんそん)港川の採石場で発見された化石人骨。放射性炭素(C‐14)による年代測定で約1万8000年前の人類と推定された。骨の形質は化石のホモ・サピエンスの特徴をもっているが、横後頭隆起があるなど原始的特徴を備え、華南の新人である柳江人により強く類似していることから大陸との関係が注目された。また、日本本州の新人である三ヶ日人、浜北人、縄文人とも類似し、形態学的に血縁関係の存在が推定された。発掘された5～10体分の人骨のうち4体分の全身骨格が復元され、日本の化石人骨のなかで最も保存状況が良好であることから、形質人類学史上の大発見といわれた。

＊　　＊　　＊

◇巨大噴火に消えた黒潮の民―南からきた日本人の祖先　馬場悠男,小田静夫監修,NHKスペシャル「日本人」プロジェクト編,笠原秀構成・文　あかね書房　2003.4　39p　31cm　(NHK日本人はるかな旅2)　3000円　①4-251-09232-5

◇沖縄人はどこから来たか―「琉球＝沖縄人」の起源と成立　安里進,土肥直美共著　那覇　ボーダーインク　1999.8　198p　19cm　1600円　①4-938923-81-5

縄文時代

縄文時代 じょうもんじだい
　旧石器時代文化に後続する狩猟漁労採集経済段階の時代。約1万2000年前に始まり、約2400年前まで続いた。縄文土器の編年に従い草創・早・前・中・後・晩期に大別される。遺跡は貝塚、洞窟、低湿地遺跡などがある。住居は草創期には洞窟を利用し、後に竪穴住居を住まいとした。死者は住居の近くに埋葬し、中期までは屈葬が多く、後・晩期以後次第に伸展葬が多くなる。貝塚の広さや、竪穴住居の集合状態から、集落の人口と規模は増減を繰り返していたものと考えられる。利器は、土器や石器のほか骨角器が発達、また精巧な土偶が出現した。特に土器の出現によって「煮る」という新しい調理法が加わり、食料の種類と範囲を拡大し食生活の向上を促した。土器、磨製石器、竪穴住居、巨石記念物をもっている縄文時代は、新石器時代に属するといわれるが、農耕や牧畜を伴わない点でヨーロッパなどの新石器時代と異なる。

◇集落の変遷と地域性　鈴木克彦, 鈴木保彦編　雄山閣　2009.10　314p　21cm　（シリーズ縄文集落の多様性1）　5200円　①978-4-639-02109-4

◇環境変化と縄文社会の幕開け―氷河時代の終焉と日本列島　藤山竜造著　雄山閣　2009.8　281p　21cm　5600円　①978-4-639-02105-6

◇石器づくりの考古学―実験考古学と縄文時代のはじまり　長井謙治　同成社　2009.6　248p　22cm　（ものが語る歴史18）　〈文献あり〉　4600円　①978-4-88621-477-5

◇縄文時代の交易と祭祀の研究―主に出土遺物観察を中心として　渋谷昌彦著　六一書房　2009.5　446p　31cm　〈文献あり〉　13000円　①978-4-947743-74-9

◇縄文時代の考古学　3　大地と森の中で―縄文時代の古生態系　小杉康, 谷口康浩, 西田泰民, 矢野健一編　同成社　2009.5　219p　26cm　5000円　①978-4-88621-453-9

◇縄文時代の考古学　8　生活空間―集落と遺跡群　小杉康, 谷口康浩, 西田泰民, 水ノ江和同, 矢野健一編　同成社　2009.3　235p　26cm　5000円　①978-4-88621-463-8

◇縄文時代の社会変動論　阿部昭典著　アム・プロモーション　2008.12　298p　26cm　（未完成考古学叢書6）　〈シリーズの監修者：小林達雄　文献あり　索引あり〉　3400円　①978-4-944163-39-7

◇Jomon—age of gods and ancient times　京都　古裂会　2008.12　66p　30cm　〈日本語・英語併記〉

◇生と死の考古学―縄文時代の死生観　山田康弘著　東洋書店　2008.11　171p　19cm　〈文献あり〉　1600円　①978-4-88595-807-6

◇縄文時代の東・西―平成20年度特別展　松戸市立博物館編　松戸　松戸市立博物館　2008.10　79p　30cm　〈会期・会場：2008年10月11日―12月7日　松戸市立博物館　松戸市制施行65周年記念・市立博物館開館15周年記念特別展　奥付のタイトル：特別展縄文時代の東・西〉

◇縄文人追跡　小林達雄著　筑摩書房　2008.10　243p　15cm　（ちくま文庫）

720円　①978-4-480-42475-4
◇縄文化の構造変動　佐藤宏之編　六一書房　2008.9　210p　26cm　4500円　①978-4-947743-67-1
◇縄文文化の胎動―予稿集　小林達雄監修, 佐藤雅一, 佐藤信之, アルケーリサーチ編〔津南町(新潟県)〕　信濃川火焔街道連携協議会　2008.9　108p　30cm　(津南学叢書 第8輯)　〈会期・会場：平成20年9月27日―28日　マウンテンパーク津南　共同刊行：新潟県ほか〉
◇縄文時代の考古学　7　土器を読み取る―縄文土器の情報　小杉康, 谷口康浩, 西田泰民, 水ノ江和同, 矢野健一編　同成社　2008.8　325p　26cm　〈文献あり〉　6000円　①978-4-88621-441-6
◇人骨出土例にみる縄文の墓制と社会　山田康弘著　同成社　2008.8　348p　27cm　〈文献あり〉　12000円　①978-4-88621-448-5
◇縄紋社会研究の新視点―炭素14年代測定の利用　小林謙一著　新装増補版　六一書房　2008.7　293p　21cm　〈他言語標題：New perspectives of study on Jomon society　文献あり〉　3000円　①978-4-947743-64-0, 4-947743-23-9
◇縄文研究の新地平　続　小林謙一, セツルメント研究会編　六一書房　2008.6　235p　21cm　(考古学リーダー 15)　〈続のサブタイトル：竪穴住居・集落調査のリサーチデザイン　会期・会場：2006年10月14日　駒沢大学〉　3500円　①978-4-947743-63-3
◇縄文時代の植物採集活動―野生根茎類食料化の民俗考古学的研究　山本直人著　増訂版　広島　渓水社　2008.6　254p　27cm　6500円　①978-4-86327-025-1
◇日本先史考古学史の基礎研究―山内清男の学問とその周辺の人々　大村裕著　六一書房　2008.5　214p　22cm　2500円　①978-4-947743-60-2
◇縄文時代の考古学　10　人と社会―人骨情報と社会組織　小杉康, 谷口康浩, 西田泰民, 水ノ江和同, 矢野健一編　同成社　2008.4　221p　26cm　〈文献あり〉　5000円　①978-4-88621-432-4
◇縄文の思考　小林達雄著　筑摩書房　2008.4　213p　18cm　(ちくま新書)

700円　①978-4-480-06418-9
◇縄文物語　赤木かん子編, 高室弓生著　ポプラ社　2008.4　1冊(ページ付なし)　21cm　(ポプラ・ブック・ボックス 王冠の巻 17)　①978-4-591-10222-0
◇阿武隈川下流域における縄文貝塚の研究―土浮貝塚　東北大学大学院文学研究科考古学研究室編著　角田　角田市教育委員会　2008.3　104p 図版〔28〕枚　30cm　(角田市文化財調査報告書 第33集)　〈文献あり〉
◇縄文時代のはじまり―愛媛県上黒岩遺跡の研究成果　歴博フォーラム　小林謙一, 国立歴史民俗博物館編　六一書房　2008.3　172p　22cm　〈文献あり〉　2800円　①978-4-947743-56-5
◇縄文―いにしえの造形と意匠　兵庫陶芸美術館編　篠山　兵庫陶芸美術館　2008.3(2刷)　135p　30cm　〈他言語標題：Astonishing Jomon　会期：2008年3月15日―6月1日　文献あり〉
◇あきづしま大和の国―甦る縄文の思想　大谷幸市著　彩流社　2008.2　278p　19cm　1900円　①978-4-7791-1325-3
◇歴史のものさし―縄文時代研究の編年体系　小杉康, 谷口康浩, 西田泰民, 水ノ江和同, 矢野健一編　同成社　2008.2　272p　26cm　(縄文時代の考古学 2)　〈文献あり〉　6000円　①978-4-88621-420-1
◇縄文時代人骨データベース　5　帝釈観音堂洞窟　帝釈寄倉岩陰　深瀬均, 水嶋崇一郎, 佐宗亜衣子, 諏訪元著　東京大学総合研究博物館　2008　321p　26cm　(東京大学総合研究博物館標本資料報告 第73号)　〈他言語標題：Datebese of Jomon period skeletal remains〉
◇縄紋時代の社会考古学　安斎正人, 高橋竜三郎編　同成社　2007.12　246p　22cm　〈文献あり〉　4400円　①978-4-88621-417-1
◇長者ヶ原遺跡―縄文時代北陸の玉作集落　木島勉, 寺崎裕助, 山岸洋一著　同成社　2007.12　168p　19cm　(日本の遺跡 24)　1800円　①978-4-88621-404-1
◇語りかける縄文人　戸沢充則著　新泉社　2007.6　220p　21cm　1800円　①978-4-7877-0709-3

- ◇縄文時代から弥生時代へ　西本豊弘編　雄山閣　2007.5　185p　30cm　（新弥生時代のはじまり　第2巻）〈文献あり〉　3200円　①978-4-639-01987-9
- ◇縄文から弥生へ―農耕社会の形成と実年代　開館15周年記念・平成19年度春季特別展　滋賀県立安土城考古博物館編　安土町（滋賀県）　滋賀県立安土城考古博物館　2007.4　106p　30cm　〈会期・会場：平成19年4月28日―6月10日　滋賀県立安土城考古博物館　年表あり〉
- ◇縄文の音　土取利行著　増補新版　青土社　2007.4　309, 22p　20cm　〈文献あり〉　2200円　①978-4-7917-6327-6
- ◇注口土器の集成研究　鈴木克彦著　雄山閣　2007.2　202p　図版4, 136p　27cm　16000円　①978-4-639-01959-6
- ◇縄文時代のはじまり―愛媛県上黒岩遺跡の研究成果　第58回歴博フォーラム　国立歴史民俗博物館編　佐倉　国立歴史民俗博物館　2007.1　45p　30cm　〈会期・会場：2007年1月20日　国立歴史民俗博物館講堂〉
- ◇縄文時代人骨データベース　4　千葉県の遺跡（向ノ台、矢作、余山など）　水嶋崇一郎, 久保大輔著　東京大学総合研究博物館　2007　129p　26cm　（東京大学総合研究博物館標本資料報告　第69号）〈他言語標題：Datebese of Jomon period skeletal remains〉
- ◇貝が語る縄文海進―南関東、+2℃の世界　松島義章著　横浜　有隣堂　2006.12　219, 3p　18cm　（有隣新書）〈文献あり〉　1000円　①4-89660-198-X
- ◇縄文集落研究の新地平―シンポジウム　発表要旨　4　セツルメント研究会　2006.10　24p　30cm　〈「4」のサブタイトル：竪穴住居・集落調査のリサーチデザイン　会期・会場：2006年10月14日　駒沢大学1-102教室〉
- ◇火焔土器の時代―その文化を探る　2006年秋季企画展示　小林達雄監修, 佐藤雅一, 佐藤信之編　〔津南町（新潟県）〕　津南町教育委員会　2006.9　86p　30cm　（津南学叢書　第4輯）〈会期：平成18年9月2日―10月15日　共同刊行：信濃川火焔街道連携協議会〉
- ◇縄紋時代中・後期の編年学研究―列島における小細別編年網の構築をめざして　柳沢清一著　〔千葉〕　平電子印刷所　2006.8　940p　27cm　（千葉大学考古学研究叢書3）　12381円　①4-924912-30-1
- ◇吉備の縄文貝塚　河瀬正利著　岡山　吉備人出版　2006.6　167p　21cm　（吉備考古ライブラリィ14）〈文献あり〉　1600円　①4-86069-121-0
- ◇南九州に栄えた縄文文化―上野原遺跡　新東晃一著　新泉社　2006.6　93p　21cm　（シリーズ「遺跡を学ぶ」27）　1500円　①4-7877-0637-3
- ◇三内丸山遺跡―特別史跡　縄文の至宝　青森　東奥日報社　2006.4　58p　30cm　〈年表あり〉　1200円　①4-88561-078-8
- ◇縄文「ムラ」の考古学　川崎保編　雄山閣　2006.4　250p　22cm　〈他言語標題：Archaeology of Jomon villages　文献あり　年表あり〉　3500円　①4-639-01921-1
- ◇縄文時代集落の研究　鈴木保彦著　雄山閣　2006.3　260p　22cm　12000円　①4-639-01924-6
- ◇縄文のムラと住まい　村田文夫著　慶友社　2006.3　276p　22cm　（考古民俗叢書）〈文献あり〉　3500円　①4-87449-135-9
- ◇縄文時代人骨データベース　3　千葉県の遺跡（堀之内、加曽利、曽谷など）　水嶋崇一郎, 佐宗亜衣子, 久保大輔, 諏訪元著　東京大学総合研究博物館　2006　164p　26cm　（東京大学総合研究博物館標本資料報告　第61号）〈他言語標題：Database of Jomon period skeletal remains〉
- ◇縄文研究の新地平―勝坂から曽利へ　2004年度縄文集落研究の新地平3シンポジウムの記録　セツルメント研究会編, 小林謙一監修　六一書房　2005.12　159p　21cm　（考古学リーダー6）〈会期・会場：2004年7月24日―25日　帝京大学山梨文化財研究所　文献あり〉　2500円　①4-947743-36-0
- ◇関西縄文時代における石器・集落の諸様相　関西縄文文化研究会編　六一書房　2005.11　115p　30cm　（関西縄文論集2）〈文献あり〉　3200円　①4-947743-34-4

◇縄文のムラと社会 松本直子著 岩波書店 2005.11 166,4p 27cm 〈先史日本を復元する 2〉〈シリーズ責任表示：稲田孝司,林謙作編〉 3200円 ⓘ4-00-006788-5

◇縄文の循環文明―ストーンサークル 左合勉著 叢文社 2005.10 187p 19cm 〈文献あり〉 1500円 ⓘ4-7947-0518-2

◇縄文文化を掘る―三内丸山遺跡からの展開 NHK三内丸山プロジェクト,岡田康博編 日本放送出版協会 2005.10 217p 16cm （NHKライブラリー 199） 830円 ⓘ4-14-084199-0

◇縄文の社会構造をのぞく―姥山貝塚 堀越正行著 新泉社 2005.9 93p 21cm （シリーズ「遺跡を学ぶ」19）〈文献あり〉 ⓘ4-7877-0539-3

◇石にこめた縄文人の祈り―大湯環状列石 秋元信夫著 新泉社 2005.7 93p 21cm （シリーズ「遺跡を学ぶ」17） 1500円 ⓘ4-7877-0537-7

◇蘇る縄文―自然と暮らした人々 平成17年度特別展 寄居町（埼玉県） さいたま川の博物館 2005.7 51p 30cm

◇水辺と森と縄文人―低湿地遺跡の考古学 人間文化研究機構国立歴史民俗博物館編 佐倉 国立歴史民俗博物館 2005.6 100p 30cm 〈会期・会場：2005年6月14日―7月31日 国立歴史民俗博物館ほか 共同刊行：東北歴史博物館ほか 文献あり〉

◇この国のすがたと歴史 網野善彦,森浩一編著 朝日新聞社 2005.5 237p 19cm （朝日選書） 1200円 ⓘ4-02-259876-X

◇縄文のイエとムラの風景―御所野遺跡 高田和徳著 新泉社 2005.5 93p 21cm （シリーズ「遺跡を学ぶ」15）〈文献あり〉 1500円 ⓘ4-7877-0535-0

◇生の緒―縄文時代の物質・精神文化 ネリー・ナウマン著,檜枝陽一郎訳 言叢社 2005.3 355,23p 22cm 〈年譜あり 著作目録あり〉 4667円 ⓘ4-905913-98-5

◇環状集落と縄文社会構造 谷口康浩著 学生社 2005.3 303p 26cm 5800円 ⓘ4-311-30062-X

◇井上コレクション―縄文時代資料 平成16年度特別展 八王子市郷土資料館編 〔八王子〕 八王子市郷土資料館 2005.2 58p 21cm 〈会期：平成17年2月16日―3月20日 奥付のタイトル：井上コレクションよみがえる縄文の技と美〉

◇縄文ランドスケープ 小林達雄編著 アム・プロモーション 2005.2 327p 26cm 〈平成16年度日本学術振興会科学研究費補助金研究成果公開促進費助成出版 文献あり〉 4667円 ⓘ4-944163-32-0

◇ホツマ縄文日本のたから 池田満著 展望社 2005.1 245p 19cm 〈付属資料：CD1枚（12cm） 「ホツマ神々の物語」（1991年刊）の改訂新版〉 2600円 ⓘ4-88546-124-3

◇縄紋時代史 2 林謙作著 雄山閣 2004.12 298p 22cm （考古学選書） 4200円 ⓘ4-639-01865-7

◇世界史のなかの縄文文化 安田喜憲著 改訂第3版 雄山閣 2004.11 310p 22cm （考古学選書） 4500円 ⓘ4-639-01864-9

◇縄紋社会研究の新視点―炭素14年代測定の利用 小林謙一著 六一書房 2004.10 276p 22cm 〈文献あり〉 4500円 ⓘ4-947743-23-9

◇縄文集落研究の新地平―シンポジウム 発表要旨 3 縄文集落研究グループセツルメント研究会 2004.7 228p 30cm 〈「3」のサブタイトル：勝坂から曽利へ 会期・会場：2004年7月24日―25日 帝京大学山梨文化財研究所〉

◇縄紋時代史 1 林謙作著 雄山閣 2004.5 302p 22cm （考古学選書） 4200円 ⓘ4-639-01842-8

◇縄文人の知恵と力―第46回企画展図録 小山市立博物館編 小山 小山市立博物館 2004.4 55p 30cm 〈会期：2004年4月24日―6月13日 文献あり〉

◇原始集落を掘る―尖石遺跡 勅使河原彰著 新泉社 2004.3 93p 21cm （シリーズ「遺跡を学ぶ」4） 1500円 ⓘ4-7877-0434-6

◇縄文人の世界―日本人の原像を求めて 梅原猛著 角川学芸出版 2004.3 462p 22cm 〈東京 角川書店（発売）〉 2000円 ⓘ4-04-821063-7

縄文時代

◇縄文人の能舞台―ロンドン報告『神々の数学史』 上野和男著 本の森 2004.3 335p 22cm 〈東京 星雲社(発売)〉 1400円 ④4-434-03206-2

◇縄文文化研究の最前線 髙橋竜三郎著 早稲田大学文学部 2004.3 159p 26cm (早稲田大学オンデマンド出版シリーズ) 〈東京 トランスアート(発売) 文献あり〉 1900円 ④4-88752-276-2

◇縄文時代人骨データベース 2 姥山 水嶋崇一郎, 桑村和行, 諏訪元著 東京大学総合研究博物館 2004 177p 26cm (東京大学総合研究博物館標本資料報告 第54号) 〈他言語標題：Databese of Jomon period skeletal remains〉

◇縄文集落研究の新地平―シンポジウム 資料集 3 縄文集落研究グループセツルメント研究会 〔2004〕 352p 30cm 〈会期：2004年7月24日―25日 「3」のサブタイトル：勝坂から曽利へ〉

◇関西縄文時代の集落・墓地と生業 関西縄文文化研究会編 六一書房 2003.12 238p 30cm (関西縄文論集1) 〈文献あり〉 4700円 ④4-947743-18-2

◇縄文の神秘 梅原猛, 渡辺誠著 新装版 学習研究社 2003.11 175p 31cm (人間の美術 1(縄文時代)) 〈シリーズ責任表示：梅原猛監修〉 3400円 ④4-05-102344-3

◇縄文の素顔 勅使河原彰著 白鳥舎 2003.11 152, 20p 22cm 1900円 ④4-939046-07-9

◇ストーンロード―縄文時代の黒曜石交易 安中市ふるさと学習館編 安中 安中市ふるさと学習館 2003.10 60p 30cm 〈会期：平成15年10月18日―平成16年1月18日 文献あり〉

◇縄文日本文明一万五千年史序論 太田竜著 成甲書房 2003.7 346p 19cm 〈文献あり〉 1800円 ④4-88086-149-9

◇縄文時代貯蔵穴の研究 坂口隆著 アム・プロモーション 2003.6 207p 26cm (未完成考古学叢書5) 〈シリーズ責任表示：小林達雄監修 文献あり〉 3000円 ④4-944163-26-6

◇縄文社会を探る 大学合同考古学シンポジウム実行委員会編 学生社 2003.5 260p 20cm 2400円 ④4-311-20264-4

◇縄文人のこころを旅する―ホツマツタヱが書き直す日本古代史 池田満著 展望社 2003.5 230p 20cm 2400円 ④4-88546-098-0

◇海が育てた森の王国―日本列島にひろがった縄文人 馬場悠男, 小田静夫監修, NHKスペシャル「日本人」プロジェクト編, 笠原秀構成・文 あかね書房 2003.4 39p 31cm (NHK日本人はるかな旅 3) 3000円 ④4-251-09233-3

◇縄文のマツリと暮らし 小杉康著 岩波書店 2003.2 132, 8p 27cm (先史日本を復元する 3) 〈シリーズ責任表示：稲田孝司, 林謙作編〉 2900円 ④4-00-006789-3

◇縄文時代人骨データベース 1 諏訪元, 水嶋崇一郎, 坂上和弘著 東京大学総合研究博物館 2003 433p 26cm (東京大学総合研究博物館標本資料報告 第52号) 〈他言語標題：Databese of Jomon period skeletal remains〉

◇縄文のくらしを掘る 阿部芳郎著 岩波書店 2002.12 216p 18cm (岩波ジュニア新書) 〈文献あり〉 780円 ④4-00-500419-9

◇縄文論争 藤尾慎一郎著 講談社 2002.12 250p 19cm (講談社選書メチエ 256) 〈文献あり〉 1500円 ④4-06-258256-2

◇縄文の生活誌 岡村道雄著 改訂版 講談社 2002.11 374p 20cm (日本の歴史 第1巻) 〈付属資料：12p：月報 1 年表あり 文献あり〉 2200円 ④4-06-268926-X

◇縄文の豊かさと限界 今村啓爾著 山川出版社 2002.11 95p 21cm (日本史リブレット 2) 〈文献あり〉 800円 ④4-634-54020-7

◇縄文時代の渡来文化―刻文付有孔石斧とその周辺 浅川利一, 安孫子昭二編 雄山閣 2002.10 339p 22cm (考古学選書) 4600円 ④4-639-01777-4

◇縄文社会論究 春成秀爾著 塙書房 2002.10 579p 27cm 〈文献あり〉 12000円 ④4-8273-1174-9

◇三内丸山遺跡と信濃の縄文文化―青森県と長野県の縄文時代 上田市立信濃国分寺資料館編 上田 上田市立信濃国分寺

資料館　2002.9　62p　26cm　〈会期：平成14年9月14日―11月4日〉
◇縄文社会論　上　安斎正人編　同成社　2002.5　260p　22cm　4200円　①4-88621-248-4
◇縄文社会論　下　安斎正人編　同成社　2002.5　239p　22cm　4200円　①4-88621-249-2
◇縄文創生―東日本最古の土器文化　第71回企画展　高崎　群馬県立歴史博物館　2002.4　67p　30cm　〈会期：平成14年4月27日―6月16日〉
◇川辺の縄文集落―「よみがえる青田遺跡」資料集　財団法人新潟県埋蔵文化財調査事業団設立10周年記念公開シンポジウム　新潟県埋蔵文化財調査事業団編　新津　新潟県埋蔵文化財調査事業団　2002.3　99p　30cm　〈会期・会場：平成14年3月9日―10日　新潟テルサ　共同刊行：新潟県教育委員会〉
◇縄文人の時代　戸沢充則編　増補　新泉社　2002.3　293p　21cm　2500円　①4-7877-0202-5
◇鳥浜貝塚―縄文人のタイムカプセル　森川昌和著　未来社　2002.3　142p　22cm　1800円　①4-624-11189-3
◇縄文人になる！縄文式生活技術教本　関根秀樹著　山と渓谷社　2002.2　158p　19cm　1200円　①4-635-25804-1
◇貝塚に学ぶ　酒詰仲男著　新装版　学生社　2001.12　257p　20cm　2400円　①4-311-20249-0
◇縄文時代集落研究の現段階―第1回研究集会発表要旨　縄文時代文化研究会編　所沢　縄文時代文化研究会　2001.12　108p　30cm　〈会期・会場：2001年12月1日―2日　神奈川県立地球市民かながわプラザホール〉
◇列島における縄文時代集落の諸様相―第1回研究集会基礎資料集　縄文時代文化研究会編　所沢　縄文時代文化研究会　2001.12　614p　30cm
◇旧石器・縄文文化　札幌　北海道新聞社　2001.11　239p　21cm　（新北海道の古代 1）〈シリーズ責任表示：野村崇,宇田川洋編　文献あり〉　2000円　①4-89453-176-3
◇世界史のなかの縄文―対論　佐原真, 小林達雄著　新書館　2001.11　208p　20cm　1800円　①4-403-23091-1
◇縄文時代重層社会論―広域社会と地域社会　松永幸男著, 松永幸男著作集刊行会編　福岡　松永幸男著作集刊行会　2001.10　390p　22cm　〈文献あり〉
◇縄文文化の起源を探る―はじめて土器を手にしたひとびと　橿原　奈良県立橿原考古学研究所附属博物館　2001.10　72p　30cm　（橿原考古学研究所附属博物館特別展図録　第56冊）〈会期：2001年10月6日―11月18日〉
◇石槍の研究―旧石器時代から縄文時代初頭期にかけて　白石浩之著　ミュゼ　2001.8　431p　26cm　（未完成考古学叢書 4）〈シリーズ責任表示：小林達雄監修〉　4500円　①4-944163-21-5
◇縄文文化と日本人―日本基層文化の形成と継承　佐々木高明著　講談社　2001.7　325p　15cm　（講談社学術文庫）　1000円　①4-06-159491-5
◇縄文時代の生業と集落―古奥東京湾沿岸の社会　小川岳人著　ミュゼ　2001.5　167p　26cm　（未完成考古学叢書 3）〈シリーズ責任表示：小林達雄監修〉　2500円　①4-944163-19-3
◇落合計策縄文時代遺物コレクション　佐倉　国立歴史民俗博物館　2001.3　341p　31cm　（国立歴史民俗博物館資料図録 1）〈他言語標題：The Ochiai Keisaku collection of archaeological objects〉　非売品
◇縄文社会の考古学　林謙作著　同成社　2001.3　586p　27cm　18000円　①4-88621-218-2
◇縄文文化の扉を開く―三内丸山遺跡から縄文列島へ　国立歴史民俗博物館編　佐倉　国立歴史民俗博物館　2001.3　95p　30cm　〈会期：2001年3月20日―5月20日〉
◇斜里町の縄文時代―衣食住とお墓　知床博物館第22回特別展　斜里町（北海道）　斜里町立知床博物館　2001.2　32p　20×21cm　〈会期：2001年2月1日―3月23日〉
◇三内丸山遺跡―巨大集落のなぞ　笠懸野岩宿文化資料館編　笠懸町（群馬県）　笠懸野岩宿文化資料館　2001.1　29p　30cm　〈第31回企画展：平成13年1月13

縄文時代

◇縄文の生活誌　岡村道雄著　講談社　2000.10　358p　20cm　（日本の歴史　第1巻）　1500円　④4-06-268901-4

◇発見！巨大集落─大熊仲町遺跡と縄文中期の世界　特別展　横浜市歴史博物館、横浜市ふるさと歴史財団埋蔵文化財センター編　横浜　横浜市歴史博物館　2000.10　93p　30cm　〈会期：平成12年10月7日─11月26日〉

◇縄文農耕の世界─DNA分析で何がわかったか　佐藤洋一郎著　PHP研究所　2000.9　218p　18cm　（PHP新書）　660円　④4-569-61257-1

◇遥かなる縄文の声─三内丸山を掘る　岡田康博著　日本放送出版協会　2000.8　248p　19cm　（NHKブックス）　970円　④4-14-001844-5

◇北の島の縄文人─海を越えた文化交流　国立歴史民俗博物館編　佐倉　国立歴史民俗博物館　2000.7　86p　30cm　〈企画展示：2000年7月4日─8月27日〉

◇縄文の地名を探る　本間雅彦著　高志書院　2000.7　216, 8p　19cm　1900円　④4-906641-39-3

◇縄文発見の旅　信濃毎日新聞社編集局編　長野　信濃毎日新聞社　2000.7　126p　21cm　1400円　④4-7840-9871-2

◇縄文以前の日本列島の謎　井口一幸、蜂矢敬啓共著　高文堂出版社　2000.5　117p　21cm　1905円　④4-7707-0651-0

◇縄文時代のくらし─佐野の縄文10,000年　第34回企画展　佐野　佐野市郷土博物館　2000.5　28p　30cm

◇縄文時代の地域生活史　山本典幸著　ミュゼ　2000.5　261p　26cm　（未完成考古学叢書1）　2500円　④4-944163-15-0

◇旧石器・縄文・弥生時代　小和田哲男監修　岩崎書店　2000.4　47p　29cm　（人物・資料でよくわかる日本の歴史1）　3000円　④4-265-04841-2, 4-265-10223-9

◇縄文遺跡の復原　林謙作、岡村道雄編　学生社　2000.4　248p　20cm　2200円　④4-311-20233-4

◇三内丸山は語る─縄文社会の再検証　久慈力著　新泉社　2000.3　206p　20cm　2200円　④4-7877-0000-6

◇縄文うるしの世界　飯塚俊男編　青木書店　2000.3　206p　20cm　2000円　④4-250-20003-5

◇縄文時代の日本列島─自然との共生　東北歴史博物館編　多賀城　東北歴史博物館　2000.3　91p　30cm　〈春季特別展：平成12年4月29日─6月4日〉

◇縄文人追跡　小林達雄著　日本経済新聞社　2000.3　206p　20cm　1400円　④4-532-16342-0

◇ワンステップ旧石器時代・縄文時代の探索記　成田供著　国分寺　武蔵野書房　2000.3　196p　図版8p　27cm　〈年表あり〉　2000円　④4-943898-04-1

◇「縄文のあけぼの─南九州に花開いた草創期文化」図録─平成11年度黎明館企画特別展　鹿児島県歴史資料センター黎明館編　鹿児島　鹿児島県歴史資料センター黎明館　2000.2　87p　30cm　〈会期：平成12年2月4日─3月5日　文献あり〉

◇認知考古学の理論と実践的研究─縄文から弥生への社会・文化変化のプロセス　松本直子著　福岡　九州大学出版会　2000.2　250p　27cm　7000円　④4-87378-617-7

◇縄文人と「弥生人」─古人骨の事件簿　片山一道著　京都　昭和堂　2000.1　257p　20cm　2300円　④4-8122-0001-6

◇日本列島の石器時代　岡村道雄著　青木書店　2000.1　254p　20cm　（Aoki library）　〈下位シリーズの責任表示：白石太一郎〔ほか〕編〉　2400円　④4-250-99025-7, 4-250-95062-X

◇縄文人の文化力　小林達雄著　新書館　1999.12　205p　20cm　1800円　④4-403-23071-7

◇縄文の音　土取利行著　青土社　1999.12　298, 22p　20cm　2200円　④4-7917-5777-7

◇縄文の実像を求めて　今村啓爾著　吉川弘文館　1999.10　216p　19cm　（歴史文化ライブラリー76）　1700円　④4-642-05476-6

◇日本縄文文化の研究　中谷治宇二郎著, 今永清二編　増補改訂版　広島　渓水社　1999.10　250p　22cm　〈初版：昭森社

昭和42年刊〉 3500円 ⓘ4-87440-567-3
◇花ひらく縄文文化―境A遺跡と三内丸山遺跡 平成10年度特別企画展 富山県埋蔵文化財センター編 富山 富山県埋蔵文化財センター 1999.10 13p 30cm 〈会期：平成11年10月14日―11月8日 富山県境A遺跡出土品重要文化財指定記念〉
◇全国縄文展―祈りと暮らし 小矢部市教育委員会編 小矢部 小矢部市教育委員会 1999.7 1冊（ページ付なし） 30cm
◇縄文土器の編年と社会 小林達雄編 雄山閣出版 1999.6 140p 27cm （普及版・季刊考古学）〈「季刊考古学 第17号，第48号」の複製合本〉 2700円 ⓘ4-639-01620-4
◇万葉歌のなかの縄文発掘 山口博著 小学館 1999.6 251p 20cm （小学館の謎解き古代史シリーズ 2） 1600円 ⓘ4-09-387240-6
◇いのちの森―縄文・桜町遺跡 富山 北日本新聞社 1999.5 240p 22cm 〈付・縄文の道（中国からの報告）〉 1800円 ⓘ4-906678-25-4
◇最新縄文学の世界 小林達雄編著 朝日新聞社 1999.5 254p 19cm 1700円 ⓘ4-02-222014-7
◇海を渡った縄文人―縄文時代の交流と交易 橋口尚武編著 小学館 1999.4 349p 20cm 2500円 ⓘ4-09-626110-6
◇縄文弥生移行期の土器と石器 佐藤由紀男著 雄山閣出版 1999.4 278p 22cm （考古学選書） 3800円 ⓘ4-639-01599-2, 4-639-00055-3
◇縄文世界の一万年 泉拓良, 西田泰民責任編集 集英社 1999.3 110p 27cm 〈Imidas special issue〉 1400円 ⓘ4-08-100105-7
◇縄文巨大集落・三内丸山遺跡展―第十八回企画展 島田市博物館編 島田 島田市博物館 1999.2 59p 30cm 〈会期：平成11年2月5日―3月22日 年表あり 文献あり〉
◇縄文人と精神世界 新宗連奥羽総支部事務局編 八戸 新宗連奥羽総支部 1999.1 290p 19cm （新宗連奥羽総支部シリーズ v.21）〈環境共育セミナー〉 非売品
◇縄文中期のムラ―多摩川中流域を中心として くにたち郷土文化館編 国立 くにたち郷土文化館 1999.1 23p 30cm
◇北の縄文―南茅部と道南の遺跡 北海道新聞社編 札幌 北海道新聞社 1998.12 71p 30cm 1400円 ⓘ4-89363-221-3
◇進化する縄文学―発掘体験で知る遺物のサイエンス 小山修三監修, ヒサクニヒコ著 多摩 ベネッセコーポレーション 1998.12 157p 21cm （見聞塾）〈箱入 付属資料：3枚（20×27cm）ビデオカセット1巻（VHSタイプ）〉 2980円 ⓘ4-8288-8922-1
◇縄文土器夢の立体絵文字 中島秀憲著 東洋出版 1998.11 230p 20cm 1300円 ⓘ4-8096-7269-7
◇縄文いのりとうたげ―北橘村歴史民俗資料館第15回企画展示会 特別企画展図録 北橘村教育委員会, 北橘村歴史民俗資料館編 〔北橘村（群馬県）〕 北橘村教育委員会 1998.10 60p 30cm 〈共同刊行：北橘村歴史民俗資料館〉
◇縄文集落研究の新地平―シンポジウム 発表要旨 2 縄文集落研究グループ 1998.10 167p 30cm 〈会期：1998年10月24・5日〉
◇縄文人と弥生人―その時代を生きた人々の表情 特別展 神戸市教育委員会文化財課編 神戸 神戸市教育委員会 1998.10 49p 30cm 500円
◇「縄文人」の謎学―発掘された古代からのメッセージ 小田静夫監修, 島田栄昭著 青春出版社 1998.10 235p 15cm （青春best文庫） 476円 ⓘ4-413-08391-1
◇いま，縄文がおもしろい 福岡県総務部国立博物館対策室編 〔福岡〕 〔福岡県〕 1998.7 20p 30cm （シンポジウム古代史におけるアジアと日本 第7回）
◇縄文探検―民族考古学の試み 小山修三著 中央公論社 1998.7 381p 16cm （中公文庫） 838円 ⓘ4-12-203188-5
◇縄文文化の十字路・群馬―土器文様の交流 群馬県立歴史博物館, 群馬県埋蔵文化財調査事業団編 高崎 群馬県立歴史博物館 1998.7 47p 30cm 〈群馬県立歴史博物館第60回企画展 群馬県埋蔵文化財調査事業団創立20周年記念展 共同刊行：群馬県埋蔵文化財調査事業団〉

◇大地への祈り―縄文の呪具 第5回企画展 下妻 下妻市ふるさと博物館 1998.7 62p 30cm

◇縄文再発見―日本海文化の原像 藤田富士夫著 大巧社 1998.6 270p 20cm 2500円 ①4-924899-28-3

◇縄文時代の考古学 小林達雄ほか著 学生社 1998.6 305p 20cm (シンポジウム「日本の考古学」 2) 〈シリーズ責任表示：網野善彦, 大塚初重, 森浩一監修〉 2400円 ①4-311-40112-4

◇縄文生活図鑑 関根秀樹著 創和出版 1998.6 203p 22cm 2300円 ①4-915661-66-0

◇縄文の幻想 宇佐見英治著 平凡社 1998.6 309p 16cm (平凡社ライブラリー) 1200円 ①4-582-76250-6

◇縄文文化 勅使河原彰著 新日本出版社 1998.6 212p 18cm (新日本新書) 950円 ①4-406-02593-6

◇世界史のなかの縄文文化 安田喜憲著 増補改訂版 雄山閣出版 1998.5 310p 21cm (考古学選書) 4200円 ①4-639-00681-0

◇縄紋の祈り・弥生の心―森の神から稲作の神へ 平成10年春季特別展 大阪府立弥生文化博物館編 和泉 大阪府立弥生文化博物館 1998.4 117p 30cm (大阪府立弥生文化博物館 16)

◇尖石 宮坂英弌著 新装版 学生社 1998.3 235p 20cm 〈解説：鵜飼幸雄〉 2100円 ①4-311-20213-X

◇縄文式生活構造―土俗考古学からのアプローチ 安斎正人編 同成社 1998.2 276p 22cm 4800円 ①4-88621-159-3

◇縄文・魂との対話―今、消えようとする縄文のこころ 平成9年度歴史ロマン再生事業講演会・シンポジウム 岩手県文化振興事業団埋蔵文化財センター編 〔盛岡〕 岩手県教育委員会 1998.2 46p 30cm 〈共同刊行：岩手県文化振興事業団〉

◇伊勢堂岱遺跡から縄文の世界を考える―第1回鷹巣町縄文シンポジウム 鷹巣町縄文シンポジウム実行委員会編 鷹巣町(秋田県) 鷹巣町教育委員会 1998.1 66p 30cm (鷹巣町縄文シンポジウム記録 第1集) 〈会期：1997年1月19日〉

◇歴史発掘 1 石器の盛衰 田中琢, 佐原真監修 岡村道雄著 講談社 1998.1 174p 27cm 〈文献あり 索引あり〉 3398円 ①4-06-265101-7

◇愛鷹山麓の縄文時代遺跡と縄文土器 沼津市歴史民俗資料館編 沼津 沼津市歴史民俗資料館 1997.12 23p 30cm

◇幻の縄文語と邪馬壱国 望月良夫著 新潟 考古堂書店 1997.11 135p 19cm 1200円 ①4-87499-544-6

◇縄文時代の集落と環状列石―日本考古学協会1997年度秋田大会 シンポジウム1・資料集 日本考古学協会1997年度秋田大会実行委員会編 秋田 日本考古学協会1997年度秋田大会実行委員会 1997.10 350p 30cm

◇縄文人の顔―土偶・土面から見た素顔 第21回特別展図録 大宮市立博物館編 大宮 大宮市立博物館 1997.10 48p 30cm 〈会期：平成9年10月10日―11月30日〉

◇縄文のなりわい―道具から見た暮らし 富山県埋蔵文化財センター編 富山 富山県埋蔵文化財センター 1997.10 39p 30cm 〈平成9年度特別企画展：平成9年10月15日―11月13日 文献あり〉

◇縄文文明の環境 安田喜憲著 吉川弘文館 1997.10 228p 19cm (歴史文化ライブラリー 24) 1700円 ①4-642-05424-3

◇三内丸山遺跡と北の縄文世界 朝日新聞社 1997.8 162p 30cm (アサヒグラフ別冊) 1600円 ①4-02-272106-5

◇縄文の暮らしと精神文化 遠野 遠野市立博物館 1997.8 83p 30cm 〈遠野市立博物館第35回特別展〉

◇風張遺跡の縄文社会―国重要文化財指定記念 八戸市博物館編 八戸 八戸市博物館 1997.7 62p 26cm 〈特別展：平成9年7月20日―8月24日〉

◇三内丸山遺跡―息づく縄文の鼓動 新版 青森 東奥日報社 1997.7 62p 30cm 1200円 ①4-88561-039-7

◇縄文の神話 吉田敦彦著 増補新版 青土社 1997.7 357p 20cm 2400円 ①4-7917-5557-X

◇縄文ヒスイロード再発見―縄文ヒスイ

◇ロード起点のまち、青海から 縄文ヒスイロード特別展ガイドブック 青海町自然史博物館編 青海町（新潟県） 青海町自然史博物館 1997.7 44p 30cm 〈共同刊行：青海町ほか〉

◇奈良県の縄文時代遺跡研究 松田真一編著 橿原 由良大和古代文化研究協会 1997.7 239p 26cm 〈奈良県立橿原考古学研究所創設60周年記念出版事業〉

◇発掘!!上野原遺跡―縄文グラフ 最大・最古級のムラ出現 南日本新聞編集局編 〔鹿児島〕 南日本新聞社 1997.7 72p 30cm 〈鹿児島 南日本新聞開発センター（発売）〉 952円 ⓘ4-944075-24-3

◇水野祐著作集 8 通論日本古代史 2（土器時代篇） 水野祐著 早稲田大学出版部 1997.7 439p 22cm 7000円 ⓘ4-657-97627-3

◇歴史発掘 3 縄文の土偶 田中琢, 佐原真監修 藤沼邦彦著 講談社 1997.7 174p 27cm 3398円 ⓘ4-06-265103-3

◇縄文人がおもしろい 小山修三, 岡田康博著 日本能率協会マネジメントセンター 1997.6 155p 19cm （ビジネスマン知的雑学塾） 1200円 ⓘ4-8207-1265-9

◇縄文人・弥生人101の謎 山岸良二著 新人物往来社 1997.6 244p 20cm 2800円 ⓘ4-404-02481-9

◇甦る縄文の思想 田上晃彩著 たま出版 1997.5 254p 21cm 2500円 ⓘ4-88481-949-7

◇よみがえる縄文ファッション―衣服・髪型・装身具 秋田県立博物館編 秋田 秋田県立博物館 1997.4 25p 30cm （秋田県立博物館企画展図録） 〈会期：平成9年4月26日～6月29日〉

◇パネルディスカッション『敷石住居の謎に迫る』記録集 横浜 神奈川県立埋蔵文化財センター 1997.3 83p 30cm 〈共同刊行：かながわ考古学財団〉

◇縄文カタログ―くらしと道具 滋賀県文化財保護協会, 滋賀県立安土城考古博物館編 大津 滋賀県文化財保護協会 1997.2 17p 30cm 〈第13回企画展 栗津湖底遺跡発掘調査成果展 共同刊行：滋賀県立安土城考古博物館 会期：平成9年2月9日～4月6日〉

◇縄文都市を掘る―三内丸山から原日本が見える 岡田康博, NHK青森放送局編 日本放送出版協会 1997.1 245p 20cm 1456円 ⓘ4-14-080300-2

◇加曽利貝塚 〔千葉〕 〔千葉市立加曽利貝塚博物館〕 〔1997〕 23p 30cm

◇三内丸山の世界―縄文鼎談 岡田康博, 小山修三編 山川出版社 1996.11 239p 19cm 〈参考文献：p236～238〉 1600円 ⓘ4-634-60430-2

◇海の古代史―黒潮と魏志倭人伝の真実 古田武彦編著 原書房 1996.10 282p 20cm 〈メガーズ博士（エヴァンズ夫人）来日記念・講演と討論〉 1800円 ⓘ4-562-02862-9

◇縄文時代草創期資料集 横浜市歴史博物館, 横浜市ふるさと歴史財団埋蔵文化財センター編 横浜 横浜市歴史博物館 1996.10 192p 30cm 〈共同刊行：横浜市ふるさと歴史財団〉

◇縄文人の祈り―特別展 氷見市立博物館編 氷見 氷見市立博物館 1996.10 34p 26cm （〔氷見の考古・歴史シリーズ〕〔1-3〕）〈会期：平成8年10月19日～11月10日 参考文献：p33〉

◇縄文文化誕生―都筑区花見山遺跡が解き明かす最古の土器文化の謎 特別展 展示解説 横浜市歴史博物館, 横浜市ふるさと歴史財団埋蔵文化財センター編 横浜 横浜市歴史博物館 1996.10 17p 30cm 〈共同刊行：横浜市ふるさと歴史財団埋蔵文化財センター 会期：1996年10月5日～11月24日〉

◇海の縄文―企画展図録 長井 山形県長井市教育委員会 1996.9 28p 19×26cm 〈共同刊行：長井市古代の丘資料館 会期・会場：平成8年9月27日―11月4日 長井市古代の丘資料館〉

◇縄文土器は語る―発掘された太古のくらし 企画展 野馬追の里歴史民俗資料館編 原町 野馬追の里歴史民俗資料館 1996.8 46p 30cm （野馬追の里歴史民俗資料館企画展図録 第3集）〈会期：平成8年8月10日～11月24日〉

◇縄文の記憶 室井光広著 紀伊国屋書店 1996.8 202p 20cm 1800円 ⓘ4-314-00746-X

◇縄文学への道 小山修三著 日本放送出

縄文時代

版協会　1996.7　252p　19cm　（NHK ブックス 769）　950円　①4-14-001769-4

◇縄文期貝塚関係文献目録　杉山博久編 刀水書房　1996.7　226p　27cm　〈付・執筆者索引〉　10300円　①4-88708-187-1

◇縄文人の一生―北村遺跡に生きた人びと 1996年夏季企画展図録　長野県立歴史館編　更埴　長野県立歴史館　1996.7　52p　30cm　〈会期：平成8年7月20日～8月25日〉

◇縄文人の世界　小林達雄著　朝日新聞社 1996.7　227p　19cm　（朝日選書 557）　1300円　①4-02-259657-0

◇よみがえる縄文人―悠久の時をこえて 渡辺誠著　学習研究社　1996.7　139p　24cm　（Gakken graphic books deluxe 3）　2000円　①4-05-400683-3

◇縄文学への道　小山修三著　日本放送出版協会　1996.6　252p　19cm　（NHK ブックス）　950円　①4-14-001769-4

◇縄文の衣―日本最古の布を復原　尾関清子著　学生社　1996.5　246p　20cm　2266円　①4-311-20201-6

◇東京国立博物館図版目録　縄文遺物篇　東京国立博物館編　中央公論美術出版 1996.5　147p　26cm　4800円　①4-8055-0311-4

◇海の邪馬台国―三内丸山遺跡が古代史の定説を変えた　邦光史郎著　祥伝社 1996.4　250p　16cm　（ノン・ポシェット）　550円　①4-396-31077-3

◇日本の古代　4　縄文・弥生の生活　岸俊男ほか編　森浩一編　中央公論社 1996.1　476p 図版16枚　16cm　（中公文庫）〈監修：貝塚茂樹ほか〉　1200円 ①4-12-202523-0

◇豊かな恵みの中で―なすの縄文人　栃木県立なす風土記の丘資料館編　〔宇都宮〕　栃木県教育委員会　1995.10　64p　30cm　（企画展図録 第3回）〈会期：平成7年10月4日～11月19日〉

◇縄文時代展―自然とともに生きた人々　対外交流史2　福岡市博物館編　福岡　福岡市博物館　1995.9　135p　30cm　〈会期：平成7年9月23日～11月12日〉

◇日本超古代宗教の謎―現代に呼びかける縄文の神々　佐治芳彦著　日本文芸社 1995.4　235p　15cm　（にちぶん文庫）　480円　①4-537-06270-3

◇縄文発信―「じょうもん発信展」関連事業報告　岩手県立博物館編　盛岡　岩手県文化振興事業団　1995.3　174p　26cm （岩手県立博物館調査研究報告書 第11冊）〈記念講演「縄文の世界」シンポジウム「亀ケ岡文化の北と南」〉

◇縄文時代―資料観覧の手びき　平成6年度第1回小企画展示　〔船橋〕　〔船橋市郷土資料館〕　〔1994〕　28p　26cm

◇原日本人―弥生人と縄文人のナゾ　朝日新聞社　1993.10　254p　21cm　（朝日ワンテーママガジン 14）　1300円　①4-02-274014-0

◇火山灰と南九州の縄文文化　新東晃一著, 南九州縄文研究会編集委員会編　姶良町（鹿児島県）　南九州縄文研究会　1993.9 86p　21cm　（南九州縄文研究 第1集）〈追悼・恩師鎌木義昌先生を偲んで〉

◇青い森の縄文人とその社会―縄文時代中期・後期編　青森県埋蔵文化財調査センター編　青森　青森県文化財保護協会　1992.3　195p　26cm　（図説ふるさと青森の歴史シリーズ 2）〈共同刊行：青森県教育委員会　文献あり〉

◇縄文時代―うつわ　埼玉県埋蔵文化財調査事業団編　大里村（埼玉県）　埼玉県立埋蔵文化財センター　1991.11　1枚 26cm　（考古百科 5）

◇縄文時代―まつり　埼玉県埋蔵文化財調査事業団編　大里村（埼玉県）　埼玉県立埋蔵文化財センター　1991.11　1枚 26cm　（考古百科 6）

◇縄文時代―身装具　埼玉県埋蔵文化財調査事業団編　大里村（埼玉県）　埼玉県立埋蔵文化財センター　1991.11　1枚 26cm　（考古百科 7）

◇縄文時代―木の道具　埼玉県埋蔵文化財調査事業団編　大里村（埼玉県）　埼玉県立埋蔵文化財センター　1991.11　1枚 26cm　（考古百科 8）

◇日本美縄文の系譜　宗左近著　新潮社 1991.4　267p　20cm　（新潮選書）〈付：参考文献〉　1200円　①4-10-600396-1

◇図説日本の古代　第3巻　コメと金属の時代―縄文時代晩期～弥生時代　森浩一

◇著　中央公論社　1989.11　158p　27cm　3200円　⓪4-12-402793-1

◇人間の美術　1　縄文の神秘―縄文時代　梅原猛, 渡辺誠著　学習研究社　1989.11　175p　31cm　〈監修：梅原猛〉　3500円　⓪4-05-102344-3

◇図説日本の古代　第2巻　木と土と石の文化―旧石器時代～縄文時代後期　森浩一著　中央公論社　1989.9　158p　27cm　〈参考文献・基礎年表：p151～153〉　3200円　⓪4-12-402792-3

◇津軽海峡縄文美術展図録　青森県立郷土館編　青森　青森県立郷土館　1988.7　86p　26cm　〈会期：1988.7.7～9.18〉

◇縄文の神話　吉田敦彦著　青土社　1987.12　322p　20cm　2200円

◇縄文時代の生活　〔市原〕　市原市文化財センター　1987.3　32p　26cm　（市原の遺跡　2）

◇旧石器・縄文の時代　藤森栄一著　学生社　1986.8　455p　21cm　（藤森栄一全集　第12巻）　5600円

◇日本古代史　2　縄文との対話―文化の源流をさぐる　坪井清足責任編集　集英社　1986.7　253p　20cm　〈監修：坪井清足, 直木孝次郎　編集：日本アート・センター〉　1600円　⓪4-08-188002-6

◇日本の古代　第4巻　縄文・弥生の生活　岸俊男ほか編　森浩一編　中央公論社　1986.6　408p　図版32p　21cm　〈監修：貝塚茂樹ほか〉　2200円　⓪4-12-402537-8

◇怨霊と縄文　梅原猛著　徳間書店　1985.1　220p　16cm　（徳間文庫）　300円　⓪4-19-597785-1

◇縄文時代の服飾―服飾の起源の考察　桐生和夫, 桐生真利江共著　船橋　桐生和夫　1984.9　59p　21cm

◇私の縄文美術鑑賞　宗左近著　新潮社　1983.5　204p　20cm　（新潮選書）〈主要参考文献一覧：p202～204〉　850円　⓪4-10-600242-6

◇東海の縄文時代―特別展　名古屋市博物館編　〔名古屋〕　名古屋市博物館　1982.7　88p　26cm　〈折り込図1枚　会期：1982.7.24～9.5〉

◇怨霊と縄文―日本学の饗宴　梅原猛著　朝日出版社　1979.10　216p　19cm　980円

◇八幡一郎著作集　第2巻　縄文文化研究　雄山閣出版　1979.7　422p　22cm　〈編集代表：江上波夫〉　5800円

◇^{14}C年代からみた九州地方縄文時代の編年　坂田邦洋著　別府　広雅堂書店　1979.1　36p　26cm　（別府大学考古学研究室報告　第2冊）

◇世界考古学大系　第1巻　日本　1　先縄文・縄文時代　八幡一郎編　平凡社　1975　149, 21p　図48枚　地図　27cm　〈第2版(初版：昭和34年刊)〉　3200円

◇日本古代史の旅　2　縄文・弥生―日本のあけぼの　小学館　1975　182p（図共）　20cm　〈監修：児玉幸多, 奈良本辰也, 和歌森太郎〉　950円

◇縄文の幻想―先史芸術と現代芸術　文：宇佐見英治, 写真：田枝幹宏　京都　淡交社　1974　245p（図共）　22cm　1500円

◇稲作以前　佐々木高明著　日本放送出版協会　1971　316p　19cm　（NHKブックス）　480円

◇縄文文化と弥生大革命―人間は日本で進化した　林信二郎著　大阪　ハヤシシチェーン　1970　242p　19cm　700円

◇日本の考古学　第2　縄文時代　鎌木義昌編　河出書房新社　1965　462p　図版表　20cm

◇日本考古学講座　第3巻　縄文文化　杉原荘介編　河出書房　1956　427p　図版　21cm

縄文土器　じょうもんどき

縄文時代に製作・使用された土器の総称。北海道～九州南方の諸島に分布。その名はE. S. モースが明治10年（1877年）に発掘した大森貝塚の縄目文様をもつ土器をcord marked potteryと説明したことに由来し、明治・大正期には貝塚土器、石器時代土器、アイノ式土器などとも呼ばれた。黒褐色、茶褐色の軟質土

器で、文様には縄目文のほか沈線文、押型文などがある。製法は巻上げ法、手づくね法など、底部から一段ずつ粘土帯を積み上げてゆく方法が一般的であった。焼成のための特別な施設はなく野天で焼かれ、約700〜900℃程度の焼成温度と推定される。器形は基本的に深鉢形と浅鉢形に分けられ、ほかに香炉形土器、双口土器、注口土器などがある。縄文土器は年代、地域によって様式が異なるため、草創・早・前・中・後・晩期の6区分、さらに各時期は10段階前後の様式上の変遷に細分され、縄文時代のすべての文物に相対的な時間的先後関係を与える基準とされている。最も古い土器は1万年以上前の年代が想定される。

◇文化としての縄文土器型式　川崎保著　雄山閣　2009.6　217p　21cm　3500円　①978-4-639-02095-0

◇縄文土器の文様構造―縄文人の神話的思考の解明に向けて　石井匠著　アム・プロモーション　2009.3　216p　26cm　〈未完成考古学叢書 7〉　3000円　①978-4-944163-40-3

◇総覧縄文土器―小林達雄先生古希記念企画　小林達雄編　アム・プロモーション　2008.6　1322p　31cm　〈刊行者：『総覧縄文土器』刊行委員会　文献あり〉　15750円　①978-4-944163-37-3

◇縄紋土器と弥生土器　佐原真著、春成秀爾編　学生社　2008.2　373p　22cm　〈文献あり〉　5800円　①978-4-311-30069-1

◇火焔土器前夜―資料集　小林達雄監修、佐藤雅一、阿部昭典編　〔津南町（新潟県）〕　信濃川火焔街道連携協議会　2007.9　226p　30cm　〈津南学叢書 第5輯〉　〈会期・会場：平成19年9月29日—30日　マウンテンパーク津南　共同刊行：津南町教育委員会〉

◇智頭枕田遺跡の縄文土器　智頭町教育委員会編　智頭町（鳥取県）　智頭町教育委員会　2007.3　63p　30cm

◇土器研究の新視点―縄文から弥生時代を中心とした土器生産・焼成と食・調理　大手前大学史学研究所編著, 長友朋子編　六一書房　2007.3　340p　21cm　〈考古学リーダー 9〉　〈会期・会場：2005年11月26日—27日　大手前大学西宮キャンパス　文献あり〉　3800円　①978-4-947743-46-6

◇縄文のメドゥーサ―土器図像と神話文脈　田中基著　現代書館　2006.11　366p　20cm　3200円　①4-7684-6929-9

◇縄文土器の技法　可児通宏著　同成社　2005.2　150p　19cm　〈考古学研究調査ハンドブック 2〉　1500円　①4-88621-312-X

◇縄文土器は変身する―北橘村歴史民俗資料館第28回企画展示会図録　北橘村教育委員会, 北橘村歴史民俗資料館編　〔北橘村（群馬県）〕　北橘村教育委員会　2004.10　26p　30cm

◇底の尖った土器―第39回企画展　笠懸野岩宿文化資料館編　〔笠懸町（群馬県）〕　笠懸野岩宿文化資料館　2004.10　49p　30cm　〈会期：平成16年10月9日—11月23日　重要文化財公開促進事業〉

◇火炎土器の研究　新潟県立歴史博物館編　同成社　2004.5　294p　27cm　〈文献あり〉　9500円　①4-88621-293-X

◇右撚り・左撚り―縄文の土器文様と紐の撚り　第9回企画展　長井　長井市教育委員会　2003.9　34p　30cm　〈会期：平成15年9月20日—11月3日　共同刊行：長井市古代の丘資料館〉

◇縄文土器の世界―第11回企画展　朝霞市博物館編　朝霞　朝霞市博物館　2002.10　37p　30cm　〈会期：平成14年10月12日—11月24日〉

◇縄文土器の研究―普及版　小林達雄著　学生社　2002.4　227p　26cm　3000円　①4-311-30481-1

◇北日本の縄文後期土器編年の研究　鈴木克彦著　雄山閣出版　2001.6　228p 図版51枚　27cm　16000円　①4-639-01734-0

◇特別展「顔がついた土器―縄文時代の人面付土器を中心に」図録　大田区立郷土博物館編　大田区　2001.6　68p　30cm　〈会期：平成13年6月3日—7月15日〉

◇縄紋土器研究の新展開　大塚達朗著　同

成社　2000.12　367p　27cm　15000円　①4-88621-209-3
◇火焔型土器をめぐる諸問題—笹山遺跡の謎に迫る　十日町市博物館編　十日町　十日町市博物館友の会　2000.10　37p　30cm
◇ジョウモネスク・ジャパン—火焔土器的こころ　新潟県立歴史博物館開館特別展図録　2000　長岡　新潟県立歴史博物館　2000.7　89p　30cm　〈他言語標題：Jomonesque Japan　会期：平成12年8月1日—9月17日〉
◇赤彩の考古学—2000年前の彩文土器と赤彩銅鐸　地底の森ミュージアム平成12年度特別企画展　仙台市歴史文化事業団仙台市富沢遺跡保存館編　仙台　仙台市歴史文化事業団仙台市富沢遺跡保存館　2000.7　59p　30cm　〈会期：平成12年7月19日—9月24日〉
◇縄文土器の知識　1　麻生優, 白石浩之著　改訂新版　東京美術　2000.5　173p　19cm　（基礎の考古学）　1300円　①4-8087-0679-2
◇縄文土器の知識　2　藤村東男著　改訂新版　東京美術　2000.5　160p　19cm　（基礎の考古学）　1300円　①4-8087-0680-6
◇縄文土器論集—縄文セミナー10周年記念論文集　縄文セミナーの会編　六一書房　1999.12　451p　27cm　7500円　①4-947743-04-2
◇縄文のちいさな土器たち—ミニチュア土器展　第3回特別企画展　東和町（岩手県）ふるさと歴史資料館　1999.7　22p　30cm
◇縄文土器の編年と社会　小林達雄編　雄山閣出版　1999.6　140p　27cm　（普及版・季刊考古学）　〈「季刊考古学　第17号, 第48号」の複製合本〉　2700円　①4-639-01620-4
◇縄文土器夢の立体絵文字　中島秀憲著　東洋出版　1998.11　230p　20cm　1300円　①4-8096-7269-7
◇縄文いのりとうたげ—北橘村歴史民俗資料館第15回企画展示会　特別企画展図録　北橘村教育委員会, 北橘村歴史民俗資料館編　〔北橘村（群馬県）〕　北橘村教育委員会　1998.10　60p　30cm　〈共同刊行：北橘村歴史民俗資料館〉

◇西と東の縄文土器—土器が語る縄文時代の日本列島　開館15周年記念特別展　北九州　北九州市立考古博物館　1998.9　55p　30cm
◇躍動する造形—西群馬の縄文土器　かみつけの里博物館開館記念特別展・第1回特別展図録　群馬町（群馬県）　かみつけの里博物館　1998.2　18p　30cm
◇愛鷹山麓の縄文時代遺跡と縄文土器　沼津市歴史民俗資料館　沼津　沼津市歴史民俗資料館　1997.12　23p　30cm
◇北橘村縄文土器図録　北橘村教育委員会編　北橘村（群馬県）　北橘村教育委員会　1997.3　70p　30cm
◇武蔵村山市出土の縄文土器　〔武蔵村山〕　武蔵村山市立歴史民俗資料館　1997.3　23p　30cm　（特別展解説書）　〈会期：平成9年3月23日～5月18日　引用・参考文献：p23〉
◇縄文の土器展—縄文人からのメッセージ　第十四回企画展　島田市博物館編　島田　島田市博物館　1997.1　55p　30cm　〈会期：平成9年1月18日—3月9日〉
◇日本土器事典　大川清ほか編　雄山閣出版　1996.12　1100p　27cm　25750円　①4-639-01406-6
◇歴史発掘　2　縄文土器出現　田中琢, 佐原真監修　泉拓良編　講談社　1996.11　174p　27cm　3398円　①4-06-265102-5
◇火焔土器研究の新視点—縄文人の技と心に迫る　十日町市博物館編　十日町　十日町市博物館　1996.10　67p　30cm
◇縄文土器は語る—発掘された太古のくらし　企画展　野馬追の里歴史民俗資料館編　原町　野馬追の里歴史民俗資料館　1996.8　46p　30cm　（野馬追の里歴史民俗資料館企画展図録　第3集）　〈会期：平成8年8月10日～11月24日〉
◇幻の縄文土器の時代—都筑区桜並遺跡の発掘調査の成果　横浜市歴史博物館企画展　横浜　横浜市歴史博物館　1996.1　14p　30cm　〈共同刊行：横浜市ふるさと歴史財団埋蔵文化財センター〉
◇縄文の炎—第20回岩手・藤沢野焼祭記念　藤沢町（岩手県）　藤沢野焼祭実行委員会　1995.6　91p　26cm
◇縄文土器のつくり方　千葉市立加曽利貝

縄文時代

塚博物館編　千葉　千葉市立加曽利貝塚博物館　1995.3　16p　30cm

◇縄文土器のメッセージ―土器が語る釈迦堂遺跡の世界　釈迦堂遺跡博物館編　一宮町（山梨県）　釈迦堂遺跡博物館　1993.9　32p　26cm

◇日本陶磁大系　第1巻　縄文　芹沢長介著　平凡社　1990.11　144p　27cm　3300円　①4-582-23501-8

◇縄文土器に魅せられて―ある土器作り人生　関勝著　講談社　1989.12　186p　20cm　〈著者の肖像あり〉　1500円　①4-06-204263-0

◇後期・晩期・続縄文　小林達雄編, 小川忠博撮影　小学館　1989.10　366p　37cm　（縄文土器大観 4）　40170円

◇縄文土器大観　1　草創期・早期・前期　小林達雄編, 小川忠博撮影　小学館　1989.4　358p　37cm　39000円　①4-09-699321-2

◇縄文土器大観　3　中期　2　小林達雄編, 小川忠博撮影　小学館　1988.10　317p　37cm　39000円　①4-09-699323-9

◇縄文土器大観　2　中期　1　小林達雄編, 小川忠博撮影　小学館　1988.4　333p　37cm　39000円　①4-09-699322-0

◇デザイン縄文紋様　中村竜雄編　下諏訪町（長野県）　中村竜雄　1987.5　40p　26cm　（中部高地縄文土器文様資料 2）　1000円

◇縄文土器大成　第3巻（後期）　野口義麿編, 芹沢長介, 坪井清足監修　講談社　1981.10　210p　38cm

◇縄文土器をつくる　後藤和民著　中央公論社　1980.7　232p　18cm　（中公新書）　480円

◇日本の原始美術　1　縄文土器　1　小林達雄著　講談社　1979.5　78p　31cm　1800円

◇濃飛の先史時代縄文土器と石器の神秘―特別展（昭和54年4月27日―5月27日）　関　岐阜県博物館　1979.4　21p　26cm

◇日本の原始美術　2　縄文土器　2　佐原真著　講談社　1979.1　78p　31cm　1800円

◇日本原始美術大系　1　縄文土器　坪井清足責任編集　小林達雄編　講談社　1977.2　217p（図共）　37cm　13000円

◇日本陶磁全集　1　縄文　佐藤雅彦等編集委員　坪井清足編集・解説　中央公論社　1976.12　79, 4p（図共）　34cm　〈監修：谷川徹三〉　2400円

◇縄文式土器のうつりかわり　青森　青森県立郷土館　1976　図〔38〕枚 48p　26cm

◇陶磁大系　1　縄文　芹沢長介著　平凡社　1975　141p（おもに図）　27cm　1700円

◇日本の美術　2　縄文式土器　江坂輝弥著　小学館　1975　209p（図共）　20cm　（ブック・オブ・ブックス）　750円

◇平凡社ギャラリー　12　縄文土器　文：針生一郎, 写真：田枝幹宏　平凡社　1974　1冊（頁付なし）　36cm　480円

◇縄文式土器について　八幡一郎述　大東急記念文庫　1961.1　45p　21cm　（文化講座シリーズ　第4回　第14巻）

◇土の芸術―土偶・土器・埴輪　野間清六著　美術出版社　1954　79p 図版64p　28cm

磨製石器
ませいせっき

石器時代に使われた石器のうちの「磨く」技術によって作られた石器類の総称。石製の砥石を用いて研ぎ減らすことで作られるが、初め打ち割る技術によって粗く形をつけ、磨きの効率をあげるために敲打（こうだ）によって割れ面の凹凸をならすこともある。後期旧石器時代には刃部だけを磨いた局部磨製石斧（せきふ）がある。縄文時代には小形局部磨製石斧、擦切石斧や、非実用的な石棒、石剣のほか、磨きあげて文様を刻み込む岩偶（がんぐう）などがあり、弥生時代になると太形蛤刃石斧、扁平片刃石斧、柱状片刃石斧などの磨製石斧類や、石包丁、大形石包丁などがある。多くは比較的磨きやすい岩石（砂岩、粘板岩、片岩類など）が用いられるが、弥生時代の太形蛤刃石斧には硬い安山岩、斑糲（はんれい）岩、閃緑岩が用いられている。

＊　　＊　　＊

◇犬山上野遺跡　3　石鏃　安藤栄編　名古屋　安藤栄　2009.10　1冊（ページ付なし）　26cm　〈和装〉

◇ストーンツールズ―縄文石器の世界　安中市ふるさと学習館編　安中　安中市ふ

るさと学習館　2008.10　79p　30cm　〈会期：平成20年10月24日―平成21年2月1日〉
◇縄文石器研究序論　大工原豊著　六一書房　2008.7　253p　27cm　8000円　①978-4-947743-62-6
◇日向洞窟遺跡西地区出土石器群の研究 1　佐川正敏, 鈴木雅編　六一書房　2006.11　136p　30cm　〈他言語標題：Lithic assemblage from the western terrace of the Hinata caves　「1」のサブタイトル：縄文時代草創期の槍先形尖頭器を中心とする石器製作址の様相　山形県東置賜郡高畠町所在〉　3500円　①4-947743-47-6
◇弥生時代の磨製石器　〔松江〕　島根県古代文化センター　2003.3　63p 図版2p　30cm　(島根県古代文化センター調査研究報告書 13)　〈共同刊行：島根県埋蔵文化財調査センターほか　文献あり〉
◇最古の磨製石器―岩宿時代1期の石斧の謎 第35回企画展 展示図録　笠懸野岩宿文化資料館編　笠懸町(群馬県)　笠懸野岩宿文化資料館　2002.9　51p　30cm　〈会期：平成14年8月3日―10月28日〉
◇縄文時代の信仰―土偶と石棒　〔長岡〕　長岡市立科学博物館　1997.3　13p　26cm　(科学博物館資料シリーズ no.7)　〈他言語標題：Ritual objects of Jomon period　英文併記〉

骨角器
こっかくき

　獣類の骨・角・歯牙や魚骨・鳥骨などで作った道具。後期旧石器時代から骨角器の生産が高まり、各種の骨や角から、槍先や銛頭のような狩猟具、針や錐、尖頭器などの利器、容器、また、櫛、首飾、耳飾といった装飾品などが作られている。骨器の材料としては、主としてシカの中手・中足骨や尺骨、鳥骨、鯨骨などが利用され、魚骨でもエイの尾棘(びきょく)などが使用されている。日本において最も古い骨器は、旧石器時代に属する岩手県花泉町金森遺跡から出土した、野牛の肋骨を利用した尖頭器である。骨器はその後縄文時代には盛行したが、弥生時代以降、利器としての利用は金属器に変わり衰退した。

＊　　＊　　＊

◇骨角器集成―東京国立博物館所蔵　東京国立博物館編　同成社　2009.5　333p　38cm　〈文献あり〉　30000円　①978-4-88621-482-9
◇東京国立博物館図版目録 縄文遺物篇骨角器　東京国立博物館編　中央公論美術出版　2003.5　277p　26cm　9500円　①4-8055-0445-5
◇打製骨器論―旧石器時代の探求　小野昭著　東京大学出版会　2001.1　290p　27cm　〈文献あり〉　12000円　①4-13-026201-7
◇東北の骨角器―桧野照武氏旧蒐品 天理ギャラリー第104回展　天理大学附属天理参考館編　天理ギャラリー　1996.9　24p　26cm　〈会期：1996年10月7日～11月30日〉
◇日本食肉史基礎資料集成　第600輯　貝塚と骨角器　栗田奏二編　岡村道雄著　栗田　〔1996〕　1冊　26cm　〈電子複写〉

竪穴住居
たてあなじゅうきょ

　地面を円形や方形に数十センチ掘りくぼめて、垂直に近い壁や平らな土間の床を作り、その上に屋根を架した半地下式の住居。一般的には一辺あるいは径が数メートルで、床面積が20～30平方メートル、内部には数本の柱穴のほか、炉、かまど、貯蔵穴、溝、工房などの付属施設や、時代や地域によっては埋甕、石壇などの宗教的遺構が付随することもある。縄文早期中ごろから定住化が進み、特に東日本を中心に竪穴住居が発展、最盛期の縄文中期になると、100軒を超える竪穴住居群が環状集落を形成する遺跡も多い。弥生時代から古墳・奈良時代にかけて西日本でも普遍化し、中世まで続いた。夏涼冬暖で日本の風土に適しており、建て替えが容易などの利点があるが、多湿や上屋構造材の耐久性の低さ、火災になりやすいといった欠点もある。

＊　　＊　　＊

◇縄文研究の新地平　続　小林謙一, セツルメント研究会編　六一書房　2008.6　235p　21cm　(考古学リーダー 15)　〈続のサブタイトル：竪穴住居・集落調査のリサーチデザイン　会期・会場：2006年10月14日 駒沢大学〉　3500円　①978-4-947743-63-3
◇縄文集落研究の新地平―シンポジウム 発

表要旨　4　セツルメント研究会　2006.10　24p　30cm　〈「4」のサブタイトル：竪穴住居・集落調査のリサーチデザイン　会期・会場：2006年10月14日　駒沢大学1-102教室〉

◇縄文のイエとムラの風景—御所野遺跡　高田和徳著　新泉社　2005.5　93p　21cm　（シリーズ「遺跡を学ぶ」15）〈文献あり〉　1500円　Ⓘ4-7877-0535-0

◇復原住居と竪穴住居址見学のしおり—松ノ木遺跡と下高井戸塚山遺跡　杉並区立郷土博物館編　杉並区立郷土博物館　2004.11　4枚　26cm

◇縄文遺跡の復原　林謙作, 岡村道雄編　学生社　2000.4　248p　20cm　2200円　Ⓘ4-311-20233-4

◇古代住居・寺社・城郭を探る—住居の復元、耐震性の解明、構造の研究、解体修理　平尾良光, 松本修自編　国土社　1999.11　47p　30cm　〈文化財を探る科学の眼 6〉　2500円　Ⓘ4-337-21106-3

◇復原住居と竪穴住居址見学のしおり—松ノ木遺跡と下高井戸塚山遺跡　〔東京〕杉並区教育委員会社会教育部振興課　〔1990〕　5p　26cm

貝塚
かいづか

　人々が貝類を採取し食べた後に捨てた貝殻が堆積してできた遺跡。貝殻の炭酸カルシウムによる土壌中和作用の結果、通常残りにくい人骨・獣骨などがよく保存されるため、当時の人々の食糧・生活や環境の復元に有効な資料が得られる。ヨーロッパでは中石器時代以後、日本では縄文時代から弥生時代中期までのものがみられる、2000ヵ所以上の貝塚が知られている。本州では仙台湾、東京湾、霞ヶ浦沿岸、渥美湾、瀬戸内海の島々、児島湾、九州地方では有明湾などに多く、その大半は縄文時代に属する。動物骨の出土も多く、北海道オホーツク文化期のモヨロ貝塚は海獣狩猟の形跡が注目されている。明治11年（1878年）末、アメリカの動物学者モースが行った大森貝塚の調査は日本考古学の発祥となった。

*　　　*　　　*

◇東京湾巨大貝塚の時代と社会　阿部芳郎編　雄山閣　2009.11　267p　21cm　（明治大学日本先史文化研究所　先史文化研究の新視点 1）　3000円　Ⓘ978-4-639-02114-8

◇貝塚とは何か—縄文から近代まで神奈川の貝塚にみる貝塚観の変移　神奈川県考古学会編　〔藤沢〕　神奈川県考古学会　2009.3　100p　30cm　（考古学講座 平成20年度）〈会期・会場：平成21年3月8日　横浜市歴史博物館講堂　文献あり〉

◇阿武隈川下流域における縄文貝塚の研究—土浮貝塚　東北大学大学院文学研究科考古学研究室編著　角田　角田市教育委員会　2008.3　104p 図版〔28〕枚　30cm　〈角田市文化財調査報告書 第33集〉〈文献あり〉

◇貝が語る縄文海進—南関東、+2℃の世界　松島義章著　横浜　有隣堂　2006.12　219, 3p　18cm　（有隣新書）〈文献あり〉　1000円　Ⓘ4-89660-198-X

◇日本考古学の原点—大森貝塚　加藤緑著　新泉社　2006.12　93p　21cm　（シリーズ「遺跡を学ぶ」31）　1500円　Ⓘ4-7877-0731-0

◇吉備の縄文貝塚　河瀬正利著　岡山　吉備人出版　2006.6　167p　21cm　（吉備考古ライブラリィ 14）〈文献あり〉　1600円　Ⓘ4-86069-121-0

◇縄文の社会構造をのぞく—姥山貝塚　堀越正行著　新泉社　2005.9　93p　21cm　（シリーズ「遺跡を学ぶ」19）〈文献あり〉　1500円　Ⓘ4-7877-0539-3

◇考古資料大観　第12巻　高宮広衛, 知念勇責任編集　小学館　2004.5　357p　37cm　40000円　Ⓘ4-09-699762-5

◇北辺の海の民—モヨロ貝塚　米村衛著　新泉社　2004.2　93p　21cm　（シリーズ「遺跡を学ぶ」1）　1500円　Ⓘ4-7877-0431-1

◇鳥浜貝塚—縄文人のタイムカプセル　森川昌和著　未来社　2002.3　142p　22cm　1800円　Ⓘ4-624-11189-3

◇貝塚に学ぶ　酒詰仲男著　新装版　学生社　2001.12　257p　20cm　2400円　Ⓘ4-311-20249-0

◇縄文人と貝塚—関東における埴輪の生産と供給　シンポジウム　日本考古学協会, 茨城県考古学協会編　学生社　2001.10　228p　26cm　〈会期・会場：1995年11月11日—12日　ひたちなか市文化会館〉

6800円 ⓘ4-311-30328-9
◇モース博士と大森貝塚—大森貝塚ガイドブック 品川区立品川歴史館編 改訂版 品川区立品川歴史館 2001.9 40p 26cm 〈付属資料：1枚 奥付の責任表示（誤植）：品川区品川歴史館 年譜あり 文献あり〉
◇東邦大学と大森貝塚 東邦大学習志野図書館編 船橋 東邦大学習志野図書館 2000.9 40p 21cm ⓘ4-89630-028-9
◇上高津貝塚ふるさと歴史の広場常設展示図録 上高津貝塚ふるさと歴史の広場編 土浦 上高津貝塚ふるさと歴史の広場 2000.3 63p 30cm 〈背のタイトル：常設展示図録〉
◇内海の貝塚—縄文人と海とのかかわり 上高津貝塚ふるさと歴史の広場編 土浦 上高津貝塚ふるさと歴史の広場 2000 71p 30cm 〈第5回特別展：平成12年3月18日—5月7日〉
◇古墳・貝塚・鉄器を探る—画像処理、地下遺構探査、酸素同位体比、微量元素分析、年輪年代 平尾良光,山岸良二編 国土社 1999.6 55p 31cm 〈文化財を探る科学の眼 4〉 2500円 ⓘ4-337-21104-7
◇貝塚を考える—特別展 松戸市立博物館編 松戸 松戸市立博物館 1999.3 79p 30cm 〈会期：平成11年3月27日—5月16日〉
◇貝層の研究 1 〔千葉〕 千葉市立加曽利貝塚博物館 1999.3 172p 26cm （貝塚博物館研究資料 第5集）
◇貝塚人の暮らす海—特別展図録 玉里村立史料館編 玉里村（茨城県） 玉里村立史料館 1999.1 84p 30cm 〈会期：平成11年1月23日—3月14日〉
◇岩手の貝塚 岩手県教育委員会事務局文化課編 盛岡 岩手県教育委員会 1998.3 186p 30cm （岩手県文化財調査報告書 第102集）
◇東海の貝塚—食べる・祈る・葬る 安城市歴史博物館編 安城 安城市歴史博物館 1998.2 63p 30cm 〈企画展：平成10年2月14日—3月29日〉
◇加曽利貝塚 〔千葉〕 〔千葉市立加曽利貝塚博物館〕 〔1997〕 23p 30cm

◇縄文期貝塚関係文献目録 杉山博久編 刀水書房 1996.7 226p 27cm 〈付・執筆者索引〉 10300円 ⓘ4-88708-187-1
◇日本食肉史基礎資料集成 第600輯 貝塚と骨角器 栗田奏二編 岡村道雄著 栗田 〔1996〕 1冊 26cm 〈電子複写〉
◇私たちのモース—日本を愛した大森貝塚の父 東京都大田区立郷土博物館編 大田区立郷土博物館 1990.9 72p 21cm 〈モースの肖像あり〉
◇はるかなりモヨロの里—貝塚に魅せられた米村喜男衛の一生 吉樹朔生作,高田勲絵 くもん出版 1987.4 173p 22cm （くもんノンフィクション・愛のシリーズ） 1100円 ⓘ4-87576-236-4
◇地中にねむる古代をさがせ—大森貝塚を発見したモース博士 中尾明作,高田勲絵 PHP研究所 1987.2 149p 22cm （PHPこころのノンフィクション） 1100円 ⓘ4-569-28352-7
◇史跡山崎貝塚—環境整備報告書 野田市郷土博物館編 野田 野田市教育委員会 1985.3 22p 図版20p 26cm
◇房総のあけぼの 1 貝塚と弥生のむら 千葉県教育庁文化課編 千葉 千葉県教育委員会 1984.3 181p 19cm （ふるさとの遺跡シリーズ 1）
◇化石の知識—貝塚の貝 江坂輝弥著 東京美術 1983.12 161p 19cm （考古学シリーズ 9） 980円 ⓘ4-8087-0191-X
◇貝塚の調べかた 直良信夫著 さ・え・ら書房 1969.2 198p 22cm （さ・え・ら文庫）
◇立教大学博物館学講座研究報告 第1-2 立教大学博物館学講座 1961-1963 2冊 26cm
◇モヨロ貝塚資料集 米村喜男衛著 網走 網走郷土博物館 1950 82p 図版62枚 27cm
◇貝塚の話—初めて先史学を学ぶ人々に 酒詰仲男著 彰考書院 1948 232p 図版 19cm

屈葬
くっそう

死体の腕脚を折り曲げてしゃがみこんだ姿勢

で埋葬する方法。座葬とも呼ばれ、日本では縄文時代に多く見られる。屈葬にする理由は、それぞれの民族・文化によって異なり、恐ろしい死霊を封じ込めて生者に災いがないようにする、胎児の姿勢をとらせることによって母なる胎内への回帰と再生を願う、墓穴を掘る労力の軽減などが考えられる。屈葬は現在でも世界各地に広くみられる葬法である。ヨーロッパでは後期旧石器時代から出現するが、日本で最古の例は約1万7000年前の屈葬人骨で、大分県岩戸遺跡から発見されている。

*　　*　　*

◇「お葬式」の日本史―いまに伝わる弔いのしきたりと死生観　新谷尚紀監修　青春出版社　2003.7　187p　18cm　(プレイブックス・インテリジェンス)　700円　①4-413-04063-5

土偶
どぐう

　広義には土製の人形全般、狭義には、縄文時代の遺跡から多く出土する素焼きの土製人形を指す。縄文時代の比較的早い時期に出現し、以後一貫して各時期に存続する。乳房や臀部を誇張した女性像が大部分で、男性を表すのはまれである。動物土偶は、縄文時代後期から晩期にかけて主に東日本でみられ、猪が最も多い。他に犬、猿、熊、ムササビ、亀、ゲンゴロウなど、いずれも食糧などとして生活に密着した動物が選ばれた。用法・製作目的には諸説あり、動植物の繁殖、豊饒への祈願などが考えられるが、土偶が完全な形で発見される場合は極めて少なく、どこかの部分が欠損していることから、病気やけがなどの身代りであったとする解釈もある。

*　　*　　*

◇土偶展―第13回企画展　長井　山形県長井市教育委員会　2009.9　31p　30cm　〈会期・会場：平成21年9月15日―11月8日　古代の丘資料館　共同刊行：長井市古代の丘資料館〉

◇土偶王国―いわてドグウ・ガイドブック　キュートな土偶たちの魅力が満載!!　さかいひろこ, 米山みどり共著　紫波町(岩手県)　ツーワンライフ出版　2009.6　106p　21cm　〈索引あり〉　952円　①978-4-924981-68-3

◇土偶―近畿地方を中心に　〔堺〕　大阪府文化財センター　〔2008〕　76p　30cm　((財)大阪府文化財センター・弥生文化博物館共同研究発表会 2007年度)　〈会期・会場：2008年3月9日　大阪府立弥生文化博物館　文献あり〉

◇渦巻く縄文の奇跡―発見！土偶にメビウスの帯　大谷幸市著　〔北名古屋〕〔大谷幸市〕　2007.5　208p　21cm

◇山野を駆ける土偶―その移り変わりと祈りの道具　第10回特別展　上高津貝塚ふるさと歴史の広場編　土浦　上高津貝塚ふるさと歴史の広場　2005.3　76p 図版8p　30cm　〈会期：2005年3月19日―5月8日　文献あり〉

◇土偶―いのちへのまなざし　一関市博物館編　一関　一関市博物館　2002.6　11p　30cm

◇縄文土偶と女神信仰　渡辺仁著　同成社　2001.5　386p　27cm　〈文献あり〉　15000円　①4-88621-223-9

◇遮光器土偶と縄文社会　金子昭彦著　同成社　2001.2　261p　22cm　(ものが語る歴史シリーズ 4)　4500円　①4-88621-217-4

◇土偶研究の地平―「土偶とその情報」研究論集　4　「土偶とその情報」研究会編　勉誠社　2000.2　438p　27cm　〈文献あり〉　16000円　①4-585-10072-5

◇縄文の幻想　宇佐見英治著　平凡社　1998.6　309p　16cm　(平凡社ライブラリー)　1200円　①4-582-76250-6

◇土偶研究の地平―「土偶とその情報」研究論集　2　「土偶とその情報」研究会編　勉誠社　1998.2　419p　27cm　〈文献あり〉　11500円　①4-585-10032-6

◇縄文人の顔―土偶・土面から見た素顔　第21回特別展図録　大宮市立博物館編　大宮　大宮市立博物館　1997.10　48p　30cm　〈会期：平成9年10月10日―11月30日〉

◇歴史発掘　3　縄文の土偶　田中琢, 佐原真監修　藤沼邦彦著　講談社　1997.7　174p　27cm　3398円　①4-06-265103-3

◇縄文時代の信仰―土偶と石棒　〔長岡〕　長岡市立科学博物館　1997.3　13p　26cm　(科学博物館資料シリーズ no.7)　〈他言語標題：Ritual objects of Jomon period　英文併記〉

◇土偶研究の地平　「土偶とその情報」研究会編　勉誠社　1997.2　439p　27cm　（「土偶とその情報」研究論集 1）　9991円　①4-585-10019-9
◇東北地方の土偶　東北歴史資料館編　多賀城　東北歴史資料館　1996.11　49p　30cm
◇縄文土偶の神話学―殺害と再生のアーケオロジー　吉田敦彦著　名著刊行会　1986.4　257p　20cm　（さみっと双書）〈付説：古川のり子〉　1800円
◇日本の原始美術　5　土偶　水野正好著　講談社　1979.3　78p　31cm　1800円
◇日本陶磁全集　3　土偶・埴輪　佐藤雅彦ほか編　小林達雄, 亀井正道編集・解説　中央公論社　1977.12　79, 4p　34cm　〈監修：谷川徹三〉　2400円
◇日本原始美術大系　3　土偶埴輪　坪井清足責任編集　永峰光一, 水野正良編　講談社　1977.7　219p（図共）　37cm　13000円
◇縄文の幻想―先史芸術と現代芸術　文：宇佐見英治, 写真：田枝幹宏　京都　淡交社　1974　245p（図共）　22cm　1500円
◇日本の土偶　田枝幹宏写真, 野口義麿解説　紀伊国屋書店　1959　図版154p（解説共）図版　28cm
◇土の芸術―土偶・土器・埴輪　野間清六著　美術出版社　1954　79p　図版64p　28cm

弥生時代

弥生時代　やよいじだい

　縄文時代に続き、古墳時代に先行するほぼ前4～後3世紀までの約800年間。イネを主とし、ムギ、アワ、キビ、ダイズなどを栽培する本格的な農耕に加え、鉄器や青銅器の使用・製作、紡織など、中国・朝鮮半島からの新来的要素によって特徴づけられると同時に、竪穴住居、土器、打製石器など縄文文化からの伝統的要素の継承も色濃く認められる。弥生時代は大きく3期に分けられ、九州の遠賀川流域で多く発見される有文の遠賀川式土器が伊勢湾沿岸にまで伝播した時期を前期、九州に無文土器が発生し中国・四国・近畿に櫛文土器が発達した時期を中期、櫛文土器が九州・東日本に及び、次いで無文土器が主流となる時期を後期と呼ぶ。前期には日本種のイネが栽培され、農耕具を主とする鉄器が中国や朝鮮半島から輸入された。中期には環濠集落が形成され、青銅器生産が盛んになった。後期には鉄器が普及し石器の数が次第に減少、部族的な小国家が出現し、支配・被支配の関係が生じることで地域社会が政治的にまとまりはじめ、強力な国家の発生する古墳時代へと発展していく。

◇弥生時代の考古学　5　食糧の獲得と生産　設楽博己, 藤尾慎一郎, 松木武彦編　同成社　2009.9　248p　26cm　5000円　⓵978-4-88621-489-8

◇農耕の起源を探る―イネの来た道　宮本一夫著　吉川弘文館　2009.8　254p　19cm　（歴史文化ライブラリー 276）　1800円　⓵978-4-642-05676-2

◇大和弥生文化の特質　川部浩司著　学生社　2009.6　408p　21cm　9500円　⓵978-4-311-30495-8

◇安曇族と徐福―弥生時代を創りあげた人たち　亀山勝著　長野　竜鳳書房　2009.4　377p　20cm　〈年表あり　文献あり〉　1900円　⓵978-4-947697-37-0

◇大型建物から見えてくるもの―弥生時代のまつりと社会　平成21年度春季特別展　第1回滋賀・大阪博物館連携企画「弥生建物を探る」　滋賀県立安土城考古博物館編　安土町（滋賀県）　滋賀県立安土城考古博物館　2009.4　109p　30cm　〈会期：平成21年4月25日―6月14日〉

◇弥生時代の考古学　6　弥生社会のハードウェア　設楽博己, 藤尾慎一郎, 松木武彦編　同成社　2009.4　254p　26cm　5000円　⓵978-4-88621-459-1

◇弥生農耕のはじまりとその年代　西本豊弘編　雄山閣　2009.3　162p　30cm　（新弥生時代のはじまり　第4巻）　3200円　⓵978-4-639-02079-0

◇弥生時代の考古学　2　弥生文化誕生　設楽博己, 藤尾慎一郎, 松木武彦編　同成社　2009.1　226p　26cm　5000円　⓵978-4-88621-475-1

◇北部九州弥生・古墳社会の展開―邪馬台国への道のり　井上裕弘著　福岡　梓書院　2008.9　285p　図版4p　22cm　2667円　⓵978-4-87035-320-6

◇弥生時代の考古学　8　集落からよむ弥生社会　設楽博己, 藤尾慎一郎, 松木武彦編　同成社　2008.9　266p　26cm　〈文献あり〉　5000円　⓵978-4-88621-446-1

◇弥生時代の考古学 7 儀礼と権力 設楽博己, 藤尾慎一郎, 松木武彦編 同成社 2008.5 232p 26cm 〈文献あり〉 5000円 Ⓘ978-4-88621-435-5

◇吉備の弥生集落 柳瀬昭彦著 岡山 吉備人出版 2007.8 175p 21cm (吉備考古ライブラリィ 16) 〈文献あり〉 1600円 Ⓘ978-4-86069-159-2

◇弥生はいつから!?―年代研究の最前線 人間文化研究機構国立歴史民俗博物館編 佐倉 人間文化研究機構国立歴史民俗博物館 2007.7 97p 30cm 〈会期・会場:2007年7月3日―9月2日 大学共同利用機関法人人間文化研究機構国立歴史民俗博物館 年表あり〉

◇弥生大形農耕集落の研究 秋山浩三著 青木書店 2007.6 887, 25p 22cm 18000円 Ⓘ978-4-250-20713-6

◇縄文時代から弥生時代へ 西本豊弘編 雄山閣 2007.5 185p 30cm (新弥生時代のはじまり 第2巻) 〈文献あり〉 3200円 Ⓘ978-4-639-01987-9

◇稲作とともに伝わった武器―平成19年春季特別展 大阪府立弥生文化博物館編 和泉 大阪府立弥生文化博物館 2007.4 133p 30cm (大阪府立弥生文化博物館図録 35) 〈会期・会場:4月28日―7月1日 大阪府立弥生文化博物館特別展示室 文献あり〉

◇縄文から弥生へ―農耕社会の形成と実年代 開館15周年記念・平成19年度春季特別展 滋賀県立安土城考古博物館編 安土町(滋賀県) 滋賀県立安土城考古博物館 2007.4 106p 30cm 〈会期・会場:平成19年4月28日―6月10日 滋賀県立安土城考古博物館 年表あり〉

◇弥生時代はどう変わるか―歴博フォーラム 炭素14年代と新しい古代像を求めて 広瀬和雄編 学生社 2007.3 210p 22cm 〈文献あり〉 2600円 Ⓘ978-4-311-30067-7

◇吉備の弥生大首長墓―楯築弥生墳丘墓 福本明著 新泉社 2007.2 93p 21cm (シリーズ「遺跡を学ぶ」 34) 1500円 Ⓘ978-4-7877-0734-5

◇弥生時代の戦い―戦いの実態と権力機構の生成 橋口達也著 雄山閣 2007.1 226p 22cm 〈文献あり〉 4000円 Ⓘ978-4-639-01958-9

◇弥生人躍動す―池上曽根と吉野ヶ里 平成18年秋季特別展 大阪府立弥生文化博物館編 和泉 大阪府立弥生文化博物館 2006.10 88p 30cm (大阪府立弥生文化博物館図録 34) 〈会期・会場:10月7日―12月3日 大阪府立弥生文化博物館特別展示室 池上曽根遺跡史跡指定30周年記念 文献あり〉

◇倭人の生きた環境―山陰弥生時代の人と自然環境 鳥取県教育委員会事務局妻木晩田遺跡事務所編 〔鳥取〕 鳥取県教育委員会 2006.9 34p 30cm (弥生文化シンポジウム 第7回) 〈会期・会場:平成18年9月10日 米子コンベンションセンター小ホール〉

◇弥生時代の新年代 西本豊弘編 雄山閣 2006.4 143p 30cm (新弥生時代のはじまり 第1巻) 〈年表あり〉 3200円 Ⓘ4-639-01931-9

◇弥生の大型建物とその展開―日本考古学協会2003年度滋賀大会シンポジウム1 広瀬和雄, 伊庭功編 彦根 サンライズ出版 2006.4 252p 19cm 2400円 Ⓘ4-88325-293-0

◇弥生の人びとの眠る場所―方形周溝墓と環濠集落 大塚・歳勝土遺跡国指定20周年遺跡公園開園10周年記念企画展 横浜市歴史博物館編 横浜 横浜市歴史博物館 2006.4 47p 30cm 〈会期・会場:平成18年4月8日―6月25日 横浜市歴史博物館〉

◇稲作とくらし 鳥取県埋蔵文化財センター編 〔鳥取〕 鳥取県埋蔵文化財センター 2006.3 55p 30cm (鳥取県の考古学 第2巻(弥生時代 1)) 〈年表あり〉

◇青銅器埋納地調査報告書 2(武器形青銅器編) 島根県教育委員会, 島根県埋蔵文化財調査センター, 島根県古代文化センター編 〔松江〕 島根県教育委員会 2006.3 163p 図版4p 30cm (島根県古代文化センター調査研究報告書 32) 〈共同刊行:島根県埋蔵文化財調査センターほか 文献あり〉

◇弥生実年代と都市論のゆくえ―池上曽根遺跡 秋山浩三著 新泉社 2006.1 93p 21cm (シリーズ「遺跡を学ぶ」 23) 〈文献あり〉 1500円 Ⓘ4-7877-0633-0

◇弥生後期集落の景観的研究　〔堺〕　大阪府文化財センター　〔2006〕　89p　30cm　((財)大阪府文化財センター・弥生文化博物館共同研究発表会2005年度)〈会期・会場：2006年3月12日　大阪府立弥生文化博物館〉

◇北陸の玉と鉄―弥生王権の光と影　平成17年秋季特別展　大阪府立弥生文化博物館編　和泉　大阪府立弥生文化博物館　2005.10　95p　30cm　(大阪府立弥生文化博物館図録32)〈会期・会場：平成17年10月4日―12月4日　大阪府立弥生文化博物館特別展示室　文献あり〉

◇東京国立博物館図版目録―弥生遺物篇　金属器　東京国立博物館編　増補改訂　中央公論美術出版　2005.5　229p　27cm　8500円　ⓇI4-8055-0502-8

◇稲作伝来　森岡秀人, 中園聡, 設楽博己著　岩波書店　2005.3　168, 7p　19cm　(先史日本を復元する4)　2900円　ⓇI4-00-006790-7

◇箸墓の歌―邪馬台国と倭国の物語・完　小椋一葉著　河出書房新社　2004.12　505p　20cm　〈年表あり〉　2800円　ⓇI4-309-22421-0

◇考古資料大観　第11巻　大沼忠春責任編集　小学館　2004.11　349p　37cm　ⓇI4-09-699761-7

◇銅鐸民族の謎―争乱の弥生時代を読む　臼田篤伸著　彩流社　2004.11　236p　20cm　〈文献あり〉　1800円　ⓇI4-88202-928-6

◇弥生文明と南インド　大野晋著　岩波書店　2004.11　334p　22cm　13000円　ⓇI4-00-002323-3

◇日本の初期農耕文化と社会　甲元真之著　同成社　2004.9　349p　22cm　8000円　ⓇI4-88621-298-0

◇古墳出現期の土器交流とその原理　比田井克仁著　雄山閣　2004.8　261, 11p　22cm　5700円　ⓇI4-639-01852-5

◇弥生時代の実年代―炭素14年代をめぐって　春成秀爾, 今村峯雄編　学生社　2004.6　253p　21cm　〈文献あり〉　2600円　ⓇI4-311-30059-X

◇九州弥生文化の特質　中園聡著　福岡　九州大学出版会　2004.2　646p　27cm　〈文献あり〉　14000円　ⓇI4-87378-818-5

◇弥生の習俗と宗教　金関恕著　学生社　2004.2　224p　22cm　2400円　ⓇI4-311-30056-5

◇揺らぐ考古学の常識―前・中期旧石器捏造問題と弥生開始年代　設楽博己編　佐倉　総研大日本歴史研究専攻, 吉川弘文館(発売)　2004.1　137p　21cm　(歴史研究の最前線 v.1)〈会期・会場：2003年7月5日　明治大学リバティータワー　共同刊行：国立歴史民俗博物館〉　900円　ⓇI4-642-07926-2

◇中国からみた日本の古代―新しい古代史像を探る　沈仁安著, 藤田友治, 藤田美代子訳　京都　ミネルヴァ書房　2003.11　398, 16p　20cm　(シリーズ〈古代史の探求〉5)　3500円　ⓇI4-623-03905-6

◇「弥生時代」の時間　大塚初重著　学生社　2003.10　234p　21cm　(大塚初重のレクチャー)〈文献あり〉　2400円　ⓇI4-311-30049-2

◇弥生変革期の考古学　藤尾慎一郎著　同成社　2003.10　260p　27cm　〈文献あり〉　9000円　ⓇI4-88621-280-8

◇弥生時代千年の問い―古代観の大転換　広瀬和雄, 小路田泰直編　ゆまに書房　2003.9　207p　21cm　(いさな叢書2)　1500円　ⓇI4-8433-0997-4

◇考古資料大観　第1巻　武末純一, 石川日出志責任編集　小学館　2003.8　368p　37cm　40000円　ⓇI4-09-699751-X

◇イネ、知られざる1万年の旅―大陸から水田稲作を伝えた弥生人　馬場悠男, 小田静夫監修, NHKスペシャル「日本人」プロジェクト編, 笠原秀構成・文　あかね書房　2003.4　39p　31cm　(NHK日本人はるかな旅4)　3000円　ⓇI4-251-09234-1

◇弥生創世記―検証・縄文から弥生へ　平成15年春季特別展　大阪府立弥生文化博物館編　和泉　大阪府立弥生文化博物館　2003.4　110p　30cm　(大阪府立弥生文化博物館26)〈他言語標題：Dawn of the Yayoi culture　会期：平成15年4月12日―6月15日　文献あり〉

◇弥生の村　武末純一著　山川出版社　2002.9　106p　21cm　(日本史リブレット3)〈文献あり〉　800円　ⓇI4-634-54030-4

◇2000年前の東アジア―弥生文化の再検討　村川行弘監修, 大阪経済法科大学アジア研究所編　大阪経済法科大学出版部　2002.4　179p　22cm　2600円　①4-87204-107-0

◇九州弥生文化の研究　柳田康雄著　学生社　2002.3　300p　22cm　8500円　①4-311-30480-3

◇弥生王墓の誕生―弥生社会の到達点　加悦町(京都府)　加悦町教育委員会　2002.3　119p　26cm　〈会期：平成12年5月28日　第5回加悦町文化財シンポジウム　共同刊行：加悦町〉

◇弥生の「ムラ」から古墳の「クニ」へ　大学合同考古学シンポジウム実行委員会編　学生社　2002.2　237p　20cm　〈年表あり〉　2200円　①4-311-20248-2

◇稲・金属・戦争―弥生 古代を考える　佐原真編　吉川弘文館　2002.1　284p　20cm　2700円　①4-642-02192-2

◇交流する弥生人―金印国家群の時代の生活誌　高倉洋彰著　吉川弘文館　2001.8　223p　19cm　(歴史文化ライブラリー123)　〈文献あり〉　1700円　①4-642-05523-1

◇弥生時代の祭祀と信仰―小さな銅鐸が使われていたころ　小山市立博物館編　小山　小山市立博物館　2001.4　53p　30cm　〈第42回企画展：平成13年4月22日―6月10日〉

◇弥生都市は語る―環濠からのメッセージ　平成13年春季特別展　大阪府立弥生文化博物館編　和泉　大阪府立弥生文化博物館　2001.4　203p　30cm　(大阪府立弥生文化博物館図録 22)　〈会期・会場：2001年4月21日―6月24日 大阪府立弥生文化博物館ほか〉

◇神々の源流―出雲・石見・隠岐の弥生文化　大阪府立弥生文化博物館編　和泉　大阪府立弥生文化博物館　2000.4　109p　30cm　(大阪府立弥生文化博物館図録20)　〈文化財保護法50年記念　平成12年春季特別展：平成12年4月22日―6月25日〉

◇旧石器・縄文・弥生時代　小和田哲男監修　岩崎書店　2000.4　47p　29cm　(人物・資料でよくわかる日本の歴史 1)　3000円　①4-265-04841-2, 4-265-10223-9

◇倭人をとりまく世界―2000年前の多様な暮らし 歴博フォーラム　国立歴史民俗博物館編　山川出版社　2000.4　193p　19cm　2500円　①4-634-60770-0

◇弥生時代の幕開け―縄文から弥生への移行期の様相を探る 公開セミナー 記録集　かながわ考古学財団編　横浜　かながわ考古学財団　2000.3　44p　30cm　〈会期・会場：1999年10月17日 県立神奈川近代文学館ホール　共同刊行：神奈川県教育福祉振興会〉

◇認知考古学の理論と実践的研究―縄文から弥生への社会・文化変化のプロセス　松本直子著　福岡　九州大学出版会　2000.2　250p　27cm　7000円　①4-87378-617-7

◇縄文人と「弥生人」―古人骨の事件簿　片山一道著　京都　昭和堂　2000.1　257p　20cm　2300円　①4-8122-0001-6

◇茨城県における弥生時代研究の到達点―弥生時代後期の集落構成から 十王台式土器制定60周年記念シンポジウム　茨城県考古学協会編　水戸　茨城県考古学協会　1999.11　174p　30cm　〈会期・会場：平成11年11月20・21日 十王町Jホール　付属資料：9p〉

◇縄文弥生移行期の土器と石器　佐藤由紀男著　雄山閣出版　1999.4　278p　22cm　(考古学選書)　3800円　①4-639-01599-2, 4-639-00055-3

◇弥生文化論―稲作の開始と首長権の展開　橋口達也著　雄山閣出版　1999.4　458p　27cm　15000円　①4-639-01601-8

◇よみがえる弥生の都市と神殿―池上曽根遺跡～巨大建築の構造と分析　摂河泉地域史研究会, 乾哲也編　批評社　1999.4　333p　21cm　3000円　①4-8265-0274-5

◇丹後の弥生社会を斬る―ムラ・墓・玉・鉄・土器 徹底検証2・巨大古墳への胎動　加悦町(京都府)　加悦町教育委員会　1999.3　118p　26cm　〈第4回加悦町文化財シンポジウム　共同刊行：加悦町〉

◇弥生の技術革新―野焼きから覆い焼きへ　東日本を駆け抜けた土器焼成技術 企画展　安城市歴史博物館編　安城　安城市歴史博物館　1999.2　55p　30cm

◇伊都国と卑弥呼の時代―前原市まちづくり講演会「伊都国発歴史の謎解き」　前

原市, 前原市教育委員会編　前原　前原市　〔1999〕　13p　30cm　〈会期・会場：1999年3月22日　伊都文化会館〉

◇縄文人と弥生人—その時代を生きた人々の表情　特別展　神戸市教育委員会文化財課編　神戸　神戸市教育委員会　1998.10　49p　30cm　500円

◇弥生時代の考古学　大塚初重ほか著　学生社　1998.9　327p　20cm　（シンポジウム「日本の考古学」3）〈シリーズ責任表示：網野善彦, 大塚初重, 森浩一監修〉　2400円　①4-311-40113-2

◇縄紋の祈り・弥生の心—森の神から稲作の神へ　平成10年春季特別展　大阪府立弥生文化博物館編　和泉　大阪府立弥生文化博物館　1998.4　117p　30cm　（大阪府立弥生文化博物館　16）

◇ムラの変貌—稲作と弥生文化　証される農耕集落　平成10年度春季特別展　滋賀県立安土城考古博物館編　安土町（滋賀県）　滋賀県立安土城考古博物館　1998.4　95p　30cm

◇加茂岩倉遺跡と古代出雲　佐原真編　雄山閣出版　1998.3　91p　26cm　（季刊考古学・別冊 7）　2300円　①4-639-01506-2

◇コメづくりの中の漁り—弥生農耕の周辺　静岡市立登呂博物館編　〔静岡〕　静岡市立登呂博物館　1998.3　64p　30cm　〈特別展登呂の時代シリーズ〉

◇大阪の弥生遺跡の検討—平成9年度広域研究活動支援事業活動実績報告書　大阪の弥生遺跡検討会編　寝屋川　大阪の弥生遺跡検討会　1998.2　124p　30cm

◇古代国家はこうして生まれた　都出比呂志編　角川書店　1998.2　276p　20cm　2100円　①4-04-821056-4

◇弥生の王国—吉野ヶ里遺跡の宝物展　指宿市考古博物館時遊館COCCOはしむれ編　指宿　指宿市教育委員会　1998.1　24p　30cm　〈平成9年度企画展示図録　会期：平成10年1月1日—2月1日〉

◇あさかの弥生文化—鉄斧とその時代　朝霞市博物館編　朝霞　朝霞市博物館　1997.10　42p　30cm　〈第1回企画展：平成9年10月14日—11月24日　折り込み1枚〉

◇縄紋から弥生への新歴史像　広瀬和雄編著　角川書店　1997.9　315p　20cm　2300円　①4-04-821054-8

◇歴史発掘 6　弥生の世界　田中琢, 佐原真監修　酒井竜一著　講談社　1997.9　173p　27cm　3398円　①4-06-265106-8

◇弥生文化の研究　第10巻　研究の歩み　金関恕, 佐原真編　第2版　雄山閣出版　1997.8　214p　26cm　3500円　①4-639-00729-9, 4-639-00509-1

◇弥生の鋳物工房とその世界　北九州　北九州市立考古博物館　1997.7　61p　30cm　〈第15回特別展：1997年7月26日—9月15日　奥付のタイトル：特別展図録〉

◇縄文人・弥生人101の謎　山岸良二著　新人物往来社　1997.6　244p　20cm　2800円　①4-404-02481-9

◇弥生文化の研究　第7巻　弥生集落　金関恕, 佐原真編　第2版　雄山閣出版　1997.6　183p　図版24枚　26cm　3400円　①4-639-00544-X, 4-639-00509-1

◇弥生文化の研究　第1巻　弥生人とその環境　永井昌文ほか編　第2版　雄山閣出版　1997.5　203p　図版16枚　26cm　3400円　①4-639-00859-7, 4-639-00509-1

◇弥生文化の研究　第3巻　弥生土器 1　金関恕, 佐原真編　第2版　雄山閣出版　1997.4　164p　26cm　3400円　①4-639-00574-1, 4-639-00509-1

◇弥生文化の研究　第4巻　弥生土器 2　金関恕, 佐原真編　第2版　雄山閣出版　1997.4　210p　図版20枚　26cm　3500円　①4-639-00689-6, 4-639-00509-1

◇探検稲作りのはじまり—大地に挑戦した人々　藤井寺市教育委員会事務局編　藤井寺　藤井寺市教育委員会　1997.3　56p　26cm　（ふじいでらの歴史シリーズ 2）

◇弥生文化の研究　第2巻　生業　金関恕, 佐原真編　第2版　雄山閣出版　1997.3　173p　図版14枚　26cm　3400円　①4-639-00709-4, 4-639-00509-1

◇弥生文化の研究　第5巻　道具と技術 1　金関恕, 佐原真編　第2版　雄山閣出版　1997.2　209p　26cm　3400円　①4-639-00516-4, 4-639-00509-1

◇弥生文化の研究　第6巻　道具と技術 2　金関恕, 佐原真編　第2版　雄山閣出版　1997.1　175p　図版17枚　26cm　3400円

ⓘ4-639-00620-9, 4-639-00509-1

◇弥生の環濠都市と巨大神殿―池上曽根遺跡史跡指定20周年記念　池上曽根遺跡史跡指定20周年記念事業実行委員会編〔和泉〕　池上曽根遺跡史跡指定20周年記念事業実行委員会　1996.12　20, 172p　30cm　〈池上曽根遺跡史跡指定20周年記念〉

◇弥生文化の研究　第9巻　弥生人の世界　金関恕, 佐原真編　雄山閣出版　1996.12　187p　26cm　3400円　ⓘ4-639-00596-2, 4-639-00509-1

◇弥生文化の研究　第8巻　祭と墓と装い　金関恕, 佐原真編　第2版　雄山閣出版　1996.11　238p　図版24枚　26cm　3605円　ⓘ4-639-00648-9, 4-639-00509-1

◇弥生文化の成立―日本古代国家の成立を探る・4　泉南　泉南市　1996.11　92p　26cm　〈第9回歴史の華ひらく泉南シンポジウム　共同刊行：泉南市教育委員会　期日・会場：1996年11月17日　泉南市立文化ホール〉

◇弥生人のくらし―卑弥呼の時代の北関東　栃木県立なす風土記の丘資料館編　〔宇都宮〕　栃木県教育委員会　1996.10　65p　30cm　（企画展図録　第4回）〈会期：平成8年10月3日～11月10日〉

◇福岡からアジアへ　4　弥生文化の二つの道　「文明のクロスロード・ふくおか」地域文化フォーラム実行委員会編著　福岡　西日本新聞社　1996.9　236p　19cm　1500円　ⓘ4-8167-0426-4

◇弥生人のくらしと祈り―信濃への広まり　上田市立信濃国分寺資料館編　上田　上田市立信濃国分寺資料館　1996.7　66p　26cm　〈会期：平成8年7月27日～9月1日〉

◇日本の古代　4　縄文・弥生の生活　岸俊男ほか編　森浩一編　中央公論社　1996.1　476p　図版16枚　16cm　（中公文庫）〈監修：貝塚茂樹ほか〉　1200円　ⓘ4-12-202523-0

◇日本の古代は弥生時代以前より渡来の歴史―貴方の先祖のルーツは新羅？百済？高句麗？　宮崎佐唯智著　文芸書房　1995.7　172p　22cm　1200円　ⓘ4-938791-58-7

◇倭人の絹―弥生時代の織物文化　布目順郎著　小学館　1995.2　253p　20cm　2500円　ⓘ4-09-626112-2

◇あゆち潟の考古学―弥生・古墳時代の名古屋　企画展　名古屋市博物館編　名古屋　名古屋市博物館　1994.10　64p　30cm　〈会期：1994年10月22日～11月20日〉

◇古代日本の稲作　武光誠, 山岸良二編　雄山閣出版　1994.3　227p　22cm　2500円　ⓘ4-639-01217-9

◇弥生文化の成立と東アジア　小池史哲, 韓炳三, 甲元真之, 佐原真, 永井昌文, 西谷正著, 福岡県教育委員会編　学生社　1993.7　193p　19cm　1980円　ⓘ4-311-20183-4

◇箸墓の秘密―隠れていた弥生の終止符　辻直樹著　毎日新聞社　1992.8　207p　20cm　1700円　ⓘ4-620-30880-3

◇弥生文化―日本文化の源流をさぐる　大阪府立弥生文化博物館編　平凡社　1991.2　253　26cm　3300円　ⓘ4-582-46903-5

◇人間の美術　2　稲と権力―弥生・古墳時代　佐原真, 猪熊兼勝著　学習研究社　1990.6　173p　31cm　〈監修：梅原猛〉　3500円　ⓘ4-05-102345-1

◇稲―その源流への道　中国江南から吉野ケ里　佐賀　東アジア文化交流史研究会　1990.5　159p　26cm　〈監修：金関恕, 森醇一朗〉　2500円

◇図説日本の古代　第3巻　コメと金属の時代―縄文時代晩期～弥生時代　森浩一著　中央公論社　1989.11　158p　27cm　3200円　ⓘ4-12-402793-1

◇日本の古代　第4巻　縄文・弥生の生活　岸俊男ほか編　森浩一編　中央公論社　1986.6　408p　図版32p　21cm　〈監修：貝塚茂樹ほか〉　2200円　ⓘ4-12-402537-8

◇三世紀の考古学　下巻　三世紀の日本列島　森浩一編　学生社　1983.6　571p　22cm　6800円

◇八幡一郎著作集　第3巻　弥生文化研究　雄山閣出版　1979.10　475p　22cm　〈編集代表：江上波夫〉　5800円

◇考古学講座　第4巻　原史文化　上　弥生文化　新版　雄山閣出版　1979.1　284p　図版12枚　21cm　〈監修：八幡一郎ほか　新装版〉　2500円

◇世界考古学大系　第2巻　日本　2 弥生時代　杉原荘介編　平凡社　1975　120,22p 図52枚 地図　27cm　〈第2版（初版：昭和35年刊）〉　3200円

◇日本古代史の旅　2　縄文・弥生—日本のあけぼの　小学館　1975　182p（図共）　20cm　〈監修：児玉幸多,奈良本辰也,和歌森太郎〉　950円

◇埋もれた金印—日本国家の成立　藤間生大著　第2版　岩波書店　1970　224p　18cm　（岩波新書）　150円

◇日本農耕文化の起原—考古学上より見たる日本原始農業の研究　森本六爾著　小宮山書店　1969　303p 図　19cm　〈葦牙書房昭和16年刊の複製〉　950円

◇日本の考古学　第3　弥生時代　和島誠一編　河出書房新社　1966　475p 図版 表　20cm　980円

◇日本考古学講座　第4巻　弥生文化　杉原荘介編　河出書房　1955　316p 図版　21cm

弥生土器　やよいどき

　弥生文化に用いられた、軟質で赤焼きの土器。縄文土器に後続し、古墳時代の土師器（はじき）に先行する。明治17年（1884年）に東京本郷の弥生町向ヶ丘貝塚（弥生町遺跡）で採集された土器がもとになり、1990年代から「弥生式土器」の名称が生まれた。貯蔵用の首の細い壺、深鍋としての広口の甕、盛りつけ用の鉢、高坏などの形がある。また、日常の生活に用いる土器は、墓に供えられたり、幼児を葬る棺や再葬の納骨容器（再葬墓）としても転用されていた。成形には、輪状にした粘土帯を積み上げる輪積法が主に用いられ、ろくろの使用はみられない。焼成温度は600～800℃程度で、酸素を十分供給した状況（酸化炎）で焼き上げてある。文様の種類には、鉄斧で割った板の木目を利用して器面をなでてつける刷毛目文様、鉄の刃で刻んだ櫛描文や、溝を彫った叩き板で文様を押しつけるスタンプ文などがあり、鉄器時代の土器にふさわしく、土器作りにかかわる工具として鉄の利用が目立つ。また、へら描きの沈線文、櫛の歯状の器具を用いた櫛目文、貝殻文、縄目文などがあり、縄目文は縄文文化の伝統が濃く残る東日本に特に多い。

◇南関東の弥生土器　2　後期土器を考える　関東弥生時代研究会,埼玉弥生土器観会,八千代栗谷遺跡研究会編　六一書房　2009.5　272p　21cm　（考古学リーダー 16）〈会期・会場：2008年1月13日 明治大学駿河台校舎アカデミーコモン9階309A号教室　文献あり〉　3500円　①978-4-947743-73-2

◇「赤い土器のクニ」の考古学　川崎保編　雄山閣　2008.4　305p　22cm　〈他言語標題：Archaeology of a chiefdom using red pottery　年表あり　文献あり〉　4000円　①978-4-639-02029-5

◇縄紋土器と弥生土器　佐原真著,春成秀爾編　学生社　2008.2　373p　22cm　〈文献あり〉　5800円　①978-4-311-30069-1

◇弥生土器集成と編年　播磨編　大手前大学史学研究所編　六一書房　2007.4　526p　30cm　4000円　①978-4-947743-49-7

◇土器研究の新視点—縄文から弥生時代を中心とした土器生産・焼成と食・調理　大手前大学史学研究所編著,長友朋子編　六一書房　2007.3　340p　21cm　（考古学リーダー 9）〈会期・会場：2005年11月26日—27日 大手前大学西宮キャンパス　文献あり〉　3800円　①978-4-947743-46-6

◇弥生土器集成と編年　播磨編　西宮　大手前大学史学研究所　2007.3　526p　30cm　（大手前大学史学研究所オープン・リサーチ・センター研究報告 第5号）

◇岩手県における弥生前期から中期の諸問題—土器型式と地域間交流—資料集—

◇2005年岩手考古学会第34回研究大会　岩手考古学会編　盛岡　岩手考古学会　2005.7　52p　30cm　〈会期・会場：平成17年7月23日―24日　盛岡市遺跡の学び館研修室〉

◇南関東の弥生土器―シンポジウム南関東の弥生土器開催記録　シンポジウム南関東の弥生土器実行委員会編　六一書房　2005.7　240p　21cm（考古学リーダー5）〈会期・会場：2003年9月25日―26日　明治大学（駿河台校舎リバティータワー1001教室）　文献あり〉　3000円　⑪4-947743-29-8

◇西と東の弥生土器―卑弥呼の時代の安芸・備後　展示図録　平成15年度特別企画展　広島県立歴史民俗資料館編　三次　広島県立歴史民俗資料館　2003.10　44p　30cm　〈会期：平成15年10月9日―11月24日〉

◇弥生土器の様式と編年　東海編　加納俊介、石黒立人編　木耳社　2002.6　886p　22cm　〈文献あり〉　8800円　⑪4-8393-7768-5

◇弥生土器の様式と編年　四国編　菅原康夫、梅木謙一編　木耳社　2000.3　446p　22cm　5700円　⑪4-8393-7740-5

◇弥生時代渡来人と土器・青銅器　片岡宏二著　雄山閣出版　1999.5　244p　22cm（考古学選書）　3800円　⑪4-639-01610-7

◇手焙形土器の研究　高橋一夫著　六一書房　1998.12　244p　26cm　3000円　⑪4-947743-02-6

◇弥生文化の研究　第3巻　弥生土器　1　金関恕、佐原真編　第2版　雄山閣出版　1997.4　164p　26cm　3400円　⑪4-639-00574-1、4-639-00509-1

◇弥生文化の研究　第4巻　弥生土器　2　金関恕、佐原真編　第2版　雄山閣出版　1997.4　210p　図版20枚　26cm　3500円　⑪4-639-00689-6、4-639-00509-1

◇日本陶磁大系　第2巻　弥生　坪井清足著　平凡社　1990.8　136p　27cm　3300円　⑪4-582-23502-6

◇弥生式土器集成　本編　小林行雄、杉原荘介編　〔再版〕　東京堂出版　1989.9　83、128、56p　37cm　18000円　⑪4-490-20148-6

◇日本の原始美術　3　弥生土器　工楽善通著　講談社　1979.8　78p　31cm　1800円

◇日本原始美術大系　2　弥生土器・須恵器　坪井清足責任編集　田辺昭三編集　講談社　1978.7　215p　37cm　13000円

◇日本の美術　44　弥生式土器　杉原荘介、神沢勇一、工楽善通著　小学館　1975　207p（図共）　20cm（ブック・オブ・ブックス）　750円

◇陶磁大系　2　弥生　坪井清足著　平凡社　1973　133p（おもに図）　27cm　1300円

◇日本原始美術　第3　弥生式土器　杉原荘介編　講談社　1964　図版200p（解説共）　表　32cm　〈限定版〉

青銅器
せいどうき

青銅でつくられた容器、楽器、利器、鏡、車馬具などを広く指す。厳密には銅に対して10％前後のスズを含む合金を青銅というが、考古学的遺物としての青銅器は、厳密な意味での青銅だけでなく、鉛、ヒ素、アンチモン、ニッケルなどの金属が含有されている場合が多い。弥生時代前期より朝鮮半島から渡来した銅剣、銅矛、銅戈などが多く使用され、中期後半から国産化されるとともに、実用品から儀器へとその性格が変容した。

　　　　＊　　　＊　　　＊

◇弥生青銅器コレクション　佐倉　人間文化研究機構国立歴史民俗博物館　2009.3　253p　31cm　（国立歴史民俗博物館資料図録6）〈他言語標題：The collection of Yayoi period bronze objects　文献あり〉　非売品

◇出雲の青銅器と神話　荒井登志夫著　歴研　2007.9　63p　21cm（歴研「古代国家誕生」ブックレット）　800円　⑪978-4-903991-01-6

◇弥生時代の青銅器鋳造―唐古・鍵遺跡の鋳造遺物を中心に　平成18年度秋季企画展　唐古・鍵考古学ミュージアム編　〔田原本町（奈良県）〕　田原本町教育委員会　2006.10　22p　30cm（唐古・鍵考古学ミュージアム展示図録v.4）

◇青銅器埋納地調査報告書　2（武器形青銅

◇器編〕島根県教育委員会, 島根県埋蔵文化財調査センター, 島根県古代文化センター編　〔松江〕　島根県教育委員会　2006.3　163p 図版4p　30cm　（島根県古代文化センター調査研究報告書 32）〈共同刊行：島根県埋蔵文化財調査センターほか〉文献あり〉

◇青銅器の同笵関係調査報告書　1（武器形青銅器）　島根県教育委員会, 島根県埋蔵文化財調査センター編　〔松江〕　島根県教育委員会　2004.3　101p　30cm　（島根県古代文化センター調査研究報告書 19）〈共同刊行：島根県埋蔵文化財調査センターほか〉

◇青銅器の生産と弥生社会―楠遺跡出土の青銅器鋳造関連遺物をめぐって　歴史シンポジウム資料　〔寝屋川〕　寝屋川市　2001.3　37p　30cm　〈文化と歴史のネットワークづくり事業　会期：平成13年3月10日　共同刊行：寝屋川市教育委員会〉

◇古代東アジア青銅の流通　平尾良光編　鶴山堂出版部　2001.2　343p　27cm　22858円　①4-907730-01-2

◇日本古代青銅器文化と陰陽道―荒神谷から黒塚まで　碓井洸著　文芸社　2000.3　296p　20cm　1400円　①4-8355-0130-6

◇青銅器の考古学　久野邦雄著　学生社　1999.12　214p　20cm　1900円　①4-311-20214-8

◇弥生時代渡来人と土器・青銅器　片岡宏二著　雄山閣出版　1999.5　244p　22cm　（考古学選書）　3800円　①4-639-01610-7

◇古代出雲―青銅器から墳丘墓へ―弥生のクニと東アジア　環日本海松江国際交流会議編　松江　環日本海松江国際交流会議　1999.3　237p　19cm　（北東アジアシリーズ　報告書 1998）〈会期・会場：1998年10月29日　島根県民会館　年表あり〉

◇古代青銅の流通と鋳造　平尾良光編　鶴山堂　1999.2　347p　27cm　22858円　①4-907730-00-4

◇出雲で発見された青銅器をめぐって―なぜ、これだけ出雲で多くの青銅器が出土したのか　論文・アイデア優秀作品　〔斐川町（島根県）〕　斐川町　1998.8　102p　21cm　（荒神谷遺跡の謎ブックレット 9）　500円

◇青銅器の世界―神庭荒神谷と加茂岩倉　島根県立八雲立つ風土記の丘編　松江　島根県立八雲立つ風土記の丘　1998.7　62p　30cm　〈国宝指定記念〉

◇古代出雲の青銅器文化―古代出雲の遺産・加茂岩倉出土銅鐸のルーツをさぐる　環日本海松江国際交流会議編　松江　環日本海松江国際交流会議　1998.3　245p　19cm　（北東アジアシリーズ　報告書 1997）〈会期・会場：1997年10月29日　島根県民会館〉

◇歴史発掘　7　金属器登場　岩永省三著　講談社　1997.1　174p　27cm　〈監修：田中琢、佐原真〉　3500円　①4-06-265107-6

◇古代史論争―日本の青銅器文化　森秀人著　朝日新聞社　1982.4　246p　19cm　（朝日選書 204）　950円

◇日本原始美術　第4　青銅器　杉原荘介編　講談社　1964　図版200p（解説共）地図　32cm　〈限定版〉

銅剣・銅戈・銅鐸・銅鏡
どうけん・どうか・どうたく・どうきょう

　弥生時代の青銅器。銅剣は、弥生時代に朝鮮半島製の短剣がもたらされ、中期ごろには日本でも製作が始まった。始めは実用の武器として使用されていたが、しだいに用途が祭祀・儀式に限られ墓の副葬品となった。銅戈とは、柄に対し直角方向に刃を装着した形の武器で、中国を起源とし、朝鮮半島で独自の形に発達して日本にもたらされた。後に日本では刃をつけない祭器に変質した。銅鐸は日本独自の発達を遂げた青銅器だが、釣り鐘を扁平にした形の身と、その両側の帯状の鰭、頭部の半円形の鈕からなるベルで、祭器として用いたと推測される。近畿地方を中心に出土し、表面に原始絵画や文様が施されている。銅鏡は、漢式鏡、多紐細文鏡、国産の鏡（倣製鏡）などの系統があり、弥生時代から古墳時代にかけての年代決定や時代の性格の究明に重要な史料となっている。

＊　　＊　　＊

◇銅鐸―弥生時代の青銅器生産　秋季特別展　奈良県立橿原考古学研究所附属博物館編　〔橿原〕　奈良県立橿原考古学研究所附属博物館　2009.10　99p　30cm　（奈良

県立橿原考古学研究所附属博物館特別展図録 第72冊）〈会期・会場：2009年10月3日―11月23日 奈良県立橿原考古学研究所附属博物館 文献あり〉

◇銅鐸の祭と倭国の文化―古代伝承文化の研究 三浦茂久著 作品社 2009.8 448p 22cm〈索引あり〉 4600円 ①978-4-86182-254-4

◇もう一つの青銅器世界―変わる銅鐸への想い 2009年度荒神谷博物館特別展 荒神谷博物館編 斐川町（島根県） 荒神谷博物館 2009.7 31p 30cm〈会期・会場：2009年7月11日―8月31日 荒神谷博物館特別展示室・企画展示室 出雲の国宝青銅器出土記念'09-'11国宝荒神谷銅剣出土25th 年表あり〉

◇古代出雲の原像をさぐる・加茂岩倉遺跡 田中義昭著 新泉社 2008.12 93p 21cm （シリーズ「遺跡を学ぶ」53）〈年表あり〉 1500円 ①978-4-7877-0933-2

◇三角縁神獣鏡・邪馬台国・倭国 石野博信, 水野正好, 西川寿勝, 岡本健一, 野崎清孝著, 奈良歴史地理の会監修 新泉社 2006.11 210p 図版4p 21cm 2200円 ①4-7877-0607-1

◇銅鐸の秘密 臼田篤伸著 新人物往来社 2005.3 205p 20cm 2000円 ①4-404-03235-8

◇銅鐸民族の謎―争乱の弥生時代を読む 臼田篤伸著 彩流社 2004.11 236p 20cm〈文献あり〉 1800円 ①4-88202-928-6

◇銅鐸と万葉集―「ことば」で探る古代日本 山口五郎著 近代文芸社 2003.11 214p 20cm〈「忘れられた神の文化銅鐸と歌垣」の改訂新版 文献あり〉 1400円 ①4-7733-7077-7

◇銅鐸の謎―工学的視点からの推理 武子康平著 碧天舎 2003.11 98p 20cm 1200円 ①4-88346-392-3

◇三角縁神獣鏡―シンポジウム 福永伸哉ほか述 学生社 2003.5 260p 22cm 2800円 ①4-311-30046-8

◇伝出雲出土銅鐸（木幡家銅鐸）と宍道町の弥生時代 丹羽野裕編著 宍道町（島根県） 宍道町蒐古館 2003.3 53p 21cm （宍道町ふるさと文庫 17）〈年表あり 文献あり〉

◇超古代史の勝利―銅鐸は震旦国の大倭国占領計画の工作物だった 日本歴史は銅鐸からはじまった 中倉茂著 歴研 2002.12 174p 21cm 2000円 ①4-947769-13-0

◇銅鐸から描く弥生時代 佐原真, 金関恕編 学生社 2002.11 208p 20cm 1980円 ①4-311-20258-X

◇兵庫県の出土古鏡 櫃本誠一著 学生社 2002.4 457p 21cm 12500円 ①4-311-30479-X

◇青銅器埋納地調査報告書 1（銅鐸編） 島根県教育委員会, 島根県埋蔵文化財調査センター, 島根県古代文化センター編〔松江〕 島根県教育委員会 2002.3 142p 30cm （島根県古代文化センター調査研究報告書 12）〈共同刊行：島根県埋蔵文化財調査センターほか 文献あり〉

◇銅鐸の考古学 佐原真著 東京大学出版会 2002.3 419p 27cm 13000円 ①4-13-020133-6

◇銅鐸から描く弥生社会―埋められた銅鐸の謎 市制80周年記念特別展 一宮市博物館編 一宮 一宮市博物館 2001.10 63p 30cm〈会期：平成13年10月6日―11月4日〉

◇復元！三角縁神獣鏡―福島県文化財センター白河館第2回開館記念特別展図録 福島県文化振興事業団福島県文化財センター白河館編〔福島〕 福島県教育委員会 2001.10 20p 30cm〈会期：平成13年10月27日―12月2日 共同刊行：福島県文化振興事業団福島県文化財センター白河館〉

◇近江の銅鐸と河内の銅鐸―その特色や接点を考える 平成12年度秋期特別展図録 銅鐸博物館編 野洲町（滋賀県） 銅鐸博物館 2000.10 42p 30cm〈会期：平成12年10月7日―11月12日〉

◇赤彩の考古学―2000年前の彩文土器と赤彩銅鐸 地底の森ミュージアム平成12年度特別企画展 仙台市歴史文化事業団仙台市富沢遺跡保存館編 仙台 仙台市歴史文化事業団仙台市富沢遺跡保存館 2000.7 59p 30cm〈会期：平成12年7月19日―9月24日〉

37

◇三角縁神獣鏡と卑弥呼の鏡　西川寿勝著　学生社　2000.6　246p　20cm　2200円　ⓈISBN4-311-20235-0

◇三角縁神獣鏡新鑑　樋口隆康著　学生社　2000.3　186p　27cm　〈「三角縁神獣鏡綜鑑」(平成4年刊)の改訂新版〉　12000円　ⓈISBN4-311-30474-9

◇鏡を作る。海獣葡萄鏡を中心として　奈良国立文化財研究所飛鳥資料館著　明日香村(奈良県)　奈良国立文化財研究所飛鳥資料館　1999.10　36p　30cm　(飛鳥資料館図録 第34冊)

◇徹底討論銅鐸と邪馬台国　銅鐸博物館編　彦根　サンライズ出版　1999.10　278p　19cm　〈パネリスト：難波洋三ほか〉　1600円　ⓈISBN4-88325-064-4

◇三角縁神獣鏡の時代　岡村秀典著　吉川弘文館　1999.5　203p　19cm　(歴史文化ライブラリー 66)　1700円　ⓈISBN4-642-05466-9

◇三角縁神獣鏡　王仲殊著，西嶋定生監修，尾形勇，杉本憲司編訳　新装普及版　学生社　1998.12　302p　図版31p　21cm　4800円　ⓈISBN4-311-30471-4

◇椿井大塚山古墳—銅鏡に映る古代　山城町教育委員会，京都府立山城郷土資料館編集・執筆　[山城町(京都府)]　山城ライオンズクラブ　1998.10　18p　21cm

◇銅鐸を造る—大岩山銅鐸とその時代　銅鐸博物館(野洲町立歴史民俗資料館)編　野洲町(滋賀県)　野洲町立歴史民俗資料館　1998.10　40p　30cm

◇銅鐸サミット&シンポジウム—銅鐸博物館開館10周年記念事業　銅鐸博物館開館10周年記念事業実行委員会編　野洲町(滋賀県)　銅鐸博物館開館10周年記念事業実行委員会　1998.10　60p　30cm　〈共同刊行：野洲町〉

◇国宝銅剣・銅鐸・銅矛荒神谷ガイドブック　斐川町教育委員会文化課編　斐川町(島根県)　斐川町教育委員会　1998.7　71p　30cm　〈背のタイトル：国宝荒神谷ガイドブック〉　800円

◇古代出雲の文化—銅剣・銅鐸と巨大建造物　上田正昭，島根県古代文化センター編　朝日新聞社　1998.7　223p　20cm　2400円　ⓈISBN4-02-257266-3

◇加茂岩倉遺跡と古代出雲　佐原真編　雄山閣出版　1998.3　91p　26cm　(季刊考古学・別冊 7)　2300円　ⓈISBN4-639-01506-2

◇青銅鏡・銅鐸・鉄剣を探る—鉛同位体比，鋳造実験，X線透過写真　平尾良光，山岸良二編　国土社　1998.3　55p　31cm　(文化財を探る科学の眼 3)　2500円　ⓈISBN4-337-21103-9

◇銅鐸と日本文化　森浩一述，愛知県教育サービスセンター編　名古屋　第一法規出版東海支社　1998.3　28p　21cm　(県民大学叢書 56)　250円

◇出雲の銅鐸—発見から解読へ　佐原真，春成秀爾著　日本放送出版協会　1997.10　194p　19cm　(NHKブックス 802)　1120円　ⓈISBN4-14-001802-X

◇銅鐸の復元研究　久野邦雄著，久野邦雄氏遺稿集刊行会編　[橿原]　[久野邦雄氏遺稿集刊行会]　1997.9　174p　26cm

◇日本国家の起源と銅剣・銅矛・銅戈・銅鐸の謎　井手将雪著　日本図書刊行会　1997.9　285p　20cm　〈東京 近代文芸社(発売)〉　2000円　ⓈISBN4-89039-336-6

◇銅鐸「祖霊祭祀説」—古代の謎発見の旅　井上香都羅著　彩流社　1997.8　297p　19cm　1900円　ⓈISBN4-88202-551-5

◇銅鐸　藤森栄一著　学生社　1997.5　286p　20cm　〈新装版〉　2400円+税　ⓈISBN4-311-20210-5

◇銅鐸の謎—加茂岩倉遺跡　南川三治郎撮影，島根県加茂町教育委員会　河出書房新社　1997.4　111p　27cm　2000円+税　ⓈISBN4-309-22307-9

◇銅鐸の絵を読み解く—歴博フォーラム　国立歴史民俗博物館編　小学館　1997.3　239p　22cm　〈執筆：池田理代子ほか〉　2400円+税　ⓈISBN4-09-626059-2

◇歴史発掘 8　祭りのカネ銅鐸　佐原真著　講談社　1996.7　174p　27cm　〈監修：田中琢，佐原真〉　3500円　ⓈISBN4-06-265108-4

◇海獣葡萄鏡の研究　勝部明生著　京都　臨川書店　1996.3　307p　27cm　19982円　ⓈISBN4-653-03196-7

◇銅鐸—埋納と終焉を考える　銅鐸博物館編　野洲町(滋賀県)　銅鐸博物館　1996.4　70p　30cm　〈付(2枚)：展示資

料目録 会期：平成8年4月27日～6月2日〉
◇銅鐸の美　国立歴史民俗博物館編　毎日新聞社　1995.11　264p　30cm　〈英語書名：Art of bronze bells in early Japan　英文併記　会期・会場：1995年10月3日～11月26日　国立歴史民俗博物館ほか〉
◇神代史発掘　2　大国主命と銅鐸　渡部義任著　有峰書店新社　1995.5　294p　20cm　2700円　①4-87045-211-1
◇青銅の神の足跡　谷川健一著　小学館　1995.4　419p　16cm　（小学館ライブラリー）　1100円　①4-09-460069-8
◇古事記は銅鐸を記録している　吉田舜著　福岡　葦書房　1991.1　301p　19cm　〈折り込図5枚〉　1500円
◇青銅の神の足跡　谷川健一著　集英社　1989.9　438p　16cm　（集英社文庫）　630円　①4-08-749495-0
◇消えた銅鐸族―ここまで明らかになった古代史の謎　邦光史郎著　光文社　1986.4　217p　18cm　（カッパ・ブックス）　680円　①4-334-00444-X
◇銅鐸と女王国の時代　松本清張編　日本放送出版協会　1983.10　326p　20cm　1600円　①4-14-008329-8
◇邪馬壱国　伊träsバ之著　日本古代史刊行会　1983.5　354p　20cm　〈発売：永田書房〉　1800円
◇銅鐸と前方後円墳　木村巍著　堺　木村巍測量登記事務所　1982.3　132p　21cm　1500円
◇埋もれた銅鐸　森秀人著　紀伊国屋書店　1982.1　178p　20cm　〈新装版〉　1600円
◇銅鐸への挑戦　4　破壊された銅鐸　原田大六著　六興出版　1980.10　240p　19cm　（ロッコウブックス）　〈創立四十周年記念出版〉　850円
◇銅鐸への挑戦　5　倭国の大乱　原田大六著　六興出版　1980.10　233p　19cm　（ロッコウブックス）　〈創立四十周年記念出版〉　850円
◇銅鐸への挑戦　1　太陽か台風か　原田大六著　六興出版　1980.9　227p　19cm　（ロッコウブックス）　〈創立四十周年記念出版〉　850円
◇銅鐸への挑戦　2　殉職の巫女王　原田

大六著　六興出版　1980.9　227p　19cm　（ロッコウブックス）　〈創立四十周年記念出版〉　850円
◇銅鐸への挑戦　3　誇り高き銅鐸　原田大六著　六興出版　1980.9　238p　19cm　（ロッコウブックス）　〈創立四十周年記念出版〉　850円
◇日本の原始美術　7　銅鐸　佐原真著　講談社　1979.10　78p　31cm　1800円
◇青銅の神の足跡　谷川健一著　集英社　1979.6　350p　20cm　1200円
◇日本の原始美術　8　古鏡　田中琢著　講談社　1979.2　79p　31cm　1800円
◇埋もれた銅鐸　森秀人著　紀伊国屋書店　1970　178p　18cm　（紀伊国屋新書）　300円

鉄　器
てっき

　鉄製の器具。鉄製品に対する考古学上の用語。日本での鉄器利用は、弥生時代の開始とともに始まり、弥生時代前期の遺跡から斧や刀子（とうす）などの工具類が出土する。しかし、前期・中期の斧やノミには鋳造品が多く、これらは中国や朝鮮からの輸入鉄器と考えられる。中期になると、大陸から輸入された鉄板状の素材を鍛造した武具や農工具の製品化がすすみ、後期にはこれらの器具を完全に鉄が占めるまでに普及した。日本で本格的な製錬が開始されるのは古墳時代後期からで、刀・剣・矛などの武器や甲胄などの武具も発達し、4世紀末には鋸・鉇・斧などの木工具に技術革新がみられた。朝鮮半島から技術者が渡来し鉄器加工技術が著しく進歩したことを示している。

＊　　＊　　＊

◇初期国家形成過程の鉄器文化　野島永著　雄山閣　2009.2　300p　27cm　〈索引あり〉　12000円　①978-4-639-02074-5
◇日本古代鉄器生産の考古学的研究　安間拓巳著書　広島　渓水社　2007.11　296p　27cm　①978-4-87440-985-5
◇鉄の文化史　田中天著　福岡　海鳥社　2007.7　254p　19cm　1700円　①978-4-87415-640-7
◇古代国家成立過程と鉄器生産　村上恭通著　青木書店　2007.3　344p　22cm

〈文献あり〉　5000円　①978-4-250-20710-5
◇北陸の玉と鉄―弥生王権の光と影　平成17年秋季特別展　大阪府立弥生文化博物館編　和泉　大阪府立弥生文化博物館　2005.10　95p　30cm　（大阪府立弥生文化博物館図録 32）　〈会期・会場：平成17年10月4日―12月4日　大阪府立弥生文化博物館特別展示室　文献あり〉
◇古代の鉄生産を考える　春日井市教育委員会文化財課編　〔春日井〕　春日井市教育委員会　2005.3　109p　26cm　（東海学セミナー 1）
◇石と鉄の考古学―石器の終わりと鉄器の始まり　地底の森ミュージアム平成16年度特別企画展展示解説図録　仙台市市民文化事業団仙台市富沢遺跡保存館編　仙台　仙台市市民文化事業団仙台市富沢遺跡保存館　2004.7　66p　30cm　〈会期：平成16年7月16日―9月20日　文献あり〉
◇改訂 鉄の考古学　窪田蔵郎著　POD版　雄山閣　2003.4　308p　21cm　（考古学選書）　2800円　①4-639-10015-9
◇くろがねのわざ―新しい時代への礎　静岡市立登呂博物館編　〔静岡〕　静岡市立登呂博物館　2002.10　34p　30cm　〈会期：2002年10月1日―11月30日　開館30周年特別展・登呂の時代シリーズ〉
◇古代の鉄生産と渡来人―倭政権の形成と生産組織　花田勝広著　雄山閣　2002.9　359p　27cm　15000円　①4-639-01775-8
◇日本海（東海）がつなぐ鉄の文化―日韓合同鉄器文化シンポジウム　鉄器文化研究会，鳥取県教育委員会編　〔米子〕　米子今井書店　2001.11　79p　30cm　〈会期・会場：2001年11月10日　米子コンベンションセンター第7会議室ほか〉　762円
◇日本古代の鉄文化　松井和幸著　雄山閣出版　2001.2　282p　27cm　13333円　①4-639-01724-3
◇古代出雲における鉄―青銅器から鉄の時代へ　環日本海松江国際交流会議編　松江　環日本海松江国際交流会議　2000.3　247p　19cm　（北東アジアシリーズ 報告書 1999）　〈会期・会場：1999年10月13日　島根県民会館　年表あり〉
◇古代たたら（製鉄）とカヌチ（鍛冶）―記録集　柏原　柏原市教育委員会　2000.3　40p　30cm　（柏原市文化財講座 4）　〈市制40周年記念歴史セミナー〉
◇古代の製鉄遺跡―金津・芦原町と加賀地方　金津町（福井県）　加越たたら研究会　1999.11　80p　26cm
◇古墳・貝塚・鉄器を探る―画像処理、地下遺構探査、酸素同位体比、微量元素分析、年輪年代　平尾良光，山岸良二編　国土社　1999.6　55p　31cm　（文化財を探る科学の眼 4）　2500円　①4-337-21104-7
◇古代たたら（製鉄）とカヌチ（鍛冶）―風と火と土の神々　柏原　柏原市教育委員会　1998.9　13p　30cm　（柏原市文化財講座 3）　〈市制40周年記念歴史セミナー〉
◇倭人と鉄の考古学　村上恭通著　青木書店　1998.9　211p　22cm　（シリーズ日本史のなかの考古学）　2800円　①4-250-98035-9, 4-250-98070-7
◇古墳時代の鉄―王と民衆の鉄器　京都府立山城郷土資料館編　山城町（京都府）　京都府立山城郷土資料館　1997.11　48p　30cm　（展示図録 17）　〈開館15周年記念特別展　会期：1997年11月1日―12月7日〉
◇古代の鉄と神々　真弓常忠著　改訂新版　学生社　1997.10　238p　19cm　2200円　①4-311-20212-1
◇銅から鉄へ―古墳時代の製鉄と鉄器生産　銅鐸博物館編　野洲町（滋賀県）　銅鐸博物館　1997.4　66p　30cm　〈会期：平成9年4月26日―6月1日〉
◇歴史発掘　7　金属器登場　岩永省三著　講談社　1997.1　174p　27cm　〈監修：田中琢，佐原真〉　3500円　①4-06-265107-6
◇鉄の古代史―弥生時代　奥野正男著　白水社　1991.6　403, 2p　19cm　3500円　①4-560-02229-1
◇日本古代の鉄生産　たたら研究会編　六興出版　1991.1　286p　22cm　4800円　①4-8453-3042-3
◇古代を考える　36　古代鉄生産の検討　大阪　古代を考える会　1984.4　111p　26cm　1800円

高床倉庫
たかゆかそうこ

　地面に立てた高い柱の上に床を張った建物。弥生時代に穀物を保存するための倉庫として現れる。香川県出土と伝える銅鐸や、奈良県の唐古・鍵遺跡出土の土器に線刻の絵がある。また、静岡県の登呂遺跡および山木遺跡では、梯子などの部材も出土している。正倉院宝庫をはじめ校倉（あぜくら）、板倉の倉庫には高床のものが多い。

＊　　＊　　＊

◇古代の稲倉と村落・郷里の支配　奈良国立文化財研究所埋蔵文化財センター編　〔奈良〕　奈良国立文化財研究所　1998.12　274p　30cm
◇東平遺跡高床倉庫復原工事報告書　富士市教育委員会編　富士　富士市教育委員会　1985.3　19p　30cm　〈富士市立歴史民俗資料館所在〉

環濠集落
かんごうしゅうらく

　周囲に濠をめぐらせた弥生時代の代表的な集落形態。一般的にその環濠は幅員2〜4メートルの単濠で、環濠の内側に、その濠を掘り上げた土による土塁が造成され、その上に木や竹が植えられている。集落への出入口は少なく、門戸の架橋の取りはずしがきく事例もある。集落内部には丁字型や五字型の道路網があり、集落の中心地に寺院や広場が設けられているものもある。分布は近畿地方、とくに奈良盆地を中心に、九州〜北陸・関東までと広範囲にわたる。奈良盆地は夏には降雨が比較的少なく、水不足が生じやすかったので、環濠に灌漑水を蓄えて利用したことも、奈良盆地に環濠集落が残存した一因といえる。

＊　　＊　　＊

◇集落遺構からみた南関東の弥生社会　久世辰男著　六一書房　2001.12　275p　27cm　2500円　①4-947743-07-7
◇弥生都市はあったか―拠点環濠集落の実像　吉野ヶ里歴史公園開園記念企画展　佐賀県教育委員会, 佐賀県立博物館編　佐賀　佐賀県立博物館　2001.10　103p　30cm　〈会期：平成13年10月26日―11月25日〉
◇甦る大環濠集落―吉野ヶ里から大塚まで　大塚・歳勝土遺跡公園開園5周年記念特別展　横浜市歴史博物館, 横浜市ふるさと歴史財団埋蔵文化財センター編　横浜　横浜市歴史博物館　2001.7　119p　30cm　〈会期：平成13年7月20日―9月2日　共同刊行：横浜市ふるさと歴史財団埋蔵文化財センター〉
◇弥生時代の集落　金関恕監修, 大阪府立弥生文化博物館編　学生社　2001.3　308p　22cm　2800円　①4-311-30040-9
◇よみがえる環濠集落―弥生時代後期の名古屋　特別展　〔名古屋〕　名古屋市見晴台考古資料館　〔1998〕　38p　30cm　〈会期：1998年11月26日―1999年1月24日〉
◇弥生の環濠都市と巨大神殿―池上曽根遺跡史跡指定20周年記念　池上曽根遺跡史跡指定20周年記念事業実行委員会編　〔和泉〕　池上曽根遺跡史跡指定20周年記念事業実行委員会　1996.12　20, 172p　30cm　〈池上曽根遺跡史跡指定20周年記念〉
◇弥生の環濠都市と巨大神殿―徹底討論池上曽根遺跡　池上曽根遺跡史跡指定20周年記念シンポジウム資料集　池上曽根遺跡史跡指定20周年記念事業実行委員会編　〔和泉〕　池上曽根遺跡史跡指定20周年記念事業実行委員会　1996.12　52p　30cm　（池上曽根遺跡シンポジウム 2）　〈期日：1996年12月1日〉
◇日本の古代国家と城　佐藤宗諄編　新人物往来社　1994.3　283p　19cm　1800円　①4-404-02086-4
◇復原図譜 日本の城　西ヶ谷恭弘著, 香川元太郎イラストレーション　理工学社　1992.1　191p　26cm　2987円　①4-8445-3015-1
◇日本の城「早わかり」事典―環濠集落から近世の名城まで これ一冊で城郭のすべてがわかる　日本文芸社　1989.12　280p　19cm　〈監修：井上宗和〉　1200円　①4-537-02168-3

唐古遺跡
からこいせき

奈良県磯城郡田原本町の唐古池を中心とする

弥生時代の遺跡。奈良盆地中央部に位置し、同町大字唐古から大字鍵にかけての地域に広がり、唐古・鍵遺跡とも呼ばれる。東西約400メートル・南北約500メートルの楕円形で、周囲に幾重にも濠を巡らせた近畿地方最大の環濠集落跡である。弥生時代前期に成立し、古墳時代に衰退・消滅したとみられるが、弥生時代全期間を通じての土器を出土し、近畿地方の弥生土器編年の基準となった。また、鍬・杵など大量の木製農具を出土し、弥生時代に水稲農耕が存在したことを初めて実証した。この他、石製・土製の鋳型やふいご羽口など、銅鐸鋳造に関連する品も出土している。国の史跡に指定されている。

　　　　＊　　　＊　　　＊

◇弥生グラフィティー―唐古・鍵遺跡の記号土器　平成21年度秋季企画展　唐古・鍵考古学ミュージアム編　〔田原本町(奈良県)〕　田原本町教育委員会　2009.10　14p　30cm　(唐古・鍵考古学ミュージアム展示図録 vol.10)

◇弥生デザイン―原始・古代の文様　平成20年度秋季企画展　唐古・鍵考古学ミュージアム編　〔田原本町(奈良県)〕　田原本町教育委員会　2008.10　10p　30cm　(唐古・鍵考古学ミュージアム展示図録 v.8)

◇弥生時代の青銅器鋳造―唐古・鍵遺跡の鋳造遺物を中心に　平成18年度秋季企画展　唐古・鍵考古学ミュージアム編　〔田原本町(奈良県)〕　田原本町教育委員会　2006.10　22p　30cm　(唐古・鍵考古学ミュージアム展示図録 v.4)

◇弥生の絵画―唐古・鍵遺跡と清水風遺跡の土器絵画　田原本町教育委員会編　田原本町(奈良県)　田原本町教育委員会　2006.3　14p　30cm　(田原本の遺跡 4)

◇唐古・鍵遺跡の考古学　田原本町教育委員会編　学生社　2001.7　205p　20cm　〈述：石野博信ほか〉　1980円　④4-311-20244-X

◇唐古・鍵遺跡　v.3(概説編 2)　田原本町教育委員会編　田原本町(奈良県)　田原本町教育委員会　2000.11　14p　21cm　(田原本の遺跡 3)

◇唐古・鍵遺跡　v.2(土器編)　田原本町(奈良県)　田原本町教育委員会　1998.3　14p　21cm　(田原本の遺跡 2)

◇唐古・鍵遺跡　v.1(概説編)　田原本町(奈良県)　田原本町教育委員会　1995.3

10p　22cm　(田原本の遺跡 1)

◇唐古・鍵遺跡　第6～9次発掘調査概報　橿原考古学研究所編　〔田原本町(奈良県)〕　田原本町教育委員会　1980.3　20p 図版19p　26cm

◇古代史の鍵・対馬―日本と朝鮮を結ぶ島　永留久恵著　大和書房　1975　265p　20cm　(日本古代文化叢書)　1500円

登呂遺跡
とろいせき

　静岡市駿河区登呂5丁目にある弥生時代後期の農業村落址。昭和18年(1943年)、軍需工場の建設工事中に発見され、同年および昭和22年(1947年)～昭和25年(1950年)に発掘調査が行われた。平面形態は東西250メートル、南北400メートルの小判形を呈し、住居址群のなかに高床倉庫跡2棟、集落の南東に接する低湿地に7万5000余平方メートルにわたる水田址が広がっていた。木杭、矢板などを並べてつくった畔により区画され、堰を設けた水路が南北に走っていた。遺跡からは、丸木弓、鹿角製釣針などの狩猟・漁労具をはじめ、木製の剣・鍬・鋤・田下駄、石包丁、双手槽(もろたぶね)、丸木舟、竪杵などの農具、建築用材、織物、五弦琴、土器、指輪形・腕輪形銅製品といった装飾品など貴重な遺物が多数出土した。昭和27年(1952年)に特別史跡に指定された。

　　　　＊　　　＊　　　＊

◇社会科(地歴科)等の教科書から見た登呂遺跡の記載―改訂版平成18年度採用の中学校教科書も考察　第3報　磯部博平著　再訂版　静岡　磯部出版　2006.5　33p　26cm　非売品

◇小・中学校時代における登呂遺跡学習―平成16年度静岡高校1年生、17年度藤枝西高校生2年生の場合　磯部博平著　第3版・再訂版　静岡　磯部出版　2006.5　44p　25cm

◇社会科(地歴科)等の教科書から見た登呂遺跡の記載　第2報　磯部博平著　改訂版　静岡　磯部出版　2005.4　15p　26cm

◇小・中学校時代における登呂遺跡学習―平成16年度静岡高校生の場合　磯部博平著　第2版・改訂版　静岡　磯部出版　2005.4　18p　26cm

◇登呂遺跡発掘にかけた青春―静岡市古代

弥生時代

史研究学徒会の活躍 平成16年度静岡高校学校祭郷土研究部展示資料 磯部博平ほか編著 静岡 静岡県立静岡高等学校郷土研究部 2004.6 72p 26cm 〈折り込み1枚〉

◇登呂の弥生人—体験して学ぶ古代農村の暮らし 7 静岡市立登呂博物館編 静岡 静岡市立登呂博物館 1999.9 29p 30cm (「弥生人体験クラブ」の活動記録 楽しみながら学ぶ実験考古学 平成10年度)

◇登呂の弥生人—体験して学ぶ古代農村の暮らし 6 静岡市立登呂博物館編 静岡 静岡市立登呂博物館 1998.9 34p 30cm (「弥生人体験クラブ」の活動記録 楽しみながら学ぶ実験考古学 平成9年度)

◇登呂の弥生人—体験して学ぶ古代農村の暮らし 5 静岡市立登呂博物館編 静岡 静岡市立登呂博物館 1997.6 40p 30cm (「弥生人体験クラブ」の活動記録 楽しみながら学ぶ実験考古学 平成7・8年度)

◇登呂遺跡発見50周年記念報告—登呂遺跡を見つめて 登呂遺跡発見50周年記念事業の記録 静岡市教育委員会編 〔静岡〕 静岡市教育委員会 1995.3 133p 30cm 〈年表あり〉

◇登呂村のくらしと米づくり—体験活動のねらいと手引き 参加体験ミュージアムセルフガイド 静岡市立登呂博物館編 静岡 静岡市立登呂博物館 1994.3 24p 26cm

◇登呂むらのくらし 静岡 静岡市立登呂博物館 〔1993〕 24p 26cm

◇静岡市立登呂博物館20年のあゆみ—21世紀への展開をめざして 開館20周年記念誌 静岡市立登呂博物館編 静岡 静岡市立登呂博物館 1992.11 104p 26cm 〈折り込み図1枚〉

◇登呂遺跡のなぞ たかしよいち著, 中西立太絵 国土社 1988.7 213p 18cm (てのり文庫) 480円 ①4-337-30002-3

◇邪馬壱国(所謂邪馬台国)は焼津・登呂—旅行日程の新解読法を発見 肥田政彦著 大和郡山 肥田政彦 1981.2 40p 22cm 800円

◇登呂むらの一年—弥生時代の農業 たかしよいち作, 石津博典絵 岩崎書店 1979.2 31p 25cm (絵本ノンフィクション) 820円

◇登呂の椅子—古代文化を求めて 森豊著 新人物往来社 1973 235p 20cm 850円

◇古代農耕文化展解説—登呂・瓜卿・唐古の諸遺跡を通じて見たる 奈良 国立博物館奈良分館 1950.4 29p 19cm

◇新日本歴史 第8巻 登呂遺跡調査白書 新日本歴史学会編 新日本歴史学会 1949 155p (図版共) 22cm

◇登呂 日本考古学協会編 毎日新聞社 1949 149p 図版96枚 27cm 〈英文附記〉

◇古代農村の復原—登呂遺蹟研究 大場磐雄著 再版 あしかび書房 1948 175p 図版 19cm

◇登呂遺蹟の話 大場磐雄著 山岡書店 1948 147p 図版 19cm

◇登呂遺跡出土品特別展観案内 〔毎日新聞社〕 〔1947〕 30p 18cm

吉野ヶ里遺跡　よしのがりいせき

　佐賀県神埼市と吉野ヶ里町にまたがる弥生時代の遺跡。昭和61年(1986年)から発掘調査が始まり、平成3年(1991年)には国の特別史跡に指定された。集落の形成・発展過程について、弥生時代前・中・後期の3時期にわたる変遷が明らかとなっている。まず前期に丘陵南部に南北200メートル・東西160メートルの環濠を有する拠点的な集落が営まれ、これを発展の核として中期に巨大な環濠集落が形成された。後期になると、少なくとも二重の濠で囲まれた環濠集落となる。内濠や城柵にあたる土塁、楼観(物見櫓)と推定される掘立柱建物などが確認され、内部には数多くの竪穴住居や2000基を超える甕棺墓、高床式倉庫跡が

弥生時代

> 発掘された。また、内濠の外には大規模な墳丘墓が1基あり、細工のすばらしい銅剣やみごとな玉類を副葬した甕棺などが配置されているところから王墓と推測される。こうした遺跡の構造や遺物から吉野ヶ里遺跡を倭国王の王都、つまり女王卑弥呼の宮宅とする見解もあるが定かではない。墳墓群の形成・発展状況が集落の変遷と対応しており、集落と墳墓の歴史的推移を一体的に解明することのできる重要な遺跡である。巴形銅器などの鋳型、有柄銅剣、ガラス製管玉、ほう製鏡なども出土した。

◇吉野ヶ里遺跡と古代韓半島—2000年の時空を越えて 日韓特別企画展 佐賀県教育委員会文化課編 佐賀 佐賀県教育委員会文化課 2008.1 84p 30cm 〈会期・会場:2008年1月1日—2月11日 佐賀県立美術館〉

◇弥生人躍動す—池上曽根と吉野ヶ里 平成18年秋季特別展 大阪府立弥生文化博物館編 和泉 大阪府立弥生文化博物館 2006.10 88p 30cm (大阪府立弥生文化博物館図録 34) 〈会期・会場:10月7日—12月3日 大阪府立弥生文化博物館特別展示室 池上曽根遺跡史跡指定30周年記念 文献あり〉

◇吉野ヶ里—遺跡はこうして残った 山崎義次著 神埼町(佐賀県) アビアランス工房 2005.10 141p 21cm 1619円 ①4-901284-24-X

◇吉野ヶ里遺跡 七田忠昭著 同成社 2005.9 187p 20cm (日本の遺跡 2) 〈シリーズ責任表示:菊池徹夫、坂井秀弥 企画・監修 年表あり 文献あり〉 1800円 ①4-88621-331-6

◇弥生時代の吉野ヶ里—集落の誕生から終焉まで 佐賀県教育委員会文化課編 佐賀 佐賀県教育委員会文化課 2003.3 47p 30cm 〈年表あり〉

◇弥生都市はあったか—拠点環濠集落の実像 吉野ヶ里歴史公園開園記念企画展 佐賀県教育委員会,佐賀県立博物館編 佐賀 佐賀県立博物館 2001.10 103p 30cm 〈会期:平成13年10月26日—11月25日〉

◇倭人伝を掘る—吉野ヶ里・原の辻の世界 長崎新聞社,佐賀新聞社著 長崎 長崎新聞社 1998.12 238p 21cm 2000円 ①4-931493-18-1

◇列島合体から倭国を論ず—地震論から吉野ヶ里論へ 米田良三著 新泉社 1998.8 218p 20cm 2500円 ①4-7877-9813-8

◇弥生の王国—吉野ヶ里遺跡の宝物展 指宿市考古博物館時遊館COCCOはしむれ編 指宿 指宿市教育委員会 1998.1 24p 30cm 〈平成9年度企画展示図録 会期:平成10年1月1日—2月1日〉

◇吉野ヶ里遺跡—保存と活用への道 納富敏雄著 吉川弘文館 1997.12 222p 19cm (歴史文化ライブラリー 28) 1700円 ①4-642-05428-6

◇邪馬台国と吉野ヶ里 金関恕,佐原真著,東京新聞吉野ヶ里取材班編 学生社 1997.7 414p 22cm 2850円 ①4-311-20159-1

◇青銅の弥生都市—吉野ヶ里をめぐる有明のクニグニ 平成9年春季特別展 大阪府立弥生文化博物館編 和泉 大阪府立弥生文化博物館 1997.4 116p 30cm (大阪府立弥生文化博物館 14) 〈会期:平成9年4月19日—6月29日〉

◇吉野ヶ里遺跡と古代国家 佐賀県教育委員会編 吉川弘文館 1995.1 171p 27cm 3296円 ①4-642-07711-1

◇吉野ヶ里遺跡と邪馬台国—遺跡分布から解く女王国の謎 安本美典著 大和書房 1994.7 291p 20cm (古代文化叢書) 〈新装版〉 2400円 ①4-479-84031-1

◇吉野ヶ里と邪馬台国—清張古代游記 松本清張著 日本放送出版協会 1993.11 323p 22cm 〈著者の肖像あり〉 2000円 ①4-14-080131-X

◇吉野ヶ里遺跡と邪馬台国の知られざる謎—日本誕生の秘密に迫る! 武光誠著 大陸書房 1992.6 255p 15cm (大陸文庫) 540円 ①4-8033-4113-3

◇吉野ヶ里こそ邪馬台国—「魏志倭人伝」を正しく読む 久保雅勇著 文芸春秋 1992.4 317p 19cm 1500円 ①4-16-

346350-X
◇古代中国人が解いた邪馬台国―ヤマト王朝の祖は吉野ケ里だった　木原武雄著　佐賀　佐賀新聞社　1991.10　264p　19cm　1500円　Ⓘ4-88298-035-5
◇吉野ケ里・藤ノ木と古代東アジア―日・中・韓国際シンポジウム　上田正昭編　小学館　1991.5　286p　20cm　1650円　Ⓘ4-09-390131-7
◇海のむこうから見た吉野ケ里遺跡―卑弥呼の原像を求めて　網野善彦他著　社会思想社　1991.1　199p　20cm　1500円　Ⓘ4-390-60345-0
◇佐賀県文化財調査報告書　第100集　吉野ケ里遺跡―佐賀県神埼郡三田川町・神埼町に所在する吉野ケ里遺跡の確認調査報告書　佐賀　佐賀県教育委員会　1990.3　60p 図版14p　26cm　〈折り込み図1枚〉
◇吉野ケ里は邪馬台国なのか　安本美典編著　徳間書店　1990.3　330p 16cm　（徳間文庫）　540円　Ⓘ4-19-599032-7
◇倭国大乱と吉野ケ里　大塚初重ほか著　山川出版社　1990.3　253, 5p　19cm　1600円　Ⓘ4-634-60240-7
◇吉野ケ里遺跡―邪馬台国が近づいた　学習研究社　1989.12　79p　26cm　1000円　Ⓘ4-05-103508-5
◇吉野ケ里・楼観からの報告―邪馬台国の東遷が見える　安本美典著　毎日新聞社　1989.11　193p　20cm　1300円　Ⓘ4-620-30702-5
◇吉野ケ里遺跡の謎―よみがえる邪馬台国　奥野正男著　PHP研究所　1989.8　197p　19cm　（New intellect 2）　1000円　Ⓘ4-569-52522-9
◇吉野ケ里の証言―邪馬台国は筑後川流域にあった！　安本美典著　JICC出版局　1989.7　72p　21cm　390円
◇吉野ケ里遺跡と邪馬台国―遺跡分布から解く女王国の謎　安本美典著　大和書房　1989.6　291p　20cm　1700円　Ⓘ4-479-84010-9
◇吉野ケ里の秘密―解明された「倭人伝」の世界　古田武彦著　光文社　1989.6　218p　18cm　（カッパ・ブックス）　750円　Ⓘ4-334-00486-5

弥生時代の埋葬
やよいじだいのまいそう

　死者を葬るため、もしくは遺骨・遺灰を入れるための容器として甕棺、箱式石棺、木棺などが用いられた。甕棺は縄文時代の前期中葉からみられる大型の土器で、いずれも幼児の埋葬に使用し、成人の遺体をそのまま葬るのは弥生時代に入ってからである。二個の甕の口縁を合わせた合わせ口甕棺が九州北部を中心に多く出土した。縄文時代から見られる箱式石棺は、扁平な自然石を長方形に組み合わせたもっとも原始的な形で、弥生・古墳時代に多くみられる。木で作られた木棺は、弥生時代からの使用が認められ、製作法により刳抜（くりぬき）式と組合せ式に分類される。刳抜式は割竹形木棺、組合せ式には箱式（形）木棺が上げられる。

*　　　*　　　*

◇弥生再葬墓と社会　設楽博己著　塙書房　2008.5　397p　27cm　12000円　Ⓘ978-4-8273-1219-5
◇研究連絡誌　5（平成19年度）　広島　広島市文化財団文化科学部文化財課　2008.3　53p　30cm
◇弥生王墓誕生―出雲に王が誕生したとき　島根県立古代出雲歴史博物館編　松江　ハーベスト出版　2007.10　67p　30cm　952円　Ⓘ978-4-938184-39-1
◇墓制から弥生社会を考える　近畿弥生の会編　六一書房　2007.4　288p　21cm　（考古学リーダー 10）　〈会期・会場：2005年3月13日　キャンパスプラザ京都第3講義室〉　3500円　Ⓘ978-4-947743-48-0
◇最古の王墓―吉武高木遺跡　常松幹雄著　新泉社　2006.2　93p　21cm　（シリーズ「遺跡を学ぶ」024）　1500円　Ⓘ4-7877-0634-9
◇甕棺と弥生時代年代論　橋口達也著　雄山閣　2005.10　257p　22cm　〈折り込1枚〉　4600円　Ⓘ4-639-01903-3
◇北部九州における弥生時代墓制の研究　高木暢亮著　福岡　九州大学出版会　2003.2　265p　27cm　7400円　Ⓘ4-87378-766-1
◇弥生墓制の系譜―平成8年度企画展　秦野市立桜土手古墳展示館編　秦野　秦野市立桜土手古墳展示館　1996.12　13p　26cm

◇滑石小路箱式石棺・本堂山遺跡　玉名
　玉名市教育委員会　1985.3　156p　26cm
　〈玉名市文化財調査報告　第6集〉
◇青森県平賀町唐竹地区埋蔵文化財発掘調
　査報告書―甕棺墓、石棺墓、土壙墓　葛西
　励著　平賀町（青森県）　平賀町教育委員
　会　1974.1　133p　26cm

方形周溝墓
ほうけいしゅうこうぼ

　弥生時代を中心に発達した低い方形の墳丘の周囲に浅い溝をめぐらせた墓。方形区画は1辺5～15メートルの正方形ないし長方形で、幅1メートル内外の溝を掘削した排土その他を内側に積んで低い墳丘を築いたが、後世の削平により墳丘を残さないものが多い。方形区画内にふつう1体から数体が葬られることから、家族集団を基礎とする墓と考えられる。周溝墓が20～30基ほど群集して共同墓地を形成することが多く、溝を共有しながら数基の墓が連接する。これらの連接した墓は、供献された土器に時期差がみられるため、何世代にもわたり形成されたと考えられる。畿内地方では弥生時代前期の方形周溝墓が確認されているが、東日本では中期以降、九州地方では後期後葉以後に出現しており、盛行期に地域差が認められる。

　　　　＊　　　＊　　　＊

◇方形周溝墓の埋葬原理―史跡王山古墳群
　環境整備工事完成記念考古学研究フォー
　ラム記録集　鯖江　福井県鯖江市教育委
　員会　2009.3　132p　30cm　〈文献あ
　り〉
◇方形周溝墓研究の今―宇津木向原遺跡発
　掘40周年記念シンポジウム記録集　椙山
　林継、山岸良二編　雄山閣　2005.11
　284p　22cm　3400円　①4-639-01904-1
◇方形周溝墓研究の今―シンポジウム宇津
　木向原遺跡発掘40周年記念　1　〔八王
　子〕　方形周溝墓シンポジウム実行委員
　会　2004.12　18p　30cm　〈会期・会
　場：2004年12月12日　八王子市学園都市
　センター〉
◇方形周溝墓研究の今―シンポジウム宇津
　木向原遺跡発掘40周年記念 資料集　2
　〔八王子〕　方形周溝墓シンポジウム実
　行委員会　2004.12　134p　30cm　〈会
　期・会場：2004年12月12日　八王子市学園
　都市センター　文献あり〉
◇豊島馬場遺跡と方形周溝墓　北区飛鳥山
　博物館編　東京都北区教育委員会
　2000.7　29p　30cm　（北区の遺跡シ
　リーズ 1）〈夏期企画展：平成12年7月
　22日―9月10日〉
◇方形周溝墓の再発見　福田聖著　同成社
　2000.7　207p　22cm　（ものが語る歴史
　シリーズ 3）　4800円　①4-88621-203-4
◇関東の方形周溝墓　山岸良二編　同成社
　1996.12　426p　27cm　19000円　①4-
　88621-143-7
◇東平下周溝墓群―2号方形周溝墓　川南
　町（宮崎県）　川南町教育委員会　1982.3
　28p　27cm　（川南町文化財調査報告 1）

支石墓
しせきぼ

　新石器時代から初期鉄器時代にかけて世界的に分布する巨石墳墓の一種で、日本では縄文時代末に農耕技術とともに蓋石式、碁盤式が北九州地域に伝来した。弥生時代前期には、地下に土壙、石棺、石室、甕棺などが設けられ、分布の広がりをみせる中期になると、大型の合わせ口甕棺などがみられる。福岡県須玖（すぐ）遺跡では三十数面の前漢鏡が変型支石墓下の甕棺から発見され、奴国の王墓とされている。西暦1世紀後半ごろまでにほぼ姿を消した。

　　　　＊　　　＊　　　＊

◇アジアの巨石文化―ドルメン・支石墓考
　八幡一郎、田村晃一編　六興出版
　1990.11　318p　22cm　8500円　①4-
　8453-3040-7
◇支石墓の謎―前方後円墳・「天皇」の源流
　光岡雅彦著　学生社　1979.12　212p
　19cm　1500円

楽浪郡・帯方郡
らくろうぐん・たいほうぐん

　楽浪郡は、紀元前108年に前漢の武帝が衛氏朝鮮を滅ぼし、現在の平壌を中心とする西北朝鮮に置いた中国王朝の地方行政組織。真番（しんばん）、臨屯（りんとん）、楽浪、玄菟（げんと）の4郡が設置され、他の3郡はまもなく廃止や中国本土側へ移転が行なわれたが、楽浪郡は約400年間、歴代王朝の機関として存続した。3世紀初

頭のころには南半部が分離して帯方郡となった。楽浪、帯方の2郡はのちに高句麗勢力の南下にあい、中国本土への移転を余儀なくされ6世紀まで存続したが、通常は郡の機構が朝鮮半島を離れたとされる仁徳天皇元年（313年）をもって両郡の滅亡としている。楽浪、帯方の2郡は朝鮮半島と日本列島に少なからぬ政治的、文化的影響を与え、邪馬台国の卑弥呼の使者が中国に朝貢した際、この2郡を経由したことは有名である。

＊　　　＊　　　＊

◇楽浪文化と古代出雲　環日本海松江国際交流会議編　松江　環日本海松江国際交流会議　2003.3　225p　19cm　（北東アジアシリーズ　報告書2002）〈会期・会場：2002年11月20日　島根県民会館　年表あり〉
◇楽浪と高句麗の考古学　田村晃一著　同成社　2001.4　414p　22cm　〈肖像あり〉　12000円　①4-88621-220-4
◇楽浪海中に倭人有り―二千年前の日本列島　平成十二年度春季特別展　滋賀県立安土城考古博物館編　安土町（滋賀県）　滋賀県立安土城考古博物館　2000.4　96p　30cm　〈会期：平成12年4月23日―6月4日〉
◇楽浪文化と古代日本　全浩天著　雄山閣出版　1998.12　234p　22cm　（考古学選書）　3800円　①4-639-01570-4, 4-639-00055-3
◇海の倭人伝―海事史で解く邪馬台国　大友幸男著　三一書房　1998.6　220p　20cm　2200円　①4-380-98260-2
◇楽浪―漢文化の残像　駒井和愛著　中央公論社　1972　176p　18cm　（中公新書）〈主要参考書：p.173-174〉
◇楽浪郡治址　駒井和愛著　東京大学文学部考古学研究室　1965　56p　図版37枚　26cm　（考古学研究　第3冊）

『漢書』地理志
かんじょちりし

中国の正史『漢書』の中で地理的叙述を行っている部分。『漢書』は後漢の班固が撰著し、妹の班昭が補修した。地理志は首都圏京兆尹（けいちょういん）に始まる103郡国につき、元始2年（紀元2年）時点の戸口をあげ、1587の県について、簡単な沿革、山川や塩官、鉄官などの所在、州県の等級、特産品などを記載している。当時の日本に関する最古の記録「楽浪（らくろう）海中に倭人（わじん）あり、分かれて百余国をなし、歳時をもって来たりて献見すと云う」の一文がある。

＊　　　＊　　　＊

◇中国正史倭人・倭国伝全釈　鳥越憲三郎著　中央公論新社　2004.6　240p　20cm　1900円　①4-12-003544-1
◇漢書　3　志　下　班固著, 小竹武夫訳　筑摩書房　1998.7　622, 23p　15cm　（ちくま学芸文庫）　1600円　①4-480-08403-7
◇漢書　食貨・地理・溝洫志　班固著, 永田英正, 梅原郁訳注　平凡社　1988.7　344p　18cm　（東洋文庫488）　2,700円　①4-582-80488-8

倭
わ

7世紀以前の中国・朝鮮での日本に対する呼称であるが、冊封体制内で自称国号としても援用された。委とも表記される。倭に関する史料上の初見は、中国の地理書『山海経（せんがいきょう）』と、王充が著した雑家書『論衡』の断片的記事であるが、実態は不明。『漢書』地理志や『後漢書』東夷伝にも記述が残され、中国王朝下の冊封体制において倭の国々が統合されている過程がうかがえる。4世紀末の高句麗好太王碑文、5世紀の『宋書』倭国伝にある倭は大和政権と考えるのが一般的で、倭はやがて「ヤマト」と訓じられ、大和を示す語となった。中国の後晋で編まれた『旧唐書（くとうじょ）』で「日本国は倭国の別種なり」とされていることから、7世紀後半以降に、国の称号は倭から日本となったことがわかる。

＊　　　＊　　　＊

◇銅鐸の祭と倭国の文化―古代伝承文化の研究　三浦茂久著　作品社　2009.8　448p　22cm　〈索引あり〉　4600円　①978-4-86182-254-4
◇考古学からみた倭国　白石太一郎著　青木書店　2009.6　557p　21cm　7000円　①978-4-250-20912-3
◇倭女王少名日子建猪心命　七海半太郎著　寝屋川　昴出版　2009.5　252p　21cm　1600円　①978-4-9904508-1-6
◇倭国の時代　岡田英弘著　筑摩書房

2009.2　382p　15cm　（ちくま文庫　お30-3）〈文献あり　年表あり〉　880円　ⓘ978-4-480-42539-3

◇倭国大乱と日本海　甘粕健編　同成社　2008.10　142p　19cm　（市民の考古学5）〈文献あり〉　1500円　ⓘ978-4-88621-454-6

◇倭の比較考古学　川西宏幸著　同成社　2008.5　384p　22cm　8500円　ⓘ978-4-88621-437-9

◇東アジアの動乱と倭国　森公章著　吉川弘文館　2006.12　264,4p　20cm　（戦争の日本史1）〈文献あり　年表あり〉2500円　ⓘ4-642-06311-0

◇「倭国」とは何か―古代史論文集　九州古代史の会編　同時代社　2006.12　225p　19cm　1600円　ⓘ4-88683-592-9

◇三角縁神獣鏡・邪馬台国・倭国　石野博信,水野正好,西川寿勝,岡本健一,野崎清孝著,奈良歴史地理の会監修　新泉社　2006.11　210p 図版4p　21cm　2200円　ⓘ4-7877-0607-1

◇倭人の生きた環境―山陰弥生時代の人と自然環境　鳥取県教育委員会事務局妻木晩田遺跡事務所編　〔鳥取〕　鳥取県教育委員会　2006.9　34p　30cm　（弥生文化シンポジウム　第7回）〈会期・会場：平成18年9月10日　米子コンベンションセンター小ホール〉

◇倭国と渡来人―交錯する「内」と「外」田中史生著　吉川弘文館　2005.10　217p　19cm　（歴史文化ライブラリー 199）〈年表あり〉　1700円　ⓘ4-642-05599-1

◇韓国の倭城と壬辰倭乱　黒田慶一編　岩田書院　2004.11　558,15p　22cm　9900円　ⓘ4-87294-366-X

◇「天・日」の称号と「豊」の美称―倭国の証明　吉田舜著　福岡　海鳥社　2004.9　240p　19cm　1500円　ⓘ4-87415-495-6

◇シンポジウム倭人のクニから日本へ―東アジアからみる日本古代国家の起源　鈴木靖民編　学生社　2004.8　266p　20cm　2400円　ⓘ4-311-20275-X

◇倭国の謎―知られざる古代日本国　相見英咲著　講談社　2003.10　274p　19cm　（講談社選書メチエ 281）　1800円　ⓘ4-06-258281-3

◇「倭人語」の解読―卑弥呼が使った言葉を推理する　安本美典著　勉誠出版　2003.6　362p　22cm　（推理・古代日本語の謎）〈文献あり〉　3200円　ⓘ4-585-05122-8

◇新視点古代倭国の研究―古代史料に描かれた「倭」「日本」の真実　新人物往来社　2003.5　168p　26cm　（別冊歴史読本 46）　2000円　ⓘ4-404-03046-0

◇倭国から日本へ　森公章編　吉川弘文館　2002.8　343,17p　22cm　（日本の時代史 3）〈シリーズ責任表示：石上英一〔ほか企画・編集〕〉　3200円　ⓘ4-642-00803-9

◇倭国王統譜の形成　高寛敏著　雄山閣　2001.12　261p　22cm　4800円　ⓘ4-639-01756-1

◇倭国大乱は二王朝の激突だった―日本書紀解体真史　崇神～仲哀・神功条　山川登著　大阪　新風書房　2001.10　341p　21cm　2000円　ⓘ4-88269-485-9

◇三国志がみた倭人たち―魏志倭人伝の考古学　設楽博己編　山川出版社　2001.4　297p　22cm　2700円　ⓘ4-634-60810-3

◇倭国物語　石川典朗著　横須賀　めぐみ書房　2001.2　212,4p　21cm　1905円

◇「倭」から「大和」へ―五世紀にいたるわが王権の盛衰　加知吉弥著　〔名古屋〕〔加知吉弥〕　〔2001〕　227p　22cm　〈文献あり〉

◇倭国史談　平野雅曠著　熊本　熊本日日新聞情報文化センター（製作）　2000.8　196p　21cm　1905円　ⓘ4-87755-075-5

◇倭の古王国と邪馬台国問題―弥生通史が解明する「渡来人による文明開化史観」の虚構　上　中島一憲著　文芸社　2000.8　624p　20cm　2381円　ⓘ4-8355-0374-0

◇倭の古王国と邪馬台国問題―弥生通史が解明する「渡来人による文明開化史観」の虚構　下　中島一憲著　文芸社　2000.8　623p　20cm　2381円　ⓘ4-8355-0375-9

◇倭人伝の国々　小田富士雄編　学生社　2000.5　320p　20cm　2400円　ⓘ4-311-20227-X

◇倭国歴訪―倭人伝における倭の諸国についての考察　後藤幸彦著　明窓出版　1999.6　169p　19cm　1300円　ⓘ4-

弥生時代

89634-019-1
◇倭国の出現―東アジア世界のなかの日本　西嶋定生著　東京大学出版会　1999.5　290,5p　22cm　5800円　ⓘ4-13-021064-5
◇蝦夷と倭人　阿部義平著　青木書店　1999.2　222p　22cm　（シリーズ日本史のなかの考古学）　2800円　ⓘ4-250-98050-2
◇倭王権の時代　吉田晶著　新日本出版社　1998.9　221p　18cm　（新日本新書）　950円　ⓘ4-406-02612-6
◇列島合体から倭国を論ず―地震論から吉野ケ里論へ　米田良三著　新泉社　1998.8　218p　20cm　2500円　ⓘ4-7877-9813-8
◇古代倭王朝論―記紀伝承の虚実　畑井弘著　三一書房　1997.9　587,18p　22cm　9500円　ⓘ4-380-97270-4
◇倭と日本建国史　鹿島昇著　新国民社　1997.9　562p　22cm　〈文献あり〉　5714円　ⓘ4-915157-82-2
◇倭国の真相―古代神都東三河2　前田豊著　彩流社　1997.1　239p　19cm　1957円　ⓘ4-88202-434-9
◇倭国乱る　国立歴史民俗博物館編　朝日新聞社　1996.10　191,10p　図版10枚　30cm　〈会期・会場：1996年10月1日―11月24日　国立歴史民俗博物館ほか〉
◇倭と日本―その歴史的断絶　配山実著　踏青社　1996.8　226p　20cm　〈発売：審美社〉　2000円　ⓘ4-924440-33-7
◇日本の古代　1　倭人の登場　岸俊男ほか編　森浩一編　中央公論社　1995.10　428p　図版16枚　16cm　（中公文庫）　〈監修：貝塚茂樹ほか〉　1200円　ⓘ4-12-202444-7
◇倭国の歴史　鈴木一郎著　福岡　西日本新聞社　1995.9　206p　19cm　880円　ⓘ4-8167-0400-0
◇倭国の時代　岡田英弘著　朝日新聞社　1994.2　358,10p　15cm　（朝日文庫）　680円　ⓘ4-02-261012-3
◇邪馬台国と倭国―古代日本と東アジア　西嶋定生著　吉川弘文館　1994.1　308p　20cm　2300円　ⓘ4-642-07410-4
◇倭族と古代日本　諏訪春雄編　雄山閣出版　1993.10　239p　20cm　2200円

ⓘ4-639-01191-1
◇邪馬台国と倭国―古代日本と東アジア　西嶋定生著　吉川弘文館　1993.1　308p　19cm　2300円　ⓘ4-642-07410-4
◇倭国の原像　建豊男著　新人物往来社　1991.12　246p　20cm　1800円　ⓘ4-404-01880-0
◇倭・倭人・倭国―東アジア古代史再検討　井上秀雄著　京都　人文書院　1991.12　226p　20cm　2266円　ⓘ4-409-52017-2
◇倭国ここに在り―文底に隠された真実・二つの国があった日本列島　吉留路樹著　福岡　葦書房　1991.11　210p　20cm　1560円
◇倭王たちの七世紀―天皇制初発と謎の倭王　小林恵子著　現代思潮社　1991.4　253p　20cm　2472円
◇卑弥呼は日本語を話したか―倭人語を「万葉仮名」で解読する　安本美典著　PHP研究所　1991.2　333p　20cm　1700円　ⓘ4-569-52902-X
◇シンポジウム　倭国の源流と九州王朝　古田武彦編　新泉社　1990.11　290p　19cm　1900円
◇倭王記―ヤマト王国の秘密　藤原英基著　吹田　論文社　1990.9　293p　19cm　〈著者の肖像あり〉　1800円
◇倭国・闇からの光―日本書紀の暗号を解く海のシルクロード　日根輝己著　アイペック　1990.4　230p　19cm　1800円　ⓘ4-87047-093-4
◇韓半島からきた倭国―古代加耶族が建てた九州王朝　李鍾恒著,兼川晋訳　新泉社　1990.3　322p　19cm　2200円
◇倭国大乱と吉野ケ里　大塚初重ほか著　山川出版社　1990.3　253,5p　19cm　1600円　ⓘ4-634-60240-7
◇倭国と東アジア　沈仁安著　六興出版　1990.2　338,11p　21cm　（東アジアのなかの日本歴史1）　〈付（1枚）〉　3090円　ⓘ4-8453-8091-9
◇古代の倭国―神代の日本　津村武義著　〔泊村（鳥取県）〕　〔津村武義〕　1988.12　86p　19cm　〈著者の肖像あり〉
◇三国史記倭人伝―他六篇　朝鮮正史日本伝1　佐伯有清編訳　岩波書店　1988.3

49

◇247p　15cm　（岩波文庫）〈朝鮮三国・倭・日本関係年表・参考文献一覧：p229〜247〉　450円　①4-00-334471-5
◇日本の古代　第1巻　倭人の登場　岸俊男ほか編　森浩一編　中央公論社　1985.11　366p　図版32p　21cm　〈監修：貝塚茂樹ほか　付(12p)：『日本の古代』発刊に当って〉　2200円　①4-12-402534-3
◇東アジア世界における日本古代史講座　第2巻　倭国の形成と古墳文化　井上光貞ほか編　学生社　1984.1　373p　22cm
◇倭館・倭城を歩く—李朝のなかの日本　李進煕著　六興出版　1984.1　261p　19cm　（ロッコウブックス）〈史料・参考文献：p255〜258〉　1300円
◇倭国大乱—軍事学的に見た日本古代史　寺本克之著　新人物往来社　1983.2　282p　20cm　1600円
◇三世紀の倭国新考　原隆一著　福岡　梓書院　1981.4　264p　19cm
◇東アジア世界における日本古代史講座　第3巻　倭国の形成と古文献　井上光貞ほか編集　学生社　1981.3　306p　22cm　3800円
◇銅鐸への挑戦　5　倭国の大乱　原田大六　六興出版　1980.10　233p　19cm　（ロッコウブックス）〈創立四十周年記念出版〉　850円
◇邪馬壱国の原点倭—中国古文献を精緻に探究する　泉隆弐著　講談社　1979.3　262p　20cm　980円
◇倭と王朝　鹿島昇著　新国民社　1978.8　448p　20cm　〈参考文献：p447〜448〉　1800円
◇倭国—東アジア世界の中で　岡田英弘著　中央公論社　1977.10　220p　18cm　（中公新書）　420円
◇倭国の時代—現代史としての日本古代史　岡田英弘著　文芸春秋　1976　307p　20cm　1400円
◇倭国の世界　上田正昭著　講談社　1976　228p　18cm　（講談社現代新書）　390円
◇倭と倭人の世界　国分直一編　毎日新聞社　1975　269p　20cm　〈「東アジアの古代文化を考える会」の第11回講演会からまとめたもの〉　1200円
◇倭から日本へ　江上波夫等著　二月社　1973　281p　20cm　〈1972年11月11日，東京・東医健保会館で行なわれた，寺小屋思想講座・古代史教室の第1回公開講座を中心として編集したもの〉　980円
◇倭の人々　井伊章著　金剛出版　1973　245p　19cm　〈付：表(1枚)〉　880円
◇倭の女王　志田不動麿著　吉川弘文館　1956　199p　19cm

『後漢書』東夷伝
ごかんじょとういでん

　中国、後漢時代の事跡を記した史書の内の一つ。二十四史の一つである『後漢書』は全120巻からなり、本紀10巻、列伝80巻は范曄（はんよう）の撰で元嘉9年（432年）に完成した。志30巻は晋の司馬彪（しばひょう）の『続漢書』志を北宋時代に合刻したもの。この東夷伝のなかに「建武中元二年、倭奴国、貢を奉じて朝賀す。使人自ら大夫と称す。倭国の極南界なり。光武賜うに印綬を以てす」など倭国に関する記載がある。

　　　＊　　　＊　　　＊

◇中国正史倭人・倭国伝全釈　鳥越憲三郎著　中央公論新社　2004.6　240p　20cm　1900円　①4-12-003544-1
◇新訂　魏志倭人伝・後漢書倭伝・宋書倭国伝・隋書倭国伝—中国正史日本伝　1　石原道博編訳　岩波書店　2003.4　167p　15cm　（岩波文庫）〈第73刷〉　460円　①4-00-334011-6
◇魏志倭人伝・後漢書倭伝・宋書倭国伝・隋書倭国伝　石原道博編訳　新訂版　岩波書店　1985.5　167p　15cm　（岩波文庫）〈中国正史日本伝1〉　400円
◇魏志倭人伝・後漢書倭伝・宋書倭国伝・隋書倭国伝　和田清，石原道博共編訳　岩波書店　1951　118p　15cm　（岩波文庫）

奴国
なこく

　福岡市付近にあった弥生時代の原始国家。「なのくに」ともいう。『日本書紀』に儺県（なのあがた）・那津（なのつ）とあり、後の那珂郡に比定される。『後漢書』によると、建武中元2年（紀元57年）に奴国が後漢に朝貢し、光武帝から印綬を

授けられたとあるが、天明4年(1784年)に福岡県志賀島で発見された「漢委奴国王」の金印がこれにあたると推定されている。また『魏志』倭人伝には、奴国は伊都国の東南百里にあり、戸数は2万余戸あったと記される。奴国は伊都国とともに紀元前後より大陸との交易に従事し発展した。奴国域内の須玖(すぐ)岡本遺跡からは前漢鏡、銅剣、銅矛など多数の舶載品が発見されている。

＊　＊　＊

◇倭国歴訪―倭人伝における倭の諸国についての考察　後藤幸彦著　明窓出版　1999.6　169p　19cm　1300円　①4-89634-019-1
◇委奴国志―新古事記・日本古代史復原　野間口道義著　多摩　野間書店　1997.7　400p　22cm　2500円
◇日本古代国家―倭奴国・女王国・狗奴国　水野祐著　紀伊国屋書店　1994.1　222p　20cm　(精選復刻紀伊国屋新書)　1800円　①4-314-00662-5
◇奴国の滅亡―邪馬台国に滅ぼされた金印国家　安本美典著　毎日新聞社　1990.10　236p　20cm　1400円　①4-620-30757-2
◇遥かなる奴国―古代那珂川の流域に在った倭の奴国 日本最初のくに　藤島正之著　福岡　教育春秋社　1988.8　213p　22cm　1650円
◇奴国発掘　板橋旺爾著　学生社　1973　248p 図　19cm　780円
◇日本古代国家―倭奴国・女王国・狗奴国　水野祐著　紀伊国屋書店　1966　222p　18cm　(紀伊国屋新書)　300円

漢委奴国王印
かんのわのなのこくおういん

天明4年(1784年)、筑前国那珂郡志賀島村(福岡市東区)で百姓甚兵衛により発見された純金製の印。印は鋳造の蛇鈕。総高は2.236センチメートル、印台の高さは平均0.887センチメートル、印面はほぼ正方形で、四辺の平均は後漢尺の1寸にあたる2.347センチメートル、重さは108.729グラムである。印面には漢隷で〈漢/委奴/国王〉の3行5文字が彫られ、文字の先端はきわめて鋭利で力強い。金印の発見は『後漢書』東夷伝にある記事「建武中元二年、倭奴国、貢を奉じて朝賀す。使人自ら大夫と称す。倭国の極南界なり。光武賜うに印綬を以てす」を裏づけるものと考えられる。昭和29年(1954年)、国宝に指定された。

＊　＊　＊

◇悲劇の金印　原田大六著　学生社　1992.8　217p　20cm　〈著者の肖像あり〉　1700円　①4-311-20150-8
◇「漢委奴国王」金印展―金印発見二百年　福岡市立歴史資料館編　福岡　福岡市立歴史資料館　1984.10　105p　26cm　(福岡市立歴史資料館図録 第9集)〈特設展図録 会期：1984年10月9日〜11月18日〉
◇邪馬台国の語源と漢委奴国王印の解読　今中俊雄著　大阪　大和出版印刷社　1979.6　200p　19cm
◇金印―漢委奴国金印　大谷光男著　吉川弘文館　1974　196, 21p 図　19cm　(研究史)　950円
◇邪馬台国と金印　村山義男著　新人物往来社　1974　240p　20cm　980円

邪馬台国　やまたいこく

2世紀後半から3世紀にかけて日本に存在した国。『魏志』倭人伝に記載される。もと男王が治めていたが、2世紀後半の倭の大乱で女王卑弥呼が共立され、少なくとも北九州を含む20数ヵ国を支配。神功皇后摂政39年(239年)、卑弥呼は大夫難升米(なしめ)らを魏の都洛陽に派遣し、生口と斑布を献上している。魏の明帝は卑弥呼を「親魏倭王」に任命し、金印紫綬、銅鏡などを下賜した。神功皇后摂政43年(243年)には大夫伊声耆(いせいき)らを派遣し、神功皇后摂政47年(247年)には、狗奴国との対立のなかで載斯烏越(さしうえつ)を帯方郡に派遣し、戦況を報告させている。その結果、中国皇帝の詔書や軍旗の賜与を受けている。卑弥呼の死後、男王が立ったが治まらず、娘の壹与(いよ)が立ってようやく治まった。その壹与を女王とする倭国がその後どうなったかは、神功皇后摂政

66年（266年）の遣使以後は不明である。所在地に関しては、北部九州説と畿内大和説の2説の他、多数の説が提唱されているが、未だ確定的な論拠はない。

◇卑弥呼は前方後円墳に葬られたか—邪馬台国の数理　小沢一雅著　雄山閣　2009.10　202p　21cm　2800円　①978-4-639-02106-3

◇「邪馬台国=畿内説」「箸墓=卑弥呼の墓説」の虚妄を衝く！　安本美典著　宝島社　2009.9　221p　18cm　（宝島社新書296）〈並列シリーズ名：Takarajimasha shinsho　文献あり〉　648円　①978-4-7966-7348-8

◇吉備の邪馬台（やまと）国と大和の狗奴国　若井正一著　歴研　2009.6　143p　21cm　（歴研選書）　1200円　①978-4-903991-18-4

◇魏志倭人伝の考古学—邪馬台国への道　西谷正著　学生社　2009.4　379p　22cm　〈索引あり〉　5400円　①978-4-311-30072-1

◇邪馬台国魏使が歩いた道　丸山雍成著　吉川弘文館　2009.4　251p　19cm　（歴史文化ライブラリー 268）　1800円　①978-4-642-05668-7

◇邪馬台国へ詣る道—魏使建中校尉梯儁　佳谷善慎著　文芸社　2009.1　316p　20cm　〈文献あり〉　1600円　①978-4-286-05595-4

◇邪馬台国吉備説—神話篇　広畠輝治著　神無書房　2009.1　532p　20cm　〈年表あり〉　4700円　①978-4-87358-096-8

◇邪馬台国大研究　井上筑前著　福岡梓書院　2009.1　429p　21cm　2667円　①978-4-87035-331-2

◇邪馬台国問題への解決　第1巻　弥生時代～古墳時代の金属器の概観　石井好，永井康寛著　柏葉書房　〔2009〕　280p　30cm　〈文献あり〉

◇予言大隅邪馬台国　河野俊章著　伊丹牧歌舎，星雲社（発売）　2008.12　118p　21cm　〈折り込1枚〉　1000円　①978-4-434-12551-5

◇地名が証す投馬国、そして邪馬台国　福田正三郎著　東京図書出版会, リフレ出版（発売）　2008.11　232p　19cm　〈年表あり　文献あり〉　1400円　①978-4-86223-272-4

◇邪馬台国と卑弥呼　直木孝次郎著　吉川弘文館　2008.11　274p　20cm　（直木孝次郎古代を語る 2）　2600円　①978-4-642-07883-2

◇まぼろしの邪馬台国　第1部　白い杖の視点　宮崎康平著　新装版　講談社　2008.8　277p　15cm　（講談社文庫）〈年譜あり〉　590円　①978-4-06-276135-2

◇まぼろしの邪馬台国　第2部　伊都から邪馬台への道　宮崎康平著　新装版　講談社　2008.8　371p　15cm　（講談社文庫）　629円　①978-4-06-276136-9

◇三輪山と卑弥呼・神武天皇　笠井敏光，金関恕，千田稔，塚口義信，前田晴人，和田萃著　学生社　2008.8　194p　20cm　1980円　①978-4-311-20320-6

◇沈黙する女王の鏡　関裕二著　ポプラ社　2008.7　222p　19cm　（関裕二〈古代史の謎〉コレクション 1）　1300円　①978-4-591-10432-3

◇日本史の誕生　岡田英弘著　筑摩書房　2008.6　349p　15cm　（ちくま文庫）〈弓立社1994年刊の増訂〉　800円　①978-4-480-42449-5

◇邪馬台国と地域王国　門脇禎二著　吉川弘文館　2008.6　327p　20cm　2800円　①978-4-642-07989-1

◇「邪馬台国畿内説」徹底批判—その学説は「科学的」なのか　安本美典著　勉誠出版　2008.4　339p　22cm　（推理・邪馬台国と日本神話の謎）　2800円　①978-4-585-05392-7

◇誰も語らなかった邪馬台国の実像　釈安然著　新生出版　2008.2　222p　20cm　1300円　①978-4-86128-246-1

◇卑弥呼の謎を解く—邪馬台国は日向にあった　田窪努著　名古屋ブイツーソリューション, 星雲社（発売）　2008.1　249p　20cm　〈文献あり〉　2000円　①978-4-434-11521-9

◇邪馬台国とは何だろうか　真木林太郎著　アドスリー, 丸善出版事業部（発売）

2008.1 399p 21cm 〈文献あり〉 2500円 ⓘ978-4-900659-83-4
◇中国の研究者のみた邪馬台国 汪向栄著, 堀淵宜男訳, 飯島武次監修 同成社 2007.12 243p 22cm 3800円 ⓘ978-4-88621-409-6
◇卑弥呼・邪馬台国は初期ヤマト政権―『記』・『紀』祖神たちと建国の実像 内山直文著 近代文芸社 2007.11 338p 20cm 〈文献あり〉 2000円 ⓘ978-4-7733-7506-0
◇卑弥呼と台与の邪馬台王権 淵田三善著 大阪 清風堂書店出版部 2007.8 294p 20cm 〈文献あり〉 2190円 ⓘ978-4-88313-471-7
◇波濤万里邪馬台ニ至ル 矢野寿一著 福岡 梓書院 2007.6 288p 22cm 〈文献あり〉 2095円 ⓘ978-4-87035-294-0
◇卑弥呼前後の隙間 山本伝著 新風舎 2007.6 81p 19cm （Shinpu books） 〈年表あり〉 1000円 ⓘ978-4-289-02457-5
◇邪馬台国・日向への道―卑弥呼から神武へ 天皇・大和朝廷のルーツは日向 山田昌行著 宮崎 鉱脈社 2007.3 259p 19cm （みやざき文庫 43） 1800円 ⓘ978-4-86061-215-3
◇解読・邪馬台国の暗号―記紀に封印された倭国王朝の光と影 安田哲也著 講談社出版サービスセンター 2007.2 349p 20cm 1905円 ⓘ978-4-87601-800-0
◇海からみた卑弥呼女王の時代―歴研「邪馬台国」ブックレット 道家康之助著 歴研 2007.1 93p 21cm 1000円 ⓘ4-947769-80-7
◇弥生の神々の末裔―『魏志倭人伝』と『記紀』に封印された謎の解明 富山至著 福岡 梓書院 2007.1 328p 21cm 〈文献あり〉 1714円 ⓘ978-4-87035-289-6
◇三角縁神獣鏡・邪馬台国・倭国 石野博信, 水野正好, 西川寿勝, 岡本健一, 野崎清孝著, 奈良歴史地理の会監修 新泉社 2006.11 210p 図版4p 21cm 2200円 ⓘ4-7877-0607-1
◇図解「邪馬台国」の謎を解く―「地理と戦略」から見えてきた古代史の真相 関裕二著 PHP研究所 2006.9 95p 26cm 952円 ⓘ4-569-65480-0
◇「幻の邪馬台国」の座標軸―「魏志倭人伝」を読み解く 中野雅弘著 早稲田出版 2006.9 146p 20cm 1600円 ⓘ4-89827-318-1
◇邪馬台国時代のツクシとヤマト 香芝市二上山博物館編 学生社 2006.9 294p 20cm 2400円 ⓘ4-311-20292-X
◇三角縁神獣鏡と邪馬台国―古代国家成立と陰陽道 碓井洸著 神戸 交友印刷（印刷） 2006.6 327p 30cm 〈文献あり〉 3810円 ⓘ4-87787-300-7
◇大卑弥呼女王 丸山重夫著 郁朋社 2006.4 278p 20cm 1500円 ⓘ4-87302-332-7
◇邪馬台国がわかる―陸行1月は75km？ 橘高章著 たんさく 2006.2 44p 21cm （邪馬台国ブックレット） 800円 ⓘ4-903288-01-3
◇大和朝廷以前の古代日本 吉本彰著 京都 丸善京都出版サービスセンター（製作） 2006.2 156p 19cm 953円 ⓘ4-944229-61-5
◇女王の都する所 英秀和著 碧天舎 2006.1 176p 20cm 1000円 ⓘ4-7789-0240-8
◇邪馬台国論争 佐伯有清著 岩波書店 2006.1 217, 3p 18cm （岩波新書） 〈文献あり〉 740円 ⓘ4-00-430990-5
◇神々との対話で綴る卑弥呼五代と邪馬台国の興亡 大嶺忠司著 碧天舎 2005.11 350p 19cm 1000円 ⓘ4-7789-0197-5
◇纏向王権と物部氏―太夫の国・邪馬台国 上巻 山崎豊太郎著 たんさく 2005.11 36p 21cm （邪馬台国ブックレット） 800円 ⓘ4-903288-00-5
◇「邪馬壱国」の読み、意味と所在地 山田繁雄著 伊丹 牧歌舎 2005.11 86p 19cm 〈東京 星雲社（発売）〉 952円 ⓘ4-434-06850-4
◇ヒミコの前、イヨの後 小丘零二著 大阪 プレアデス出版, 現代数学社（発売） 2005.10 316p 22cm （千年の箱国 1） 1600円 ⓘ4-7687-0997-4
◇登岐士玖の邪馬台国創造 宮田隆之介著 新風舎 2005.9 142p 21cm 〈文献あり〉 1300円 ⓘ4-7974-6138-1

◇邪馬台国と卑弥呼の事典　武光誠著　東京堂出版　2005.9　214p　20cm　〈「邪馬台国100話」(立風書房1988年刊)の増訂〉　2400円　①4-490-10681-5

◇歴史から消された邪馬台国の謎　豊田有恒著　青春出版社　2005.7　221p　18cm　(プレイブックスインテリジェンス)　730円　①4-413-04122-4

◇つくられた卑弥呼―〈女〉の創出と国家　義江明子著　筑摩書房　2005.4　206p　18cm　(ちくま新書)　680円　①4-480-06228-9

◇邪馬台国日出る国の本当の話　原田青夜著　福岡　梓書院　2004.12　195p　22cm　1905円　①4-87035-241-9

◇謎解き日本建国史　富田徹郎著　扶桑社　2004.11　270p　19cm　〈年表あり〉　1600円　①4-594-04844-7

◇邪馬台国と出雲神話―銅剣・銅鐸は大国主の命王国のシンボルだった　安本美典著　勉誠出版　2004.11　333p　22cm　(推理・邪馬台国と日本神話の謎)　3200円　①4-585-05131-7

◇卑弥呼と大和王朝　木村熈著　新生出版　2004.10　191p　19cm　〈東京　ディーディーエヌ(発売)〉　1200円　①4-86128-035-4

◇埋蔵金・邪馬台国の謎解きに挑戦―ミステリーハンティング　橘高章著　歴研　2004.10　45p　21cm　(歴研「謎解き」ブックレット)　800円　①4-947769-42-4

◇卑弥呼の台は都城―邪馬台国南九州論　斎藤正憲著　新風舎　2004.9　218p　20cm　1500円　①4-7974-5068-1

◇桃太郎と邪馬台国　前田晴人著　講談社　2004.9　245p　18cm　(講談社現代新書)　〈文献あり〉　720円　①4-06-149737-5

◇どこまでわかるヤマタイ国―改訂版　み国始めの物語　三好誠著, 三潴信吾文, 三潴明子絵　高木書房　2004.7　93p　21cm　600円　①4-88471-061-4

◇ヤマトは邪馬台国ではない　村田治一著　新人物往来社　2004.7　110p　20cm　1500円　①4-404-03211-0

◇秘境・邪馬台国―仏教者が見た神話と古代史　今井幹雄著　大阪　東方出版　2004.6　248p　20cm　2000円　①4-88591-895-2

◇卑弥呼と邪馬壱国は消されていた　大野佑司著　小学館スクウェア　2004.5　252p　20cm　〈文献あり〉　1800円　①4-7979-8662-X

◇邪馬台国と大和朝廷　武光誠著　平凡社　2004.5　301p　18cm　(平凡社新書)　〈年表あり〉　820円　①4-582-85224-6

◇卑弥呼　山岸良二監修　ポプラ社　2004.4　79p　27cm　(徹底大研究日本の歴史人物シリーズ8)　〈年譜あり〉　2850円　①4-591-07993-7

◇邪馬台国と高天の原伝承―「邪馬台国=高天の原」史実は国内で神話化した　安本美典著　勉誠出版　2004.3　232p　22cm　(推理・邪馬台国と日本神話の謎)　3200円　①4-585-05125-2

◇卑弥呼・一問一答　石原藤夫著　栄光出版社　2004.2　219p　20cm　1300円　①4-7541-0058-1

◇日本古代国家の起源と邪馬台国―田中史学と新古典主義　原秀三郎著　大阪　国民会館　2004.1　90p　21cm　(国民会館叢書 51)　400円

◇卑弥呼と21世紀をつなぐ宇佐神宮―神仏習合の神示　徳丸一守著　明窓出版　2004.1　254p　20cm　1500円　①4-89634-140-6

◇邪馬台国の時代「伊都国」―シンポジウム　第19回国民文化祭・ふくおか2004　文化庁　〔2004〕　54p, 図版12p　30cm　〈共同刊行:福岡県ほか　年表あり〉

◇邪馬台国佐賀平野説　平本厳著　東洋出版　2003.11　205p　20cm　1500円　①4-8096-7456-8

◇真正面からの『魏志倭人伝』―古代日本史の再検討を促す　加藤勝美著　碧天舎　2003.10　343p　20cm　1200円　①4-88346-366-4

◇邪馬台国真論―まぼろしの月支国　松下高明著　健友館　2003.9　256p　20cm　1700円　①4-7737-0814-X

◇邪馬台国論争と古代天皇の年代　中村武久著　福岡　梓書院　2003.9　205p　21cm　1800円　①4-87035-210-9

◇さまよえる邪馬台国―邪馬台国山陰説自然科学編　田中文也著　新風舎　2003.8　167p　19cm　1200円　①4-7974-3146-6

◇魏志倭人伝の航海術と邪馬台国　遠沢葆著　成山堂書店　2003.7　207, 4p　20cm　2000円　ⓘ4-425-30231-1

◇どこまでわかるヤマタイ国　み国始めの物語　三好誠著, 三潴信吾文, 三潴明子絵　高木書房　2003.7　93p　21cm　400円　ⓘ4-88471-056-8

◇豊葦原国譲りから邪馬台国夜須へ　平山昌博著　福岡　梓書院事業部　2003.6　190p　21cm　2000円　ⓘ4-87035-208-7

◇倭王卑弥呼と天照大御神伝承―神話のなかに、史実の核がある　安本美典著　勉誠出版　2003.6　284p　22cm　(推理・邪馬台国と日本神話の謎)　〈年表あり〉　3200円　ⓘ4-585-05123-6

◇謎につつまれた邪馬台国―倭人の戦い　直木孝次郎編　作品社　2003.4　254p　19cm　(史話日本の古代　第2巻)　〈文献あり〉　1600円　ⓘ4-87893-531-6

◇徳之島にあった古代王国―邪馬台国の実像　中武久著　文芸社　2002.11　97p　20cm　1000円　ⓘ4-8355-4504-4

◇邪馬台国"謎"の最前線　2003年版　歴研　2002.11　189p　21cm　(別冊歴史研究)　〈下位シリーズの責任表示：最前線シリーズ編集部編〉　2000円　ⓘ4-947769-15-7

◇女王卑弥呼の国　鳥越憲三郎著　中央公論新社　2002.10　299p　20cm　(中公叢書)　1900円　ⓘ4-12-003335-X

◇卑弥呼の時代と八尾―河内の大集落出現と古墳の始まり　平成14年度特別展　八尾市立歴史民俗資料館編　〔八尾〕　八尾市教育委員会　2002.10　54p　30cm　〈会期：平成14年10月5日―11月24日　年表あり〉

◇邪馬台国と卑弥呼の謎　中江克己著　学習研究社　2002.10　284p　15cm　(学研M文庫)　〈文献あり〉　620円　ⓘ4-05-901150-9

◇邪馬台国の原像　平野邦雄著　学生社　2002.10　246p　20cm　2300円　ⓘ4-311-20255-5

◇邪馬台国論争の盲点　牧良平著　秀作社出版　2002.10　262p　21cm　1500円　ⓘ4-88265-319-2

◇奥平野古代史研究所物語―邪馬台国神戸説　石井正元著　〔神戸〕　奥平野古代史研究所　2002.7　131p　21cm　〈発行所：月刊センター出版部〉　952円　ⓘ4-9901144-0-X

◇卑弥呼の登場　後藤幸彦著　明窓出版　2002.7　276p　19cm　〈文献あり　年表あり〉　1500円　ⓘ4-89634-102-3

◇女王卑弥呼の祭政空間―考古学で考える邪馬台国の時代　石野博信編　大阪　恒星出版　2002.6　209p　19cm　(カルチャーフロンティアシリーズ)　1400円　ⓘ4-907856-08-3

◇卑弥呼と邪馬台国の謎―日本古代の謎を解く　木村熙著　近代文芸社　2002.5　171p　20cm　1400円　ⓘ4-7733-6871-3

◇『邪馬台国』岡山・吉備説から見る古代日本の成立　広畠輝治著　神無書房　2002.4　219p　20cm　〈年表あり　文献あり〉　2800円　ⓘ4-87358-086-2

◇邪馬台国と古墳　石野博信著　学生社　2002.4　276p　22cm　2800円　ⓘ4-311-30045-X

◇漢王朝劉一族と邪馬台国　波多江英紀著　文芸社　2002.3　126p　20cm　1000円　ⓘ4-8355-3416-6

◇邪馬壱国讃歌―太安万侶への鎮魂歌　岩谷行雄著　文芸社　2002.3　333p　19cm　1000円　ⓘ4-8355-3503-0

◇邪馬台国・大和その接点と検証―辻直樹古代論集　辻直樹著　高石　露暖文庫　2002.3　320p　20cm　〈奥付のタイトル：邪馬台国・大和の接点とその検証　私家版〉

◇「地名学」が解いた邪馬台国　楠原佑介著　徳間書店　2002.2　302p　20cm　〈文献あり〉　1900円　ⓘ4-19-861480-6

◇前近代日本の法と政治―邪馬台国及び律令制の研究　上野利三著　北樹出版　2002.1　279p　22cm　3500円　ⓘ4-89384-846-1

◇邪馬台国が見えた―シンポジウム　樋口隆康, 平野邦雄監修, 九州国立博物館誘致推進本部編　学生社　2001.12　252p　20cm　2200円　ⓘ4-311-20247-4

◇卑弥呼と日本書紀　石原藤夫著　栄光出版社　2001.11　600p　22cm　3800円　ⓘ4-7541-0041-7

◇邪馬台国から大和政権へ　福永伸哉著　吹田　大阪大学出版会　2001.10　90p　21cm　(大阪大学新世紀セミナー)　〈シ

リーズ責任表示：大阪大学創立70周年記念出版実行委員会編〉　1000円　①4-87259-117-8, 4-87259-100-3

◇霧の中の古代―邪馬台国の謎に迫る　なかにしとおる著　熊本　熊本出版文化会館　2001.9　228p　20cm　〈東京　創流出版（発売）〉　1500円　①4-915796-34-5

◇検証邪馬台国論争　関裕二著　ベストセラーズ　2001.9　238p　18cm　（ベスト新書）　680円　①4-584-12016-1

◇陳寿が記した邪馬台国　生野真好著　福岡　海鳥社　2001.7　239p　19cm　（「倭人伝」を読む 2）　1700円　①4-87415-359-3

◇卑弥呼の居場所―狗邪韓国から大和へ　高橋徹著　日本放送出版協会　2001.7　245p　19cm　（NHKブックス）　970円　①4-14-001919-0

◇卑弥呼はふたりいた　関裕二著　ベストセラーズ　2001.7　222p　15cm　（ワニ文庫）〈新人物往来社1993年刊の増訂〉　590円　①4-584-39129-7

◇邪馬台国から大和朝廷へ―暗号文解読　長瀬修己著　〔徳島〕　〔長瀬修己〕　2001.7　155p　21cm　850円

◇倭王卑弥呼の朝貢　平本厳著　東洋出版　2001.7　261p　20cm　1500円　①4-8096-7383-9

◇やっぱり邪馬台国は九州にあった　堂本ヒカル著　鳥影社　2001.6　209p　19cm　1200円　①4-88629-574-6

◇異説邪馬壱国―ヤマトとは海の扉・砦　高坂昭男著　〔十文字町（秋田県）〕　イズミヤ出版　2001.5　193p　22cm　2000円

◇卑弥呼の幻像　富田徹郎著　日本放送出版協会　2001.4　282p　20cm　2000円　①4-14-080596-X

◇邪馬台国論の新展開　市井敏夫著　歴研　2001.4　252p　19cm　（歴史研究会叢書）　2800円　①4-947769-05-X

◇邪馬台国の考古学　石野博信著　吉川弘文館　2001.3　232p　19cm　（歴史文化ライブラリー 113）　1700円　①4-642-05513-4

◇倭の女王国を推理する　高見勝則著　福岡　海鳥社　2001.3　290p　21cm　1800円　①4-87415-319-4

◇「邪馬国畿内説」を撃破する！　安本美典著　宝島社　2001.1　222p　18cm　（宝島社新書）〈折り込1枚〉　750円　①4-7966-2068-0

◇「邪馬台国」と日本人　小路田泰直著　平凡社　2001.1　190p　18cm　（平凡社新書）　680円　①4-582-85073-1

◇伊都国を掘る―邪馬台国に至る弥生王墓の考古学　柳田康雄著　大和書房　2000.12　230p　20cm　2800円　①4-479-84054-0

◇邪馬台国と近代日本　千田稔著　日本放送出版協会　2000.12　250p　19cm　（NHKブックス）　1020円　①4-14-001903-4

◇邪馬台・倭国はどこか―記紀万葉の裏を読む　松尾幹之著　暁印書館　2000.12　253p　20cm　2000円　①4-87015-141-3

◇魏志倭人伝を読む　下　卑弥呼と倭国内乱　佐伯有清著　吉川弘文館　2000.11　220p　19cm　（歴史文化ライブラリー 105）　1700円　①4-642-05505-3

◇魏志倭人伝を読む　上　邪馬台国への道　佐伯有清著　吉川弘文館　2000.10　229p　19cm　（歴史文化ライブラリー 104）　1700円　①4-642-05504-5

◇九州日の国―史書と遺跡から探る邪馬台国　小城光弘著　熊本　熊本日日新聞情報文化センター（製作）　2000.10　252p　21cm　1429円　①4-87755-077-1

◇邪馬台国がみえてきた　武光誠著　筑摩書房　2000.10　220p　18cm　（ちくま新書）　680円　①4-480-05866-4

◇倭の古王国と邪馬台国問題―弥生通史が解明する「渡来人による文明開化史観」の虚構　上　中島一憲著　文芸社　2000.8　624p　20cm　2381円　①4-8355-0374-0

◇倭の古王国と邪馬台国問題―弥生通史が解明する「渡来人による文明開化史観」の虚構　下　中島一憲著　文芸社　2000.8　623p　20cm　2381円　①4-8355-0375-9

◇三国志に見る倭人の世界―座談・魏志倭人伝解読　藤沢漁史編　改訂版　藤沢　藤沢漁史会　2000.7　130p　30cm　〈折り込2枚〉

◇新邪馬台国論―女王の都は二ヵ所あった　大和岩雄著　大和書房　2000.5　342p　20cm　2800円　ⓓ4-479-84051-6

◇倭人伝の国々　小田富士雄編　学生社　2000.5　320p　20cm　2400円　ⓓ4-311-20227-X

◇「竹内文書」が明かす「魏志倭人伝」の陰謀―歴史から抹殺された"韓魏大戦争"の真相　竹田日恵著　日本文芸社　2000.4　220p　19cm　1200円　ⓓ4-537-14035-6

◇珍説・奇説の邪馬台国　岩田一平著　講談社　2000.4　237p　20cm　（The new fifties）　1500円　ⓓ4-06-268316-4

◇新日本誕生弥生の大和女王国―春秋の筆法による夢幻邪馬台国　木原武雄著　福岡　梓書院　2000.1　327p　19cm　〈折り込10枚〉　2500円　ⓓ4-87035-129-3

◇邪馬台国時代の国々　西谷正編　雄山閣出版　1999.12　99p　26cm　〈「季刊考古学」別冊9〉　2400円　ⓓ4-639-01659-X

◇文字と言葉で解けた古代―舟の伝説・邪馬台国　具志恒次著　文芸社　1999.11　199p　19cm　1200円　ⓓ4-88737-598-0

◇邪馬台国と安満宮山古墳　高槻市教育委員会編　吉川弘文館　1999.11　226p　20cm　2500円　ⓓ4-642-07761-8

◇徹底討論銅鐸と邪馬台国　銅鐸博物館編　彦根　サンライズ出版　1999.10　278p　19cm　〈パネリスト：難波洋三ほか〉　1600円　ⓓ4-88325-064-4

◇卑弥呼の謎年輪の証言　倉橋秀夫著　講談社　1999.10　265p　20cm　1700円　ⓓ4-06-209923-3

◇女王卑弥呼の国家と伝承　前田晴人著　大阪　清文堂出版　1999.9　237p　22cm　5400円　ⓓ4-7924-0484-3

◇封印された邪馬台国―日本神話が解き明かす77の謎　安本美典著　PHP研究所　1999.9　218p　19cm　1300円　ⓓ4-569-60798-5

◇古代史解決　歴史茶話会編　文芸社　1999.6　135p　19cm　1400円　ⓓ4-88737-330-9

◇卑弥呼誕生―畿内の弥生社会からヤマト政権へ　金関恕監修,大阪府立弥生文化博物館編　東京美術　1999.5　127p　30cm　3000円　ⓓ4-8087-0663-6

◇邪馬台国を知る事典　武光誠,山岸良二編　東京堂出版　1999.4　413p　20cm　3200円　ⓓ4-490-10493-6

◇邪馬台国人質の皇子　大沢滋著　〔立川〕　古史研究会　1999.4　216p　22×30cm　（深層日本史　第2巻）　5000円

◇軍事からみた邪馬台の軌跡　金田弘之著　国書刊行会　1999.3　240p　22cm　2800円　ⓓ4-336-04128-8

◇まほろばの歌がきこえる―現れた邪馬台国の都　苅谷俊介著　エイチアンドアイ　1999.3　11,296p　20cm　2000円　ⓓ4-901032-60-7

◇邪馬台国と大和朝廷　久保田穣著　日本図書刊行会　1999.1　142p　20cm　〈東京　近代文芸社（発売）〉　1500円　ⓓ4-8231-0188-X

◇卑弥呼の鏡謎と真実―最新の発掘成果で読み解く、日本古代史の大迷宮　大塚初重監修,坂爪一郎著　青春出版社　1998.12　233p　15cm　（青春best文庫）　476円　ⓓ4-413-08401-2

◇魏志倭人伝と邪馬台国―完全保存版　武光誠,読売新聞調査研究本部著　読売新聞社　1998.11　80p　21cm　（読売ぶっくれっと no.10）　362円　ⓓ4-643-98143-1

◇三角縁神獣鏡は卑弥呼の鏡か―黒塚古墳と邪馬台国の真実　安本美典著　広済堂出版　1998.11　510p　20cm　2800円　ⓓ4-331-50650-9

◇三角縁神獣鏡の死角　武光誠著　新講社　1998.10　238p　20cm　1429円　ⓓ4-915872-31-9

◇卑弥呼と冢―魏志倭人伝の問題点を探る　高瀬航太郎著　新人物往来社　1998.10　165p　20cm　1600円　ⓓ4-404-02661-7

◇邪馬台国事典　武光誠,山岸良二編　改訂版　同成社　1998.10　265p　22cm　3800円　ⓓ4-88621-167-4

◇邪馬壱国―卑弥呼女王壱与女王その時代　西垣伸著　福山　びんご出版　1998.9　234p　19cm　〈付属資料：3枚〉　1800円

◇大和は邪馬台国である　高城修三著　大阪　東方出版　1998.9　237p　20cm　2000円　ⓓ4-88591-579-1

弥生時代

◇最新邪馬台国事情　寺沢薫, 武末純一著　京都　白馬社　1998.8　207p　19cm　1500円　ⓃⒹ4-938651-22-X

◇『隋書倭国伝』の証明―邪馬壱国へのもう一つの行路の発見　矢治一俊著　日本図書刊行会　1998.7　259p　20cm　〈東京　近代文芸社(発売)〉　1700円　ⓃⒹ4-8231-0149-9

◇邪馬台国―古代を考える　平野邦雄編　吉川弘文館　1998.7　298p　20cm　2600円　ⓃⒹ4-642-02188-4

◇海の倭人伝―海事史で解く邪馬台国　大友幸男著　三一書房　1998.6　220p　20cm　2200円　ⓃⒹ4-380-98260-2

◇完全制覇古代大和朝廷の謎―この一冊で歴史に強くなる！　関裕二著　立風書房　1998.6　252p　19cm　1333円　ⓃⒹ4-651-75204-7

◇最新・邪馬台国への道―科学が解いた古代の謎　安本美典著　福岡　梓書院　1998.6　245p　20cm　〈背のタイトル：邪馬台国への道〉　1905円　ⓃⒹ4-87035-106-4

◇邪馬台国論争99の謎―「卑弥呼の鏡」が謎を解く？　出口宗和著　二見書房　1998.6　273p　17cm　〈サラ・ブックス〉　933円　ⓃⒹ4-576-98065-3

◇邪馬台国とヤマト政権　森田悌著　東京堂出版　1998.5　249p　19cm　（教養の日本史）　2300円　ⓃⒹ4-490-20344-6

◇伊都国と渡来邪馬壱国　佃収著　ストーク　1998.4　219p　22cm　（古代史の復元 2）　〈東京　星雲社（発売）〉　2200円　ⓃⒹ4-7952-7498-3

◇卑弥呼―倭の女王は何処に　関和彦著　三省堂　1997.11　216p　20cm　（歴史と個性）　1900円　ⓃⒹ4-385-35785-4

◇幻の縄文語と邪馬壱国　望月良夫著　新潟　考古堂書店　1997.11　135p　19cm　1200円　ⓃⒹ4-87499-544-6

◇邪馬台国消滅の謎　橋本彰著　日本図書刊行会　1997.11　262p　20cm　〈東京　近代文芸社（発売）〉　1600円　ⓃⒹ4-89039-760-4

◇古代幻想―卑弥呼は何と読むべきか　丸山清治著　ストーク　1997.10　178p　19cm　〈〔東京〕　星雲社（発売）〉　900円　ⓃⒹ4-7952-7494-0

◇卑弥呼誕生―邪馬台国は畿内にあった？　大阪府立弥生文化博物館編　和泉　大阪府立弥生文化博物館　1997.10　123p　30cm　（大阪府立弥生文化博物館 15）　〈平成9年秋季特別展：平成9年10月4日―11月30日〉

◇邪馬台国に憑かれた人たち　渡辺一衛著　学陽書房　1997.10　309p　20cm　2500円　ⓃⒹ4-313-85099-6

◇古代外交史からみた「邪馬台国」とその時代　平谷浩一著　諏訪　鳥影社　1997.9　263p　20cm　〈東京　星雲社（発売）〉　1600円　ⓃⒹ4-7952-9450-X

◇三角縁神獣鏡と邪馬台国　王仲殊, 樋口隆康, 西谷正著　福岡　梓書院　1997.9　212p　20cm　2095円　ⓃⒹ4-87035-092-0

◇邪馬台国の時代　黒岩重吾, 大和岩雄著　大和書房　1997.9　228p　20cm　2400円　ⓃⒹ4-479-84044-3

◇邪馬台国と吉野ケ里　金関恕, 佐原真著, 東京新聞吉野ケ里取材班編　学生社　1997.7　414p　22cm　2850円　ⓃⒹ4-311-20159-1

◇邪馬台国論考 3　橋本増吉著　平凡社　1997.7　324p　18cm　（東洋文庫）　2700円　ⓃⒹ4-582-80620-1

◇邪馬台国発見史　赤城毅彦著　雄山閣出版　1997.6　309p　22cm　5800円　ⓃⒹ4-639-01448-1

◇邪馬台国論考 2　橋本増吉著　平凡社　1997.5　361p　18cm　（東洋文庫 616）　2700円＋税　ⓃⒹ4-582-80616-3

◇邪馬台国の真実―卑弥呼の死と大和朝廷の成立前夜　安本美典著　PHP研究所　1997.3　435p　20cm　3300円　ⓃⒹ4-569-55115-7

◇邪馬台国論考 1　橋本増吉著　平凡社　1997.3　334p　18cm　（東洋文庫 613）　2781円　ⓃⒹ4-582-80613-9

◇卑弥呼と邪馬台国の謎は解かれた　岡本隆男著　日本図書刊行会　1997.2　87p　20cm　〈発売：近代文芸社〉　1200円　ⓃⒹ4-89039-254-8

◇最新「邪馬台国」論争―新発見ニュースによる　安本美典著　産能大学出版部　1997.1　210p　20cm　1800円　ⓃⒹ4-382-05383-8

◇邪馬台国を解く―空白から立ち上がる日

本古代史　斎藤道一著　立風書房　1997.1　305p　20cm　1957円　ⓣ4-651-75108-3

◇邪馬台国と卑弥呼の謎　中江克己著　広済堂出版　1996.11　244p　18cm（Kosaido books）　825円　ⓣ4-331-00755-3

◇倭人語で読む卑弥呼　硯郁子著　新人物往来社　1996.11　286p　19cm　1941円　ⓣ4-404-02434-7

◇邪馬台国の位置と日本国家の起源　鷲崎弘朋著　新人物往来社　1996.9　669p　22cm　3689円　ⓣ4-404-02405-3

◇記紀神話と邪馬台国　村尾勇著　近代文芸社　1996.7　242p　20cm　〈折り込図1枚〉　1500円　ⓣ4-7733-5448-8

◇古墳に卑弥呼の系譜を読む　永井寛著　三一書房　1996.7　338p　20cm　3600円　ⓣ4-380-96267-9

◇邪馬台国とヤマトの国―自然地理的考察から　竹内柾著　新樹社　1996.7　210p　20cm　2500円　ⓣ4-7875-8463-4

◇邪馬台国と女王国―卑弥呼が奪った王位とねつ造された建国神話　金子常規著　原書房　1996.6　340p　20cm　2000円　ⓣ4-562-02791-6

◇考古学から見る邪馬台国―早稲田大学オープンカレッジ講義の記録　菊池徹夫編　雄山閣出版　1996.5　225p　19cm　2369円　ⓣ4-639-01362-0

◇邪馬台国研究―新たな視点　岡内三真ほか著　朝日新聞社　1996.5　233p　19cm　1600円　ⓣ4-02-219791-9

◇海の邪馬台国―三内丸山遺跡が古代史の定説を変えた　邦光史郎著　祥伝社　1996.4　250p　16cm　（ノン・ポシェット）　550円　ⓣ4-396-31077-3

◇卑弥呼の墓―神々のイデオロギーが古代史を解き明かす　戸矢学著　AA出版　1996.4　255p　20cm　〈主な参考文献：p252～255〉　1600円　ⓣ4-900406-48-1

◇卑弥呼が都した所―九州弁と韓国語で古代史の謎は解ける　福嶋正日子著　福岡　葦書房　1996.3　156p　21cm　〈折り込図3枚〉　1545円　ⓣ4-7512-0633-8

◇まほろばの邪馬壱国―倭の女王を解明する　光朝和辰明著　福岡　海鳥社　1996.2　206p　20cm　2500円　ⓣ4-87415-149-3

◇卑弥呼と宇佐王国―神話から古代への軌跡　清輔道生著　改訂増補版　彩流社　1995.12　295p　20cm　2500円　ⓣ4-88202-115-3

◇卑弥呼と神武天皇―ファースト・エンペラー（エンプレス）は卑弥呼か神武天皇か　富田徹郎著　フジテレビ出版　1995.12　291p　19cm　〈発売：扶桑社〉　1400円　ⓣ4-594-01868-8

◇卑弥呼の時代　吉田晶著　新日本出版社　1995.12　246p　18cm　（新日本新書）　960円　ⓣ4-406-02401-8

◇楯築遺跡と卑弥呼の鬼道　薬師寺慎一著　岡山　吉備人出版　1995.11　147p　19cm　1200円　ⓣ4-906577-00-8

◇魏志倭人伝と韓伝を解く　森次勲著　近代文芸社　1995.9　305p　22cm　2000円　ⓣ4-7733-4467-9

◇邪馬台国論争　岡本健一著　講談社　1995.7　302p　19cm　（講談社選書メチエ 52）　1600円　ⓣ4-06-258052-7

◇邪馬台国論争終結宣言―考証史説の虚構性を衝く　山形明郷著　足利　坂口企画部　1995.5　223p　27cm　〈発売：星雲社（東京）　付（6p 25cm）：発行の辞〉　3800円　ⓣ4-7952-1362-3

◇記紀に邪馬台国を読む　永井寛著　三一書房　1995.4　322p　20cm　2800円　ⓣ4-380-95230-4

◇邪馬台国への道　朝日新聞西部本社編　福岡　不知火書房　1995.4　248p　19cm　1500円

◇邪馬台国の栄光―古代銅鏡の謎を追う　中村淳晤著　京都　かもがわ出版　1995.3　262p　20cm　2200円　ⓣ4-87699-168-5

◇日本史の誕生―千三百年前の外圧が日本を作った　岡田英弘著　弓立社　1995.1　254p　21cm　（叢書日本再考）　2600円　ⓣ4-89667-466-9

◇邪馬台国シンフォニィ―解明された空白の四世紀　津堅房明著　近代文芸社　1995.1　303p　20cm　1800円　ⓣ4-7733-3654-4

◇邪馬台国は北四国、伊勢神宮となった―神説古代史・伊予（平形銅剣）王朝説　倭

弥生時代

人伝と古事記が一致、卑弥呼は北四国に居た　三島明著　伊予三島　投研社　1994.12　225p　21cm　1400円
◇天皇家と卑弥呼の系図―日本古代史の完全復元　沢田洋太郎著　新泉社　1994.11　278p　19cm　〈六興出版1989年刊の新版〉　1800円　①4-7877-9419-1
◇邪馬台国は東遷したか　荒木博之ほか編著　三一書房　1994.9　200p　20cm　1800円　①4-380-94241-4
◇優曇華花咲く邪馬台国―倭人伝では邪馬台国は解けない　原田実著　批評社　1994.7　301p　19cm　2400円　①4-8265-0174-9
◇神代史発掘―記紀に潜む邪馬台国　渡部義任著　有峰書店新社　1994.7　272p　20cm　2700円　①4-87045-207-3
◇邪馬台国のゆくえ―卑弥呼のなぞと三世紀〈王権〉構造の解明　関口昌春著　白順社　1994.7　312p　19cm　2575円　①4-8344-0033-6
◇吉野ケ里遺跡と邪馬台国―遺跡分布から解く女王国の謎　安本美典著　大和書房　1994.7　291p　20cm　（古代文化叢書）〈新装版〉　2400円　①4-479-84031-1
◇但馬国から邪馬台国へ　3　嗚呼、砕け散ったスバルよ　宮下豊著　新人物往来社　1994.6　233p　20cm　1600円　①4-404-02112-7
◇卑弥呼の宮殿ここにあり　田村倫子著　現代書林　1994.6　189p　18cm　950円　①4-87620-737-2
◇古事記が明す邪馬台国の謎　加藤真司著　学習研究社　1994.5　223p　18cm　（歴史群像新書）　780円　①4-05-400361-3
◇高天原（邪馬台国）と天孫降臨―丹波の古代史　焼畑から稲作へ　山口正雄著　京都　タニハ古代史研究会　1994.4　481p　26cm　4500円
◇卑弥呼の王城を求めて―やさしく学ぶ『魏志』倭人伝　中村淳晤著　京都　かもがわ出版　1994.3　251p　20cm　2200円　①4-87699-115-4
◇邪馬台国のすべてがわかる本　武光誠著　三笠書房　1994.3　253p　15cm　（知的生きかた文庫）　500円　①4-8379-0642-7
◇新ヤマト・出雲・邪馬台の三国志　高田康利著　新人物往来社　1994.1　275p　20cm　2100円　①4-404-02085-6
◇邪馬壱国の実像―古田説の盲点・陳寿が求めた原倭人伝の正体　清水守民著　福岡　葦書房　1994.1　230p　19cm　1500円　①4-7512-0546-3
◇邪馬台国と倭国―古代日本と東アジア　西嶋定生著　吉川弘文館　1994.1　308p　20cm　2300円　①4-642-07410-4
☆ヒミコは二人いた―古代九州王朝の陰謀　関裕二著　新人物往来社　1993.12　225p　20cm　2500円　①4-404-02068-6
◇邪馬台国紀行　奥野正男著　福岡　海鳥社　1993.12　257p　19cm　（海鳥ブックス 15）　1700円　①4-87415-068-3
◇吉野ケ里と邪馬台国―清張古代游記　松本清張著　日本放送出版協会　1993.11　323p　22cm　〈著者の肖像あり〉　2000円　①4-14-080131-X
☆壱与女王の東遷―邪馬台国問題の解決　甲斐道之著　新人物往来社　1993.10　300p　20cm　2000円　①4-404-02052-X
◇邪馬台国への行程―「南への水行」の解明　平塚弘之著　日本図書刊行会　1993.10　271p　20cm　〈発売：近代文芸社〉　1800円　①4-7733-2088-5
◇邪馬台国への道のり―アジア文明交流展　福岡県教育委員会編　〔出版地不明〕アジア文明交流展実行委員会　1993.10　203p　30cm　〈会期・会場：1993年10月9日―11月14日　福岡県立美術館〉
◇邪馬台国研究の死角　続　次郎丸達朗著　福岡　葦書房　1993.9　213p　19cm　〈「続」編の副書名：歴史の真実を求めて〉　1500円　①4-7512-0527-7
◇邪馬台国の結論は四国山上説だ―ドキュメント・邪馬台国論争　大杉博著　たま出版　1993.9　346p　20cm　1800円　①4-88481-310-3
◇卑弥呼はどこにいたのか―邪馬台国と女王国　西川正行著　福岡　葦書房　1993.8　234p　20cm　2000円　①4-7512-0507-2
◇日本誕生記―新パラダイムの古代通史　2　卑弥呼の姿が見えてきた　安本美典著　PHP研究所　1993.6　461p　20cm　3000円　①4-569-53998-X

弥生時代

◇邪馬台国筑紫広域説　黒田善光, いき一郎著　福岡　葦書房　1993.4　212p　19cm　1000円　⓪4-7512-0483-1
◇「邪馬台国」徹底論争―邪馬台国問題を起点として 古代史討論シンポジウム　第3巻　信州の古代学、古代のタ・対話他編　東方史学会, 古田武彦編　新泉社　1993.4　343p　22cm　3200円　⓪4-7877-9301-2
◇中国からみた邪馬台国と倭政権　王巍著　雄山閣出版　1993.3　223p　22cm　（考古学選書 37）　3200円　⓪4-639-01146-6
◇陳寿の地図―邪馬台国の経緯　川口博之著　新人物往来社　1993.3　194p　20cm　1800円　⓪4-404-02000-7
◇ヤマタイ国は阿蘇にあった―地球幾何学が日本史最大の謎を解明する　渡辺豊和著　光文社　1993.3　219p　18cm　（カッパ・サイエンス）　770円　⓪4-334-06072-2
◇古代史徹底論争―「邪馬台国」シンポジウム以後　古田武彦編著　駸々堂出版　1993.1　651p　20cm　6000円　⓪4-397-50388-5
◇邪馬台国と倭国―古代日本と東アジア　西嶋定生著　吉川弘文館　1993.1　308p　19cm　2300円　⓪4-642-07410-4
◇「邪馬台国」はなかった　古田武彦著　朝日新聞社　1993.1　440p　15cm　（朝日文庫）　690円　⓪4-02-260741-6
◇卑弥呼と邪馬台国　黒岩重吾, 大和岩雄著　大和書房　1992.12　227p　20cm　2000円　⓪4-479-84021-4
◇邪馬台国を推理する　邦光史郎著　集英社　1992.12　284p　16cm　（集英社文庫）〈徳間書店1987年刊に加筆〉　460円　⓪4-08-749878-6
◇邪馬台国はまちがいなく四国にあった　大杉博著　たま出版　1992.12　293p　20cm　1600円　⓪4-88481-289-1
◇真説・謎の邪馬台国―ついに明かされた徐福王朝の秘密　志茂田景樹著　日本文芸社　1992.11　204p　15cm　（にちぶん文庫）　480円　⓪4-537-06206-1
◇神話と宇摩（天・邪馬台・日）―倭人伝を記・紀で解明する 新説古代史　三島明著　伊予三島　投研社　1992.11　226p　26cm　1500円

◇卑弥呼の歌声　都留常秋著　新人物往来社　1992.11　213p　20cm　1600円　⓪4-404-01962-9
◇卑弥呼の時代―ここまでわかった「邪馬台国」　近江昌司編　学生社　1992.11　241p　19cm　（天理大学の古代史教室）〈執筆：近江昌司ほか〉　2200円　⓪4-311-20182-6
◇「邪馬台国」徹底論争―邪馬台国問題を起点として 古代史討論シンポジウム　第2巻　考古学、総合編　東方史学会, 古田武彦編　新泉社　1992.10　298p　22cm　3000円　⓪4-7877-9214-8
◇弥生文化のルーツは出雲だ―倭韓連合国家論　安達巌著　新泉社　1992.10　217p　19cm　1500円　⓪4-7877-9218-0
◇新説・奇説邪馬台国の謎―邪馬台国ガイド！この一冊ですべてがわかる　豊田有恒著　ベストセラーズ　1992.9　233p　15cm　（ワニ文庫）　500円　⓪4-584-30337-1
◇但馬国から邪馬台国へ　1　天は語らず、大地をして語らしむ　宮下豊著　新人物往来社　1992.9　211p　20cm　1600円　⓪4-404-01959-9
◇但馬国から邪馬台国へ　2　雲霧の彼方　宮下豊著　新人物往来社　1992.9　231p　20cm　1600円　⓪4-404-01944-0
◇誤読だらけの邪馬台国―中国人が記紀と倭人伝を読めば…　張明澄著　久保書店　1992.8　214p　17cm　（ジアス・ブックス 3）　800円　⓪4-7659-1058-X
◇謎の女王卑弥呼―邪馬台国の興亡　武光誠著　大陸書房　1992.8　239p　16cm　（大陸文庫）　500円　⓪4-8033-4231-8
◇邪馬台国見聞録―揺籃の中の日本　安本美典著　徳間書店　1992.8　283p　16cm　（徳間文庫）　500円　⓪4-19-597266-3
◇邪馬台国の民族・地理構造―民俗学よりみた弥生人の源流とその渡来分布限界　安台洲著　〔安台洲〕　1992.8　101p　21cm　〈製作：鹿島出版会〉　2500円
◇よみがえる卑弥呼―日本国はいつ始まったか　古田武彦著　朝日新聞社　1992.7　463p　15cm　（朝日文庫）　650円　⓪4-02-260715-7
◇古代史における論理と空想―邪馬台国のことなど　久保田穣著　大和書房

弥生時代

1992.6 222p 20cm 1800円 ⓒ4-479-95026-5

◇コンピュータによる邪馬台国 橘高章著 日本図書刊行会 1992.6 139p 15cm （トレビ文庫）〈発売：近代文芸社〉 400円 ⓒ4-7733-1649-7

◇テラスで読む邪馬台国の謎 武光誠著 日本経済新聞社 1992.6 214p 20cm 1400円 ⓒ4-532-14114-1

◇「邪馬台国」徹底論争―邪馬壱国問題を起点として 第1巻 言語・行路・里程編 東方史学会,古田武彦編 新泉社 1992.6 304p 21cm 3090円

◇吉野ヶ里遺跡と邪馬台国の知られざる謎―日本誕生の秘密に迫る！ 武光誠著 大陸書房 1992.6 255p 15cm （大陸文庫） 540円 ⓒ4-8033-4113-3

◇〈真説〉日本誕生黄金の女王・卑弥呼 加治木義博著 ロングセラーズ 1992.4 254p 18cm （ムックの本） 850円 ⓒ4-8454-0361-7

◇邪馬台国論争に決着がついた！ 安本美典著 JICC出版局 1992.4 149p 19cm （Turtle book 3） 980円 ⓒ4-7966-0286-0

◇吉野ケ里こそ邪馬台国―「魏志倭人伝」を正しく読む 久保雅勇著 文芸春秋 1992.4 317p 19cm 1500円 ⓒ4-16-346350-X

◇南海の邪馬台国―検証された"海上の道" 木村政昭著 徳間書店 1992.2 270p 19cm 1300円 ⓒ4-19-554786-5

◇日本古代史研究整理―邪馬台国と大和王朝 山田武雄著 千秋社 1992.2 399p 20cm 2000円 ⓒ4-88477-159-1

◇邪馬台国は、その後どうなったか―神の国―高千穂の峰の真実を探る ついに解明された三世紀後半の謎 安本美典著 広済堂出版 1992.2 502p 20cm 2500円 ⓒ4-331-50358-5

◇倭国の原像 建豊男著 新人物往来社 1991.12 246p 20cm 1800円 ⓒ4-404-01880-0

◇邪馬台国時代の東日本―歴博フォーラム 国立歴史民俗博物館編 六興出版 1991.11 225p 22cm 2300円 ⓒ4-8453-8115-X

◇古代中国人が解いた邪馬台国―ヤマト王朝の祖は吉野ケ里だった 木原武雄著 佐賀 佐賀新聞社 1991.10 264p 19cm 1500円 ⓒ4-88298-035-5

◇卑弥呼とその時代 上田正昭述,亀岡市,亀岡市教育委員会編 亀岡 亀岡市 1991.10 60p 19cm （亀岡生涯学習市民大学 平成2年度）〈共同刊行：亀岡市教育委員会〉

◇卑弥呼の世界―平成3年秋季特別展 大阪府立弥生文化博物館編 和泉 大阪府立弥生文化博物館 1991.10 87p 30cm （大阪府立弥生文化博物館図録2）

◇「邪馬台国」人口論 安本美典編著 柏書房 1991.9 263p 19cm 1800円 ⓒ4-7601-0766-5

◇古代日本海文化と邪馬台国 下田勉著 日本図書刊行会 1991.7 176p 20cm 〈発売：近代文芸社〉 1000円 ⓒ4-7733-1063-4

◇江戸の「邪馬台国」 安本美典編著 柏書房 1991.6 293p 19cm 1800円 ⓒ4-7601-0712-6

◇日本古代新史 古田武彦著 新泉社 1991.4 248p 20cm 〈『邪馬一国の挑戦』（徳間書店1983年刊）の増補版〉 1600円

◇雑学古代史の謎―邪馬台国と建国神話 豊田有恒著 大陸書房 1991.2 238p 16cm 470円 ⓒ4-8033-3224-X

◇邪馬台国と伊勢神宮―神話脱皮の史実を求めて 鈴木晨道著 名古屋 新戸隠神々々務所 1991.2 127p 22cm 〈著者の肖像あり〉 非売品

◇卑弥呼の列島地図―逆転の古代史2 大川誠市著 六興出版 1990.12 257p 19cm （ロッコウブックス） 1400円 ⓒ4-8453-5066-1

◇楷説邪馬台国―倭人伝・記紀はこう読む 建豊男著 新人物往来社 1990.11 272p 20cm 1800円 ⓒ4-404-01763-4

◇奴国の滅亡―邪馬台国に滅ぼされた金印国家 安本美典著 毎日新聞社 1990.10 236p 20cm 1400円 ⓒ4-620-30757-2

◇邪馬台国は古代大和を征服した 奥野正男著 JICC出版局 1990.10 79p 21cm （JICCブックレット） 450円 ⓒ4-88063-956-7

◇邪馬台国は二カ所あった―邪馬台国から初期ヤマト王権へ　大和岩雄著　大和書房　1990.10　360p　20cm　2000円　①4-479-84013-3

◇ヤマト・出雲・邪馬台国の三国史　高田康利著　新人物往来社　1990.8　219p　20cm　2060円　①4-404-01754-5

◇邪馬台国はどこか　服部四郎著　朝日出版社　1990.4　289p　21cm　3200円　①4-255-90008-6

◇邪馬台国への道　安本美典著　徳間書店　1990.3　220p　16cm　（徳間文庫）〈『卑弥呼と邪馬台国』（PHP研究所1983年刊）の改題〉　440円　①4-19-599033-5

◇邪馬台国中国人はこう読む　謝銘仁著　徳間書店　1990.3　221p　16cm　（徳間文庫）　440円　①4-19-599034-3

◇邪馬台国はここだ　奥野正男著　徳間書店　1990.3　378p　16cm　（徳間文庫）　580円　①4-19-599035-1

◇吉野ケ里は邪馬台国なのか　安本美典編著　徳間書店　1990.3　330p　16cm　（徳間文庫）　540円　①4-19-599032-7

◇倭国大乱と吉野ケ里　大塚初重ほか著　山川出版社　1990.3　253,5p　19cm　1600円　①4-634-60240-7

◇邪馬台国は見えたか―吉野ケ里の熱い100日　山村紳一郎著　文芸春秋　1990.2　236p　20cm　1200円　①4-16-344090-9

◇吉野ケ里遺跡―邪馬台国が近づいた　学習研究社　1989.12　79p　26cm　1000円　①4-05-103508-5

◇邪馬台国が見つかった―「吉野ケ里」現場からの報告　佐賀新聞社,角川書店編　角川書店　1989.11　142p　15cm　（角川文庫）　470円　①4-04-176101-8

◇吉野ケ里・楼観からの報告―邪馬台国の東遷が見える　安本美典著　毎日新聞社　1989.11　193p　20cm　1300円　①4-620-30702-5

◇研究史 戦後の邪馬台国　佐伯有清著　吉川弘文館　1989.10　270,19p　19cm　〈第4刷（第1刷：72.10.5）〉　1900円　①4-642-07032-X

◇研究史 邪馬台国　佐伯有清著　吉川弘文館　1989.10　286,9p　19cm　〈第7刷（第1刷：71.5.1）〉　1900円　①4-642-07031-1

◇邪馬台国発掘　奥野正男著　PHP研究所　1989.10　236p　15cm　（PHP文庫）　460円　①4-569-56225-6

◇邪馬台国はやっぱりここだった―よみがえる女王の都　奥野正男著　毎日新聞社　1989.10　201p　20cm　1300円　①4-620-30697-5

◇邪馬台国が見える！―吉野ケ里と卑弥呼の時代　NHK取材班編　日本放送出版協会　1989.9　218p　21×16cm　1800円　①4-14-008667-X

◇天皇家と卑弥呼の系図―日本古代史の完全復元　沢田洋太郎著　六興出版　1989.8　277p　19cm　（ロッコウブックス）　1400円　①4-8453-5062-9

◇吉野ケ里遺跡の謎―よみがえる邪馬台国　奥野正男著　PHP研究所　1989.8　197p　19cm　（New intellect 2）　1000円　①4-569-52522-9

◇古代の曙　進藤隆信著　日本図書刊行会　1989.7　91p　19cm　（日本の在野歴史・民俗・郷土史叢書）〈発売：近代文芸社〉　1800円　①4-89607-939-6

◇ヒミコから崇神天皇へ　由学之進著　座間　由学習塾　1989.7　240p　19cm　1200円

◇邪馬台国研究事典　4　文献目録　2 人名篇　三木太郎著　新人物往来社　1989.7　465p　27cm　〈監修：渡辺三男〉　14000円　①4-404-01622-0

◇吉野ケ里の証言―邪馬台国は筑後川流域にあった！　安本美典著　JICC出版局　1989.7　72p　21cm　390円　①4-88063-572-3

◇吉野ケ里遺跡と邪馬台国―遺跡分布から解く女王国の謎　安本美典著　大和書房　1989.6　291p　20cm　1700円　①4-479-84010-9

◇吉野ケ里の秘密―解明された「倭人伝」の世界　古田武彦著　光文社　1989.6　218p　18cm　（カッパ・ブックス）　750円　①4-334-00486-5

◇上古の復元―卑弥呼から倭の五王まで　辻直樹著　毎日新聞社　1989.5　189p　20cm　1600円　①4-620-30683-5

◇邪馬台国研究事典　3　文献目録　1 編年篇　三木太郎著　新人物往来社　1989.1

470p　27cm　〈監修：渡辺三男〉　9800円　ⓒ4-404-01587-9
◇邪馬台国100話　武光誠著　立風書房　1988.12　261p　20cm　1300円　ⓒ4-651-75018-4
◇卑弥呼と倭姫命―コンピュータと金石文で探る年代論　坂田隆著　青弓社　1988.11　333p　20cm　2500円
◇邪馬台国は決定した　後編　村下要助著　有峰書店新社　1988.10　315p　20cm　1800円　ⓒ4-87045-176-X
◇卑弥呼から崇神天皇へ―伝と記紀の検証が明かす3世紀倭国統一の全容　由学之進著　座間　由学習塾　1988.9　80p　21cm　600円
◇邪馬一国はなかった　安本美典著　徳間書店　1988.9　313p　16cm　（徳間文庫）　460円　ⓒ4-19-598606-0
◇遙かなる奴国―古代那珂川の流域に在った倭の奴国　日本最初のくに　藤島正之著　福岡　教育春秋社　1988.8　213p　22cm　1650円
◇邪馬台国―位置論　岡田茂著　〔大阪〕香匠庵　1988.8　190p　19cm　〈発売：亀山社中〉　2000円　ⓒ4-87628-004-5
◇邪馬台国は決定した　後編　村下要助著　有峰書店新社　1988.8　315p　19cm　1800円　ⓒ4-87045-176-X
◇エコール・ド・ロイヤル古代日本を考える　12　邪馬台国の謎に挑む　金関恕ほか著　学生社　1988.7　214p　19cm　1600円　ⓒ4-311-41012-3
◇消えた邪馬台国　邦光史郎編著　広済堂出版　1988.7　253p　16cm　（広済堂文庫）　420円　ⓒ4-331-65036-7
◇邪馬台国研究事典　1　文献資料　三木太郎著　新人物往来社　1988.2　502p　27cm　〈監修：渡辺三男〉　9800円　ⓒ4-404-01476-7
◇古地図と邪馬台国―地理像論を考える　弘中芳男著　大和書房　1988.1　490p　22cm　〈付(1枚)：混一疆理歴代国都之図〉　4000円　ⓒ4-479-84006-0
◇邪馬台国の時代―日本古代の実像にせまる　古代学研究所編　大和書房　1987.12　210p　21cm　（古代史必携1）　〈「東アジアの古代文化」別冊〉　1400円

ⓒ4-479-87056-3, ISSN0913-5650
◇邪馬台国は高天原の裏側にあった　和泉孝之著　徳島　教育出版センター　1987.12　163p　19cm　1300円
◇シンポジウム　邪馬台国から九州王朝へ　藤田友治, 中小路駿逸, 橘田薫, 古田武彦著, 古田武彦編　新泉社　1987.10　281p　19cm　1700円
◇発見！邪馬台国への航跡―パイロットの眼とコンパスで古代の謎をとく　森繁弘著　講談社　1987.10　260p　20cm　1300円　ⓒ4-06-203521-9
◇邪馬壹国から九州王朝へ―シンポジウム　古田武彦編, 藤田友治ほか著　新泉社　1987.10　281p　19cm　〈奥付の書名(誤植)：邪馬台国から九州王朝へ〉　1700円
◇邪馬台国は記紀にのっていた―解かれた日本神話　大久保一郎著　広島　西日本文化出版　1987.9　328p　20cm　2800円
◇邪馬台国と狗奴国の謎を解く―『倭人伝』で読む『倭人伝』　上原益夫著　丸の内出版(発売)　1987.6　234p　20cm　〈製作：中央公論事業出版〉　1800円　ⓒ4-89514-091-1
◇魏志倭人伝に謎などなかった―解読に視点の転換を　五島靖大著　新人物往来社　1987.5　206p　20cm　1600円　ⓒ4-404-01423-6
◇蘇った遙かなる邪馬壹国　橋詰和人著　南国　土佐上古代史研究所　1987.5　533p　27cm
◇邪馬台国と卑弥呼の謎　安本美典著　潮出版社　1987.3　356p　15cm　（潮文庫）　〈『邪馬台国への道』(筑摩書房1967年刊)の改題増補〉　600円　ⓒ4-267-01122-2
◇邪馬台国ハンドブック―倭人は帯方の東南の大海のなかにあり　安本美典著　講談社　1987.3　320p　20cm　1800円　ⓒ4-06-203256-2
◇邪馬壹国興亡史―いつ建国し, いつ滅びたか　鹿島曻著　新国民社　1987.1　398p　22cm　〈付：引用・参考文献一覧〉　4500円　ⓒ4-915157-60-1
◇邪馬台国の旅　邦光史郎著　徳間書店　1987.1　220p　16cm　（徳間文庫）　340円　ⓒ4-19-568204-5

◇邪馬台国は決定した　前編　村下要助著　有峰書店新社　1986.12　280p　20cm　1500円　ⓒ4-87045-165-4

◇検証二つの邪馬台国―三世紀日本を駆けぬけた激流　佐藤鉄章著　徳間書店　1986.10　332p　20cm　1600円　ⓒ4-19-223340-1

◇海からみた邪馬台国　道家康之助著　福岡　梓書院　1986.8　277p　20cm　3000円　ⓒ4-87035-016-5

◇邪馬台国研究の死角―共通の基準をめぐって　次郎丸達朗著　福岡　葦書房　1986.8　224p　19cm　1300円

◇邪馬台国　朝日新聞学芸部著　朝日新聞社　1986.5　278p　15cm　（朝日文庫）　400円　ⓒ4-02-260373-9

◇海外視点・日本の歴史　2　邪馬台国と倭の五王　土田直鎮, 黛弘道編　ぎょうせい　1986.4　175p　27cm　〈監修：土田直鎮ほか　編集：日本アート・センター〉　2800円　ⓒ4-324-00256-8

◇記紀が伝える邪馬台国　福本英城著　佐世保　芸文堂　1986.2　215p　19cm　1200円　ⓒ4-905897-21-1

◇邪馬台国辞典　武光誠編　同成社　1986.2　234p　22cm　2500円　ⓒ4-88621-033-3

◇古代の日本―邪馬台国を中心として　王金林著　六興出版　1986.1　270p　20cm　（人類史叢書　4）　2200円

◇古代出雲帝国の謎―「騎馬・農耕」論争に結着をつける"土の笛"　武智鉄二著　祥伝社　1985.12　238p　16cm　（ノン・ポシェット）　380円　ⓒ4-396-31005-6

◇古代国家と道教　重松明久著　吉川弘文館　1985.12　461, 16p　22cm　7500円　ⓒ4-642-02202-3

◇卑弥呼をコンピュータで探る―安本美典説の崩壊　坂田隆著　青弓社　1985.11　267p　20cm　1800円

◇邪馬壱国は新潟県であった　桐生源一著　長岡　玉源書房　1985.11　255p　19cm　1500円

◇消された邪馬台国―宇佐宮600年抗争に見る衝撃の史実　安藤輝国著　大阪　香匠庵　1985.10　254p　19cm　1500円　ⓒ4-87628-002-9

◇古代伯耆研究による邪馬台国解謎　山口和利著　鳥影社　1985.7　237p　20cm　〈発表：星雲社〉　1800円　ⓒ4-7952-5118-5

◇卑弥呼と邪馬台国の謎　樋口清之著　大和書房　1985.7　253p　19cm　（古代学ミニエンサイクロペディア　7）　〈『女王卑弥呼99の謎』（産報ジャーナル昭和52年刊）の改題増補〉　990円　ⓒ4-479-47007-7

◇田中卓著作集　3　邪馬台国と稲荷山刀銘　国書刊行会　1985.4　428p　22cm　5800円

◇邪馬壱国(所謂邪馬台国)諸問題の解決　肥田政彦著　大和郡山　肥田政彦　1984.10　122p　図版26p　22cm

◇耶馬台国への道　井上文夫著　津山　美作出版社　1984.8　24p　26cm　〈折り込図1枚〉　300円

◇稲の道の果てに邪馬台国はあった　岩下徳蔵著　現代史出版会　1984.6　295p　20cm　〈発売：徳間書店〉　1200円　ⓒ4-19-812936-3

◇宇佐邪馬台国―もうひとつのまほろば　高橋ちえこ著　福岡　葦書房　1984.6　212p　20cm　1200円

◇但馬国から邪馬台国へ　宮下豊著　新人物往来社　1984.5　211p　20cm　1600円

◇邪馬壱(台)国"発見"記―ヤマタイコクハッケンス　いき一郎著　創世記　1984.1　333p　20cm　2000円　ⓒ4-88154-074-2

◇倭日の国―邪馬台女王国の解明　藤芳義男著　光風社出版　1984.1　433p　19cm　1300円　ⓒ4-87519-723-3

◇物語邪馬壱国と邪馬台国　於保忠彦著　佐世保　芸文堂　1983.12　217p　18cm　（筑紫文庫　5）　〈折り込図1枚〉　800円　ⓒ4-905897-02-5

◇金印・邪馬台国・倭の五王―天邪鬼の邪馬台国論　下東剛著　北九州　下東剛　1983.11　272p　19cm　〈〔北九州〕朝日新聞西部本社研修出版センター（製作）〉

◇邪馬台国は秦族に征服された―宇佐神宮が解く女王国の謎　安藤輝国著　現代史出版会　1983.11　214p　20cm　〈発売：徳間書店〉　1200円　ⓒ4-19-812831-6

◇銅鐸と女王国の時代　松本清張編　日本放送出版協会　1983.10　326p　20cm　1600円　①4-14-008329-8

◇邪馬台国中国人はこう読む　謝銘仁著　立風書房　1983.10　246p　20cm　1600円

◇卑弥呼と邪馬台国—コンピュータが幻の王国と伝説の時代を解明する　安本美典著　京都　PHP研究所　1983.9　198p　18cm　（21世紀図書館 24）　500円　①4-569-21163-1

◇卑弥呼の道は太陽の道　邪馬台国編1巻　古村豊著　直方　実験古代史学出版部　1983.9　490p　19cm　1850円　①4-915228-03-7

◇邪馬壱国の論理と数値—里数・日数・方向に矛盾はない　坂田隆著　新人物往来社　1983.9　235p　20cm　1500円

◇邪馬一国の挑戦　古田武彦著　徳間書店　1983.8　216p　18cm　（Tokuma books）　680円　①4-19-502783-7

◇邪馬台国—中国人学者の研究　汪向栄著，小泉史郎訳　風濤社　1983.7　304p　20cm　2000円

◇推理邪馬台国—パソコンが解く女王国の謎　岩下徳蔵著　楽游書房　1983.5　267p　19cm　1200円

◇邪馬壱国　伊藤邦之著　日本古代史刊行会　1983.5　354p　20cm　〈発売：永田書房〉　1800円

◇多元的古代の成立　古田武彦著　駸々堂出版　1983.4　2冊　22cm　各1900円　①4-397-50148-3

◇卑弥呼と八幡の大神—邪馬台国の研究　小串寿次著　苅田町（福岡県）　苅田郷土史研究会　1983.4　147p　22cm　〈著者の肖像あり〉　2000円

◇邪馬台国発掘—畿内か北九州か—永年の論争に終止符を打つ！　奥野正男著　京都　PHP研究所　1983.4　242p　18cm　（21世紀図書館 12）　500円　①4-569-21027-9

◇邪馬台国論　関和彦著　校倉書房　1983.2　219p　20cm　2000円

◇古代日本人と邪馬台国　板倉思能著　秋山書店　1982.11　208p　19cm　（秋山叢書）　1200円

◇邪馬台国の鏡—三角縁神獣鏡の謎を解く　奥野正男著　新人物往来社　1982.10　259p　22cm　3800円

◇考古学から見た邪馬台国の東遷　奥野正男著　毎日新聞社　1982.8　372p　20cm　1400円

◇謎の女王卑弥呼　田辺昭三著　角川書店　1982.8　232p　15cm　（角川文庫）　300円

◇邪馬台国は四国にあった　大杉博著　池田町（徳島県）　倭国研究所　1982.8　44p　21cm　280円

◇邪馬台国基本論文集　3　佐伯有清編　大阪　創元社　1982.7　481p　22cm　（創元学術双書）　5000円　①4-422-01033-6

◇古琉球語で解明する邪馬台国と大和　由良哲次著　学生社　1982.6　294p　19cm　1800円

◇邪馬一国への道標　古田武彦著　角川書店　1982.6　320p　15cm　（角川文庫）　380円

◇邪馬台国の全解決—中国史書に解明の鍵を発見　孫栄健著　六興出版　1982.5　218p　19cm　（ロッコウブックス）　1200円

◇まぼろしの邪馬台国　宮崎康平著　講談社　1982.1　447p　15cm　（講談社文庫）〈著者の肖像あり〉　480円　①4-06-134148-0

◇邪馬台国基本論文集　2　佐伯有清編　大阪　創元社　1981.12　401p　22cm　（創元学術双書）　5000円　①4-422-01032-8

◇邪馬台国と古代国家　雄山閣出版　1981.12　153p　23cm　（歴史公論ブックス 6）　1500円　①4-639-00118-5

◇研究史邪馬台国の東遷—大和朝廷誕生の謎を解く　安本美典著　新人物往来社　1981.11　207p　20cm　1800円

◇邪馬台国抹殺の謎—誰も知らなかった韓国文書　倭人のルーツ　佐治芳彦著　新国民社　1981.11　264p　19cm　980円

◇邪馬台国と秦王国　後藤利雄著　笠間書院　1981.9　215p　19cm　（笠間選書 137）　1500円

◇邪馬台国はここだ—鉄と鏡と「倭人伝」からの検証　奥野正男著　毎日新聞社　1981.9　415p　20cm　1600円

◇邪馬台国基本論文集 1 佐伯有清編 大阪 創元社 1981.7 447p 22cm （創元学術双書） 5000円 ①4-422-01031-X

◇邪馬台国に謎はない 鈴木正知著 新人物往来社 1981.6 200p 20cm 1300円

◇深き誓いの邪馬台国—神山・磐坐・巫女祭祀 高橋ちえこ著 福岡 葦書房 1981.4 195,4p 20cm 1500円

◇邪馬台国は筑紫にあった 高倉盛雄著 あずさ書房 1981.4 249p 20cm （あずさ選書）〈発売：あかね書房〉 1500円

◇鉄剣と鏡が語る邪馬台国 石崎景三著 新人物往来社 1981.2 249p 20cm 1300円

◇邪馬壹国（所謂邪馬台国）は焼津・登呂—旅行日程の新解読法を発見 肥田政彦著 大和郡山 肥田政彦 1981.2 40p 22cm 800円

◇消えた邪馬台国 邦光史郎編著 広済堂出版 1981.1 248p 18cm （Kosaido books） 680円

◇現代日本写真全集—日本の心 第1巻 邪馬台国幻想 第一アートセンター編 石元泰博著 集英社 1980.11 133p 37cm 〈石元泰博の肖像あり〉 4800円

◇邪馬一国の証明 古田武彦著 角川書店 1980.10 338p 15cm （角川文庫） 380円

◇「邪馬台国」は豊後国だった 太田亘著 大分 坂ノ市史談会 1980.10 92, 〔12〕p 19cm

◇水上王国邪馬台国 堂崎豊著 広島 文化評論出版 1980.5 275p 19cm 1600円

◇卑弥呼新考—解明された三世紀倭国の全貌 佐藤鉄章著 サンケイ出版 1980.3 382p 19cm 1900円

◇論争邪馬台国 松本清張ほか著 平凡社 1980.3 247p 19cm 1000円

◇ああ上代—九州邪馬台国時代の探求 三品勝也著 新樹社 1980.2 253p 19cm 2000円

◇まぼろしの邪馬台国 宮崎康平著 新版 講談社 1980.1 435p 20cm 〈著者の肖像あり〉 1400円

◇新説邪馬台国—はるかなる西都原への道 清水正紀著 徳間書店 1979.9 261p 20cm 1200円

◇ここに古代王朝ありき—邪馬一国の考古学 古田武彦 朝日新聞社 1979.6 347p 20cm 1300円

◇邪馬台国の語源と漢委奴国王印の解読 今中俊雄著 大阪 大和出版印刷社 1979.6 200p 19cm

◇隠された邪馬台国—ついにつきとめた卑弥呼の都 佐藤鉄章著 サンケイ出版 1979.5 382p 19cm 1580円

◇邪馬壹国の原点倭—中国古文献を精緻に探究する 泉隆弐著 講談社 1979.3 262p 20cm 980円

◇邪馬台国とその周辺—倭人伝における地理・行程記載の考察 木村俊夫著 教育出版センター 1979.3 228p 22cm （資料叢書 7）〈参考文献目録：p228〉 3900円

◇「邪馬壹国」はなかった—古田武彦説の崩壊 安本美典著 新人物往来社 1979.1 255p 20cm 1800円

◇誰にも書けなかった邪馬台国 村山健治著 佼成出版社 1978.10 284p 20cm 〈著者の肖像あり〉 1300円

◇東アジアの中の邪馬台国 白崎昭一郎著 芙蓉書房 1978.7 330p 20cm 1900円

◇邪馬一国への道標 古田武彦著 講談社 1978.5 321p 20cm 1100円

◇邪馬台国時代 大谷光男著 雄山閣出版 1978.5 228p 19cm （カルチャーブックス 28） 800円

◇邪馬壹国の陰謀 高木彬光著 日本文華社 1978.4 256p 18cm （文華新書） 650円

◇卑弥呼の都大村 鈴木勇著 北洋社 1978.2 251p 20cm 1200円

◇契丹秘史と瀬戸内の邪馬台国 浜田秀雄著 新国民社 1977.12 238p 20cm 1500円

◇マスコミ的邪馬台国論への疑問—論争を混迷に導くものはなにか 安本美典著 芙蓉書房 1977.11 318p 20cm 1900円

◇女王卑弥呼99の謎—邪馬台国のクレオパ

弥生時代

トラを追跡する　樋口清之著　産報ジャーナル　1977.9　227p　18cm　（サンポウ・ブックス）　580円

◇卑弥呼の墓　原田大六著　六興出版　1977.8　306p　20cm　1500円

◇新考邪馬台国への道—科学が解いた古代の謎　安本美典著　筑摩書房　1977.6　345p　図　19cm　1600円

◇邪馬台国の後継者　吉田修著　講談社　1977.5　309p　20cm　980円

◇続・邪馬台国のすべて—ゼミナール　古田武彦等著　朝日新聞社　1977.4　357p　19cm　1200円

◇邪馬台国—入墨とポンチョと卑弥呼　大林太良著　中央公論社　1977.4　224p　18cm　（中公新書）　380円

◇まぼろしではない邪馬台国—実在した高天原と日向朝三代　松田正一著　新評社　1977.2　314p　20cm　〈参考文献：p.313～314〉　1400円

◇真説邪馬台国　恋塚春雄著　函館　五稜出版社　1976.12　304p　図　肖像　19cm　1800円

◇シンポジウム邪馬台国—流動する東アジアの中で　松本清張等著　角川書店　1976　237p　図　19cm　（角川選書）　680円

◇日本古代伝承の謎を解く　猪俣幸衛著　新人物往来社　1976　218p　20cm　1200円

◇邪馬台国　朝日新聞学芸部編　朝日新聞社　1976　294p　19cm　740円

◇邪馬台国統考—黒潮の結んだ「古事記」と「魏志倭人伝」　立石巌著　風濤社　1976　291p　20cm　1200円

◇邪馬台国のすべて—ゼミナール　佐伯有清等著　朝日新聞社　1976　340p　19cm　1200円

◇邪馬台国の全貌　野津清著　佐世保　文芸堂　1976　333p　図　20cm　1300円

◇邪馬台国の旅—失われた女王の郷を求めて　邦光史郎著　光文社　1976　250p　18cm　（カッパ・ブックス）　550円

◇邪馬台国の誕生　田口賢三著　新人物往来社　1976　247p　20cm　1300円

◇邪馬台国論争批判　安本美典著　芙蓉書房　1976　300p　20cm　1600円

◇邪馬壱国は阿波だった—魏志倭人伝と古事記との一致　古代阿波研究会編　新人物往来社　1976　219p　20cm　1000円

◇倭国の世界　上田正昭著　講談社　1976　228p　18cm　（講談社現代新書）　390円

◇海に書かれた邪馬台国—ついに明かされた女王国の秘密　田中卓著　青春出版社　1975　243p　18cm　（プレイブックス）　570円

◇大いなる邪馬台国　鳥越憲三郎著　講談社　1975　318p　20cm　980円

◇古代史と邪馬台　太田収著　講談社　1975　415p　20cm　1200円

◇前・邪馬台国論—九州の古代史　柴田勝彦著　大阪　浪速社　1975　217p（図共）　19cm　800円

◇伝説で解く邪馬台国　神西秀憲著　新人物往来社　1975　177p　20cm　980円

◇日本古代史の旅　3　邪馬台国—なぞの古代国家　小学館　1975　182p（図共）　20cm（監修：児玉幸多, 奈良本辰也, 和歌森太郎）　950円

◇邪馬壱国の歴史　坂田隆著　枚方〔坂田隆〕〔1975〕79p　27cm

◇邪馬壱国の論理—古代に真実を求めて　古田武彦著　朝日新聞社　1975　453p　図　20cm　1500円

◇邪馬台国—まぼろしの国家の原像をもとめて　伝統と現代編集部編　伝統と現代社　現代ジャーナリズム出版会（発売）　1975　164p　21cm　〈「伝統と現代」保存版〉　800円

◇邪馬台国—論集　1　鈴木武樹編　大和書房　1975　363p　20cm　（日本古代文化叢書）　1800円

◇邪馬台国99の謎—どこに在り, なぜ消えたのか　松本清張編　産報　1975　259p　18cm　（サンポウ・ブックス）　600円

◇邪馬台国推理行　高木彬光著　角川書店　1975　291p　20cm　980円

◇邪馬台国に雪は降らない　高津道昭著　講談社　1975　285p　19cm　820円

◇邪馬台国の発見—卑弥呼と七支刀　田口賢三著　新人物往来社　1975　214p　20cm　1300円

弥生時代

◇邪馬台国論争　原田大六著　三一書房　1975　2冊　18cm　（三一新書）　480円
◇邪馬台国は沈んだ―つきとめられた幻の国　大羽弘道著　光文社　1975　212p　18cm　（カッパ・ブックス）　500円
◇古代史疑　松本清張著　中央公論社　1974　226p　15cm　（中公文庫）　200円
◇高天原の謎―日本神話と邪馬台国　安本美典著　講談社　1974　192p（図共）　18cm　（講談社現代新書）　370円
◇謎の女王卑弥呼―耶馬台国とその時代　田辺昭三著　増補　徳間書店　1974　254p　20cm　900円
◇卑弥呼の城　大内規夫著　新人物往来社　1974　251p　20cm　1200円
◇邪馬台国と記紀の伝承　後藤毅著　中央公論事業出版（製作）　1974　230p　図　22cm　2500円
◇邪馬台国の終焉と復活　吉田修著　講談社　1974　270p　20cm　880円
◇邪馬台国の常識　松本清張編　毎日新聞社　1974　365p　20cm　〈「東アジアの古代文化を考える会」の第1回連続講演会からまとめたもの〉
◇卑弥呼・邪馬台国の新研究　梅田義彦著　東宣出版　1973　350p（図共）　19cm　1500円
◇邪馬台国をつきとめる　川上厳著　読売新聞社　1973　325p　20cm　750円
◇邪馬台国新考　立石巌著　風濤社　1973　339p　20cm　850円
◇邪馬台国と豊王国―古代史の謎　安藤輝国著　大阪　浪速社　1973　225p　19cm　600円
◇邪馬台国は大和でない―皇国史観を斬る　市村其三郎著　新人物往来社　1973　222p　図　20cm　850円
◇女王卑弥呼と倭の五王　小林幹男著　評論社　1972　270p　図　18cm　（若い世代と語る日本の歴史2）〈文献案内：p.265-270〉　350円
◇戦後の邪馬台国　佐伯有清著　吉川弘文館　1972　270,19p　19cm　（研究史）
◇邪馬台国と日向　石川恒太郎著　宮崎　日向文化研究所　1972　157p　図　19cm　800円

◇邪馬台国の探究―埋もれた金印を中心にしたゼミナール　藤間生大著　青木書店　1972　276p　20cm
◇邪馬台国の謎を探る　松本清張著　平凡社　1972　207p（図共）　20cm　（歴史と文学の旅）〈『太陽』の昭和46年7月に掲載されたもの〉　750円
◇卑弥呼と倭王―倭人伝・記紀の再検討　阿部秀雄著　講談社　1971　382p　20cm　580円
◇邪馬台国　佐伯有清著　吉川弘文館　1971　286,9p　図　20cm　（研究史）
◇「邪馬台国」はなかった―解読された倭人伝の謎　古田武彦　朝日新聞社　1971　406p　20cm　780円
◇邪馬台国は大和である　肥後和男著　秋田書店　1971　259p　20cm　750円
◇邪馬台の美姫―日本古代史測定論　青木慶一著　毎日新聞社　1971　342p　20cm　〈『新日本』昭和45年7月号―46年8月号に連載されたもの〉　850円
◇やまと建国史―邪馬台国論争に下す結論　長田光雄著　和歌山　長田光雄　1971　452p　26cm　〈稿本の電子式複写機による複製〉
◇邪馬台国を探る―周施五千里の国　大山峻峰著　三一書房　1970　316p　20cm　900円
◇邪馬台国研究総覧　三品彰英編著　大阪　創元社　1970　540p　図版　22cm　（創元学術双書）　2800円
◇邪馬台国の所在とゆくえ―新宇佐説　久保泉著　丸ノ内出版　1970　409p　図版　20cm　1200円
◇邪馬台国物語　野津清著　雄山閣出版　1970　288p　19cm　880円
◇謎の女王国―古代史への挑戦　推理史話会編　新人物往来社　1969　291p　19cm　550円
◇耶馬台国の研究　重松明久著　白陵社　1969　576p　図版　地図　22cm　2800円
◇邪馬台国論争　原田大六著　三一書房　1969　476p　20cm
◇古代史疑　松本清張著　中央公論社　1968　245p　20cm　450円
◇ふたつの邪馬台国　山口修著　京都　淡

69

交新社　1968　231p　22cm　750円
◇まぼろしの邪馬台国　宮崎康平著　講談社　1967　365p 図版　20cm　480円
◇邪馬台国への道―科学の解いた古代の謎　安本美典著　筑摩書房　1967　237p　18cm　（グリーンベルト・シリーズ）280円
◇邪馬台国―シンポジウム　石井良助、井上光貞編　創文社　1966　262p（図版共）　20cm　480円
◇魏志倭人伝の真相　関戸力松著　奈良関戸科学研究所　1964　103p 18cm　250円
◇邪馬台国　榎一雄著　至文堂　1960　208p　19cm　（日本歴史新書）
◇「邪馬台」女王国　富来隆著　京都　関書院　1960　185p 19cm

卑弥呼　ひみこ

『魏志』倭人伝、『後漢書』東夷伝などに記されている邪馬台国の女王で、2世紀後半に倭国で諸国間に大乱が起こり、倭国内の小国群が邪馬台国の一女子卑弥呼を共立して女王にしたと伝えられる。「鬼道につかえて能く衆を惑わす」という記述があることから、女王といっても巫女のようなシャーマン的役割が中心であったとみられる。卑弥呼には弟があり、卑弥呼の伝える神の託宣に従い政治的・軍事的政務を担当したという。卑弥呼は神功皇后摂政39年（239年）に難升米（なしめ）らを帯方郡に派遣、生口・斑布を献上して魏に朝貢し、魏は卑弥呼を「親魏倭王」に任命し金印紫綬を賜与した。神功皇后摂政43年（243年）には伊声耆（いせいき）・掖邪狗（えきやく）らを朝貢させたが、その後、南に位置する狗奴国との戦争に突入した。神功皇后摂政47年（247年）、魏に載斯烏越（さいしうえつ）を派遣し、その戦況を報告させている。魏は卑弥呼の要請にこたえたのか国境警備官の張政を介して詔書・軍旗を倭にもたらしたという。戦いの最中に卑弥呼はその生涯を閉じ、その墳墓は径100余歩（約120メートル）を数え、奴婢100余人が殉葬された。その後、男王が立ったが国中が従わず、卑弥呼の宗女壹与（いよ）が擁立されて内乱は終息した。『日本書紀』では神功皇后と同定され、また奈良県桜井市の箸墓古墳がその墓であるという説もある。

◇卑弥呼と台与―倭国の女王たち　仁藤敦史著　山川出版社　2009.10　87p　21cm（日本史リブレット　人 001）　800円　①978-4-634-54801-5
◇卑弥呼は前方後円墳に葬られたか―邪馬台国の数理　小沢一雅著　雄山閣　2009.10　202p　21cm　2800円　①978-4-639-02106-3
◇卑弥呼死す大いに家をつくる―前方後円墳の成立　大阪府立近つ飛鳥博物館平成21年度春季特別展　大阪府立近つ飛鳥博物館編　河南町（大阪府）　大阪府立近つ飛鳥博物館　2009.4　119p　30cm　（大阪府立近つ飛鳥博物館図録 48）〈会期・会場：平成21年4月25日―6月28日　大阪府立近つ飛鳥博物館　文献あり〉
◇誰も書かなかった神武天皇と卑弥呼の関係　宮内瑞生著　高木書房　2009.2　171p　21cm〈文献あり〉　1429円　①978-4-88471-413-0
◇卑弥呼女王国と日本国の始まり―九州起源の日本国　田島代支宣著　福岡　海鳥社　2008.8　227p　21cm〈文献あり〉　2000円　①978-4-87415-689-6
◇卑弥呼と神武が明かす古代―日本誕生の真実　内倉武久著　京都　ミネルヴァ書房　2007.11　251,3p　20cm　（シリーズ〈古代史の探求〉8）〈文献あり〉　2500円　①978-4-623-04986-8
◇卑弥呼・邪馬台国は初期ヤマト政権―『記』・『紀』祖神たちと建国の実像　内山直文著　近代文芸社　2007.11　338p　20cm〈文献あり〉　2000円　①978-4-7733-7506-0

◇卑弥呼と台与の邪馬台王権　淵田三善著　大阪　清風堂書店出版部　2007.8　294p　20cm　〈文献あり〉　2190円　⑭978-4-88313-471-7

◇卑弥呼前後の隙間　山本伝著　新風舎　2007.6　81p　19cm　(Shinpu books)　〈年表あり〉　1000円　⑭978-4-289-02457-5

◇海からみた卑弥呼女王の時代―歴研「邪馬台国」ブックレット　道家康之助著　歴研　2007.1　93p　21cm　1000円　⑭4-947769-80-7

◇卑弥呼の使い―魏志倭人伝を読み解く　鈴木一郎著　福岡　西日本新聞社　2006.8　337p　19cm　1429円　⑭4-8167-0698-4

◇大卑弥呼女王　丸山重夫著　郁朋社　2006.4　278p　20cm　1500円　⑭4-87302-332-7

◇二世紀の卑弥呼と「前方後円墳」真の構築者―「日の丸」、「君が代」と日本古代史学　草野善彦著　本の泉社　2006.1　511p　22cm　2857円　⑭4-88023-925-9

◇卑弥呼は邪馬台国にいなかった　真保亮太郎著　近代文芸社　2006.1　243p　18cm　(近代文芸社新書)　1200円　⑭4-7733-7322-9

◇古代倭国統一場理論卑弥呼の時空　四季が岳太郎著　杉並けやき出版　2005.11　370p　19cm　〈東京　星雲社（発売）〉　文献あり〉　2000円　⑭4-434-07052-5

◇つくられた卑弥呼―〈女〉の創出と国家　義江明子著　筑摩書房　2005.4　206p　18cm　(ちくま新書)　680円　⑭4-480-06228-9

◇ヒミコの系譜と祭祀―日本シャーマニズムの古代　川村邦光著　学生社　2005.4　284p　19cm　2580円　⑭4-311-20281-4

◇女王卑弥呼の「都する所」―史料批判で解けた倭人伝の謎　上野武著　日本放送出版協会　2004.10　301p　20cm　〈年表あり〉　1800円　⑭4-14-081001-7

◇卑弥呼と大和王朝　木村熙著　新生出版　2004.10　191p　19cm　〈東京　ディーディーエヌ（発売）〉　1200円　⑭4-86128-035-4

◇卑弥呼―なぞの国、なぞの女王　酒寄雅志監修, 小西聖一著　理論社　2004.6　108p　25cm　(NHKにんげん日本史)　〈年表あり〉　1800円　⑭4-652-01471-6

◇卑弥呼　山岸良二監修　ポプラ社　2004.4　79p　27cm　(徹底大研究日本の歴史人物シリーズ8)　〈年譜あり〉　2850円　⑭4-591-07993-7

◇箸墓は卑弥呼の墓か　大和岩雄著　大和書房　2004.2　208p　20cm　1800円　⑭4-479-84064-8

◇卑弥呼・一問一答　石原藤夫著　栄光出版社　2004.2　219p　20cm　1300円　⑭4-7541-0058-1

◇卑弥呼と21世紀をつなぐ宇佐神宮―神仏習合の神示　徳丸一守著　明窓出版　2004.1　254p　20cm　1500円　⑭4-89634-140-6

◇封印された女帝卑弥呼　岡本茂延著　健友館　2002.11　177p　19cm　1300円　⑭4-7737-0725-9

◇隠された卑弥呼―日本書紀編纂過程の検証　盛田憲幸著　MBC21　2002.10　311p　21cm　〈〔東京〕　東京経済（発売）〉　2400円　⑭4-8064-0703-8

◇邪馬台国と卑弥呼の謎　中江克己著　学習研究社　2002.10　284p　15cm　(学研M文庫)　〈文献あり〉　620円　⑭4-05-901150-9

◇親魏倭王　大庭脩著　増補版　学生社　2001.9　242p　22cm　2480円　⑭4-311-30042-5

◇倭王卑弥呼の朝貢　平本厳著　東洋出版　2001.7　261p　20cm　1500円　⑭4-8096-7383-9

◇三角縁神獣鏡と卑弥呼の鏡　西川寿勝著　学生社　2000.6　246p　20cm　2200円　⑭4-311-20235-0

◇卑弥呼の正体―ついにそれが明かされた！　遠山美都男著　洋泉社　1999.9　221p　20cm　1700円　⑭4-89691-409-0

◇伊都国と卑弥呼の時代―前原市まちづくり講演会「伊都国発歴史の謎解き」　前原市, 前原市教育委員会編　前原　前原市　〔1999〕　13p　30cm　〈会期・会場：1999年3月22日　伊都文化会館〉

◇記・紀に居なかった卑弥呼　青木一参著　東洋出版　1998.11　312p　20cm　1600円　⑭4-8096-7262-X

◇卑弥呼と神武天皇―ファースト・エンペラー（エンプレス）は卑弥呼か神武天皇か　富田徹郎著　フジテレビ出版　1995.12　291p　19cm　〈発売：扶桑社〉　1400円　④4-594-01868-8

◇邪馬台国と倭国―古代日本と東アジア　西嶋定生著　吉川弘文館　1993.1　308p　19cm　2300円　④4-642-07410-4

◇女王卑弥呼の謎　樋口清之著　広済堂出版　1992.7　245p　16cm　（広済堂文庫）　460円　④4-331-65144-4

◇倭五王と卑弥呼の正体　早川清治著　福岡梓書院　1992.3　384p　19cm　2000円　④4-87035-045-9

◇卑弥呼は狗邪国から来た　保坂俊三著　新人物往来社　1991.1　272p　20cm　〈奥付の書名：女王卑弥呼は狗邪国から来た〉　1800円　④4-404-01799-5

◇消された古代日本史　荒川敏著　広済堂出版　1989.12　235p　15cm　（広済堂文庫）　430円　④4-331-65051-0

◇卑弥呼は語る―言葉が復元する日本の古代史　朴炳植著　学習研究社　1989.4　258p　19cm　1350円　④4-05-102920-4

◇卑弥呼の謎　安本美典著　新版　講談社　1988.7　220p　18cm　（講談社現代新書）〈折り込み図1枚〉　530円　④4-06-148908-9

◇出雲王卑弥呼―倭人伝の真相　毛利康二著　彩流社　1988.5　261p　20cm　2000円

◇古代は輝いていた　1　『風土記』にいた卑弥呼　古田武彦著　朝日新聞社　1988.4　341p　15cm　（朝日文庫）　500円　④4-02-260497-2

◇卑弥呼と宇佐王国―神話から古代への軌跡　清輔道生著　彩流社　1988.2　260p　20cm　2000円

◇よみがえる卑弥呼―日本国はいつ始まったか　古田武彦著　駸々堂出版　1987.10　462p　19cm　2000円　④4-397-50242-0

◇古代は輝いていた　1　『風土記』にいた卑弥呼　古田武彦著　朝日新聞社　1984.11　318p　20cm　1500円　④4-02-255271-9

◇卑弥呼は磐長姫、墓は東伊豆町稲取の飯盛山、邪馬壱国は伊豆の下田―邪馬壱国

への方向の謎も解明　肥田政彦著　大和郡山　肥田政彦　1983.1　38p　21cm　〈付（図1枚）〉　非売品

◇日御子（卑弥呼）　岡原国男著　京都　晃洋書房　1979.10　156p　19cm　1500円

◇卑弥呼の鏡　原田大六著　六興出版　1979.1　372p　19cm　（ロッコウブックス）　980円

◇卑弥呼の鏡　原田大六著　六興出版　1978.10　372p　20cm　1800円

◇卑弥呼・邪馬台国の新研究　梅原義彦著　東宣出版　1973　350p（図共）　19cm　1500円

◇卑弥呼は神功皇后である　市村其三郎著　新人物往来社　1972　229p　図　20cm　850円

◇女王国家―ヒミコと聖徳太子　小島信一著　新人物往来社　1971　280p　図　20cm　900円

◇親魏倭王　大庭脩著　学生社　1971　222p　22cm　1000円

◇卑弥呼　富来隆著　学生社　1970　214p　図版　19cm　580円

◇埋もれた金印―女王卑弥呼と日本の黎明　藤間生大著　岩波書店　1954　10刷　232p　18cm　（岩波新書）

◇崇神天皇と卑弥乎　肥後和男著　弘文堂　1954　170p　19cm　（アテネ新書）

◇埋もれた金印―女王卑弥呼と日本の黎明　藤間生大著　岩波書店　1950　231p　18×11cm　（岩波新書　第51）

『魏志』倭人伝
ぎしわじんでん

　3世紀の邪馬台国、および2～3世紀の倭人の風習などが記されている中国の文献。『三国志』魏書東夷伝の中の一部の通称。撰者は西晋の陳寿で、その成立は3世紀後半。倭人伝は、倭国の地理的位置づけから始まり、帯方郡より邪馬台国への道程、倭にあった諸小国の名称、倭人の生活風俗などが詳細に記述されている。特に女王卑弥呼が王となったありさま、邪馬台国の政治のあり方、卑弥呼の王としての姿が活写されており、また神功皇后摂政39年（239年・魏の景初3年）から神功皇后摂政47年（247年・魏の正始8年）までの魏との通交、狗奴国との戦い、魏の皇帝の詔書に金印紫綬を仮授させたこと、銅鏡100

枚などを賜ったことなどの記述で史料的価値が高い。末尾には、卑弥呼の死と、その後の倭国の混乱、そして卑弥呼の宗女壹与（いよ）の即位のことが述べられている。

　　　　　　＊　　＊　　＊

◇魏志倭人伝の考古学―邪馬台国への道　西谷正著　学生社　2009.4　379p　22cm　〈索引あり〉　5400円　①978-4-311-30072-1
◇『魏志倭人伝』『隋書倭国伝』の地名が語る記紀の虚構　丸山清治著　文芸社　2008.5　106p　19cm　1100円　①978-4-286-04607-5
◇魏志倭人伝全解　8　岸元史明著　〔鶴ヶ島〕　国文学研究所　2008.4　285p　21cm　3000円
◇魏志倭人伝解読　生野真好著　愛育社　2007.12　495p　22cm　4800円　①978-4-7500-0326-9
◇魏志倭人伝全解　7　岸元史明著　〔鶴ヶ島〕　国文学研究所　2007.12　289p　21cm　3000円
◇中国の研究者のみた邪馬台国　汪向栄著、堀滿宜男訳、飯島武次監修　同成社　2007.12　243p　22cm　3800円　①978-4-88621-409-6
◇新訳倭人伝―手ぶらで帰った卑弥呼の遣使　倭健著　新風舎　2007.10　187p　21cm　1500円　①978-4-289-02904-4
◇魏志倭人伝全解　6　岸元史明著　〔鶴ヶ島〕　国文学研究所　2007.9　283p　21cm　3000円
◇魏志倭人伝全解　5　岸元史明著　〔鶴ヶ島〕　国文学研究所　2007.7　283p　21cm　3000円
◇魏志倭人伝の国々　古代を旅する会編、真杉光雄著　福井　勝木書店　2007.7　218p　21cm　〈継体天皇即位千五百年記念出版　文献あり〉　1429円　①978-4-906485-03-1
◇波濤万里邪馬台ニ至ル　矢野寿一著　福岡　梓書院　2007.6　288p　22cm　〈文献あり〉　2095円　①978-4-87035-294-0
◇魏志倭人伝全解　4　岸元史明著　〔鶴ヶ島〕　国文学研究所　2007.5　287p　21cm　3000円
◇魏志倭人伝全解　3　岸元史明著　〔鶴ヶ島〕　国文学研究所　2007.2　273p　21cm　3000円
◇魏志倭人伝全解　2　岸元史明著　〔鶴ヶ島〕　国文学研究所　2006.12　284p　21cm　3000円
◇魏志倭人伝全解　1　岸元史明著　〔鶴ヶ島〕　国文学研究所　2006.10　23, 259p　21cm　3000円
◇「幻の邪馬台国」の座標軸―「魏志倭人伝」を読み解く　中野雅弘著　早稲田出版　2006.9　146p　20cm　1600円　①4-89827-318-1
◇魏志倭人伝の世紀　荒井登志夫著, 歴史研究会出版局編　歴研　2006.1　63p　21cm　（歴研「謎解き」ブックレット）　800円　①4-947769-68-8
◇女王の都する所　英秀和著　碧天舎　2006.1　176p　20cm　1000円　①4-7789-0240-8
◇海中に絶して連なる女王の国　上（風の巻）　沖津実著　新風舎　2005.4　398p　20cm　3200円　①4-7974-4108-9
◇海中に絶して連なる女王の国　下（波の巻）　沖津実著　新風舎　2005.4　462p　20cm　3200円　①4-7974-4109-7
◇魏志倭人伝解　菅谷政昭著　取手　谷風庵　2005.4　148p　21cm　〈折り込み2枚〉
◇評釈魏志倭人伝　水野祐著　新装版　雄山閣　2004.11　664, 8p　22cm　12000円　①4-639-01869-X
◇伊都国の興亡―古代出雲につながる海人族の国　梶原大義著　東洋出版　2004.3　249p　19cm　1500円　①4-8096-7466-5
◇魏志倭人伝と東方見聞録　佐藤直樹著　佐藤直樹　2003.12　262p　21cm
◇魏志倭人伝の考古学　九州篇　岡崎敬著, 春成秀爾編　第一書房　2003.11　380p　20cm　（Academic series new Asia 43）〈肖像あり〉　4000円　①4-8042-0751-1
◇真正面からの『魏志倭人伝』―古代日本史の再検討を促す　加藤勝美著　碧天舎　2003.10　343p　20cm　1200円　①4-88346-366-4
◇魏志倭人伝の航海術と邪馬台国　遠沢葆著　成山堂書店　2003.7　207, 4p　20cm　2000円　①4-425-30231-1
◇魏志倭人伝の考古学　佐原真著　岩波書

店　2003.7　400p　15cm　（岩波現代文庫　学術）〈文献あり〉　1100円　ⓘ4-00-600106-1

◇「倭人語」の解読―卑弥呼が使った言葉を推理する　安本美典著　勉誠出版　2003.6　362p　22cm　（推理・古代日本語の謎）〈文献あり〉　3200円　ⓘ4-585-05122-8

◇魏志倭人伝の考古学　対馬・壱岐篇　岡崎敬著, 春成秀爾編　第一書房　2003.5　372p　20cm　（Academic series new Asia 42）　4000円　ⓘ4-8042-0746-5

◇新訂　魏志倭人伝・後漢書倭伝・宋書倭国伝・隋書倭国伝―中国正史日本伝　1　石原道博編訳　岩波書店　2003.4　167p　15cm　（岩波文庫）〈第73刷〉　460円　ⓘ4-00-334011-6

◇まぼろしのヤマタイコク―魏志倭人伝にかくされた嘘と陰謀　三好誠著　国書刊行会　2002.11　219p　20cm　1700円　ⓘ4-336-04480-5

◇魏志倭人伝二〇〇〇字に謎はない　相見英咲著　講談社　2002.10　302p　20cm　1900円　ⓘ4-06-211453-4

◇謎解き「邪馬台国論」―『魏志倭人伝』を素直に読む　山口寿七生著　福岡　葦書房　2002.7　323p　20cm　2200円　ⓘ4-7512-0845-4

◇卑弥呼誕生―『魏志』倭人伝の誤解からすべてが始まった　遠山美都男著　洋泉社　2001.11　221p　18cm　（新書y）　720円　ⓘ4-89691-583-6

◇陳寿が記した邪馬台国　生野真好著　福岡　海鳥社　2001.7　239p　19cm　（「倭人伝」を読む2）　1700円　ⓘ4-87415-359-3

◇三国志がみた倭人たち―魏志倭人伝の考古学　設楽博己編　山川出版社　2001.4　297p　22cm　2700円　ⓘ4-634-60810-3

◇魏志倭人伝を読む　下　卑弥呼と倭国内乱　佐伯有清著　吉川弘文館　2000.11　220p　19cm　（歴史文化ライブラリー105）　1700円　ⓘ4-642-05505-3

◇魏志倭人伝を読む　上　邪馬台国への道　佐伯有清著　吉川弘文館　2000.10　229p　19cm　（歴史文化ライブラリー104）　1700円　ⓘ4-642-05504-5

◇魏志倭人伝の解明―西尾幹二『国民の歴史』を批判する　藤田友治著　論創社　2000.10　227p　20cm　2000円　ⓘ4-8460-0177-6

◇陳寿の視点―新説倭人伝　入谷宰平著　文芸社　2000.10　293p　20cm　1400円　ⓘ4-8355-0685-5

◇三国志に見る倭人の世界―座談・魏志倭人伝解読　藤沢漁史会編　改訂版　藤沢　藤沢漁史会　2000.7　130p　30cm　〈折り込2枚〉

◇古代史解決　歴史茶話会編著　文芸社　1999.6　135p　19cm　1400円　ⓘ4-88737-330-9

◇「倭人伝」を読む―消えた点と線　生野真好著　福岡　海鳥社　1999.5　221p　19cm　1600円　ⓘ4-87415-269-4

◇倭人伝を掘る―吉野ケ里・原の辻の世界　長崎新聞社, 佐賀新聞社著　長崎　長崎新聞社　1998.12　238p　21cm　2000円　ⓘ4-931493-18-1

◇魏志倭人伝と邪馬台国―完全保存版　武光誠, 読売新聞調査研究本部著　読売新聞社　1998.11　80p　21cm　（読売ぶっくれっと　no.10）　362円　ⓘ4-643-98143-1

◇卑弥呼と冢―魏志倭人伝の問題点を探る　高瀬航太郎著　新人物往来社　1998.10　165p　20cm　1600円　ⓘ4-404-02661-7

◇魏志倭人伝と一支国―大陸との交渉　甦る一支国の王都原の辻遺跡　国史跡指定記念シンポジウム2　長崎県教育委員会編　長崎　長崎県教育委員会　1998.3　49p　30cm

◇卑弥呼の「戦争と平和」―「魏志倭人伝」を読む　佐原真, 仁藤敦史著　佐倉　歴史民俗博物館振興会　1997.12　85p　21cm　（歴博ブックレット 3）〈第155回歴博講演会〈卑弥呼と倭国記〉〉　638円　ⓘ4-916202-02-3

◇倭と中国―千九百八十八文字　嶋北富明著　成文堂　1997.8　293p　20cm　1600円　ⓘ4-7923-7066-3

◇魏志倭人伝の考古学　佐原真著　佐倉　歴史民俗博物館振興会　1997.6　78p　21cm　（歴博ブックレット 1）　600円　ⓘ4-916202-00-7

◇シンポジウム「魏志倭人伝と一支国」―甦る一支国の王都原の辻遺跡　長崎県教

育委員会編　長崎　長崎県教育委員会　1997.3　48p　30cm　〈会期：平成9年2月15日〉

◇陳寿を読む―倭人伝あれこれ　浅生稔著　〔出版地不明〕　〔浅生稔〕　〔1997〕　65p　21cm　〈「倭人伝」の複製を含む〉

◇海の古代史―黒潮と魏志倭人伝の真実　古田武彦編著　原書房　1996.10　282p　20cm　〈メガーズ博士（エヴァンズ夫人）来日記念・講演と討論〉　1800円　ⓘ4-562-02862-9

◇魏志倭人伝と韓伝を解く　森次勲著　近代文芸社　1995.9　305p　22cm　2000円　ⓘ4-7733-4467-9

◇魏志倭人伝正義―倭国土佐説　橋詰和人著　〔南国〕　土佐上古代史研究所　1994.9　339p　22cm　3000円　ⓘ4-938809-00-1

◇日本超古代の大真相―魏志倭人伝が解き明かす古代史最大の謎　飛鳥昭雄著　ベストセラーズ　1994.6　204p　18cm　（ワニの本）　780円　ⓘ4-584-00907-4

◇卑弥呼の王城を求めて―やさしく学ぶ『魏志』倭人伝　中村淳晤著　京都　かもがわ出版　1994.3　251p　20cm　2200円　ⓘ4-87699-115-4

◇倭人伝の研究　北山嘉暲著　大阪　日本知識産業　1994.3　290, 9p　25cm　3000円

◇復元！古代日本国家―『書紀』と『魏志』をつなぐ　沢田洋太郎著　彩流社　1993.12　395p　20cm　2500円　ⓘ4-88202-277-X

◇神話と宇摩（天・邪馬台・日）―倭人伝を記・紀で解明する　新説古代史　三島明著　伊予三島　投稿社　1992.11　226p　26cm　1500円

◇倭人伝・古事記の謎が解けた　安田嘉治著　新人物往来社　1992.11　288p　20cm　1800円　ⓘ4-404-01972-6

◇倭人伝を徹底して読む　古田武彦著　朝日新聞社　1992.8　402p　15cm　（朝日文庫）　700円　ⓘ4-02-260718-1

◇魏志倭人伝「倭語」の解読―倭の諸国の所在地と邪馬台国の構造　中山恒二著　新人物往来社　1991.2　196p　20cm　1300円　ⓘ4-404-01796-0

◇「魏志倭人伝」の虚構と真実　李家正文著　泰流社　1989.12　376p　22cm　8500円　ⓘ4-88470-717-6

◇出雲王卑弥呼―倭人伝の真相　毛利康二著　彩流社　1988.5　261p　20cm　2000円

◇倭人伝を徹底して読む　古田武彦著　大阪　大阪書籍　1987.11　357p　19cm　（朝日カルチャーブックス 76）　1600円　ⓘ4-7548-1076-7

◇魏志倭人伝に謎などなかった―解読に視点の転換を　五島靖大著　新人物往来社　1987.5　206p　20cm　1600円　ⓘ4-404-01423-6

◇評釈魏志倭人伝　水野祐著　雄山閣出版　1987.3　664, 8p　22cm　15000円　ⓘ4-639-00640-3

◇魏志倭人伝　山尾幸久著　新版　講談社　1986.11　235p　18cm　（講談社現代新書）　480円　ⓘ4-06-148835-X

◇『魏志』東夷伝への一構想―正史の文脈に「倭人伝」を読む　孫栄健著　大和書房　1986.2　206p　20cm　（日本文化叢書 6）　1900円　ⓘ4-479-83006-5

◇邪馬台国は日本を統一していた　森次勲著　〔大阪〕　〔森次勲〕　1985.11　286p　19cm　〈限定版〉　3500円

◇魏志倭人伝・後漢書倭伝・宋書倭国伝・隋書倭国伝　石原道博編訳　新訂版　岩波書店　1985.5　167p　15cm　（岩波文庫）〈中国正史日本伝1〉　400円

◇倭人伝の用語の研究　三木太郎著　多賀出版　1984.1　276p　22cm　3900円　ⓘ4-8115-7105-3

◇倭人伝を読む　森浩一編　中央公論社　1982.10　209p　18cm　（中公新書）　460円

◇邪馬台国はここだ―鉄と鏡と「倭人伝」からの検証　奥野正男著　毎日新聞社　1981.9　415p　20cm　1600円

◇三世紀の倭国新考　原隆一著　福岡　梓書院　1981.4　264p　19cm

◇魏志倭人伝の世界　三木太郎著　吉川弘文館　1979.10　202, 2p　20cm　1800円

◇魏志倭人伝の世界―邪馬台国と卑弥呼　山田宗睦著　〔東村山〕　教育社　1979.8　256p　18cm　（教育社歴史新

◇魏志倭人伝詳解―邪馬台国西都市の確認　原田常治著　同志社　1977.5　80p　19cm　〈折り込図表3枚〉
◇邪馬台国二千文字の謎―魏志倭人伝国名比定　子田耕司著　エール出版社　1977.5　196p　18cm　（Yell books）　680円
◇魏志倭人伝　山尾幸久著　講談社　1972　258p　18cm　（講談社現代新書）　270円
◇卑弥呼と倭王―倭人伝・記紀の再検討　阿部秀雄著　講談社　1971　382p　20cm　580円
◇倭人伝　松崎寿和著　学生社　1970　228p　図版　19cm　580円
◇魏志倭人伝の真相　関戸力松著　奈良　関戸科学研究所　1964　103p　18cm　250円
◇魏志倭人伝と古代帝年紀　阪本種夫, 橋本郁夫共著　光風社　1963　548p　図版　表　22cm
◇魏志倭人伝の研究　大森志郎著　宝文館　1955　223p　22cm
◇魏志倭人伝・後漢書倭伝・宋書倭国伝・隋書倭国伝　和田清, 石原道博共編訳　岩波書店　1951　118p　15cm　（岩波文庫）
◇倭人伝　松崎寿和著　京都　大化書房　1948　140p　19cm　（大化歴史文庫）

古墳時代

古墳時代　こふんじだい

　弥生時代に続く時代で、4世紀頃から6世紀頃までをいう。弥生時代に始まった農耕生活に鉄器を使用することで耕地が拡張され、生産量はしだいに増大していった。古墳時代は、こうした経済力の上昇が国家としての統治形態を出現させ、首長層と一般の農民との間に生活状態の差違が大きく開き始めた時代である。これを古墳時代と呼ぶのは、首長層がその墓として大規模な古墳を築く風習をもっていたからである。古墳時代前半の古墳は山稜上に位置し、形態は円墳と低く細い前方部をもつ前方後円墳で、畿内に集中している。副葬品に宗教的・呪術的色彩の濃いものが多いことから被葬者が共同体の司祭者の存在であったことがうかがえる。その後、古墳は平野に移り、仁徳陵などにみられる2重3重の濠をもつ大古墳が出現した。副葬品は武器、武具、馬具、金・銀の工芸品などの石製模造品となり、被葬者が司祭者から政治的支配者に変化したことがわかる。後半は古墳の規模は総体的に縮小し、副葬品の豊かでない古墳が増加した。また主体部が従来の竪穴式石室から大陸風の横穴式に変わり、多人数を合葬したものが現れる。これらは被葬者がごく少数の支配者のみならず、官僚階級にも広がったことを意味するものと考えられる。その後仏教思想の普及もあり、権威の象徴としての側面をもつ古墳の存在価値は次第に薄れ消滅した。

◇古墳文化の成立と社会　今尾文昭著　青木書店　2009.11　575, 15p　21cm　（古代日本の陵墓と古墳 1）　8500円　①978-4-250-20916-1

◇古墳時代のシンボル・仁徳陵古墳　一瀬和夫著　新泉社　2009.2　93p　21cm　（シリーズ「遺跡を学ぶ」055）　〈文献あり〉　1500円　①978-4-7877-0935-6

◇古墳時代の遺跡学―ヤマト王権の支配構造と埴輪文化　坂靖著　雄山閣　2009.1　368p　27cm　〈索引あり〉　18000円　①978-4-639-02062-2

◇平城天皇　春名宏昭著　吉川弘文館　2009.1　275p　19cm　（人物叢書 新装版）　〈シリーズの編者：日本歴史学会　文献あり　年譜あり〉　2000円　①978-4-642-05249-8

◇大和・纒向遺跡　石野博信編　増補新版　学生社　2008.10　558p　22cm　〈折込2枚　文献あり〉　9800円　①978-4-311-30494-1

◇北部九州弥生・古墳社会の展開―邪馬台国への道のり　井上裕弘著　福岡　梓書院　2008.9　285p　図版4p　22cm　2667円　①978-4-87035-320-6

◇古代東国地域史論　松尾昌彦著　雄山閣　2008.6　280p　22cm　6800円　①978-4-639-02043-1

◇古墳時代の王権と地域社会　伊藤雅文著　学生社　2008.5　466p　22cm　〈文献あり〉　11000円　①978-4-311-30493-4

◇古墳時代の実像　土生田純之編　吉川弘文館　2008.5　291p　22cm　〈文献あり〉　9500円　①978-4-642-09315-6

◇失われた日本古代皇帝の謎　斎藤忠著　学習研究社　2008.3　299p　15cm　（学

古墳時代

研M文庫）〈年表あり　文献あり〉　676円　①978-4-05-901214-6

◇本州東北部における古墳時代の終末と律令社会の成立―福島大学考古学研究室第1回公開シンポジウム　福島大学行政政策学類考古学研究室編　福島　福島大学行政政策学類考古学研究室　2007.11　57p　図版4p　30cm　〈会期・会場：2007年11月10日―11日　コラッセふくしま　文献あり〉

◇古墳時代の水利社会研究　若狭徹著　学生社　2007.8　301p　22cm　8000円　①978-4-311-30492-7

◇古代日本国家形成の考古学　菱田哲郎著　京都　京都大学学術出版会　2007.6　313p　図版8p　19cm　（学術選書 25）〈文献あり〉　1800円　①978-4-87698-825-9

◇古墳時代の土器と社会構造　坂野和信著　雄山閣　2007.5　497p　22cm　9500円　①978-4-639-01981-7

◇古墳時代政治構造の研究　広瀬和雄著　塙書房　2007.3　471, 17p　22cm　12000円　①978-4-8273-1213-3

◇「古墳時代に生きた渡来人の軌跡―長原遺跡・蔀屋北遺跡・上私部遺跡を中心に―」要旨集―シンポジウム　大阪府文化財センター編〔堺〕大阪府文化財センター　2006.12　38p　30cm　〈会期・会場：2006年12月2日　大阪歴史博物館4階講堂〉

◇古墳時代の政治と社会　土生田純之著　吉川弘文館　2006.12　373, 10p　22cm　9800円　①4-642-09307-9

◇東国の埴輪と古墳時代後期の社会　杉山晋作著　六一書房　2006.9　170p　22cm　3500円　①4-947743-40-9

◇日本古代国家形成史考　小林敏男著　校倉書房　2006.8　335p　20cm　3800円　①4-7517-3760-0

◇古墳時代を考える　石野博信著　雄山閣　2006.6　241p　22cm　3200円　①4-639-01932-7

◇日本古代王権の研究　荒木敏夫著　吉川弘文館　2006.6　363, 7p　22cm　8500円　①4-642-02449-2

◇古墳時代の王権と軍事　藤田和尊著　学生社　2006.5　389p　22cm　7800円　①4-311-30488-9

◇吾、天下を左治す―大王と豪族　平成18年度春季特別展　滋賀県立安土城考古博物館編　安土町（滋賀県）　滋賀県立安土城考古博物館　2006.4　116p　30cm　〈会期・会場：平成18年4月22日―6月4日　滋賀県立安土城考古博物館　年表あり〉

◇「古代日本」誕生の謎―大和朝廷から統一国家へ　武光誠著　PHP研究所　2006.1　282p　15cm　（PHP文庫）〈「「大和」から「日本」へ」（雄山閣出版1999年刊）の増訂　年表あり〉　590円　①4-569-66579-9

◇三次元デジタル・アーカイブを活用した古鏡の総合的研究　第1分冊　奈良県立橿原考古学研究所編　橿原　奈良県立橿原考古学研究所　2005.12　483p　30cm　（橿原考古学研究所研究成果 第8冊）〈他言語標題：A general study of old mirrors by three-dimensional digital archive technology〉

◇三次元デジタル・アーカイブを活用した古鏡の総合的研究　第2分冊　奈良県立橿原考古学研究所編　橿原　奈良県立橿原考古学研究所　2005.12　481p　30cm　（橿原考古学研究所研究成果 第8冊）〈他言語標題：A general study of old mirrors by three-dimensional digital archive technology〉

◇三角縁神獣鏡の研究　福永伸哉著　吹田　大阪大学出版会　2005.8　358p　図版48p　27cm　〈文献あり〉　8000円　①4-87259-193-3

◇古墳時代史　石野博信著　増補改訂版　雄山閣　2005.5　265, 8p　22cm　（考古学選書 31）　3400円　①4-639-01888-6

◇東海古墳文化の研究　中井正幸著　雄山閣　2005.5　385p　22cm　7600円　①4-639-01890-8

◇大和・纒向遺跡　石野博信編　学生社　2005.5　534p　22cm　〈付属資料：1枚折り込2枚　文献あり〉　9400円　①4-311-30485-4

◇古代日本の国家形成　吉田晶著　新日本出版社　2005.4　284p　20cm　〈文献あり　年表あり〉　2200円　①4-406-03177-4

◇同型鏡とワカタケル―古墳時代国家論の

古墳時代

再構築　川西宏幸著　同成社　2004.11　348, 7p　図版112p　22cm　〈文献あり〉　9500円　ⓘ4-88621-300-6

◇古墳出現期の土器交流とその原理　比田井克仁著　雄山閣　2004.8　261, 11p　22cm　5700円　ⓘ4-639-01852-5

◇金飾の古墳時代―副葬品にみる日韓交流の足跡　特別陳列　奈良国立博物館編　奈良　奈良国立博物館　2004.7　23p　30cm

◇古墳時代の政治構造―前方後円墳からのアプローチ　広瀬和雄ほか著　青木書店　2004.5　336p　22cm　3800円　ⓘ4-250-20410-3

◇古代の装飾品からみた大陸文化記録集―歴史フォーラム　平成14年度栗東市出土文化財センター調査研究報告会　栗東市文化体育振興事業団文化財センター編　栗東　栗東市文化体育振興事業団文化財センター　2004.3　80p　30cm　〈会期・会場：2003年3月15日　栗東歴史民族博物館　共同刊行：栗東市教育委員会〉

◇古墳時代関係資料図録―杉山コレクション　東北歴史博物館編　多賀城　東北歴史博物館　2004.3　53p　30cm

◇「古墳時代」の時間　大塚初重著　学生社　2004.3　202p　21cm　（大塚初重のレクチャー）　2400円　ⓘ4-311-30050-6

◇古墳出現期土器の研究　川村浩司著　高志書院　2003.12　228p　27cm　7500円　ⓘ4-906641-76-8

◇九州古墳時代の研究　宇野慎敏著　学生社　2003.10　342p　22cm　8800円　ⓘ4-311-30482-X

◇古墳時代の日本列島　大塚初重, 吉村武彦編　青木書店　2003.10　346p　22cm　〈文献あり〉　3800円　ⓘ4-250-20330-1

◇黄泉のアクセサリー―古墳時代の装身具　平成15年度春季特別展　大阪府立近つ飛鳥博物館編　河南町（大阪府）　大阪府立近つ飛鳥博物館　2003.4　118p　30cm　（大阪府立近つ飛鳥博物館図録30）　〈他言語標題：The other world's accessories　会期：2003年4月15日―6月15日　文献あり〉

◇古墳時代の装飾品―玉の美　企画展　栗東市文化体育振興事業団編　栗東　栗東歴史民俗博物館　2003.3　63p　30cm　〈会期：2003.3.8-5.11〉

◇三輪山の神々　上田正昭ほか編　学生社　2003.3　223p　20cm　1980円　ⓘ4-311-20261-X

◇政権交替―古墳時代前期後半のヤマト　秋季特別展　橿原　奈良県立橿原考古学研究所附属博物館　2002.10　86p　30cm　（橿原考古学研究所特別展図録　第58冊）　〈会期：2002年10月5日―11月24日〉

◇古墳時代東国政治史論　松尾昌彦著　雄山閣　2002.8　310p　22cm　6800円　ⓘ4-639-01770-7

◇古代王権と武蔵国の考古学　増田逸朗著　慶友社　2002.2　410p　21cm　（考古民俗叢書）　8200円　ⓘ4-87449-131-6

◇弥生の「ムラ」から古墳の「クニ」へ　大学合同考古学シンポジウム実行委員会編　学生社　2002.2　237p　20cm　〈年表あり〉　2200円　ⓘ4-311-20248-2

◇東日本の古墳時代―弥生から古墳へ　企画展　石巻文化センター編　石巻　石巻文化センター　2001.6　40p　30cm　〈会期：平成13年6月15日―7月29日〉

◇キトラ古墳とその時代―続・朝鮮からみた古代日本　全浩天著　未来社　2001.4　258p　21cm　2800円　ⓘ4-624-11183-4

◇王権誕生　寺沢薫著　講談社　2000.12　378p　20cm　（日本の歴史　第2巻）　2200円　ⓘ4-06-268902-2

◇古墳時代像を見なおす―成立過程と社会変革　北条芳隆, 溝口孝司, 村上恭通著　青木書店　2000.8　299p　22cm　3800円　ⓘ4-250-20029-9

◇古墳時代史論　岩崎卓也著, 岩崎卓也古墳時代著作集編集の会編　雄山閣出版　2000.7　2冊（セット）　21cm　25000円　ⓘ4-639-01687-5

◇三輪山の古代史　平林章仁著　白水社　2000.6　210p　20cm　2400円　ⓘ4-560-02247-X

◇古代王権と難波・河内の豪族　前田晴人著　大阪　清文堂出版　2000.4　393p　22cm　10000円　ⓘ4-7924-0487-8

◇古墳・飛鳥時代　小和田哲男監修　岩崎書店　2000.4　47p　29cm　（人物・資料でよくわかる日本の歴史 2）　3000円　ⓘ4-265-04842-0, 4-265-10223-9

古墳時代

◇古代の大刀のかがやき　小山市立博物館編　小山　小山市立博物館　2000.3　39p　30cm　〈第40回企画展：平成12年4月29日―6月18日〉

◇畿内王権と古代の東国―野毛大塚古墳の時代　東京都世田谷区教育委員会編　世田谷区立郷土資料館　2000.1　80p　30cm　〈特別展：平成12年2月1日―3月12日〉

◇近畿の古墳文化　泉森皎著　学生社　1999.12　552p　22cm　8400円　①4-311-30470-6

◇古墳時代首長系譜変動パターンの比較研究　都出比呂志編　〔豊中〕　大阪大学文学部　1999.3　68p　26cm　〈平成8年度～平成10年度科学研究費補助金（基礎B・一般2）成果報告書〉

◇古墳時代の比較考古学―日本考古学の未来像を求めて　川西宏幸著　同成社　1999.2　317, 9p　22cm　8000円　①4-88621-172-0

◇古墳時代の研究　第8巻　古墳2（副葬品）　石野博信ほか編　第2版　雄山閣出版　1998.11　277p　図版18枚　26cm　3700円　①4-639-01068-0, 4-639-00960-7

◇古代・王朝人の暮らし　日本風俗史学会編、芳賀登、根本誠二、高橋秀樹、山中裕、藤本勝義ほか著　つくばね舎, 地歴社〔発売〕　1998.9　198p　21cm　2500円　①4-924836-29-X

◇古墳時代の研究　7　古墳1 墳丘と内部構造　石野博信, 岩崎卓也, 河上邦彦, 白石太一郎編　第2版　雄山閣出版　1998.8　172p　26cm　3400円　①4-639-01090-7

◇古墳時代の研究　第3巻　生活と祭祀　石野博信ほか編　第2版　雄山閣出版　1998.7　169p　図版18枚　26cm　3400円　①4-639-01021-4, 4-639-00960-7

◇古墳時代の研究　第9巻　古墳3（埴輪）　石野博信ほか編　第2版　雄山閣出版　1998.5　225p　図版18枚　26cm　3400円　①4-639-01062-1, 4-639-00960-7

◇大和の国の誕生―古墳時代・飛鳥時代　古川清行著　小峰書店　1998.4　119p　27cm　（人物・遺産でさぐる日本の歴史調べ学習に役立つ2）　2500円　①4-338-15102-1

◇古墳時代の研究　第6巻　土師器と須恵器　石野博信ほか編　〔第2版〕　雄山閣出版　1998.3　269p　図版18枚　26cm　3700円　①4-639-01030-3, 4-639-00960-7

◇古墳時代の考古学　白石太一郎ほか著　学生社　1998.3　278p　20cm　（シンポジウム日本の考古学 4）　〈シリーズ責任表示：網野善彦, 大塚初重, 森浩一監修〉　2400円　①4-311-40114-0

◇探検・巨大古墳の時代―土・石・埴輪がつくる世界　藤井寺市教育委員会事務局編　藤井寺　藤井寺市教育委員会　1998.3　70p　26cm　（ふじいでらの歴史シリーズ 3）

◇古代国家はこうして生まれた　都出比呂志編　角川書店　1998.2　276p　20cm　2100円　①4-04-821056-4

◇古代人との出会い―ひと・もの・まつり　城陽市歴史民俗資料館編　城陽　城陽市歴史民俗資料館　1998.2　32p　30cm　（城陽市歴史民俗資料館展示図録9）　〈市制25周年記念春季企画展：平成10年2月7日―3月22日〉

◇古墳時代の研究　第11巻　地域の古墳2（東日本）　石野博信ほか編　第2版　雄山閣出版　1998.2　194p　図版18枚　26cm　3400円　①4-639-00980-1, 4-639-00960-7

◇古墳時代の研究　10　地域の古墳1 西日本　石野博信, 岩崎卓也, 河上邦彦, 白石太一郎編　第2版　雄山閣出版　1998.1　198p　26cm　3400円　①4-639-00993-3

◇纏向の時代―最近の発掘調査から　平成9年度冬季企画展解説書　桜井市文化財協会編　桜井　桜井市文化財協会　1997.12　24p　26cm　（桜井市立埋蔵文化財センター展示図録 第13冊）

◇古墳時代の馬の装い―さきたまに馬がやってきた！ 将軍山古墳整備事業完成記念企画展　行田　埼玉県立さきたま資料館　1997.10　81p　30cm　〈会期：平成9年10月14日―12月7日〉

◇古代倭王朝論―記紀伝承の虚実　畑井弘著　三一書房　1997.9　587, 18p　22cm　9500円　①4-380-97270-4

◇王者の武装―5世紀の金工技術　京都大学総合博物館春季企画展展示図録　京都大学総合博物館編　京都　京都大学総合博物館　1997.4　135p　26cm　〈会期：

古墳時代

1997年4月15日—6月14日　京都 思文閣出版（発売）〉

◇銅から鉄へ—古墳時代の製鉄と鉄器生産　銅鐸博物館編　野洲町（滋賀県）　銅鐸博物館　1997.4　66p　30cm　〈会期：平成9年4月26日—6月1日〉

◇物と人—古墳時代の生産と運搬　平成9年度春季特別展　開館五周年記念　滋賀県立安土城考古博物館編　安土町（滋賀県）　滋賀県立安土城考古博物館　1997.4　119p　30cm　〈会期：平成9年4月27日—6月8日〉

◇古代王権と交流　4　伊勢湾と古代の東海　梅村喬編　名著出版　1996.11　351p　22cm　〈監修：水野祐〉　5000円　①4-626-01545-X

◇古代王権と交流　3　越と古代の北陸　小林昌二編　名著出版　1996.7　391p　22cm　〈監修：水野祐〉　5200円　①4-626-01540-9

◇日本の古代　5　前方後円墳の世紀　岸俊男ほか編　森浩一編　中央公論社　1996.2　466p　図版16枚　16cm　（中公文庫）　〈監修：貝塚茂樹ほか〉　1200円　①4-12-202545-1

◇古代王権と交流　8　西海と南島の生活・文化　新川登亀男編　名著出版　1995.10　520p　22cm　〈監修：水野祐〉　5500円　①4-626-01516-6

◇古墳文化とその伝統　金関恕、置田雅昭編　勉誠社　1995.3　849p　21cm　20600円　①4-585-03028-X

◇古墳時代と埴輪展—第九回企画展　島田市博物館編　島田　島田市博物館　1995.1　55p　30cm　〈会期：平成7年1月21日—3月21日〉

◇あゆち潟の考古学—弥生・古墳時代の名古屋　企画展　名古屋市博物館編　名古屋　名古屋市博物館　1994.10　64p　30cm　〈会期：1994年10月22日～11月20日〉

◇崇神天皇と三王朝交替の謎　神一行著　学習研究社　1994.7　234p　18cm　（歴史群像新書）　780円　①4-05-400375-3

◇古代王権と交流　2　古代東国の民衆と社会　関和彦編　名著出版　1994.5　387p　22cm　〈監修：水野祐〉　4500円　①4-626-01489-5

◇古代史をゆるがす—真実への7つの鍵　古田武彦著　原書房　1993.11　245p　19cm　1600円　①4-562-02489-5

◇水野祐著作集　3　日本古代王朝史各説　下　早稲田大学出版部　1993.5　267p　22cm　4500円　①4-657-93521-6

◇水野祐著作集　2　日本古代王朝史各説　上　早稲田大学出版部　1992.11　260p　22cm　4500円　①4-657-92043-X

◇古代国家と王権　長山泰孝著　吉川弘文館　1992.10　315,8p　22cm　6800円　①4-642-02259-7

◇巨大古墳の世紀　森浩一著　岩波書店　1992.9　234p　18cm　（岩波新書164）〈第7刷（第1刷：81.8.20）〉　550円　①4-00-420164-0

◇水野祐著作集　1　日本古代王朝史論序説—新版　早稲田大学出版部　1992.5　240p　22cm　〈著者の肖像あり〉　4500円　①4-657-92425-7

◇古代国家の歴史と伝承　黛弘道編　吉川弘文館　1992.3　349p　22cm　6800円　①4-642-02255-4

◇日本誕生—古代国家「大和」とまつろわぬ者たちの物語　武光誠著　文芸春秋　1991.7　257p　20cm　1400円　①4-16-345400-4

◇エコール・ド・ロイヤル古代日本を考える　第14巻　謎の五世紀　上田正昭ほか著　学生社　1991.3　213p　19cm　1480円　①4-311-41014-X

◇人間の美術　2　稲と権力—弥生・古墳時代　佐原真、猪熊兼勝著　学習研究社　1990.6　173p　31cm　〈監修：梅原猛〉　3500円　①4-05-102345-1

◇図説日本の古代　第5巻　古墳から伽藍へ—古墳時代～飛鳥時代　森浩一著　中央公論社　1990.5　158p　27cm　3200円　①4-12-402795-8

◇図説日本の古代　第4巻　諸王権の造型—古墳時代　森浩一著　中央公論社　1990.2　158p　27cm　3200円　①4-12-402794-X

◇再検討「河内王朝」論　門脇禎二ほか著　六興出版　1988.9　185p　20cm　1400円　①4-8453-8104-4

◇古代王権と氏族　鶴岡静夫編　名著出版　1988.8　267p　22cm　（古代史論集2）

古墳時代

◇日本古代王朝の成立と百済　石渡信一郎著　札幌　アジア史研究会　1988.8　293p　21cm　1500円　①4-626-01320-1
◇大和王国誕生の実像—国つくりを現した神事 最古の神陵花の窟物語　九鬼清水著　松阪　光書房　1987.7　180p　21cm　1200円
◇古墳文化—昭和62年国史研究　〔呉〕大学出版会　1987　28p　26cm　〈監修：菅たき子〉
◇日本の古代　第6巻　王権をめぐる戦い　岸俊男ほか編　岸俊男編　中央公論社　1986.11　340p　図版32p　21cm　〈監修：貝塚茂樹ほか〉　2200円　①4-12-402539-4
◇日本の古代　第5巻　前方後円墳の世紀　岸俊男ほか編　森浩一編　中央公論社　1986.8　394p　図版32p　21cm　〈監修：貝塚茂樹ほか〉　2200円　①4-12-402538-6
◇大和の原像—知られざる古代太陽の道　小川光三著　増補　大和書房　1985.11　262p　20cm　（日本文化叢書 3）〈新装版〉　1800円　①4-479-83003-0
◇崇道天皇と大安寺　大安寺国際仏教文化研究所編　奈良　大安寺　1985.10　106p　21cm
◇古代氏族の性格と伝承　志田諄一著　〔第3版〕　雄山閣　1985.6　481, 26p　22cm　〈第2刷（第1刷：昭和49年）〉　5800円　①4-639-00486-9
◇古代を考える　38　古代筑紫の検討　大阪　古代を考える会　1984.8　82p　26cm　〈折り込図1枚〉　1400円
◇東アジア世界における日本古代史講座　第2巻　倭国の形成と古墳文化　井上光貞ほか編　学生社　1984.1　373p　22cm
◇日本古代王権形成史論　山尾幸久著　岩波書店　1983.4　486, 15p　22cm　5000円
◇日本の古墳文化　森浩一述　日本放送出版協会　1983.4　147p　21cm　（NHK市民大学）〈文献あり〉　300円
◇日本上古史の研究—年代を探る　丸亀金作著　〔新潟〕〔丸亀金作〕　1982.11　264p　19cm　〈製作：紀伊国屋書店新潟店〉　2500円
◇大和の原像—知られざる古代太陽の道　小川光三著　増補　大和書房　1980.2　262p　20cm　1400円
◇講座日本の古代信仰　第4巻　呪祷と文学　土橋寛編　学生社　1979.11　287p　22cm　〈文献解題：p272～287〉　3800円
◇古代を考える　21　纒向遺跡の検討　羽曳野　古代を考える会　1979.11　84p　図版8枚　26cm
◇考古学講座　第5巻　原史文化　下　古墳文化　新版　雄山閣出版　1979.3　376p　図版12枚　21cm　〈監修：八幡一郎ほか　新装版 折り込図1枚 付（図1枚）〉　2500円
◇日本古代王権の形成　原島礼二著　校倉書房　1977.9　398p　22cm　（歴史科学叢書）　4000円
◇上代日本正史—神武天皇から応神天皇まで　原田常治著　同志社　1977.3　348p　（図共）　20cm　〈発売：婦人生活社（東京）〉　1800円
◇古代の出雲と大和　水野祐著　大和書房　1975　286p　図　20cm　（日本古代文化叢書）　1600円
◇世界考古学大系　第3巻　日本　3 古墳時代　小林行雄編　平凡社　1975　172, 29p　図版53枚　表　27cm　〈第2版（初版：昭和34年刊）〉　3200円
◇崇神天皇　肥後和男著　秋田書店　1974　244p　図　20cm　〈巻末：天皇家系図〉　1300円
◇古墳時代の文化　〔大津〕　滋賀県　1973　1冊　21cm　（近江文化史シリーズ　第3回展）
◇大和の原像—古代祭祀と崇神王朝　小川光三著　大和書房　1973　232p　図　20cm
◇古代氏族の性格と伝承　志田諄一著　増補　雄山閣　1972　481, 26p　22cm　3800円
◇古代氏族の性格と伝承　志田諄一著　雄山閣　1971　445, 26p　22cm　3500円
◇日本文化の歴史　第2　古墳と神々　増田精一, 岡本太郎編　学研　1969　213p　（図版共）　22cm　900円
◇日本古代王朝史論序説　水野祐著　増訂

版　小宮山書店　1968　194p　表　22cm　1200円
◇日本古代兵制史の研究　直木孝次郎著　吉川弘文館　1968　232p　22cm　1200円
◇日本の考古学　第4　古墳時代　上　近藤義郎, 藤沢長治編　河出書房新社　1966　650p　図版　地図　20cm　980円
◇日本の考古学　第5　古墳時代　下　近藤義郎, 藤沢長治編　河出書房新社　1966　459p　図版　地図　20cm　980円
◇日本考古学講座　第5巻　古墳文化　後藤守一編　河出書房　1955　322p　図版　21cm
◇日本古代王朝史論序説　水野祐著　増訂版　小宮山書店　1954 2版　194p　表　22cm
◇日本古代王朝史論序説　水野祐著　立川　水野祐　1952.10　135p　25cm　（日本古代史研究叢刊　第1冊）〈謄写版〉非売品
◇正史仲哀天皇―神洲最後の日　外村光陽著　名古屋　日本共和党出版部　1946　150p　19cm

大和政権　やまとせいけん

　4世紀から7世紀半ば頃までの大和および河内地方を中心とする諸豪族の連合政権。大和王権または大和国家、大和朝廷ともいう。「大和」の表記は8世紀後半から使用され、それまでは「倭」「大倭」であるので、倭政権、大倭政権とも書く。奈良盆地東南部、三輪山麓に前期の前方後円墳が存在し、3世紀後半から4世紀初めには周辺に王権が成立していたとみられる。4世紀半ばには西日本の小国を服属させ、4世紀末には朝鮮半島南部に進出、高句麗と戦ったとされるが異論も多い。5世紀に倭の五王が中国南朝の宋に遣使し、5世紀後半の獲加多支鹵（わかたける）大王の時代には、九州から関東地方までを勢力下に置き、王朝として充実した。この頃には大陸から大量の鉄製農具や武具、高度に発達した技術や文化を輸入、軍事力・経済力を飛躍的に高めた。6世紀前半に大王の王位継承をめぐる畿内豪族の内紛が起こり、政権の不安定さを露呈するが、氏姓制度や部民（べみん）制、国造（くにのみやつこ）制の整備によって地方組織の支配体制を強化。その後、大化の改新を契機として律令国家への変革を遂げた。

◇大和王権と河内王権　直木孝次郎著　吉川弘文館　2009.2　262p　20cm　（直木孝次郎古代を語る 5）　2600円　ⓘ978-4-642-07886-3
◇ヤマトは荒人神の国だった―完全制覇古代大和朝廷の謎　関裕二著　ポプラ社　2008.10　212p　19cm　（関裕二〈古代史の謎〉コレクション 4）〈文献あり〉1300円　ⓘ978-4-591-10562-7
◇卑弥呼・邪馬台国は初期ヤマト政権―『記』・『紀』祖神たちと建国の実像　内山直文著　近代文芸社　2007.11　338p　20cm　〈文献あり〉2000円　ⓘ978-4-7733-7506-0
◇ヤマト王権の誕生―弥生終末大変動と王権の出自　藪田紘一郎著　彩流社　2007.10　294p　19cm　〈文献あり〉
2000円　ⓘ978-4-7791-1300-0
◇日本古代国家の形成　小林敏男著　吉川弘文館　2007.8　288, 5p　22cm　9500円　ⓘ978-4-642-02461-7
◇邪馬台国・日向への道―卑弥呼から神武へ　天皇・大和朝廷のルーツは日向　山田昌行著　宮崎　鉱脈社　2007.3　259p　19cm　（みやざき文庫 43）　1800円　ⓘ978-4-86061-215-3
◇言説空間としての大和政権―日本古代の伝承と権力　松木俊暁著　山川出版社　2006.10　233, 9p　22cm　（山川歴史モノグラフ 11）　5000円　ⓘ4-634-52343-4
◇古代大和王朝秘話―神話があかす　鈴木海人著　ルネッサンスブックス, 幻冬舎ルネッサンス（発売）　2006.8　147p　19cm　1000円　ⓘ4-7790-0071-8

◇大和朝廷の起源―邪馬台国の東遷と神武東征伝承　安本美典著　勉誠出版　2005.7　318p　22cm　〈推理・邪馬台国と日本神話の謎〉　3200円　ⓘ4-585-05324-7

◇古代出雲と大和朝廷の謎　倉橋日出夫著　学習研究社　2005.2　294p　15cm　〈学研M文庫〉　620円　ⓘ4-05-901169-X

◇卑弥呼と大和王朝　木村熙著　新生出版　2004.10　191p　19cm　〈東京　ディーディーエヌ（発売）〉　1200円　ⓘ4-86128-035-4

◇大和王権と渡来人―三・四世紀の倭人社会　平成16年秋季特別展　大阪府立弥生文化博物館編　和泉　大阪府立弥生文化博物館　2004.10　93p　30cm　〈大阪府立弥生文化博物館図録30〉〈会期：平成16年10月5日―12月5日　文献あり〉

◇ヤマトとアズマ―武具からみるヤマト王権と東国　特別展　横浜市歴史博物館, 横浜市ふるさと歴史財団編　〔横浜〕　横浜市歴史博物館　2004.10　199p　30cm　〈会期・会場：平成16年10月9日―11月28日　横浜市歴史博物館　共同刊行：横浜市ふるさと歴史財団〉

◇古代国家と軍隊―皇軍と私兵の系譜　笹山晴生著　講談社　2004.6　234p　15cm　〈講談社学術文庫〉〈中央公論社1975年刊の改訂〉　840円　ⓘ4-06-159661-6

◇邪馬台国と大和朝廷　武光誠著　平凡社　2004.5　301p　18cm　〈平凡社新書〉〈年表あり〉　820円　ⓘ4-582-85224-6

◇古代葛城とヤマト政権　御所市教育委員会編, 網干善教ほか著　学生社　2003.5　228p　20cm　1980円　ⓘ4-311-20263-6

◇大和朝廷と天皇家　武光誠著　平凡社　2003.5　292p　18cm　〈平凡社新書〉　780円　ⓘ4-582-85180-0

◇大和国家と神話伝承　松前健著　POD版　雄山閣　2003.4　278p　21cm　〈古代史選書〉　3000円　ⓘ4-639-10001-9

◇三輪山の考古学―大和王権発祥の地から古代日本の謎を解く　網干善教, 石野博信, 河上邦彦, 菅谷文則, 塚口義信, 森浩一編　学生社　2003.3　204p　19cm　1980円　ⓘ4-311-20260-1

◇三輪山の古代史―大和王権発祥の地から古代日本の謎を解く　上野誠, 門脇禎二, 千田稔, 塚口義信, 和田萃編　学生社　2003.3　204p　19cm　1980円　ⓘ4-311-20262-8

◇ヤマト王権のあけぼの―古代国家の起源と神話　上田正昭編　作品社　2003.1　254p　19cm　〈史話日本の古代　第3巻〉〈文献あり〉　1600円　ⓘ4-87893-528-6

◇大和政権とフミヒト制　加藤謙吉著　吉川弘文館　2002.12　415, 12p　22cm　12000円　ⓘ4-642-02385-2

◇東国の古墳と大和政権　大塚初重著　吉川弘文館　2002.8　285p　20cm　2800円　ⓘ4-642-07785-5

◇日本古代王権の成立　広瀬和雄, 小路田泰直編　青木書店　2002.5　269p　22cm　3000円　ⓘ4-250-20216-X

◇大和と東国―初期ヤマト政権を支えた力　春季特別展　橿原　奈良県立橿原考古学研究所附属博物館　2002.4　72p　30cm　〈橿原考古学研究所附属博物館特別展図録 第57冊〉〈会期：2002年4月20日―6月9日〉

◇邪馬台国から大和政権へ　福永伸哉著　吹田　大阪大学出版会　2001.10　90p　21cm　〈大阪大学新世紀セミナー〉〈シリーズ責任表示：大阪大学創立70周年記念出版実行委員会編〉　1000円　ⓘ4-87259-117-8, 4-87259-100-3

◇邪馬台国から大和朝廷へ―暗号文解読　長瀬修己著　〔徳島〕　〔長瀬修己〕　2001.7　155p　21cm　850円

◇水軍国家ヤマトの誕生　武光誠著　学習研究社　2001.4　291p　15cm　〈学研M文庫〉〈年表あり〉　620円　ⓘ4-05-901049-9

◇ヤマト国家成立の秘密―日本誕生と天照大神の謎　沢田洋太郎著　新装　新泉社　2000.11　278p　19cm　2000円　ⓘ4-7877-0007-3

◇ヤマト国家は渡来王朝　沢田洋太郎著　新装　新泉社　2000.11　288p　19cm　〈折り込み1枚〉　2000円　ⓘ4-7877-0008-1

◇古代日本の「地域王国」と「ヤマト王国」　下　門脇禎二著　学生社　2000.4　232p　20cm　1980円　ⓘ4-311-20232-6

◇古代日本の「地域王国」と「ヤマト王国」　上　門脇禎二著　学生社　2000.3　226p　20cm　1980円　ⓘ4-311-20231-8

◇卑弥呼誕生―畿内の弥生社会からヤマト政権へ　金関恕監修, 大阪府立弥生文化博物館編　東京美術　1999.5　127p　30cm　3000円　ⓃISBN4-8087-0663-6
◇古墳とヤマト政権―古代国家はいかに形成されたか　白石太一郎著　文芸春秋　1999.4　206p　18cm　（文春新書）　660円　ⓃISBN4-16-660036-2
◇封印された日本創世の真実―古代ヤマト朝廷建国秘史　関裕二著　ベストセラーズ　1999.3　269p　19cm　1400円　ⓃISBN4-584-18390-2
◇「大和」から「日本」へ―古代統一国家の成立　武光誠著　雄山閣出版　1999.3　215p　19cm　〈『日本誕生』（文芸春秋1991年刊）の増補〉　2300円　ⓃISBN4-639-01593-3
◇神武・崇神と初期ヤマト王権　佃収著　松戸　ストーク　1999.1　265p　22cm　（古代史の復元 3）　〈東京 星雲社（発売）〉　2200円　ⓃISBN4-7952-2683-0
◇邪馬台国と大和朝廷　久保田穣著　日本図書刊行会　1999.1　142p　20cm　〈東京 近代文芸社（発売）〉　1500円　ⓃISBN4-8231-0188-X
◇完全制覇古代大和朝廷の謎―この一冊で歴史に強くなる！　関裕二著　立風書房　1998.6　252p　19cm　1333円　ⓃISBN4-651-75204-7
◇ヤマト渡来王朝の秘密　朴炳植著　三一書房　1998.5　378p　19cm　3000円　ⓃISBN4-380-98249-1
◇大和まほろば展―ヤマト王権と古墳　奈良県立橿原考古学研究所附属博物館, 東京新聞文化事業部編　東京新聞　1998　134p　29cm　〈奈良県立橿原考古学研究所60周年記念〉
◇日本の古代　7　まつりごとの展開　岸俊男ほか編　中央公論社　1996.4　522p 図版16枚　16cm　（中公文庫）　〈監修：貝塚茂樹ほか〉　1350円　ⓃISBN4-12-202587-7
◇古代大和朝廷　宮崎市定著　筑摩書房　1995.9　365p　15cm　（ちくま学芸文庫）　1100円　ⓃISBN4-480-08229-8
◇大和朝廷―古代王権の成立　上田正昭著　講談社　1995.8　275p　15cm　（講談社学術文庫）　〈角川書店昭和47年刊の加筆・補訂〉　800円　ⓃISBN4-06-159191-6

◇謎の天孫降臨と大和朝廷の秘密―真説日本誕生　加治木義博著　ロングセラーズ　1995.2　219p　18cm　（ムックの本）　900円　ⓃISBN4-8454-0464-8
◇古代王権と交流　5　ヤマト王権と交流の諸相　荒木敏夫編　名著出版　1994.12　444p　22cm　〈監修：水野祐〉　5000円　ⓃISBN4-626-01503-4
◇ヤマト国家成立の秘密―日本誕生と天照大神の謎　沢田洋太郎著　新泉社　1994.7　278p　19cm　1800円　ⓃISBN4-7877-9409-4
◇大和朝廷と東アジア　鬼頭清明著　吉川弘文館　1994.5　274p　20cm　2300円　ⓃISBN4-642-07422-8
◇東国と大和王権―古代を考える　原島礼二, 金井塚良一編　吉川弘文館　1994.1　308p　20cm　2300円　ⓃISBN4-642-02186-8
◇テラスで読む大和朝廷の謎　武光誠著　日本経済新聞社　1993.12　209p　20cm　1500円　ⓃISBN4-532-14258-X
◇ヤマト王権の謎をとく　塚口義信著　学生社　1993.9　277p　19cm　2300円　ⓃISBN4-311-20187-7
◇河内王権の謎―巨大前方後円墳の世紀　近江昌司編　学生社　1993.2　216p　19cm　（天理大学の古代史教室）　〈執筆：近江昌司ほか〉　2200円　ⓃISBN4-311-20186-9
◇ヤマト王権の成立―三輪山をめぐる古代日本　近江昌司編　学生社　1992.12　204p　19cm　（天理大学の古代史教室）　〈執筆：近江昌司ほか〉　1980円　ⓃISBN4-311-20185-0
◇古代東国と大和政権　森田悌著　新人物往来社　1992.10　257p　20cm　2800円　ⓃISBN4-404-01967-X
◇大和王朝終焉の秘密―継体朝統一から蘇我独裁体制の興亡史！　水野祐著　ベストセラーズ　1992.4　255p　15cm　（ワニ文庫）　500円　ⓃISBN4-584-30304-5
◇大和朝廷は古代の水軍がつくった！　武光誠著　JICC出版局　1992.4　71p　21cm　450円　ⓃISBN4-7966-0297-6
◇日本古代史研究整理―邪馬台国と大和王朝　山田武雄著　千秋社　1992.2　399p　20cm　2000円　ⓃISBN4-88477-159-1
◇大和王朝成立の秘密―古代日本を統一し

たのはだれか！　水野祐著　ベストセラーズ　1992.2　239p　15cm　（ワニ文庫）　500円　①4-584-30298-7
◇大倭国通史―東アジア古代史のなかの大陸から眺めた古代大和朝廷　井伊章著　近代文芸社　1990.5　182p　19cm　1200円　①4-7733-0144-9
◇古代大和朝廷　宮崎市定著　筑摩書房　1988.9　310p　19cm　（筑摩叢書327）　1900円　①4-480-01327-X
◇空白の四世紀とヤマト王権―邪馬台国以後　西嶋定生ほか著　角川書店　1987.6　291p　19cm　（角川選書179）　1100円　①4-04-703179-8
◇古代王朝交替説批判　前之園亮一著　吉川弘文館　1986.12　357p　19cm　2300円　①4-642-07262-4
◇大和国家と神話伝承　松前健著　雄山閣出版　1986.1　278,6,7p　22cm　（古代史選書5）　3000円　①4-639-00539-3, 4-639-00255-6
◇大和朝廷成立期の研究　坂本弘道著　雄山閣出版　1985.10　422p　22cm　18000円　①4-639-00517-2
◇反正天皇―五世紀の大和政権と河内・淡路・百舌鳥へのいざない　西田孝司著　松原　末吉舎　1984.10　139p　19cm　1000円
◇江上波夫著作集　8　倭人の国から大和朝廷へ　平凡社　1984.9　412p　20cm　3800円
◇天皇と鍛冶王の伝承―「大和朝廷」の虚構　畑井弘著　現代思潮社　1982.5　423,31p　20cm　3400円
◇古代東国と大和政権―シンポジウム　甘粕健ほか著　新人物往来社　1982.2　272p　20cm　2500円
◇大和の政権　水野祐著　〔東村山〕　教育社　1977.10　277p　図　18cm　（教育社歴史新書）　〈発売：教育社出版サービス（東京）〉　600円
◇大和朝廷　上田正昭著　角川書店　1972　254p　19cm　（角川選書）
◇大和国家の誕生と形成　重見辰馬著　〔松山〕　愛媛出版協会　1967　224p　図版　18cm　400円
◇大和朝廷　上田正昭著　角川書店　1967　230p　18cm　（角川新書）　250円
◇大和朝廷考　山根達治著　若桜町（鳥取県）　山根達治　1957　25p　21cm

地方政権
ちほうせいけん

　4世紀頃から、大和政権以外にも有力な政治勢力が各地に存在していたとみられている。各王権はやがて大和政権の下に下るが、それぞれに古墳群を有し大きな勢力を誇っていた。吉備王権は現在の岡山県と広島県東部を含む地域にあり、造山古墳はその勢力の強大さを示す代表的な前方後円墳で、全国4位の規模を誇る。筑紫王権は福岡県にかけて発展し、遺跡としては筑紫君磐井の墳墓とされる岩戸山古墳がある。出雲王権は現在の島根県で発生し日本海を中心に勢力を伸ばしたが、記紀神話に記される通り、大和政権に下った後も強大な影響力を示した。毛野（けぬ）王権は現在の群馬県から栃木県南部にあったとみられ、蝦夷進出の拠点となる重要地点として影響力を持ったほか、この地域から出た下毛野朝臣古麻呂が大宝律令選定に関わるなどして活躍した。

　　　＊　　　＊　　　＊

◇吉備の国から　続　高見茂著　岡山　吉備人出版　2008.4　303p　19cm　〈続のサブタイトル：地域への思いを込めて〉　1600円　①978-4-86069-198-1
◇日本列島に映る「古代出雲」紀行　保高英児著　明石書店　2008.2　286p　19cm　1695円　①978-4-7503-2714-3
◇出雲と大和のあけぼの―丹後風土記の世界　斎木雲州著　松江　大元出版　2007.9　146p　21cm　2100円　①978-4-901596-05-3
◇捏造された王国―大和政権に封印された出雲　島崎晋著　学習研究社　2007.4　261p　15cm　（学研M文庫）　620円　①978-4-05-901196-5
◇「出雲抹殺」の謎―ヤマト建国の真相を解き明かす　関裕二著　PHP研究所　2007.1　309p　15cm　（PHP文庫）　〈「「出雲神話」の真実」（2004年刊）の増訂　文献あり〉　590円　①978-4-569-66768-3
◇「磐井の乱」とは何か―九州王朝多元説を追う　古代史シンポジウム　「倭国」を

徹底して研究する　九州古代史の会編　新装版　同時代社　2006.12　125p　19cm　〈会期・会場：2002年7月20日―21日　福岡市西市民センター3F〉　1500円　ⓘ4-88683-593-7

◇天武天皇と九州王朝―古事記・日本書紀に使用された暦　平成衝口発　砂川恵伸著　新泉社　2006.12　414p　20cm　3500円　ⓘ4-7877-0616-0

◇九州王朝と日本の古代―古代史の真実を求めて　田口利明著　三一書房　2006.11　216p　20cm　〈文献あり〉　1800円　ⓘ4-380-06211-2

◇倭国と日本古代史の謎　斎藤忠著　学習研究社　2006.6　285p　15cm　（学研M文庫）〈年表あり〉　620円　ⓘ4-05-901184-3

◇九州を制覇した大王―景行天皇巡幸記　河村哲夫著　福岡　海鳥社　2006.5　286p　22cm　2300円　ⓘ4-87415-572-3

◇筑紫政権からヤマト政権へ―豊前石塚山古墳　長嶺正秀著　新泉社　2005.12　93p　21cm　（シリーズ「遺跡を学ぶ」22）　1500円　ⓘ4-7877-0632-2

◇吉備の国から―歴史探索の旅　高見茂著　岡山　吉備人出版　2005.10　295p　19cm　1600円　ⓘ4-86069-107-5

◇蘇れ古代出雲―出雲王朝は鉄の故郷・三刀屋にあった　石飛仁著　新泉社　2005.10　237p　19cm　〈年表あり〉　1800円　ⓘ4-7877-0515-6

◇吉備―古代を考える　門脇禎二, 狩野久, 葛原克人編　吉川弘文館　2005.3　254p　20cm　2700円　ⓘ4-642-02195-7

◇古代河内政権の研究　直木孝次郎著　塙書房　2005.3　330, 18p　22cm　8500円　ⓘ4-8273-1193-5

◇古代日本の王権空間　千田稔著　吉川弘文館　2004.11　292, 6p　22cm　6500円　ⓘ4-642-02433-6

◇シンポジウム倭人のクニから日本へ―東アジアからみる日本古代国家の起源　鈴木靖民編　学生社　2004.8　266p　20cm　2400円　ⓘ4-311-20275-X

◇古代出雲王国の謎―邪馬台国以前に存在した"巨大宗教国家"　武光誠著　PHP研究所　2004.7　230p　15cm　（PHP文庫）〈「真実の古代出雲王国」（1996年刊）の改題〉　533円　ⓘ4-569-66217-X

◇謡曲のなかの九州王朝　新庄智恵子著　新泉社　2004.5　238p　20cm　〈文献あり〉　2000円　ⓘ4-7877-0319-6

◇豊前王朝―大和朝廷の前身　古代史の盲点を衝く　大芝英雄著　同時代社　2004.2　233p　19cm　〈年表あり〉　1600円　ⓘ4-88683-519-8

◇前ヤマトを創った大丹波王国―国宝「海部系図」が解く真実の古代史　伴とし子著　新人物往来社　2004.1　228p　20cm　〈文献あり〉　1600円　ⓘ4-404-03169-6

◇「出雲」からたどる古代日本の謎　滝音能之著　青春出版社　2003.11　201p　18cm　（プレイブックスインテリジェンス）〈年表あり　文献あり〉　750円　ⓘ4-413-04074-0

◇祭祀から見た古代吉備　薬師寺慎一著　岡山　吉備人出版　2003.11　237p　21cm　2000円　ⓘ4-86069-054-0

◇新視点古代倭国の研究―古代史料に描かれた「倭」「日本」の真実　新人物往来社　2003.5　168p　26cm　（別冊歴史読本46）　2000円　ⓘ4-404-03046-0

◇九州古代王朝の謎　荒金卓也著　福岡　海鳥社　2002.11　285p　19cm　1800円　ⓘ4-87415-408-5

◇歪められた古代史　植月宏著　鳥影社　2002.3　329p　20cm　1800円　ⓘ4-88629-641-6

◇古代七大王国の謎　中江克己著　学習研究社　2001.10　289p　15cm　（学研M文庫）〈「超古代七大王国の謎」（広済堂出版1995年刊）の改題〉　600円　ⓘ4-05-901083-9

◇日本古代史の探求―関東の古代史から見た「九州倭国」中心論　芝喬一著　文芸社　2001.9　569p　20cm　1500円　ⓘ4-8355-2336-9

◇「吉備の中山」と古代吉備　薬師寺慎一著　岡山　吉備人出版　2001.5　231p　21cm　1700円　ⓘ4-906577-71-7

◇伽耶国と倭地―韓半島南部の古代国家と倭地進出　尹錫暁著, 兼川晋訳　新装新泉社　2000.10　308p　20cm　2800円　ⓘ4-7877-0006-5

◇韓半島からきた倭国―古代加耶族が建てた九州王朝　李鍾恒著, 兼川晋訳　新装

新泉社　2000.10　322p　20cm　2500円　①4-7877-0005-7

◇葛城と古代国家―付河内王朝論批判　門脇禎二著　講談社　2000.5　261p　15cm（講談社学術文庫）　820円　①4-06-159429-X

◇九州王朝の論理―「日出ずる処の天子」の地　古田武彦, 福永晋三, 古賀達也著　明石書店　2000.5　195p　22cm　1800円　①4-7503-1293-2

◇古代日本の「地域王国」と「ヤマト王国」　下　門脇禎二著　学生社　2000.4　232p　20cm　1980円　①4-311-20232-6

◇古代日本の「地域王国」と「ヤマト王国」　上　門脇禎二著　学生社　2000.3　226p　20cm　1980円　①4-311-20231-8

◇地方王権の時代―開館5周年記念特別展　芸術文化振興基金助成事業　玉里村立史料館編　玉里村(茨城県)　玉里村立史料館　1999.11　70p　30cm　〈会期：平成11年11月1日―12月25日　付属資料：2枚〉

◇ザ・ミステリー―応神・仁徳王朝は熊本王朝ではないか　吉村允宏著　文芸社　1999.4　167p　19cm　1300円　①4-88737-302-3

◇抹殺された古代王権の秘密―「神と鬼」の知られざる異形の日本古代史を探る！　関裕二著　日本文芸社　1999.2　246p　19cm　1200円　①4-537-02672-3

◇古代王権と大化改新―律令制国家成立前史　遠山美都男著　雄山閣出版　1999.1　374p　22cm　8800円　①4-639-01578-X

◇日本古代史記―卑弥呼から難波王朝まで　古館晋著　大阪　JDC　1999.1　451p　20cm　2200円　①4-89008-244-1

◇よみがえる古代出雲王国　和久利康一著　新泉社　1998.11　219p　19cm　1700円　①4-7877-9822-7

◇抹殺された古代出雲王朝　藤原としえ著　三一書房　1998.9　194p　20cm　2000円　①4-380-98284-X

◇古代出雲の文化―銅剣・銅鐸と巨大建造物　上田正昭, 島根県古代文化センター編　朝日新聞社　1998.7　223p　20cm　2400円　①4-02-257266-3

◇幻想の古代王朝―ヤマト朝廷以前の「日本」史　原田実著　批評社　1998.2　245p　19cm　2400円　①4-8265-0248-6

◇新発見ニュースによる衝撃の古代出雲―加茂岩倉遺跡と邪馬台国　安本美典著　産能大学出版部　1997.12　200p　20cm　1800円　①4-382-05434-6

◇大和は出雲の後継である　安達厳著　新泉社　1997.8　216p　19cm　1600円　①4-7877-9713-1

◇『三国志』と九州王朝―古田史学の批判的考察　吉田堯躬著　新泉社　1997.2　255p　20cm　1957円　①4-7877-9706-9

◇出雲王朝は実在した―最古の統一王朝をさぐる　安達厳著　増補版　新泉社　1996.12　246p　19cm　1545円　①4-7877-9629-1

◇真実の古代出雲王国―邪馬台国以前に存在した巨大宗教国家　武光誠著　PHP研究所　1996.6　206p　18cm　（PHP business library）　880円　①4-569-55196-3

◇古代の出雲　水野祐著　吉川弘文館　1996.4　361, 13p　20cm　（日本歴史叢書 新装版）〈新装版 折り込図1枚 叢書の編者：日本歴史学会〉　3193円　①4-642-06635-7

◇吉備ものがたり　上　市川俊介著　岡山　日本文教出版　1996.2　173p　15cm（岡山文庫）　750円　①4-8212-5179-5

◇古代王権と交流　6　瀬戸内海地域における交流の展開　松原弘宣編　名著出版　1995.12　407p　22cm　〈監修：水野祐〉　5200円　①4-626-01517-4

◇エコール・ド・ロイヤル古代日本を考える　第20巻　古代王朝をめぐる謎　上田正昭ほか著　学生社　1995.11　203p　19cm　1854円　①4-311-41020-4

◇九州古代史の謎　荒金卓也著　福岡　海鳥社　1995.3　294p　19cm　1800円　①4-87415-104-3

◇古代王権と交流　7　出雲世界と古代の山陰　滝音能之編　名著出版　1995.2　325p　22cm　〈監修：水野祐〉　4500円　①4-626-01505-0

◇吉備古代史の展開　吉田晶著　塙書房　1995.1　337p　22cm　5974円　①4-8273-1108-0

◇古代吉備王国の謎　間壁忠彦, 間壁葭子

古墳時代

◇著　岡山　山陽新聞社　1995.1　251p　20cm　1900円　Ⓐ4-88197-519-6

◇出雲の大神と日本建国　安達巌著　新泉社　1994.11　261p　19cm　1900円　Ⓐ4-7877-9423-X

◇いま解き明かす出雲大社の謎　山崎謙著　ディーエイチシー　1994.9　229p　19cm　〈参考文献：p228〜229〉　1500円　Ⓐ4-88724-021-X

◇地域王権の古代学　辰巳和弘著　白水社　1994.6　268,10p　23cm　4000円　Ⓐ4-560-02237-2

◇古代の出雲と大和　水野祐著　大和書房　1994.4　289p　20cm　（古代文化叢書）〈新装版〉　2400円　Ⓐ4-479-84028-1

◇ヒミコは二人いた―古代九州王朝の陰謀　関裕二著　新人物往来社　1993.12　225p　20cm　2500円　Ⓐ4-404-02068-6

◇近江大王の系譜―天皇になりそこなった家　竹島平兵衛著　松阪　光出版印刷　1993.11　205p　19cm　1600円　Ⓐ4-89399-016-0

◇九州王朝一元論　吉田舜著　福岡　葦書房　1993.9　299p　19cm　1500円　Ⓐ4-7512-0528-5

◇出雲―古代を考える　上田正昭編　吉川弘文館　1993.8　276p　20cm　〈折り込図1枚〉　1980円　Ⓐ4-642-02185-X

◇失われた九州王朝　古田武彦著　朝日新聞社　1993.2　604p　15cm　（朝日文庫）　860円　Ⓐ4-02-260750-5

◇出雲神在月の謎にせまる　安達巌著　三一書房　1992.12　227p　20cm　2000円　Ⓐ4-380-92243-X

◇伝説の神国出雲王朝の謎　水野祐ほか著　ベストセラーズ　1992.9　255p　15cm　（ワニ文庫）　580円　Ⓐ4-584-30336-3

◇吉備の古代史―王国の盛衰　門脇禎二著　日本放送出版協会　1992.8　226p　19cm　（NHKブックス648）　860円　Ⓐ4-14-001648-5

◇書紀と九州王朝　吉田舜著　福岡　葦書房　1992.6　299p　19cm　1500円　Ⓐ4-7512-0431-9

◇東日流外三郡誌の秘密―いま甦る古代東北王朝　佐治芳彦著　ベストセラーズ　1992.3　231p　18cm　（ワニの本）　800円　Ⓐ4-584-00785-3

◇九州王朝と宇佐八幡宮　大久保一郎著　広島　西日本文化出版　1992.2　381p　20cm　2800円　Ⓐ4-931227-29-5

◇吉備王国残照―古代の十字路からの発信　高見茂著　東京経済　1992.1　241p　20cm　2000円　Ⓐ4-8064-0290-7

◇古代王権と玉の謎　森浩一編　新人物往来社　1991.8　222p　20cm　2000円　Ⓐ4-404-01838-X

◇日本古代政治の展開　前川明久著　法政大学出版局　1991.8　292,21p　22cm　（叢書・歴史学研究）　4944円　Ⓐ4-588-25041-8

◇九州王朝の歴史学―多元的世界への出版　古田武彦著　駸々堂出版　1991.6　429p　20cm　2300円　Ⓐ4-397-50348-6

◇真実の東北王朝　古田武彦著　駸々堂出版　1991.3　381p　20cm　2000円　Ⓐ4-397-50306-0

◇出雲王朝の軌跡を辿る―草原の中つ国とその時代　安達巌著　新泉社　1991.2　253p　19cm　1600円

◇シンポジウム　倭国の源流と九州王朝　古田武彦編　新泉社　1990.11　290p　19cm　1900円

◇倭国の源流と九州王朝―シンポジウム　古田武彦編　新泉社　1990.11　290p　19cm　1845円

◇韓半島からきた倭国―古代加耶族が建てた九州王朝　李鍾恒著、兼川晋訳　新泉社　1990.3　322p　19cm　2200円

◇吉備の古代史　門脇禎二著　岡山　山陽放送　1988.9　294p　20cm　〈山陽放送創立三十五周年記念出版〉　1500円

◇古代は輝いていた　2　日本列島の大王たち　古田武彦　朝日新聞社　1988.5　400p　15cm　（朝日文庫）　560円　Ⓐ4-02-260498-0

◇邪馬壱国から九州王朝へ―シンポジウム　古田武彦編, 藤田友治ほか著　新泉社　1987.10　281p　19cm　〈奥付の書名(誤植)：邪馬台国から九州王朝へ〉　1700円

◇吉備王国の崩壊―大和朝廷の謀略　井上高太郎著　新人物往来社　1987.4　295p　20cm　1800円　Ⓐ4-404-01417-1

◇原日本統一政権の成立―出雲朝廷と大和朝廷　安達巌著　新泉社　1986.12

89

古墳時代

　286p　19cm
◇古代九州王朝はなかった―古田武彦説の虚構　安本美典著　新人物往来社　1986.6　242p　20cm　1800円　①4-404-01352-3
◇古代の霧の中から―出雲王朝から九州王朝へ　古田武彦著　徳間書店　1985.11　318p　20cm　1600円　①4-19-553174-8
◇原出雲王権は存在した―出雲古代史を行く　速水保孝著　松江　山陰中央新報社　1985.9　328p　19cm　〈折り込図1枚〉　1500円　①4-87903-009-0
◇九州王朝の周辺　平野雅曠著　熊本　熊本日日新聞情報文化センター　1985.2　259p　19cm　2000円
◇古代は輝いていた　2　日本列島の大王たち　古田武彦著　朝日新聞社　1985.2　382p　20cm　1600円　①4-02-255272-7
◇葛城と古代国家―河内王朝論批判　門脇禎二著　〔東村山〕　教育社　1984.9　224p　20cm　1500円
◇古代吉備国と鬼ノ城　宮原勘太郎著　近代文芸社　1983.8　161p　20cm　1500円　①4-89607-375-4
◇よみがえる九州王朝―幻の筑紫舞　古田武彦著　角川書店　1983.6　288p　19cm　（角川選書　40）　1100円
◇毛野国の研究―古墳時代の解明　下　前沢輝政著　現代思潮社　1982.2　p305～678, 18p　22cm　3900円
◇毛野国の研究―古墳時代の解明　上　前沢輝政著　現代思潮社　1982.1　304p　22cm　3900円
◇北陸古代王朝の謎　能坂利雄著　新人物往来社　1982.1　301p　20cm　2000円
◇吉備古代史の未知を解く　間壁忠彦, 間壁葭子著　新人物往来社　1981.7　257p　20cm　2000円
◇古代を考える　27　古代出雲の検討　羽曳野　古代を考える会　1981.6　70p　26cm　950円
◇謎の出雲帝国―天孫一族に虐殺された出雲神族の怒り怨念の日本原住民史　吉田大洋著　徳間書店　1980.5　254p　19cm　980円
◇古代吉備国論争　山陽新聞社編　岡山　山陽新聞社　1979.7～12　2冊　19cm

〈付（別冊 70p）〉　各1500円
◇失われた九州王朝　古田武彦著　角川書店　1979.3　564p　15cm　（角川文庫）　490円
◇古代九州王国の謎　神西秀憲著　新人物往来社　1976　221p　20cm　1200円
◇吉備の国　西川宏著　学生社　1975　260p　図　19cm　1200円
◇吉備の古代王国　鳥越憲三郎著　新人物往来社　1974　228p　20cm　1200円
◇古代筑紫王国の原像　三木彊著　新人物往来社　1974　362p　図　20cm　1380円
◇失われた九州王朝―天皇家以前の古代史　古田武彦著　朝日新聞社　1973　566p　20cm　1200円
◇古代九州と朝鮮　泊勝美著　新人物往来社　1973　231p　20cm　900円
◇古代吉備王国の謎　間壁忠彦, 間壁葭子著　新人物往来社　1972　241p　図　20cm　880円
◇九州と韓人　古代篇　金正柱著　韓国史料研究所　1968　304p　地図　表　22cm　1500円

大王（大君）
おおきみ

　天皇号が成立する以前の君主の称号。「だいおう」とも読む。古くは熊本県江田船山古墳出土大刀・埼玉県稲荷山古墳出土鉄剣・和歌山県隅田八幡宮人物画像鏡などの銘にみられ、遅くとも5世紀後半の雄略朝頃までに大王や治天下大王（あめのしたしろしめすおおきみ）の称号が成立したとされる。当時は吉備や毛野など全国各地に自立的権力を有する王が存在し、国内支配を拡大しつつある大和政権がこれらの王に対して大王と名乗ったものとみられる。7世紀初頭の推古朝ないし7世紀後半の天武・持統両朝の頃に天皇号が成立すると、大王は天皇に対する尊称として用いられるようになったが、この場合は大君と書かれることが多かった。

＊　　＊　　＊

◇日本古代王権の構造と展開　佐藤長門著　吉川弘文館　2009.2　383, 7p　22cm　〈索引あり〉　13000円　①978-4-642-02471-6
◇飛鳥を築いた大王たち―『日本書紀』を

読み解く　鈴木茂夫著　文芸社　2008.11　253p　19cm　〈文献あり〉　1500円　ⓘ978-4-286-05383-7
◇飛鳥への道—大王家と古代の豪族　大西雅子著　東京図書出版会, リフレ出版（発売）　2008.6　223p　19cm　〈文献あり〉　1400円　ⓘ978-4-86223-256-4
◇「大王」の誕生　中田興吉著　学生社　2008.4　196p　20cm　2200円　ⓘ978-4-311-20318-3
◇大王家の柩—継体と推古をつなぐ謎　板橋旺爾著　福岡　海鳥社　2007.5　253p　19cm　〈年表あり　文献あり〉　1800円　ⓘ978-4-87415-634-6
◇日本古代王権の研究　荒木敏夫著　吉川弘文館　2006.6　363, 7p　22cm　8500円　ⓘ4-642-02449-2
◇九州を制覇した大王—景行天皇巡幸記　河村哲夫著　福岡　海鳥社　2006.5　286p　22cm　2300円　ⓘ4-87415-572-3
◇大王墓と前方後円墳　一瀬和夫著　吉川弘文館　2005.7　282, 8p　22cm　8000円　ⓘ4-642-09304-4
◇ワカタケル大王とその時代—埼玉稲荷山古墳　小川良祐, 狩野久, 吉村武彦編　山川出版社　2003.5　235p　19cm　〈折込1枚　文献あり〉　1900円　ⓘ4-634-60790-5
◇関東に大王あり—稲荷山鉄剣の密室　古田武彦著　新版　新泉社　2003.2　373p　20cm　2800円　ⓘ4-7877-0220-3
◇大王と地方豪族　篠川賢著　山川出版社　2001.9　96p　21cm　（日本史リブレット 5）　800円　ⓘ4-634-54050-9
◇日本古代の王権と王統　篠川賢著　吉川弘文館　2001.3　227, 7p　22cm　6800円　ⓘ4-642-02365-8
◇大王から天皇へ　熊谷公男著　講談社　2001.1　374p　20cm　（日本の歴史 第3巻）　2200円　ⓘ4-06-268903-0
◇ワカタケル大王の秘密　石渡信一郎著　三一書房　1997.10　234p　20cm　2200円　ⓘ4-380-97302-6
◇大王の世紀—兵庫の古墳と遺跡　特別展　兵庫県立歴史博物館編　〔姫路〕　兵庫県立歴史博物館　1996.10　128p　30cm　（兵庫県立歴史博物館特別展図録 no.36）

〈会期：平成8年10月5日～11月24日〉
◇エコール・ド・ロイヤル古代日本を考える　第17巻　大王陵と古代豪族の謎　猪熊兼勝ほか著　学生社　1992.12　239p　19cm　1850円　ⓘ4-311-41017-4
◇古代の法と大王と神話　石尾芳久著　木鐸社　1977.6　220p　22cm　2200円
◇偽られた大王の系譜　鈴木武樹著　秋田書店　1975　318p　20cm
◇大王から天皇へ　和歌森太郎編　毎日新聞社　1974　226p　20cm　〈「東アジアの古代文化を考える会」のシンポジウムからまとめたもの〉　930円
◇大王と古墳　原島礼二著　学生社　1971　219p　図　19cm　680円

天皇
てんのう

　中国から取り入れた称号で、大和政権時代の政治・軍事権力の頂点に立つ大王（おおきみ）が、天武朝ごろから中央集権国家の君主として用いるようになった。天皇の称号を大王が採用した理由として、自己が天の神の子孫であることを強調し、国の最高祭司として自ら祭祀を行うことにより、神と一体化するという宗教的性格の強い王を表現しようとしていたことが挙げられる。日本での最初の用例としては、推古16年（608年）、聖徳太子が隋に送った国書の中に、「西皇帝（もろこしのきみ）」に対して「東天皇（やまとのてんのう）」と称した記述が『日本書紀』に確認できる。

　　　　＊　　　＊　　　＊

◇古代天皇家の物語　加藤蕙著　新人物往来社　2009.10　334p　15cm　（新人物文庫 33）　〈『古代天皇家物語』（光風社出版1985年刊）の改題、再構成〉　667円　ⓘ978-4-404-03754-1
◇天皇と歴代遷宮の謎—なぜ転々と都は移り続けたのか　関裕二著　PHP研究所　2009.9　266p　19cm　〈文献あり〉　1300円　ⓘ978-4-569-77151-9
◇一冊でつかむ天皇と古代信仰　武光誠著　平凡社　2009.5　183p　18cm　（平凡社新書 462）　720円　ⓘ978-4-582-85462-6
◇古代女王制と天皇の起源　前田晴人著　大阪　清文堂出版　2008.12　245p

20cm 〈文献あり〉 2700円 ⓘ978-4-7924-0662-2
◇「女帝」誕生の謎—古代史に見る女性天皇 関裕二著 講談社 2008.8 222p 19cm 1400円 ⓘ978-4-06-214911-2
◇古代天皇はなぜ殺されたのか 八木荘司著 角川書店,角川グループパブリッシング(発売) 2007.12 229p 15cm (角川文庫) 514円 ⓘ978-4-04-382808-1
◇古代の皇位継承—天武系皇統は実在したか 遠山美都男著 吉川弘文館 2007.11 222p 19cm (歴史文化ライブラリー 242) 〈文献あり〉 1700円 ⓘ978-4-642-05642-7
◇「天皇家」誕生の謎—古代史から見た権力と天皇 関裕二著 講談社 2007.8 222p 19cm 〈文献あり〉 1400円 ⓘ978-4-06-214203-8
◇女帝—古代日本裏面史 梅沢恵美子著 ポプラ社 2007.7 230p 19cm 1600円 ⓘ978-4-591-09860-8
◇新訂増補 国史大系 第30巻 本朝文集 黒板勝美編 オンデマンド版 吉川弘文館 2007.6 675p 26cm 15000円 ⓘ978-4-642-04032-7
◇古代天皇の聖数ライン—数字で読み解く日本書紀 江口洌著 河出書房新社 2007.2 245p 20cm 〈文献あり〉 2000円 ⓘ978-4-309-22459-6
◇天皇制は日本の伝統ではない—墓より都 君が代 草野善彦著 本の泉社 2007.2 307p 22cm 2381円 ⓘ978-4-7807-0304-7
◇天皇制創出期のイデオロギー—女帝物語論 小林茂文著 岩田書院 2006.12 395p 22cm (古代史研究叢書 3) 8900円 ⓘ978-4-87294-455-6, 4-87294-455-0
◇図説天皇家の謎と真実—万世一系の皇室はいかにして誕生したか? 歴史雑学探究倶楽部編著 学習研究社 2006.10 95p 26cm 〈年表あり〉 905円 ⓘ4-05-403207-9
◇日本神話と古代天皇家の謎 武光誠監修 リイド社 2006.9 250p 15cm (リイド文庫) 476円 ⓘ4-8458-3213-5
◇天皇家のルーツ 広瀬覚著 ルネッサンスブックス, 幻冬舎ルネッサンス(発売) 2006.5 157p 19cm 1500円 ⓘ4-7790-0052-1
◇天皇家の誕生—帝と女帝の系譜 井上辰雄著 遊子館 2006.2 270p 19cm (遊子館歴史選書 3) 〈年表あり〉 1800円 ⓘ4-946525-78-5
◇海峡を往還する神々—解き明かされた天皇家のルーツ 関裕二著 PHP研究所 2005.11 268p 20cm 〈文献あり〉 1500円 ⓘ4-569-64639-5
◇八人の女帝 高木きよ子著 冨山房インターナショナル 2005.10 222p 19cm 1600円 ⓘ4-902385-19-8
◇女帝の古代史 成清弘和著 講談社 2005.7 247p 18cm (講談社現代新書) 740円 ⓘ4-06-149794-4
◇古代日本の女性天皇 吉野裕子著 京都人文書院 2005.5 312p 20cm 〈年譜あり〉 2500円 ⓘ4-409-54070-X
◇古代天皇実年の解明—三倍在位年数を証明する平成衝口発 砂川恵伸著 新泉社 2005.3 402p 19cm 3500円 ⓘ4-7877-0509-1
◇天皇家はなぜ続いたのか 梅沢恵美子著 ベストセラーズ 2005.3 223p 15cm (ワニ文庫) 590円 ⓘ4-584-39206-4
◇悲劇の皇子・皇女 高岡市万葉歴史館編 高岡 高岡市民文化振興事業団高岡市万葉歴史館 2005.3 211p 21cm (高岡市万葉歴史館叢書 17) 〈会期:平成16年8月21日—22日ほか〉
◇古代日本の女帝とキサキ 遠山美都男著 角川書店 2005.1 284p 20cm (角川叢書 29) 〈文献あり 年表あり〉 2700円 ⓘ4-04-702129-6
◇飛鳥の女帝 中河原喬著 同成社 2004.11 191p 20cm 1700円 ⓘ4-88621-304-9
◇女性天皇 滝浪貞子著 集英社 2004.10 237p 18cm (集英社新書) 680円 ⓘ4-08-720262-3
◇古代天皇家と日本正史—万世一系の超秘密 中丸薫著 徳間書店 2004.9 302p 20cm 〈年表あり〉 1600円 ⓘ4-19-861928-X
◇古代天皇はなぜ殺されたのか 八木荘司著 角川書店 2004.9 212p 20cm

1700円　Ⓘ4-04-883896-2
◇天皇家誕生の謎　関裕二著　学習研究社　2004.9　306p　15cm　（学研M文庫）〈立風書房1999年刊の増訂〉　620円　Ⓘ4-05-901164-9
◇天皇文業総覧　上　青木周平,針本正行編著　若草書房　2004.7　259p　19cm　1600円　Ⓘ4-948755-82-6
◇古代国家の成立　直木孝次郎著　改版　中央公論新社　2004.6　503p　16cm　（中公文庫）〈文献あり　年表あり〉　1143円　Ⓘ4-12-204387-5
◇女帝論—「天皇制度」の源流を訪ねて　呉善花著　PHP研究所　2004.6　284p　20cm　1400円　Ⓘ4-569-63648-9
◇万葉の女帝　高岡市万葉歴史館編　高岡高岡市民文化振興事業団高岡市万葉歴史館　2004.3　196p　21cm　（高岡市万葉歴史館叢書 16）
◇女帝と譲位の古代史　水谷千秋著　文芸春秋　2003.12　221p　18cm　（文春新書）　700円　Ⓘ4-16-660354-X
◇天皇と日本の起源—「飛鳥の大王」の謎を解く　遠山美都男著　講談社　2003.2　306p　18cm　（講談社現代新書）〈年表あり〉　780円　Ⓘ4-06-149648-4
◇梅原猛著作集　4　海人と天皇　下　梅原猛著　小学館　2002.4　445p　20cm〈付属資料：8p：月報 10〉　3800円　Ⓘ4-09-677104-X
◇梅原猛著作集　3　海人と天皇　上　梅原猛著　小学館　2002.2　478p　20cm〈付属資料：8p：月報 9　肖像あり〉　3800円　Ⓘ4-09-677103-1
◇日本の女帝—混乱の時代が求める女王たちの謎　梅沢恵美子著　ベスト新書　2002.1　222p　18cm　〈文献あり〉　680円　Ⓘ4-584-12031-5
◇神々と天皇の宮都をたどる—高天原から平安京へ　高城修三著　文英堂　2001.10　271p　21cm　〈特別寄稿：水野正好〉　1800円　Ⓘ4-578-10080-4
◇古代・天皇の都　鈴木亨著　学習研究社　2001.7　357p　15cm　（学研M文庫）　630円　Ⓘ4-05-901064-2
◇天皇家はなぜ続いたのか—「日本書紀」に隠された王権成立の謎　梅沢恵美子著　ベストセラーズ　2001.7　238p　18cm　（ベスト新書）　680円　Ⓘ4-584-12010-2
◇古代天皇制を考える　大津透ほか著　講談社　2001.6　362p　20cm　（日本の歴史　第8巻）　2200円　Ⓘ4-06-268908-1
◇天皇はどこから来たか　長部日出雄著　新潮社　2001.5　333p　16cm　（新潮文庫）　514円　Ⓘ4-10-132402-6
◇大王から天皇へ　熊谷公男著　講談社　2001.1　374p　20cm　（日本の歴史　第3巻）　2200円　Ⓘ4-06-268903-0
◇天皇誕生—日本書紀が描いた王朝交替　遠山美都男著　中央公論新社　2001.1　256p　18cm　（中公新書）　740円　Ⓘ4-12-101568-1
◇天皇と古代王権　井上光貞著,吉村武彦編　岩波書店　2000.10　342p　15cm　（岩波現代文庫　学術）　1100円　Ⓘ4-00-600029-4
◇古代天皇系譜の謎—神武天皇から継体天皇まで　高畠麒四郎著　夏目書房　2000.7　219p　20cm　〈折り込2枚〉　1500円　Ⓘ4-931391-76-1
◇女帝と詩人　北山茂夫著　岩波書店　2000.7　287p　15cm　（岩波現代文庫　学術）　1100円　Ⓘ4-00-600020-0
◇天皇と古代国家　早川庄八著　講談社　2000.2　301p　15cm　（講談社学術文庫）　900円　Ⓘ4-06-159418-4
◇古代天皇神話論　神野志隆光著　若草書房　1999.12　403, 3p　22cm　（古代文学研究叢書 4）　10000円　Ⓘ4-948755-57-5
◇古代天皇と陰陽寮の思想—持統天皇歌の解読より　江口洌著　河出書房新社　1999.12　285p　20cm　2500円　Ⓘ4-309-22359-1
◇古代の天皇制　大津透著　岩波書店　1999.12　282, 12p　20cm　2700円　Ⓘ4-00-022806-4
◇この国の生いたち—あなたは「天皇」の起源を知っていますか？　高森明勅著　PHP研究所　1999.12　237p　20cm　1350円　Ⓘ4-569-60891-4
◇天皇がわかれば日本がわかる　斎川真著　筑摩書房　1999.10　238p　18cm　（ちくま新書）　660円　Ⓘ4-480-05819-2

古墳時代

◇古代天皇家の謎　大沼敏則著　大阪　新風書房　1999.8　234p　21cm

◇天皇号と須弥山　森田悌著　高科書店　1999.7　293, 3, 6p　22cm　6000円

◇天皇家誕生の謎　関裕二著　立風書房　1999.5　254p　20cm　1500円　ⓘ4-651-75117-2

◇日本古代の王位継承と親族　成清弘和著　岩田書院　1999.4　284p　22cm　（御影史学研究会歴史叢書 1）　5900円　ⓘ4-87294-135-7

◇日本古代の天皇と祭儀　井上亘著　吉川弘文館　1998.11　321, 11p　22cm　7500円　ⓘ4-642-02332-1

◇古代天皇101の謎　松尾光編　新人物往来社　1998.9　257p　19cm　2800円　ⓘ4-404-02630-7

◇古代天皇の誕生　吉村武彦著　角川書店　1998.7　254p　19cm　（角川選書 297）　1400円　ⓘ4-04-703297-2

◇陰陽五行と日本の天皇　吉野裕子著　京都　人文書院　1998.3　227p　20cm　2300円　ⓘ4-409-54053-X

◇古代天皇の謎　緒形隆司著　光風社出版　1997.9（2刷）　264p　19cm　〈東京　成美堂出版（発売）〉　1160円　ⓘ4-415-08713-2

◇天皇はどこから来たか　長部日出雄著　新潮社　1996.9　275p　20cm　1600円　ⓘ4-10-337405-5

◇古代天皇の系譜と紀年―さらば九州王朝論　西野凡夫著　鹿児島　高城書房出版　1996.3　377p　20cm　3000円　ⓘ4-924752-58-4

◇皇位継承の古代史　亀田隆之著　吉川弘文館　1996.2　224p　22cm　2575円　ⓘ4-642-07485-6

◇古代日本の女帝　上田正昭著　講談社　1996.2　224p　15cm　（講談社学術文庫）〈『日本の女帝』（昭和48年刊）の増訂〉　740円　ⓘ4-06-159215-7

◇エコール・ド・ロイヤル古代日本を考える　第19巻　知られざる古代の天皇　門脇禎二ほか著　学生社　1995.11　239p　19cm　〈書名は奥付・背による　標題紙の書名：古代日本を考える〉　1957円　ⓘ4-311-41019-0

◇古代天皇の謎　緒形隆司著　光風社出版　1995.5　264p　19cm　1200円　ⓘ4-87519-759-4

◇天皇の起源　中山恒二著　新人物往来社　1995.5　241p　20cm　1300円　ⓘ4-404-02201-8

◇海人と天皇―日本とは何か　上巻　梅原猛著　新潮社　1995.3　562p　15cm　（新潮文庫）　680円　ⓘ4-10-124407-3

◇海人と天皇―日本とは何か　下巻　梅原猛著　新潮社　1995.3　509p　15cm　（新潮文庫）〈折り込図1枚〉　640円　ⓘ4-10-124408-1

◇古代天皇系図―初代神武天皇～第五十代桓武天皇　荊木美行編著　大阪　燃焼社　1994.9　1枚　34×232cm　〈折りたたみ 23×15cm　付（41p 21cm）：古代天皇系図の世界　ホルダー入〉　2700円　ⓘ4-88978-062-9

◇古代天皇制の基礎的研究　小林敏男著　校倉書房　1994.4　352p　22cm　（歴史科学叢書）　8240円　ⓘ4-7517-2350-2

◇エコール・ド・ロイヤル古代日本を考える　第18巻　古代天皇の謎　上田正昭ほか著　学生社　1993.9　226p　19cm　1900円　ⓘ4-311-41018-2

◇古代国家と年中行事　大日方克己著　吉川弘文館　1993.9　250, 7p　21cm　5400円　ⓘ4-642-02270-8

◇古代天皇渡来史　渡辺光敏著　三一書房　1993.7　269p　20cm　2400円　ⓘ4-380-93240-0

◇水野祐著作集　3　日本古代王朝史論各説　下　早稲田大学出版部　1993.5　267p　22cm　4500円　ⓘ4-657-93521-6

◇水野祐著作集　2　日本古代王朝史論各説　上　早稲田大学出版部　1992.11　260p　22cm　4500円　ⓘ4-657-92043-X

◇天皇の系譜と神話　3　吉井巌著　塙書房　1992.10　433, 8p　22cm　9785円　ⓘ4-8273-0070-4

◇海人と天皇―日本とは何か　上巻　梅原猛著　朝日新聞社　1991.12　415p　21cm　2100円　ⓘ4-02-256366-4

◇海人と天皇―日本とは何か　下巻　梅原猛著　朝日新聞社　1991.12　369p　21cm　2000円　ⓘ4-02-256367-2

◇古代女帝のすべて　武光誠編　新人物往来社　1991.2　224p　20cm　〈推古天皇年譜：p196～209　参考文献：p214～221〉　2500円　ⓘ4-404-01800-2

◇天皇制最奥の論理―日本の不変思考について　柳沢賢次著　日本図書刊行会　1990.12　239p　19cm　〈発売：近代文芸社〉　1500円　ⓘ4-7733-0192-9

◇古代天皇制への接近　河野勝行著　京都文理閣　1990.11　228p　20cm　2800円　ⓘ4-89259-163-7

◇古代の天皇と系譜　黒田達也著　校倉書房　1990.10　276p　22cm　〈折り込み図1枚〉　5150円　ⓘ4-7517-2040-6

◇天皇制起源神話の研究　赤松啓介著　増補版　明石書店　1989.8　251p　22cm　〈美知書林1948年刊の複製に増補したもの〉　3500円

◇古代天皇制史論―皇位継承と天武朝の皇室　寺西貞弘著　大阪　創元社　1988.11　243p　22cm　2800円

◇古代天皇のすべて　前之園亮一, 武光誠編　新人物往来社　1988.4　281p　20cm　〈古代天皇家年表：p257～266〉　2000円　ⓘ4-404-01478-3

◇神々と天皇の間―大和朝廷成立の前夜　鳥越憲三郎著　朝日新聞社　1987.11　337p　15cm　（朝日文庫）　460円　ⓘ4-02-260471-9

◇分割された古代天皇系図―四系の天皇家と出雲王朝　坂田隆著　青弓社　1986.9　212p　20cm　〈折り込み図1枚〉　1800円

◇古代政治史における天皇制の論理　河内祥輔著　吉川弘文館　1986.4　310, 3p　20cm　（古代史研究選書）　2600円　ⓘ4-642-02161-2

◇飛鳥の幻―日本国天皇の誕生　斎藤道一著　第三文明社　1983.2　373p　20cm　1800円　ⓘ4-476-03101-3

◇古代天皇家の渡来―崇神・応神・継体の謎を解く　渡辺光敏著　新人物往来社　1983.1　261p　20cm　1600円

◇日本原住民と天皇制　太田竜著　新泉社　1982.4　258p　19cm　1800円

◇古代天皇の謎　大月博志著　光風社出版　1982.1　277p　19cm　900円　ⓘ4-87519-706-3

◇天皇不親政の起源　洞富雄著　校倉書房　1979.5　352p　20cm　（校倉歴史選書）　2500円

◇古代史上の天皇と氏族　肥後和男著　弘文堂　1978.2　379p　22cm　4500円

◇天皇家誕生の謎―カギは抹殺された女帝にあった　藤沢偉作著　潮出版社　1976.7　246p　18cm　（ゼロ・ブックス）　580円

◇古代天皇系図の謎―神武天皇は仁徳天皇だった　坂田隆著　新人物往来社　1976.1　234p　20cm　1300円

◇天皇権の起源　鳥越憲三郎著　朝日新聞社　1976　348p　20cm　1200円

◇日本王権の成立　大石良材著　塙書房　1975　379p　19cm　（塙選書）　2000円

◇大王から天皇へ　和歌森太郎編　毎日新聞社　1974　226p　20cm　〈「東アジアの古代文化を考える会」のシンポジウムからまとめたもの〉　930円

◇神々と天皇の間―大和朝廷成立の前夜　鳥越憲三郎著　朝日新聞社　1970　312p　20cm　650円

◇日本古代天皇制の研究　石尾芳久著　京都　法律文化社　1969　259p　22cm　（学術選書）　1300円

◇日本国家の成立―古代史上の天皇　水野祐著　講談社　1968　251p　18cm　（講談社現代新書）　250円

◇日本古代の国家形成―征服王朝と天皇家　水野祐著　講談社　1967　274p　18cm　（講談社現代新書128）　250円

◇古代国家と天皇　門脇禎二著　大阪　創元社　1957　183p　図版　18cm　（創元歴史選書）　〈附：参考書180-183p〉

◇天皇制の成立　肥後和男著　河出書房　1946　178p　19cm

◇天皇制の歴史的根拠　上巻　林屋友次郎著　喜久屋書店　1946　197p　21cm

記紀神話　ききしんわ

　『古事記』と『日本書紀』に記された神話。世界の初めから神武天皇の建国に至るまでの神話は、大きく分けて四つの神話群「国生み神話」「高天原（たかまがはら）神話」「出雲神話」「日向（ひむか）神話」から成り立っている。「国生み神話」は、世界の始まりから天照大神の誕生までを描き、伊弉諾尊（いざなぎのみこと）と伊弉冉尊（いざなみのみこと）が国土を生んだ神話が中心となる。「高天原神話」では、天照大神が岩屋戸に隠れ世界が暗黒となるが、女神は岩屋から現れて光明がよみがえるという秩序の回復を表現。「出雲神話」は素戔嗚尊（すさのおのみこと）の子孫の大己貴（おおなむち）神（大国主命）が少彦名命（すくなひこなのみこと）と協力して国造りを行う神話が中心となる。「日向神話」では、瓊瓊杵尊（ににぎのみこと）の天降り以降、天地間の交通が途絶え、また豊玉姫が海中に去ることで海陸の交通が絶えるなどの秩序設定が行われ、その後神武天皇が王朝を打ち立てる。これらの神話に繰り返し現れる主題は、混沌のなかに秩序が設定されること、あるいは秩序による混沌の克服であり、日本における王権が神の国である高天原に由来し、天皇家が国土の正統な支配者であることを基礎づけている。

◇記紀神話と考古学―歴史的始原へのノスタルジア　磯前順一著　角川学芸出版，角川グループパブリッシング（発売）　2009.9　267p　20cm　〈角川叢書 44〉　2800円　①978-4-04-702144-0

◇日本神話と心の構造―河合隼雄ユング派分析家資格審査論文　河合隼雄著，河合俊雄，田中康裕，高月玲子訳　岩波書店　2009.9　263p　20cm　〈原文併載　解説：河合俊雄　文献あり　索引あり〉　2200円　①978-4-00-024266-0

◇花ひらく大地の女神―月の大地母神イザナミと出雲の王子オオクニヌシ　高良留美子著　御茶の水書房　2009.6　113p　21cm　1200円　①978-4-275-00840-4

◇この一冊で「日本の神々」がわかる！　関裕二著　三笠書房　2009.4　316p　15cm　〈知的生きかた文庫 せ7-1〉　590円　①978-4-8379-7769-8

◇記紀・神道論攷　西川順土著　伊勢　皇学館大学出版部　2009.3　646p　22cm　〈年譜あり　著作目録あり〉　4700円　①978-4-87644-153-2

◇スサノオ・大国主の日国―霊の国の古代史　日向勤著　福岡　梓書院　2009.3　245p　22cm　1905円　①978-4-87035-332-9

◇日本古代の宗教と伝承　松倉文比古編　勉誠出版　2009.3　390p　22cm　〈竜谷叢書 18〉　9800円　①978-4-585-03242-7

◇日本の神話・伝説が面白いほどわかる本―思わず人に話したくなる　新人物往来社　2009.3　289p　21cm　〈別冊歴史読本 38〉　1600円　①978-4-404-03638-4

◇神社と古代民間祭祀　大和岩雄著　新装版　白水社　2009.2　474,5p　23cm　〈索引あり〉　6600円　①978-4-560-03196-4

◇日本人なら知っておきたい「日本神話」　出雲井晶著　産経新聞出版，扶桑社（発売）　2009.2　289p　20cm　1429円　①978-4-594-05880-7

◇素戔嗚尊奉祀神社参拝の栞　京都　全国清々会　2009.1　64p　21cm

◇日本全国神話・伝説の旅　吉元昭治著　勉誠出版　2009.1　1201p　23cm　9800円　①978-4-585-07200-3

◇日本人"魂"の起源　上田正昭著　情報センター出版局　2008.11　253p　19cm　1400円　①978-4-7958-4972-3

◇古代日本の月信仰と再生思想　三浦茂久著　作品社　2008.10　428p　22cm　4600円　①978-4-86182-205-6

◇日本の神様と神社がわかる本―ビジュアル図解！　歴史民俗探究会編著　大和書房　2008.10　95p　26cm　1500円　⓵978-4-479-39183-8

◇日本の神話と地名のはなし　由良弥生著　ランダムハウス講談社　2008.10　269p　19cm　1300円　⓵978-4-270-00429-6

◇古代の王権祭祀と自然　三宅和朗著　吉川弘文館　2008.6　359,10p　22cm　12000円　⓵978-4-642-02467-9

◇日本の「神話」と「古代史」がよくわかる本　島崎晋監修,日本博学倶楽部著　PHP研究所　2008.6　326p　15cm　（PHP文庫）〈文献あり〉　619円　⓵978-4-569-67050-8

◇日本神話解明と古代文明　飯田正孝著　増補改訂版　成田　門出版　2008.4　389p　22cm　2800円　⓵978-4-943940-04-3

◇益荒男の神々　原知遥著　福岡　梓書院　2008.4　177p　22cm　2200円　⓵978-4-87035-315-2

◇日本の神々神徳・由来事典―神話と信仰にみる神祇・垂迹の姿　三橋健編著　学習研究社　2008.3　311p　21cm　（わたしの家の宗教事典選書）1800円　⓵978-4-05-403651-2

◇神様の息吹―姿をあらわした神々　新春特別展　熱田神宮文化部文化課編　〔名古屋〕　熱田神宮宮庁　〔2008〕　64p　26cm　〈会期・会場：平成20年1月1日―29日　熱田神宮宝物館〉

◇日本神話の謎がよくわかる本　松前健著　大和書房　2007.12　238p　19cm　〈文献あり〉　1500円　⓵978-4-479-39166-1

◇知っておきたい日本の神話　瓜生中著　角川学芸出版,角川グループパブリッシング（発売）　2007.11　223p　15cm　（角川文庫）　476円　⓵978-4-04-406406-8

◇もうひとつの日向神話―その後の「海幸・山幸」物語　鶴ヶ野勉著　宮崎　鉱脈社　2007.11　199p　19cm　（みやざき文庫49）〈文献あり〉　1400円　⓵978-4-86061-242-9

◇神代の女神　原知遥著　福岡　梓書院　2007.10　133p　22cm　〈折り込2枚〉　1800円　⓵978-4-87035-303-9

◇イエズス会宣教師が見た日本の神々　ゲオルク・シュールハンマー著,安田一郎訳　青土社　2007.7　241,4p　20cm　2200円　⓵978-4-7917-6353-5

◇三種の神器―謎めく天皇家の秘宝　稲田智宏著　学習研究社　2007.6　221p　18cm　（学研新書）　740円　⓵978-4-05-403469-3

◇瓊瓊杵尊の新治降臨と星宮神社の関係について　舩越長遠著　冬青社　2007.6　28,115,48p　20cm　〈他言語標題：Relationships between Ninigino Mikoto's Niihari korin and the many Hoshimiya shrines　文献あり〉　1600円　⓵978-4-88773-069-4

◇日本の神話・伝説を読む―声から文字へ　佐佐木隆著　岩波書店　2007.6　237p　18cm　（岩波新書）　780円　⓵978-4-00-431078-5

◇図説出雲の神々と古代日本の謎　滝音能之著　青春出版社　2007.5　95p　26cm　〈年表あり〉　1200円　⓵978-4-413-00886-0

◇日本神話の源流　吉田敦彦著　講談社　2007.5　231p　15cm　（講談社学術文庫）〈文献あり〉　840円　⓵978-4-06-159820-1

◇日本神話の世界　神話力　神々と人間　中西進著,中西進著,中西進著　四季社　2007.5　506p　22cm　（中西進著作集3）　5500円　⓵978-4-88405-403-8

◇日本神話の神々　大西雅子著,尾野益大編　東京図書出版会,リフレ出版（発売）　2007.4　96p　19cm　1200円　⓵978-4-86223-136-9

◇日本の神話―その諸様相　岸根敏幸著　京都　晃洋書房　2007.4　206p　20cm　2300円　⓵978-4-7710-1833-4

◇図説あらすじで読む日本の神様　三橋健監修　青春出版社　2007.3　111p　26cm　1300円　⓵978-4-413-00877-8

◇ツクヨミ―秘された神　戸矢学著　河出書房新社　2007.3　201p　20cm　〈文献あり〉　1700円　⓵978-4-309-22463-3

◇日本古代の神と霊　大江篤著　京都　臨川書店　2007.3　293,18p　22cm　4600円　⓵978-4-653-03967-9

◇日本神話の神々　井上宏生著　祥伝社

2007.1　236p　18cm　（祥伝社新書）〈文献あり〉　760円　④4-396-11059-6

◇読み替えられた日本神話　斎藤英喜著　講談社　2006.12　232p　18cm　（講談社現代新書）〈文献あり〉　720円　④4-06-149871-1

◇日本神話120の謎―三種の神器が語る古代世界　安本美典著　勉誠出版　2006.11　329p　22cm　（推理・邪馬台国と日本神話の謎）　3200円　④4-585-05156-2

◇出雲神話の誕生　鳥越憲三郎著　講談社　2006.10　253p　15cm　（講談社学術文庫）〈「出雲神話の成立」（創元社1966年刊）の改題〉　880円　④4-06-159783-3

◇日本神話と古代天皇家の謎　武光誠監修　リイド社　2006.9　250p　15cm　（リイド文庫）　476円　④4-8458-3213-5

◇目からウロコの日本の神々と神道　三橋健監修　学習研究社　2006.9　215p　20cm　（わたしの家の宗教シリーズ）〈年表あり〉　1500円　④4-05-403169-2

◇スサノヲの真実　葛城山竜渓著　大阪中央文化出版　2006.8　246p　20cm　1500円　④4-924736-55-4

◇日本の神話　河野巧著　広島　五日市八幡神社　2006.7　59p　19cm

◇日本神話―日本人の心のルーツが見えてくる！　吉田敦彦著　PHP研究所　2006.6　223p　19cm　（雑学3分間ビジュアル図解シリーズ）〈他言語標題：Japanese mythology〉　1200円　④4-569-64999-8

◇神話と歴史　直木孝次郎著　吉川弘文館　2006.5　294p　20cm　（歴史文化セレクション）　2300円　④4-642-06296-3

◇猿田彦と椿　古賀登著　雄山閣　2006.4　463p　22cm　8800円　④4-639-01927-0

◇たけみつ教授の日本神話と神々の謎　武光誠著　リイド社　2006.4　253p　15cm　（リイド文庫）〈「日本の神々の謎」（大和書房1992年刊）の増訂〉　476円　④4-8458-3200-3

◇「日本神話」の謎と真実　三浦竜著　青春出版社　2006.4　250p　18cm　（青春新書インテリジェンス）　780円　④4-413-04143-7

◇神さまと神社―日本人なら知っておきたい八百万の世界　井上宏生著　祥伝社　2006.3　252p　18cm　（祥伝社新書）〈文献あり〉　760円　④4-396-11035-9

◇今に伝える歌人たちのこころ―言霊の世界　新春特別展　図録　熱田神宮文化部文化課編　名古屋　熱田神宮宮庁　2006.1　84p　26cm　〈会期・会場：平成18年1月1日―24日　熱田神宮宝物館〉

◇世界一おもしろい日本神話の物語　鳥遊まき著　こう書房　2006.1　223p　19cm　1300円　④4-7696-0887-X

◇すぐわかる日本の神々―聖地、神像、祭り、神話で読み解く　鎌田東二監修、稲田智宏、堀越光信執筆　東京美術　2005.12　195p　21cm　〈付属資料：表1枚〉　1800円　④4-8087-0790-X

◇海峡を往還する神々―解き明かされた天皇家のルーツ　関裕二著　PHP研究所　2005.11　268p　20cm　〈文献あり〉　1500円　④4-569-64639-5

◇知っておきたい日本の神様　武光誠著　角川学芸出版　2005.11　218,4p　15cm　（角川文庫）〈東京　角川書店（発売）〉　476円　④4-04-405701-X

◇古代神祇信仰と仏教―宇佐八幡宮の成立　岡村孝子著　思文閣出版　2005.9　218p　22cm　3800円　④4-7842-1259-0

◇日本神さま事典　三橋健, 白山芳太郎編著　大法輪閣　2005.9　281p　20cm　2300円　④4-8046-1224-6

◇ユングでわかる日本神話　林道義著　文芸春秋　2005.9　198p　18cm　（文春新書）　680円　④4-16-660462-7

◇日本人なら知っておきたい古代神話―神話から日本人の心と歴史が見えてくる　武光誠著　河出書房新社　2005.8　208p　18cm　（Kawade夢新書）　720円　④4-309-50306-3

◇天皇家の"ふるさと"日向をゆく　梅原猛著　新潮社　2005.7　284p　16cm　（新潮文庫）　629円　④4-10-124411-1

◇日本王権神話と中国南方神話　諏訪春雄著　角川書店　2005.7　237p　19cm　（角川選書 377）　1500円　④4-04-703377-4

◇日本の神々のナゾ　瓜生中著　毎日新聞社　2005.7　254p　17cm　（大雑学 11）　1000円　④4-620-72101-8

◇倭国神話の謎―天津神・国津神の来歴　相見英咲著　講談社　2005.5　269p　19cm　（講談社選書メチエ　331）　1700円　ⓘ4-06-258331-3

◇日本神話伝説伝承地紀行　吉元昭治著　勉誠出版　2005.3　664p　23cm　〈「日本全国神話伝説道指南」（2003年刊）の増訂〉　7800円　ⓘ4-585-05137-6

◇誰も教えてくれなかった日本神話　出雲井晶著　新装版　講談社　2005.2　254p　19cm　1400円　ⓘ4-06-274194-6

◇わかりやすい日本の神話　出雲井晶著　中央公論新社　2005.1　227p　16cm　（中公文庫）〈展典社1993年刊の改稿〉　648円　ⓘ4-12-204477-4

◇邪馬台国と出雲神話―銅剣・銅鐸は大国主の命王国のシンボルだった　安本美典著　勉誠出版　2004.11　333p　22cm　（推理・邪馬台国と日本神話の謎）　3200円　ⓘ4-585-05131-7

◇神話と古代文化　古賀登著　雄山閣　2004.9　711p　22cm　16000円　ⓘ4-639-01855-X

◇日本神話の女神たち　林道義著　文芸春秋　2004.9　192p　18cm　（文春新書）　680円　ⓘ4-16-660400-7

◇「出雲神話」の真実―封印された日本古代史を解く　関裕二著　PHP研究所　2004.7　238p　20cm　〈文献あり〉　1300円　ⓘ4-569-63689-6

◇新視点『古事記』『日本書紀』の神々　新人物往来社　2004.7　184p　26cm　（別冊歴史読本　第29巻22号）　2000円　ⓘ4-404-03090-8

◇スサノオ信仰事典　大林太良編　戎光祥出版　2004.5　372p　27cm　（神仏信仰事典シリーズ　7）〈文献あり〉　16000円　ⓘ4-900901-42-3

◇古代万華―邪馬台国と倭国の物語・抄　小椋一葉著　河出書房新社　2004.4　400p　20cm　2500円　ⓘ4-309-22412-1

◇神話学と日本の神々　平藤喜久子著　弘文堂　2004.3　223, 19p　22cm　〈文献あり〉　4200円　ⓘ4-335-56103-2

◇歪められた日本神話　萩野貞樹著　PHP研究所　2004.3　225p　18cm　（PHP新書）　680円　ⓘ4-569-63475-1

◇神話と日本人の心　河合隼雄著　岩波書店　2004.2　390, 9p　21cm　（河合隼雄著作集　第2期　第6巻）　3800円　ⓘ4-00-092496-6

◇日本神話解明と古代文明　飯田正孝著　成田　門出版　2004.2　275p　22cm　2800円　ⓘ4-943940-04-8

◇「日本の神様」がよくわかる本―八百万神の起源・性格からご利益までを完全ガイド　戸部民夫著　PHP研究所　2004.1　389p　15cm　（PHP文庫）　629円　ⓘ4-569-66115-7

◇神武東征の謎―「出雲神話」の裏に隠された真相　関裕二著　PHP研究所　2003.12　251p　15cm　（PHP文庫）〈文献あり〉　495円　ⓘ4-569-66098-3

◇出雲神話の謎を解く　沢田洋太郎著　改訂新版　新泉社　2003.11　265p　19cm　〈文献あり〉　2000円　ⓘ4-7877-0313-7

◇古代に見た性事秘話―謎の神猿田彦を追って　小林伊佐夫著　彩図社　2003.11　167p　15cm　（ぶんりき文庫）〈文献あり〉　540円　ⓘ4-88392-379-7

◇日本神話入門―『古事記』を読む　阪下圭八著　岩波書店　2003.11　196p　18cm　（岩波ジュニア新書）　740円　ⓘ4-00-500453-9

◇梅原猛著作集　18　神々の冒険　梅原猛著　小学館　2003.10　461p　20cm　〈付属資料：8p：月報19〉　4300円　ⓘ4-09-677118-X

◇新修日本の神話を考える　上田正昭著　小学館　2003.10　238p　21cm　〈「日本の神話を考える」（1991年刊）の増訂〉　1900円　ⓘ4-09-626068-1

◇天孫降臨の謎―日本建国神話に隠された真実　関裕二著　PHP研究所　2003.10　262p　19cm　〈文献あり〉　1400円　ⓘ4-569-63139-8

◇日本神話―神々の壮麗なるドラマ　戸部民夫著, 新紀元社編集部, 弦巻由美子編　新紀元社　2003.10　259p　21cm　（Truth in fantasy　63）〈画：神谷礼子　文献あり〉　1800円　ⓘ4-7753-0203-5

◇日本神話の英雄たち　林道義著　文芸春秋　2003.10　206p　18cm　（文春新書）　680円　ⓘ4-16-660342-6

◇日本全国神話伝説道指南　吉元昭治著

勉誠出版　2003.10　560p　23cm　7800円　①4-585-04092-7
◇記紀神話伝承の研究　泉谷康夫著　吉川弘文館　2003.8　295, 14p　22cm　9000円　①4-642-02396-8
◇神話と日本人の心　河合隼雄著　岩波書店　2003.7　338, 12p　20cm　2500円　①4-00-023382-3
◇日本神話の神々―そのルーツとご利益　戸部民夫著　三修社　2003.7　302p　20cm　2300円　①4-384-03126-2
◇大和国家と神話伝承　松前健著　POD版　雄山閣　2003.4　278, 6p　21cm　（古代史選書）　3000円　①4-639-10001-9
◇日本建国の三大祖神　大野七三著　批評社　2003.3　190p　20cm　2000円　①4-8265-0368-7
◇猿田彦と秦氏の謎―伊勢大神・秀真伝・ダビデの影　清川理一郎著　彩流社　2003.2　293p　19cm　2000円　①4-88202-792-5
◇記紀神話の神学　上田賢治著　大明堂　2002.12　261p　22cm　3000円　①4-470-20051-4
◇日本神話再編　大里長城著　千葉　まんぼう社　2002.11　171p　19cm　〈東京　新泉社（発売）〉　1500円　①4-7877-0216-5
◇紀記の神話伝説研究　福島秋穂著　同成社　2002.10　405, 17p　24cm　9000円　①4-88621-257-3
◇日本の神話　吉田敦彦著　新装版　青土社　2002.8　203p　20cm　1800円　①4-7917-5982-6
◇日本古代の神話的観想　椎野禎文著　京都　かもがわ出版　2002.1　351, 8p　20cm　3200円　①4-87699-640-7
◇〈出雲〉という思想―近代日本の抹殺された神々　原武史著　講談社　2001.10　279p　15cm　（講談社学術文庫）〈公人社1996年刊の増訂〉　860円　①4-06-159516-4
◇記紀神話と王権の祭り　水林彪著　新訂版　岩波書店　2001.10　573, 8p　22cm　11000円　①4-00-022513-8
◇サルタヒコの旅　鎌田東二編著　大阪　創元社　2001.10　295p　21cm　〈他言語標題：Sarutahiko odyssey〉　2000円　①4-422-23017-4
◇神話の旅人―「東」から見る七世紀、「東」に見る八世紀　小松崎文夫著　小学館スクウェア　2001.8　279p　20cm　1429円　①4-7979-8008-7
◇日本神話がわかる。　朝日新聞社　2001.8　176p　26cm　（アエラムックno.72）　1200円　①4-02-274122-8
◇鶴見俊輔集　続5　アメノウズメ伝　鶴見俊輔著　筑摩書房　2001.6　323, 93p　20cm〈付属資料：10p：月報5〉　4900円　①4-480-74725-7
◇出雲文化　水の文化　佐藤栄子著　叢文社　2001.1　235p　19cm　1500円　①4-7947-0357-0
◇王権神話の二元構造―タカミムスヒとアマテラス　溝口睦子著　吉川弘文館　2000.12　304, 4p　22cm　7000円　①4-642-02359-3
◇誰も教えてくれなかった日本神話　出雲井晶著　講談社　2000.10　254p　20cm　（Kodansha sophia books）　1500円　①4-06-269117-5
◇スサノオ　宮内猛著　彩図社　2000.9　447p　15cm　（ぶんりき文庫）　850円　①4-88392-108-5
◇日本の神々―神社と聖地　第1巻　谷川健一編　新装復刊　白水社　2000.7　472, 4p　20cm　4700円　①4-560-02501-0
◇日本の神々―神社と聖地　第2巻　谷川健一編　新装復刊　白水社　2000.7　454, 4p　20cm　4700円　①4-560-02502-9
◇日本の神々―神社と聖地　第3巻　谷川健一編　新装復刊　白水社　2000.7　436, 4p　20cm　4600円　①4-560-02503-7
◇日本の神々―神社と聖地　第4巻　谷川健一編　新装復刊　白水社　2000.7　584, 6p　20cm　5700円　①4-560-02504-5
◇日本の神々―神社と聖地　第5巻　谷川健一編　新装復刊　白水社　2000.7　548, 4p　20cm　5200円　①4-560-02505-3
◇日本の神々―神社と聖地　第6巻　谷川健一編　新装復刊　白水社　2000.7　492, 5p　20cm　4800円　①4-560-02506-1
◇日本の神々―神社と聖地　第7巻　谷川健一編　新装復刊　白水社　2000.7　476, 5p　20cm　4800円　①4-560-02507-X

古墳時代

◇日本の神々―神社と聖地　第8巻　谷川健一編　新装復刊　白水社　2000.7　434,4p　20cm　4600円　ⓘ4-560-02508-8

◇日本の神々―神社と聖地　第9巻　谷川健一編　新装復刊　白水社　2000.7　457,4p　20cm　4700円　ⓘ4-560-02509-6

◇日本の神々―神社と聖地　第10巻　谷川健一編　新装復刊　白水社　2000.7　450,4p　20cm　4700円　ⓘ4-560-02510-X

◇日本の神々―神社と聖地　第11巻　谷川健一編　新装復刊　白水社　2000.7　574,6p　20cm　5700円　ⓘ4-560-02511-8

◇日本の神々―神社と聖地　第12巻　谷川健一編　新装復刊　白水社　2000.7　386,4p　20cm　4400円　ⓘ4-560-02512-6

◇日本の神々―神社と聖地　第13巻　谷川健一編　新装復刊　白水社　2000.7　610,4p　20cm　〈付属資料：28p：神社名総索引〉　5700円　ⓘ4-560-02513-4

◇古代出雲大社の復元―失われたかたちを求めて　福山敏男監修,大林組プロジェクトチーム編　増補版　学生社　2000.6　258p　19cm　1980円　ⓘ4-311-20236-9

◇はじめて読む「日本の神話」　高森明勅著　展転社　2000.3　182p　20cm　1200円　ⓘ4-88656-169-1

◇神話と文学　石母田正著　岩波書店　2000.1　342p　15cm　（岩波現代文庫　学術）　1000円　ⓘ4-00-600005-7

◇天皇家の"ふるさと"日向をゆく　梅原猛著　新潮社　2000.1　202p　22cm　〈写真：松藤庄平〉　2200円　ⓘ4-10-303014-3

◇大物主神伝承論　阿部真司著　翰林書房　1999.12　278p　20cm　2800円　ⓘ4-87737-091-9

◇古代天皇神話論　神野志隆光著　若草書房　1999.12　403,3p　22cm　（古代文学研究叢書 4）　10000円　ⓘ4-948755-57-5

◇スサノオ神話でよむ日本人―臨床神話学のこころみ　老松克博著　講談社　1999.8　220p　19cm　（講談社選書メチエ 164）　1500円　ⓘ4-06-258164-7

◇日本の神々　谷川健一著　岩波書店　1999.6　225p　18cm　（岩波新書）　660円　ⓘ4-00-430618-3

◇カレワラ神話と日本神話　小泉保著　日本放送出版協会　1999.3　262p　19cm　（NHKブックス）　1020円　ⓘ4-14-001855-0

◇日本神話の考古学　森浩一著　朝日新聞社　1999.3　253p　15cm　（朝日文庫）　620円　ⓘ4-02-261258-4

◇日本神話論　上田正昭著　角川書店　1999.3　480,18p　22cm　（上田正昭著作集　第4巻）　8800円　ⓘ4-04-522804-7

◇Japanese myths, and the gods made love―日本の神話　retold by Ralph F. McCarthy　Tokyo　Kodansha International　1999　141 p.　15 cm. (Kodansha English library) 〈"Illustrated by Koji Ikeda." Includes some English interpretation for Japanese readers.〉　ⓘ4770023642

◇松前健著作集　別巻　総索引・その他　松前健著　おうふう　1998.10　175,139p　22cm　〈英文併載〉　12000円　ⓘ4-273-02967-7

◇記紀神話のメタヒストリー　磯前順一著　吉川弘文館　1998.8　215p　20cm　2000円　ⓘ4-642-07747-2

◇松前健著作集　第11巻　日本神話の研究　松前健著　おうふう　1998.8　327p　22cm　12000円　ⓘ4-273-02965-0

◇実在した神話―発掘された「平原弥生古墳」　原田大六著　新装版　学生社　1998.7　292p　20cm　〈解説：渡辺正気〉　2200円　ⓘ4-311-20216-4

◇松前健著作集　第10巻　日本神話論 2　松前健著　おうふう　1998.7　278p　22cm　12000円　ⓘ4-273-02964-2

◇日本神話のなりたち　吉田敦彦著　新装版　青土社　1998.6　254p　20cm　2200円　ⓘ4-7917-5636-3

◇松前健著作集　第9巻　日本神話論 1　松前健著　おうふう　1998.6　334p　22cm　12000円　ⓘ4-273-02963-4

◇松前健著作集　第8巻　出雲神話の形成　松前健著　おうふう　1998.5　357p　22cm　12000円　ⓘ4-273-02962-6

◇日本の古典による神話・伝説・物語集

吉田和典著　日本図書刊行会　1998.4　132p　20cm　〈東京 近代文芸社(発売)〉　1200円　①4-89039-967-4

◇松前健著作集　第7巻　日本神話と海外　松前健著　おうふう　1998.4　373p　22cm　12000円　①4-273-02961-8

◇稲作文化の世界観―『古事記』神代神話を読む　嶋田義仁著　平凡社　1998.3　354p　20cm　(平凡社選書 175)　2400円　①4-582-84175-9

◇サルタヒコ考―猿田彦信仰の展開　飯田道夫著　京都　臨川書店　1998.2　224p　19cm　(臨川選書)　2100円　①4-653-03484-2

◇松前健著作集　第5巻　日本神話原論　松前健著　おうふう　1998.2　294p　22cm　12000円　①4-273-02959-6

◇日本古代の神話と文学　荻原千鶴著　塙書房　1998.1　477, 24p　22cm　9200円　①4-8273-0078-X

◇神々の謎―万葉の歌とともに　小椋一葉著　河出書房新社　1997.12　221p　20cm　2000円　①4-309-22318-4

◇松前健著作集　第3巻　神社とその伝承　松前健著　おうふう　1997.12　334p　22cm　12000円　①4-273-02957-X

◇八百万の神々―日本の神霊たちのプロフィール　戸部民夫著　新紀元社　1997.12　333p　21cm　(Truth in fantasy 31)　1900円　①4-88317-299-6

◇神話と日本人―愛と創造の古代史　大畑正一著　雄山閣出版　1997.11　195p　22cm　2500円　①4-639-01476-7

◇神話の痕跡―知られざる古代史 1500年前の日本人は何を見せられたのか　豊田有恒著　青春出版社　1997.11　250p　18cm　(プレイブックス)　830円　①4-413-01694-7

◇松前健著作集　第2巻　口承文芸総論　松前健著　おうふう　1997.11　295p　22cm　12000円　①4-273-02956-1

◇アメノウズメ伝―神話からのびてくる道　鶴見俊輔著　平凡社　1997.10　244p　16cm　(平凡社ライブラリー)　800円　①4-582-76217-4

◇謎のサルタヒコ　鎌田東二編著　大阪　創元社　1997.10　313p　22cm　3000円　①4-422-23015-8

◇日本神道の萌芽―古事記・日本書紀にみる神話の世界 きび立国篇　赤沼良清著　MBC21　1997.10　366p　20cm　(日本神道研究シリーズ 1)　2500円　①4-8064-0564-7

◇松前健著作集　第1巻　古典総論編　松前健著　おうふう　1997.10　306p　22cm　12000円　①4-273-02955-3

◇日本の神々の事典―神道祭祀と八百万の神々　薗田稔, 茂木栄監修　学習研究社　1997.8　275p　21cm　(New sight mook)　1500円　①4-05-601629-1

◇日本神話事典　大林太良, 吉田敦彦監修, 青木周平ほか編　大和書房　1997.6　408, 65p　22cm　5800円　①4-479-84043-5

◇古代出雲の神話と伝承―天つ神と国つ神が織りなす古代東アジア世界　環日本海松江国際交流会議編　松江　環日本海松江国際交流会議　1997.3　219p　19cm　(北東アジアシリーズ 報告書 1996)　〈会期・会場：1996年11月28日 松江市総合文化センター・プラバホール　年表あり〉

◇古代日本人の信仰と祭祀　松前健, 白川静ほか著　大和書房　1997.1　238p　22cm　2884円　①4-479-84039-7

◇Japanese historians and the national myths, 1600-1945―the age of the gods and Emperor Jinmu　by John S. Brownlee　Tokyo　University of Tokyo Press　c1997　8, 256 p.　24 cm.　〈Co-published by UBC Press.　Includes bibliographical references.〉　①4130270311

◇日本神話を見直す　水野祐著　学生社　1996.12　278p　20cm　2369円　①4-311-20206-7

◇古代史と日本神話　大林太良ほか著　大和書房　1996.11　227p　22cm　2800円　①4-479-84038-9

◇記紀神話と邪馬台国　村尾勇著　近代文芸社　1996.7　242p　20cm　〈折り込図1枚〉　1500円　①4-7733-5448-8

◇日本神話の思想―スサノヲ論　河合隼雄ほか著　京都　ミネルヴァ書房　1996.7　276, 4p　20cm　(Minerva21世紀ライブ

ラリー 29）〈新装版〉 3090円 ⓘ4-623-02672-8
◇日本の神話伝説　吉田敦彦, 古川のり子著　青土社　1996.7　363p　20cm　2400円　ⓘ4-7917-5468-9
◇記紀神話における二神創世の形態―東アジア文化とのかかわり　厳紹璗述, 国際日本文化研究センター編　京都　国際日本文化研究センター　1996.2　36p　21cm　〈第71回日文研フォーラム　著者の肖像あり　期日・会場：1995年2月14日 国際交流基金京都支部〉
◇日本古代の社会と宗教　日野昭編著　京都　竜谷大学仏教文化研究所　1996.2　218p　22cm　（竜谷大学仏教文化研究叢書 6）〈発行所：永田文昌堂〉　4500円　ⓘ4-8162-4030-6
◇房総の神話・伝承からみた古代日本の謎　金田弘之著　国書刊行会　1996.2　156p　22cm　2800円　ⓘ4-336-03794-9
◇出雲神話の謎を解く　沢田洋太郎著　新泉社　1995.11　267p　19cm　1800円　ⓘ4-7877-9518-X
◇スサノオの歌―日本神話入門　高塩幸雄著　浦和　高塩幸雄　1995.10　237p　19cm　〈製作：主婦の友出版サービスセンター（東京）〉
◇日本人の女神信仰　吉田敦彦著　青土社　1995.9　243p　20cm　2200円　ⓘ4-7917-5403-4
◇神代史発掘 2　大国主命と銅鐸　渡部義任著　有峰書店新社　1995.5　294p　20cm　2700円　ⓘ4-87045-211-1
◇神話のなかの女たち―日本社会と女性性　横山博著　京都　人文書院　1995.4　296p　20cm　〈参考文献：p293～296〉　2884円　ⓘ4-409-34013-1
◇日本神話その構造と生成　斎藤英喜編　有精堂出版　1995.4　329p　22cm　（日本文学を読みかえる 1）　5356円　ⓘ4-640-30980-5
◇古代出雲と斐伊川―日本神話のふるさと　和久利康一著　新泉社　1995.2　202p　19cm　1648円　ⓘ4-7877-9501-5
◇日本神話からの贈り物―「古事記」「日本書紀」に見る日本人の美意識とタブー　渡部昇一著　PHP研究所　1995.1　229p　15cm　（PHP文庫）〈『神話からの贈物』（文芸春秋1976年刊）の改題〉　500円　ⓘ4-569-56724-X
◇日本の神話を考える　上田正昭著　小学館　1994.12　261p　16cm　（小学館ライブラリー）　800円　ⓘ4-09-460065-5
◇いま解き明かす出雲大社の謎　山崎謙著　ディーエイチシー　1994.9　229p　19cm　〈参考文献：p228～229〉　1500円　ⓘ4-88724-021-X
◇出雲大社の本殿　改訂13版　〔大社町（島根county）〕　出雲大社社務所　1994.7　54p 図版8枚　18cm
◇謎解き日本神話―現代人のための神話の読み方　松前健著　大和書房　1994.6　270p　19cm　（Culture index vol.2）〈『日本神話の謎』（1985年刊）の改題〉　1500円　ⓘ4-479-40004-4
◇キリストと大国主―誰も知らなかった古代日本の中の「世界」　中西進著　文芸春秋　1994.5　266p　20cm　1600円　ⓘ4-16-348530-9
◇謎の古代女性たち　黒岩重吾著　中央公論社　1994.2　258p　16cm　（中公文庫）　480円　ⓘ4-12-202068-9
◇メディアとしての記紀神話物語―神話のメッセージ　長谷井杏亮著　日本図書刊行会　1993.9　110p　20cm　〈発売：近代文芸社〉　1500円　ⓘ4-7733-2034-6
◇日本神話の考古学　森浩一著　朝日新聞社　1993.8　236p　20cm　2000円　ⓘ4-02-256640-X
◇日本「神話・伝説」総覧　宮田登ほか著　新人物往来社　1993.4　483p　22cm　〈愛蔵保存版〉　3800円　ⓘ4-404-02011-2
◇日本の神話―性のユートピアを求めて　高橋鉄著　河出書房新社　1993.1　208p　15cm　（河出文庫）〈参考文献：p194～202〉　520円　ⓘ4-309-47226-5
◇日本の神話と古代信仰―王権論を中心に　松前健著　大和書房　1992.12　237p　20cm　2800円　ⓘ4-479-84022-2
◇日本神話のなりたち　吉田敦彦著　青土社　1992.11　254p　20cm　2200円　ⓘ4-7917-5213-9
◇日本「神話・伝説」総覧　新人物往来社　1992.10　483p　21cm　（歴史読本特別

増刊） 1500円

◇日本神話の世界の形成　宮井義雄著　春秋社　1992.9　318,7p　22cm　6000円　⑤4-393-19104-8

◇飛鳥の神がみ　横田健一著　吉川弘文館　1992.8　319p　20cm　1980円　⑤4-642-07294-2

◇日本神話論考―出雲神話篇　神田典城著　笠間書院　1992.8　242,14p　22cm　（笠間叢書 251）　7210円

◇日本の神々の謎　武光誠著　大和書房　1992.6　225p　19cm　（古代学ミニエンサイクロペディア 15）　1600円　⑤4-479-47015-8

◇日本古代の神話と歴史　米沢康著　吉川弘文館　1992.5　306,9p　22cm　5800円　⑤4-642-02258-9

◇もう一人のスサノオ　中西信伍著　六興出版　1992.3　340p　19cm　（ロッコウブックス）　1800円　⑤4-8453-5079-3

◇古代日本人の思考様式―記紀風土記の神話社会学的研究　野口隆著　福岡葦書房　1992.2　307p　20cm　2750円

◇記紀神話と王権の祭り　水林彪著　岩波書店　1991.10　554p　22cm　9500円　⑤4-00-002729-8

◇神話力―日本神話を創造するもの　中西進著　桜楓社　1991.10　193p　19cm　1800円　⑤4-273-02561-2

◇スサノオの命の神話　杉森暢男著　新典社　1991.10　190p　22cm　（新典社研究叢書 43）　6000円　⑤4-7879-4043-0

◇日本神話のコスモロジー―常世の潮騒を聴く　北沢方邦著　平凡社　1991.10　287p　22cm　〈図像構成：杉浦康平ほか〉　2890円　⑤4-582-70209-0

◇日本神話の世界　中西進著,笹川弘三写真　平凡社　1991.10　163p　22cm　2800円　⑤4-582-61831-6

◇日本の神話を考える　上田正昭著　小学館　1991.8　221p　20cm　1450円　⑤4-09-626052-5

◇アメノウズメ伝―神話からのびてくる道　鶴見俊輔著　平凡社　1991.5　254p　20cm　1800円　⑤4-582-73907-5

◇古代伝承史の研究　上田正昭著　塙書房　1991.5　625,17p　22cm　11330円

⑤4-8273-1085-8

◇国作り神話と大和三山―古代史を解く音と光　大谷幸市著　大和書房　1991.2　397p　20cm　2500円　⑤4-479-83020-0

◇神話の系譜―日本神話の源流をさぐる　大林太良著　講談社　1991.2　337p　15cm　（講談社学術文庫）　920円　⑤4-06-158957-1

◇日本の神々と建国神話　志賀剛著　雄山閣出版　1991.2　203p　22cm　4000円　⑤4-639-01011-7

◇神話の構造　横田健一著　木耳社　1990.10　255p　19cm　（オリエントブックス）　1500円　⑤4-8393-7530-5

◇出雲の神々の道　有福友好著　〔北条町（鳥取県）〕　日本海古代文化調査会　1990.5　354p　19cm　1800円

◇日本の神々と社―現代に伝える日本文化の原点　読売新聞社　1990.3　182p　29cm　〈監修：神社本庁〉　2400円　⑤4-643-90015-6

◇謎の列島神話―アマテラスの死と征服王朝　佐治芳彦著　徳間書店　1990.2　238p　19cm　（佐治・超古代推理シリーズ）　1100円　⑤4-19-554150-6

◇日本神話の起源　大林太良著　徳間書店　1990.2　251p　16cm　（徳間文庫）〈角川書店1973年刊の増訂〉　420円　⑤4-19-599006-8

◇尊と巫女の神話学―日本人の心の原型　林道義著　名著刊行会　1990.2　226p　20cm　（さみっと双書）　2100円　⑤4-8390-0245-2

◇日本の神話　吉田敦彦著　青土社　1990.1　201p　20cm　1800円　⑤4-7917-5060-8

◇古代出雲大社の復元―失なわれたかたちを求めて　大林組プロジェクトチーム編著　学生社　1989.11　246p　19cm　〈監修：福山敏男　参考文献：p244～246〉　1800円　⑤4-311-20147-8

◇哭きいさちる神=スサノオ―生と死の日本神話像　ネリー・ナウマン論文集　ネリー・ナウマン著,桧枝陽一郎,田尻真理子訳　言叢社　1989.10　320p　22cm　〈参考文献：p302～309〉　3400円　⑤4-905913-32-2

◇神社と古代民間祭祀　大和岩雄著　白水

社　1989.6　474,5p　23cm　5500円　Ⓘ4-560-02226-7
◇天翔る白鳥ヤマトタケル―伝承が語る古代史2　小椋一葉著　河出書房新社　1989.5　262p　20cm　1800円　Ⓘ4-309-22162-9
◇神話の森―イザナキ・イザナミから羽衣の天女まで　山本節著　大修館書店　1989.4　549p　20cm　3300円　Ⓘ4-469-22066-3
◇日本神話の特色　吉田敦彦著　増補新版　青土社　1989.3　316,8p　20cm　2200円
◇古代英雄文学と鍛冶族　細矢藤策著　桜楓社　1989.2　238p　22cm　2800円　Ⓘ4-273-02269-9
◇神社と古代王権祭祀　大和岩雄著　白水社　1989.1　482,4p　23cm　5300円　Ⓘ4-560-02225-9
◇古代出雲と死者の世界―神話にみる出雲像の虚実　神田典城著　大陸書房　1988.10　219p　20cm　1500円　Ⓘ4-8033-1633-3
◇記紀神話伝説の研究　福島秋穂著　六興出版　1988.6　505,12p　22cm　6800円　Ⓘ4-8453-3026-1
◇出雲神話から荒神谷へ　原島礼二編　六興出版　1988.5　188p　19cm　1250円　Ⓘ4-8453-8087-0
◇邪馬台国は記紀にのっていた―解かれた日本神話　大久保一郎著　広島　西日本文化出版　1987.9　328p　20cm　2800円
◇淡路の神話と海人族　岡本稔,武田信一共著　洲本　成錦堂　1987.4　148p　19cm　980円
◇田中卓著作集　1　神話と史実　国書刊行会　1987.2　437p　22cm　5800円
◇春日大社古神宝物図録　春日大社社務所編　奈良　春日大社社務所　1987.1　1冊（頁付なし）　30cm　〈付：春日大社宝物関係年表〉
◇日本の神々―神社と聖地　第10巻　東海　谷川健一編　神野善治ほか著　白水社　1987.1　450,4p　20cm　3900円　Ⓘ4-560-02220-8
◇神の塔―出雲大社の暗部をえぐる　祖田浩一著　時事通信社　1986.12　241p　19cm　1500円　Ⓘ4-7887-8641-9
◇神話の系譜―日本神話の源流をさぐる　大林太良著　青土社　1986.11　343,30p　20cm　2400円
◇出雲信仰　石塚尊俊編　雄山閣出版　1986.8　279p　22cm　（民衆宗教史叢書　第15巻）　4800円　Ⓘ4-639-00594-6, 4-639-00211-4
◇日本神話ルーツの謎―ふる里は東北松花江のほとり　落陽の書　鹿島昇著　新国民社　1986.8　288p　19cm　〈引用・参考文献一覧：p285〜288〉　980円　Ⓘ4-915157-55-5
◇日本の神々―神社と聖地　第5巻　山城・近江　谷川健一編　植木行宣ほか著　白水社　1986.8　548,4p　20cm　4800円　Ⓘ4-560-02215-1
◇神話の考古学　吉田敦彦執筆　福武書店　1986.5　93p　26cm　（サイエンス・アイ）　〈新装版〉　1200円　Ⓘ4-8288-0346-7, 4-8288-0333-5
◇日本の神々―神社と聖地　第6巻　伊勢・志摩・伊賀・紀伊　谷川健一編　伊藤良ほか著　白水社　1986.3　492,5p　20cm　4200円　Ⓘ4-560-02216-X
◇日本神話の構成と成立　次田真幸著　明治書院　1985.11　233p　22cm　〈著者の肖像あり　次田真幸著書・論文目録：p215〜218〉　4800円
◇日本の神々―神社と聖地　第8巻　北陸　谷川健一編　青木重孝ほか著　白水社　1985.11　434,4p　20cm　3700円　Ⓘ4-560-02218-6
◇日本の神々―神社と聖地　第7巻　山陰　谷川健一編　青盛透ほか著　白水社　1985.8　476,5p　20cm　4000円　Ⓘ4-560-02217-8
◇日本の神々―神社と聖地　第4巻　大和　谷川健一編　池田末則ほか著　白水社　1985.4　584,6p　20cm　4800円　Ⓘ4-560-02214-3
◇日本神話の謎　松前健著　大和書房　1985.2　269p　19cm　（古代学ミニエンサイクロペディア　2）　〈『日本神話99の謎』（サンポウジャーナル昭和53年刊）の改題増補〉　990円　Ⓘ4-479-47002-6
◇日本の神々―神社と聖地　第11巻　関東　谷川健一編　荒竹清光ほか著　白水社

◇日本の神々―神社と聖地　第2巻　山陽・四国　谷川健一編　浅田芳朗ほか著　白水社　1984.10　454, 4p　20cm　3800円　①4-560-02212-7

◇日本の神々―神社と聖地　第3巻　摂津・河内・和泉・淡路　谷川健一編　大和岩雄ほか著　白水社　1984.8　436, 4p　20cm　3700円　①4-560-02213-5

◇日本の神話　山田宗睦著　大阪　保育社　1984.7　151p　15cm　（カラーブックス648）　500円　①4-586-50648-2

◇日本の神々―神社と聖地　第12巻　東北・北海道　谷川健一編　岩崎敏夫ほか著　白水社　1984.6　386, 4p　20cm　3300円　①4-560-02222-4

◇日本の神々―神社と聖地　第1巻　九州　谷川健一編　石井忠ほか著　白水社　1984.4　472, 4p　20cm　3800円　①4-560-02211-9

◇記紀神話の成立　三宅和朗著　吉川弘文館　1984.3　257, 9p　20cm　（古代史研究選書）　2400円　①4-642-02154-X

◇東アジアの王権神話―日本・朝鮮・琉球　大林太良著　弘文堂　1984.1　462, 24p　22cm　5200円　①4-335-56043-5

◇日本神話の謎を解く―神話形成のプロセスが古代日本及び日本人を浮き彫りにする　重松明久著　京都　PHP研究所　1983.11　202p　18cm　（21世紀図書館28）　500円　①4-569-21187-9

◇日本神話の思想―スサノヲ論　河合隼雄ほか著　京都　ミネルヴァ書房　1983.8　276, 4p　19cm　（歴史と日本人 8）　1600円　①4-623-01488-6

◇日本の神話　4　神武東征　伊藤清司,松前健編集　ぎょうせい　1983.5　157p　30cm　5000円

◇日本の神話と十大昔話　楠山正雄著　講談社　1983.5　250p　15cm　（講談社学術文庫）　680円　①4-06-158600-9

◇日本の神話　2　葦原中国　伊藤清司,松前健編集　ぎょうせい　1983.4　157p　30cm　5000円

◇日本の神話　1　天地創造　伊藤清司,松前健編集　ぎょうせい　1983.3　157p　30cm　5000円

◇日本の神話　3　天孫降臨　伊藤清司,松前健編集　ぎょうせい　1983.2　145p　30cm　5000円

◇日本古代神話と氏族伝承　横田健一著　塙書房　1982.4　387, 27p　22cm　5700円

◇日本神話　川副武胤著　改訂版　読売新聞社　1982.1　422p　20cm　1200円

◇日本神話の新研究―日本文化系統論序説　松前健著　桜楓社　1981.9　304p　22cm　2800円

◇日本の美術　3　伊勢と出雲　渡辺保忠著,渡辺義雄写真　第2版　平凡社　1980.1　164p　24cm　〈監修：亀井勝一郎ほか　付：伊勢内宮・外宮と出雲大社の造替年表〉　1800円

◇日本神話と中国神話　伊藤清司著　学生社　1979.9　278p　22cm　3800円

◇日本神話の三神分立構想　庭伊豆太郎著　中央公論事業出版（制作）　1979.8　262p　20cm

◇日本人の神話的思考　北沢方邦著　講談社　1979.2　180p　18cm　（講談社現代新書）　390円

◇日本神話の発見―古代史を作った神々　川副武胤著　読売新聞社　1979.1　2冊　18cm　（Yomi book）　各500円

◇国生み　Lakudha Cobuni著, Clive W.Nicol英語, Jiro Takamatsu絵　ラボ教育センター　c1979　101p　30cm　（Sounds in kiddyland series 15）　〈他言語標題：The birth of land　英文併記〉　①4-924491-77-2, 4-89811-050-9

◇日本神話99の謎―神々のパンテオンで何が起こったか　松前健著　サンポウジャーナル　1978.11　246p　18cm　（サンポウ・ブックス）　600円

◇春日大社建築史論　黒田昇義著, 福山敏男, 岡田英男編　京都　綜芸舎　1978.7　236p　22cm　〈最近の春日大社の建造物に関する論考：p226～228〉　4500円

◇講座日本の神話　12　日本神話と考古学　『講座日本の神話』編集部編　有精堂出版　1978.5　136p　19cm　1200円

◇出雲の神々　谷川健一著　平凡社　1978.3　144p　18cm　（平凡社カラー新

◇日本神話　中村啓信, 菅野雅雄編　桜楓社　1978.3　193p　22cm　1800円
◇記紀神話の研究―その成立における中国思想の役割　広畑輔雄著　風間書房　1977.12　538p　22cm　8600円
◇神話　稲岡耕二, 大林太良編集　至文堂　1977.11　2冊　23cm　（講座日本文学）〈監修：市古貞次　『解釈と鑑賞』別冊〉各880円
◇講座日本の神話　1　日本神話研究の方法　『講座日本の神話』編集部編　有精堂出版　1977.10　162p　19cm　1200円
◇日本神話　2　日本文学研究資料刊行会編　有精堂出版　1977.9　311p　22cm　（日本文学研究資料叢書）　2800円
◇日本神話研究　2　国生み神話・高天原神話　伊藤清司, 大林太良編　学生社　1977.8　238p　22cm　2300円
◇日本神話研究　3　出雲神話・日向神話　伊藤清司, 大林太良編　学生社　1977.7　218p　22cm　2300円
◇日本神話の研究　上　歴神ノ譜―ヤポネシアの神話学　山田宗睦著　三一書房　1977.7　338p　20cm　（山田宗睦著作集）　1800円
◇国譲り神話の周辺　畠山兼人著　広島渓水社　1977.6　110p　19cm　1500円
◇講座日本の神話　9　日本神話と朝鮮　『講座日本の神話』編集部編　有精堂出版　1977.6　124, 26p　19cm　1200円
◇神話と国家―古代論集　西郷信綱著　平凡社　1977.6　245p　20cm　（平凡社選書）　950円
◇日本神話研究　1　日本神話の世界　伊藤清司, 大林太良編　学生社　1977.5　251p　22cm　2300円
◇講座日本の神話　8　日本神話と氏族　『講座日本の神話』編集部編　有精堂出版　1977.4　158p　19cm　1200円
◇講座日本の神話　11　日本神話の比較研究　『講座日本の神話』編集部編　有精堂出版　1977.4　149p　19cm　1200円
◇講座日本の神話　10　日本神話と琉球　『講座日本の神話』編集部編　有精堂出版　1977.3　167p　19cm　1200円
◇講座日本の神話　7　日本神話と祭祀　『講座日本の神話』編集部編　有精堂　1977.2　200p　19cm　1200円
◇講座日本の神話　6　古代の英雄　『講座日本の神話』編集部編　有精堂出版　1976.12　164p　19cm　1200円
◇出雲神話　松前健著　講談社　1976　204p　18cm　（講談社現代新書）　370円
◇講座日本の神話　2　日本神話の成立と構造　『講座日本の神話』編集部編　有精堂出版　1976　169p　19cm　1200円
◇講座日本の神話　3　天地開闢と国生み神話の構造　『講座日本の神話』編集部編　有精堂出版　1976　183p　19cm　1200円
◇講座日本の神話　5　出雲神話　『講座日本の神話』編集部編　有精堂出版　1976　165p　19cm　1200円
◇神話からの贈物　渡部昇一著　文芸春秋　1976　227p　20cm　1000円
◇神話と歴史の間　肥後和男著　大明堂　1976　253p　20cm　1300円
◇日本神話の源流　吉田敦彦著　講談社　1976　211p　18cm　（講談社現代新書）　370円
◇日本神話の生成と降臨　鵜崎博著　高文堂出版社　1976　188p　22cm　〈背の書名：日本神話の生成と降臨〉　2000円
◇日本の神話　大林太良著　大月書店　1976　188p　15cm　（国民文庫）　300円
◇出雲神話の世界　島重海著　評論社　1975　219p　図　18cm　（若い世代と語る日本の歴史 3）　590円
◇神々の体系　続（記紀神話の政治的背景）　上山春平著　中央公論社　1975　187p　18cm　（中公新書）　340円
◇日本神話の原形―シンポジウム　学生社　1975　245, 23p　19cm　（シンポジウム「日本の神話」5）〈司会・編集：伊藤清司　出席者：上田正昭等〉　1200円
◇日本神話の構造　大林太良著　弘文堂　1975　285, 22p　19cm　1200円
◇根の国を求めて―再生の原理　寺井美奈子著　筑摩書房　1975　213p　20cm　1200円
◇ギリシァ神話と日本神話―比較神話学の

古墳時代

試み　吉田敦彦著　みすず書房　1974　236, 13p　図　20cm　1400円
◇古代伝承と宮廷祭祀―日本神話の周辺　松前健著　塙書房　1974　397, 13p　22cm　4700円
◇日本神話伝説の研究　2　高木敏雄著　増訂　大林太良編　平凡社　1974　447, 17p　18cm　(東洋文庫 253)　〈荻原星文館昭和18年刊の高木敏雄の論文集『日本神話伝説の研究』に増訂を加えたもの〉　950円
◇日本神話の基盤―風土記の神々と神話文学　三谷栄一著　塙書房　1974　601, 29p　22cm　6700円
◇日本神話の比較研究　大林太良編　法政大学出版局　1974　433p　20cm　2000円
◇日本の神々　松前健著　中央公論社　1974　217p　18cm　(中公新書)　380円
◇日向神話―シンポジウム　学生社　1974　268, 26p　19cm　(シンポジウム「日本の神話」4)　〈司会・編集：大林太良　出席者：伊藤清司等〉　1200円
◇平凡社ギャラリー　24　出雲大社　東野芳明解説, 植田正治撮影　平凡社　1974　1冊　36cm　550円
◇出雲神話―シンポジウム　学生社　1973　263, 17p　19cm　(シンポジウム「日本の神話」3)　〈司会・編集：伊藤清司　出席者：大林太良等〉　980円
◇出雲神話　伊藤菊之輔　松江　伊藤菊之輔　1973　169p　図　19cm　600円
◇記紀神話論考　守屋俊彦著　雄山閣　1973　401p　22cm　3800円
◇日本神話学・神がみの結婚　布村一夫著　麦書房　1973　422p　20cm　(教育文庫 4)　1500円
◇日本神話伝説の研究　1　高木敏雄著　増訂　大林太良編　平凡社　1973　397p　18cm　(東洋文庫 241)　〈荻原星文館昭和18年刊の高木敏雄の論文集『日本神話伝説の研究』に増訂を加えたもの〉　850円
◇日本神話の可能性　伝統と現代社編　伝統と現代社　現代ジャーナリズム出版会(発売)　1973　278p　19cm　(伝統と現代叢書)　820円

◇日本神話の起源　大林太良著　角川書店　1973　313p　19cm　(角川選書)
◇日本神話の原像―火と大地と女と　吉村貞司著　読売新聞社　1973　302p　図　20cm　(読売選書)　770円
◇日本神話の構成　次田真幸著　明治書院　1973　475p　22cm　4800円
◇日本の神話―天地の創造より神々の活躍まで　永田義直編著　金園社　1973　296p　19cm　800円
◇出雲神話　水野祐著　八雲書房　1972　334p　地図　19cm　780円
◇出雲神話の原像　井上実著　三省堂　1972　315p　図　20cm　950円
◇国生み神話―シンポジウム　学生社　1972　255, 14p　19cm　(シンポジウム「日本の神話」1)　〈司会・編集：大林太良　出席者：伊藤清司等〉　980円
◇日本の神話―原像と発展　森田康之助著　原書房　1972　265p　図　20cm　900円
◇日向神話と伝説　日高重孝著　〔宮崎〕日向文化談話会　1972　206p　図　19cm　500円
◇三品彰英論文集　第4巻　日鮮神話伝説の研究　増補　平凡社　1972　455, 15p　22cm　2600円
◇出雲神話の成立　鳥越憲三郎著　大阪　創元社　1971　222p　18cm　(創元新書)　340円
◇古代氏族伝承の研究　武谷久雄著　笠間書院　1971　493p　図　22cm　(笠間叢書 20)　5000円
◇神話と歴史　直木孝次郎著　吉川弘文館　1971　287p　19cm
◇神話に学ぶ　影山正治著　大東塾出版部　1971　277p　19cm　600円
◇日本神話　川副武胤著　読売新聞社　1971　452p　20cm　700円
◇日本神話の研究　松本信広著　平凡社　1971　249, 18p　18cm　(東洋文庫)　500円
◇三品彰英論文集　第2巻　建国神話の諸問題　平凡社　1971　518, 25p　22cm　2400円
◇三品彰英論文集　第3巻　神話と文化史　平凡社　1971　540, 28p　22cm　2600円

◇古代王権の祭祀と神話　岡田精司著　塙書房　1970　438p　22cm　3000円
◇神話と伝説　肥後和男著　京都　河原書店　1970　215p　図　19cm　600円
◇日本古代宗教　原田敏明著　増補改訂版　中央公論社　1970　278p　22cm　1600円
◇日本神話　上田正昭著　岩波書店　1970　230p　18cm　（岩波新書）　150円
◇日本神話　日本文学研究資料刊行会編　有精堂出版　1970　305p　22cm　（日本文学研究資料叢書）　1500円
◇日本神話伝承　肥後和男著　雪華社　1970　398p　20cm　750円
◇日本神話と古代生活　松前健著　有精堂出版　1970　356p　図　19cm　（有精堂選書）　1800円
◇日本神話の基礎的研究　青木紀元著　風間書房　1970　563p　22cm　5600円
◇日本神話の形成　松前健著　塙書房　1970　509,16p　図版　地図　22cm　3300円
◇三品彰英論文集　第1巻　日本神話論　平凡社　1970　369,15p　22cm　1800円
◇やまたのをろち　大森志郎著　学生社　1970　211p　図版　19cm　580円

天照大神
あまてらすおおみかみ

　記紀神話中の最高神、太陽神とされる女神。伊弉諾尊（いざなぎのみこと）の子。大日孁貴（おおひるめのむち）、大日孁尊（おおひるめのみこと）などともよばれる。大八洲国の国生みの後、最後に天の下の主として生まれた女神で、天上高天原の主神となるが、弟の素戔嗚尊（すさのおのみこと）が乱暴な行為を繰り返すので憤って天岩戸に籠もり、そのため世界が暗闇になる。神々が知恵を絞って岩戸を開かせ、天照大神を引き出したのち、素戔嗚尊は追放となった。その後、孫の瓊瓊杵尊（ににぎのみこと）を葦原の中つ国に降臨させて地上の支配者とした。天皇家の祖先神として伊勢神宮の内宮に祭られている。

＊　　＊　　＊　　＊

◇アマテラスの誕生―古代王権の源流を探る　溝口睦子著　岩波書店　2009.1　232p　18cm　（岩波新書　新赤版1171）〈文献あり〉　740円　ⓘ978-4-00-431171-3
◇天岩屋戸　阿部国治著　〔神戸〕　日本講演会, ルナ企画（発売）　2008.7　158p　19cm　（新釈古事記伝　第6集）　2000円　ⓘ978-4-9904268-0-4
◇八上神秘の白兎と天照大神伝承―もう一つの因幡の白兎神話　天照大神行幸と御製和歌の伝わる　大江幸久著　名古屋　ブイツーソリューション, 星雲社（発売）　2007.8　219p　21cm　1500円　ⓘ978-4-434-10858-7
◇アマテラス誕生―日本古代史の全貌　林順治著　彩流社　2006.6　236p　19cm　1900円　ⓘ4-7791-1164-1
◇天照の謎と正体　楠戸義昭著　学習研究社　2005.12　254p　15cm　（学研M文庫）〈文献あり〉　590円　ⓘ4-05-901177-0
◇アマテラスの原風景―原始日本の呪術と信仰　角林文雄著　塙書房　2003.9　278,4p　19cm　（塙選書 99）　2800円　ⓘ4-8273-3099-9
◇倭王卑弥呼と天照大御神伝承―神話のなかに、史実の核がある　安本美典著　勉誠出版　2003.6　284p　22cm　（推理・邪馬台国と日本神話の謎）〈年表あり〉　3200円　ⓘ4-585-05123-6
◇天照大神男神論―古代文献『ホツマツタヱ』で甦る日本人の自信　鳥居礼著　フォレスト出版　2002.5　240p　19cm　〈他言語標題：Amaterukami of Hotsumatsutae〉　1800円　ⓘ4-89451-129-0
◇アマテラスの誕生　筑紫申真著　講談社　2002.5　285p　15cm　（講談社学術文庫）　960円　ⓘ4-06-159545-8
◇天照大神　竹島平兵衛著　明和町（三重県）　竜汀荘　1999.9　95p　21cm　（肯定の哲学　第4集）
◇アマテラス神話の変身譜　斎藤英喜編　森話社　1996.10　329p　20cm　（叢書・文化学の越境 2）〈発売：星雲社　文献ガイド：p321～329〉　3296円　ⓘ4-7952-9065-2
◇アマテラスの深みへ―古代神話を読み直す　斎藤英喜著　新曜社　1996.10

古墳時代

109

◇日本誕生と天照大神の謎　沢田洋太郎著　六興出版　1991.10　226p　19cm　（ロッコウブックス）　1400円　①4-8453-5076-9

◇女王アマテラス―伝承が語る古代史3　小椋一葉著　河出書房新社　1990.10　424p　20cm　2900円　①4-309-22183-1

◇アマテラスの原像―スキュタイ神話と日本神話　吉田敦彦著　青土社　1987.6　226p　20cm　〈新装版〉　1600円

◇天照大神と前方後円墳の謎　大和岩雄著　六興出版　1983.6　334p　19cm　（ロッコウブックス）　1200円

◇天岩戸神話の研究　柳井已西朔著　桜楓社　1977.4　323p　22cm　8000円

◇天照大神陵　後編　伊藤平左衛門著　学術文献普及会　1975　215p　図　21cm

◇天照大神の研究　田中治吾平著　霞ケ関書房　1973　296p　肖像　22cm　〈雄山閣出版昭和34年刊の複製〉　1500円

◇天照大神陵　伊藤平左衛門著　学術文献普及会　1973　100p　図　21cm　〈付記（p.83-100）：高松塚古墳〉

◇アマテラスの誕生　筑紫申真著　秀英出版　1971　210, 10p　図　19cm　650円

◇天照大神と天皇　小野塚道純著　葉隠道文社　1961　220p　19cm　〈付：稲荷利の大神〉

◇天照大神の研究　田中治吾平著　雄山閣出版　1959　296p　図版　22cm

伊勢神宮
いせじんぐう

　三重県伊勢市にある神社で、古来より特別格の宮居とされている。皇大神宮（内宮）には皇祖神である天照大神を祀っており、三種の神器の一つである八咫鏡を神体としている。豊受（とゆけ）大神宮（外宮）には農業を司る豊受大神を祀っている。記紀などの資料によれば、内宮は垂仁天皇の時に、外宮は雄略天皇の時に現在の地に鎮座された。神社社殿は唯一神明造と呼ばれる平入り切妻高床式、白木造りの殿舎で、天武天皇の時代に20年ごとに改築する式年遷宮の制度が定められ、奈良朝以来これが守られているため、神殿建築の最古の形を今もよく伝えている。

＊　　＊　　＊

◇伊勢神宮と神々の美術―第62回式年遷宮記念特別展　東京国立博物館, 大阪歴史博物館, 霞会館, 産経新聞社編　霞会館　2009.7　214, 12p　28cm　〈他言語標題：Ise Jingu and treasures of shinto　会期・会場：2009年7月14日―9月6日　東京国立博物館ほか　文献あり　年表あり〉

◇伊勢神宮の暗号　関裕二著　講談社　2009.7　243p　19cm　〈文献あり〉　1500円　①978-4-06-215620-2

◇伊勢神宮に仕える皇女・斎宮（さいくう）跡　駒田利治著　新泉社　2009.6　93p　21cm　（シリーズ「遺跡を学ぶ」058）〈文献あり〉　1500円　①978-4-7877-0938-7

◇伊勢神宮の成立　田村円澄著　吉川弘文館　2009.6　317p　20cm　（歴史文化セレクション）〈平成8年刊の復刊〉　2200円　①978-4-642-06351-7

◇伊勢神宮―魅惑の日本建築　井上章一著　講談社　2009.5　556p　20cm　〈文献あり〉　2800円　①978-4-06-215492-5

◇伊勢斎宮の歴史と文化　榎村寛之著　塙書房　2009.3　228, 16p　22cm　〈索引あり〉　3200円　①978-4-8273-1225-6

◇伊勢神宮と出雲大社―「日本」と「天皇」の誕生　新谷尚紀著　講談社　2009.3　270p　19cm　（講談社選書メチエ　434）〈並列シリーズ名：Kodansha sensho metier　索引あり〉　1700円　①978-4-06-258434-0

◇伊勢神宮と古代日本　本位田菊士著　同成社　2009.2　202p　19cm　1800円　①978-4-88621-471-3

◇伊勢神宮と古代の神々　直木孝次郎著　吉川弘文館　2009.1　272p　20cm　（直木孝次郎古代を語る　4）　2600円　①978-4-642-07885-6

◇参宮・遷宮・伊勢神宮―鳥取と伊勢のつながり　霞会館資料展示委員会編　霞会館　2009.1　160p　28cm　（霞会館資料第31輯）〈会期・会場：平成21年1月1日―3月1日　鳥取市歴史博物館〉

◇度会神道大成　後篇　吉川弘文館

◇伊勢神宮御正殿構造形式の変遷　宮本長二郎著　伊勢　伊勢神宮崇敬会　2008.10　74p　19cm　（伊勢神宮崇敬会叢書 13）

◇古事記の「こころ」―伊勢神道の視点から　小野善一郎　ぺりかん社　2008.10　222p　20cm　〈文献あり〉　2800円　ⓘ978-4-8315-1219-2

◇度会神道大成　前篇　吉川弘文館　2008.10　22, 850p　23cm　（増補大神宮叢書 17）〈神宮司庁昭和32年刊の複製〉　10000円　ⓘ978-4-642-00397-1

◇図説伊勢神宮　松平乗昌編　河出書房新社　2008.8　110p　22cm　（ふくろうの本）〈文献あり〉　1800円　ⓘ978-4-309-76117-6

◇神さまの森、伊勢　今森光彦写真・文　小学館　2008.7　32p　29cm　1600円　ⓘ978-4-09-726284-8

◇神宮随筆大成　後篇　吉川弘文館　2008.7　802, 24p　23cm　（増補大神宮叢書 16）〈神宮司庁昭和17年刊の複製〉　10000円　ⓘ978-4-642-00396-4

◇伊勢神宮の衣食住　矢野憲一著　角川学芸出版, 角川グループパブリッシング（発売）　2008.4　252p　15cm　（角川文庫）〈東京書籍1992年刊の改訂〉　705円　ⓘ978-4-04-408301-4

◇神宮随筆大成　前篇　吉川弘文館　2008.4　11, 786p　23cm　（増補大神宮叢書 15）〈神宮司庁昭和15年刊の複製〉　10000円　ⓘ978-4-642-00395-7

◇神宮年中行事大成　後篇　吉川弘文館　2008.1　15, 773p　23cm　（増補大神宮叢書 14）〈神宮司庁昭和14年刊の複製〉　10000円　ⓘ978-4-642-00394-0

◇伊勢の式年遷宮―皇室における祖先祭祀の精神　中西正幸著　柏　モラロジー研究所, 広池学園事業部（発売）　2007.12　63p　21cm　（生涯学習ブックレット）　600円　ⓘ978-4-89639-147-3

◇神宮年中行事大成　前篇　吉川弘文館　2007.10　12, 721, 77p　23cm　（増補大神宮叢書 13）〈神宮司庁昭和13年刊の複製〉　10000円　ⓘ978-4-642-00393-3

◇伊勢神宮―杜に年を祈る　伊藤通子著　幻冬舎ルネッサンス　2007.8　283p　19cm　〈文献あり〉　1400円　ⓘ978-4-7790-0191-8

◇お伊勢参り―伊勢本街道の旅　鎌田道隆, 安田真紀子著　伊勢　伊勢神宮崇敬会　2007.7　70p　19cm　（伊勢神宮崇敬会叢書 12）

◇神宮祭祀の研究　中西正幸著　国書刊行会　2007.7　717p　22cm　12000円　ⓘ978-4-336-04958-2

◇神宮参拝記大成　吉川弘文館　2007.7　32, 748, 33p　23cm　（増補大神宮叢書 12）〈神宮司庁昭和12年刊の複製　折り込3枚〉　10000円　ⓘ978-4-642-00392-6

◇神宮式年遷宮の歴史と祭儀　中西正幸著　国書刊行会　2007.7　321p　22cm　〈原本の出版社：大明堂　年表あり〉　5000円　ⓘ978-4-336-04959-9

◇神宮神事考証　後篇　御巫清直著　吉川弘文館　2007.4　9, 686, 40p　23cm　（増補大神宮叢書 9）〈神宮司庁昭和11年刊の複製　肖像あり　折り込2枚　著作目録あり　年譜あり〉　10000円　ⓘ978-4-642-00389-6

◇伊勢神宮系図集　三重県編　津　三重県　2007.3　64p　21cm　（三重県史　資料編　古代　下　別冊）

◇伊勢神宮―森と平和の神殿　川添登著　筑摩書房　2007.1　371p　22cm　3800円　ⓘ978-4-480-84272-5

◇神宮神事考証　中篇　御巫清直著　吉川弘文館　2007.1　759p　23cm　（増補大神宮叢書 8）〈神宮司庁昭和11年刊の複製　折り込2枚〉　10000円　ⓘ978-4-642-00388-9

◇伊勢神宮―知られざる杜のうち　矢野憲一著　角川学芸出版, 角川書店（発売）　2006.11　270p　19cm　（角川選書 402）〈年表あり〉　1600円　ⓘ4-04-703402-9

◇伊勢発見　立松和平著　新潮社　2006.11　219p　18cm　（新潮新書）〈文献あり〉　700円　ⓘ4-10-610189-0

◇斎王のおひざもと―斎宮をめぐる地域事情　平成18年度特別展　斎宮歴史博物館編　明和町（三重県）　斎宮歴史博物館　2006.10　63p　30cm　〈会期・会場：平成18年10月7日―11月23日　斎宮歴史博物

古墳時代

◇神宮神事考証　前篇　御巫清直著　吉川弘文館　2006.10　7, 790p　23cm　(増補大神宮叢書 7)〈神宮司庁昭和10年刊の複製〉　10000円　①4-642-00387-8

◇伊勢神宮の神宝―神宮展―(二)　霞会館資料展示委員会編　霞会館　2006.7　128p　28cm（霞会館資料　第29輯）〈会期・会場：平成18年7月29日―9月18日　石川県立歴史博物館〉

◇大神宮儀式解　後篇　外宮儀式解　荒木田経雅著, 橋村正兌著　吉川弘文館　2006.7　1冊　23cm（増補大神宮叢書 6)〈神宮司庁昭和10年刊の複製　年譜あり〉　10000円　①4-642-00386-X

◇遷宮ってなんだろう？―2005「第62回神宮式年遷宮記念」伊勢学講座part2記録誌〔伊勢〕　ザ伊勢講　2006.5　48p　30cm

◇伊勢斎宮跡　泉雄二著　同成社　2006.4　185p　20cm（日本の遺跡 9）　1800円　①4-88621-350-2

◇神宮―第六十二回神宮式年遷宮へ向けて　神宮司庁広報室編　伊勢　神宮司庁神宮式年造営庁　2006.4　159p　30cm

◇大神宮儀式解　前篇　荒木田経雅著　吉川弘文館　2006.4　800p　23cm（増補大神宮叢書 5）〈神宮司庁昭和10年刊の複製〉　10000円　①4-642-00385-1

◇神宮典略　別冊（二宮禰宜年表）　薗田守良著　吉川弘文館　2006.1　1冊　23cm（増補大神宮叢書 4）〈付・神宮典略索引　神宮司庁昭和9年刊の複製　著作目録あり　年譜あり〉　6000円　①4-642-00384-3

◇伊勢神道集　京都　臨川書店　2005.11　823, 12p　23cm（真福寺善本叢刊　第2期　第8巻（神祇部 3））　15000円　①4-653-03889-9, 4-653-03880-5

◇神宮典略　後篇　薗田守良著　吉川弘文館　2005.10　675p　23cm（増補大神宮叢書 3）〈神宮司庁昭和9年刊の複製〉　10000円　①4-642-00383-5

◇伊勢神宮所蔵文書補遺　三重県編　津　三重県　2005.9　198p　21cm（三重県史　資料編　中世 2 別冊）

◇神宮典略　中篇　薗田守良著　吉川弘文館　2005.7　783p　23cm（増補大神宮叢書 2）〈神宮司庁昭和8年刊の複製〉10000円　①4-642-00382-7

◇神宮典略　前篇　薗田守良著　吉川弘文館　2005.4　763p　図版13枚　23cm（増補大神宮叢書 1）〈神宮司庁昭和7年刊の複製〉　10000円　①4-642-00381-9

◇伊勢神宮と公民宗教　百地章著　伊勢神宮崇敬会　2005.3　56p　19cm（伊勢神宮崇敬会叢書 9）

◇神宮史年表　神宮司庁編　戎光祥出版　2005.3　305p　27cm　10000円　①4-900901-51-2

◇伊勢神宮―東アジアのアマテラス　千田稔著　中央公論新社　2005.1　221p　18cm（中公新書）　740円　①4-12-101779-X

◇伊勢斎宮と斎王―祈りをささげた皇女たち　榎村寛之著　塙書房　2004.6　210, 6p　19cm（塙選書 101）〈文献あり〉2300円　①4-8273-3101-4

◇伊勢神宮　三好和義ほか著　京都　淡交社　2003.12　141p　27cm（日本の古社）〈年表あり〉　2800円　①4-473-03108-X

◇伊勢の神宮―祈りの心・祭りの日々日本人の原点回帰を求めて　南里空海著　世界文化社　2003.12　232p　22cm　2800円　①4-418-03208-8

◇皇室と伊勢神宮　神道国際学会編　神道国際学会　2003.12　160p　20cm〈東京　たちばな出版（発売）　年表あり〉1600円　①4-8133-1744-8

◇お伊勢まいり　神宮司庁監修編集　改訂6版　伊勢　伊勢神宮崇敬会　2003.8　149p　17cm〈折り込3枚〉

◇神宮史概説　鎌田純一執筆　神社本庁　2003.8　211p　21cm〈東京　神社新報社（発売）　折り込4枚〉　1200円　①4-915265-02-1

◇伊勢神宮と全国「神宮」総覧　新人物往来社　2003.3　208p　26cm（別冊歴史読本 39）〈年表あり〉　2000円　①4-404-03039-8

◇神宮・皇室と日本人　所功著　伊勢　伊勢神宮崇敬会　2003.3　66p　19cm（伊勢神宮崇敬会叢書 7）

◇だれにでもわかる伊勢の斎王　梅田節子著, 国際文化工房編　神道国際学会

◇2003.3 123p 21cm （あしかび叢書3）〈文献あり〉 非売品 ⓘ4-907676-21-2

◇伊勢の式年遷宮―その由来と理由 桜井勝之進著 伊勢 皇学館出版部 2003.2 45p 19cm 286円 ⓘ4-87644-109-X

◇伊勢神宮とトコヨの古代史―朝廷の力による太陽信仰とトコヨ信仰の変遷 佐藤忍著 文芸社 2002.10 410p 19cm 1800円 ⓘ4-8355-4568-0

◇神宮関係著書・論文目録 平成13年版 神宮司庁文教部教学課編 〔伊勢〕 神宮文庫 2001.3 167p 26cm （神宮文庫叢書1）

◇神宮御杣山の変遷に関する研究 木村政生著 国書刊行会 2001.3 476p 22cm 〈年表あり〉 12000円 ⓘ4-336-04299-3

◇伊勢神宮・大嘗宮建築史論 林一馬著 中央公論美術出版 2001.1 557p 25cm 30000円 ⓘ4-8055-0389-0

◇斎王の道 村井康彦監修 大阪 向陽書房 1999.10 202p 20cm 〈年表あり〉 2000円 ⓘ4-906108-38-5

◇「御陰参り」と伊勢遷宮 御鍬祭と「ええじゃないか」 松山雅要著, 松山雅要著 豊川 松山雅要 1999.6 1冊（ページ付なし） 30cm

◇斎宮歴史博物館館蔵資料目録 斎宮歴史博物館編 明和町（三重県） 斎宮歴史博物館 1999.3 104p 30cm 〈背・表紙・標題紙のタイトル：館蔵資料目録〉

◇幻の宮伊勢斎宮―王朝の祈りと皇女たち 斎宮歴史博物館, 朝日新聞社文化企画局名古屋企画部編 〔名古屋〕 朝日新聞社 〔1999〕 169p 28cm 〈会期・会場：平成11年3月27日―5月5日 横浜市歴史博物館ほか 年表あり 文献あり〉

◇斎王群行と伊勢への旅-特別展 斎宮歴史博物館編 明和町（三重県） 斎宮歴史博物館 1998.10 48p 30cm

◇伊勢参宮名所図会 蔀関月編 京都 臨川書店 1998.5 669p 22cm （版本地誌大系16） 〈寛政9年刊の複製〉 9500円 ⓘ4-653-03491-5

◇伊勢神宮 桜井勝之進著 改訂新版 学生社 1998.4 237p 20cm 1900円 ⓘ4-311-40714-9

◇伊勢の宮人 中西正幸著 国書刊行会 1998.3 657p 20cm 5000円 ⓘ4-336-04064-8

◇日本国家にとって「神宮」とは何か 幡掛正浩編著 3版 伊勢 伊勢神宮崇敬会 1997.7 80p 19cm （伊勢神宮崇敬会叢書1）〈附・神宮制度是正問題〉

◇伊勢神宮神領の研究 玉村禎祥著 〔和歌山〕 近畿文化誌刊行会 1997.2 140p 26cm 〈電子複写〉

◇伊勢神宮の向こう側 室伏志畔著 三一書房 1997.2 218p 20cm 2369円 ⓘ4-380-97214-3

◇斎宮・国府・国分寺―伊勢のまつりと古代の役所 特別展 斎宮歴史博物館, 三重県埋蔵文化財センター編 明和町（三重県） 斎宮歴史博物館 1996.10 64p 30cm 〈共同刊行：三重県埋蔵文化財センター 会期：平成8年10月10日～11月24日 主要参考文献：p63〉

◇聖恩は雨の如くに 桜井勝之進著 神社新報社 1996.10 230p 18cm （神社新報ブックス） 1000円 ⓘ4-915265-94-3

◇神宝の美―伊勢神宮2000年 特別展 四日市市立博物館編 四日市 四日市市立博物館 1996.9 83p 24×25cm 〈会期：平成8年9月29日～11月11日〉

◇伊勢神宮 こほりくにを, 日弁貞夫共著 大阪 保育社 1996.8 154p 15cm （カラーブックス 890） 700円 ⓘ4-586-50890-6

◇伊勢二千年ものがたり―お伊勢さんと伊勢のまち 神宮鎮座から現代まで 伊勢伊勢志摩編集室 1996.4 127p 22cm （しおさい文庫4） 〈伊勢神宮（内宮）鎮座二千年記念出版 関連略年表：p126～127〉 1300円 ⓘ4-900759-08-2

◇伊勢の海と神宮―二見ヶ浦の神々 中西正幸編 国書刊行会 1996.4 208p 20cm 3000円 ⓘ4-336-03758-2

◇伊勢神宮の成立 田村円澄著 吉川弘文館 1996.3 314p 20cm 2987円 ⓘ4-642-07484-8

◇第六十一回神宮式年遷宮祭式及祝詞 〔伊勢〕 神宮司庁 1996.3 313p 25cm 〈和装〉 非売品

◇伊勢神宮の春夏秋冬―篠原竜写真集 篠原竜編 国書刊行会 1995.11 131p 21cm 3500円 ⓘ4-336-03757-4

古墳時代

◇神宮式年遷宮の歴史と祭儀　中西正幸著　大明堂　1995.11　321p　22cm　〈遷宮関係年表：p303～310〉　3914円　①4-470-20042-5

◇神宮遷宮記　第6巻　神宮司庁編纂　伊勢　神宮式年造営庁　1995.4　1121p　図版27枚　22cm　〈発売：国書刊行会　折り込図1枚〉　20000円　①4-336-03354-4

◇神宮遷宮記　索引　神宮司庁編纂　伊勢神宮式年造営庁　1995.4　74p　22cm

◇斎宮編年史料集　2　斎宮歴史博物館編　明和町（三重県）　斎宮歴史博物館　1995.3　102p　26cm

◇神宮遷宮記　第5巻　神宮司庁編纂　伊勢　神宮式年造営庁　1995.3　1271p　図版18枚　22cm　〈発売：国書刊行会（東京）〉　20000円　①4-336-03353-6

◇遷宮論集　神社本庁編　神社本庁　1995.3　688p　22cm　〈第六十一回神宮式年遷記念〉　非売品

◇伊勢神宮　石元泰博写真　岩波書店　1995.2　261p　35cm　〈皇大神宮・豊受大神宮遷宮一覧表：p254～259〉　16000円　①4-00-008061-X

◇伊勢神道の成立と展開　高橋美由紀著　大明堂　1994.10　231p　22cm　3090円　①4-470-20040-9

◇伊勢神宮―渡辺義雄の眼　渡辺義雄撮影　ニッコールクラブ　1994.9　91p　37cm　（ニコンサロンブックス 21）　〈著者の肖像あり　渡辺義雄略年譜：p87～90〉　非売品　①4-06-207142-8

◇伊勢神宮―渡辺義雄の眼　渡辺義雄写真　講談社　1994.8　129p　37cm　〈渡辺義雄年譜：p118～123〉　9800円　①4-06-207141-X

◇お伊勢まいり―古代から文明開化まで　企画展　斎宮歴史博物館編　明和町（三重県）　斎宮歴史博物館　1994.4　60p　26cm　〈会期：平成6年4月26日～6月5日　主要参考文献：p60〉

◇聖域伊勢神宮　西川孟，田中清司撮影，内藤昌，矢野憲一執筆　ぎょうせい　1994.4　189p　37cm　18000円　①4-324-04082-6

◇伊勢神宮―遷宮とその秘儀　石川梵著　朝日新聞社　1993.12　159p　35cm　9200円　①4-02-258549-8

◇伊勢神宮―シンポジウム　上山春平編　京都　人文書院　1993.11　359p　20cm　〈参考文献：p353～359〉　2987円　①4-409-54044-0

◇伊勢神宮御遷宮―第61回神宮式年遷宮全記録　伊勢志摩編集室編　伊勢　伊勢志摩編集室　1993.10　132p　26cm　〈背・奥付の書名：御遷宮　『伊勢志摩』臨時増刊号〉　800円

◇伊勢神宮と日本の神々　朝日新聞社　1993.10　176p　29cm　3000円　①4-02-258540-4

◇神宮遷宮記　第7巻（図録篇）　神宮司庁編纂　伊勢　神宮式年造営庁　1993.10　325p　19×27cm　〈昭和7年刊の複製　発売：国書刊行会（東京）　付（図2枚 袋入）〉　20000円　①4-336-03355-2

◇お伊勢まいり　矢野憲一他著　新潮社　1993.9　118p　22cm　（とんぼの本）　1400円　①4-10-602020-3

◇伊勢の神宮―ヤマトヒメノミコト御巡幸のすべて　大阪府神社庁編　大阪　和泉書院　1993.8　111p　21cm　〈折り込1枚〉　1800円　①4-87088-609-X

◇神道大系　論説編 5　伊勢神道　上　神道大系編纂会編　田中卓ほか校注　神道大系編纂会　1993.7　115, 623p　23cm　18000円

◇伊勢神宮　所功著　講談社　1993.4　233p　15cm　（講談社学術文庫）　〈参考文献：p230～232〉　740円　①4-06-159068-5

◇お伊勢さんの遷宮―"日本の心"伝える"二十年に一度"の祭　伊勢　伊勢志摩編集室　1993.4　128p　22cm　（しおさい文庫 1）　〈第六十一回神宮式年遷宮記念出版〉　1300円

◇大中臣祭主藤波家の歴史　藤波家文書研究会編　続群書類従完成会　1993.3　374p　22cm　〈参考文献：p365～374〉　8240円

◇御神宝特別展図録　〔伊勢〕　神宮徴古館農業館　〔1993〕　119p　24×25cm　〈第六十一回神宮式年遷宮記念　撮影：小西晴美〉

◇伊勢神宮の衣食住　矢野憲一著　東京書籍　1992.12　337p　19cm　（東書選書 130）　〈伊勢神宮略年表：p330～333〉

1600円　⓪4-487-72230-6
◇伊勢神宮の謎―なぜ日本文化の故郷なのか　高野澄著　祥伝社　1992.10　296p　16cm　（ノンポシェット）　480円　⓪4-396-31047-1
◇伊勢神宮はなぜここに在るか―全国百三十余神社の立地環境をさぐる　石原知津著　ニットー　1992.10　342p　20cm　〈発売：續文堂〉　1800円　⓪4-88116-051-6
◇伊勢神宮のロマン　木村信行著　日本歴史研究所　1992.8　219p　26cm　8000円
◇神宮遷宮記　第3巻　神宮司庁編纂　伊勢　神宮式年造営庁　1992.7　619p　図版24枚　22cm　〈昭和7年刊の複製　発売：国書刊行会（東京）〉　10000円　⓪4-336-03351-X
◇神宮遷宮記　第4巻　神宮司庁編纂　伊勢　神宮式年造営庁　1992.7　712p　図版21枚　22cm　〈昭和7年刊の複製　発売：国書刊行会（東京）〉　10000円　⓪4-336-03352-8
◇斎宮志　続　山中智恵子著　砂子屋書房　1992.4　295p　20cm　〈正編の出版者：大和書房　年表あり　文献あり〉　2913円
◇新編名宝日本の美術　第31巻　伊勢と日光　桜井敏雄執筆　小学館　1992.4　175p　31cm　（小学館ギャラリー）　〈監修：太田博太郎ほか　折り込図1枚　参考文献：p174〜175〉　1800円　⓪4-09-375131-5
◇神宮遷宮記　第1巻　神宮司庁編纂　伊勢　神宮式年造営庁　1992.3　720p　22cm　〈昭和5年刊の複製　発売：国書刊行会（東京）〉　10000円　⓪4-336-03349-8
◇神宮遷宮記　第2巻　神宮司庁編纂　伊勢　神宮式年造営庁　1992.3　650p　図版23枚　22cm　〈昭和6年刊の複製　発売：国書刊行会（東京）〉　10000円　⓪4-336-03350-1
◇伊勢神宮の祖型と展開　桜井勝之進著　国書刊行会　1991.11　318p　20cm　2800円　⓪4-336-03296-3
◇伊勢神宮―日本人のこころのふるさとを訪ねて　矢野憲一文，篠原竜写真　講談社　1991.10　143p　21cm　（講談社カルチャーブックス 31）　1500円　⓪4-06-198041-6
◇伊勢神宮　藤谷俊雄，直木孝次郎著　新日本出版社　1991.7　222p　18cm　（新日本新書）　700円　⓪4-406-01983-9
◇伊勢神宮の四季　〔伊勢〕　神宮司庁　1991.4　72p　25×26cm　〈発行所：神宮徴古館農業館〉
◇斎宮編年史料集　1　斎宮歴史博物館編　明和町（三重県）　斎宮歴史博物館　1991.3　57p　26cm
◇式年遷宮と宇治橋　鈴木庄市著　国書刊行会　1991.2　268p　20cm　3000円　⓪4-336-03205-X
◇邪馬台国と伊勢神宮―神話脱皮の史実を求めて　鈴木晨道著　名古屋　新戸隠神社々務所　1991.2　127p　22cm　〈著者の肖像あり〉　非売品
◇伊勢神宮　矢野永治著　増補　明玄書房　1990.12　143p　22cm　〈第4刷（第1刷：昭和43年）〉　1700円
◇伊勢神宮と日本文化　〔伊勢〕　神宮司庁　1990.4　73p　19cm　（神宮教養叢書 別冊6）　〈発行所：神宮文庫〉
◇お伊勢まいり　神宮司庁編　改訂17版　伊勢　神宮司庁　1990.4　182p　17cm
◇太神宮参詣記―神宮文庫本・金剛三昧院本　桜井治男，黒川典雄編　伊勢　皇学館大学神道研究所　1990.3　142, 35p　21cm　（神道資料叢刊 2）　〈監修：谷省吾〉　非売品
◇神々の聖地　萩原竜夫ほか著　佼成出版社　1990.1　218p　20cm　（仏教文化選書）　〈付：参考文献・資料〉　1550円　⓪4-333-01403-4
◇神道大系　論説編6　伊勢神道　中　神道大系編纂会編　西川順土校注　神道大系編纂会　1989.3　17, 413p　23cm　13000円
◇太神宮諸雑事記　荒木田徳雄ほか著　伊勢　神宮文庫　1989.3　74p　21cm　（神宮文庫叢書 3）
◇おかげまいり―企画展　兵庫県立歴史博物館編　〔姫路〕　兵庫県立歴史博物館　1989.1　56p　19×26cm　（企画展資料集 no.9）　〈主要参考文献：p55〉
◇伊勢の大神―神宮の展開　上田正昭編　筑摩書房　1988.11　193p　20cm　〈執

◇筆：上田正昭ほか　各章末：参考文献〉
　2000円　Ⓘ4-480-85469-X
◇神宮式年遷宮の研究　第1輯　遷宮教学
　研修会編　神道青年全国協議会　1988.9
　322p　21cm　〈遷宮年表：p305〜319〉
◇聖地への旅—伊勢神宮　土田ヒロミ、矢
　野憲一著　佼成出版社　1988.9　134p
　21cm　（フォト・マンダラ）〈年表：
　p128〜129〉　1600円　Ⓘ4-333-01360-7
◇伊勢神宮と感性の源流　伊勢　神宮司庁
　1988.4　66p　19cm　（神宮教養叢書　別
　冊4）〈発行所：神宮文庫〉
◇神祇譜伝図記—皇学館大学神道研究所所
　蔵本・松尾大社所蔵本　伴五十嗣郎編
　伊勢　皇学館大学神道研究所　1988.3
　112p　21cm　（神道資料叢刊1）〈監
　修：谷省吾〉　非売品
◇神宮御師資料　6　皇学館大学史料編纂
　所編　伊勢　皇学館大学出版部　1988.3
　158p　21cm　（資料叢書　第6輯）　2000
　円　Ⓘ4-87644-069-7
◇伊勢神宮と式年遷宮　田中卓著　伊勢
　皇学館大学出版部　1987.12　116p
　19cm　800円　Ⓘ4-87644-066-2
◇式年遷宮と御神宝—伊勢神宮神宝展記念
　講演録〔伊勢〕　神宮司庁　1987.5
　75p　19cm　（神宮教養叢書　別冊3）
　〈発行所：神宮文庫〉
◇斎宮志—伝承の斎王から伊勢物語の斎宮
　まで　山中智恵子著　大和書房　1986.7
　287p　20cm　〈新装版　斎宮表・斎宮関
　係年表，参考文献：p257〜285〉　2300円
　Ⓘ4-479-83010-3
◇神宮の式年遷宮　皇学館大学編　伊勢
　皇学館大学出版部　1986.5　320p　19cm
　〈皇学館大学月例文化講座〉　1500円
◇神宮御師資料　外宮篇4　皇学館大学史
　料編纂所編　伊勢　皇学館大学出版部
　1986.3　110p　21cm　（資料叢書　第5
　輯）　1800円
◇参宮常夜灯　荒井留五郎著　松阪　光出
　版印刷　1985.12　99p　23cm　〈付：参
　考図書〉　1900円
◇神宮御師資料　外宮篇3　皇学館大学史
　料編纂所編　伊勢　皇学館大学出版部
　1985.12　93p　21cm　（資料叢書　第4
　輯）　1800円

◇神宮関係著書・論文目録　追補　伊勢
　神宮文庫　1985.12　48p　21cm　（神宮
　文庫叢書1）〈『神宮・明治百年史—補
　遺』（神宮司庁昭和46年刊）の抜粋追補〉
◇伊勢信仰　1　古代・中世　萩原竜夫編
　雄山閣出版　1985.9　339p　22cm　（民
　衆宗教史叢書　第1巻）〈主要文献目録：
　p336〜339〉　4800円　Ⓘ4-639-00508-3,
　4-639-00211-4
◇わたしたちのお伊勢さま—式年遷宮に寄
　せて　主婦の友社編　主婦の友社
　1985.9　279p　19cm　〈企画：全国敬神
　婦人連合会〉　1380円　Ⓘ4-07-921651-3
◇田中卓著作集　4　伊勢神宮の創祀と発
　展　国書刊行会　1985.6　495p　22cm
　5800円
◇小島鉦作著作集　第2巻　伊勢神宮史の
　研究　吉川弘文館　1985.5　325, 17p
　22cm　6000円　Ⓘ4-642-02600-2
◇伊勢神宝と考古学—特別展　橿原　奈良
　県立橿原考古学研究所附属博物館
　1985.4　91p　26cm　（特別展図録　第23
　冊）〈会期：1985年4月23日〜6月2日
　式年並びに臨時仮殿遷宮一覧表：p68〜
　74　参考文献：p89〜90〉
◇伊勢信仰　2　近世　西垣晴次編　雄山
　閣出版　1984.9　356p　22cm　（民衆宗
　教史叢書　第13巻）〈主要文献目録：
　p352〜356〉　4800円　Ⓘ4-639-00390-0,
　4-639-00211-4
◇神宮—第六十一回神宮式年遷宮をひかえ
　て　神宮司庁編　伊勢　神宮司庁
　1984.3　157p　31cm
◇神宮御師資料　外宮篇2　皇学館大学史
　料編纂所編　伊勢　皇学館大学出版部
　1984.2　144p　21cm　（資料叢書　第3
　輯）　2000円
◇お伊勢まいり　西垣晴次著　岩波書店
　1983.12　214p　18cm　（岩波新書）
　430円
◇神道大系　論説編7　伊勢神道　下　神
　道大系編纂会編　西川順土校注　神道大
　系編纂会　1982.11　20, 548p　23cm
　13000円
◇名宝日本の美術　第18巻　伊勢と日光
　桜井敏雄執筆　小学館　1982.10　167p
　31cm　〈監修：太田博太郎ほか　参考文
　献：p166〜167〉　2200円

◇伊勢斎王宮の歴史と保存　2　三重の文化財と自然を守る会編　鳥羽　三重の文化財と自然を守る会　1982.8　354p　21cm　2500円

◇神宮御師資料　外宮篇1　皇学館大学史料編纂所編　伊勢　皇学館大学出版部　1982.8　138p　21cm　〈資料叢書　第2輯〉　1800円

◇考証伊勢大神宮史　菟田俊彦著　以学堂　1981.9　475p　20cm　〈日本古代史研究　巻2〉　4800円

◇斎王宮と離宮院の建築　三重の文化財と自然を守る会,松阪の文化財と自然を守る会編集　鳥羽　三重の文化財と自然を守る会　〔1981〕　p231〜322　21cm　〈共同刊行：松阪の文化財と自然を守る会〉　800円

◇斎王　津田由伎子著　学生社　1980.12　203p　19cm　1700円

◇伊勢神道と吉川神道　土田誠一著,土田誠一先生著作刊行会編　土田誠一先生著作刊行会　1980.10　499,85p　22cm　〈吉川惟定,土田誠一の肖像あり〉　非売品

◇斎王のみち―伊勢参宮の文化史　田畑美穂著　名古屋　中日新聞本社　1980.10　276p　19cm　1300円　①4-8062-0086-7

◇斎宮志―伝承の斎王から伊勢物語の斎宮まで　山中智恵子著　大和書房　1980.10　287p　20cm　〈斎宮表・斎宮関係年表,参考文献：p257〜285〉　2500円

◇神宮御師資料　内宮篇　皇学館大学史料編纂所編　伊勢　皇学館大学出版部　1980.6　240p　21cm　〈資料叢書　第1輯〉　3000円

◇日本の美術　3　伊勢と出雲　渡辺保忠著,渡辺義雄写真　第2版　平凡社　1980.1　164p　24cm　〈監修：亀井勝一郎ほか　付：伊勢内宮・外宮と出雲大社の造替年表〉　1800円

◇神宮要綱　神宮司庁編纂　大阪　東方出版　1979.7　754p　22cm　〈昭和3年刊の複製　折り込地図2枚　付：年表〉　9800円

◇現代日本写真全集―日本の美　第12巻　神宮と伊勢路　日本アート・センター編　渡辺義雄著　集英社　1979.5　133p　37cm　〈渡辺義雄年譜：p131〜133〉　4300円

◇神宮御杣山記録　第4巻　伊勢　神宮司庁　1979.3　616p　22cm　〈発売：神宮文庫〉

◇神宮崇敬余話　矢野永治著　増補　明玄書房　1978.11　109p　22cm　1000円

◇伊勢斎王宮の歴史と保存　三重の文化財と自然を守る会編　松阪　三重の文化財と自然を守る会　1978.7　209,107p　21cm　〈執筆：楢崎彰一ほか〉　2300円

◇お伊勢まいり　神宮司庁編　訂正5版　伊勢　神宮司庁　1978.1　170p　17cm

◇伊勢神宮の古代文字―ついに現われた幻の奉納文　丹代貞太郎,小島末喜著　小島末喜　1977.11　184p　26cm　〈限定版〉　3000円

◇神宮御杣山記録　第3巻　伊勢　神宮司庁　1977.9　558p　22cm　〈発売：神宮文庫（伊勢）〉

◇伊勢神宮の建築と歴史　福山敏男著　長岡京　日本資料刊行会　1976.12　1冊　22cm　〈『神宮建築に関する史的調査』内務省造神宮使庁昭和15年刊の改題　複製〉　5500円

◇古代日本と伊勢神宮　西野儀一郎著　新人物往来社　1976　254p　20cm　1400円

◇神宮式年遷宮祭式及祝詞　第60回　神宮司庁編　〔伊勢〕　神宮司庁　1976　311p　25cm　〈和装〉　非売品

◇神宮御杣山記録　第2巻　伊勢　神宮司庁　1976　752p　22cm　〈伊勢　神宮文庫（発売）〉

◇神宮御杣山記録　第1巻　伊勢　神宮司庁　1974　598p　22cm

◇伊勢神宮　旭屋出版　1973　344p　図12枚　22cm　〈日本人のための日本再発見1〉　1900円

◇伊勢神宮　写真：渡辺義雄　平凡社　1973　図74枚　37,11p　35cm　〈解説：堀口捨己〉　18000円

◇伊勢神宮の原像　鳥越憲三郎著　講談社　1973　278p　図　20cm　700円

◇伊勢神宮の史的研究　梅田義彦著　雄山閣出版　1973　359p　22cm　3500円

◇伊勢の神宮　所功著　新人物往来社　1973　162p（図共）　22cm　1000円

◇大神宮故事類纂総目録　神宮司庁編　丸善　1973　2冊　23cm

◇平凡社ギャラリー　8　伊勢神宮　文：川添登,写真：渡辺義雄　平凡社　1973　1冊（おもに図）　36cm　480円

◇ご遷宮の裏話　中沢正著　津　三重県郷土資料刊行会　1972　231p　22cm　（三重県郷土資料叢書 第37集）〈限定版〉1500円

◇お蔭参りとお蔭灯籠　牧村史陽著　大阪　史陽選集刊行会　1970.4　167p　19cm（史陽選集 41）〈限定版〉

◇大神宮叢書　神宮司庁編　京都　臨川書店　1970-1971　16冊　22cm〈昭和7-32年刊の複製〉　95000円

◇伊勢神宮　桜井勝之進著　学生社　1969　251p 図版　19cm　580円

◇「おかげまいり」と「ええじゃないか」藤谷俊雄著　岩波書店　1968　209p 図版　18cm　（岩波新書）　200円

◇神宮祭祀概説　阪本広太郎著　伊勢　神宮司庁教導部　1965　519p 図版　19cm（神宮教養叢書 第7集）

◇伊勢の神宮　神宮司庁編纂　訂正7版　伊勢　神宮司庁　1964.6　80p 図版〔19〕枚　19cm

◇神官制度改正問題の経緯　岡田米夫著　神社本庁　1962.5　196p　21cm

◇伊勢―日本建築の原形　丹下健三,川添登,渡辺義雄著　朝日新聞社　1962　251p（図版 解説共）　29cm

◇伊勢の神宮　近畿日本鉄道創立五十周年記念出版編集所編　大阪　近畿日本鉄道　1961　183p 図版21枚（原色図版共）　27cm　（近畿日本叢書 第2輯）

◇伊勢神宮　藤谷俊雄,直木孝次郎共著　京都　三一書房　1960　222p　17cm（三一新書）

◇大神宮史要　大西源一著　平凡社　1960　894p 図版　22cm

◇神宮の創祀と発展　田中卓著　伊勢　神宮司庁教導部　1959　67p 図版　19cm（神宮教養叢書 第5集）

◇皇室と神宮　八束清貫著　伊勢　神宮司庁教導部　1957　227p 図版　19cm（神宮教養叢書 第4集）

◇度会神道大成　前篇〔宇治山田〕　神宮司庁　1957　850p 図版　22cm

◇伊勢神宮の史的研究　下編（鎮座編）〔出雲〕　曽根研三　1955.3　114p　26cm

◇伊勢信仰と民俗　井上頼寿著　伊勢　神宮司庁教導部　1955　271p 図版　19cm（神宮教養叢書 第2集）

◇度会神道大成　後篇〔宇治山田〕　神宮司庁　1955　851p 図版　22cm

◇伊勢の文学　伊藤正雄著　伊勢　神宮司庁教導部　1954　249p 図版　19cm（神宮教養叢書 第1集）

◇伊勢神宮　岡田米夫編著　宇治山田　伊勢神宮式年遷宮奉賛会　1953.9　15p 図版80枚　27×37cm

高天原
たかまがはら

　古事記神話で、天照大神をはじめ多くの神々が住んでいたとされる天上の世界。地上の世界「葦原の中つ国」、地下の世界「根の堅州（かたす）国」と合わせて3層の神話的世界構造となる。3層それぞれが王権神話における固有の意義をにない、単に天、地上、地下というだけではなく、天上の高天原なる神々の世界は、王権の神聖性がそこに由来する特別の世界である。それまで日本民族がもたなかった観念であり、中国からの影響をみることもできる。

＊　　　＊　　　＊

◇日本国家の起源―五島列島に実在した高天原　松野尾辰五郎著　岡山　出版サービスセンター，丸善岡山支店出版サービスセンター（制作出版）　2009.7　143p　21cm　〈昭和53年刊の複製　折り込み1枚〉　2500円　①978-4-89620-176-5

◇邪馬台国と高天の原伝承―「邪馬台国＝高天の原」史実は国内で神話化した　安本美典著　勉誠出版　2004.3　232p　22cm　（推理・邪馬台国と日本神話の謎）　3200円　①4-585-05125-2

◇高天が原の乱　船迫弘著　土浦　筑波書林　1997.2　277p　20cm　〈付属資料：4枚〉　1456円　①4-900725-42-0

◇天ノ朝の研究　菊池山哉著, 田中紀子解説　批評社　1996.12　442p　22cm　〈『蝦夷と天ノ朝の研究』(東京史談会昭和41年刊)の複製〉　7550円　①4-8265-0220-6
◇謎の天孫降臨と大和朝廷の秘密―真説日本誕生　加治木義博著　ロングセラーズ　1995.2　219p　18cm　(ムックの本)　900円　①4-8454-0464-8
◇高天原(邪馬台国)と天孫降臨―丹波の古代史　焼畑から稲作へ　山口正雄著　京都タニハ古代史研究会　1994.4　481p　26cm　4500円
◇もう一つの「高天原」―古代近江文化圏試論　原田実著　批評社　1991.6　236p　20cm　2472円
◇高天の原の謎―日本神話の世界　安本美典著　徳間書店　1989.6　219p　16cm　(徳間文庫)　〈『高天原の謎』(講談社1974年刊)の増訂〉　400円　①4-19-598802-0
◇邪馬台国は高天原の裏側にあった　和泉孝之著　徳島　教育出版センター　1987.12　163p　19cm　1300円
◇紀記論究　神代篇3　高天原　松岡静雄著　教育出版センター　1986.1　314p　22cm　〈同文館昭和6年刊の複製　発売：冬至書房〉
◇日本神話高天原近江説―古事記・日本書紀の神代巻をこう読んだ　大久保甚一著　春日村(岐阜県)　日本神話伝承保存会　1981.8　103p　19cm　600円
◇高天原は朝鮮か―古代日本と韓来文化　李沂東著　新人物往来社　1977.11　254p　20cm　1300円
◇日本神話研究　2　国生み神話・高天原神話　伊藤清司, 大林太良編　学生社　1977.8　238p　22cm　2300円
◇高天原は阿波だった　山中康男著　講談社　1977.3　227p　19cm　790円
◇まぼろしではない邪馬台国―実在した高天原と日向朝三代　松田正一著　新評社　1977.2　314p　20cm　〈参考文献：p.313～314〉　1400円
◇講座日本の神話　4　高天原神話　『講座日本の神話』編集部編　有精堂出版　1976　165p　19cm　1200円

◇高天の原は唐津だ　時津規美生著　唐津　唐津新聞社　1976　315p　図　19cm　1000円
◇阿波高天原考　郡昇作著　富田林　郡昇作　1975　133p　18cm　455円
◇高天原研究序説　田村喜照著　日本政策センター　1974　124p　18cm　(人間新書12)　2000円
◇高天原の謎―日本神話と邪馬台国　安本美典著　講談社　1974　192p(図共)　18cm　(講談社現代新書)　370円
◇高天原論究　吾郷清彦著　霞ケ関書房　1974　343p(図共)　図　19cm　1500円
◇高天原神話―シンポジウム　学生社　1973　258, 19p　19cm　(シンポジウム「日本の神話」2)　〈司会・編集：大林太良　出席者：伊藤清司等〉　980円
◇高天原の正体―日本神話の謎をとく　松田正一著　三彩社　1972　273p　図　20cm　800円

日本武尊
やまとたけるのみこと

『古事記』『日本書紀』『風土記』などに伝えられる英雄伝説の主人公。景行天皇の皇子、母は播磨稲日大郎姫。幼名に小碓(おうす)命、倭男具那(やまとおぐな)王がある。幼少より武勇に優れ、16歳の時、景行天皇の命を受けて九州の熊襲征討に行き、熊襲建を討ち日本武尊の名を奉献される。その後、蝦夷征伐の命が下った際に、伊勢神宮に参拝したところ倭姫命から草薙剣と袋を授けられる。蝦夷の平定をはたして帰路の途中、尾張で宮簀媛と結婚。ここで五十葺山の神を鎮めようとしたが病を負い、伊勢に入って能褒野で死亡した。天皇が埋葬したところ陵の中から白鳥が飛び立って河内旧市邑に至ったので、そこにも陵をつくり白鳥陵と名付けたが、さらに白鳥は天のかなたへ飛び去ったと伝える。なお、『古事記』『日本書紀』では記述内容にかなりの相違がある。

　　　＊　　　＊　　　＊

◇ヤマトタケルの正体―創られた英雄　関裕二著　PHP研究所　2009.5　266p　15cm　(PHP文庫 せ3-14)　〈文献あり〉　552円　①978-4-569-67246-5
◇応神＝ヤマトタケルは朝鮮人だった―異説日本国家の起源　林順治著　河出書房

古墳時代

新社 2009.4 194p 20cm 〈文献あり 年表あり〉 1800円 ①978-4-309-22505-0

◇ヤマトタケルの正体―創られた英雄 関裕二著 PHP研究所 2007.9 253p 20cm 〈文献あり〉 1400円 ①978-4-569-69303-3

◇天翔ける日本武尊 上巻 神渡良平著 致知出版社 2007.7 270p 20cm 1600円 ①978-4-88474-782-4

◇天翔ける日本武尊 下巻 神渡良平著 致知出版社 2007.7 285p 20cm 1600円 ①978-4-88474-783-1

◇ヤマトタケルに秘められた古代史―伝承考古学 崎元正教著 立川 けやき出版 2005.9 372p 21cm 2300円 ①4-87751-287-X

◇ヤマトタケル―蘇える古代の英雄とその時代 企画展 熱田神宮文化課編 〔名古屋〕〔熱田神宮〕〔2003〕 52p 26cm 〈会期：平成15年9月26日―10月28日〉

◇崇神天皇とヤマトタケル 神一行著 学習研究社 2001.1 236p 15cm （学研M文庫）〈「崇神天皇と三王朝交替の謎」（1994年刊）の改題〉 540円 ①4-05-901033-2

◇ヤマトタケル伝説と日本古代国家 石渡信一郎著 三一書房 1998.9 208p 20cm 2000円 ①4-380-98313-7

◇神宝―熱田神宮名宝展 サントリー美術館編 サントリー美術館 1997 99p 28cm

◇ヤマトタケル―尾張・美濃と英雄伝説 森浩一、門脇禎二編 大巧社 1995.12 238p 20cm 〈第2回春日井シンポジウム〉 1800円 ①4-924899-08-9

◇ヤマトタケル―ヤマトの伝承英雄 保永貞夫著 講談社 1995.5 205p 18cm （講談社火の鳥伝記文庫 94） 540円 ①4-06-147594-0

◇春日井シンポジウム 第2回（1994年） ヤマトタケル伝説と尾張・美濃―見直される英雄伝説 春日井市教育委員会民俗考古調査室編 〔春日井〕 第2回春日井シンポジウム実行委員会 1994.11 119p 26cm 〈期日・会場：1994年11月27日 春日井市民会館〉

◇熱田神宮名宝図録 熱田神宮文化課編 〔名古屋〕 熱田神宮庁 1992.4 225p 26cm

◇天翔る白鳥ヤマトタケル―伝承が語る古代史 小椋一葉著 河出書房新社 1989.5 262p 20cm 1800円 ①4-309-22162-9

◇ヤマトタケル伝承序説 守屋俊彦著 大阪 和泉書院 1988.6 278p 20cm （和泉選書 36） 3800円 ①4-87088-289-2

◇伝承が語るヤマトタケル 小椋一葉著 名古屋 中日出版社 1986.5 294p 21cm 〈発売：愛知県郷土資料刊行会〉 1500円 ①4-88519-028-2

◇日本武尊 上田正昭著 吉川弘文館 1986.1 219p 19cm （人物叢書 新装版）〈新装版 叢書の編者：日本歴史学会〉 1400円 ①4-642-05024-8

◇日本の神話 5 倭建命 伊сань清司、松前健編集 ぎょうせい 1983.7 173p 30cm 5000円

◇ヤマトタケル伝説の研究 砂入恒夫著 近代文芸社 1983.4 252p 20cm 1500円 ①4-89607-324-X

◇熱田の宮のうた 〔熱田〕 熱田神宮宮庁 1980.3 110p 21cm （熱田神宮文化叢書 第7）

◇ヤマトタケルと大国主―比較神話学の試み3 吉田敦彦著 みすず書房 1979.1 172, 6p 20cm 1400円

◇日本武尊の御東征伝説 広瀬正四郎著 武相甲談会史蹟研究部 1978.6 227p 19cm （資料集 第1輯） 1500円

◇ヤマトタケル 吉井巌著 学生社 1977.9 276p 19cm 1200円

◇日本武尊 上田正昭著 吉川弘文館 1960 219p 図版 18cm （人物叢書 日本歴史学会編）

◇日本武尊 藤間生大著 創元社 1953 188p 19cm （現代国民選書）

◇日本武尊論―焼津神社誌 桜井満編 焼津 焼津神社 1989.8 632p 22cm 〈発行所：桜楓社（東京）〉

神武天皇
じんむてんのう

　第1代天皇。在位期間は神武元年（前660年）～神武76年（前585年）。日向国（宮崎県）の人。名は神日本磐余彦尊（かむやまといわれひこのみこと）。彦波瀲武草葺不合尊（ひこなぎさたけうがやふきあえずのみこと）の第四皇子で、母は玉依姫。日向で生まれて高千穂宮にいたが、大和を征服しようと大軍を率いて河内に上陸。しかし土豪らの抵抗に遭ったため紀伊の熊野へ迂回し、天照大神の遣わした八咫烏に導かれて大和に入り、抵抗勢力を平定した。辛酉の年の元旦、畝傍山近くの橿原で初代天皇の位につき、始馭天下之天皇（はつくにしらすすめらみこと）と讃えられた（大和平定）。媛蹈五十鈴媛命（ひめたたらいすずひめのみこと）を皇后とし、在位76年、127歳（『記』では137歳）で没して畝傍山東北陵に葬られたという。実在には疑問がある。

　　　　＊　　＊　　＊

◇神武天皇実在論　林房雄著　学習研究社　2009.7　282p　15cm　（学研M文庫　は-13-1）〈光文社1971年刊の加筆　並列シリーズ名：Gakken M bunko　文献あり〉　676円　①978-4-05-901243-6
◇神武天皇の鏡　鈴木一郎著　福岡　西日本新聞社　2009.4　293p　19cm　〈文献あり〉　1429円　①978-4-8167-0777-3
◇誰も書かなかった神武天皇と卑弥呼の関係　宮内瑞生著　高木書房　2009.2　171p　21cm　〈文献あり〉　1429円　①978-4-88471-413-0
◇三輪山と卑弥呼・神武天皇　笠井敏光, 金関恕, 千田稔, 塚口義信, 前田晴人, 和田萃著　学生社　2008.8　194p　20cm　1980円　①978-4-311-20320-6
◇卑弥呼と神武が明かす古代―日本誕生の真実　内倉武久著　京都　ミネルヴァ書房　2007.11　251,3p　20cm　（シリーズ〈古代史の探求〉8）〈文献あり〉　2500円　①978-4-623-04986-8
◇神武東征　高城修三著　構想社　2007.5　264p　20cm　〈年表あり〉　2300円　①978-4-87574-071-1
◇「神武東征」の原像　宝賀寿男著　田原本町（奈良県）　青垣出版, 星雲社（発売）　2006.11　340p　21cm　〈年表あり〉　2000円　①4-434-08535-2

◇彷徨える神武天皇　中村正直著　新風舎　2006.3　71p　19cm　（Shinpu books）〈文献あり〉　900円　①4-7974-8249-4
◇日向三代と神武東征―東アジア民族史を視点に『記・紀』を解読して　日高稔著　宮崎　鉱脈社　2005.9　231p　22cm　〈年表あり　文献あり〉　2000円　①4-86061-154-3
◇天皇文業総覧　上　青木周平, 針本正行編著　若草書房　2004.7　259p　19cm　1600円　①4-948755-82-6
◇神武東征の謎―「出雲神話」の裏に隠された真相　関裕二著　PHP研究所　2003.12　251p　15cm　（PHP文庫）〈文献あり〉　495円　①4-569-66098-3
◇教科書が教えない神武天皇　出雲井晶著　産経新聞ニュースサービス　1999.1　82p　19cm　〈東京　扶桑社（発売）〉　571円　①4-594-02633-8
◇神武・崇神と初期ヤマト王権　佃収著　松戸　ストーク　1999.1　265p　22cm　（古代史の復元 3）〈東京　星雲社（発売）〉　2200円　①4-7952-2683-0
◇「神武」は呉からやって来た―刀と鏡が明かす日本建国の真実　竹田昌暉著　徳間書店　1997.8　243p　20cm　1600円　①4-19-860744-3
◇卑弥呼と神武天皇―ファースト・エンペラー（エンプレス）は卑弥呼か神武天皇か　富田徹郎著　フジテレビ出版　1995.12　291p　19cm　〈発売：扶桑社〉　1400円　①4-594-01868-8
◇三人の「神武」―後漢・光武帝、奴国王、卑弥呼、高句麗・東川王の攻防　小林恵子著　文芸春秋　1994.10　271p　20cm　1500円　①4-16-349340-9
◇万世一系王朝の始祖神武天皇の伝説　広畑輔雄著　風間書房　1993.9　377p　22cm　15450円　①4-7599-0860-9
◇〈真説〉日本誕生卑弥呼を攻めた神武天皇　加治木義博著　ロングセラーズ　1992.8　262p　18cm　（ムックの本）　850円　①4-8454-0374-9
◇日本古代新史―増補・邪馬一国の挑戦　古田武彦著　新泉社　1991.4　248p　19cm　1648円
◇神武天皇―日本の建国　植村清二著　中央公論社　1990.9　222p　16cm　（中公

文庫） 420円 ⑪4-12-201744-0
◇神武東遷 安本美典著 徳間書店 1988.3 251p 16cm （徳間文庫） 360円 ⑪4-19-598484-X
◇神武天皇古陵の発見！ 井上赳夫著 大陸書房 1986.4 269p 19cm 1200円 ⑪4-8033-0972-8
◇紀記論究 建国篇1 神武天皇 松岡静雄著 教育出版センター 1986.1 324p 22cm 〈同文館昭和6年刊の複製 発売：冬至書房〉
◇神武天皇考 宮井義雄著 成甲書房 1982.11 300p 20cm 2000円 ⑪4-88086-035-2
◇神武天皇 星野良作著 吉川弘文館 1980.11 298,10p 19cm （研究史） 1700円
◇神武天皇＝徐福伝説の謎 衛挺生著, 羅積穂, 沖由也訳 新人物往来社 1977.4 225p 図 20cm 1400円
◇実録神武天皇紀 荒深道斉原著, 日立日出彦訳著 川口 山雅房 1977.3 425p 図 19cm 2000円
◇神武天皇実在論―よみがえる日本古代の英雄 林房雄著 光文社 1975.6 229p 18cm （Kappa books） 500円
◇神武天皇の誕生 原島礼二著 新人物往来社 1975 235p 20cm 1300円
◇まぼろしの神武建国―日本書紀をどう読むか 市村其三郎著 新人物往来社 1975 222p 図 22cm 1200円
◇神武天皇は応神帝か―古代史七つの謎 市村其三郎著 新人物往来社 1973 223p 20cm 850円
◇神武東遷―数理文献学的アプローチ 安本美典著 中央公論社 1968 226p 18cm （中公新書） 230円
◇神武天皇と日本の歴史 中山久四郎編 小川書店 1961 295p 図版 22cm
◇神武東征 北書房 1959 113p 21cm
◇神武天皇紀元論―紀元節の正しい見方 日本文化研究会編 立花書房 1958 397p 19cm
◇神武天皇 門脇禎二著 京都 三一書房 1957 221p 18cm （三一新書）
◇神武天皇―日本の建国 植村清二著 至文社 1957 180p 19cm （日本歴史新書）
◇神武天皇―肇国伝説の形成 肥後和男著 弘文堂 1952 183p 19cm （アテネ新書 第46）

応神天皇
おうじんてんのう

　第15代天皇。在位期間は応神元年（270年）〜応神41年（310年）。名は誉田別尊（ほむたわけのみこと／ほんだわけのみこと）。仲哀天皇の第四皇子、母は神功皇后。神功皇后が朝鮮への軍事行動から帰る途中筑紫で生まれ、母の崩御で即位。皇后仲姫との間に仁徳天皇をもうけた。応神の代は、以前の皇統とは隔絶した新王朝の性格を持ち、蝦夷の朝貢、吉野国樔（くず）の貢献、吉備の行政的編成などのほか、特に百済の王朝と密接な関係を築き、阿知使主、弓月君、王仁などが渡来するなど、大和政権の勢力が内外に飛躍的に発展した。『宋書』倭国伝にある倭の五王の一人、讃に比定する説がある。『古事記』や『延喜式』などによれば、陵は大阪府羽曳野市にある恵我藻伏崗陵（えがのもふしのおかのみささぎ）とされる。

　　　　　＊　　　＊　　　＊

◇応神大王の時代―河内政権の幕開け 平成18年度秋季特別展 大阪府立近つ飛鳥博物館編 河南町（大阪府） 大阪府立近つ飛鳥博物館 2006.9 141p 30cm （大阪府立近つ飛鳥博物館図録42）〈会期・会場：平成18年9月30日―11月26日 大阪府立近つ飛鳥博物館地階特別展示室 文献あり 年表あり〉
◇応神天皇の故郷 保田道子著 碧天舎 2005.5 340p 19cm 1400円 ⑪4-88346-970-0
◇百済から渡来した応神天皇―騎馬民族王朝の成立 石渡信一郎著 三一書房 2001.6 314p 20cm 2800円 ⑪4-380-01209-3
◇応神天皇の秘密―古代史朝廷ミステリー 安本美典著 広済堂出版 1999.11 299p 20cm 2286円 ⑪4-331-50704-1
◇応神陵の被葬者はだれか―消えた初代大王を追う 石渡信一郎著 三一書房 1990.2 332p 20cm 2600円 ⑪4-380-90202-1

◇応神天皇と三皇子―八幡神の由来　大城戸忠著　東海大学出版会　1978.10　616p　22cm　4000円
◇書き改むべき日本歴史　第4巻　応神・仁徳天皇研究　沖野岩三郎著　金の星社　1949　170p　19cm

神功皇后
じんぐうこうごう

　記紀や『風土記』などにみえる伝承上の人物。名は気長足姫（息長帯比売）（おきなかたらしひめのみこと）。仲哀天皇の皇后。熊襲征討のため天皇と共に筑紫に赴き、天照大神と住吉三神が皇后にのりうつって託宣を下したが、仲哀はこれを信じなかったため急死した。皇后は応神天皇を腹に宿しながら武内宿禰（たけうちのすくね）とともに朝鮮半島に出陣し新羅を討ち、高句麗、百済をも従えて三韓をたてたと伝えられる。筑紫宇の美（うみ）で後の応神天皇を出産後、皇族らの反乱を鎮圧し、応神天皇の即位までの69年間、皇后のまま摂政として政治を行ったとされる。

＊　　＊　　＊

◇住吉大社事典　真弓常忠編　国書刊行会　2009.3　322p　図版10枚　27cm　14286円　①978-4-336-05100-4
◇神功皇后と天日矛の伝承　宝賀寿男著　法令出版　2008.4　347p　21cm　2000円　①978-4-938419-02-8
◇神功皇后は実在した―その根拠と証明　後藤幸彦著　明窓出版　2007.10　419p　20cm　〈付・メジャーで辿る邪馬台国〉　2000円　①978-4-89634-220-8
◇神功皇后紀の謎を解く―4世紀の海進は歴史的事実だった　佐野郁夫著　大阪　新風書房　2004.4　56p　19cm　800円　①4-88269-549-9
◇住吉大社　三好和義ほか著　京都　淡交社　2004.3　141p　27cm　（日本の古社）　〈年表あり〉　2800円　①4-473-03112-8
◇神功皇后を読み解く　山田昌生著　国書刊行会　2003.11　304p　20cm　2500円　①4-336-04605-0
◇神功紀異聞　坂本繁俊著　碧天舎　2003.3　139p　19cm　1000円　①4-88346-203-X
◇住吉大社　住吉大社編　改訂新版　学生社　2002.12　221p　20cm　〈年表あり〉　2200円　①4-311-40719-X
◇西日本古代紀行―神功皇后風土記　河村哲夫著　福岡　西日本新聞社　2001.10　366p　22cm　2800円　①4-8167-0531-7
◇神功皇后伝説の誕生　前田晴人著　大和書房　1998.5　203p　20cm　2800円　①4-479-84049-4
◇住吉大社史　中巻　田中卓著　大阪　住吉大社奉賛会　1994.11　431,8p　22cm　非売品
◇神功皇后の摂政期間―神社の伝承にみる　望月古奠著　〔島田〕　〔望月古奠〕　〔1992〕　214p　21cm
◇神功皇后発掘　高橋政清編著　叢文社　1987.10　230p　20cm　〈監修・執筆：志村有弘ほか〉　2000円　①4-7947-0155-1
◇田中卓著作集　7　住吉大社神代記の研究　国書刊行会　1985.12　536p　22cm　5800円
◇住吉さん―社宝と信仰　大阪　大阪市立博物館　〔1985〕　80p　26cm　〈展覧会目録　第98号〉　〈第101回特別展　会期：昭和60年4月28日～6月9日〉
◇神功皇后の戦略　永井功著　北九州　永井功　1984.10　201p　19cm　〈神功皇后の肖像あり〉
◇住吉大社―歌枕の世界　堺市博物館編　堺　堺市博物館　1984.10　155p　26cm　〈特別展　会期：昭和59年10月6日～11月11日　参考文献：p154〉
◇住吉大社史　下巻　所功ほか執筆　大阪　住吉大社奉賛会　1983.10　621,9p　22cm　〈上巻の著者：田中卓　監修：田中卓〉　非売品
◇住吉大社史　上巻　田中卓著　大阪　住吉大社奉賛会　1983.7　343,3p　22cm　〈2刷（1刷：昭和38年）〉　非売品
◇神功皇后伝説の研究―日本古代氏族伝承研究序説　塚口義信著　大阪　創元社　1980.4　294p　22cm　（創元学術双書）　2800円
◇住吉大社　西本泰著　学生社　1977.5　223p（図共）　19cm　〈住吉大社遷宮年表：p.220～221〉　980円
◇神功皇后　神功皇后論文集刊行会編　伊

勢　皇学館大学出版部　1972　789p 肖像　22cm　4500円

◇住吉大社史　上巻　田中卓著　大阪　住吉大社奉賛会　1963　343p 図版　22cm

◇神功皇后　岡本堅次著　吉川弘文館　1959　175p 図版 地図　18cm　（人物叢書 日本歴史学会編）

◇神功皇后　肥後和男著　弘文堂　1957　166p 19cm　（アテネ新書）

◇神功皇后の研究　重見辰馬著　にぎたづ社　1955　80p（図版共）　21cm

仁徳天皇
にんとくてんのう

　第16代天皇。在位期間は仁徳天皇元年（313年）～仁徳87年（399年）。名は大鷦鷯尊（おおささぎのみこと）。応神天皇の皇子、母は仲姫。異母弟菟道稚郎子が皇太子となった際、その輔佐を命ぜられる。天皇の崩御後、太子と皇位を3年に渡って譲り合い、もう一人の異母兄大山守皇子が反乱を起こし、太子はこれを討ったのち自殺。そのため即位することとなり、難波高津宮を宮居として、磐之媛を皇后に立てたと伝えられる。民衆が苦しむ様を見て課役を3年間停止するなど仁政を行い、人民は大いに富んだという。茨田堤や難波堀江の築造もこの時代のこととされる。日本最大の古墳の被葬者として有名で、現在仁徳陵に指定されている前方後円墳は大阪府堺市大仙町にあり、俗に大仙陵とも呼ばれる。『宋書』倭国伝にある倭の五王の讃または珍に比定する説がある。

　　　　　＊　　＊　　＊

◇仁徳陵古墳築造—百舌鳥・古市の古墳群からさぐる　平成21年度秋季特別展　堺市博物館編　堺　堺市博物館　2009.9　143p　30cm　〈会期：平成21年9月20日—11月8日〉

◇古墳時代のシンボル・仁徳陵古墳　一瀬和夫著　新泉社　2009.2　93p 21cm　（シリーズ「遺跡を学ぶ」 055）　〈文献あり〉　1500円　①978-4-7877-0935-6

◇仁徳天皇陵設計の謎に迫る　安間安人編著　〔堺〕　〔安間安人〕　1995　50p　26×37cm　1500円

◇古代天皇系図の謎—神武天皇は仁徳天皇だった　坂田隆著　新人物往来社　1976.1　234p　20cm　1300円

◇書き改むべき日本歴史　第4巻　応神・仁徳天皇研究　沖野岩三郎著　金の星社　1949　170p　19cm

古　墳　こふん

　一般的には土を高く盛った古代の墳墓という意味をもつが、考古学研究では弥生時代終末の西暦3世紀後半に出現し、7世紀末ごろまでに築造された高塚の墳墓を指す。工法によって、土を盛って作った土塚と、石を積み上げた積石塚に分けられ、形態は、規模の小さい円墳、方墳と、大型のものをふくむ前方後円墳、前方後方墳がある。特定の時期に現れたものとして、前期の双方中円墳、中期の帆立貝式古墳、後期の双円墳および上円下方墳などがある。また、外形の種類と関係なく、周濠のないものと周濠をめぐらすものとがあり、その周濠にも濠底が傾斜し内部に水をためることのできない空濠と、高い堤で囲んで水をためたものとがある。また、その堤の上に陪冢（ばいちょう）と呼ばれる小さな古墳を複数配置したものもあり、ここには従者や近親者を葬ったとみられる。特定人物の埋葬の場所としてだけでなく、その墳丘に関係者を追葬する例は多く、なかには、当初から第2・第3の追葬を予定していた可能性のあるものもある。それらを仮に家族の追葬と考えると、それとは別に、墳丘の裾などを利用して、円筒埴輪や土器などを容器とする粗末な埋葬も行われており、共同墓地として使用されているものもある。

◇天皇陵の解明—閉ざされた「陵墓」古墳　今井尭著　新泉社　2009.10　217p

22cm 2800円 ⓘ978-4-7877-0911-0
◇東北古墳探訪─東北六県+新潟県古代日本の文化伝播を再考する エリア別徹底ガイド 三橋浩, 相原精次著 彩流社 2009.9 198p 21cm 2800円 ⓘ978-4-7791-1429-8
◇仁徳陵古墳築造─百舌鳥・古市の古墳群からさぐる 平成21年度秋季特別展 堺市博物館編 堺 堺市博物館 2009.9 143p 30cm 〈会期:平成21年9月20日─11月8日〉
◇方格法の渡来と複合形古墳の出現─古墳時代の成立とは 椚国男著 築地書館 2009.5 261p 22cm 〈文献あり 索引あり〉 4200円 ⓘ978-4-8067-1378-4
◇キトラ古墳壁画四神─青竜白虎─春期特別展示 明日香村(奈良) 国立文化財機構奈良文化財研究所飛鳥資料館 2009.4 37p 30cm (飛鳥資料館図録 第50冊) 〈会期:4月17日─6月21日〉
◇日本の遺跡と遺産 2 古墳 武井正弘著 岩崎書店 2009.4 55p 29cm 〈索引あり〉 3200円 ⓘ978-4-265-02862-7
◇蓬莱山と扶桑樹─日本文化の古層の探究 岡本健一著 京都 思文閣出版 2008.8 403, 20p 22cm 5500円 ⓘ978-4-7842-1400-6
◇東海の古墳風景 中井正幸, 鈴木一有編 雄山閣 2008.5 152p 26cm (季刊考古学・別冊 16) 2600円 ⓘ978-4-639-02037-0
◇律令期陵墓の成立と都城 今尾文昭著 青木書店 2008.5 399, 15p 22cm (古代日本の陵墓と古墳 2) 〈年表あり〉 5500円 ⓘ978-4-250-20814-0
◇西都原古墳群探訪ガイド 宮崎県立西都原考古博物館企画・編集 増補改訂版 宮崎 鉱脈社 2008.4 58p 21cm 476円 ⓘ978-4-86061-257-3
◇図説日本の古墳・古代遺跡─決定版 学習研究社 2008.4 169p 26cm (歴史群像シリーズ 特別編集) 〈年表あり〉 2000円 ⓘ978-4-05-605064-6
◇東アジアの巨大古墳 上田正昭, 白石太一郎, 西谷正ほか著 大和書房 2008.4 209p 20cm 2800円 ⓘ978-4-479-84069-5
◇古墳 鳥取県埋蔵文化財センター編 鳥取 鳥取県埋蔵文化財センター 2008.3 56p 30cm (鳥取県の考古学 第4巻(古墳時代 1)) 〈年表あり〉
◇古代日本の異文化交流 鈴木靖民編 勉誠出版 2008.2 660p 27cm 〈文献あり〉 25000円 ⓘ978-4-585-10439-1
◇吉備の飛鳥古墳 亀山行雄, 尾上元規著 岡山 吉備人出版 2008.1 159p 21cm (吉備考古ライブラリィ 17) 1600円 ⓘ978-4-86069-180-6
◇埋葬施設からみた弥生墳丘墓と前期古墳 〔堺〕 大阪府文化財センター 〔2008〕 102p 30cm ((財)大阪府文化財センター・近つ飛鳥博物館共同研究発表会 2007年度) 〈会期・会場:2008年2月17日 大阪府立近つ飛鳥博物館 文献あり〉
◇関東の後期古墳群 佐々木憲一編 六一書房 2007.12 228p 21cm (考古学リーダー 12) 3000円 ⓘ978-4-947743-55-8
◇金の輝き、ガラスの煌めき─藤ノ木古墳の全貌 秋季特別展 橿原 奈良県立橿原考古学研究所附属博物館 2007.10 103p 30cm (奈良県立橿原考古学研究所附属博物館特別展図録 第68冊) 〈会期:2007年10月6日─11月25日 文献あり〉
◇四隅突出型墳丘墓を探る─首長と地域社会 王塚・千坊山遺跡群国指定記念 平成18年度「婦負の国弥生フォーラム」記録集 富山市教育委員会埋蔵文化財センター編 〔富山〕 富山市教育委員会 2007.10 64p 30cm 〈会期・会場:平成18年10月21日 富山市立速星公民館〉
◇東国の古墳と古代史 白石太一郎著 学生社 2007.9 258p 20cm 2400円 ⓘ978-4-311-20298-8
◇近畿の古墳と古代史 白石太一郎著 学生社 2007.5 237p 20cm 2400円 ⓘ978-4-311-20297-1
◇古墳の成立と葬送祭祀 古屋紀之著 雄山閣 2007.5 271p 27cm 〈文献あり〉 9000円 ⓘ978-4-639-01986-2
◇巨大古墳の時代─九州南部の中期古墳 特別展 図録 西都 宮崎県立西都原考古博物館 2007.4 55p 21cm 〈会期:平成19年4月20日─6月17日〉
◇キトラ古墳壁画四神玄武 明日香村(奈良県) 文化財研究所奈良文化財研究所

飛鳥資料館　2007.3　42p　30cm　（飛鳥資料館図録　第46冊）〈会期：4月20日—6月24日〉

◇西都原古墳群男狭穂塚女狭穂塚陵墓参考地地中探査事業報告書　東憲章編　〔宮崎〕　宮崎県教育委員会　2007.3　70p　30cm

◇常陸の古墳　茂木雅博著　同成社　2007.2　280p　22cm　〈文献あり〉　6000円　ⓘ978-4-88621-379-2

◇斑鳩に眠る二人の貴公子—藤ノ木古墳　前園実知雄著　新泉社　2006.12　93p　21cm　（シリーズ「遺跡を学ぶ」32）　1500円　ⓘ4-7877-0732-9

◇壁画古墳の研究　網干善教著　学生社　2006.10　343p　22cm　6800円　ⓘ4-311-30490-0

◇東北古墳研究の原点—会津大塚山古墳　辻秀人著　2006.9　93p　21cm　（シリーズ「遺跡を学ぶ」29）〈文献あり〉　1500円　ⓘ4-7877-0639-X

◇西都原古墳群探訪ガイドブック　宮崎県立西都原考古博物館企画・編集　宮崎鉱脈社　2006.8　51p　21cm　381円　ⓘ4-86061-185-3

◇キトラ古墳と発掘された壁画たち　文化財研究所奈良文化財研究所飛鳥資料館著　明日香村（奈良県）　文化財研究所奈良文化財研究所飛鳥資料館　2006.4　36p　30cm　（飛鳥資料館図録　第45冊）〈会期：4月14日—6月25日〉

◇西都原古墳群保存整備事業報告書—特別史跡西都原古墳群　宮崎県教育委員会編　〔宮崎〕　宮崎県教育委員会　2006.3　198p　30cm

◇終末期古墳と初期寺院の造営を考える—古市古墳群終焉後の藤井寺とその周辺　藤井寺市教育委員会事務局編　藤井寺　藤井寺市教育委員会事務局　2006.3　167p　21cm　（藤井寺の遺跡ガイドブック no.14）〈会期：2004年12月4日〉

◇西日本の終末期古墳　下原幸裕著　福岡　中国書店　2006.3　501p　27cm　13000円　ⓘ4-924779-90-3

◇藤ノ木古墳から見た古代繊維製品の研究　奈良県立橿原考古学研究所編　橿原　奈良県立橿原考古学研究所　2006.3　140p　30cm　（橿原考古学研究所研究成果　第7冊）〈他言語標題：A study of ancient textiles excavated from Fujinoki tumulus〉

◇筑紫政権からヤマト政権へ—豊前石塚山古墳　長嶺正秀著　新泉社　2005.12　93p　21cm　（シリーズ「遺跡を学ぶ」22）　1500円　ⓘ4-7877-0632-2

◇巨大古墳と古代王統譜　宝賀寿男著　田原本町（奈良県）　青垣出版　2005.11　310p　19cm　〈東京　星雲社（発売）〉　1900円　ⓘ4-434-06960-8

◇西都原古墳群　北郷泰道著　同成社　2005.8　186p　20cm　（日本の遺跡 1）〈シリーズ責任表示：菊池徹夫、坂井秀弥企画・監修　年表あり　文献あり〉　1800円　ⓘ4-88621-329-4

◇キトラ古墳は語る　来村多加史著　日本放送出版協会　2005.6　205p　17cm　（生活人新書 148）　680円　ⓘ4-14-088148-8

◇古墳のはじまりを考える　金関恕、森岡秀人、森下章司、山尾幸久、吉井秀夫著　学生社　2005.6　208p　20cm　1980円　ⓘ4-311-20280-6

◇東日本における古墳の出現—第9回東北・関東前方後円墳研究会研究大会《シンポジウム》東日本における古墳出現について開催記録　東北・関東前方後円墳研究会編　六一書房　2005.5　312p　21cm　（考古学リーダー 4）〈会期・会場：2004年2月28-29日　川崎市市民ミュージアム　年表あり〉　3500円　ⓘ4-947743-28-X

◇古墳試考—アマの考え・アマの妄言　井戸清一著　大阪　浪速社　2005.4　221p　19cm　〈文献あり〉　1400円　ⓘ4-88854-422-0

◇終末期古墳と古代国家—古代を考える　白石太一郎編　吉川弘文館　2005.4　325p　20cm　3000円　ⓘ4-642-02194-9

◇大和の終末期古墳　河上邦彦編　学生社　2005.4　269p　図版16p　20cm　2300円　ⓘ4-311-20282-2

◇飛鳥の奥津城—キトラ・カラト・マルコ・高松塚。　文化財研究所奈良文化財研究所飛鳥資料館著　明日香村（奈良県）　文化財研究所奈良文化財研究所飛鳥資料館　2005.3　47p　図版6枚　30cm　（飛鳥資料館図録　第43冊）〈年表あり〉

古墳時代

◇装飾付大刀と後期古墳―出雲・上野・東海地域の比較研究　島根県教育庁古代文化センター, 島根県教育庁埋蔵文化財調査センター編　松江　島根県教育庁古代文化センター　2005.3　89p　30cm　（島根県古代文化センター調査研究報告書 31）　〈共同刊行：島根県教育庁埋蔵文化財調査センター〉

◇古墳出土金工製品の日韓比較研究　〔堺〕　大阪府文化財センター　〔2005〕　142p　30cm　（（財）大阪府文化財センター・近つ飛鳥博物館共同研究発表会 2004年度）　〈会期・会場：2005年3月6日　大阪府立近つ飛鳥博物館　年表あり〉

◇畿内の巨大古墳とその時代　広瀬和雄編　雄山閣　2004.12　120p　26cm　（季刊考古学・別冊 14）　2500円　ⓘ4-639-01870-3

◇終末期古墳と初期寺院の造営を考える―古市古墳群終焉後の藤井寺とその周辺　藤井寺市教育委員会事務局編　藤井寺　藤井寺市教育委員会事務局　2004.12　96p　26cm　（ふじいでらカルチャーフォーラム 10）　〈会期・会場：平成16年12月4日　藤井寺市立生涯学習センター3階視聴覚室〉

◇飛鳥発掘物語　河上邦彦著　産経新聞ニュースサービス, 扶桑社（発売）　2004.10　325p 図版8p　20cm　1700円　ⓘ4-594-04813-7

◇今来才伎―古墳・飛鳥の渡来人　平成16年度秋季特別展（開館10周年記念）　大阪府立近つ飛鳥博物館編　河南町（大阪府）　大阪府立近つ飛鳥博物館　2004.10　111p　30cm　（大阪府立近つ飛鳥博物館図録 36）　〈会期：平成16年10月5日―12月5日　年表あり〉

◇王の墓と奉仕する人びと―歴博フォーラム　国立歴史民俗博物館編　山川出版社　2004.8　223p　21cm　〈会期：2003年4月26日―27日〉　2800円　ⓘ4-634-59030-1

◇オオヤマト古墳群と古代王権　オオヤマト古墳群シンポジウム実行委員会編　青木書店　2004.7　209, 13p 図版22cm　2500円　ⓘ4-250-20417-0

◇大和の終末期古墳　河上邦彦著　〔橿原〕　橿原考古学研究所附属博物館　2004.7　269p 図版16p　19cm　（橿原考古学研究所附属博物館選書 3）　〈発行所：橿原考古学研究所附属博物館友史会〉

◇日本横穴墓の形成と展開　池上悟著　雄山閣　2004.5　356p　22cm　7600円　ⓘ4-639-01844-4

◇古墳から奈良時代墳墓へ―古代律令国家の墓制　平成16年度春季特別展（開館10周年記念）　大阪府立近つ飛鳥博物館編　河南町（大阪府）　大阪府立近つ飛鳥博物館　2004.4　151p　30cm　（大阪府立近つ飛鳥博物館図録 34）　〈他言語標題：Change in tomb-building institution from the Kofun period to the Nara period　会期：2004年4月20日―6月20日　年表あり　文献あり〉

◇キトラ古墳高松塚の壁画の系譜―天文画像を中心として　成家徹郎著　大東文化大学人文科学研究所　2004.3　342p　26cm　〈他言語標題：Lineage of the mural of the Tomb Ki-to-ra & Ta-ka-ma-tsu　付属資料：1冊　文献あり〉

◇巨大古墳と古代国家　丸山竜平著　吉川弘文館　2004.3　351, 6p　22cm　9000円　ⓘ4-642-02430-1

◇前期古墳を考える―シンポジウム　長柄・桜山の地から　未来に活かす史跡整備を考える―国史跡指定記念講演会　記録集　逗子　逗子市教育委員会　2004.3　108p　30cm　〈会期：2002年12月15日ほか　共同刊行：葉山町教育委員会〉

◇東アジアの装飾古墳を語る　大塚初重編　雄山閣　2004.2　97p　26cm　（季刊考古学・別冊 13）　〈文献あり〉　2200円　ⓘ4-639-01835-5

◇墳墓と墓誌　〔堺〕　大阪府文化財センター　〔2004〕　86p　30cm　（（財）大阪府文化財センター・近つ飛鳥博物館共同研究発表会 平成15年度）　〈会期：平成16年2月29日　共同刊行：大阪府立近つ飛鳥博物館〉

◇古墳構築の復元的研究　右島和夫ほか著　雄山閣　2003.12　298p　22cm　4800円　ⓘ4-639-01830-4

◇初期古墳と大和の考古学　石野博信編　学生社　2003.12　550p　22cm　8000円　ⓘ4-311-30054-9

◇壁画古墳の流れ―高松塚とキトラ　平成15年度秋季企画展　大阪府立近つ飛鳥博

古墳時代

物館編　河南町（大阪府）　大阪府立近つ飛鳥博物館　2003.10　86p　30cm　（大阪府立近つ飛鳥博物館図録 31）〈他言語標題：The mural painting tombs　会期：平成15年10月7日―12月7日〉

◇古墳築造の研究―墳丘からみた古墳の地域性　青木敬著　六一書房　2003.9　235p　31cm　6000円　①4-947743-16-6

◇前期古墳の副葬品と地域間関係―南予・笠置峠古墳をめぐって　第4回愛媛大学考古学研究室公開シンポジウム　愛媛大学法文学部考古学研究室編　松山　愛媛大学法文学部考古学研究室　2003.8　71p　図版6p　30cm　〈会期：2003年8月2日　コムズ（松山市男女共同参画推進センター）5階大会議室〉

◇後・終末期古墳の研究　河上邦彦著　POD版　雄山閣　2003.4　376p　21cm　7500円　①4-639-10014-0

◇日本全国古墳学入門　土生田純之編　学生社　2003.3　244p　22cm　2800円　①4-311-30047-6

◇巨大古墳を造る―倭王の誕生　大塚初重編　作品社　2003.2　254p　19cm　（史話日本の古代　第4巻）〈文献あり〉　1600円　①4-87893-529-4

◇東国の終末期古墳―古墳が造られなくなるころ　平成14年度企画展図録　千葉県立房総風土記の丘編　栄町（千葉県）　千葉県教育委員会　2002.10　21p　30cm　〈会期：平成14年10月1日―11月10日〉

◇日本古墳大辞典　続　大塚初重, 小林三郎編　東京堂出版　2002.9　524p　27cm　15000円　①4-490-10599-1

◇東アジアと江田船山古墳　白石太一郎監修, 玉名歴史研究会編　雄山閣　2002.6　206p　22cm　2700円　①4-639-01765-0

◇未盗掘古墳の世界―埋葬時のイメージを探る　平成14年度春季特別展　大阪府立近つ飛鳥博物館編　河南町（大阪府）　大阪府立近つ飛鳥博物館　2002.4　128p　30cm　（大阪府立近つ飛鳥博物館図録27）〈会期：2002年4月16日―6月16日　文献あり〉

◇邪馬台国と古墳　石野博信著　学生社　2002.4　276p　22cm　2800円　①4-311-30045-X

◇太秦高塚古墳とその時代―北河内の古墳時代を考える　歴史シンポジウム資料〔寝屋川〕　寝屋川市　2002.3　42p　30cm　〈文化と歴史のネットワークづくり事業　会期：平成14年3月2日　共同刊行：寝屋川市教育委員会〉

◇弥生王墓の誕生―弥生社会の到達点　加悦町（京都府）　加悦町教育委員会　2002.3　119p　26cm　〈会期：平成12年5月28日　第5回加悦町文化財シンポジウム　共同刊行：加悦町〉

◇古墳の木製祭具―狐塚3号墳を復元する企画展　栗東市文化体育振興事業団編　栗東　栗東歴史民俗博物館　2002.2　64p　30cm　〈会期：平成14年2月9日―3月24日〉

◇古墳の思想―象徴のアルケオロジー　辰巳和弘著　白水社　2002.1　278, 6p　20cm　〈文献あり〉　2800円　①4-560-02202-X

◇古墳とその時代　白石太一郎著　山川出版社　2001.5　102p　21cm　（日本史リブレット 4）　800円　①4-634-54040-1

◇東海の後期古墳を考える　東海考古学フォーラム三河大会実行委員会, 三河古墳研究会編　〔岡崎〕　〔東海考古学フォーラム三河大会実行委員会〕　2001.2　510p　30cm　（東海考古学フォーラム　第8回（三河大会））〈他言語標題：Studies of late kofun period　会期・会場：2001年2月24日・25日　岡崎市竜美丘会館〉

◇古墳の語る古代史　白石太一郎著　岩波書店　2000.11　279p　15cm　（岩波現代文庫 学術）　1000円　①4-00-600033-2

◇日本史の迷宮―いまだ解けざるミステリー　封じられた古墳の謎編　三浦竜著　青春出版社　2000.11　262p　15cm　（青春文庫）〈「「古墳」の暗号」（1998年刊）の改題〉　533円　①4-413-09170-1

◇古代「おおやまと」を探る　伊達宗泰編著　学生社　2000.10　261p　20cm　2320円　①4-311-20238-5

◇関東以北の前方後方墳・方墳の鏡―古式古墳出土鏡を中心として　第8回企画展図録　栃木県立なす風土記の丘資料館編〔宇都宮〕　栃木県教育委員会　2000.9　67p　30cm　〈会期：平成12年9月28日―11月5日〉

◇古墳と古墳群の研究　白石太一郎著　塙書房　2000.9　525, 21p　22cm　12000円　①4-8273-1168-4

◇吉備の古墳　上　乗岡実, 行田裕美編　岡山　吉備人出版　2000.8　195p　21cm（吉備考古ライブラリィ 4）　1800円　①4-906577-44-X

◇吉備の古墳　下　葛原克人, 古瀬清秀編　岡山　吉備人出版　2000.8　189p　21cm（吉備考古ライブラリィ 5）　1800円　①4-906577-45-8

◇巨大古墳―治水王と天皇陵　森浩一著　講談社　2000.8　254p　15cm（講談社学術文庫）〈「巨大古墳の世紀」(岩波書店1981年刊)の改題〉　800円　①4-06-159443-5

◇浮かび上がる宮崎平野の巨大古墳―生目古墳群シンポジウム'99報告書　〔宮崎〕　宮崎市　2000.7　76p　30cm〈会期：平成11年11月21日　共同刊行：宮崎市教育委員会〉

◇空からみた古墳　森浩一監修, 梅原章一写真, 千賀久解説　学生社　2000.5　232p　31cm　9800円　①4-311-75028-5

◇日本の古墳と天皇陵　陵墓限定公開20回記念シンポジウム実行委員会編　同成社　2000.5　196p　20cm　2200円　①4-88621-195-X

◇日本の横穴墓　池上悟著　雄山閣出版　2000.5　263p　22cm（考古学選書）　3800円　①4-639-01668-9, 4-639-00055-3

◇残されたキャンバス―装飾古墳と壁画古墳　大阪府立近つ飛鳥博物館編　河南町(大阪府)　大阪府立近つ飛鳥博物館　2000.4　111p　30cm（大阪府立近つ飛鳥博物館図録 22）〈平成12年度春季特別展：2000年4月18日―6月18日〉

◇大古墳展―ヤマト王権と古墳の鏡　奈良県立橿原考古学研究所附属博物館, 京都大学, 東京新聞編　東京新聞　c2000　276p　30cm〈会期・会場：2000年11月18日―2001年1月28日 香川県歴史博物館ほか〉

◇写真と図解日本の古墳・古代遺跡　西東社出版部編　西東社　1999.11　270p　21cm　1500円　①4-7916-0395-8

◇「おおやまと」の古墳集団　伊達宗泰著　学生社　1999.7　169p　22cm　3800円　①4-311-30472-2

◇概説東国の古墳　前沢輝政著　三一書房　1999.6　559p　22cm〈折り込2枚〉　12000円　①4-380-99208-X

◇古墳・貝塚・鉄器を探る―画像処理、地下遺構探査、酸素同位体比、微量元素分析、年輪年代　平尾良光, 山岸良二編　国土社　1999.6　55p　31cm（文化財を探る科学の眼 4）　2500円　①4-337-21104-7

◇図説古墳研究最前線―最新の古墳調査による古代史像を明らかにする　大塚初重編　新人物往来社　1999.6　174p　26cm（別冊歴史読本 23）　2800円　①4-404-02723-0

◇古墳とヤマト政権―古代国家はいかに形成されたか　白石太一郎著　文芸春秋　1999.4　206p　18cm（文春新書）　660円　①4-16-660036-2

◇山武郡の古墳―開館10周年記念資料集　〔芝山町(千葉県)〕　芝山町教育委員会　〔1999〕　130枚　26×37cm〈共同刊行：芝山古墳・はにわ博物館〉

◇河内飛鳥と終末期古墳―横口式石槨の謎　羽曳野市教育委員会編　吉川弘文館　1998.12　210, 41p　20cm　2800円　①4-642-07738-3

◇東国の装飾古墳　日下八光著　雄山閣出版　1998.12　221p　22cm　4500円　①4-639-01569-0

◇矢田丘陵周辺の古墳文化―郡山・斑鳩・平群の古墳を考える 第4回こおりやま歴史フォーラム　大和郡山市教育委員会編　〔大和郡山〕　大和郡山市教育委員会　1998.12　130p　30cm

◇オオヤマトの古墳と王権―秋季特別展・橿原考古学研究所60周年記念　橿原　奈良県立橿原考古学研究所附属博物館　1998.10　72p　30cm（奈良県立橿原考古学研究所附属博物館特別展図録 第50冊）

◇佐賀県・長崎県の装飾古墳―平成10年度後期企画展　熊本県立装飾古墳館編　鹿央町(熊本県)　熊本県立装飾古墳館　1998.10　55p　30cm（全国の装飾古墳 4）

◇ムラ・まつり・古墳―5世紀の北関東 第6回企画展図録　栃木県立なす風土記の丘

資料館編　〔宇都宮〕　栃木県教育委員会　1998.10　60p　30cm
◇ここまでわかった古墳の世界―加古川中流域を中心に　小野市立好古館編　小野　小野市立好古館　1998.9　50p　30cm　（小野市立好古館特別展図録17）〈平成10年度秋期特別展〉
◇「古墳」の暗号―続々発掘、その読み方遺された謎の点と線の衝撃　三浦竜著　青春出版社　1998.7　253p　18cm　（プレイブックス）　870円　④4-413-01725-0
◇古代の技―藤ノ木古墳の馬具は語る　勝部明生、鈴木勉著　吉川弘文館　1998.6　286p　20cm　3400円　④4-642-07744-8
◇古墳探訪―空から見た古墳　鈴木亨著　中央公論社　1998.6　248p　16cm　（中公文庫）　857円　④4-12-203169-9
◇古墳の語る古代史　白石太一郎著　佐倉　歴史民俗博物館振興会　1998.6　105p　21cm　（歴博ブックレット6）　667円　④4-916202-08-2
◇巨大古墳の被葬者は誰か　安本美典著　広済堂出版　1998.4　558p　20cm　2800円　④4-331-50620-7
◇大和まほろば展―ヤマト王権と古墳　奈良県立橿原考古学研究所附属博物館, 東京新聞文化事業部編　東京新聞　1998　134p　29cm　〈奈良県立橿原考古学研究所60周年記念〉
◇鏡と古墳―城陽発見の鏡をめぐって　市制25周年記念特別展示図録　城陽市歴史民俗資料館編　城陽　城陽市歴史民俗資料館　1997.11　48p　30cm　（城陽市歴史民俗資料館展示図録8）〈会期：平成9年11月1日―12月14日〉
◇古墳時代の鉄―王と民衆の鉄器　京都府立山城郷土資料館編　山城町（京都府）　京都府立山城郷土資料館　1997.11　48p　30cm　（展示図録17）〈開館15周年記念特別展　会期：1997年11月1日―12月7日〉
◇末永雅雄の古墳研究―石舞台から藤ノ木まで　第4回狭山池フォーラム　大阪狭山市教育委員会実行委員会編　大阪狭山　狭山池フォーラム実行委員会　1997.11　71, 22p　30cm　〈会期・会場：平成9年11月22日　大阪狭山市文化会館　肖像あり〉
◇古墳研究の歩み―末永雅雄先生生誕百年記念　大阪狭山市立郷土資料館編　大阪狭山　大阪狭山市立郷土資料館　1997.10　35p　26cm　〈会期：平成9年10月10日―11月24日〉
◇前方後方墳の世界　2　栃木県立なす風土記の丘資料館編　〔宇都宮〕　栃木県教育委員会　1997.10　71p　30cm　（企画展図録第5回）〈会期：平成9年10月2日―11月9日　那須に古墳が造られたころ〉
◇古墳の科学捜査―行者塚古墳発掘展　大阪府立近つ飛鳥博物館編　河南町（大阪府）　大阪府立近つ飛鳥博物館　1997.7　37p　26cm　（大阪府立近つ飛鳥博物館図録12）〈平成9年度夏季企画展：1997年7月8日―9月7日〉
◇利根川流域の古墳と埴輪―上野を護り、彩ったはにわたち　第14回群馬の博物館展　館林市立資料館特別展　館林　館林市教育委員会文化振興課　1997.7　46p　26cm　〈会期：平成9年7月19日―8月31日〉
◇石宝殿古墳の謎に迫る―なぜ古墳がつくられなくなったのか　平成7年度文化と歴史のネットワークづくり事業歴史シンポジウム・講演会記録集　寝屋川市教育委員会編　寝屋川　寝屋川市教育委員会　1997.3　72p　30cm
◇古墳が消えるとき　奈良県立橿原考古学研究所編　学生社　1997.3　257p　20cm　2369円　④4-311-20208-3
◇日本海三大古墳がなぜ丹後につくられたのか―その謎に迫る　徹底検証　加悦町（京都府）　加悦町教育委員会　1997.3　128p　26cm　〈第3回加悦町文化財シンポジウム　共同刊行：加悦町〉
◇装飾古墳　玉利勲文, 藤本四八写真　平凡社　1996.12　143p　18cm　（カラー新書セレクション）〈新装版〉　968円　④4-582-83025-0
◇大王墓の時代―百舌鳥古墳群・よみがえる五世紀　堺市博物館編　堺　堺市博物館　1996.11　111p　30cm　〈中核市移行記念特別展　会期：1996年11月17日～12月15日〉
◇古墳への旅―古代人のタイムカプセル再見　朝日新聞社編　朝日新聞社　1996.8　242p　21cm　〈監修：白石太一郎〉　1500円　④4-02-222010-4

古墳時代

◇古墳と古代史　網干善教著　学生社　1996.7　252p　22cm　2884円　①4-311-30033-6

◇古墳に卑弥呼の系譜を読む　永井寛著　三一書房　1996.7　338p　20cm　3600円　①4-380-96267-9

◇終末期古墳と大谷一号墳―被葬者は吉備大宰か　大谷一号墳シンポジウム　北房町教育委員会＋葛原克人編　北房町〔岡山県〕　大谷一号墳シンポジウム実行委員会　1996.3　127p　20cm　〈述：中井勝ほか　期日：1995年5月14日〉　1000円

◇天皇陵古墳　森浩一編　大巧社　1996.3　451, 17p　20cm　3500円　①4-924899-09-7

◇倭の五王の時代―巨大古墳の謎にせまる　藤井寺市教育委員会事務局編　藤井寺　藤井寺市教育委員会　1996.3　231p　21cm　（藤井寺の遺跡ガイドブック no.7）

◇よみがえる冑山古墳群―春季企画展示図録　城陽市歴史民俗資料館編　城陽　城陽市歴史民俗資料館　1996.2　31p　30cm　（城陽市歴史民俗資料館展示図録3）〈会期：平成8年2月15日〜4月7日〉

◇呪術・巨大古墳と天皇陵　佐藤至輝著　雄山閣出版　1995.11　252p　22cm　4944円　①4-639-01333-7

◇古墳をしらべる―地域の王者（支配者）のしるし　古川清行監修・著　小峰書店　1995.4　47p　29cm　（しらべ学習に役立つ日本の歴史3）　2800円　①4-338-12203-X

◇仁徳天皇陵設計の謎に迫る　安間安人編著〔堺〕〔安間安人〕　1995　50p　26×37cm　1500円

◇東日本の古墳の出現　甘粕健, 春日真実編　山川出版社　1994.11　228p　21cm　4300円　①4-634-61650-5

◇倭王と古墳の謎―ヤマトと東国・九州・東アジア　近江昌司ほか著　学生社　1994.11　212p　19cm　（天理大学の古代史教室）　2200円　①4-311-20192-3

◇江釣子古墳群の謎―古代東北と蝦夷　大友幸男著　三一書房　1994.10　292p　20cm　2600円　①4-380-94271-6

◇「天皇陵」総覧　水野正好ほか著　新人物往来社　1994.4　481p　22cm　〈愛蔵保存版〉　3800円　①4-404-02095-3

◇前方後方墳の世界―前方後方墳の成立と展開　栃木県立なす風土記の丘資料館編〔宇都宮〕　栃木県教育委員会　1993.10　64p　26cm　（企画展図録　第1回）〈会期：平成5年10月6日〜11月7日〉

◇「天皇陵」総覧　新人物往来社　1993.7　481p　21cm　（歴史読本特別増刊・事典シリーズ　第19号）　1500円

◇装飾古墳の世界―国立歴史民俗博物館開館10周年記念企画展示　図録　国立歴史民俗博物館編　朝日新聞社　1993　263p　30cm　〈他言語標題：Special exhibition decorated tombs in Japan　会期・会場：1993年10月5日―11月28日　国立歴民俗博物館　ほか　年表あり　文献あり〉

◇巨大古墳と伽耶文化―"空白"の四世紀・五世紀を探る　西嶋定生ほか著　角川書店　1992.12　285p　19cm　（角川選書235）　1300円　①4-04-703235-2

◇〈真説〉日本誕生誰が巨大古墳を造ったのか　加治木義博著　ロングセラーズ　1992.11　285p　18cm　（ムックの本）　900円　①4-8454-0381-1

◇巨大古墳の主がわかった！　安本美典著　JICC出版局　1991.10　71p　21cm　450円　①4-7966-0187-2

◇吉野ケ里・藤ノ木と古代東アジア―日・中・韓国際シンポジウム　上田正昭編　小学館　1991.5　286p　20cm　1650円　①4-09-390131-7

◇雄略天皇陵と近世史料―河内国丹南郡南嶋泉村松村家文書　西田孝司著　松原　未吉舎　1991.3　239p　22cm　〈折り込図3枚〉　5000円

◇天皇と御陵を知る事典　藤井利章著　日本文芸社　1990.11　286p　20cm　1500円　①4-537-02211-6

◇日本古墳大辞典　大塚初重, 小林三郎, 熊野正也編　東京堂出版　1989.9　639p　26cm　15500円　①4-490-10260-7

◇藤ノ木古墳の謎―シルクロードの終着点　邦光史郎著　全国朝日放送　1989.7　238p　20cm　1500円　①4-88131-126-3

◇斑鳩藤ノ木古墳概報―第1次調査〜第3次調査　奈良県立橿原考古学研究所編　吉川弘文館　1989.5　90p　30cm　1800円

古墳時代

◇ ①4-642-07667-0
◇藤ノ木古墳の主は誰か―黒岩重吾推理ドキュメント　黒岩重吾,NHK取材班著　日本放送出版協会　1989.5　193p　21cm　1700円　①4-14-008639-4
◇藤ノ木古墳と六世紀―被葬者は誰か　黒岩重吾,大和岩雄著　大和書房　1989.2　249p　20cm　〈関係年表：p235～240〉　1500円　①4-479-84009-5
◇好太王碑と集安の壁画古墳―躍動する高句麗文化　読売テレビ放送編　木耳社　1988.9　270p　27cm　〈折り込図2枚〉　8800円　①4-8393-7456-2
◇古墳を科学する　奈良国立文化財研究所飛鳥資料館編　明日香村（奈良県）　国立飛鳥資料館　1988.4　47p　30cm　（飛鳥資料館図録 第19冊）
◇奈良の文化財　no.5　古墳　2　〔奈良〕　奈良市教育委員会文化課　1987.3　14p　21cm
◇神武天皇古陵の発見！　井上赳夫著　大陸書房　1986.4　269p　19cm　1200円　①4-8033-0972-8
◇熊本県文化財調査報告　第83集　江田船山古墳　熊本県教育委員会編　熊本　熊本県教育委員会　1986.3　77p　図版27p　26cm
◇奈良の文化財　no.3　古墳　1　奈良市教育委員会文化財課編　〔奈良〕　奈良市教育委員会文化財課　1985.3　18p　21cm
◇万葉挽歌と終末期古墳　福島隆三著　三一書房　1982.6　255p　20cm　2500円
◇古代を考える　31　古代吉備の検討　大阪　古代を考える会　1982.5　74p　26cm　〈折り込図1枚〉　1000円
◇日本の原始美術　10　装飾古墳　藤井功,石山勲著　講談社　1979.11　78p　31cm　1800円
◇飛鳥時代の古墳　明日香村（奈良県）　奈良国立文化財研究所飛鳥資料館　1979.9　104,20p　30cm　（飛鳥資料館図録 第6冊）
◇喜田貞吉著作集　第2巻　古墳墓年代の研究　小林行雄編　平凡社　1979.6　492p　22cm　〈著者の肖像あり〉　4200円
◇古代王者と国造　原島礼二著　〔東村山〕　教育社　1979.3　224p　18cm　（教育社歴史新書）　600円
◇古墳と古代宗教―古代思想からみた古墳の形　重松明久著　学生社　1978.5　246p　19cm　〈参考文献・参考論文：p242～246〉　1200円
◇東北の古墳　東北歴史資料館編　多賀城　東北歴史資料館　1977.7　56p（図共）　26cm　〈展示解説〉
◇日本の美術　45　装飾古墳　水尾比呂志著　小学館　1977.7　217p（図共）　20cm　（ブック・オブ・ブックス）　930円
◇皇陵　日本歴史地理学会編　日本図書センター　1976.9　587p　図版10枚　22cm　〈大正2年刊の複製　折り込図7枚〉　10000円
◇古墳と古代文化99の謎―巨大な墓づくりに、なぜ狂奔したか　森浩一著　産報　1976　255p　18cm　（サンポウ・ブックス）　550円
◇日本ピラミッドの謎―世界最大の古墳がなぜ日本に生まれたか　沖由也著　祥伝社　1975　248p　18cm　（ノン・ブック）　600円
◇日本古代史の旅　4　古墳と王墓―権力の記念碑　小学館　1974　182p（図共）　20cm　〈監修：児玉幸多,奈良本辰也,和歌森太郎〉　950円
◇壁画古墳の謎―日本古代史の原点を探る　講談社　1972　235p　20cm　500円
◇大王と古墳　原島礼二著　学生社　1971　219p　図版　19cm　680円
◇西都原の古墳　日高正晴著　西都　西都市教育委員会　1969.4　50p　21cm
◇日本原始美術　第5　古墳壁画　斎藤忠編　講談社　1965　図版252p（解説共）　地図　32cm　〈限定版〉
◇古代史研究　第3集　古墳とその時代　第1　古代史談話会編　朝倉書店　1958　257p　22cm
◇古代史研究　第4集　古墳とその時代　第2　古代史談話会編　朝倉書店　1958　234p　22cm
◇装飾古墳の研究　斎藤忠著　吉川弘文館　1952　212p　図版6枚　19cm

前方後円墳
ぜんぽうこうえんふん

　古墳時代の墳墓の一形式で、円形の墳丘に方形の墳丘を付設した古墳。古くより民間では、その形を身近な器物になぞらえ、車塚、銚子塚、茶臼山、瓢人山、瓢塚、二子山などと呼んでいた。江戸時代、国学者の蒲生君平(がもうくんぺい)が『山陵志(さんりょうし)』のなかで「前方後円」と形容したのが始まりで、明治時代後半以降から学術用語として定着した。平面形は円形と方形とから鍵穴形を呈し、古くは後円部に遺骸が埋葬され前方部は祭式の場とされたが、後に前方部にも埋葬された。大和地方を中心に本州・四国・九州に分布。応神陵、仁徳陵が巨大なものとして名高い。

　　　　＊　　　＊　　　＊

◇卑弥呼死す大いに冢をつくる―前方後円墳の成立　大阪府立近つ飛鳥博物館平成21年度春季特別展　大阪府立近つ飛鳥博物館編　河南町(大阪府)　大阪府立近つ飛鳥博物館　2009.4　119p　30cm　(大阪府立近つ飛鳥博物館図録 48)　〈会期・会場：平成21年4月25日―6月28日　大阪府立近つ飛鳥博物館　文献あり〉

◇死の機能―前方後円墳とは何か　小路田泰直編著, 大久保徹也, 北条芳隆, 佐藤弘夫ほか著　岩田書院　2009.3　211p　21cm　2800円　①978-4-87294-557-7

◇「前方後方墳」の謎　植田文雄著　学生社　2007.10　239p　20cm　〈文献あり〉　2400円　①978-4-311-20313-8

◇「前方後方墳」出現社会の研究　植田文雄著　学生社　2007.5　316p　22cm　〈文献あり〉　8400円　①978-4-311-30491-0

◇前方後円墳の真相―謎の古代図形　大谷幸市著　彩流社　2007.4　326p　21cm　〈文献あり〉　2800円　①978-4-7791-1252-2

◇前方後円墳と帆立貝古墳　沼沢豊著　雄山閣　2006.11　319p　22cm　(考古学選書 52)　4200円　①4-639-01951-3

◇前方後円墳の誕生　岸元史明著　〔鶴ヶ島〕　国文学研究所　2006.7　440p　21cm　〈年表あり〉　3000円

◇二世紀の卑弥呼と「前方後円墳」真の構築者―「日の丸」、「君が代」と日本古代史学　草野善彦著　本の泉社　2006.1　511p　22cm　2857円　①4-88023-925-9

◇前方後円墳と社会　都出比呂志著　塙書房　2005.9　766, 20p　22cm　〈文献あり〉　18000円　①4-8273-1197-8

◇前方後円墳の世紀　荒井登志夫著, 歴史研究会出版局編　歴研　2005.7　62p　21cm　(歴研「謎解き」ブックレット)　800円　①4-947769-55-6

◇大王墓と前方後円墳　一瀬和夫著　吉川弘文館　2005.7　282, 8p　22cm　8000円　①4-642-09304-4

◇前方後円墳の起源を考える　近藤義郎著　青木書店　2005.3　286p　22cm　〈文献あり〉　3500円　①4-250-20509-6

◇前方後円墳の研究　甘粕健著　同成社　2004.12　564p　22cm　12000円　①4-88621-307-3

◇前方後円墳―もう一人の主役　秋季特別展　橿原　奈良県立橿原考古学研究所附属博物館　2004.10　96p　30cm　(奈良県立橿原考古学研究所附属博物館特別展図録 第62冊)　〈会期：2004年10月9日―11月28日　文献あり〉

◇前方後円墳の土木工学的研究―五社神古墳(神功皇后陵)と五色塚古墳の築造の研究　高津和夫編著　〔奈良〕　〔高津和夫〕　2004.9　317p　27cm　非売品

◇日は人作り、夜は神作る―前方後円墳の出現と展開　平成16年度春季特別展　滋賀県立安土城考古博物館編　安土町(滋賀県)　滋賀県立安土城考古博物館　2004.4　139p　30cm　〈会期：平成16年4月24日―6月6日　年表あり　文献あり〉

◇前方後円墳国家　広瀬和雄著　角川書店　2003.7　260p　19cm　(角川選書 355)　〈文献あり〉　1600円　①4-04-703355-3

◇古代日本と神仙思想―三角縁神獣鏡と前方後円墳の謎を解く　藤田友治編著　五月書房　2002.7　246p　20cm　2500円　①4-7727-0363-2

◇前方後円墳と古代日朝関係　朝鮮学会編　同成社　2002.6　379p　22cm　8000円　①4-88621-251-4

◇前方後円墳と吉備・大和　近藤義郎著　岡山　吉備人出版　2001.12　272p　22cm　2800円　①4-906577-86-5

◇前方後円墳・墳丘構造の研究　櫃本誠一著　学生社　2001.5　448,16p　22cm　9800円　①4-311-30477-3

◇前方後円墳に学ぶ　近藤義郎著　山川出版社　2001.1　342p　22cm　3200円　①4-634-60490-6

◇前方後円墳集成　補遺編　近藤義郎編　山川出版社　2000.7　944p　31cm　33000円　①4-634-50060-4

◇前方後円墳観察への招待　近藤義郎著　青木書店　2000.6　265p　22cm　〈文献あり〉　2900円　①4-250-20022-1

◇前方後円墳―その起源を解明する　藤田友治編著　京都　ミネルヴァ書房　2000.3　463,4p　20cm　（シリーズ〈古代史の探求〉3）　3500円　①4-623-03170-5

◇前方後円墳の出現　石野博信編　雄山閣出版　1999.2　99p　26cm　（季刊考古学・別冊8）　2400円　①4-639-01586-0

◇前方後円墳の成立　近藤義郎著　岩波書店　1998.10　314p　19cm　3400円　①4-00-023607-5

◇前方後方墳の世界　2　栃木県なす風土記の丘資料館編　〔宇都宮〕　栃木県教育委員会　1997.10　71p　30cm　（企画展図録　第5回）　〈会期：平成9年10月2日―11月9日　那須に古墳が造られたころ〉

◇前方後円墳の謎　高田英男著　日本図書刊行会　1997.3　182p　20cm　〈発売：近代文芸社〉　1500円　①4-89039-252-1

◇前方後円墳　上田宏範著　増補新版　学生社　1996.9　361p　20cm　2987円　①4-311-20200-8

◇日本の古代　5　前方後円墳の世紀　岸俊男ほか編　森浩一編　中央公論社　1996.2　466p　図版16枚　16cm　（中公文庫）〈監修：貝塚茂樹ほか〉　1200円　①4-12-202545-1

◇前方後円墳の源流―高句麗の前方後円形積石塚　全浩天著　未来社　1991.1　204p　21cm　2472円　①4-624-11128-1

◇前方後円墳と神社配置―古代史の聖三角形2　三橋一夫著　六興出版　1987.12　237p　19cm　（ロッコウブックス）　1300円　①4-8453-5058-0

◇日本の古代　第5巻　前方後円墳の世紀　岸俊男ほか編　森浩一編　中央公論社　1986.8　394p　図版32p　21cm　〈監修：貝塚茂樹ほか〉　2200円　①4-12-402538-6

◇天照大神と前方後円墳の謎　大和岩雄著　六興出版　1983.6　334p　19cm　（ロッコウブックス）　1200円

◇銅鐸と前方後円墳　木村巍著　堺　木村巍測量登記事務所　1982.3　132p　21cm　1500円

竪穴式石室・横穴式石室
たてあなしきせきしつ・よこあなしきせきしつ

　古墳の内部構造である石室は竪穴式と横穴式とに区別される。竪穴式石室は古墳の頂上部の四壁に石を積み上げた竪穴を造り、上から棺を納め石材で天井を覆う形態の石室。1室に1体の埋葬を基本とし、古墳時代前期に多く見られる。横穴式石室は割り石・切り石などで遺骸を安置する玄室を築き、外部から玄室への通路である羨道（せんどう）を前面に設けてある。追葬可能の構造であるため、玄室内に複数の棺が安置されることが多く、なかには玄室だけでなく羨道にも棺が置かれ、9棺24体に達する例もある。古墳時代後期を代表する墓室形式。

＊　　＊　　＊

◇勝負砂古墳調査概報―吉備の前方後円墳　岡山大学考古学研究室編　学生社　2009.6　62p　30cm　2200円　①978-4-311-30337-1

◇甲賀の横穴式石室―後期古墳群調査報告　甲賀　甲賀市教育委員会　2008.3　173p　30cm　（甲賀市史編纂叢書　第4集）

◇横穴式石室誕生―黄泉国の成立　近つ飛鳥博物館平成19年度秋季特別展　大阪府立近つ飛鳥博物館編　河南町（大阪府）　大阪府立近つ飛鳥博物館　2007.10　131p　30cm　（大阪府立近つ飛鳥博物館図録　45）〈会期・会場：平成19年10月6日―12月9日　近つ飛鳥博物館地階特別展示室　文献あり〉

◇終末期古墳と横口式石槨　山本彰著　吉川弘文館　2007.1　357,5p　22cm　〈文献あり〉　12000円　①978-4-642-09308-8

◇古代瓦と横穴式石室の研究　山崎信二著　同成社　2003.11　398p　27cm　15000円　①4-88621-282-4

◇九州における横穴式石室の導入と展開—第2回九州前方後円墳研究会資料集　第1分冊　第2回九州前方後円墳研究会実行委員会編　宮崎　九州前方後円墳研究会　1999.5　732p　30cm　〈会期・会場：1999年5月15日・16日 宇土市民会館〉

◇九州における横穴式石室の導入と展開—第2回九州前方後円墳研究会資料集　第2分冊　第2回九州前方後円墳研究会実行委員会編　宮崎　九州前方後円墳研究会　1999.5　764p　30cm　〈会期・会場：1999年5月15日・16日 宇土市民会館〉

◇横穴式石室のはじまり—口丹波を中心に　第25回企画展示図録　亀岡市文化資料館編　亀岡　亀岡市文化資料館　1998.5　24p　30cm

◇山陰の横穴式石室—地域性と編年の再検討　第24回山陰考古学研究集会　第24回山陰考古学研究集会事務局編　〔米子〕　第24回山陰考古学研究集会事務局　1996.8　200p　30cm　〈共同刊行：山陰考古学研究会〉

◇高井田山古墳をめぐって—近畿地方の横穴式石室のはじまりは 平成8年度企画展　柏原市立歴史資料館編　柏原　柏原市立歴史資料館　1996.7　16p　30cm　〈会期：平成8年7月5日〜8月25日〉

群集墳
ぐんしゅうふん

　一定地域に多数の小規模な古墳が密集するもの。千塚、百塚、塚原の名で呼ぶ地域もある。径10〜30メートルの円墳が多い。内部主体はほとんどが横穴式石室で、数体ないし十数体の遺骸が埋葬されていることが多く、副葬品の内容は乏しい。数・規模・内容から被支配者層の家族墓と推定され、4〜5世紀の支配者層の大規模な古墳とは異なる。造営の時期については、畿内では奈良県新沢千塚や和歌山県岩橋（いわせ）千塚の前山支群のように5世紀までさかのぼるものがあり、逆に東北地方では8世紀まで造営されるが、全国的に盛行するのは6〜7世紀である。

＊　　　＊　　　＊

◇群集墳と終末期古墳の研究　安村俊史著　大阪　清文堂出版　2008.11　400p　22cm　〈索引あり〉　9200円　①978-4-7924-0659-2

◇石川流域の後・終末期群集墳とその周辺—平成17年度企画展図録　太子町立竹内街道歴史資料館編　太子町（大阪府）　太子町立竹内街道歴史資料館　2006.3　63p　26cm　〈会期・会場：平成18年3月1日—26日 太子町立竹内街道歴史資料館〉

◇太秦古墳群発掘調査成果—大阪の初期群集墳を考える　（財）大阪府文化財センター小テーマ展示　大阪府文化財センター編　〔堺〕　〔大阪府文化財センター〕　2006.3　8p　30cm　〈シリーズ ここまでわかった考古学〉

◇岩橋千塚と紀伊風土記の丘　第2版　和歌山　和歌山県立紀伊風土記の丘管理事務所　1986.3　16p　19cm

◇奈良県史跡名勝天然記念物調査報告　第39冊　新沢千塚古墳群　奈良県立橿原考古学研究所編　奈良　奈良県教育委員会　1981.3　3冊　27cm　〈「本文編」「図版編1」「図版編2」に分冊刊行〉

◇長塚古墳と群集墳　〔沼津〕　沼津市歴史民俗資料館　1978.3　6p　26cm　（資料館解説シリーズ 7）

◇大谷山4・5・6・39号古墳和歌山市・岩橋千塚発掘調査概報　〔出版地不明〕　和歌山県教育委員会　1972.10　1冊　26cm

◇八尾市高安群集墳の調査　第2次　大阪　大阪府教育委員会　1968.3　24p　26cm

◇立教大学博物館学講座研究報告　第1-2　立教大学博物館学講座　1961-1963　2冊　26cm

埴輪
はにわ

　表飾として古墳の外部に並べられた素焼きの土製品。円筒埴輪と形象埴輪とに大別され、形象埴輪は家形埴輪、器財埴輪、動物埴輪、人物埴輪に細分される。古墳の発生よりやや遅れて出現し、4世紀には円筒埴輪、家形埴輪に加え、衣蓋、盾などの器財埴輪や鶏形埴輪が作られ、5世紀に入ると馬、鹿、猪などの動物埴輪や人物埴輪などが現れ多様になる。6世紀には動物埴輪や人物埴輪が流行するとともに、家形埴輪や盾形埴輪が写実性を失い、高さを強調したものなどが現れる。製作法は粘土紐の巻き上げか輪積みによって中空に造形し、付属物は粘土塊を貼り付け、目・口などは小刀でくりぬいて表現したものを、陰干しし窯で焼いてある。埴輪の役

割については、古墳の装飾、殉葬の代用などのほか、聖域を示すために並べたとも、墳丘土の崩壊を防ぐためともいわれる。

　　　　＊　　　＊　　　＊

◇もっと知りたいはにわの世界―古代社会からのメッセージ　若狭徹著　東京美術　2009.4　79p　26cm　（アート・ビギナーズ・コレクションプラス）〈文献あり 年表あり 索引あり〉　1800円　①978-4-8087-0854-2

◇埴輪生産と地域社会　城倉正祥著　学生社　2009.3　191p　26cm　5800円　①978-4-311-30073-8

◇埴輪の風景―構造と機能　東北・関東前方後円墳研究会編　六一書房　2008.2　237p　21cm　（考古学リーダー 13）〈会期・会場：2007年2月17日―18日 群馬大学荒牧キャンパス大学会館ミューズホール　文献あり〉　3300円　①978-4-947743-57-2

◇埴輪群像の考古学　大阪府立近つ飛鳥博物館編　青木書店　2008.1　302p　21cm〈会期：平成17年10月8日―12月11日　文献あり〉　2800円　①978-4-250-20802-7

◇人物埴輪の文化史的研究　塚田良道著　雄山閣　2007.5　264p　27cm　〈文献あり〉　9000円　①978-4-639-01983-1

◇埴輪の世界―第20回企画展　朝霞市博物館編　朝霞　朝霞市博物館　2007.3　53p　30cm　〈会期：平成19年3月17日―5月6日　朝霞市市制施行40周年記念〉

◇埴輪論考 1 円筒埴輪を読み解く　大阪大谷大学博物館編　〔富田林〕　大阪大谷大学博物館　2007.3　227p　30cm（大阪大谷大学博物館報告書 第53冊）〈文献あり〉

◇埴輪―出土品展示目録 5　宮内庁書陵部陵墓課編　学生社　2006.11　40p　30cm　1280円　①4-311-30336-X

◇東国の埴輪と古墳時代後期の社会　杉山晋作著　六一書房　2006.9　170p　22cm　3500円　①4-947743-40-9

◇埴輪づくりの実験考古学　大学合同考古学シンポジウム実行委員会編　学生社　2006.4　258p　20cm　2400円　①4-311-20272-5

◇王権と儀礼―埴輪群像の世界 平成17年度秋季特別展　大阪府立近つ飛鳥博物館編　河南町（大阪府）　大阪府立近つ飛鳥博物館　2005.10　145p　30cm　（大阪府立近つ飛鳥博物館図録 39）〈会期・会場：平成17年10月8日―12月11日 大阪府立近つ飛鳥博物館地階特別展示室〉

◇はにわうま―春季特別展　馬事文化財団 馬の博物館編　横浜　馬事文化財団　2005.4　52p　30cm　〈他言語標題：Haniwa figure of horse　会期：2005年4月23日―6月5日〉

◇王の墓と奉仕する人びと―歴博フォーラム　国立歴史民俗博物館編　山川出版社　2004.8　223p　21cm　〈会期：2003年4月26日―27日〉　2800円　①4-634-59030-1

◇大王陵発掘！巨大はにわと継体天皇の謎　NHK大阪「今城塚古墳」プロジェクト著　日本放送出版協会　2004.7　219p 図版12枚　22cm　（NHKスペシャル）〈年表あり〉　1700円　①4-14-080872-1

◇古墳時代関係資料図録―杉山コレクション　東北歴史博物館編　多賀城　東北歴史博物館　2004.3　53p　30cm

◇埴輪―出土品展示目録 4　宮内庁書陵部陵墓課編　学生社　2003.10　40p　30cm　1200円　①4-311-30331-9

◇埴輪こぼれ話　杉山晋作著　佐倉　歴史民俗博物館振興会　2003.9　96p　21cm　（歴博ブックレット 26）〈シリーズ責任表示：国立歴史民俗博物館監修　文献あり〉　762円　①4-916202-76-7

◇はにわ―形と心 図録　国立歴史民俗博物館編　朝日新聞社　2003.3　72p　30cm〈会期・会場：2003年3月18日―6月8日 国立歴史民俗博物館ほか〉

◇人物はにわの世界　稲村繁著, 森昭写真　同成社　2002.7　222p　22cm　（ものが語る歴史シリーズ 6）〈奥付のシリーズタイトル（誤植）：ものが語る考古学シリーズ〉　5000円　①4-88621-253-0

◇常陸の円筒埴輪　水戸　茨城大学人文学部考古学研究室　2002.3　134p 図版8枚　26cm　（茨城大学人文学部考古学研究報告 第5冊）〈編集：茂木雅博, 稲村繁, 塩谷修〉

◇縄文人と貝塚―関東における埴輪の生産と供給 シンポジウム　日本考古学協会, 茨城県考古学協会編　学生社　2001.10

古墳時代

228p 26cm 〈会期・会場：1995年11月11日—12日 ひたちなか市文化会館〉 6800円 ⓘ4-311-30328-9

◇はにわ一座がやってきた。—福島県文化財センター白河館開館記念特別展図録 福島県文化振興事業団福島県文化財センター白河館編 〔福島〕 福島県教育委員会 2001.7 20p 30cm 〈共同刊行：福島県文化振興事業団福島県文化財センター白河館〉

◇埴輪—出土品展示目録 3 宮内庁書陵部編 学生社 2000.11 36p 30cm 1200円 ⓘ4-311-30322-X

◇松岳山古墳群の埴輪 柏原市立歴史資料館編 柏原 柏原市立歴史資料館 2000.3 20p 30cm （柏原市の考古資料 1）

◇人物埴輪の研究 稲村繁著 同成社 1999.12 353p 22cm 9000円 ⓘ4-88621-189-5

◇人物ハニワの世界 羽曳野 羽曳野市 1999.11 64p 30cm （はびきの歴史シンポジウム 第14回）〈会期：1999年11月23日 共同刊行：羽曳野市教育委員会〉

◇古墳のための年代学—近畿の古式土師器と初期埴輪 平成11年度秋季特別展図録 奈良県立橿原考古学研究所附属博物館編〔橿原〕 奈良県立橿原考古学研究所附属博物館 1999.10 64p 30cm

◇はにわ人は語る—歴博フォーラム 国立歴史民俗博物館編 山川出版社 1999.4 230p 19cm 2500円 ⓘ4-634-60680-1

◇埴輪が語る科野のクニ—四・五世紀の埴輪祭祀—善光寺平の埴輪の系譜 更埴市森将軍塚古墳館編 更埴 更埴市森将軍塚古墳館 1999.3 255p 19cm （シナノノクニフォーラムシリーズ 第2巻）

◇埴輪の世界—平成10年度企画展 図録 千葉県立房総風土記の丘編 〔栄町（千葉県）〕 千葉県立房総風土記の丘 1998.9 29p 26cm

◇古墳時代の研究 第9巻 古墳 3（埴輪） 石野博信ほか編 第2版 雄山閣出版 1998.5 225p 図版18枚 26cm 3400円 ⓘ4-639-01062-1, 4-639-00960-7

◇古代人との出会い—ひと・もの・まつり 城陽市歴史民俗資料館編 城陽 城陽市歴史民俗資料館 1998.2 32p 30cm

（城陽市歴史民俗資料館展示図録 9）〈市制25周年記念春季企画展：平成10年2月7日—3月22日〉

◇人物埴輪の時代—埴輪から探る房総と武蔵の交流と地域性 〔東京都〕葛飾区郷土と天文の博物館 1997.11 94p 30cm 〈平成9年特別展：1997年11月3日—12月14日〉

◇三重の埴輪—第17回三重県埋蔵文化財展 三重県埋蔵文化財センター編 明和町（三重県） 三重県埋蔵文化財センター 1997.11 64p 30cm

◇利根川流域の古墳と埴輪—上野を護り、彩ったはにわたち 第14回群馬の博物館展 館林市立資料館特別展 館林 館林市教育委員会文化振興課 1997.7 46p 26cm 〈会期：平成9年7月19日—8月31日〉

◇埴輪のきもち—第三回企画展 下妻市ふるさと博物館編 〔下妻〕 下妻市ふるさと博物館 1997.7 22p 26cm

◇佐野の埴輪展—第26回企画展 佐野 佐野市郷土博物館 1996.5 32p 26cm 〈会期：平成8年5月1日〜6月15日〉

◇古墳時代と埴輪展—第九回企画展 島田市博物館編 島田 島田市博物館 1995.1 55p 30cm 〈会期：平成7年1月21日—3月21日〉

◇埴輪の楽器—楽器史からみた考古資料 宮崎まゆみ著 三交社 1993.5 120p 27cm 3800円 ⓘ4-87919-806-4

◇日本陶磁大系 第3巻 埴輪 小林行雄著 平凡社 1990.2 137p 27cm 3300円 ⓘ4-582-23503-4

◇日本美術全集 第1巻 原始・古代の美術—土器と埴輪 坪井清足編集 学習研究社 1980.2 234p 38cm 〈付（別冊8p）〉 4600円

◇日本の原始美術 6 埴輪 猪熊兼勝著 講談社 1979.6 78p 31cm 1800円

◇日本陶磁全集 3 土偶・埴輪 佐藤雅彦ほか編 小林達雄、亀井正道編集・解説 中央公論社 1977.12 79, 4p 34cm 〈監修：谷川徹三〉 2400円

◇陶磁大系 3 埴輪 小林行雄著 平凡社 1974 135p（おもに図） 27cm 1700円

◇平凡社ギャラリー 26 埴輪 谷川徹三

137

著　平凡社　1974　1冊（おもに図）　36cm　550円
◇はにわ―特別展観　東京国立博物館　1973.2　1冊（頁付なし）26cm〈会期・会場：昭和48年2月13日～3月18日 東洋館特別展示室〉
◇日本原始美術　第6　埴輪・鏡・玉・剣　三木文雄編　講談社　1966　図版196p（解説共）地図 表　32cm〈限定版〉5800円
◇はにわ　滝口宏, 久地岡榛雄編　日本経済新聞社　1963　図版45p 解説34p　32cm
◇土器とはにわ　村井嵓雄著　社会思想研究会出版部　1960　142p（図版共）16cm　（現代教養文庫）
◇埴輪　松原正業著　東京創元社　1958　96p 図版40枚　19cm　（創元選書）
◇埴輪―はにわ　角川書店編, 大森忠行解説　角川書店　1956　68p（図版, 解説共）　19cm　（角川写真文庫）
◇土の芸術―土偶・土器・埴輪　野間清六著　美術出版社　1954　79p 図版64p　28cm

◇大連制」についての再検討　黒田達也著　京都　京都大学学術出版会　2007.2　433p　22cm　5800円　Ⓘ978-4-87698-706-1
◇カバネの成立と天皇　山尾幸久著　吉川弘文館　1998.4　297, 7p 20cm　（古代史研究選書）3200円　Ⓘ4-642-02171-X
◇古代王権と県・県主制の研究　小林敏男著　吉川弘文館　1994.7　300, 10p　22cm　6386円　Ⓘ4-642-02274-0
◇姓と日本古代国家　湊敏郎著　吉川弘文館　1989.10　213p　22cm　4800円　Ⓘ4-642-02234-1
◇系図研究の基礎知識―家系に見る日本の歴史　第1巻　近藤安太郎著　近藤出版社　1989.3　817, 13p　21cm　13000円　Ⓘ4-7725-0265-3
◇日本古代氏族の研究　佐伯有清著　吉川弘文館　1985.4　294, 22p　22cm　6800円　Ⓘ4-642-02022-5
◇賀茂県主同族知新録―京都市上賀茂賀茂別雷神社社家　賀茂氏系図保存会東京分室　1964　76p 図版　26cm〈謄写版 限定版〉

氏姓制度
しせいせいど

　氏の組織を基礎に、それを姓によって系列づけた大和政権の支配制度。「うじかばね」制度ともいう。中央貴族、ついで地方豪族が、国家政治上に占める地位、社会における身分の尊卑に応じて、政権より氏（うじ）の名と姓（かばね）をあたえられ、その特権的地位を世襲した。政権での有力な氏族は臣（おみ）・連（むらじ）などの姓をもって中央政治に参画し、有力な地方豪族は直（あたい）・首（おびと）などの姓をもち、国造（くにのみやつこ）や県主（あがたぬし）といった地位を世襲し、地方を支配した。大化の改新ののちの律令国家では、戸籍制によって、氏姓はかつての部民（べみん）、つまり一般の公民にまで拡大され、すべての階層の国家身分を表示するものとなり、制度そのものが機能しなくなった。

＊　　＊　　＊

◇日本古代の氏姓制　中村友一著　八木書店　2009.5　306, 13p　22cm〈索引あり〉9800円　Ⓘ978-4-8406-2036-9
◇朝鮮・中国と日本古代大臣制―「大臣・

国造制・部民制
くにのみやつこせい・べみんせい

　大化の改新以前、大和政権による民衆統治のための政治的な身分制度。国造は政権から任命された地方の豪族で、子女を舎人（とねり）や采女（うねめ）として中央に出仕させ、部民（べみん）や屯倉（みやけ）を管理し、馬や兵器など物品の貢納、軍事力の負担などの任務をもっていた。部民は朝廷あるいは天皇・后妃・皇子・豪族などに隷属し、労役の提供、また生産物を貢納した。朝廷に属する品部（しなべ）は馬飼（うまかい）部などのように職能名をつけてよばれ、皇族に属する名代（なしろ）・子代（こしろ）や豪族に属する部曲（かきべ）は、それぞれ穴穂部・蘇我部などのように皇族名や豪族名をつけてよばれた。どちらの制度も大化の改新後に廃止されたが一部は存続した。

＊　　＊　　＊

◇「国造」の研究―大和王権と地域首長との関係を中心に　河野泰彦著　日本図書刊行会　1997.9　281p　20cm〈折り込1枚　東京 近代文芸社（発売）〉1900円

◇日本古代国造制の研究　篠川賢著　吉川弘文館　1996.5　479, 11p　22cm　〈『国造制の成立と展開』(1985年刊)の増訂〉　8858円　Ⓘ4-642-02293-7

◇国造制の成立と展開　篠川賢著　吉川弘文館　1985.5　237, 8p　20cm　(古代史研究選書)　2400円　Ⓘ4-642-02156-6

◇部民制　武光誠著　吉川弘文館　1982.5　134p　21cm　(古代史演習)　1500円

◇国造・県主関係史料集　佐伯有清, 高島弘志校訂・編　近藤出版社　1982.4　205, 28p　20cm　(日本史料選書 22)　〈監修:竹内理三ほか〉　3800円

◇部民制　武光誠著　吉川弘文館　1981.12　230, 9p　19cm　(研究史)　1500円

◇古代王者と国造　原島礼二著　〔東村山〕　教育社　1979.3　224p　18cm　(教育社歴史新書)　600円

◇謎の国造　新野直吉著　学生社　1975　212p　22cm　1400円

◇国造　新野直吉著　吉川弘文館　1974　252, 4p　19cm　(研究史)　1100円

◇日本古代地方制度の研究　新野直吉著　吉川弘文館　1974　527, 5p　22cm　5000円

◇国造と県主　新野直吉著　至文堂　1965　204p　19cm　(日本歴史新書)

蝦夷
えみし・えぞ

　日本古代史上、中央の王権・政権に服属しない人びとを指した呼称。最初は「えみし」といい、「夷」「毛人」の字をあてた。この言葉は、もともと政治的・文化的に「中央」を意味した朝廷に従わないという意味で未開・野蛮な人たち(あらぶる人)をさす中国の観念にもとづく。古代蝦夷に関しては、大和国家形成過程において領域内に組み込まれる人々として、『崇神紀』における大彦命武渟川別(おおひこのみことたけぬなかわわけ)の北陸・東国視察、『景行紀』における武内宿禰(たけうちのすくね)の東方視察とそれに続く日本武尊の東国経営、毛野(けぬ)氏と蝦夷との確執、『斉明紀』の阿倍比羅夫の日本海側北行事業などに登場する。いずれも説話的伝承的記事である。

＊　　＊　　＊

◇蝦夷と東北戦争　鈴木拓也著　吉川弘文館　2008.12　290, 5p　20cm　(戦争の日本史 3)　〈文献あり　年表あり〉　2500円　Ⓘ978-4-642-06313-5

◇古代蝦夷からアイヌへ　天野哲也, 小野裕子編　吉川弘文館　2007.3　420p　22cm　12000円　Ⓘ978-4-642-02457-0

◇蝦夷の考古学　松本建速著　同成社　2006.8　239p　27cm　〈文献あり〉　6000円　Ⓘ4-88621-363-4

◇律令国家の対蝦夷政策―相馬の製鉄遺跡群　飯村均著　新泉社　2005.11　93p　21cm　(シリーズ「遺跡を学ぶ」21)　〈文献あり〉　1500円　Ⓘ4-7877-0631-4

◇古代蝦夷の英雄時代　工藤雅樹著　平凡社　2005.10　294p　16cm　(平凡社ライブラリー 554)　〈新日本出版社2000年刊の改訂〉　1300円　Ⓘ4-582-76554-8

◇古代蝦夷と律令国家　蝦夷研究会編　高志書院　2004.9　297p　22cm　(奥羽史研究叢書 7)　〈文献あり〉　4000円　Ⓘ4-906641-87-3

◇古代の蝦夷と城柵　熊谷公男著　吉川弘文館　2004.7　223p　19cm　(歴史文化ライブラリー 178)　〈年表あり〉　1700円　Ⓘ4-642-05578-9

◇蝦夷の地と古代国家　熊谷公男著　山川出版社　2004.3　106p　21cm　(日本史リブレット 11)　〈文献あり〉　800円　Ⓘ4-634-54110-6

◇山野河海の列島史　森浩一著　朝日新聞社　2004.2　213p　19cm　(朝日選書)　1100円　Ⓘ4-02-259846-8

◇古代「えみし」社会の成立とその系統的位置付け　岩手県立博物館編　盛岡　岩手県文化振興事業団　2003.12　120p　26cm　(岩手県立博物館調査研究報告書第18冊)

◇古代国家と東北　熊田亮介著　吉川弘文館　2003.6　11, 318p　21cm　7500円　Ⓘ4-642-02391-7

◇古代東北の蝦夷と北海道　関口明著　吉川弘文館　2003.1　273, 7p　22cm　7500円　Ⓘ4-642-02386-0

◇大和朝廷を震撼させた蝦夷・アテルイの戦い　久慈力著　批評社　2002.7　221p

20cm （遥かなる縄文の風景2） 1800円 ⓘ4-8265-0353-9

◇古代国家と北方社会　蓑島栄紀著　吉川弘文館　2001.12　348, 9p　21cm　9000円　ⓘ4-642-02371-2

◇エミシ展―北の鬼の復権　第15回企画展　北上市立鬼の館編　北上　北上市立鬼の館　2001.10　31p　26cm　〈会期：平成13年10月7日―11月25日〉

◇古代東北と王権―「日本書紀」の語る蝦夷　中路正恒著　講談社　2001.6　283p　18cm　（講談社現代新書）　720円　ⓘ4-06-149559-3

◇蝦夷の古代史　工藤雅樹著　平凡社　2001.1　254p　18cm　（平凡社新書）　740円　ⓘ4-582-85071-5

◇古代蝦夷の英雄時代　工藤雅樹著　新日本出版社　2000.11　206p　18cm　（新日本新書）　950円　ⓘ4-406-02771-8

◇古代蝦夷　工藤雅樹著　吉川弘文館　2000.9　330, 2p　20cm　3400円　ⓘ4-642-07765-0

◇蝦夷と倭人　阿部義平著　青木書店　1999.2　222p　22cm　（シリーズ日本史のなかの考古学）　2800円　ⓘ4-250-98050-2

◇蝦夷と東北古代史　工藤雅樹著　吉川弘文館　1998.6　458, 22p　22cm　10000円　ⓘ4-642-02320-8

◇エミシ研究―蝦夷史伝とアイヌ伝説　田中勝也著　改訂版　新泉社　1998.3　289p　20cm　2800円　ⓘ4-7877-9806-5

◇蝦夷と古代王朝の研究―菊池山哉と日本古代史の研究　田中紀子著　批評社　1998.1　316p　22cm　3500円　ⓘ4-8265-0243-5

◇古代蝦夷の考古学　工藤雅樹著　吉川弘文館　1998.1　408, 20p　22cm　〈索引あり〉　9000円　ⓘ4-642-02319-4

◇蝦夷・律令国家・日本海―日本考古学協会1997年度秋田大会　シンポジウム2・資料集　日本考古学協会1997年度秋田大会実行委員会編　秋田　日本考古学協会1997年度秋田大会実行委員会　1997.10　458p　30cm

◇「あつれき」と「交流」―古代律令国家とみちのくの文化　大阪府立近つ飛鳥博物館編　河南町（大阪府）　大阪府立近つ飛鳥博物館　1997.9　108p　30cm　（大阪府立近つ飛鳥博物館図録13）〈平成9年度秋季特別展：1997年9月30日―11月24日〉

◇大和政権と蝦夷の確執―阿弖流為母礼之碑建立記念出版　髙橋敏男編著　吹田　北天会（関西アテルイ顕彰会）　1996.12　264p　19cm　1200円

◇古代王権と交流　1　古代蝦夷の世界と交流　鈴木靖民編　名著出版　1996.9　484p　22cm　〈監修：水野祐〉　5800円　ⓘ4-626-01544-1

◇古代東北と柵戸　髙橋崇著　吉川弘文館　1996.7　212p　22cm　5459円　ⓘ4-642-02307-0

◇蝦夷とアイヌ　菊池山哉著　批評社　1995.7　318p　22cm　（『蝦夷と天ノ朝の研究』（東京史談会昭和41年刊）からの複製　折り込み図1枚）　5500円　ⓘ4-8265-0192-7

◇古代東北と律令法　虎尾俊哉著　吉川弘文館　1995.6　252p　20cm　2575円　ⓘ4-642-07464-3

◇蝦夷　髙橋富雄著　吉川弘文館　1995.2　318, 10p　20cm　（日本歴史叢書　新装版）〈叢書の編者：日本歴史学会〉　3090円　ⓘ4-642-06607-1

◇日本古代国家と部落の起源　石渡信一郎著　三一書房　1994.11　189p　20cm　1800円　ⓘ4-380-94272-4

◇江釣子古墳群の謎―古代東北と蝦夷　大友幸男著　三一書房　1994.10　292p　20cm　2600円　ⓘ4-380-94271-6

◇えみしとは誰れ―古代東北の歴史　盛岡　川口印刷工業　1994.9　49p　21cm　〈監修：水沢市埋蔵文化財調査センター　文：及川和哉〉　500円

◇古代国家と東国社会　千葉歴史学会編　高科書店　1994.4　386p　22cm　（千葉史学叢書1）　8000円

◇古代蝦夷と天皇家　石渡信一郎著　三一書房　1994.2　276p　20cm　2500円　ⓘ4-380-94214-7

◇古代東北まつろわぬ者の系譜　武光誠著　毎日新聞社　1994.2　220p　19cm　1400円　ⓘ4-620-30974-5

◇エミシとは何か―古代東アジアと北方日本　中西進編　角川書店　1993.11　220p　19cm　（角川選書 247）　1300円　①4-04-703247-6

◇古代蝦夷の研究　北構保男著　改訂　雄山閣出版　1993.9　617, 26p　22cm　〈折り込図1枚〉　16000円　①4-639-01031-1

◇蝦夷と古代国家　関口明著　吉川弘文館　1992.9　306, 10p　20cm　（古代史研究選書）　2800円　①4-642-02166-3

◇エミシ研究―蝦夷史伝とアイヌ伝説　田中勝也著　新泉社　1992.4　289p　20cm　2800円

◇古代の蝦夷―北日本縄文人の末裔　工藤雅樹, 佐々木利和著　河出書房新社　1992.2　102p　27cm　（歴史博物館シリーズ）　3600円　①4-309-61154-0

◇古代蝦夷を考える　高橋富雄著　吉川弘文館　1991.12　317, 21p　20cm　2900円　①4-642-07292-6

◇古代蝦夷の研究　北構保男著　雄山閣出版　1991.6　617, 26p　22cm　〈折り込図1枚〉　15000円　①4-639-01031-1

◇蝦夷の世界―みちのく古代　大塚初重ほか著　山川出版社　1991.4　250, 8p　19cm　1600円　①4-634-60260-1

◇古代東北日本の謎　新野直吉著　大和書房　1988.10　219p　19cm　（古代学ミニエンサイクロペディア 14）　1400円　①4-479-47014-X

◇蝦夷―古代東北人の歴史　高橋崇著　中央公論社　1986.5　237p　18cm　（中公新書）　560円　①4-12-100804-9

◇喜田貞吉著作集　第9巻　蝦夷の研究　伊東信雄編　平凡社　1980.5　520p　22cm　4600円

◇蝦夷―日本古代文化の探究　大林太良編　社会思想社　1979.9　312p　20cm　1500円

◇蝦夷―古代東北の英雄たち　河北新報社編集局編　仙台　河北新報社　1978.10　338p　19cm　〈第31回新聞大会(仙台)記念　「蝦夷」関連年表：p331～336〉

◇律令国家と蝦夷　虎尾俊哉著　評論社　1975　220p 図　18cm　（若い世代と語る日本の歴史 10）　〈年表：p.215-220〉　690円

◇古代蝦夷―その社会構造　高橋富雄著　学生社　1974　237p　22cm　〈古代蝦夷関連表：p.234-237〉　1500円

◇蝦夷と天ノ朝の研究　菊池山哉著　府中　東京史談会　1966　384p　22cm　2000円

◇蝦夷　高橋富雄著　吉川弘文館　1963　318p 図版　20cm　（日本歴史叢書 2）　〈シリーズ責任表示：日本歴史学会編　付：参考文献315-318p〉

◇蝦夷史料　東北大学東北文化研究会編　吉川弘文館　1957　135, 23p　21cm　（東北史史料集 第1）

◇古代史研究　第2集　蝦夷　古代史談話会編　朝倉書店　1956　274p 図版　22cm

熊襲
くまそ

古代の南部九州の地域名。また、その地域の居住者の族名。『古事記』では熊曽と書かれ、日向、大隅、薩摩の地域、すなわち現在のほぼ宮崎・鹿児島両県の地域を示すと思われる。また『日本書紀』では熊襲、西海道（九州）の各『風土記』などでは球磨贈於などと記され、熊本県球磨郡・人吉市、鹿児島県姶良郡・霧島市一帯に該当すると考えられている。応神朝以後にはその名が『古事記』『日本書紀』ともにみえなくなることや、その後の履中天皇の条などから、同じ南部九州の居住民として登場した隼人の中に吸収されたと思われる。

＊　＊　＊

◇古代クマソ王国　松元十丸著　新装復刻　鹿屋　NPO未来創研　2001.6　183p　26cm　1500円

◇クマソの虚構と実像―つくり出された反逆者像　中村明蔵著　丸山学芸図書　1995.5　154p　20cm　1300円　①4-89542-137-6

◇熊襲は白人の子孫―ザ・ミステリー・1　吉村允宏著　近代文芸社　1994.7　140p　20cm　1100円　①4-7733-3143-7

◇熊襲・隼人の社会史研究　中村明蔵著　名著出版　1986.5　465p　22cm　6500円　①4-626-01264-7

◇熊襲と隼人―南九州の古代社会　〔浜

松〕　浜松市博物館　1984.7　20p　26cm　〈第6回特別展　会期：1984年7月29日～9月2日〉
◇熊襲と隼人―西九州の古代社会　中村明蔵著　評論社　1973　254p　図　18cm　（若い世代と語る日本の歴史　別巻1）　450円
◇古代クマソ王国　松元十丸著　大陸書房　1971　270p　19cm　650円

古代朝鮮外交　こだいちょうせんがいこう

　大和政権は4世紀後半に百済と国交を結び、朝鮮南部で一時的に軍事行動を展開した。ついで5世紀前半にも対高句麗政策の加勢のため朝鮮南部に軍事力を投入、さらに5世紀後半には、任那地方（加羅）に勢力をのばした。しかし、6世紀前半には再建された百済が任那地方に勢力を拡大し、欽明23年（562年）以降、任那地方を含む加羅諸国が新羅の支配下におかれ、大和政権は朝鮮半島からの後退を余儀なくされた。6世紀中頃には、高句麗との対立を深めていた百済から諸博士が派遣され、日本に初めて仏教や儒教、漢字や医学、易学などを伝えた。660年代、新羅・唐連合軍によって百済、高句麗があいついで滅ぼされた。百済滅亡直後、大和政権は朝鮮に救援軍を送ったが敗退した（白村江の戦）。白村江の戦以後、新羅と大和政権との外交は一時途絶したが、新羅は日本との対立の緩和につとめ、形式上は日本を「宗主国」、新羅を「朝貢国」とする形で使節を派遣した。これ以後8世紀初めまで、両国の間では頻繁に使節が往来するが（遣新羅使）、宝亀10年（779年）に外交関係を断絶し、天長元年（824年）以降、大和政権は孤立主義、排外主義をいっそう強めていった。しかし民間の交易はさかんに行われ、数多くの新羅商船が来日した。そしてこのような関係は中世にも引き継がれていく。

◇万葉集と新羅　梶川信行著　翰林書房　2009.5　285p　22cm　4500円　Ⓘ978-4-87737-280-4
◇古代の日本と加耶　田中俊明著　山川出版社　2009.1　103p　21cm　（日本史リブレット70）〈文献あり〉　800円　Ⓘ978-4-634-54682-0
◇百済と倭国　辻秀人編　高志書院　2008.10　269p　21cm　〈文献あり　年表あり〉　3500円　Ⓘ978-4-86215-049-3
◇百済王氏と古代日本　大坪秀敏著　雄山閣　2008.1　344p　22cm　6000円　Ⓘ978-4-639-02018-9
◇加耶と倭―韓半島と日本列島の考古学　朴天秀著　講談社　2007.10　190p　19cm　（講談社選書メチエ398）　1500円　Ⓘ978-4-06-258398-5
◇古代の朝鮮と日本（倭国）　高寛敏著　雄山閣　2007.8　159p　22cm　3000円　Ⓘ978-4-639-01994-7
◇広開土王の素顔―古代朝鮮と日本　武光誠著　文芸春秋　2007.3　226p　16cm　（文春文庫）　524円　Ⓘ978-4-16-773001-7
◇復元七支刀―古代東アジアの鉄・象嵌・文字　鈴木勉, 河内国平編著　雄山閣　2006.12　273p　図版48p　26cm　〈文献あり〉　5600円　Ⓘ4-639-01956-4
◇倭と加耶の国際環境　東潮著　吉川弘文館　2006.8　357,5p　22cm　〈文献あり〉　9000円　Ⓘ4-642-09306-0
◇百済と倭国の物語り　山辺土筆著　文芸社　2006.6　355p　20cm　〈年表あり〉　1600円　Ⓘ4-286-01339-1
◇石上神宮の七支刀と菅政友　藤井稔著　吉川弘文館　2005.5　277,11p　22cm　〈複製を含む　年表あり〉　11000円　Ⓘ4-642-02438-7
◇日本と朝鮮―古代を考える　武田幸男編　吉川弘文館　2005.1　277p　20cm　2700円　Ⓘ4-642-02193-0
◇シンポジウム倭人のクニから日本へ―東

アジアからみる日本古代国家の起源　鈴木靖民編　学生社　2004.8　266p　20cm　2400円　ⓈⒾ4-311-20275-X

◇秘められた黄金の世紀展—百済武寧王と倭の王たち　福岡市博物館編　福岡「百済武寧王と倭の王たち」実行委員会　2004.7　167p　30cm　〈会期・会場：平成16年7月17日—8月29日　福岡市博物館ほか　年表あり〉

◇百済滅亡と古代日本—白村江から大野城へ　全栄来著　雄山閣　2004.4　277p　22cm　〈折り込1枚　文献あり　年表あり〉　3600円　ⓈⒾ4-639-01838-X

◇七支刀と石上神宮の神宝—大和の神々と美術　特別陳列　奈良国立博物館編　奈良　奈良国立博物館　2004.1　43p　30cm　〈他言語標題：The seven-pronged sword and other treasures of Isonokami Shrine　会期：平成16年1月4日—2月8日〉

◇倭人と韓人—記紀からよむ古代交流史　上垣外憲一著　講談社　2003.11　327p　15cm　（講談社学術文庫）〈「天孫降臨の道」（筑摩書房1986年刊）の改題　年表あり〉　1100円　ⓈⒾ4-06-159623-3

◇検証・古代日本と百済—枚方歴史フォーラム　森浩一ほか著　大巧社　2003.4　309p　19cm　2300円　ⓈⒾ4-924899-55-0

◇倭国と東アジア　鈴木靖民編　吉川弘文館　2002.7　324,15p　22cm　（日本の時代史2）〈シリーズ責任表示：石上英一〔ほか企画・編集〕〉　3200円　ⓈⒾ4-642-00802-0

◇前方後円墳と古代日朝関係　朝鮮学会編　同成社　2002.6　379p　22cm　8000円　ⓈⒾ4-88621-251-4

◇検証古代日本と百済—枚方歴史フォーラム　森浩一他著　習志野　大巧社　2002.3　309p　20cm　〈文献あり〉　2300円　ⓈⒾ4-924899-55-0

◇古代東アジアにおける倭と加耶の交流—第5回歴博国際シンポジウム　第5回歴博国際シンポジウム事務局編　六一書房　2002.3　329p　22cm　〈会期・会場：2002年3月13日—16日　国立歴史民俗博物館（千葉県）　韓文併記〉　2000円　ⓈⒾ4-947743-11-5

◇倭国王統譜の形成　高寛敏著　雄山閣　2001.12　261p　22cm　4800円　ⓈⒾ4-639-01756-1

◇七支刀の謎を解く—四世紀後半の百済と倭　吉田晶著　新日本出版社　2001.7　206p　20cm　〈年表あり〉　2000円　ⓈⒾ4-406-02825-0

◇百済から渡来した応神天皇—騎馬民族王朝の成立　石渡信一郎著　三一書房　2001.6　314p　20cm　2800円　ⓈⒾ4-380-01209-3

◇キトラ古墳とその時代—続・朝鮮からみた古代日本　全浩天著　未来社　2001.4　258p　21cm　2800円　ⓈⒾ4-624-11183-4

◇楽浪と高句麗の考古学　田村晃一著　同成社　2001.4　414p　22cm　〈肖像あり〉　12000円　ⓈⒾ4-88621-220-4

◇検証古代の河内と百済—枚方歴史フォーラム　枚方歴史フォーラム実行委員会編〔枚方〕　枚方歴史フォーラム実行委員会〔2001〕　155p　30cm　〈会期：2001年3月3日　百済寺跡史跡指定60周年記念〉

◇新羅・高句麗・百済三国紀—古代日本史の真実を探る　高島鳴鳳著　叢文社　2000.11　351p　20cm　3000円　ⓈⒾ4-7947-0350-3

◇伽耶国と倭地—韓半島南部の古代国家と倭地進出　尹錫曉著，兼川晋訳　新装　新泉社　2000.10　308p　22cm　2800円　ⓈⒾ4-7877-0006-5

◇韓半島からきた倭国—古代加耶族が建てた九州王朝　李鍾恒著，兼川晋訳　新装　新泉社　2000.10　322p　20cm　2500円　ⓈⒾ4-7877-0005-7

◇古代の日朝関係と日本書紀　笠井倭人著　吉川弘文館　2000.1　324,6p　22cm　8000円　ⓈⒾ4-642-02345-3

◇日本古代の外交と地方行政　大山誠一著　吉川弘文館　1999.12　256p　22cm　6000円　ⓈⒾ4-642-02344-5

◇古代日本と南島の交流　山里純一著　吉川弘文館　1999.7　241,5p　22cm　6500円　ⓈⒾ4-642-02339-9

◇任那と古代日本—歴史認識の原点をさぐる　寺本克之著　新泉社　1999.7　266p　19cm　〈文献あり〉　2000円　ⓈⒾ4-7877-9901-0

◇「伽耶」を知れば日本の古代史がわかる　高濬煥著，池田菊敏訳　双葉社　1999.3　294p　18cm　（ふたばらいふ新書）　838

◇二重王権―高句麗碑文と中国史書に記された倭人の源流とその日本列島への進攻、定着について　原四郎著　鳥影社　1999.1　136p　20cm　〈東京 星雲社（発売）〉　1400円　ⓅISBN 4-7952-2587-7

◇継体大王と渡来人―枚方歴史フォーラム　森浩一、上田正昭編　大巧社　1998.12　260p　20cm　2000円　ⓅISBN 4-924899-32-1

◇日本の朝鮮文化―座談会　司馬遼太郎、上田正昭、金達寿編　改版　中央公論社　1998.5　459p　16cm　（中公文庫）　838円　ⓅISBN 4-12-203131-1

◇伽耶はなぜほろんだか―日本古代国家形成史の再検討　鈴木靖民ほか著　増補改訂版　大和書房　1998.3　333p　20cm　2800円　ⓅISBN 4-479-84047-8

◇交易からみた伽耶と倭の相互作用　朴天秀著, 富士ゼロックス小林節太郎記念基金編　富士ゼロックス小林節太郎記念基金　1997.6　51p　26cm　〈富士ゼロックス小林節太郎記念基金1995年度研究助成論文　文献あり〉　非売品

◇古代朝鮮諸国と倭国　高寛敏著　雄山閣出版　1997.4　286p　22cm　5800円　ⓅISBN 4-639-01438-4

◇石上神宮七支刀銘文図録　村山正雄編著　吉川弘文館　1996.12　192p 図版48枚　38cm　〈文献あり〉　3400円　ⓅISBN 4-642-02300-3

◇広開土王と「倭の五王」―讃・珍・済・興・武の驚くべき正体　小林恵子著　文芸春秋　1996.8　251p　20cm　〈参考文献：p250〜251〉　1500円　ⓅISBN 4-16-351960-2

◇古代の韓と日本　坂田隆著　新泉社　1996.8　260p　19cm　1957円　ⓅISBN 4-7877-9614-3

◇古代の倭国と朝鮮諸国　鈴木英夫著　青木書店　1996.2　342p　22cm　7210円　ⓅISBN 4-250-96000-5

◇「伽耶」を知れば日本の古代史がわかる―卑弥呼の国幻の伽耶の謎を追う　高滌煥著, 池田菊敏訳　双葉社　1995.12　253p　20cm　1700円　ⓅISBN 4-575-28515-3

◇古代朝鮮動乱と筑紫国―宇美神社創建の謎　天本孝志著　福岡　葦書房　1995.6　259p　20cm　2678円　ⓅISBN 4-7512-0599-4

円　ⓅISBN 4-575-15266-8

◇ヤマト国家は渡来王朝　沢田洋太郎著　新泉社　1995.5　288p　19cm　〈折り込表1枚〉　1800円　ⓅISBN 4-7877-9510-4

◇見直される古代の日本と朝鮮　金達寿著　大和書房　1994.6　221p　20cm　2500円　ⓅISBN 4-479-84030-3

◇伽耶は日本のルーツ　沢田洋太郎著　新泉社　1994.1　259p　19cm　1700円　ⓅISBN 4-7877-9323-3

◇幻の加耶と古代日本―ここまでわかった日韓古代史　文芸春秋編　文芸春秋　1994.1　245p　16cm　（文春文庫 ビジュアル版）　680円　ⓅISBN 4-16-810411-7

◇天皇と日韓古代戦史　牛島康允著　自然と科学社　1993.12　315p　20cm　〈発売：星雲社〉　2472円　ⓅISBN 4-7952-3632-1

◇伽耶国と倭地―韓半島南部の古代国家と倭地進出　尹錫暁著, 兼川晋訳　新泉社　1993.10　307p　19cm　2500円　ⓅISBN 4-7877-9314-4

◇日本書紀と古代朝鮮　木下礼仁著　塙書房　1993.10　439, 21p　22cm　18000円　ⓅISBN 4-8273-1101-3

◇高句麗・渤海と古代日本　在日本朝鮮社会科学者協会歴史部会編　雄山閣出版　1993.5　242p　22cm　（考古学選書 38）　3500円　ⓅISBN 4-639-01167-9

◇加耶諸国と任那日本府　李永植著　吉川弘文館　1993.4　335, 16p　22cm　8600円　ⓅISBN 4-642-08138-0

◇古代の日本と韓国　7　考古学からみた古代の韓国と日本　猪熊兼勝ほか著　学生社　1993.3　191p　19cm　〈監修：韓国文化院〉　1800円　ⓅISBN 4-311-42007-2

◇「日本」は伽耶にあった　保坂俊三著　新人物往来社　1993.3　200p　20cm　1600円　ⓅISBN 4-404-01988-2

◇任那国と対馬　李炳銑著　東洋書院　1992.11　467p　23cm　〈『任那は対馬にあった』（ソウル書林1989年刊）の改題〉　5800円　ⓅISBN 4-88594-201-2

◇古代朝鮮文化と山陰―高句麗文化と古代出雲のつながり　環日本海松江国際交流会議編　松江　環日本海松江国際交流会議　1992.2　244p　19cm　（環日本海シリーズ　環日本海日朝国際交流会議報告書 1991）　〈会期・会場：1991年10月17日―18日　島根県民会館〉

◇六世紀における任那日本府と加羅諸国　李永植著, 富士ゼロックス・小林節太郎記念基金編　富士ゼロックス・小林節太郎記念基金　1991.8　66p　26cm　〈富士ゼロックス・小林節太郎記念基金1990年度研究助成論文〉　非売品

◇伽耶はなぜほろんだか―日本古代国家形成史の再検討　鈴木靖民ほか著　大和書房　1991.2　286p　20cm　2800円　⓪4-479-84015-X

◇古代の日本と韓国　11　韓国美術の伝統　金子量重ほか著　学生社　1990.10　179p　19cm　〈監修：韓国文化院〉　1600円　⓪4-311-42011-0

◇古代の日本と韓国　12　日本からみた古代韓国　伊藤清司ほか著　学生社　1990.10　232p　19cm　〈監修：韓国文化院〉　1600円　⓪4-311-42012-9

◇古代の日本と韓国　13　韓国からみた古代日本　井上秀雄ほか著　学生社　1990.9　196p　19cm　〈監修：韓国文化院〉　1450円　⓪4-311-42013-7

◇古代日本の任那派遣氏族の研究―的臣・吉備臣・河内直を中心として　李永植著, 富士ゼロックス・小林節太郎記念基金編　富士ゼロックス・小林節太郎記念基金　1990.8　60p　26cm　〈富士ゼロックス・小林節太郎記念基金1989年度研究助成論文〉　非売品

◇古代の日本と韓国　6　古代の高麗と日本　菊竹淳一ほか著　学生社　1990.6　211p　19cm　〈監修：韓国文化院〉　1600円　⓪4-311-42006-4

◇古代の日本と韓国　5　古代の新羅と日本　有光教一ほか著　学生社　1990.5　202p　19cm　〈監修：韓国文化院〉　1450円　⓪4-311-42005-6

◇古代の日本と韓国　3　古代の百済・加耶と日本　江坂輝弥ほか著　学生社　1990.1　207p　19cm　〈監修：韓国文化院〉　1450円　⓪4-311-42003-X

◇古代朝鮮と日本　朴炳植他著　泰流社　1989.9　219p　20cm　〈新装版〉　2000円　⓪4-88470-706-0

◇古代朝鮮と日本の旅　朴春日著　明石書店　1989.9　429p　19cm　2060円

◇古代の日本と韓国　9　シャーマニズムと韓国文化　伊藤亜人ほか著　学生社　1989.8　170p　19cm　〈監修：韓国文化院〉　1250円　⓪4-311-42009-9

◇任那滅亡と古代日本　角林文雄著　学生社　1989.8　352p　19cm　1950円　⓪4-311-20141-9

◇高句麗史と東アジア―「広開土王碑」研究序説　武田幸男著　岩波書店　1989.6　440p　22cm　9800円　⓪4-00-000817-X

◇古代の日朝関係　山尾幸久著　塙書房　1989.4　500p　19cm　（塙選書 93）　3811円

◇日本文化の源流百済の地霊　李夕湖著　泰流社　1989.3　230p　20cm　2400円　⓪4-88470-680-3

◇古代の日本と韓国　10　韓国と日本の仏教文化　鎌田茂雄, 田村円澄著　学生社　1989.2　174p　19cm　〈監修：韓国文化院〉　1200円　⓪4-311-42010-2

◇古代の日本と韓国　8　民俗学からみた古代の韓国と日本　桜井徳太郎ほか著　学生社　1988.12　160p　19cm　〈監修：韓国文化院〉　1200円　⓪4-311-42008-0

◇古代の日本と韓国　4　古代の高句麗と日本　金達寿ほか著　学生社　1988.10　187p　19cm　〈監修：韓国文化院〉　1400円　⓪4-311-42004-8

◇古代日本と朝鮮・中国　直木孝次郎著　講談社　1988.9　316p　15cm　（講談社学術文庫）　780円　⓪4-06-158845-1

◇古代の日本と韓国　1　古代の韓国と日本　井上秀雄ほか著　学生社　1988.8　187p　19cm　〈監修：韓国文化院〉　1400円　⓪4-311-42001-3

◇古代の日本と韓国　2　古代日本と渡来文化　上田正昭ほか著　学生社　1988.8　203p　19cm　〈監修：韓国文化院〉　1400円　⓪4-311-42002-1

◇日本古代王朝の成立と百済　石渡信一郎著　札幌　アジア史研究会　1988.8　293p　21cm　1500円

◇古代朝鮮と日本　朴炳植他著　泰流社　1987.11　219p　20cm　1800円　⓪4-88470-610-2

◇高句麗と日本古代文化―シンポジウム　上田正昭ほか著　講談社　1986.12　189p　20cm　1600円　⓪4-06-202456-X

◇古代朝鮮と日本文化―神々のふるさと

◇金達寿著　講談社　1986.9　284p　15cm　（講談社学術文庫）　680円　ⓘ4-06-158754-4
◇天孫降臨の道　上垣外憲一著　筑摩書房　1986.9　262p　20cm　1700円　ⓘ4-480-85338-3
◇加耶から倭国へ―韓国・日本古代史紀行　金達寿ほか著　竹書房　1986.5　327p　20cm　1600円　ⓘ4-88475-015-2
◇古代の日本と朝鮮　上田正昭著　岩波書店　1986.5　88p　22cm　（岩波グラフィックス 36）　1400円　ⓘ4-00-008436-4
◇日本古代史と朝鮮　金達寿著　講談社　1985.9　307p　15cm　（講談社学術文庫）　780円　ⓘ4-06-158702-1
◇大和政権の対外関係研究　金鉉球著　吉川弘文館　1985.4　479, 11p　22cm　8000円　ⓘ4-642-02132-9
◇古代日本と朝鮮文化　金達寿著　筑摩書房　1984.9　221p　20cm　1400円
◇百済は語る―古代日本文化のふるさと　李夕湖著　講談社　1984.2　283p　20cm　1500円　ⓘ4-06-200281-7
◇古代史論考　4　朝鮮民族に初めて反日感情を植え付けた古代新羅史の真相　正気久会著　国立　文芸手帖の会　1984.1　125p　21cm　〈『文芸手帖』別冊〉　1000円
◇古代を考える　34　古代伽耶の検討　大阪　古代を考える会　1983.7　72p　26cm　〈折り込図1枚〉　1100円
◇沸流百済と日本の国家起源―日韓地名が明かす古代日韓の実像　金聖昊著, 林英樹訳　成甲書房　1983.4　391p　20cm　4800円　ⓘ4-88086-040-9
◇朝鮮と古代日本文化―座談会　司馬遼太郎ほか編　中央公論社　1982.12　366p　16cm　（中公文庫）　460円
◇古代日本と朝鮮―座談会　司馬遼太郎ほか編　中央公論社　1982.6　368p　16cm　（中公文庫）　460円
◇新羅と日本古代文化　田村円澄, 秦弘燮編　吉川弘文館　1981.10　331p　22cm　5600円
◇古代の日本と朝鮮　北野耕平ほか編集　雄山閣出版　1981.6　145p　23cm　（歴史公論ブックス 5）　1200円　ⓘ4-639-00074-X, 4-639-00068-5
◇百済と倭国　金廷鶴著　六興出版　1981.5　340p　20cm　3800円
◇古代朝鮮文化と日本　斎藤忠著　東京大学出版会　1981.4　275p　19cm　（UP選書 215）　1200円
◇日本古代王権試論―古代韓国との関連を中心に　大和岩雄著　名著出版　1981.4　323, 11p　22cm　3800円
◇広開土王碑と七支刀　李進熙著　学生社　1980.11　306p　22cm　2800円
◇東アジア世界における日本古代史講座　第4巻　朝鮮三国と倭国　井上光貞ほか編集　学生社　1980.9　402p　22cm　4200円
◇古代日本と朝鮮文化　プレジデント編集　プレジデント社　1979.8　320p　20cm　（プレジデントブックス）　1600円
◇日本と朝鮮の古代史―共同研究　吉田晶ほか著　三省堂　1979.4　254p　19cm　（三省堂選書 57）　1000円
◇古代東アジアの日本と朝鮮　坂元義種著　吉川弘文館　1978.12　572, 64p　22cm　7500円
◇朝鮮と古代日本文化―座談会　司馬遼太郎ほか編　中央公論社　1978.12　364p　20cm　1200円
◇古代の東アジアと日本　佐伯有清著　〔東村山〕　教育社　1977.10　214p　図　18cm　（教育社歴史新書）　〈発売：教育社出版サービス（東京）〉　600円
◇七支刀と広開土王碑　佐伯有清著　吉川弘文館　1977.4　108p　21cm　（古代史演習）　980円
◇高木市之助全集　第2巻　叙事詩の伝統・新羅へ―記紀万葉雑攷　戦後編　講談社　1976　504p　肖像　20cm　〈解説（久米常民）解題（中西達治）〉　3800円
◇三国史記―倭国関係　金富軾等撰, 鈴木武樹編訳　大和書房　1975　303p　20cm　1900円
◇新羅と飛鳥・白鳳の仏教文化　田村円澄, 洪淳昶編　吉川弘文館　1975　360p　図　22cm　3800円
◇古代九州の新羅王国　泊勝美著　新人物

古墳時代

往来社　1974　235p　20cm　1300円
◇古代朝鮮と日本　朝鮮史研究会編　竜渓書舎　1974　352p　22cm　〈監修：旗田巍〉　2600円
◇古代日本と朝鮮―座談会　司馬遼太郎，上田正昭，金達寿編　中央公論社　1974　366p　20cm　980円
◇古代日本と朝鮮の基本問題　井上秀雄，旗田巍編　学生社　1974　214p　22cm　2000円
◇古代の日本と朝鮮　上田正昭，井上秀雄編　学生社　1974　283p　22cm　1800円
◇任那日本府と倭　井上秀雄著　東出版　1973　428p　図　地図　22cm　3000円
◇古代朝日関係史―大和政権と任那　金錫亨著，朝鮮史研究会訳　勁草書房　1969　474p　地図　22cm　1800円
◇三韓三国の日本列島内分国について　金錫亨著，村山正雄，都竜雨共訳　朝鮮史研究会　1964　53p　21cm　非売

好太王碑（広開土王碑）
こうたいおうひ（こうかいどおうひ）

　高句麗の第19代国王、広開土王の功業を記念して414年（允恭3年）に建てられた碑。古代の日朝関係を知る上で重要な史料。中国の吉林省集安市に現存している。明治16年（1883年）に集安の地に密偵として入った日本陸軍の将校、酒匂景信が碑文の拓本を日本に持ち帰り参謀本部で解読した。碑文には仁徳79年（391年）に相当する「辛卯年」に倭が海を渡って百済・新羅などを臣民としたと読みとれる字句や、いくたびか倭軍と高句麗軍とが交戦した記載があったが、近年この碑文の倭関係記事の改竄の疑いや、異なる解釈などの問題が提起され、中国では原碑の研究が再開された。また、日本人研究者による原碑の見学、研究も昭和59年（1984年）7月から始まった。

　　　　＊　　　＊　　　＊

◇広開土王碑墨本の研究　武田幸男著　吉川弘文館　2009.4　390,10p　27cm　〈索引あり〉　20000円　ⓘ978-4-642-08148-1
◇広開土王碑との対話　武田幸男著　白帝社　2007.10　335p　19cm　（白帝社アジア史選書 10）　1800円　ⓘ978-4-89174-883-8
◇好太王碑拓本の研究　徐建新著　東京堂出版　2006.2　335p　図版2p　22cm　15000円　ⓘ4-490-20569-4
◇好太王碑研究とその後　李進煕著　青丘文化社　2003.6　332p　22cm　（青丘文化叢書 10）　〈年表あり〉　3000円　ⓘ4-87924-087-7
◇広開土王と「倭の五王」―讃・珍・済・興・武の驚くべき正体　小林恵子著　文芸春秋　1996.8　251p　20cm　〈参考文献：p250～251〉　1500円　ⓘ4-16-351960-2
◇高句麗広開土王碑拓本　東京国立博物館編　東京国立博物館　1996.2　1冊（頁付なし）　30cm　〈付（図4枚　袋入）　会期：平成8年2月7日～3月20日　付：広開土王碑および拓本の調査研究史〉
◇広開土王碑と古代日本　東京都目黒区教育委員会編　学生社　1993.9　197p　19cm　〈執筆：鈴木靖民ほか　主要研究文献一覧：p192～197〉　1980円　ⓘ4-311-20184-2
◇広開土王碑文の研究　白崎昭一郎著　吉川弘文館　1993.6　395p　22cm　12000円　ⓘ4-642-02266-X
◇広開土王碑研究の軌跡　星野良作著　吉川弘文館　1991.1　195,5p　22cm　4120円　ⓘ4-642-02248-1
◇高句麗広開土王碑が語る古代の東アジアと日本―シンポジウム資料集　東京都目黒区守屋教育会館郷土資料室編　目黒区守屋教育会館郷土資料室　1990.12　42p　26cm　〈期日：平成2年12月16日　付（3枚）〉
◇高句麗広開土王碑拓本写真集―目黒区所蔵　東京都目黒区守屋教育会館郷土資料室編　東京都目黒区守屋教育会館郷土資料室　1990.11　48p　26cm　〈会期：1990年11月24日～12月22日〉
◇好太王碑と集安の壁画古墳―躍動する高句麗文化　読売テレビ放送編　木耳社　1988.9　270p　27cm　〈折り込図2枚〉　8800円　ⓘ4-8393-7456-2
◇好太王碑と高句麗遺跡―四、五世紀の東アジアと日本　王健群ほか著，読売新聞外報部訳　読売新聞社　1988.6　294p

20cm 〈折り込図1枚〉 2800円 ①4-643-88053-8
◇広開土王碑原石拓本集成　武田幸男編著　東京大学出版会　1988.3　263p　38cm　〈文献あり〉　①4-13-026046-4
◇好太王碑論争の解明―"改ざん"説を否定する　藤田友治著　新泉社　1986.9　426p　20cm　〈好太王碑研究史年表：p329〜363〉　3200円
◇好太王碑―四、五世紀の東アジアと日本　シンポジウム　三上次男ほか著, 東方書店編　東方書店　1985.12　259p　22cm　〈読売新聞社・東方書店主催 奥付の書名：シンポジウム好太王碑〉　3200円　①4-497-85156-7
◇好太王碑―50年ぶりに見た高句麗の遺跡　寺田隆信編著　ぎょうせい　1985.9　98p　図版16p　27cm　〈好太王碑関連年表：p87〜90〉　2500円　①4-324-00160-X
◇広開土王陵碑　朴時亨著, 全浩天訳　そしえて　1985.8　353p　22cm　〈折り込図1枚〉　4500円　①4-88169-751-X
◇好太王碑の謎―日本古代史を書きかえる　李進熙著　講談社　1985.7　304p　15cm　（講談社文庫）　440円　①4-06-183578-5
◇好太王碑探訪記　寺田隆信, 井上秀雄編　日本放送出版協会　1985.3　326p　22cm　3200円　①4-14-008407-3
◇好太王碑の研究　王健群著, 吉林人民出版社編集　京都　雄渾社　1984.12　281p　27cm　（シリーズ歴史研究）　〈好太王碑研究年表：p274〜278〉　7000円　①4-8418-3000-6
◇広開土王碑と七支刀　李進熙著　学生社　1980.11　306p　22cm　2800円
◇好太王碑と任那日本府　李進熙著　学生社　1977.10　296p　22cm　2000円
◇好太王碑考　水谷悌二郎著　開明書院　1977.9　2冊（別冊とも）　22cm　〈別冊（図13枚 22cm）：水谷拓本〉　全3300円
◇七支刀と広開土王碑　佐伯有清著　吉川弘文館　1977.4　108p　21cm　（古代史演習）　980円
◇広開土王碑と参謀本部　佐伯有清著　吉川弘文館　1976　230, 9p　20cm　1600円
◇広開土王碑　佐伯有清著　吉川弘文館　1974　310, 5p　19cm　（研究史）　〈巻末：広開土王碑関係文献索引, 広開土王碑文〉　1300円
◇好太王碑の謎―日本古代史を書きかえる　李進熙著　講談社　1973　278p　図　20cm　780円
◇広開土王陵碑の研究　李進熙著　吉川弘文館　1972　2冊（資料編共）　22cm　〈資料編：釈文・拓本16枚（帙入り）〉　3000円

倭の五王
わのごおう

　中国六朝時代の『宋書』などにその名が伝えられた五人の倭国王。『宋書』と『南史』では讃（さん）・珍（ちん）・済（せい）・興（こう）・武（ぶ）、『梁書』では賛・弥・済・興・武と記す。讃は応神天皇あるいは仁徳天皇か履中天皇、珍（弥）は仁徳か反正（はんぜい）天皇、済は允恭（いんぎょう）天皇、興は安康（あんこう）天皇、武は雄略天皇にそれぞれ比定されているが、年次・系譜ともに問題が多い。倭の五王と中国王朝との交渉は允恭10年（421年）の讃の宋への遣使に始まり、武の遣使を最後にして史上から姿を消した。

＊　　　＊　　　＊

◇倭の五王の実像　石渡信一郎著　八潮　信和書房　2008.6　161p　21cm　（古代史の謎を解く 1）　1500円　①978-4-9904243-0-5
◇倭の五王と磐井の乱　佃収著　松戸　ストーク　2001.10　310p　22cm　（古代史の復元 5）　〈東京 星雲社（発売）〉　2200円　①4-434-01360-2
◇倭国の五王―新説―五王名からの比定　坂東義明著　歴史研究会出版局　2000.2　270p　22cm　（歴史研究会叢書）　〈東京 新人物往来社（発売）〉　2800円　①4-404-02848-2
◇広開土王と「倭の五王」―讃・珍・済・興・武の驚くべき正体　小林恵子著　文芸春秋　1996.8　251p　20cm　〈参考文献：p250〜251〉　1500円　①4-16-351960-2
◇倭の五王の時代―巨大古墳の謎にせまる　藤井寺市教育委員会事務局編　藤井寺　藤井寺市教育委員会　1996.3　231p　21cm　（藤井寺の遺跡ガイドブック

◇倭王と古墳の謎―ヤマトと東国・九州・東アジア　近江昌司ほか著　学生社　1994.11　212p　19cm　〈天理大学の古代史教室〉　2200円　④4-311-20192-3

◇倭の五王の謎―王権神話の謎を探る　近江昌司編　学生社　1993.6　197p　19cm　〈天理大学の古代史教室〉〈執筆：飯島吉晴ほか〉　1980円　④4-311-20190-7

◇倭の五王の謎　安本美典著　広済堂出版　1992.9　240p　16cm　〈広済堂文庫〉〈講談社1981年刊に加筆したもの〉　460円　④4-331-65153-3

◇倭五王と卑弥呼の正体　早川清治著　福岡梓書院　1992.3　384p　19cm　2000円　④4-87035-045-9

◇研究史　倭の五王　笠井倭人著　吉川弘文館　1989.7　243, 5p　19cm　〈第4刷（第1刷：73.1.20）〉　1700円　④4-642-07033-8

◇海外視点・日本の歴史　2　邪馬台国と倭の五王　土田直鎮, 黛弘道編　ぎょうせい　1986.4　175p　27cm　〈監修：土田直鎮ほか　編集：日本アート・センター〉　2800円　④4-324-00256-8

◇金印・邪馬台国・倭の五王―天邪鬼の邪馬台国論　下東剛著　北九州　下東剛　1983.11　272p　19cm　〈〔北九州〕朝日新聞西部本社研修出版センター（製作）〉

◇倭の五王の謎―五世紀を解明する　安本美典著　講談社　1981.12　224p　18cm　〈講談社現代新書〉　420円　④4-06-145637-7

◇倭の五王―空白の五世紀　坂元義種著　〔東村山〕　教育社　1981.9　302p　20cm　1500円

◇倭の五王と継体天皇　吉田修著　講談社　1980.6　249p　20cm　1100円

◇倭の五王―研究史　笠井倭人著　吉川弘文館　1973　243, 5p　19cm

◇女王卑弥呼と倭の五王　小林幹男著　評論社　1972　270p　図　18cm　〈若い世代と語る日本の歴史 2〉〈文献案内：p.265-270〉　350円

◇倭の五王とその前後　原島礼二著　塙書房　1970　308p　19cm　〈塙選書〉

740円

◇倭の五王　藤間生大著　岩波書店　1968　204p　18cm　〈岩波新書〉　150円

『宋書』倭国伝
そうしょわこくでん

『宋書』は中国、南朝宋一代の紀伝体の歴史書。二十四史の一。顕宗3年（487年）、南朝梁の沈約（しんやく）らが斉の武帝の勅を受けて撰著、翌年に完成した。帝紀10巻、志30巻、列伝60巻の全100巻。詔勅、上奏文、私信、文学作品を数多く採録している。また志は、諸制度の変遷を漢や三国時代にさかのぼって記述し、貴重な資料となっている。夷蛮伝の東夷の条に属している倭国伝には、いわゆる「倭の五王」の朝貢、それをふまえた宋朝による任官など、宋朝と倭国との交渉が記されている。

＊　　＊　　＊

◇中国正史倭人・倭国伝全釈　鳥越憲三郎著　中央公論新社　2004.6　240p　20cm　1900円　④4-12-003544-1

◇新訂　魏志倭人伝・後漢書倭伝・宋書倭国伝・隋書倭国伝―中国正史日本伝　1　石原道博編訳　岩波書店　2003.4　167p　15cm　〈岩波文庫〉〈第73刷〉　460円　④4-00-334011-6

◇魏志倭人伝・後漢書倭伝・宋書倭国伝・隋書倭国伝　石原道博編訳　新訂版　岩波書店　1985.5　167p　15cm　〈岩波文庫〉〈中国正史日本伝1〉　400円

◇魏志倭人伝・後漢書倭伝・宋書倭国伝・隋書倭国伝　和田清, 石原道博共編訳　岩波書店　1951　118p　15cm　〈岩波文庫〉

帰化人・渡来人
きかじん・とらいじん

外国から渡来した人、主として古代に朝鮮・中国より日本に移住してきた人々の総称。その子孫をも含めて用いる場合もある。渡来人の移住と活動の段階については、前2世紀～後3世紀、4世紀末～5世紀初頭、5世紀後半～6世紀、7世紀後半という4つの時期に分けられるが、なかでも4世紀末～6世紀の朝鮮から渡来した人々がもたらした武器・武具や農具類など金属器の供給と鋳造技術、あらたな土器製作・機織技術、乾田

系農業技術、雑穀栽培などは、大和政権の軍事・政治面に大きな影響を与え、文化の発展にも著しく寄与した。文筆に優れた阿知使主を祖とする漢氏、養蚕や機織を伝えた弓月君を祖とする秦氏、論語や千字文をもたらしたとされる王仁を祖とする西文氏などが有名。

　　　　　＊　　　＊　　　＊

◇秦氏の秘教―シルクロードから来た謎の渡来人　菅田正昭著　学研パブリッシング,学研マーケティング〔発売〕　2009.11　287p　19cm　（ムー・スーパーミステリー・ブックス）　2300円　Ⓟ978-4-05-404354-1
◇帰化人―古代の政治・経済・文化を語る　関晃著　講談社　2009.6　254p　15cm　（講談社学術文庫1953）〔文献あり　索引あり〕　880円　Ⓟ978-4-06-291953-1
◇秦氏とその民―渡来氏族の実像　加藤謙吉著　新装版　白水社　2009.6　241p　20cm　2800円　Ⓟ978-4-560-08010-8
◇日本にあった朝鮮王国―謎の「秦王国」と古代信仰　大和岩雄著　新装版　白水社　2009.1　222p　20cm　2400円　Ⓟ978-4-560-03194-0
◇日本古代の外交制度史　中野高行著　岩田書院　2008.6　326p　22cm　（古代史研究叢書5）　7900円　Ⓟ978-4-87294-513-3
◇日本列島渡来民族　稲田倍穂著　文芸社　2008.6　168p　20cm　〔文献あり〕　1300円　Ⓟ978-4-286-04818-5
◇百済王氏と古代日本　大坪秀敏著　雄山閣　2008.1　344p　22cm　6000円　Ⓟ978-4-639-02018-9
◇帰化人と古代国家　平野邦雄著　吉川弘文館　2007.4　316p　20cm　（歴史文化セレクション）　2300円　Ⓟ978-4-642-06308-1
◇河内湖周辺に定着した渡来人―5世紀の渡来人の足跡　発掘された日本列島2006地域展　大阪府立近つ飛鳥博物館編　河南町（大阪府）　大阪府立近つ飛鳥博物館　2006.12　76p　30cm　（大阪府立近つ飛鳥博物館図録43）〔会期・会場：平成18年12月23日―平成19年2月12日　大阪府立近つ飛鳥博物館地階特別展示室〕
◇「古墳時代に生きた渡来人の軌跡―長原遺跡・部屋北遺跡・上私部遺跡を中心に―」要旨集―シンポジウム　大阪府文化財センター編〔堺〕　大阪府文化財センター　2006.12　38p　30cm　〔会期・会場：2006年12月2日　大阪歴史博物館4階講堂〕
◇渡来文化のうねり―古代の朝鮮と日本　李進熙著　青丘文化社　2006.11　276p　22cm　2800円　Ⓟ4-87924-090-7
◇弥生時代渡来人から倭人社会へ　片岡宏二著　雄山閣　2006.9　244p　22cm　（考古学選書）〔年表あり〕　3800円　Ⓟ4-639-01944-0
◇天日槍と渡来人の足跡―古代史写真紀行　曹智鉉著　福岡　海鳥社　2005.12　129p　26cm　2800円　Ⓟ4-87415-553-7
◇倭国と渡来人―交錯する「内」と「外」　田中史生著　吉川弘文館　2005.10　217p　19cm　（歴史文化ライブラリー199）〔年表あり〕　1700円　Ⓟ4-642-05599-1
◇ヤマト王権と渡来人―日本考古学協会2003年度滋賀大会シンポジウム2　大橋信弥,花田勝広編〔彦根〕　サンライズ出版　2005.3　348p　22cm　4500円　Ⓟ4-88325-274-4
◇古代豪族と渡来人　大橋信弥著　吉川弘文館　2004.12　408,7p　22cm　10000円　Ⓟ4-642-02434-4
◇今来才伎―古墳・飛鳥の渡来人　平成16年度秋季特別展（開館10周年記念）　大阪府立近つ飛鳥博物館編　河南町（大阪府）　大阪府立近つ飛鳥博物館　2004.10　111p　30cm　（大阪府立近つ飛鳥博物館図録36）〔会期：平成16年10月5日―12月5日　年表あり〕
◇大和王権と渡来人―三・四世紀の倭人社会　平成16年秋季特別展　大阪府立弥生文化博物館編　和泉　大阪府立弥生文化博物館　2004.10　93p　30cm　（大阪府立弥生文化博物館図録30）〔会期：平成16年10月5日―12月5日　文献あり〕
◇古代の日本と渡来文化　荒竹清光著　明石書店　2004.2　194p　20cm　2500円　Ⓟ4-7503-1854-X
◇渡来人　津山　津山郷土博物館　2003.10　55p　26cm　（津山郷土博物館特別展図録 第17冊）〔会期：平成15年10月11日―11月16日〕
◇行基と渡来人文化―朝鮮半島から猪名川

古墳時代

流域へ　米山俊直,辻一郎共編　大阪　たる出版　2003.5　252p　19cm　1000円　ⓘ4-924713-73-2

◇古代日本の渡来勢力　宋潤奎著　街と暮らし社　2003.5　413p　19cm　2480円　ⓘ4-901317-18-0

◇大和政権とフミヒト制　加藤謙吉著　吉川弘文館　2002.12　415,12p　22cm　12000円　ⓘ4-642-02385-2

◇縄文時代の渡来文化―刻文付有孔石斧とその周辺　浅川利一,安孫子昭二編　雄山閣　2002.10　339p　22cm　(考古学選書)　4600円　ⓘ4-639-01777-4

◇古代の鉄生産と渡来人―倭政権の形成と生産組織　花田勝広著　雄山閣　2002.9　359p　27cm　15000円　ⓘ4-639-01775-8

◇大和の豪族と渡来人―葛城・蘇我氏と大伴・物部氏　加藤謙吉著　吉川弘文館　2002.9　227p　19cm　(歴史文化ライブラリー　144)　1700円　ⓘ4-642-05544-4

◇韓国より渡り来て―古代国家の形成と渡来人　平成十三年度春季特別展　滋賀県立安土城考古博物館編　安土町(滋賀県)　滋賀県立安土城考古博物館　2001.4　96p　30cm　〈会期:平成13年4月22日―6月3日〉

◇吉士と西漢氏―渡来氏族の実像　加藤謙吉著　白水社　2001.2　210p　20cm　2400円　ⓘ4-560-02248-8

◇ヤマト国家は渡来王朝　沢田洋太郎著　新装　新泉社　2000.11　288p　19cm　〈折り込み1枚〉　2000円　ⓘ4-7877-0008-1

◇弥生時代渡来人と土器・青銅器　片岡宏二著　雄山閣出版　1999.5　244p　22cm　(考古学選書)　3800円　ⓘ4-639-01610-7

◇古代の日本と渡来人―古代史にみる国際関係　井上満郎著　明石書店　1999.4　219p　20cm　2400円　ⓘ4-7503-1149-9

◇渡来人登場―弥生文化を開いた人々　平成11年春季特別展　大阪府立弥生文化博物館編　和泉　大阪府立弥生文化博物館　1999.4　111p　30cm　(大阪府立弥生文化博物館図録 18)　〈史跡池上曽根遺跡大型建物完成記念　会期:1999年4月17日―6月27日〉

◇継体大王と渡来人―枚方歴史フォーラム　森浩一,上田正昭編　大巧社　1998.12　260p　20cm　2000円　ⓘ4-924899-32-1

◇古代国家と東アジア　上田正昭著　角川書店　1998.10　460,17p　22cm　(上田正昭著作集　第2巻)　8800円　ⓘ4-04-522802-0

◇秦氏とその民―渡来氏族の実像　加藤謙吉著　白水社　1998.6　241p　20cm　2500円　ⓘ4-560-02244-5

◇渡来人―尾張・美濃と渡来文化　森浩一,門脇禎二編　大巧社　1997.12　293p　20cm　〈第4回春日井シンポジウム〉　2000円　ⓘ4-924899-23-2

◇日本古代国家の民族支配と渡来人　田中史生著　校倉書房　1997.8　294p　22cm　8000円　ⓘ4-7517-2740-0

◇古代の日本と渡来の文化　上田正昭編　学生社　1997.4　622p　22cm　7400円+税　ⓘ4-311-30035-2

◇失われた古代の港―北河内の古墳時代と渡来人を考える　文化と歴史のネットワークづくり事業歴史シンポジウム資料　〔寝屋川〕　寝屋川市　1997.3　59p　30cm　〈共同刊行:寝屋川市教育委員会〉

◇関晃著作集　第3巻　古代の帰化人　関晃著作集編集委員会編　吉川弘文館　1996.12　390,39p　22cm　8961円　ⓘ4-642-02303-8

◇近江朝と渡来人―百済鬼室氏を中心として　胡口靖夫著　雄山閣出版　1996.10　375p　22cm　9064円　ⓘ4-639-01403-1

◇春日井シンポジウム　第4回(1996年)　渡来人と渡来文化―尾張・美濃とその周辺　春日井市教育委員会民俗考古調査室編　〔春日井〕　第4回春日井シンポジウム実行委員会　1996.10　2冊(別冊とも)　26cm　〈別冊(72p):著作目録　会期・会場:1996年11月16日・17日　春日井市民会館〉

◇いにしえの渡りびと―近江の渡来文化　第10回企画展　滋賀県文化財保護協会編　大津　滋賀県文化財保護協会　1996.1　62p　30cm　(滋賀県文化財保護協会設立25周年記念企画　共同刊行:滋賀県立安土城考古博物館)

◇日本の古代は弥生時代以前より渡来の歴史―貴方の先祖のルーツは新羅?百済?高句麗?　宮崎佐唯智著　文芸書房

◇秦氏とカモ氏―平安京以前の京都　中村修也著　京都　臨川書店　1994.11　217, 5p 19cm　（臨川選書）〈関係年表・主な参考文献：p207～215〉　1854円　①4-653-02885-0

◇渡来人は何をもたらしたか　新人物往来社　1994.9　423p 21cm　（歴史読本臨時増刊）

◇渡来人と仏教信仰―武蔵国寺内廃寺をめぐって　柳田敏司, 森田悌編　雄山閣出版　1994.6　221p 22cm　2950円　①4-639-01237-3

◇秦氏の研究―日本の文化と信仰に深く関与した渡来集団の研究　大和岩雄著　大和書房　1993.8　630, 19p 22cm　7900円　①4-479-84024-9

◇帰化人と古代国家　平野邦雄著　吉川弘文館　1993.6　309p 20cm　2300円　①4-642-07397-3

◇日本にあった朝鮮王国―謎の「秦王国」と古代信仰　大和岩雄著　白水社　1993.2　222p 20cm　1800円　①4-560-02233-X

◇古代の日本と渡来文化　上田正昭述, 亀岡市, 亀岡市教育委員会編　亀岡　亀岡市　1992.10　49, 6p 19cm　（亀岡生涯学習市民大学　平成3年度）〈共同刊行：亀岡市教育委員会〉

◇渡来人の先祖伝承および渡来形態について　韓昇著, 富士ゼロックス小林節太郎記念基金編　富士ゼロックス小林節太郎記念基金　1992.6　53p 26cm　（富士ゼロックス小林節太郎記念基金1990年度研究助成論文）　非売品

◇渡来人・高麗福信―天平の武蔵野　相曽元彦著　明石書店　1992.1　156p 20cm　1800円

◇地名の古代史　近畿篇　谷川健一, 金達寿著　河出書房新社　1991.6　221p 20cm　2400円　①4-309-22199-8

◇渡来人と渡来文化　金達寿著　河出書房新社　1990.12　285p 20cm　2500円　①4-309-22185-8

◇古代日本文化と朝鮮渡来人　権又根著　雄山閣出版　1988.8　195p 22cm　2500円　①4-639-00766-3

◇地名の古代史　九州篇　谷川健一, 金達寿著　河出書房新社　1988.8　211p 20cm　1800円　①4-309-22152-1

◇渡来人―日本古代と朝鮮　井上満郎著　リブロポート　1987.3　322p 20cm　2200円　①4-8457-0262-2

◇渡来人の遺跡を歩く　2　山陽編　段煕麟著　六興出版　1986.7　221p 19cm　（ロッコウブックス）　1300円

◇渡来人の遺跡を歩く　1　山陰・北陸編　段煕麟著　六興出版　1986.6　223p 19cm　（ロッコウブックス）　1200円

◇日本史に生きた渡来人たち　段煕麟著　京都　松籟社　1986.2　227, 10p 19cm　（しょうらい社人物双書1）　1300円

◇天日槍―帰化人第一号神功皇后外祖母家　今井啓一著　改訂版　京都　綜芸舎　1986.1　193p 19cm　（帰化人の研究　第2集）　①4-7940-0043-X

◇帰化人の研究　総説篇　今井啓一著　改訂版　京都　綜芸舎　1985.7　150p 19cm　（帰化人の研究　第6集）　①4-7940-0047-2

◇渡来人―海からみた古代日本史　河出書房新社　1985.7　271p 21cm　（別冊河出人物読本）〈執筆：網野善彦ほか〉　1200円　①4-309-70407-7

◇帰化人の研究　鶏肋篇　今井啓一著　改訂版　京都　綜芸舎　1984.9　200p 19cm　（帰化人の研究　第5集）　①4-7940-0046-4

◇渡来人の寺―桧隈寺と坂田寺　奈良国立文化財研究所飛鳥資料館編　明日香村（奈良県）　奈良国立文化財研究所飛鳥資料館　1983.4　62p 30cm　（飛鳥資料館図録　第10冊）

◇日本の渡来文化―座談会　司馬遼太郎ほか編　中央公論社　1982.9　376p 16cm　（中公文庫）　480円

◇日本の中の古代朝鮮　金達寿著　学生社　1979.1　272p 20cm　1200円

◇帰化人と東国　今井啓一著　京都　綜芸舎　1977.4　188p 19cm　（帰化人の研究　第8集）〈著者の肖像あり〉　1100円

◇消された「帰化人」たち　鈴木武樹著　講談社　1976　230p 20cm　980円

◇日本の渡来文化―座談会　司馬遼太郎,

古墳時代

上田正昭, 金達寿編　中央公論社　1975　374p　20cm　980円
◇帰化人　「分布・繁衍」篇　畿内及び江・濃における　今井啓一著　京都　綜芸舎　1974.11　478p　22cm　（帰化人の研究　第7集）　7500円
◇帰化人と社寺　今井啓一著　2版　京都　綜芸舎　1974.5　257p　19cm　（帰化人の研究 第4集）　1100円
◇帰化人の研究　総説篇　今井啓一著　京都　綜芸舎　1972　150p　図　19cm　（帰化人の研究 第6集）　800円
◇高句麗壁画古墳と帰化人　水野祐著　雄山閣　1972　307p　図　22cm　（雄山閣歴史選書 9）〈参考文献：p.303-307〉
◇古代文化と「帰化人」　金達寿著　新人物往来社　1972　224p　図　20cm　880円
◇帰化人の研究　鶏肋篇　今井啓一著　京都　綜芸舎　1969.11　200p　19cm　（帰化人の研究 第5集）　1000円
◇帰化人と社寺　今井啓一著　京都　綜芸舎　1969.8　257p　19cm　（帰化人の研究 第4集）　ⓘ4-7940-0045-6
◇秦河勝—帰化人系の一頂点　聖徳太子の寵臣　今井啓一著　京都　綜芸舎　1968　194p　図版　19cm　〈帰化人の研究 第3集〉　800円
◇帰化人—古代国家の成立をめぐって　上田正昭著　中央公論社　1965　188p　18cm　（中公新書）
◇帰化人—古代の政治・経済・文化を語る　関晃著　至文堂　1956　184p　19cm　（日本歴史新書）

土師器・須恵器
はじき・すえき

古墳時代中期から平安時代にかけて作られた土器。土師器は赤褐色か黄褐色の素焼きの土器で、文様がなく、多くはろくろや窯を用いずに焼成。初期の土師器は、弥生以来の地方色をそのまま継承し、各地方ごとに特色ある土器を生んだが、須恵器出現の直前ころから器形の種類や形態が地方の枠を越えて統一される。須恵器は灰黒色の比較的硬質な土器。古墳時代に朝鮮半島からその製作技術が伝えられ、構築した窯で1000℃以上の高温で焼成し、整形にはろくろを使用。特に保水性に富む利点は貯蔵容器として需要を拡大した。器種には、貯蔵容器として甕、壺、供膳容器として蓋坏、高坏、器台、鉢など、煮沸容器として甑などがみられる。

　　　＊　　　＊　　　＊

◇古代社会と地域間交流—土師器からみた関東と東北の様相　国士舘大学考古学会編　六一書房　2009.6　221p　26cm　5300円　ⓘ978-4-947743-77-0
◇封印された須恵器のルーツ—墨書土器・馬具・瓦・埴輪 超古代を科学する　百瀬高子著　彩流社　2009.1　183p　19cm　〈文献あり〉　1600円　ⓘ978-4-7791-1415-1
◇出羽の古代土器　利部修著　同成社　2008.4　308p　22cm　8000円　ⓘ978-4-88621-419-5
◇古墳時代の土器と社会構造　坂野和信著　雄山閣　2007.5　497p　22cm　9500円　ⓘ978-4-639-01981-7
◇前方後円墳と帆立貝古墳　沼沢豊著　雄山閣　2006.11　319p　22cm　（考古学選書 52）　4200円　ⓘ4-639-01951-3
◇大谷口遺跡の土師器と須恵器—昭和37・38年度発掘資料の再整理　松戸市立博物館編　松戸　松戸市立博物館　2006.10　37p　30cm　（松戸市史考古資料集 1）
◇古式土師器の年代学　大阪府文化財センター編　堺　大阪府文化財センター　2006.3　638p　30cm　〈年表あり　文献あり〉
◇須恵器生産の成立と展開　〔堺〕　大阪府文化財センター　〔2006〕　211p　30cm　(財)大阪府文化財センター・近つ飛鳥博物館共同研究発表会 2005年度〈会期・会場：2006年2月26日 大阪府立近つ飛鳥博物館　文献あり〉
◇古墳出現期の土器交流とその原理　比田井克仁著　雄山閣　2004.8　261, 11p　22cm　5700円　ⓘ4-639-01852-5
◇韓式系土器研究　8　韓式系土器研究会編　堺　韓式系土器研究会　2004.7　118p　26cm
◇古墳出現期土器の研究　川村浩司著　高志書院　2003.12　228p　27cm　7500円　ⓘ4-906641-76-8
◇古墳出土須恵器集成　第6巻 西日本編2　中村浩編　雄山閣　2002.11　112p　図版

153

古墳時代

167p 27cm 10000円 ⓘ4-639-01779-0, 4-639-01526-7

◇古代関東の須恵器と瓦 酒井清治著 同成社 2002.3 466p 27cm 16000円 ⓘ4-88621-247-6

◇土師器と須恵器 中村浩,望月幹夫編 雄山閣出版 2001.6 149p 26cm （普及版・季刊考古学）〈「季刊考古学 第24号,第42号」の複製合本〉 2500円 ⓘ4-639-01737-5

◇韓式系土器研究 7 韓式系土器研究会編 堺 韓式系土器研究会 2001.5 103p 26cm 〈文献あり〉

◇和泉陶邑窯出土須恵器の型式編年 中村浩著 芙蓉書房出版 2001.2 201p 22cm 3800円 ⓘ4-8295-0278-9

◇和泉陶邑窯の歴史的研究 中村浩著 芙蓉書房出版 2001.2 242p 22cm 6200円 ⓘ4-8295-0277-0

◇須恵器と陶器 浜松市博物館編 浜松 浜松市博物館 2001.2 34p 21cm （博物館資料集 10）

◇古墳出土須恵器集成 第5巻 西日本編 1 中村浩編 雄山閣出版 2000.2 80p 図版170p 27cm 10000円 ⓘ4-639-01671-9, 4-639-01526-7

◇九州地方に埋納されたやきもの 奈良国立博物館, 仏教美術協会編 〔奈良〕 仏教美術協会 2000.1 36p 30cm （経塚出土陶磁展 6）（特別陳列：平成12年1月25日―2月20日）

◇古墳のための年代学―近畿の古式土師器と初期埴輪 平成11年度秋季特別展図録 奈良県立橿原考古学研究所附属博物館編 〔橿原〕 奈良県立橿原考古学研究所附属博物館 1999.10 64p 30cm

◇須恵器の美と世界―鏡山古窯址群の時代 平成11年度秋期特別展図録 銅鐸博物館（野洲町立歴史民俗資料館）編 野洲町（滋賀県） 銅鐸博物館 1999.10 38p 30cm 〈会期：平成11年10月9日―11月14日〉

◇古墳出土須恵器集成 第4巻 東日本編 2 中村浩編 雄山閣出版 1999.5 110p 図版88枚 27cm 10000円 ⓘ4-639-01605-0, 4-639-01526-7

◇古墳時代須恵器の生産と流通 中村浩著 雄山閣出版 1999.1 305p 22cm （考古学選書） 4200円 ⓘ4-639-01580-1, 4-639-00055-3

◇手焙形土器の研究 高橋一夫著 六一書房 1998.12 244p 26cm 3000円 ⓘ4-947743-02-6

◇古墳出土須恵器集成 第3巻 東日本編 1 中村浩編 雄山閣出版 1998.11 100p 図版94枚 27cm 10000円 ⓘ4-639-01566-6, 4-639-01526-7

◇土師器・須恵器の知識 玉口時雄, 小金井靖著 改訂新版 東京美術 1998.11 184p 19cm （基礎の考古学） 1300円 ⓘ4-8087-0661-X

◇須恵器集成―東京国立博物館所蔵 3（西日本篇） 東京国立博物館編 京都 便利堂 1998.10 132p 37cm 〈付属資料：図版155枚 ホルダー入〉 ⓘ4-89273-050-5

◇古墳出土須恵器集成 第2巻 近畿編 2 中村浩編 雄山閣出版 1998.7 99p 図版177p 27cm 10000円 ⓘ4-639-01547-X, 4-639-01526-7

◇古墳出土須恵器集成 第1巻 近畿編 1 中村浩編 雄山閣出版 1998.4 102p 図版182枚 27cm 10000円 ⓘ4-639-01524-0, 4-639-01526-7

◇古墳時代の研究 第6巻 土師器と須恵器 石野博信ほか編 〔第2版〕 雄山閣出版 1998.3 269p 図版18枚 26cm 3700円 ⓘ4-639-01030-3, 4-639-00960-7

◇古墳時代の土器―最新情報展 群馬県埋蔵文化財調査センター, 群馬県埋蔵文化財調査事業団編 〔北橘村（群馬県）〕 群馬県埋蔵文化財調査センター 1998.3 14p 30cm （展示レポート 2）

◇須恵器生産の研究 山田邦和著 学生社 1998.1 518p 22cm 7400円 ⓘ4-311-30467-6

◇古代のくらしとうつわ―須恵器 京都府立丹後郷土資料館編 宮津 京都府立丹後郷土資料館 1997.7 40p 30cm （特別陳列図録 38）

◇須恵器集成―東京国立博物館所蔵 2（東日本篇） 東京国立博物館編 京都 便利堂 1997.7 128p 37cm 〈付属資料：図版130枚 ホルダー入〉 ⓘ4-89273-049-1

◇土器が語る―関東古墳時代の黎明　古墳時代土器研究会編著　第一法規出版　1997.5　236p　21cm　4000円　①4-474-00497-3

◇須恵器集成図録　第6巻　補遺・索引編　中村浩監修・編　雄山閣出版　1997.2　86p 図版197p　27cm　10000円　①4-639-01427-9, 4-639-01289-6

◇韓式系土器研究　6　韓式系土器研究会編　大阪　韓式系土器研究会　1996.9　219p　26cm　〈文献あり〉

◇歴史発掘　10　須恵器の系譜　菱田哲郎著　講談社　1996.9　174p　27cm　〈監修：田中琢, 佐原真〉　3500円　①4-06-265110-6

◇須恵器集成図録　第5巻　西日本編　舟山良一ほか編　雄山閣出版　1996.7　102p 図版157p　27cm　10000円　①4-639-01374-4, 4-639-01289-6

◇須恵器でみる古代の日本　枚方市教育委員会編　枚方　枚方市教育委員会　1996.3　104p　30cm　（市民歴史講座講演記録集 平成5年度）〈共同刊行：枚方市文化財研究調査会〉

◇東日本編　2　酒井清治, 伊藤博幸編　雄山閣出版　1995.11　1冊　26cm　（須恵器集成図録 第4巻）　10000円　①4-639-01329-9

◇装飾須恵器展―古代の造形美　秋季特別企画展　愛知県陶磁資料館学芸課編　〔瀬戸〕　愛知県陶磁資料館　1995　115p　30cm　〈会期：平成7年10月7日～11月26日〉

◇韓式系土器研究　5　韓式系土器研究会編　大阪　韓式系土器研究会　1994.10　235p　26cm　〈文献あり〉

◇韓式系土器研究　4　韓式系土器研究会編　大阪　韓式系土器研究会　1993.5　285p　26cm　〈文献あり〉

◇装飾須恵器―特別展　倉吉博物館編　倉吉　倉吉博物館　1992.4　67p　26cm　〈会期：平成4年4月4日～5月10日〉

◇日本陶磁大系　第4巻　須恵　田辺昭三著　平凡社　1989.10　140p　27cm　3300円　①4-582-23504-2

◇韓式系土器研究　2　韓式系土器研究会編　大阪　韓式系土器研究会　1989.8　120p　26cm　〈文献あり〉

◇韓式系土器研究　1　韓式系土器研究会編　〔大阪〕　韓式系土器研究会　1987.2　112p　26cm　〈文献あり〉

◇須恵器大成　田辺昭三著　角川書店　1981.7　185, 33p 図版92枚　31cm　14000円

◇日本の原始美術　4　須恵器　原口正三著　講談社　1979.7　77p　31cm　1800円

◇日本原始美術大系　2　弥生土器・須恵器　坪井清足責任編集　田辺昭三編集　講談社　1978.7　215p　37cm　13000円

◇日本陶磁全集　2　弥生土器　佐藤雅彦ほか編　田辺昭三, 田中琢編集・解説　中央公論社　1978.3　79, 4p　34cm　2400円

◇日本の陶磁　古代中世編　第1巻　土師器・須恵器　責任編集：楢崎彰一　中央公論社　1976　156p（図共）　35cm　〈監修：谷川徹三, 川端康成　原色愛蔵版〉　9800円

◇陶磁大系　4　須恵　田辺昭三著　平凡社　1975　137p（おもに図）　27cm　1700円

漢字の伝来
かんじのでんらい

　記紀によれば応神天皇の時代に百済からの渡来人によって文字が伝えられたとされるが、紀元1世紀またはその前後に王莽（おうもう）の貨泉が渡来していることから、この時代の日本で漢字は既に知られていたとも伺える。しかし国内で記された文献は5世紀以後のものしか確認されていない。また、初めて伝わったころの字音は不明であるが、稲荷山古墳出土の鉄剣銘、船山古墳出土の刀身銘や隅田八幡の画像鏡銘、推古時代の金石文に残された固有名詞にみられる5世紀から6世紀の万葉仮名の字音、奇（カ）、移（ヤ）、里（ロ）、止（ト）などは、漢・魏のころのものと推定され、朝鮮を経て伝来したと考えられる。

　　　　　＊　　　　＊　　　　＊

◇日本漢文の黎明と発展―二松学舎大学21世紀COEプログラム「日本漢文学研究の世界的拠点の構築」　二松学舎大学COE事務局　2007.10　81p　30cm　（国際シンポジウム報告書 2007年）〈会期・会

場：2007年9月8日—9日　二松学舎大学中洲記念講堂　文献あり〉　①4-903353-12-5
◇韓流の古代史博士王仁の実像　韓登著　大阪　新風書房　2007.5　228p　21cm　〈文献あり〉　1800円　①978-4-88269-632-2
◇漢字伝来　大島正二著　岩波書店　2006.8　216,5p　18cm　（岩波新書）　740円　①4-00-431031-8
◇博士王仁と日本文化　韓日文化親善協会編著　ソウル特別市　弘益斎　2002.8　607p　図版12p　23cm　〈肖像あり〉　①89-7143-156-3
◇王仁　博士王仁会　1984.11　134p　25cm　〈帙入　和装〉
◇日本文化始祖王仁博士顕彰会　日本文化始祖王仁博士顕彰会　〔1984〕　1冊　（ページ付なし）　26cm
◇博士王仁—日本に植えつけた韓国文化　金昌洙著　成甲書房　1978.10　377p　22cm　3000円

稲荷山古墳出土鉄剣
いなりやまこふんしゅつどてっけん

埼玉県行田市埼玉にある埼玉古墳群の一基である稲荷山古墳より昭和43年（1968年）に出土した鉄剣。昭和53年（1978年）、奈良の元興寺文化財研究所での錆落とし作業中、長さ73.5センチメートル、身幅3.15センチメートル剣身の表裏に115文字の金象嵌銘文が発見された。銘文中に「辛亥年七月中」「獲加多支（わかたける）」「杖刀人」、8代の系譜が記されるなど、日本で書かれた最古の金石文として極めて重要な史料である。昭和58年（1983年）、国宝に指定され、鏡、環鈴など他の出土品とともに現地の「さきたま資料館」に保管展示されている。

*　　*　　*

◇資料と解説　日本文章表現史　秋本守英編　大阪　和泉書院　2006.1　239p　21cm　（いずみ昴そうしょ）　3000円　①4-7576-0331-2
◇鉄剣銘一一五文字の謎に迫る—埼玉古墳群　高橋一夫著　新泉社　2005.6　93p　21cm　（シリーズ「遺跡を学ぶ」16）　〈文献あり〉　1500円　①4-7877-0536-9
◇一一五文字の真相—七世紀中ごろの真実
—鉄剣は何を語るのか　一場要二郎著　さいたま　メディア・ポート　2003.11　269p　19cm　〈文献あり〉　2380円　①4-901611-07-0
◇ワカタケル大王とその時代—埼玉稲荷山古墳　小川良祐,狩野久,吉村武彦編　山川出版社　2003.5　235p　19cm　〈折り込1枚　文献あり〉　1900円　①4-634-60790-5
◇関東に大王あり—稲荷山鉄剣の密室　古田武彦著　新版　新泉社　2003.2　373p　20cm　2800円　①4-7877-0220-3
◇稲荷山古墳の鉄剣を見直す　上田正昭,大塚初重監修,金井塚良一編　学生社　2001.6　244p　20cm　2400円　①4-311-20241-5
◇古代東アジア金石文論考　佐伯有清著　吉川弘文館　1995.4　185p　26cm　6695円　①4-642-02285-6
◇さきたま稲荷山古墳出土鉄剣銘考—銘・用語考　その2　原亀男著　原亀男　1986.3　10p　26cm
◇乎獲居臣—さきたま稲荷山古墳出土鉄剣銘人物考　推理　原亀男著　原亀男　〔1986〕　23p　26cm　〈『稲荷山古墳出土鉄剣金象嵌概報』抜刷〉
◇さきたま稲荷山古墳出土鉄剣銘考—銘・用語考　その1　原亀男著　原亀男　〔1986〕　10p　26cm
◇田中卓著作集　3　邪馬台国と稲荷山刀銘　国書刊行会　1985.4　428p　22cm　5800円
◇まぼろし紀行—稲荷山鉄剣の周辺　奥村邦彦著　毎日新聞社　1983.6　220p　20cm　1000円
◇埼玉稲荷山古墳辛亥銘鉄剣修理報告書　〔浦和〕　埼玉県教育委員会　1982.3　39,6p　図版24枚　30cm　〈付：英文概要〉
◇埼玉稲荷山古墳　中堂観恵著　東洋書林　1981.4　74p　19cm　〈『現地踏査邪馬台国』続篇　発売：原書房〉　700円
◇古代東国史の研究—稲荷山古墳出現とその前後　金井塚良一著　浦和　埼玉新聞社　1980.11　342,6p　20cm　2500円
◇辛亥銘鉄剣と埼玉の古墳群　読売新聞社浦和支局編　増補版　浦和　読売新聞社

浦和支局　1980.11　266p　19cm　〈埼玉原始古代年表：p223～230　参考文献：p265～266〉　980円
◇白鳥と騎馬の王―稲荷山鉄剣銘文は語る　川崎真治著　日康　1979.7　286p　19cm　〈発売：新国民社〉　1200円
◇古代天皇の秘密―鉄刀〈115字〉が証かす日本国家のルーツ　田中卓著　太陽企画出版　1979.2　259p　18cm　（Sun books）　650円
◇辛亥銘鉄剣と埼玉の古墳群　読売新聞社浦和支局編　浦和　読売新聞社浦和支局　1979.1　238p　19cm　〈参考文献：p237～238〉　850円

隅田八幡人物画像鏡
すだはちまんじんぶつがぞうきょう

　和歌山県橋本市にある隅田八幡神社蔵の銅鏡。径19.6センチメートル。鏡背面には中国製の神人画像鏡を模写した図像があり、その外周に「癸未年八月日十大王与(年)男弟王、在意柴沙加宮時、斯麻念長寿(奉)、遣開中費直・穢人今州利二人等、取白上同二百早、作此竟」という48字の銘文がある。銘文については、大正3年(1914年)に解読した高橋健自をはじめ多くの人が見解を示し、「癸未(みずのとひつじ)年」を443年とするか503年とするかなど、解釈には諸説ある。また、日本の地名や人名と解される文字が音読の漢字で記され、天皇ではなく「大王(おおきみ)」と表記されていることなどでも古代史研究の重要な資料である。

＊　　＊　　＊

◇隅田八幡鏡―日本国家の起源をもとめて　林順治著　彩流社　2009.3　580p　20cm　〈文献あり〉　3800円　①978-4-7791-1427-4
◇謎の画像鏡と紀氏―銘文は吏読で書かれていた　日根輝己著　大阪　燃焼社　1992.7　188p　21cm　1500円　①4-88978-925-1

神代文字
じんだいもじ・かみよもじ

　日本で、漢字渡来以前に古くから用いられていたとされる文字。「神字」と書いて、「かんな」とも呼び、日文(ひふみ)、天名地鎮(あないち)、阿比留(あひる)、ヲシテなどの種類がある。そのような固有の文字が存在したとする説は、おそくとも室町時代からひろまっており、江戸時代には、平田篤胤をはじめとする国学者のうちにその存在を主張する者が少なくなかった。一方、伴信友の『仮字本末(かなのもとすえ)』のようにそれを否定する者もあって議論が沸いたが、明治になって後は、いずれも後代の偽作として否定されている。

＊　　＊　　＊

◇よみがえる日本語―ことばのみなもと「ヲシテ」　青木純雄，平岡憲人著，池田満監修　明治書院　2009.5　366p　20cm　3800円　①978-4-625-63407-9
◇〔ホツマツタヱ〕　小笠原長弘原本筆録，松本善之助翻刻監修　覆刻版　改訂　日本翻訳センター　2009.1　42, 323p　22cm　〈タイトルは神代文字〉　8000円　①978-4-931326-04-0
◇記紀原書ヲシテ―『ホツマツタヱ』『ミカサフミ』『フトマニ』のすべて　上巻　池田満校訂　ホツマ刊行会　2004.8　854p　18cm　〈本文は神代文字　発行所：展望社〉　1600円　①4-88546-115-4
◇記紀原書ヲシテ―『ホツマツタヱ』『ミカサフミ』『フトマニ』のすべて　下巻　池田満校訂　ホツマ刊行会　2004.8　759p　18cm　〈本文は神代文字　発行所：展望社〉　1600円　①4-88546-116-2
◇神代文字と日本キリスト教―国学運動と国字改良　金文吉述　京都　国際日本文化研究センター　2003.12　52p　21cm　（日文研フォーラム　第155回）　〈他言語標題：Jindai moji and Japanese Christianity　会期・会場：2002年11月5日　国際交流基金京都支部〉
◇原始日本語はこうして出来た―擬音語仮説とホツマ文字の字源解明に基づく結論　大空照明著　文芸社　2002.11　489, 20p　20cm　2000円　①4-8355-4396-3
◇『ホツマツタヱ』を読み解く―日本の古代文字が語る縄文時代　池田満著　展望社　2001.11　322p　20cm　3400円　①4-88546-083-2
◇〔ホツマ〕辞典―漢字以前の世界へ　池田満著　ホツマ刊行会　1999.6　306p　19cm　〈タイトルの一部は神代文字　東京　展望社(発売)　付属資料：2枚〉

4200円　①4-88546-019-0
◇神字日文解─ペトログラフが書き換える日本古代史　吉田信啓著　改訂新版　中央アート出版社　1999.3　283p　19cm　1600円　①4-88639-902-9
◇言霊─ホツマ　鳥居礼著　新版　たま出版　1998.5　519p　20cm　〈他言語標題：The word spirit　背のタイトルは神代文字を含む〉　3800円　①4-88481-728-1
◇元ひとつ─日本の古代文字（神代）と共に示す次期文明二十一聖紀の迎え方　安藤妍雪著　書の霊智塾　1996.11　273p　22cm　〈肖像あり　限定版〉
◇日本神代文字研究原典　吾郷清彦著　新人物往来社　1996.1　509p　22cm　〈愛蔵保存版〉　9800円　①4-404-02328-6
◇実在した「神代の文字」　桜沢重利著　桜沢重利　1995.8　283p　21cm　2000円
◇古代文字が明かす超古代文明の秘密─文字発生のルーツと日本古代史の真相を探る　鈴木旭著　日本文芸社　1994.8　228p　18cm　（Rakuda books）　〈監修：日本探検協会〉　800円　①4-537-02422-4
◇神代文字で綴る古神道の聖典─天種子命御神作・大日本神代古字　木村信行著　日本歴史研究所　1991.5　154p　26cm　〈電子複写〉　5000円
◇謎の上記─古代の百科全書の全貌　佐治芳彦著　徳間書店　1987.2　234p　19cm　980円　①4-19-553405-4
◇謎の秀真伝─超古代日本をうたった一大叙事詩　神代文字で書かれた原日本の実像　佐治芳彦著　徳間書店　1986.6　306p　19cm　980円　①4-19-553282-5
◇神代文字の謎─古代史の空白に迫る　藤芳義男著　桃源社　1979.2　189p　20cm　1000円
◇伊勢神宮の古代文字─ついに現われた幻の奉納文　丹代貞太郎, 小島末喜著　小島末喜　1977.11　184p　26cm　〈限定版〉　3000円
◇神代文字の謎　藤芳義男著　桃源社　1976　189p　22cm　1800円
◇日本神代文字─古代和字総覧　吾郷清彦著　大陸書房　1975　509p　19cm

6500円
◇神代の文字　宮崎小八郎著　霞ケ関書房　1974　271p　図　22cm　〈昭和17年刊の複製〉　2500円

仏教の伝来
ぶっきょうのでんらい

仏教は6世紀の初めに一部の渡来人系の子孫の間で信奉されていたと考えられるが、公式の伝来は、百済の聖明王が釈棤仏像と経典その他を大和政権に献上したときとされ、仏教公伝の年については宣化3年（538年）説と欽明13年（552年）説がある。公伝当初の仏教は迫害を受けたが、蘇我氏を中心に渡来系氏族が多く居住していた飛鳥の地に根づき、用明2年（587年）の排仏派の物部守屋滅亡を契機に、飛鳥と斑鳩を中心に仏法興隆の道がひらけた。その後、氏族受容から宮廷受容のものとなり、天皇が帰依する国家仏教へと変化した。この頃は一般民衆の信仰とはかけはなれた存在だったが、行基や道昭や万ររらが民衆へ仏教信仰をひろめ、私度僧らも造仏や写経、放生や架橋などの活動を展開して在家仏教信者を増やした。

＊　　＊　　＊

◇日中を結んだ仏教僧─波濤を超えて決死の渡海　頼富本宏著　農山漁村文化協会　2009.3　213p　22cm　（図説・中国文化百華　第8巻）　〈シリーズの企画・編集・制作者：「中国文化百華」編集室　文献あり　年表あり〉　3048円　①978-4-540-03090-1
◇博仏の来た道─白鳳期仏教受容の様相　後藤宗俊著　京都　思文閣出版　2008.11　289, 20p　22cm　〈文献あり〉　5700円　①978-4-7842-1433-4
◇日本古代国家の仏教編成　中林隆之著　塙書房　2007.2　425p, 15p　22cm　9500円　①978-4-8273-1210-2
◇民衆救済と仏教の歴史　上巻　中屋宗寿著　郁朋社　2006.10　367p　21cm　2500円　①4-87302-360-2
◇常識として知っておきたい日本の三大宗教─神道・儒教・日本仏教　ルーツから教えまで、その違いがよくわかる本　歴史の謎を探る会編　河出書房新社　2005.12　220p　15cm　（Kawade夢文庫）　514円　①4-309-49597-4

◇事典日本の名僧　今泉淑夫編　吉川弘文館　2005.2　449, 27p　20cm　〈年表あり〉　2700円　ⓓ4-642-07860-6
◇仏教伝来と六郷満山閻魔と葬送供養　牧野豊陽著　〔大分〕　〔牧野豊陽〕　2005.2　88p　22cm　〈折り込1枚　年表あり〉　非売品
◇聖徳太子と仏教伝来　三田村信行文　フレーベル館　2004.1　48p　27cm　（あるいて知ろう！歴史にんげん物語1）〈年譜あり〉　2900円　ⓓ4-577-02785-2
◇日本仏教の射程—思想史的アプローチ　池見澄隆, 斎藤英喜編著　京都　人文書院　2003.3　289p　21cm　〈文献あり〉　2300円　ⓓ4-409-41073-3
◇日本古代地方寺院の成立　三舟隆之著　吉川弘文館　2003.2　406, 11p　22cm　15000円　ⓓ4-642-02387-9
◇日本仏教の形成と展開　伊藤唯真編　京都　法藏館　2002.10　683p　22cm　13000円　ⓓ4-8318-6218-5
◇仏教の源流—正倉院からシルクロードへ　長沢和俊監修, 吉村貴著　青春出版社　2002.5　189p　18cm　（プレイブックスインテリジェンス）　667円　ⓓ4-413-04020-1
◇仏法東漸—シルクロードから古都奈良、そして現代へ　竜谷大学短期大学部仏教科編　京都　自照社出版　2001.12　393p　19cm　2000円　ⓓ4-921029-35-0
◇日本古代の国家と仏教　井上光貞著　岩波書店　2001.9　406, 9p　20cm　（岩波モダンクラシックス）　3600円　ⓓ4-00-026671-3
◇日本古代の僧尼と社会　勝浦令子著　吉川弘文館　2000.11　416, 13p　22cm　9000円　ⓓ4-642-02353-4
◇日本仏教の研究法—歴史と展望　京都　法藏館　2000.11　312p　22cm　（日本の仏教 第2期 第2巻）〈シリーズ責任表示：日本仏教研究会編　文献あり〉　3200円　ⓓ4-8318-0288-3
◇古代東国への仏法伝来—古墳の中の仏教文物を中心として　増田修著　石岡　崙書房出版茨城営業所　2000.8　115p　18cm　（ふるさと文庫174）　800円　ⓓ4-8455-0174-0
◇日本古代仏教文化史研究への道程（稿）　小山田和夫著　府中（東京都）　小山田和夫　2000.4　298p　21cm　非売品
◇継体・欽明朝と仏教伝来—古代を考える　吉村武彦編　吉川弘文館　1999.12　269p　20cm　2600円　ⓓ4-642-02191-4
◇日本仏教の史的展開　薗田香融編　塙書房　1999.10　540p　22cm　12000円　ⓓ4-8273-1158-7
◇日本古代仏教の文化史　竹居明男著　吉川弘文館　1998.5　332, 11p　22cm　7300円　ⓓ4-642-02329-1
◇日本古代の仏教と神祇　下出積与著　吉川弘文館　1997.8　327, 8p　22cm　〈索引あり〉　7200円　ⓓ4-642-02314-3
◇図説日本仏教の歴史　飛鳥・奈良時代　田村円澄著　佼成出版社　1996.9　157p　21cm　2000円　ⓓ4-333-01749-1
◇日本仏教史—思想史としてのアプローチ　末木文美士著　新潮社　1996.9　412p　15cm　（新潮文庫）　560円　ⓓ4-10-148911-4
◇仏教伝来の道—南方ルート　阮栄春著　京都　雄渾社　1996.6　226p　30cm　5800円　ⓓ4-8418-1036-6
◇日本古代社会と仏教　吉田一彦著　吉川弘文館　1995.11　332p　22cm　7004円　ⓓ4-642-02290-2
◇仏教の受容と古代国家—日本古代国家の成立を探る・3　泉南　泉南市　1995.11　100p　26cm　〈第8回歴史の華ひらく泉南シンポジウム　共同刊行：泉南市教育委員会　期日：1995年11月23日〉
◇仏教伝来　part 1　広報編集委員会編　京都　大谷大学　1995.10　120p　26cm
◇日本古代の祭祀と仏教　佐伯有清先生古稀記念会編　吉川弘文館　1995.3　602p　22cm　11330円　ⓓ4-642-02282-1
◇朝鮮と日本の古代仏教　中井真孝著　大阪　東方出版　1994.10　209p　20cm　2300円　ⓓ4-88591-401-9
◇仏教考古学研究　石村喜英著　雄山閣出版　1993.11　430p　22cm　10000円　ⓓ4-639-01198-9
◇日本古代の寺院と史料　水野柳太郎著　吉川弘文館　1993.2　272, 4p　22cm　5600円　ⓓ4-642-02261-9
◇仏教伝来　日本篇　梅原猛ほか著　プレ

古墳時代

ジデント社　1992.11　265p　20cm　1500円　①4-8334-1468-6

◇古代中世寺と仏教　鶴岡静夫著　渓水社　1991.11　313p　22cm　〈発売：北辰堂〉　11000円　①4-89287-195-8

◇日本古代仏教制度史の研究　中井真孝著　京都　法蔵館　1991.6　446,18p　22cm　1300円　①4-8318-7341-1

◇日本仏教史　第1巻　上世篇　辻善之助著　岩波書店　1991.6　920p　22cm　〈第5刷(第1刷：1944年)〉　9800円　①4-00-008691-X

◇日本古代寺院史の研究　堅田修著　京都　法蔵館　1991.3　210p　22cm　6200円　①4-8318-7340-3

◇日本古代信仰と仏教　堅田修著　京都　法蔵館　1991.2　299p　22cm　7800円　①4-8318-7339-X

◇古代寺院と仏教　鶴岡静夫編　名著出版　1989.4　292p　22cm　〈古代史論集 3〉　5350円　①4-626-01338-4

◇図説日本仏教の世界　2　鎮護国家と呪術―日本仏教の始まり　上原昭一他著　集英社　1989.3　177p　27cm　〈編集：日本アート・センター〉　2800円　①4-08-193002-3

◇図説日本仏教の世界　1　古墳からテラへ―仏教が来たころ　上原昭一他著　集英社　1989.2　177p　27cm　〈編集：日本アート・センター〉　2800円　①4-08-193001-5

◇日本古代の宗教と思想　田村円澄著　山喜房仏書林　1987.10　423p　22cm　8500円

◇日本仏教思想研究　第1巻　戒律の研究　上　石田瑞麿著　京都　法蔵館　1986.9　491p　22cm　8500円　①4-8318-3851-9

◇仏教伝来と古代日本　田村円澄著　講談社　1986.3　296p　15cm　〈講談社学術文庫〉　780円　①4-06-158725-0

◇日本の仏教と奈良　岩城隆利著　明石書店　1986.2　190p　19cm　1000円

◇日本仏教史　古代　速水侑著　吉川弘文館　1986.2　300,16p　20cm　2300円　①4-642-06751-5

◇日本古代仏教運動史研究　宮城洋一郎著　京都　永田文昌堂　1985.12　336,8,8p　22cm　5500円

◇日本仏教の源流―仏教伝来から日蓮まで　島村喬著　波書房　1984.9　290p　19cm　980円　①4-8164-1191-7

◇日本古代仏教史の研究　二葉憲香著　京都　永田文昌堂　1984.6　420,64p　22cm　8000円

◇日本仏教史　2　奈良・平安時代　田村円澄著　京都　法蔵館　1983.9　438p　22cm　6800円

◇川崎庸之歴史著作選集　第2巻　日本仏教の展開　東京大学出版会　1982.11　488p　20cm　3200円

◇日本仏教史　1　飛鳥時代　田村円澄著　京都　法蔵館　1982.11　428p　22cm　6800円

◇古代日本と仏教の伝来　雄山閣出版　1981.6　151p　23cm　〈歴史公論ブックス 2〉〈執筆：上田正昭ほか〉　1200円　①4-639-00069-3, 4-639-00068-5

◇図説日本仏教史　第1巻　仏教との出会い　高取正男ほか編　京都　法蔵館　1981.1　287p　31cm　〈企画：柴田実,林屋辰三郎〉　13500円

◇図説日本仏教史　第2巻　日本仏教の成立　高取正男ほか編　京都　法蔵館　1980.11　287p　31cm　〈企画：柴田実,林屋辰三郎〉　12000円

◇日本古代仏教の展開　井上光貞著　吉川弘文館　1975　326p　19cm　1300円

◇アジア仏教史　日本編1　飛鳥・奈良仏教―国家と仏教　佼成出版社　1972　290,11p 図　22cm　〈監修・編集：中村元,笠原一男,金岡秀友〉　2000円

◇古代日本人の世界―仏教受容の前提　田中元著　吉川弘文館　1972　302p　20cm

◇奈良県高市郡寺院誌　高市郡役所編　名著出版　1971　752p 図　22cm　〈高市郡役所大正13年刊の複製〉

◇日本仏教史　第1巻　上世篇　辻善之助著　岩波書店　1969　920p　22cm　2800円

儒教の伝来
じゅきょうのでんらい

4世紀ころから中国ならびに朝鮮を通じて受

容され、『日本書紀』によれば応神15年(284年)に阿直岐(あちき)が、応神16年(285年)に王仁(わに)が百済から来て『論語』10巻を伝えたのが始まりとされている。その後、推古天皇の代に聖徳太子は儒教の精神を中核に仏教や法家思想をも含めて「十七条憲法」をつくり、「冠位十二階」の制度を定め、多くの留学生・留学僧を中国に派遣した。これらの人々のもたらした知識が律令国家実現の端緒を開き、大学寮制度が採用された。大学に設置された明経道院(みょうぎょうどういん)では、儒書が漢・唐の注疏(ちゅうそ)によって講ぜられ中級の官吏を育成したが、後に紀伝道にその地位を奪われ大学寮自体も衰退していった。

* * *

◇海からみた歴史と伝統―遣唐使・倭寇・儒教　小島毅著　勉誠出版　2006.12　170p　19cm　〈年表あり〉　1200円　①4-585-05366-2

◇常識として知っておきたい日本の三大宗教―神道・儒教・日本仏教 ルーツから教えまで、その違いがよくわかる本　歴史の謎を探る会編　河出書房新社　2005.12　220p　15cm　(Kawade夢文庫)　514円　①4-309-49597-4

◇日中儒学の比較　王家驊著　六興出版　1988.6　354,11p　21cm　(東アジアのなかの日本歴史5)　3000円　①4-8453-8095-1

◇大学寮と古代儒教―日本古代教育史研究　久木幸男著　サイマル出版会　1968　317p　22cm　1800円

飛鳥時代

飛鳥時代 あすかじだい

　日本史の時代区分の一つで、飛鳥地方を都とした推古朝(592年～628年)前後の時代。政治史では狭義には推古朝から大化元年(645年)の大化の改新まで、広義には和銅3年(710年)の平城京遷都までを指す。文化史では6世紀半ばの仏教渡来から大化の改新までを指し、大化の改新から平城京遷都までを白鳳時代と呼ぶ。この時代の宮室のほとんどが飛鳥の地に営まれたため、この時代を飛鳥時代と呼ぶ。6世紀後半の日本は、国内で物部氏・蘇我氏ら大豪族間の激しい抗争が起きる一方、朝鮮では任那地域の権益を失うなど危機的状況にあったが、推古朝に冠位十二階や十七条憲法の制定など内政が整えられると共に、遣隋使が派遣されて隋との国交が開かれた。さらに大化の改新以後、豪族の連合政権的性格が強かった旧体制から脱却し天皇を中心とする中央集権国家を建設する道が模索され、天武・持統朝の改革を経て、大宝元年(701年)の大宝律令制定・施行により律令国家の完成に至った。この間、天智2年(663年)に白村江の戦いで大敗して朝鮮から撤退、弘文元年(672年)には古代最大の内乱である壬申の乱が発生している。文化的には、仏教をはじめとする大陸文化の影響の下、飛鳥文化や白鳳文化といった古墳時代とは一線を画す高度な文化が発展した。このように、飛鳥時代は政治・経済・社会・文化の各方面で大きな変革が起きた時代だった。

◇蘇我三代と二つの飛鳥―近つ飛鳥と遠つ飛鳥　西川寿勝, 相原嘉之, 西光慎治著　新泉社　2009.6　254p　21cm　〈企画：NHK大阪文化センター〉　2300円　①978-4-7877-0907-3

◇飛鳥の都　直木孝次郎著　吉川弘文館　2009.5　280p　20cm　(直木孝次郎古代を語る8)　2600円　①978-4-642-07889-4

◇日本の仏像―飛鳥・白鳳・天平の祈りと美　長岡竜作著　中央公論新社　2009.3　274p　18cm　(中公新書1988)　〈文献あり〉　980円　①978-4-12-101988-2

◇神社と古代王権祭祀　大和岩雄著　新装版　白水社　2009.2　482, 4p　23cm　〈索引あり〉　6600円　①978-4-560-03195-7

◇奈良美術成立史論　大橋一章著　中央公論美術出版　2009.1　480p　27cm　〈索引あり〉　33000円　①978-4-8055-0597-7

◇宮都飛鳥―秋季特別展　橿原　奈良県立橿原考古学研究所附属博物館　2008.10　95p　30cm　(奈良県立橿原考古学研究所附属博物館特別展図録 第70冊)　〈会期：2008年10月4日―11月30日　奈良県立橿原考古学研究所創立70周年記念　年表あり　文献あり〉

◇謎解き古代飛鳥の真相　中村修也著　学習研究社　2008.9　347p　15cm　(学研M文庫)　667円　①978-4-05-901226-9

◇飛鳥の宮と藤原京―よみがえる古代王宮　林部均著　吉川弘文館　2008.2　259p　19cm　(歴史文化ライブラリー249)　〈文献あり〉　1800円　①978-4-642-05649-6

◇飛鳥の宮と寺　黒崎直著　山川出版社

◇2007.12 107p 21cm （日本史リブレット 71）〈年表あり〉 800円 ⓘ978-4-634-54683-7
◇飛鳥―その光と影 直木孝次郎著 吉川弘文館 2007.5 309p 20cm （歴史文化セレクション）〈折り込1枚〉 2400円 ⓘ978-4-642-06335-7
◇古代日本と朝鮮の都城 中尾芳治, 佐藤興治, 小笠原好彦編著 京都 ミネルヴァ書房 2007.3 446, 11p 22cm 〈年表あり 文献あり〉 8000円 ⓘ978-4-623-04691-1
◇日本を不幸にした藤原一族の謎 関裕二著 PHP研究所 2006.10 262p 20cm 〈文献あり〉 1400円 ⓘ4-569-65635-8
◇古代飛鳥・石の謎 奥田尚著 学生社 2006.8 197p 19cm 2200円 ⓘ4-311-20301-2
◇飛鳥―古代への旅 門脇禎二監修 平凡社 2005.11 159p 29cm （別冊太陽）〈年表あり 文献あり〉 2500円 ⓘ4-582-94490-6
◇飛鳥時代の政治と王権 前田晴人著 大阪 清文堂出版 2005.1 426p 22cm 10000円 ⓘ4-7924-0558-0
◇飛鳥発掘物語 河上邦彦著 産経新聞ニュースサービス, 扶桑社（発売） 2004.10 325p 図版8p 20cm 1700円 ⓘ4-594-04813-7
◇飛鳥の朝廷 井上光貞著 講談社 2004.7 519p 15cm （講談社学術文庫）〈年表あり〉 1450円 ⓘ4-06-159664-0
◇飛鳥―歴史と風土を歩く 和田萃著 岩波書店 2003.8 246p 18cm （岩波新書）〈文献あり〉 740円 ⓘ4-00-430850-X
◇古都・飛鳥の発掘 網干善教著 学生社 2003.3 276p 19cm 2400円 ⓘ4-311-20266-0
◇飛鳥を掘る 河上邦彦著 講談社 2003.1 238p 19cm （講談社選書メチエ 258） 1500円 ⓘ4-06-258258-9
◇飛鳥時代の謎―聖徳太子・天智・天武・持統の正体 神一行編 学習研究社 2002.10 273p 15cm （学研M文庫）〈年表あり〉 620円 ⓘ4-05-901149-5
◇飛鳥に学ぶ―（財）飛鳥保存財団設立30年記念号 明日香村（奈良県） 飛鳥保存財団 2001.12 143p 30cm
◇飛鳥のイメージ 奈良文化財研究所飛鳥資料館著 〔京都〕 関西プロセス 2001.10 51p 20×21cm （飛鳥資料館カタログ 第13冊）〈会期：平成13年10月16日―12月2日〉
◇飛鳥―水の王朝 千田稔著 中央公論新社 2001.9 247p 18cm （中公新書） 780円 ⓘ4-12-101607-6
◇飛鳥の朝廷と王統譜 篠川賢著 吉川弘文館 2001.7 204p 19cm （歴史文化ライブラリー 122）〈文献あり〉 1700円 ⓘ4-642-05522-3
◇蘇我大王家と飛鳥―飛鳥京と新益京の秘密 石渡信一郎著 三一書房 2001.6 180p 20cm 1900円 ⓘ4-380-01208-5
◇古墳・飛鳥時代 小和田哲男監修 岩崎書店 2000.4 47p 29cm （人物・資料でよくわかる日本の歴史 2） 3000円 ⓘ4-265-04842-0, 4-265-10223-9
◇飛鳥・奈良時代 吉田孝著 岩波書店 1999.10 194, 3p 18cm （岩波ジュニア新書） 740円 ⓘ4-00-500332-X
◇百済寺物語 川上敏雄著 〔愛東町（滋賀県）〕 愛東町観光協会 1999.5 149p 19cm 〈共同刊行：愛東町史会〉
◇飛鳥の考古学 亀田博著 学生社 1998.12 206p 20cm 1980円 ⓘ4-311-20219-9
◇天皇と官僚―古代王権をめぐる権力の相克 笠原英彦著 PHP研究所 1998.12 203p 18cm （PHP新書） 657円 ⓘ4-569-60379-3
◇日本古代朝政の研究 井上亘著 吉川弘文館 1998.10 333, 9p 22cm 7500円 ⓘ4-642-02331-3
◇古代・王朝人の暮らし 日本風俗史学会編, 芳賀登, 根本誠二, 高橋秀樹, 山中裕, 藤本勝義ほか著 つくばね舎, 地歴社〔発売〕 1998.9 198p 21cm 2500円 ⓘ4-924836-29-X
◇大和の国の誕生―古墳時代・飛鳥時代 古川清行著 小峰書店 1998.4 119p 27cm （人物・遺産でさぐる日本の歴史 調べ学習に役立つ 2） 2500円 ⓘ4-338-15102-1

飛鳥時代

◇飛鳥古代復元　河上邦彦ほか編著　京都人文書院　1996.12　303p　20cm　（飛鳥学 第2巻）　3605円　ⓘ4-409-52026-1

◇飛鳥・白鳳時代の諸問題―東アジアにおける古代国家成立期の諸問題　国際古代史シンポジウム・イン・矢吹 1-2　国際古代史シンポジウム実行委員会編　矢吹町（福島県）　国際古代史シンポジウム実行委員会　1996.11　458p, 508p　30cm

◇飛鳥学総論　河上邦彦ほか編著　京都人文書院　1996.8　321p　20cm　（飛鳥学 第1巻）〈写真：森和彦 付(地図1枚)〉　3605円　ⓘ4-409-52025-3

◇飛鳥大和美の巡礼　栗田勇著　講談社　1996.5　292p　15cm　(講談社学術文庫)　900円　ⓘ4-06-159227-0

◇飛鳥奈良時代の考察　直木孝次郎著　高科書店　1996.4　520, 7, 25p　22cm　9785円

◇聖徳太子と鉄の王朝―高句麗からよみとく飛鳥　上垣外憲一著　角川書店　1995.6　242p　19cm　(角川選書)　1300円　ⓘ4-04-703263-8

◇飛鳥古京―古代びとの舞台　門脇禎二著　吉川弘文館　1994.12　248p　20cm　2369円　ⓘ4-642-07431-7

◇山背から山城へ―山背遷都へのみち 特別展　京都府立山城郷土資料館　山城町(京都府)　京都府立山城郷土資料館　1994.10　61p　26cm　(展示図録 14)〈会期：平成6年10月29日～11月30日〉

◇古都論―日本史上の奈良　中塚明編　柏書房　1994.1　246p　21cm　(ポテンティア叢書 31)　3600円　ⓘ4-7601-1051-8

◇難波―古代を考える　直木孝次郎編　吉川弘文館　1992.12　283p　20cm　1980円　ⓘ4-642-02184-1

◇飛鳥の国―国家誕生への道　氷飽愛子著　新紀元社　1992.9　229p　21cm　(Adventure world)　1800円　ⓘ4-88317-215-5

◇古代国家の歴史と伝承　黛弘道編　吉川弘文館　1992.3　349p　22cm　6800円　ⓘ4-642-02255-4

◇飛鳥の謎　邦光史郎著　祥伝社　1991.10　247p　16cm　(ノン・ポシェット)　450円　ⓘ4-396-31041-2

◇血ぬられた飛鳥時代の謎―聖徳太子、天智・天武・持統の正体　神一行編　ベストセラーズ　1991.1　262p　15cm　(ワニ文庫)　480円　ⓘ4-584-30242-1

◇飛鳥―その光と影　直木孝次郎著　吉川弘文館　1990.6　301p　20cm〈折り込図1枚〉　1860円　ⓘ4-642-07285-3

◇飛鳥奈良時代の基礎的研究　時野谷滋著　国書刊行会　1990.6　671p　22cm　12000円　ⓘ4-336-03016-2

◇百済寺　川上敏雄著　〔愛東町(滋賀県)〕〔川上敏雄〕　1990.5　116p　19cm

◇河内飛鳥―古代を考える　門脇禎二, 水野正好編　吉川弘文館　1989.10　283p　20cm〈折り込図1枚　6～7世紀の河内飛鳥略年表：p277～279〉　1860円　ⓘ4-642-02148-5

◇飛鳥―古代を考える　井上光貞, 門脇禎二編　吉川弘文館　1987.1　296p　20cm　1800円　ⓘ4-642-02142-6

◇飛鳥とは何か　梅原猛著　集英社　1986.6　334p　16cm　(集英社文庫)　440円　ⓘ4-08-749116-1

◇飛鳥・その青い丘―古代史の中の朝鮮　千坂長著　明石書店　1985.10　193p　20cm　1800円

◇エコール・ド・ロイヤル古代日本を考える　3　古代飛鳥と奈良を考える　井上光貞ほか著　学生社　1985.1　233p　19cm　1600円

◇梅原猛著作集　15　飛鳥とは何か　集英社　1982.11　558p　20cm　2000円

◇飛鳥に翔ぶ　高橋三知雄著　大阪　和泉書院　1980.5　341p　19cm　ⓘ4-900137-01-4

◇飛鳥再考　上田正昭ほか著　朝日新聞社　1979.11　293p　19cm　1200円

◇講座飛鳥を考える　3　横田健一, 網干善教編　大阪　創元社　1978.12　274p　19cm〈漢・隋間倭国関係年表：p264～266〉　1400円

◇飛鳥創世紀　斎藤道一著　講談社　1978.10　293p　20cm　980円

◇飛鳥の遺蹟　網干善教著　京都　駸々堂出版　1978.8　317p　22cm　2000円

◇飛鳥―その古代史と風土　門脇禎二著

164

飛鳥時代

新版　日本放送出版協会　1977.12　300p　19cm　（NHKブックス）〈関連略年表：p291〜297〉　650円
◇講座飛鳥を考える　2　横田健一、網干善教編　大阪　創元社　1977.12　248p　19cm　1300円
◇飛鳥時代寺院址の研究　石田茂作著　第一書房　1977.5　3冊　27cm　〈「本文編」、「図版編」（昭和11年刊）及び「総説」（昭和19年刊）の複製〉　全58000円
◇飛鳥王朝の悲劇―蘇我三代の栄光と没落　大羽弘道著　光文社　1977.1　218p　18cm　（カッパ・ブックス）　500円
◇飛鳥奈良時代の研究　直木孝次郎著　塙書房　1975　570,19p　22cm　5500円
◇二つの飛鳥　川田武著　新人物往来社　1973　236p 図　20cm　〈二つの飛鳥略年表：p.234-236〉　950円
◇飛鳥―その古代史と風土　門脇禎二著　日本放送出版協会　1970　216p 図版　19cm　（NHKブックス）　360円
◇飛鳥の朝廷　中村明蔵著　評論社　1969　250p 図版　18cm　（若い世代と語る日本の歴史 4）　290円
◇飛鳥仏教史研究　田村円澄著　塙書房　1969　364,44p　22cm　3000円

継体天皇
けいたいてんのう

？〜継体25年（531年）

　第26代天皇。在位期間は継体元年（507年）〜継体25年（531年）。諱は男大迹（おおど）、別名は彦太尊。彦主人王の第一王子で、母は三国振媛。応神天皇の五世孫とされる。近江国三尾の人で、父の死後、母と共に越前国に入った。武烈天皇が後嗣を定めずに崩御した後、大伴金村・物部麁鹿火らに擁立されて河内国樟葉宮で即位し、武烈の妹の手白香皇女を皇后とした。山背国筒城、同国弟国宮などを経て、即位の約20年後に大和国に入り磐余玉穂宮に都した。その治世は新羅征討とそれに関連する筑紫国造磐井の反乱など朝鮮問題に苦慮し、また国内も内乱状態が続く厳しい時代であった。地方豪族出身で、武烈崩御後の混乱に乗じて新王朝を開いたとの説もある。

　　　　＊　　　＊　　　＊

◇新・古代史謎解き紀行　信越東海編　継体天皇の謎　関裕二著　ポプラ社　2008.11　261p　19cm　〈文献あり〉　1300円　①978-4-591-10611-2
◇継体天皇二つの陵墓、四つの王宮　森田克行、西川寿勝、鹿野塁著　新泉社　2008.8　242p　21cm　〈文献あり　年表あり〉　2300円　①978-4-7877-0816-8
◇継体天皇の時代―徹底討論今城塚古墳　高槻市教育委員会編　吉川弘文館　2008.7　225p　20cm　〈会期・会場：平成17年9月25日 高槻現代劇場　年表あり　文献あり〉　2600円　①978-4-642-07988-4
◇謎の大王継体天皇の実像を探る　継体天皇即位1500年記念事業実行委員会編〔高島市〕　継体天皇即位1500年記念事業実行委員会　2008.3　63p　30cm　〈会期・会場：平成19年1月21日 安曇川公民館ふじのきホールほか　継体天皇即位1500年記念事業〉
◇継体天皇と即位の謎　大橋信弥著　吉川弘文館　2007.12　204p　20cm　〈文献あり〉　2400円　①978-4-642-07983-9
◇古典が語る継体天皇―平成19年秋季特別展 展覧会図録　福井市立郷土歴史博物館企画・製作・編集　福井　福井市立郷土歴史博物館　2007.9　65p　30cm　〈会期・会場：平成19年9月29日―11月4日 福井市立郷土歴史博物館　継体天皇御即位千五百年記念　年表あり　文献あり〉
◇大王がゆく―継体天皇即位一五〇〇年　福井　福井新聞社　2007.9　217p　21cm　〈文献あり〉　1800円　①978-4-938833-57-2
◇継体天皇と越前　石橋重吉著　復刻　越前　粟田部郷土史研究会　2007.8　130p　22cm　〈原本：咬菜文庫昭和10年刊　折り込1枚　年表あり〉　1500円
◇継体王朝成立論序説　住野勉一著　大阪　和泉書院　2007.7　334p　22cm　（日本史研究叢刊 17）　7000円　①978-4-7576-0421-6
◇継体天皇の実像　白崎昭一郎著　雄山閣　2007.3　150p　19cm　〈年表あり〉　2200円　①978-4-639-01964-0
◇継体大王ゆかりの地―ガイドマップで辿るふくい古代史散歩　六呂瀬山古墳群

◇&鳴鹿大堰を愛する会編　福井　福井新聞社（発売）　2006.12　56p　30cm　〈年表あり〉　648円　①4-938833-51-4

◇古代からの伝言 悠久の大和　八木荘司著　角川書店　2006.11　298p　15cm　（角川文庫）　552円　①4-04-382803-9

◇継体大王とその時代—史跡今城塚古墳シンポジウム資料集　高槻市教育委員会文化財課埋蔵文化財調査センター編　高槻　高槻市教育委員会文化財課埋蔵文化財調査センター　2005.9　68p　30cm　〈会期：2005年9月25日　年表あり〉

◇継体天皇の謎—古代史最大の秘密を握る大王の正体　関裕二著　PHP研究所　2004.11　280p　15cm　（PHP文庫）〈文献あり〉　552円　①4-569-66284-6

◇大王陵発掘！巨大はにわと継体天皇の謎　NHK大阪「今城塚古墳」プロジェクト著　日本放送出版協会　2004.7　219p　図版12枚　22cm　（NHKスペシャル）〈年表あり〉　1700円　①4-14-080872-1

◇日継知らすすき王無し—継体大王の出現　平成15年度春季特別展　滋賀県立安土城考古博物館編　安土町（滋賀県）　滋賀県立安土城考古博物館　2003.4　102p　30cm　〈会期：平成15年4月26日—6月8日〉

◇謎の大王継体天皇　水谷千秋著　文芸春秋　2001.9　228p　18cm　（文春新書）　700円　①4-16-660192-X

◇継体王朝—日本古代史の謎に挑む　第7回春日井シンポジウム　森浩一、門脇禎二編　大巧社　2000.12　47, 15, 326p　20cm　〈会期：1999年11月13日・14日〉①4-924899-48-8

◇継体大王と6世紀の九州—磐井の乱前後の列島情勢に関連して　熊本古墳研究会編　玉名　熊本古墳研究会　2000.8　2冊（別冊とも）　30cm　〈熊本古墳研究会10周年記念シンポジウム資料集　別冊：追加資料〉

◇継体大王とその時代　枚方市文化財研究調査会編　大阪　和泉書院　2000.4　316p　20cm　（和泉選書 121）　2300円　①4-7576-0036-4

◇継体天皇と古代の王権　水谷千秋著　大阪　和泉書院　1999.10　314p　22cm　（日本史研究叢刊 9）　6000円　①4-7576-0005-4

◇継体大王と越の国—シンポジウム・石棺が語る継体王朝　まつおか古代フェスティバル実行委員会編　福井　福井新聞社　1998.9　299p　20cm　〈会期・会場：1996年10月5日—6日　福井県立大学交流センター〉　①4-938833-16-6

◇継体天皇と今城塚古墳　高槻市教育委員会編　吉川弘文館　1997.8　194p　20cm　〈折り込1枚〉　2300円　①4-642-07735-9

◇継体王朝の謎—うばわれた王権　宇治市教育委員会編　河出書房新社　1995.12　240p　20cm　〈述：都出比呂志ほか〉2300円　①4-309-22285-4

◇二つの顔の大王—倭国・謎の継体王朝と韓三国の英雄たち　小林恵子著　文芸春秋　1995.6　261p　16cm　（文春文庫）　450円　①4-16-755502-6

◇継体天皇略説　竹島平兵衛著　明和町（三重県）　竜汀荘　1995.4　12p　22cm　〈電子複写〉

◇継体東国王朝の正体—伽耶・東北王朝復活の謎　関裕二著　三一書房　1995.3　273p　20cm　2300円　①4-380-95209-6

◇継体大王と尾張の目子媛—新王朝を支えた濃尾の豪族たち　網野善彦ほか編　小学館　1994.3　250p　20cm　2200円　①4-09-626179-3

◇継体大王のふるさと考　西尾作一著〔国分寺〕〔西尾作一〕　1994.1　56p　26cm　非売品

◇継体天皇は新王朝ではない—古代日本の統一　南原次男著　新人物往来社　1993.7　384p　20cm　2300円　①4-404-02035-X

◇継体天皇とうすずみ桜—古代秘史『真清探当証』の謎 伝承が語る古代史4　小椋一葉著　河出書房新社　1992.3　194p　20cm　1800円　①4-309-22220-X

◇二つの顔の大王—倭国・謎の継体王朝と韓三国の英雄たち　小林恵子著　文芸春秋　1991.9　270p　20cm　〈折り込表1枚〉　1400円　①4-16-345610-4

◇継体大王の謎に挑む—越の国シンポジウム　越まほろば物語編纂委員会編　六興出版　1991.6　241, 11p　20cm　〈執筆：門脇禎二ほか〉　1900円　①4-8453-8114-1

飛鳥時代

◇継体天皇と薄住桜―古代王朝の謎を解く　宮脇勝次郎編　根尾村(岐阜県)　宮勝　1983.4　49p　22cm　〈折り込図3枚〉　700円

◇継体天皇ご発祥に関する研究　斎藤与次兵衛著　坂井町(福井県)　斎藤与次兵衛　1982　82, 170p　27cm　〈付(図10枚 袋入)限定版〉　非売品

◇倭の五王と継体天皇　吉田修著　講談社　1980.6　249p　20cm　1100円

◇継体天皇の謎―日本海王朝の系譜　能坂利雄著　新人物往来社　1975　265p　20cm　1300円

◇継体天皇の研究　白崎昭一郎著　福井　福井県郷土誌懇談会 実業の福井社(発売)　1972　250p 図　19cm　1000円

磐井の乱
いわいのらん

6世紀前半に北九州で起こった反乱。『日本書紀』継体天皇21年(527年)6月条によると、近江毛野が6万の軍を率い任那に赴き、新羅に破られた南加羅・仮己呑(とくことん)を復興しようとしたとき、かねて反乱の機をうかがっていた筑紫国造の磐井が、新羅の貨略をうけ火・豊2国に勢力を張り毛野の軍を遮断したため、天皇の命を受けた物部麁鹿火に征討された。父の罪により誅せられることを恐れた磐井の子葛子は、糟屋屯倉(かすやのみやけ)を献じ贖罪を請うたとある。磐井の乱後、大和政権の直接支配としての性格をもつ屯倉が九州に設定され、筑紫勢力は中央王権の一国造として秩序づけられた。

　　　＊　　　＊　　　＊

◇「磐井の乱」とは何か―九州王朝多元説を追う 古代史シンポジウム 「倭国」を徹底して研究する　九州古代史の会編　新装版　同時代社　2006.12　125p　19cm　〈会期・会場:2002年7月20日—21日 福岡市西市民センター3F〉　1500円　①4-88683-593-7

◇「磐井の乱」とは何か―九州王朝多元説を追う 古代史シンポジウム　九州古代史の会編　同時代社　2003.6　125p　19cm　1500円　①4-88683-502-3

◇倭の五王と磐井の乱　佃収著　松戸　ストーク　2001.10　310p　22cm　〈古代史の復元 5〉〈東京 星雲社(発売)〉

2200円　①4-434-01360-2

◇筑紫君磐井の戦争―東アジアのなかの古代国家　山尾幸久著　新日本出版社　1999.11　221p　20cm　2600円　①4-406-02693-2

◇磐井の乱　下巻　吉田三郎著　日経事業出版社　1999.8　264p　20cm

◇磐井の乱と九州王朝―石人・石馬の語る世界　中河原喬著　同成社　1999.8　225p　20cm　1900円　①4-88621-182-8

◇古代最大の内戦・磐井の乱　田村円澄、小田富士雄, 山尾幸久著　増補改訂版　大和書房　1998.1　195p　20cm　2400円　①4-479-84045-1

◇古代最大の内戦磐井の乱　田村円澄ほか著　大和書房　1985.2　238p　19cm　1200円　①4-479-84001-X

◇磐井の叛乱―新稿　原田大六著　三一書房　1973　415, 21p 図　19cm

◇磐井の叛乱―抹殺された英雄　原田大六著　河出書房新社　1963　308p 図版　18cm　(Kawade paperbacks)

豪族
ごうぞく

その地方に土着している住民の中で、大きな財産や勢力を持つ一族。大和政権のもとにおいては、大和、河内などに本拠をもち5世紀以降政権下に結集してきた臣・連(むらじ)などの姓をもつ氏族を中央豪族、また地方にあって国造(くにのみやつこ)・県主(あがたぬし)に任ぜられた直(あたい)・君(きみ)などの姓を有する氏族を地方豪族と呼ぶ。律令国家のもとでは、豪族といえばもっぱら地方豪族のことで、王族および五位以上の貴族に対比される概念として使われる。律令制下の地方豪族の多くは郡司(ぐんじ)あるいは国府の下級官吏に任ぜられ、地方行政の末端を担った。

　　　＊　　　＊　　　＊

◇物部氏の研究　篠川賢著　雄山閣　2009.8　247p　21cm　(日本古代氏族研究叢書)　4200円　①978-4-639-02103-2

◇図説古代史を塗りかえた謎の一族蘇我氏の全貌　平林章仁監修　青春出版社　2009.5　95p　26cm　〈背のタイトル(誤植):図解古代史を塗りかえた謎の一族

蘇我氏の全貌　文献あり　年表あり〉　1180円　①978-4-413-10911-6

◇蘇我氏の正体　関裕二著　新潮社　2009.5　277p　16cm　（新潮文庫 せ-13-2）〈東京書籍平成16年刊の加筆修正　文献あり〉　476円　①978-4-10-136472-8

◇物部・蘇我氏と古代王権　黛弘道著　吉川弘文館　2009.4　249p　20cm　（歴史文化セレクション）〈1995年刊の復刊〉　1900円　①978-4-642-06349-4

◇物部氏の盛衰と古代ヤマト王権　守屋尚著　彩流社　2009.2　318p　19cm〈文献あり〉　2000円　①978-4-7791-1420-5

◇豪族のくらし―古墳時代～平安時代　田中広明著　すいれん舎　2008.12　262p　20cm〈年表あり〉　2400円　①978-4-903763-97-2

◇蘇我氏四代の冤罪を晴らす　遠山美都男著　学習研究社　2008.11　270p　18cm（学研新書）　790円　①978-4-05-403969-8

◇蘇我氏の古代史―謎の一族はなぜ滅びたのか　武光誠著　平凡社　2008.5　253p　18cm　（平凡社新書）　760円　①978-4-582-85421-3

◇謎解き日本史―古事記以降の天皇史推理　衣川真澄著　大阪　パレード, 星雲社（発売）　2008.4　197p　21cm　（Parade books）〈年表あり　文献あり〉　1500円　①978-4-434-11812-8

◇物部氏の伝承　畑井弘著　講談社　2008.3　379p　15cm　（講談社学術文庫）　1150円　①978-4-06-159865-2

◇古代東国の王者―上毛野氏の研究　熊倉浩靖著　改訂増補版　雄山閣　2008.2　310p　22cm〈初版の出版者：あさを社〉　5600円　①978-4-639-02007-3

◇古代豪族居宅の構造と機能　国立文化財機構奈良文化財研究所編　奈良　国立文化財機構奈良文化財研究所　2007.12　363p　30cm〈文献あり〉　①978-4-902010-58-9

◇氏族伝承と律令祭儀の研究　工藤浩著　新典社　2007.4　373p　22cm　（新典社研究叢書 185）　10000円　①978-4-7879-4185-5

◇古代豪族　青木和夫著　講談社　2007.3　413p　15cm　（講談社学術文庫）〈年表あり　文献あり〉　1200円　①978-4-06-159811-9

◇物部氏の正体―大豪族消滅に秘められた古代史最大のトリック　関裕二著　東京書籍　2006.9　247p　19cm　1400円　①4-487-80115-X

◇四天王寺の鷹―謎の秦氏と物部氏を追って　谷川健一著　河出書房新社　2006.5　325p　20cm　2600円　①4-309-22452-0

◇謎の豪族蘇我氏　水谷千秋著　文芸春秋　2006.3　224p　18cm　（文春新書）〈文献あり〉　740円　①4-16-660495-3

◇律令貴族成立史の研究　吉川敏子著　塙書房　2006.2　267, 10p　22cm　6500円　①4-8273-1201-X

◇蘇我氏四代―臣、罪を知らず　遠山美都男著　京都　ミネルヴァ書房　2006.1　300, 11p　20cm　（ミネルヴァ日本評伝選）〈文献あり　年表あり〉　2800円　①4-623-04560-9

◇日本古代の氏族と国家　直木孝次郎著　吉川弘文館　2005.12　247, 13p　22cm　5500円　①4-642-02442-5

◇古代の豪族と社会　松尾光著　笠間書院　2005.3　430p　20cm　2600円　①4-305-70279-7

◇古代豪族と渡来人　大橋信弥著　吉川弘文館　2004.12　408, 7p　22cm　10000円　①4-642-02434-4

◇蘇我氏の正体―日本書紀が隠そうとした真実　関裕二著　東京書籍　2004.11　261p　19cm　1500円　①4-487-79996-1

◇日本古代の地方出身氏族　長谷部将司著　岩田書院　2004.11　306p　22cm　（古代史研究叢書 2）　6900円　①4-87294-353-8

◇古代氏族と宗教祭祀　中村英重著　吉川弘文館　2004.9　301, 13p　22cm　7500円　①4-642-02432-8

◇蘇我氏と日本の古代―『日本書紀』の記載の検討　水谷千秋著　北九州　北九州市立松本清張記念館　2004.7　27p　30cm　（松本清張研究奨励事業研究報告書 第5回）〈シリーズ責任表示：北九州市立松本清張記念館編〉

◇物部氏と蘇我氏と上宮王家　佃収著　松戸　ストーク　2004.2　519p　22cm

（古代史の復元 6）〈東京 星雲社（発売）〉 2800円 ①4-434-04059-6
◇地方の豪族と古代の官人―考古学が解く古代社会の権力構造 田中広明著 柏書房 2003.4 363,16p 22cm （Kashiwa学術ライブラリー 1） 4800円 ①4-7601-2325-3
◇大和の豪族と渡来人―葛城・蘇我氏と大伴・物部氏 加藤謙吉著 吉川弘文館 2002.9 227p 19cm （歴史文化ライブラリー 144） 1700円 ①4-642-05544-4
◇新視点古代豪族の研究―古代天皇家との暗闘史を解く事件・系譜・伝承のすべて 新人物往来社 2002.6 160p 26cm （別冊『歴史読本』12）〈年表あり〉 2000円 ①4-404-03012-6
◇消された王権・物部氏の謎―オニの系譜から解く古代史 関裕二著 PHP研究所 2002.3 252p 15cm （PHP文庫）〈文献あり〉 514円 ①4-569-57707-5
◇大王と地方豪族 篠川賢著 山川出版社 2001.9 96p 21cm （日本史リブレット 5） 800円 ①4-634-54050-9
◇蘇我大王家と飛鳥―飛鳥京と新益京の秘密 石渡信一郎著 三一書房 2001.6 180p 20cm 1900円 ①4-380-01208-5
◇出雲氏族考 井上政光著 日本図書刊行会 2000.4 126p 20cm 〈東京 近代文芸社（発売）〉 1100円 ①4-8231-0509-5
◇古代王権と難波・河内の豪族 前田晴人著 大阪 清文堂出版 2000.4 393p 22cm 10000円 ①4-7924-0487-8
◇近江の古代氏族 西田弘著 京都 真陽社 1999.4 379p 22cm 4762円 ①4-921129-01-0
◇「記」「紀」「大和志」の片塩の都・浮孔の宮考 田中昭三著 日本図書刊行会、近代文芸社〔発売〕 1998.7 181p 19cm 1400円 ①4-89039-856-2
◇物部氏の伝承 畑井弘著 新版 三一書房 1998.7 298,14p 20cm 〈初版：吉川弘文館刊〉 2800円 ①4-380-98277-7
◇物部氏の伝承と土佐物部氏 末久儀運著 高知 南の風社 1998.2 172p 22cm 2500円 ①4-905936-31-4
◇蘇我王国論 山崎仁礼男著 三一書房 1997.10 403p 20cm 3800円 ①4-380-97282-8
◇日本の古代 11 ウヂとイエ 岸俊男編 大林太良編 中央公論社 1996.8 542p 図版32p 16cm （中公文庫）〈監修：貝塚茂樹ほか〉 1350円 ①4-12-202675-X
◇新釈日本史 2 蘇我・物部の戦い 邦光史郎著 徳間書店 1996.6 213p 16cm （徳間文庫） 500円 ①4-19-890517-7
◇豪族の時代―古墳と倉からみたとよなかの古墳時代 〔豊中〕 豊中市教育委員会 1996.3 16p 21cm （とよなか文化財ブックレット no.5(通史編5)）
◇蘇我王朝と天武天皇 石渡信一郎著 三一書房 1996.3 238p 20cm 2300円 ①4-380-96220-2
◇蘇我氏の実像と葛城氏 平林章仁著 白水社 1996.1 219p 20cm 2200円 ①4-560-02240-2
◇日本古代の王権と氏族 大橋信弥著 吉川弘文館 1996.1 379,9p 22cm 7828円 ①4-642-02291-0
◇蘇我三代 明日香村（奈良県） 奈良国立文化財研究所飛鳥資料館 1995.10 72p 30cm （飛鳥資料館図録 第28冊）〈会期：平成7年10月7日～11月26日〉
◇物部・蘇我氏と古代王権 黛弘道著 吉川弘文館 1995.9 242p 20cm 2575円 ①4-642-07471-6
◇日本古代氏族事典 佐伯有清編 雄山閣出版 1994.11 494,64p 21cm 5800円 ①4-639-01250-0
◇巨勢氏の話 太田良平著 第2版 太田良平 1994.8 124p 26cm 〈電子複写〉 非売品
◇謎の巨大氏族・紀氏 内倉武久著 三一書房 1994.1 205p 20cm 〈奥付の書名（誤植）：謎の巨大民族・紀氏〉 2200円 ①4-380-94208-2
◇古代豪族系図集覧 近藤敏喬編 東京堂出版 1993.9 437,16p 23cm 7500円 ①4-490-20225-3
◇蘇我氏三代 武光誠著 毎日新聞社 1993.5 195p 19cm 1300円 ①4-620-30939-7
◇竹内宿禰と語る日本書紀 木村信行著

◇謎の画像鏡と紀氏―銘文は吏読で書かれていた 日根輝已著 大阪 燃焼社 1992.7 188p 21cm 1500円 ①4-88978-925-1
◇日本古代の貴族と地方豪族 薗田香融著 塙書房 1992.1 325,12p 22cm 6695円 ①4-8273-1086-6
◇大和政権と古代氏族 加藤謙吉著 吉川弘文館 1991.11 287,17p 22cm 5800円 ①4-642-02253-8
◇蘇我氏と古代国家―古代を考える 黛弘道編 吉川弘文館 1991.3 271p 20cm〈折り込図1枚〉 1860円 ①4-642-02150-7
◇竹内宿禰と語る日本書紀 木村信行著 日本歴史研究所 1991.3 154p 26cm 6000円
◇古代豪族と朝鮮 京都府京都文化博物館編 新人物往来社 1991.2 256p 20cm〈執筆:森浩一ほか〉 2200円 ①4-404-01802-9
◇古代貴族と地方豪族 野村忠夫著 吉川弘文館 1989.10 247p 20cm 2400円 ①4-642-07281-0
◇大伴氏の伝承―旅人・家持への系譜 菅野雅雄著 桜楓社 1988.10 189p 20cm(びぞん叢書2) 2200円 ①4-

改定新版 日本歴史研究所 1992.11 158p 26cm 6000円

273-02264-8
◇古代の地方豪族 松原弘宣著 吉川弘文館 1988.10 326,6p 20cm 2500円 ①4-642-07277-2
◇エコール・ド・ロイヤル古代日本を考える 9 古代日本の豪族 門脇禎二ほか著 学生社 1987.4 306p 19cm 1800円
◇古代日本の豪族 門脇禎二,直木孝次郎,黛弘道,水野祐,森浩一,吉田晶著 学生社 1987.4 306p 19cm(エコール・ド・ロイヤル 古代日本を考える 9) 1800円
◇蘇我氏と大和王権 加藤謙吉著 吉川弘文館 1983.12 318,10p 20cm(古代史研究選書) 2700円 ①4-642-02152-3
◇古代阿波の氏姓豪族の研究―古代史探求と考古資料集成 序説 橋野義治編著 鳴門 橋野義治 1982.10 82,124p 26cm
◇古代国家と地方豪族 米田雄介著〔東村山〕教育社 1979.6 276p 18cm(教育社歴史新書) 600円
◇物部氏族の研究史料 石上光太郎編著 石上光太郎 1978.4 446p 21cm 非売品
◇物部氏の伝承 畑井弘著 吉川弘文館 1977.11 298,14p 20cm 2300円
◇物部氏族の研究 石上太郎,石上光太郎編 川口 物部・石上探史学会 1971 173p 図 21cm〈謄写版〉 非売

推古天皇　すいこてんのう

　欽明15年(554年)〜推古36年(628年)3月7日　第33代天皇。在位期間は崇峻天皇5年(592年)〜推古36年(628年)。諱は額田部。欽明天皇の第3皇女で、母は大臣蘇我稲目の娘の蘇我堅塩媛。敏達5年(576年)に異母兄の敏達天皇の妃となり、菟道貝蛸皇女・竹田皇子など2男5女を生んだ。敏達の皇后広姫が死んだ後、皇后に立てられたという。敏達14年(585年)に敏達天皇が、用明2年(587年)に同母兄の用明天皇が相次いで崩御。崇峻5年(592年)に崇峻天皇が蘇我馬子の命を受けた東漢直駒に殺されると、群臣に推されて日本初の女帝となった。即位したのは飛鳥の豊浦宮で、後に小治田宮に遷った。推古元年(593年)に甥の聖徳太子を摂政に任じ、大臣蘇我馬子と共に政治の中枢に据え、馬子の死後は蘇我蝦夷を大臣とした。冠位十二階や十七条憲法を制定して体制の確立に努めると共に、遣隋使を派遣して中国との交渉も積極的に行った他、『天皇記』『国記』などの史書を編纂した。また、法興寺(飛鳥寺)や法隆寺(斑鳩寺)などを造営し、仏教を中心とする飛鳥文化の興隆をもたらした。死後、竹田皇子の大野岡上陵に合

葬されたが、後に河内の磯長山田陵に移された。

◇古代史の謎を攻略する 古代・飛鳥時代篇 松尾光著 笠間書院 2009.10 259p 19cm 1500円 ⓘ978-4-305-70492-4
◇女帝誕生─推古天皇の即位と治世 太子町立竹内街道歴史資料館平成19年度企画展図録 太子町（大阪府） 太子町立竹内街道歴史資料館 2007.9 34p 30cm 〈会期・会場：平成19年9月27日～12月2日 太子町立竹内街道歴史資料館 年表あり〉
◇推古朝と聖徳太子 森田悌著 岩田書院 2005.9 236p 19cm 2800円 ⓘ4-87294-391-0
◇女帝推古と聖徳太子 中村修也著 光文社 2004.1 198p 18cm （光文社新書）〈年表あり〉 700円 ⓘ4-334-03233-8
◇暁の女帝推古 小石房子著 作品社 2002.1 225p 18cm （日本の女帝） 800円 ⓘ4-87893-458-1
◇推古朝こそ原帝紀成立期 池田定道著 近代文芸社 1995.5 267p 20cm 2500円 ⓘ4-7733-3593-9

聖徳太子　　しょうとくたいし

　敏達3年（574年）～推古30年（622年）2月22日　飛鳥時代の皇族・政治家。聖徳太子は諡号で、諱は厩戸皇子。別名は豊聡耳皇子、上宮太子、法大王、上宮聖王など。用明天皇の皇子で、母は皇后穴穂部間人皇女。推古天皇の甥に当たる。用明2年（587年）に蘇我馬子の軍に加わって物部守屋を討ったが、その年に四天王に祈念して勝利を得たので、後に四天王寺を建立したという。推古元年（593年）に推古の即位に伴い皇太子となり、摂政として大臣馬子と共に政務を執った。推古11年（603年）に冠位十二階を、推古12年（604年）に十七条憲法を制定するなど国内の制度を整えると共に、推古15年（607年）に小野妹子を遣隋使として派遣して隋との国交を開くなど、留学生や留学僧による大陸文化の導入にも大きな役割を果たした。また、推古28年（620年）に史書『天皇記』『国記』を編纂している。これらの政策により中央集権的官僚国家の基礎を築く一方、深く仏教に帰依し、『三経義疏』を著したほか、前述の四天王寺や自らの住居である斑鳩宮の西方に位置する法隆寺をはじめ中宮寺・橘寺・広隆寺・法起寺・妙安寺の7寺を建立するなど、仏教の興隆に尽くした。死後は河内の磯長の墓地に葬られたが、その墓が大阪府南河内郡太子町の叡福寺境内に現存し、福寺北古墳とも呼ばれる。その生涯は早くから伝説化され、聖徳太子信仰が広く普及、『聖徳太子伝暦』をはじめ数多くの伝記・絵伝が作られた。なお、聖徳太子には山背大兄王をはじめ多くの子女があり上宮王家と呼ばれるが、皇極2年（643年）に蘇我入鹿に滅ぼされた。

◇日本仏教史入門─基礎史料で読む 山折哲雄,大角修編著 角川学芸出版,角川グループパブリッシング〔発売〕 2009.11 398p 19cm （角川選書） 2000円 ⓘ978-4-04-703453-2
◇完本聖徳太子はいなかった─古代日本史の謎を解く 石渡信一郎著 河出書房新社 2009.9 253p 15cm （河出文庫 い21-1）〈並列シリーズ名：Kawade bunko 文献あり〉 760円 ⓘ978-4-309-40980-1
◇聖徳太子の運命学─日本国家創建の理念と魂のメッセージ 北条路山著 広島渓水社・汎書部 2009.5 362p 19cm （けいすい汎書）〈文献あり〉 2000円 ⓘ978-4-86327-060-2
◇聖徳太子絵伝 2 東京国立博物館編 東京国立博物館 2009.3 91p 30cm

◇(法隆寺献納宝物特別調査概報 29（平成20年度））
◇「万葉集」が黙示録する聖徳太子の実像　高山美佐子著　長崎出版　2009.3　277p　19cm　〈文献あり〉　1800円　①978-4-86095-321-8
◇聖徳太子はだれに殺されたのか　関裕二著　ポプラ社　2008.9　228p　19cm　（関裕二〈古代史の謎〉コレクション 3）　1300円　①978-4-591-10486-6
◇法隆寺の名宝と聖徳太子の文化財展　石川県立美術館編　金沢　石川県立美術館　2008.9　131p　30cm　〈会期・会場：平成20年9月20日—10月24日 石川県立美術館　リニューアルオープン記念　年表あり〉
◇鶴林寺と聖徳太子—「聖徳太子絵伝」の美　刀田山鶴林寺編　京都　法蔵館　2008.4　59p　17×19cm　（鶴林寺叢書 2）　1500円　①978-4-8318-2213-0
◇聖徳太子と日本の古代　木村熙著　新生出版　2008.4　208p　19cm　〈文献あり〉　1200円　①978-4-86128-260-7
◇聖徳太子絵伝　1　東京国立博物館編　東京国立博物館　2008.3　86p　30cm　（法隆寺献納宝物特別調査概報 28（平成19年度））
◇聖徳太子の歴史を読む　上田正昭、千田稔共編著　文英堂　2008.2　351p　21cm　〈文献あり　年譜あり〉　2000円　①978-4-578-10089-8
◇大東急記念文庫善本叢刊　中古中世篇 第16巻 聖徳太子伝　築島裕、島津忠夫、井上宗雄、長谷川強、岡崎久司編　築島裕責任編集　大東急記念文庫、汲古書院（製作発売）　2008.1　673, 43p　23cm　〈複製〉　20000円　①978-4-7629-3475-9
◇聖徳太子に学ぶ外交—どうする東アジア　豊田有恒著　祥伝社　2007.11　212p　18cm　（祥伝社新書）　〈年譜あり〉　740円　①978-4-396-11092-5
◇聖徳太子事典　黛弘道、武光誠編　コンパクト版　新人物往来社　2007.10　322p　20cm　〈文献あり　年譜あり〉　4800円　①978-4-404-03494-6
◇聖徳太子伝と合戦譚　松本真輔著　勉誠出版　2007.10　283, 9p　22cm　10000円　①978-4-585-03168-0

◇聖徳太子の寺を歩く—太子ゆかりの三十三ヵ寺めぐり　南谷恵敬監修、林豊著、沖宏治写真　JTBパブリッシング　2007.10　152p　21cm　（楽学ブックス）　1600円　①978-4-533-06871-3
◇夢殿の闇—聖徳太子と消された覇王　小椋一葉著　河出書房新社　2007.9　293p　20cm　2000円　①978-4-309-22468-8
◇聖徳太子に祈る—消された一族の女たち　米陀黎子著　新人物往来社　2007.6　171p　20cm　〈年表あり　文献あり〉　1800円　①978-4-404-03475-5
◇聖徳太子絵伝下貼文書　2　東京国立博物館編　東京国立博物館　2007.3　115p　30cm　（法隆寺献納宝物特別調査概報 27（平成18年度））
◇聖徳太子と飛鳥仏教　曽根正人著　吉川弘文館　2007.3　208p　19cm　（歴史文化ライブラリー 228）　〈文献あり〉　1700円　①978-4-642-05628-1
◇聖徳太子の歴史学—記憶と創造の一四〇〇年　新川登亀男著　講談社　2007.2　238p　19cm　（講談社選書メチエ 382）　〈文献あり〉　1500円　①978-4-06-258382-4
◇聖徳太子—伝説のなかの八尾　平成18年度特別展　八尾市文化財調査研究会編　八尾　八尾市文化財調査研究会　2006.10　40p　30cm　〈会期：平成18年10月7日—11月5日　共同刊行：八尾市立歴史民俗資料館〉
◇悪行の聖者聖徳太子　篠崎紘一著　新人物往来社　2006.9　393p　20cm　1800円　①4-404-03422-9
◇聖徳太子の肖像—たいしとともにあゆむ　太子町町制施行五〇周年記念　太子町立竹内街道歴史資料館平成十八年度企画展図録　太子町（大阪府）　太子町立竹内街道歴史資料館　2006.9　30p　30cm　〈会期・会場：平成18年9月27日—12月3日　太子町立竹内街道歴史資料館〉
◇聖徳太子という巨象の全貌　小丘零二著　大阪、京都　プレアデス出版, 現代数学社（発売）　2006.5　333p　22cm　（千年の鎖国 2）　1600円　①4-7687-0998-2
◇聖徳太子論争　家永三郎, 古田武彦著　新装　新泉社　2006.4　109p　21cm　1400円　①4-7877-0605-5

◇聖徳太子絵伝下貼文書　1　東京国立博物館編　東京国立博物館　2006.3　248p　30cm　（法隆寺献納宝物特別調査概報26（平成17年度））

◇聖徳太子伝集　京都　臨川書店　2006.3　364, 11p　23cm　（真福寺善本叢刊　第2期　第5巻（史伝部1））　8500円　ⓣ4-653-03885-6, 4-653-03880-5

◇聖徳太子の実像に迫る　林春彦著　新人物往来社（発売）　2005.9　225p　20cm　1800円　ⓣ4-404-03273-0

◇推古朝と聖徳太子　森田悌著　岩田書院　2005.9　236p　19cm　2800円　ⓣ4-87294-391-0

◇聖徳太子と国宝法隆寺展　愛媛県美術館, 愛媛新聞社, 兵庫県立歴史博物館, 神戸新聞社編　〔松山〕　愛媛県美術館　2005.8　223p　30cm　〈会期・会場：2005年8月13日—9月19日　愛媛県美術館ほか　共同刊行：愛媛新聞社ほか　年表あり〉

◇聖徳太子の秘密―「聖者伝説」に隠された実像に迫る　関裕二著　PHP研究所　2005.8　251p　15cm　（PHP文庫）〈「鬼の王権・聖徳太子の謎」（日本文芸社1998年刊）の改題　文献あり〉　619円　ⓣ4-569-66436-9

◇古代史の舞台を行く　ビジュアルブックス編集委員会編　神戸　神戸新聞総合出版センター　2005.7　140p　19cm　（ビジュアル・ブックス 7）　1000円　ⓣ4-343-00325-6

◇飛鳥王朝史―聖徳太子と天智・天武の偉業"日本"を創った激動の100年　学習研究社　2005.5　191p　26cm　（歴史群像シリーズ 特別編集）〈文献あり　年表あり〉　1500円　ⓣ4-05-603870-8

◇聖徳太子と日本人―天皇制とともに生まれた〈聖徳太子〉像　大山誠一著　角川書店　2005.4　284p　15cm　（角川文庫）〈風媒社2001年刊の増補　年表あり〉　629円　ⓣ4-04-378201-2

◇中世聖徳太子伝集成　第1-5巻　慶応義塾大学附属研究所斯道文庫編　勉誠出版　2005.4　27cm　（斯道文庫古典叢刊 6）〈複製〉　ⓣ4-585-03128-6

◇上宮聖徳法王帝説―注釈と研究　沖森卓也, 佐藤信, 矢嶋泉著　吉川弘文館　2005.3　205p　22cm　〈文献あり〉　6500円　ⓣ4-642-02436-0

◇聖徳太子と法隆寺の謎―交差する飛鳥時代と奈良時代　倉西裕子著　平凡社　2005.2　274p　20cm　2200円　ⓣ4-582-46906-X

◇聖徳太子と四天王寺　滝藤尊教監修, 山本和子文, 山越武画　善文社　2005.1　45p　17×17cm　（歴史絵本）　1000円　ⓣ4-7939-0429-7

◇聖徳太子―和国の教主　本郷真紹編　吉川弘文館　2004.11　209p　20cm　（日本の名僧 1）〈肖像あり　文献あり　年譜あり〉　2600円　ⓣ4-642-07845-2

◇以都久之幾乃利と末川利古登―憲法と祭祀政治　野沢政直著　明徳出版社　2004.10　302p　22cm　〈「聖徳太子五憲法」の複製を含む〉　2500円　ⓣ4-89619-170-6

◇捏造された聖徳太子神話―聖徳太子は実在しなかった　佐治芳彦著　日本文芸社　2004.10　229p　19cm　1200円　ⓣ4-537-25234-0

◇聖徳太子虚構説を排す　田中英道著　PHP研究所　2004.9　205p　18cm　1200円　ⓣ4-569-63827-9

◇禁書聖徳太子五憲法　野沢政直著　新装版　新人物往来社　2004.8　279p　22cm　〈複製を含む　年譜あり〉　1500円　ⓣ4-404-03213-7

◇聖徳太子の虚像―道後来湯説の真実　合田洋一著　松山　創風社出版　2004.7　202p　19cm　〈折り込1枚　年表あり　文献あり〉　1700円　ⓣ4-86037-041-4

◇聖徳太子の仏法　佐藤正英著　講談社　2004.6　242p　18cm　（講談社現代新書）　720円　ⓣ4-06-149722-7

◇聖徳太子はいなかった　谷沢永一著　新潮社　2004.4　222p　18cm　（新潮新書）　700円　ⓣ4-10-610062-2

◇聖徳太子と仏教伝来　三田村信行文　フレーベル館　2004.1　48p　27cm　（あるいて知ろう！歴史にんげん物語 1）〈年譜あり〉　2900円　ⓣ4-577-02785-2

◇女帝推古と聖徳太子　中村修也著　光文社　2004.1　198p　18cm　（光文社新書）〈年表あり〉　700円　ⓣ4-334-03233-8

◇仏教を歩く　no.13　聖徳太子　朝日新聞社　2004.1　32p　30cm　（週刊朝日百科）　533円

◇聖徳太子の真実　大山誠一編　平凡社　2003.11　446p　20cm　〈年表あり〉　2800円　⑪4-582-46904-3

◇聖徳太子——日出ずる国に理想を　酒寄雅志監修,小西聖一著　理論社　2003.10　105p　25cm　（NHKにんげん日本史）〈年表あり〉　1800円　⑪4-652-01464-3

◇聖徳太子伝説——斑鳩の正体　和田萃編　作品社　2003.7　254p　19cm　（史話日本の古代　第5巻）〈文献あり〉　1600円　⑪4-87893-534-0

◇梅原猛著作集　2　聖徳太子　下　梅原猛著　小学館　2003.4　829p　20cm　〈付属資料：8p：月報 16　年表あり〉　5300円　⑪4-09-677102-3

◇聖徳太子　南谷恵敬監修　ポプラ社　2003.4　79p　27cm　（徹底大研究日本の歴史人物シリーズ 1）〈年譜あり〉　2850円　⑪4-591-07550-8, 4-591-99489-9

◇梅原猛著作集　1　聖徳太子　上　梅原猛著　小学館　2003.2　766p　20cm　〈付属資料：8p：月報 15〉　4800円　⑪4-09-677101-5

◇聖伝の構造に関する宗教学的研究——聖徳太子伝を中心に　宮本要太郎著　岡山大学教育出版　2003.2　220p　22cm　〈年表あり　文献あり〉　5000円　⑪4-88730-511-7

◇聖徳太子と東アジア世界　川勝守著　吉川弘文館　2002.12　221p　20cm　〈年表あり　文献あり〉　2500円　⑪4-642-07792-8

◇聖徳太子の謎　関裕二著　学習研究社　2002.10　318p　15cm　（学研M文庫）　620円　⑪4-05-901148-7

◇聖徳太子——この国の原郷　立松和平著　日本放送出版協会　2002.4　273p　20cm　〈肖像あり〉　1600円　⑪4-14-080670-2

◇世界史上の聖徳太子——東洋の愛と智慧　上原和著　日本放送出版協会　2002.2　269p　19cm　（NHKブックス）　1020円　⑪4-14-001936-0

◇聖徳太子　吉村武彦著　岩波書店　2002.1　190, 4p　18cm　（岩波新書）〈年表あり〉　740円　⑪4-00-430769-4

◇聖徳太子の実像と幻像　梅原猛ほか著　大和書房　2002.1　397p　20cm　3400円　⑪4-479-84059-1

◇厩戸皇子読本　藤巻一保著　原書房　2001.12　312p　21cm　〈年譜あり〉　1500円　⑪4-562-03453-X

◇聖徳太子信仰への旅　NHK「聖徳太子」プロジェクト著　日本放送出版協会　2001.11　205p　22cm　1800円　⑪4-14-080645-1

◇聖徳太子の寺を歩く——太子ゆかりの三十三ヵ寺めぐり　南谷恵敬監修, 林豊著, 沖宏治写真　JTB　2001.11　152p　21cm　（JTBキャンブックス）　1600円　⑪4-533-04021-7

◇聖徳太子展　東京都美術館ほか編　NHK　2001.10　308p　30cm　〈他言語標題：The Prince Shotoku exhibition　会期・会場：2001年10月20日—12月16日　東京都美術館ほか　共同刊行：NHKプロモーション〉

◇上宮聖徳法王帝説の研究　家永三郎著　増訂版　比較文化研究所　2001.7　514p　22cm　〈東京　名著刊行会（発売）〉　13000円　⑪4-8390-0313-0

◇聖徳太子と斑鳩　千田稔著　学習研究社　2001.6　306p　15cm　（学研M文庫）〈「鬼神への鎮魂歌」（1990年刊）の増訂〉　620円　⑪4-05-901047-2

◇聖徳太子と日本人　大山誠一著　名古屋風媒社　2001.5　249p　20cm　〈年表あり〉　1700円　⑪4-8331-0520-9

◇聖徳太子の遺跡——斑鳩宮造営千四百年　橿原　奈良県立橿原考古学研究所附属博物館　2001.4　61p　30cm　（橿原考古学研究所附属博物館特別展図録第55冊）〈春季特別展：平成13年4月21日—6月10日〉

◇聖徳太子絵伝が語るもの——聖徳太子のものがたり　飯田市美術博物館編　飯田　飯田市美術博物館　〔2001〕　96p　28cm　〈特別展：平成13年10月6日—11月4日　文献あり〉

◇聖徳太子はなぜ天皇になれなかったのか　遠山美都男著　角川書店　2000.10　249p　15cm　（角川文庫）〈大和書房1995年刊の増訂〉　819円　⑪4-04-355101-0

◇「日出づる処の天子」は謀略か——東アジ

アと聖徳太子　黒岩重吾著　集英社　2000.2　190p　18cm　（集英社新書）　640円　Ⓓ4-08-720017-5

◇聖徳太子伝の研究　飯田瑞穂著　吉川弘文館　2000.1　477p　22cm　（飯田瑞穂著作集1）〈肖像あり〉　15000円　Ⓓ4-642-02295-3

◇聖徳太子は蘇我入鹿である　関裕二著　ベストセラーズ　1999.11　285p　15cm　（ワニ文庫）　552円　Ⓓ4-584-39111-4

◇太子信仰　蒲池勢至編　雄山閣出版　1999.10　353p　22cm　（民衆宗教史叢書　第32巻）　5800円　Ⓓ4-639-01622-0, 4-639-00211-4

◇聖徳太子の伝承―イメージの再生と信仰　藤井由紀子著　吉川弘文館　1999.8　215p　20cm　2300円　Ⓓ4-642-07759-6

◇聖徳太子と日本人の宗教心　古田紹欽著　春秋社　1999.5　204p　20cm　2000円　Ⓓ4-393-11901-0

◇〈聖徳太子〉の誕生　大山誠一著　吉川弘文館　1999.5　205p　19cm　（歴史文化ライブラリー 65）〈年表あり〉　1700円　Ⓓ4-642-05465-0

◇伝承文学資料集成　第1輯　聖徳太子伝記　牧野和夫編著　三弥井書店　1999.5　334p　22cm　8500円　Ⓓ4-8382-3052-4

◇聖徳太子に学べ　小林弥六著　ごま書房　1999.3　213p　20cm　1400円　Ⓓ4-341-17189-5

◇以和為貴（和を以て貴しと為す）―聖徳太子の信仰と思想　滝藤尊教著　善本社　1998.10　262p　19cm　1500円　Ⓓ4-7939-0384-3

◇中村元選集―決定版　別巻6　聖徳太子―日本の思想2　中村元著　春秋社　1998.7　355, 11p　20cm　4700円　Ⓓ4-393-31238-4

◇日本国誕生と聖徳太子　保坂俊三著　中央公論事業出版（製作）　1998.4　199p　20cm　〈東京　丸ノ内出版（発売）〉　1800円　Ⓓ4-89514-135-7

◇現代に生きる聖徳太子　森田禅朗, 吉田英哲監修　世界聖典刊行協会　1998.3　404p　22cm　2800円　Ⓓ4-88110-092-0

◇聖徳太子事典　石田尚豊編集代表　柏書房　1997.11　492, 65p　22cm　〈折り込み1枚〉　9800円　Ⓓ4-7601-1540-4

◇太子信仰と北陸―聖徳太子へのあこがれ　石川県立歴史博物館編　金沢　石川県立歴史博物館　1997.10　95p　30cm　〈会期：平成9年10月18日―11月16日〉

◇上宮聖徳法王帝説　再版　勉誠社　1997.5　141, 7p　21cm　〈複製〉　2000円　Ⓓ4-585-00085-2

◇聖徳太子伝―太子信仰の世界　太子町立竹内街道歴史資料館編　太子町（大阪府）　太子町立竹内街道歴史資料館　1996.10　55p　26cm　（企画展解説書　平成8年度）〈町制40周年記念　聖徳太子の肖像あり　会期：平成8年10月1日～12月8日〉

◇聖徳太子の研究―その仏教と政治思想　大野達之助著　吉川弘文館　1996.10　346, 6p　21cm　5665円　Ⓓ4-642-02042-X

◇聖徳太子信仰の美術　大阪　東方出版　1996.1　343p　37cm　〈四天王寺開創1400年記念出版　監修：大阪市立美術館　おもに図〉　60000円　Ⓓ4-88591-447-7

◇書き下し『聖徳太子伝暦』奥田清明書き下し　世界聖典刊行協会　1995.11　162p　22cm　〈監修：吉田英哲, 奥田清明〉　2300円　Ⓓ4-88110-086-6

◇聖徳太子―物語と史蹟をたずねて　徳永真一郎著　成美堂出版　1995.10　312p　15cm　（成美文庫）〈1975年刊の増訂　聖徳太子の肖像あり〉　560円　Ⓓ4-415-06427-2

◇聖徳太子とその時代　下　鈴木靖民, 遠山美都男著　日本放送出版協会　1995.7　181p　21cm　（NHKシリーズ）〈放送期間：1995年7月―9月〉　777円

◇聖徳太子と鉄の王朝―高句麗からよみとく飛鳥　上垣外憲一著　角川書店　1995.6　242p　19cm　（角川選書）　1300円　Ⓓ4-04-703263-8

◇聖徳太子とその時代　上　鈴木靖民, 遠山美都男著　日本放送出版協会　1995.4　156p　21cm　（NHKシリーズ）〈放送期間：1995年4月―6月〉　777円

◇聖徳太子はなぜ天皇になれなかったのか―厩戸皇子と蘇我氏四代の謎　遠山美都男著　大和書房　1995.3　214p　19cm　1700円　Ⓓ4-479-84033-8

◇中国における聖徳太子　王勇述　京都　国際日本文化研究センター　1994.11

飛鳥時代

29p　21cm　〈日文研フォーラム　第45回〉〈他言語標題：Chinese images of Shotoku Taishi　会期・会場：1992年9月8日　国際交流基金京都支部〉

◇聖徳太子はなぜ天皇になれなかったのか―古代王族・闇の世界を推理する　豊田有恒著　PHP研究所　1994.10　220p　18cm　（PHP business library）　850円　①4-569-54464-9

◇いま、甦る聖徳太子―御廟・叡福寺とともに　堺屋太一ほか著　大阪　出版文化社　1994.5　119p　22cm　〈関係文献：p118〉　1200円　①4-88338-100-5

◇わが回想の聖徳太子　上原和著　中央公論社　1994.5　230p　16cm　（中公文庫）〈『斑鳩の塔に雲流れて』（主婦の友社1979年刊）の改題〉　540円　①4-12-202099-9

◇聖徳太子の祈りと野望―ニギハヤヒへの決別　小椋一葉著　ベストセラーズ　1994.4　205p　19cm　（Wani-selection）　1200円　①4-584-19501-3

◇正法輪蔵―金沢大学附属図書館暁烏文庫蔵　山本一編　大阪　和泉書院　1994.4　99p　21cm　（和泉書院影印叢刊 83）　2575円　①4-87088-659-6

◇聖徳太子―変革の理念に生きた生涯　武光誠著　社会思想社　1994.1　246p　15cm　（現代教養文庫 1487）〈同成社1984年の増訂〉　560円　①4-390-11487-5

◇信仰の王権聖徳太子―太子像をよみとく　武田佐知子著　中央公論社　1993.12　203p　18cm　（中公新書）〈聖徳太子の肖像あり〉　720円　①4-12-101165-1

◇聖徳太子の正体　小林恵子著　文芸春秋　1993.11　237p　16cm　（文春文庫）　400円　①4-16-755501-8

◇聖徳太子　4　梅原猛著　集英社　1993.10　623p　16cm　（集英社文庫）　960円　①4-08-748091-7

◇聖徳太子と東アジア　上田正昭述、亀岡市、亀岡市教育委員会編　亀岡　亀岡市　1993.10　51,9p　19cm　（亀岡生涯学習市民大学　平成4年度）〈共同刊行：亀岡市教育委員会　著者の肖像あり〉

◇聖徳太子の時代―変革と国際化のなかで　橿原　奈良県立橿原考古学研究所附属博物館　1993.10　78p　30cm　（特別展図録 第42冊）〈会期：1993年10月23日～11月28日〉

◇聖徳太子はだれに殺されたのか　関裕二著　学習研究社　1993.10　233p　18cm　（歴史群像新書）　780円　①4-05-400206-4

◇聖徳太子　3　梅原猛著　集英社　1993.8　412p　16cm　（集英社文庫）　680円　①4-08-748068-2

◇ふたりの聖徳太子―七世紀〈王権〉構造の解明へ向けて　関口昌春著　白順社　1993.8　301p　19cm　2575円　①4-8344-0030-1

◇聖徳太子　2　梅原猛著　集英社　1993.6　543p　16cm　（集英社文庫）　780円　①4-08-748043-7

◇太子の顔―聖徳太子その真実の正体　小林恵子ほか著　ベストセラーズ　1993.5　247p　16cm　（ワニ文庫）　580円　①4-584-37003-6

◇人間聖徳太子　前田恵学, 引田弘道著　講談社　1993.5　244p　18cm　（こんな生き方）　1300円　①4-06-193051-6

◇聖徳太子　1　梅原猛著　集英社　1993.4　409p　16cm　（集英社文庫）　680円　①4-08-748023-2

◇聖徳太子の陰謀―日本史を支配する巨大勢力の影　佐治芳彦著　日本文芸社　1993.3　230p　18cm　（Rakuda books）　780円　①4-537-02344-9

◇聖徳太子はいなかった―古代日本史の謎を解く　石渡信一郎著　三一書房　1992.12　243p　18cm　（三一新書）　800円　①4-380-92017-8

◇四天王寺の宝物と聖徳太子信仰　「四天王寺の宝物と聖徳太子信仰」展実行委員会編　〔大阪〕　「四天王寺の宝物と聖徳太子信仰」展実行委員会　1992.10　212p　30cm　〈開創1400年記念　会期・会場：1992年10月～11月8日　大阪市立美術館ほか〉

◇斑鳩の白い道のうえに―聖徳太子論　上原和著　講談社　1992.5　374p　15cm　（講談社学術文庫）　1000円　①4-06-159023-5

◇聖徳太子の悲劇―なぜ天皇になれなかったのか？　豊田有恒著　祥伝社　1992.4

224p 18cm （ノン・ブック） 750円 ⓘ4-396-10323-9

◇聖徳太子七つの謎　新人物往来社編　新人物往来社　1991.7　212p　20cm　2000円　ⓘ4-404-01827-4

◇聖徳太子事典　黛弘道,武光誠編　新人物往来社　1991.4　321p　22cm　9800円　ⓘ4-404-01803-7

◇聖徳太子は蘇我入鹿である　関裕二著　フットワーク出版　1991.4　269p　19cm　1600円　ⓘ4-87689-046-3

◇聖徳太子の正体—英雄は海を渡ってやってきた　小林恵子著　文芸春秋　1990.10　219p　20cm　1300円　ⓘ4-16-344720-2

◇禁書聖徳太子五憲法　野沢政直著　新人物往来社　1990.6　279p　22cm　3200円　ⓘ4-404-01729-4

◇聖徳太子　上　梅原猛著　新版　小学館　1989.11　764p　20cm　〈聖徳太子の肖像あり〉　2450円　ⓘ4-09-382011-2

◇聖徳太子　下　梅原猛著　新版　小学館　1989.11　842p　20cm　2450円　ⓘ4-09-382012-0

◇聖徳太子論争　家永三郎,古田武彦著,市民の古代研究会編　新泉社　1989.10　109p　21cm　（市民の古代別冊1）　865円

◇坂本太郎著作集　第9巻　聖徳太子と菅原道真　坂本太郎著作集編集委員会編　吉川弘文館　1989.4　453,16p　22cm　6000円　ⓘ4-642-02224-4

◇聖徳太子のすべて　武光誠,前之園亮一編　新人物往来社　1988.11　274p　20cm　〈聖徳太子の肖像あり〉　2000円　ⓘ4-404-01565-8

◇聖徳太子の世界　奈良国立文化財研究所飛鳥資料館編　明日香村（奈良県）　奈良国立文化財研究所飛鳥資料館　1988.10　57p　図版7枚　30cm　（飛鳥資料館図録第20册）　〈聖徳太子の肖像あり〉

◇聖徳太子全集　京都　臨川書店　1988.5　4冊　22cm　〈監修：聖徳太子奉讃会　竜吟社昭和17年～19年刊の複製　聖徳太子の肖像あり〉　全30000円　ⓘ4-653-01725-5

◇孤高の革命児聖徳太子　志茂田景樹著　世界文化社　1987.12　220p　19cm　（Bigmanビジネス・ブックス）　〈聖徳太子の肖像あり〉　1300円　ⓘ4-418-87613-8

◇福井康順著作集　第4巻　日本上代思想研究　京都　法蔵館　1987.4　415p　22cm　9500円　ⓘ4-8318-3554-4

◇聖徳太子—再建法隆寺の謎　上原和著　講談社　1987.3　215p　15cm　（講談社学術文庫）　580円　ⓘ4-06-158782-X

◇聖徳太子の生涯　細川行信著　京都　法蔵館　1986.11　70p　21cm　500円　ⓘ4-8318-2303-1

◇聖徳太子のこころ　金治勇著　大蔵出版　1986.10　249p　19cm　（日本仏教のこころ）　1500円　ⓘ4-8043-5701-7

◇海外視点・日本の歴史　3　聖徳太子と飛鳥仏教　土田直鎮,黛弘道編　ぎょうせい　1986.9　163p　27cm　〈監修：土田直鎮ほか　編集：日本アート・センター〉　2800円　ⓘ4-324-00257-6

◇東大寺図書館蔵文明十六年書写『聖徳太子伝暦』影印と研究　日中文化交流史研究会編　桜楓社　1985.12　485p　22cm　48000円　ⓘ4-273-02031-9

◇聖徳太子　4　理想家の孤独　梅原猛著　小学館　1985.11　526p　20cm　2000円　ⓘ4-09-382004-X

◇聖徳太子暗殺論—農耕民族と騎馬民族の相克　高野勉著　光風社出版　1985.11　260p　19cm　1000円

◇日本仏教宗史論集　第1巻　聖徳太子と飛鳥仏教　田村円澄,川岸宏教編　吉川弘文館　1985.10　482p　22cm　5800円　ⓘ4-642-06741-8

◇高僧伝　2　聖徳太子—和を以てなす　松原泰道,平川彰編　花山勝友著　集英社　1985.8　267p　20cm　〈編集：創美社　聖徳太子の肖像あり　聖徳太子略年譜・日本仏教史略年表・参考書：p255～267〉　1400円　ⓘ4-08-187002-0

◇聖徳太子　坂本太郎著　吉川弘文館　1985.6　235p　19cm　（人物叢書　新装版）　〈新装版　聖徳太子の肖像あり　叢書の編者：日本歴史学会〉　1400円　ⓘ4-642-05001-9

◇斑鳩の白い道のうえに　上原和著　朝日新聞社　1984.11　372p　15cm　（朝日文庫）　480円　ⓘ4-02-260297-X

飛鳥時代

◇皇太子聖徳奉讃七十五首の考察　山崎慶輝著　京都　永田文昌堂　1984.11　157p　22cm　1800円

◇聖徳太子—日本思想の源流　武光誠著　同成社　1984.8　228p　20cm　1600円　①4-88621-020-1

◇日本仏教の心　11　聖徳太子と大安寺　日本仏教研究所編　河野清晃著　ぎょうせい　1984.5　204p　29cm　〈付属資料（録音カセット1巻）：大安寺貫主河野清晃法話．「竹供養」法要．遍路会　箱入〉　5000円

◇日本仏教の心　1　聖徳太子と法隆寺　日本仏教研究所編　間中定泉著　ぎょうせい　1984.3　181p　29cm　〈付属資料（録音カセット1巻）：法隆寺前管主間中定泉法話．太子講式．法隆寺お会式法要　箱入〉　5000円

◇聖徳太子信仰の成立　田中嗣人著　吉川弘文館　1983.12　288,10p　20cm　（古代史研究選書）　2500円　①4-642-02151-5

◇日本仏教の心　10　聖徳太子と叡福寺　日本仏教研究所編　近藤本昇著　ぎょうせい　1983.5　182p　29cm　〈聖徳太子の肖像あり　付属資料（録音カセット1巻）：叡福寺管主近藤本昇法話「老人の生きがい」・大乗会法要・続大乗会法要　箱入〉　5000円

◇聖徳太子　3　東アジアの嵐の中で　梅原猛著　小学館　1982.9　347p　20cm　1400円

◇聖徳太子—政治家として　松下正寿著　ライフ出版　1982.3　245p　20cm　〈聖徳太子の肖像あり〉　2400円　①4-947522-03-8

◇日本仏教の心　2　聖徳太子と四天王寺　日本仏教研究所編　出口常順著　ぎょうせい　1981.12　212p　29cm　〈聖徳太子の肖像あり　付属資料（録音カセット1巻）：和宗総本山四天王寺管長出口常順法話．聖徳太子忌曼供法要　箱入〉　5000円

◇上宮聖徳法王帝説　中田祝夫編　勉誠社　1981.4　141,7p　21cm　（勉誠社文庫85）　1500円

◇聖徳太子　2　憲法十七条　梅原猛著　小学館　1981.2　436p　20cm　〈聖徳太子の肖像あり〉　1400円

◇聖徳太子伝古今目録抄　荻野三七彦編著　名著出版　1980.11　1冊　27cm　〈法隆寺昭和12年刊の複製　限定版〉

◇聖徳太子伝古今目録抄の基礎的研究　荻野三七彦編著　名著出版　1980.11　97p　図版16枚　27cm　〈法隆寺昭和12年刊の複製　折り込図1枚　限定版〉

◇聖徳太子信仰　金治勇著　増補版　春秋社　1980.10　375p　19cm　1800円

◇上宮聖徳太子伝補闕記の研究　新川登亀男著　吉川弘文館　1980.9　339p　22cm　（戊午叢書）　2400円

◇聖徳太子　1　仏教の勝利　梅原猛著　小学館　1980.3　358p　20cm　1200円

◇太子信仰の研究　林幹弥著　吉川弘文館　1980.2　493,21p　22cm　5600円

◇聖徳太子　坂本太郎著　吉川弘文館　1979.12　235p　18cm　（人物叢書178）〈叢書の編者：日本歴史学会〉　1000円

◇聖徳太子鑽仰　総本山四天王寺勧学院『聖徳太子鑽仰』編集委員会編　大阪　総本山四天王寺　1979.10　662p　図版10枚　19cm　〈付（別冊8p 15cm）：聖徳太子憲法十七条〉　非売品

◇聖徳太子新論　岡田文秀著　岡田文秀　1979.10　435p　22cm　〈付（図6枚）〉　3500円

◇斑鳩の塔に雲流れて—わが回想の聖徳太子　上原和著　主婦の友社　1979.3　183p　19cm　（Tomo選書）　780円

◇聖徳太子信仰　金治勇著　春秋社　1979.3　351p　19cm　1500円

◇太子伝玉林抄　法隆寺蔵尊英本　訓海著，法隆寺編　吉川弘文館　1978.3　3冊　22cm　〈本文は写本の複製〉　全70000円

◇斑鳩の白い道の上に—聖徳太子論　上原和著　朝日新聞社　1978.2　303p　19cm　（朝日選書103）　720円

◇聖徳太子五憲法釈義　石田一鼎著述〔与野〕〔中島信三〕　1978.1　1冊（頁付なし）　27cm　〈昭和29年写本の複製〉

◇聖徳太子　白石重著　動向社　1977.10　409p　22cm　5000円

◇聖徳太子伝　藤原猶雪編　京都　臨川書店　1977.10　2冊　22cm　〈竜吟社昭和17〜19年刊『聖徳太子全集』第3〜4巻の

◇聖徳太子論纂　平安考古会編　日本図書センター　1976.11　410p　図版6枚　22cm　〈大正10年刊の複製 折り込図1枚〉　7000円

◇聖徳太子尊像聚成　石田茂作著　講談社　1976　2冊（図版編共）　35cm　〈限定版〉　全56000円

◇聖徳太子の榜示石　谷岡武雄著　学生社　1976　233p　図　19cm　1200円

◇法華弘通之大士―観世音菩薩 聖徳太子真蹟解説　望月一憲著　第一書房　1976　44p（図共）　21cm　〈奥付の書名：聖徳太子「法華弘通之大士」解説〉　880円

◇斑鳩の白い道のうえに―聖徳太子論　上原和著　朝日新聞社　1975　303p　図　20cm　1400円

◇聖徳太子―物語と史蹟をたずねて　徳永真一郎著　成美堂出版　1975　224p　19cm　700円

◇聖徳太子―特に和の憲法を中心として　里見岸雄著　武蔵野　里見日本文化学研究所　1974　72p　22cm　〈里見日本文化学研究所創立五十年記念〉　300円

◇聖徳太子と日本文化　四天王寺編　春秋社　1974　270p　図　肖像　19cm　〈著作権者：総本山四天王寺,毎日新聞社〉　1000円

◇聖徳太子の思想の現代的意義　野淵蜀江著　高槻　野淵忠雄　1974　52p　26cm　1000円

◇聖徳太子和讃　金治勇注解　大阪　聖徳太子会　1974　126p　図　19cm　750円

◇親鸞聖人の聖徳太子奉讃　白井成允述　大阪　聖徳太子会　1973　138p　18cm　500円

◇聖徳太子伝記集　高槻　古典刊行会　1972　1冊　22cm　〈『大日本仏教全書』所収本の複製〉

◇聖徳太子と聖徳太子信仰　小倉豊文著　増訂　京都　綜芸舎　1972　126,74p　図　22cm　1800円

◇太子信仰―その発生と発展　林幹弥著　評論社　1972　280p　肖像　19cm　（日本人の行動と思想 13）　790円

◇聖徳太子と親鸞聖人　金子大栄著　大阪　聖徳太子会　1971　255p　19cm　700円

◇聖徳太子の理想と実践　望月一憲著　大阪　聖徳太子会　東京　山喜房仏書林（発売）　1971　303p　19cm　950円

◇聖徳太子論攷　長沼賢海著　京都　平楽寺書店　1971　482,26p　図16枚　22cm　4500円

◇聖徳太子論集　聖徳太子研究会編　京都　平楽寺書店　1971　728p　22cm　6500円

◇聖徳太子の研究―その仏教と政治思想　大野達之助著　吉川弘文館　1970　329,6p　図版　22cm　2000円

◇奉賛聖徳太子　大西良慶著　京都　北法相宗宗務所　1970　212p　図　肖像　18cm

◇いかるがの心―法隆寺と聖徳太子　寺尾勇著　大阪　創元社　1969　280p　図版　19cm　680円

◇聖徳太子　上原和著　三彩社　1969　92p　図版17枚　22cm　（東洋美術選書）　〈参考文献：p.88-92〉　580円

◇聖徳太子絵伝　奈良国立博物館編　奈良　奈良国立博物館　1969　340p（図版共）　35cm　〈昭和40年4月24日から5月23日にわたり、奈良国立博物館において催された特別展「聖徳太子絵伝」展の図録に、いくつかの作品を加えて収録したもの〉

◇聖徳太子　亀井勝一郎著　日本ソノサービスセンター　1968　288p　図版　19cm　（歴史文庫 5）　480円

◇人間太子　岩本月洲著　大阪　聖徳太子会　1968　142p　19cm　（聖徳太子会シリーズ 6）　250円

◇人間聖徳太子　富士宮瓊光著　京都　白川書院　1967　319p　19cm　420円

◇皇太子聖徳奉讃　其の2　佐藤得聞著　和歌山　和歌山人華会　1966　55p　22cm　非売

◇皇太子聖徳奉讃　其の3　佐藤得聞著　和歌山　和歌山人華会　1966　64p　22cm　非売

◇聖徳太子の信仰思想と日本文化創業　黒上正一郎著　国民文化研究会　1966　294p　図版　22cm　〈昭和5-10年（第一高等学校昭信会版）の復刊本〉　非売

◇皇太子聖徳奉讃　其の1　佐藤得聞著　和歌山　和歌山人華会　1965　60p　22cm

◇聖徳太子絵伝―春の特別展　〔奈良〕奈良国立博物館　〔1965〕　1冊（おもに図版）　26cm　〈1965.4.24-5.23〉
◇聖徳太子―斑鳩宮の争い　田村円澄著　中央公論社　1964　193p　図版　18cm　（中公新書）
◇聖徳太子研究　日本仏教学会編　京都　平楽寺書店　1964　309p　図版　22cm
◇聖徳太子と聖徳太子信仰　小倉豊文著　京都　綜芸舎　1963　135p　図版　19cm
◇流転と常住　金治勇著　大阪　聖徳太子会　1963　129p　19cm　（聖徳太子会シリーズ　2）
◇聖徳太子―日本的自覚への道標　竹内大真著　清山房　1962　207p　図版　18cm
◇聖徳太子教学の研究　金治勇著　大阪　聖徳太子会　1962　634p　22cm
◇聖徳太子記　翠田邦志著　富山　中越印刷製紙（印刷者）　1961　269p　図版　19cm　〈表紙, 奥付の書名は「久遠の光」〉
◇「現代人の見たる聖徳太子」集成　来馬琢道編著　太子運動十周年記念行事委員会　1960　1冊　22cm　〈浩宮徳仁親王御誕生慶祝, 聖徳太子祭・第2回紙幣供養の会記事　太子十七条憲法制定一千三百五十年　太子運動十周年記念行事（昭和35年），「宗教公論」現代人の観る聖徳太子特集, 續集（昭和30年刊）の合綴〉
◇聖徳太子　亀井勝一郎著　改訂写真版　東京創元社　1959　210p　図版72p　19cm　（創元選書）
◇聖徳太子伝　白鳥金次郎著　静岡　聖徳太子伝刊行会　1959　181p　図版　19cm
◇聖徳太子の生涯と思想　金治勇著　京都　百華苑　1958　237p　19cm
◇聖徳太子論　望月健夫著　新教育研究会　1958　21, 22, 13p　図版　26cm　〈巻末に英文要旨を付す〉
◇聖徳太子　亀井勝一郎著　角川書店　1957　228p　18cm　（角川新書）
◇聖徳太子―その生涯と思想　喜多川忠一著　好学社　1956　304p　図版　22cm
◇聖徳太子と馬子の史実―十七条憲法制定一千三百五十年記念出版　浅野素弘著　聖徳太子会　1954　259p（図版共）

19cm

蘇我　馬子
そがの　うまこ

？～推古34年（626年）5月20日

　飛鳥時代の豪族・政治家。別名は嶋大臣。蘇我稲目の子。敏達元年（572年）に大臣となる。仏教を擁護する立場をとり、仏教受容をはじめ朝鮮問題や皇位継承問題で物部守屋と対立、用明2年（587年）に聖徳太子と共に守屋を滅ぼして崇峻天皇を擁立した。後に崇峻と対立し、崇峻5年（592年）に東漢駒に崇峻を暗殺させ、推古天皇を即位させると共に聖徳太子を摂政とした。敏達・用明・崇峻・推古の四朝にわたり大臣を務め、この間に新羅出兵や遣隋使派遣を行ったほか、日本最初の史書とされる『天皇記』『国記』などを撰録し、法興寺（飛鳥寺）を建立した。奈良県明日香村の石舞台古墳は、馬子を葬った桃原墓であるとされる。

　　　　＊　　＊　　＊

◇馬子の墓=誰が石舞台古墳を暴いたのか　林順治著　彩流社　2001.3　581, 11p　20cm　3800円　①4-88202-703-8
◇黒幕たちの謀略・日本史―政変に暗躍する男たちの野望　森川哲郎著　日本文芸社　1994.8　254p　15cm　（にちぶん文庫）　480円　①4-537-06256-8
◇原始～奈良、平安　歴史教育者協議会編　岩崎書店　1994.4　87p　26cm　（人物でたどる日本の歴史 1）　2500円　①4-265-04631-2
◇蘇我馬子は天皇だった　石渡信一郎著　三一書房　1991.6　262p　19cm　2100円　①4-380-91215-9

冠位十二階・十七条憲法
かんいじゅうにかい・じゅうしちじょうけんぽう

　冠位十二階は推古11年（603年）に聖徳太子が制定した、日本最初の冠位制度。徳・仁・礼・信・義・智をそれぞれ大小に分けて十二階とし、冠は紫・青・赤・黄・白・黒の六色とし、大小を色の濃淡で区別した。政治的地位の世襲を打破するため、個人の能力にもとづいて位階を授与し、また昇進させようとしたもの。幾度かの改定を経て、律令制では位階制に移行した。十七条憲法は推古12年（604年）に聖徳太子が制定したと伝えられる、日本最初の成文法。仏教・儒教の

思想を基調とし、法家・道教の影響もみられる。和の精神を基に、豪族・官人の道徳規範などを説いた訓戒で、天皇中心の秩序を確立する意図がみられる。

　　　　　＊　　　＊　　　＊

◇日本人なら一度は読んでおきたい「十七条憲法」　永崎淡泉著　茨木　編集工房ながさき　2009.6　191p　18cm　〈「「憲法十七条」の活学」(2007年刊)の改訂　年表あり　文献あり〉　500円

◇味読精読十七条憲法　加藤咄堂著　書肆心水　2009.6　155p　22cm　2300円　①978-4-902854-60-2

◇「憲法十七条」の活学―凡夫の思想と活学　永崎淡泉著　新風舎　2007.7　290p　19cm　〈文献あり〉　1860円　①978-4-289-02164-2

◇法華義疏(抄)・十七条憲法　聖徳太子著, 瀧藤尊教, 田村晃祐, 早島鏡正訳　中央公論新社　2007.5　187p　18cm　(中公クラシックス J33)　〈年譜あり〉　1300円　①978-4-12-160096-7

◇禁書聖徳太子五憲法　野沢政直著　新装版　新人物往来社　2004.8　279p　22cm　〈複製を含む　年譜あり〉　1500円　①4-404-03213-7

◇聖徳太子『十七条憲法』を読む―日本の理想　岡野守也著　大法輪閣　2003.10　234p　20cm　〈年譜あり〉　2000円　①4-8046-1200-9

◇聖徳太子と日本人の宗教心　古田紹欽著　春秋社　1999.5　204p　20cm　2000円　①4-393-11901-0

◇以和為貴(和を以て貴しと為す)―聖徳太子の信仰と思想　瀧藤尊教著　善本社　1998.10　262p　19cm　1500円　①4-7939-0384-3

◇聖徳太子憲法は生きている　三波春夫著　小学館　1998.9　317p　15cm　(小学館文庫)　552円　①4-09-402621-5

◇聖徳太子十七条憲法　奈良　大安寺国際仏教文化研究所　1998.8　8, 27p　26cm　〈他言語標題：La costituzione dei diciassette articoli di Shotoku Taishi　イタリア語併記　和装〉

◇板刻・聖徳太子十七条憲法　宇都宮泰長著　鵬和出版　1998.2　59p　30cm　3000円

◇聖徳太子に学ぶ十七条五憲法―先代旧事本紀大成経第七十巻憲法本紀　宮東斎臣原書解読, 青沼やまと, 後藤隆口語訳　文一総合出版　1995.12　317p　27cm　〈聖徳太子の肖像あり〉　2500円　①4-8299-1100-X

◇聖徳太子と憲法十七条　金治勇述　大阪四天王寺　1995.4　282p　21cm　2000円

◇日本仏教の人間尊重論―聖徳太子憲法十七条　小方道憲著　前橋　煥乎堂　1993.8　243p　20cm　1500円　①4-87352-028-2

◇禁書聖徳太子五憲法　野沢政直著　新人物往来社　1990.6　279p　22cm　3200円　①4-404-01729-4

◇聖徳太子の深層―なぜいま十七条憲法か　田中健一著　都市出版　1989.4　316p　19cm　2500円　①4-924831-00-X

◇聖徳太子十七条憲法　奈良　大安寺国際仏教文化研究所　1988.9　16, 29p　26cm　〈他言語標題：Die Verfassung der siebzehn Artikel des Shotoku Taishi　独文併記　和装〉

◇聖徳太子全集　京都　臨川書店　1988.5　4冊　22cm　〈監修：聖徳太子奉讃会　竜吟社昭和17年～19年刊の複製　聖徳太子の肖像あり〉　全30000円　①4-653-01725-5

◇聖徳太子と憲法十七条　花山信勝著　大蔵出版　1982.7　133p　19cm　800円　①4-8043-2028-8

◇聖徳憲法釈義　石田一鼎原著, 中島信三著　佐賀　夕刊新佐賀新聞社　1982.1　130p　17cm　〈複製原文を併載 限定版〉　850円

◇聖徳太子 2 憲法十七条　梅原猛著　小学館　1981.2　436p　20cm　〈聖徳太子の肖像あり〉　1400円

◇聖徳太子五憲法釈義　石田一鼎著述〔与野〕〔中島信三〕　1978.1　1冊(頁付なし)　27cm　〈昭和29年写本の複製〉

◇諸本対照十七条憲法訓読並校異　慶応義塾大学附属研究所斯道文庫編　汲古書院　1975　311p　22cm　(斯道文庫古典叢刊 4)　2500円

◇憲法十七条論攷　望月一憲著　市川　望

◇月一憲博士還暦記念会　東京　山喜房仏書林（発売）　1974　285, 17p　肖像　26cm　〈望月一憲博士還暦記念論集〉　5000円
◇十七条憲法講話　白井成允述　広島　聖徳太子会　1967　137p　19cm　（聖徳太子会シリーズ 5）　250円
◇憲法の筋金は何か―聖徳太子の秘法精神　堀田如天編著　憲法調査建議合同会　1959　68p　22cm
◇十七条憲法講讃　白井成允著　京都　百華苑　1955　159p　19cm
◇十七条憲法―嘉禎本　池田庄太郎編　美術書院　1947　32丁　30cm　〈帙入〉

三経義疏
さんぎょうぎしょ

　聖徳太子の撰述と伝えられる『勝鬘経義疏』1巻、『法華義疏』4巻、『維摩経義疏』3巻の総称。義疏は経論・経書の注釈書の意で、三経義疏は日本人の手になる最初の本格的な注釈書とされる。『勝鬘経義疏』が推古19年（611年）、『維摩経義疏』が推古21年（613年）、『法華義疏』が推古23年（615年）に成立したとされるが、確証はない。三経義疏は中国の僧の注釈を基礎にしつつ、独自の解釈を諸所に示している。その思想の根幹は大乗菩薩行の実践であり、日本仏教の原点的意義を持つ。なお、『法華義疏』は聖徳太子自筆の草稿本が現存しており、日本最古の書物として、また日本書道史の上でも重要である。

＊　＊　＊

◇法華義疏（抄）・十七条憲法　聖徳太子著, 滝藤尊教, 田村晃祐, 早島鏡正訳　中央公論新社　2007.5　187p　18cm　（中公クラシックス J33）〈年譜あり〉　1300円　①978-4-12-160096-7
◇勝鬘経義疏　維摩経義疏（抄）聖徳太子著, 早島鏡正訳, 聖徳太子著, 中村元訳　中央公論新社　2007.3　27, 436p　18cm　（中公クラシックス J32）　1750円　①978-4-12-160095-0
◇梅原猛著作集　2　聖徳太子　下　梅原猛著　小学館　2003.4　829p　20cm　〈付属資料：8p：月報 16　年表あり〉　5300円　①4-09-677102-3
◇勝鬘経・勝鬘経義疏　早島鏡正著　世界聖典刊行協会　1999.11　386p　22cm　7400円　①4-88110-095-5
◇以和為貴（和を以て貴しと為す）―聖徳太子の信仰と思想　滝藤尊教著　善本社　1998.10　262p　19cm　1500円　①4-7939-0384-3
◇聖徳太子　4　梅原猛著　集英社　1993.10　623p　16cm　（集英社文庫）　960円　①4-08-748091-7
◇勝鬘経義疏の現代語訳と研究―聖徳太子仏典講説　下巻　国民文化研究会聖徳太子研究会編著　大明堂　1989.2　382p　22cm　6500円　①4-470-20028-X
◇勝鬘経義疏の現代語訳と研究―聖徳太子仏典講説　上　国民文化研究会聖徳太子研究会編著　大明堂　1988.2　290p　22cm　〈聖徳太子の肖像あり〉　5800円　①4-470-20027-1
◇日本仏教思想研究　第3巻　思想と歴史　石田瑞麿著　京都　法蔵館　1986.6　499p　22cm　8500円
◇法華義疏―四天王寺会本　四天王寺蔵版　下巻　聖徳太子御撰, 四天王寺勧学院三経義疏研究委員会編　大阪　四天王寺　1985.10　259, 8p　26cm　〈折り込7枚〉非売品
◇上宮王撰三経義疏の諸問題　金治勇著　京都　法蔵館　1985.7　389p　22cm　7800円
◇三経義疏の探求　渡部孝順著　大阪　聖徳太子会　1984.3　176p　21cm　1500円
◇法華義疏―四天王寺会本　四天王寺蔵版　中巻　聖徳太子御撰, 四天王寺勧学院三経義疏研究委員会編　大阪　四天王寺　1984.3　257p　26cm　〈折り込6枚〉非売品
◇日本の名著　2　聖徳太子　中村元責任編集　中央公論社　1983.5　506p　18cm　（中公バックス）　1200円
◇勝鬘経義疏―現代語訳　四天王寺蔵版　聖徳太子御撰, 四天王寺勧学院編　再版　大阪　四天王寺事務局　1982.4　248, 14p　18cm
◇法華義疏―四天王寺会本　四天王寺蔵版　上巻　聖徳太子御撰, 四天王寺勧学院三経義疏研究委員会編　大阪　四天王寺　1982.2　273p　26cm　〈折り込6枚〉非売品

飛鳥時代

◇大日本仏教全書　第4冊　勝鬘経義疏―外三部　仏書刊行会編纂　名著普及会　1981.2　422p　24cm　〈明治45年〜大正11年刊の複製〉　10000円

◇大日本仏教全書　第5冊　維摩経義疏. 維摩経疏菴羅記　仏書刊行会編纂　名著普及会　1981.2　526p　24cm　〈明治45年〜大正11年刊の複製〉　10000円

◇維摩経義疏―聖徳太子分科経文　全訳　聖徳太子御製, 花山信勝著　改訂版　京都　百華苑　1980.5　437, 13p　22cm　〈付：主要著書〉　6000円

◇法華義疏の研究―聖徳太子御製　花山信勝著　山喜房仏書林　1978.5　2冊(付表とも)　26cm　〈第1刷：昭和8年〉　全15000円

◇大日本仏教全書　第14冊　法華義疏―外三部　仏書刊行会編纂　名著普及会　1978.3　494p　24cm　〈明治45年〜大正11年刊の複製〉

◇勝鬘経義疏　聖徳太子著, 花山信勝校訳　吉川弘文館　1977.4　275, 52, 5p　22cm　3500円

◇維摩経義疏　四天王寺会本　聖徳太子撰, 四天王寺勧学院編　大阪　四天王寺　1976.10-1978.12　2冊　26cm　〈1350年聖徳太子御忌記念〉　5000円, 8000円

◇勝鬘経義疏―現代語訳　聖徳太子御撰, 四天王寺勧学院編　大阪　四天王寺勧学院　1976　248, 14p　18cm　1000円

◇法華経と聖徳太子　望月一憲著　第一書房　1975.12　271p　22cm

◇日本思想大系　2　聖徳太子集　家永三郎等校注　岩波書店　1975　592p　図　22cm　2800円

◇法華義疏　上巻　聖徳太子著, 花山信勝校訳　岩波書店　1975　376p　図　15cm　(岩波文庫)　280円

◇法華義疏　下巻　聖徳太子著, 花山信勝校訳　岩波書店　1975　415, 7p　15cm　(岩波文庫)　350円

◇日本大蔵経　第14巻　経蔵部　方等部章疏9　鈴木学術財団編　増補改訂　鈴木学術財団　講談社(発売)　1973　373p　27cm　〈初版：大正3-10年刊〉　13500円

◇世界教育宝典　仏教教育宝典2　聖徳太子, 南都仏教集　出口常順, 平岡定海編　町田　玉川大学出版部　1972　412p　図　22cm　2000円

◇三経義疏論集　編者：望月一憲　望月一憲　〔1971〕　1冊　21cm　〈合本版〉

◇聖徳太子論集　聖徳太子研究会編　京都　平楽寺書店　1971　728p　22cm　6500円

◇勝鬘経義疏―四天王寺会本　聖徳太子御撰, 四天王寺勧学院編　大阪　四天王寺　1971　171p　26cm　〈1350年聖徳太子御忌記念〉　1500円

◇勝鬘経義疏の思想的研究　金治勇著　山喜房仏書林　1971　361, 13p　22cm　〈付：参考書〉　4500円　①4-7963-0112-7

◇法華義疏　聖徳太子著, 聖徳太子奉讚会編　吉川弘文館　1971　4軸　解説66p　28cm(解説：26cm)　〈御物本原寸原色の複製　限定版　箱入　解説：序説(坂本太郎)　内容(花山信勝)　書法(西川寧)〉

◇三経義疏の倫理学的研究―聖徳太子御撰　白井成允著　京都　百華苑　1970　527p　22cm　4000円

◇日本の名著　2　聖徳太子　中村元編　中央公論社　1970　506p　図版　18cm

◇聖徳太子の浄土観　金治勇著　大阪　聖徳太子会　1965　126p　19cm　(聖徳太子会シリーズ4)

◇古写経精華―2巻　飯島稲太郎編　飯島太久磨　1964　2冊　解説30p(別冊)　32cm　〈内容はそれぞれコロタイプ影印　折本　帙入り　解説：飯島春敬　和装〉

◇維摩経義疏論集　京都　日本仏教源流研究会　1962　153p　図版　21cm　(日本仏教源流研究紀要　第1集)

◇日本仏教―人と思想　花山信勝, 増谷文雄編　存家仏教協会　1959　296p　22cm

◇日本仏教の歴史と理念　小野清一郎, 花山信勝共著　明治書院　1957　608p　20cm

◇勝鬘経義疏　聖徳太子著, 花山信勝校訳　岩波書店　1955 2刷　159p　15cm　(岩波文庫)

◇法華義疏　上巻　聖徳太子御製, 花山信勝校訳　再版　岩波書店　1949　231p　15cm　(岩波文庫)

◇法華義疏　下巻　聖徳太子御製, 花山信勝校訳　再版　岩波書店　1949　223p

183

15cm 〈岩波文庫〉
◇和国の救主―三経義疏の哲学的私観　田中順照著　京都　永田文昌堂　1947　221p　19cm　〈附録：日本仏教の世界的使命〉

遣隋使・遣唐使
けんずいし・けんとうし

　大和政権から隋・唐へ派遣された公式使節。遣唐使は入唐使とも呼ばれる。遣隋使は推古15年（607年）と推古16年（608年）に小野妹子らが、推古22年（614年）に犬上御田鍬らが派遣された。このほか、中国側の記録によると推古8年（600年）、推古18年（610年）には2回ずつ派遣されており、これに従うと計6回派遣されたことになる。遣唐使は舒明2年（630年）の犬上御田鍬らの派遣を最初とし、約20回の任命があり、このうち十数回が実際に渡海した。いずれも中国の制度・文物の輸入を主な目的とし、日本の文化発展や政治改革などに貢献したが、唐末の混乱を背景に、寛平6年（894年）の菅原道真の建議で中止された。

　　　　＊　　　＊　　　＊

◇命の輝き若き遣唐使たち　大原正義著　叢文社　2009.7　221p　20cm　〈文献あり〉　1500円　①978-4-7947-0617-1
◇遣唐使と古代日本の対外政策　森公章著　吉川弘文館　2008.11　326, 7p　22cm　11500円　①978-4-642-02470-9
◇唐王朝と古代日本　榎本淳一著　吉川弘文館　2008.7　286, 10p　22cm　10000円　①978-4-642-02469-3
◇遣隋使・遣唐使と住吉津　住吉大社編　大阪　東方出版　2008.6　236p　22cm　2400円　①978-4-86249-113-8
◇遣唐使　東野治之著　岩波書店　2007.11　205, 5p　18cm　〈岩波新書〉　〈年表あり〉　700円　①978-4-00-431104-1
◇難波津から東アジアへ―遣唐使からの1400年間　〔堺〕　大阪府文化財センター　2007.6　89p　30cm　〈文化財講座資料集　平成19年度　第1回―第10回〉　〈年表あり　文献あり〉
◇遣唐使全航海　上田雄著　草思社　2006.12　327p　20cm　〈年表あり　文献あり〉　2300円　①4-7942-1544-4

◇遣唐使・井真成の墓誌―いのまなり市民シンポジウムの記録　藤田友治編著　京都　ミネルヴァ書房　2006.9　216, 3p　20cm　（シリーズ〈古代史の探求〉7）　〈年表あり　文献あり〉　2500円　①4-623-04619-2
◇吉備大臣入唐絵巻の謎　黒田日出男著　小学館　2005.10　206p　21cm　〈文献あり〉　1900円　①4-09-626222-6
◇遣唐使と唐の美術―特別展　東京国立博物館, 朝日新聞社編　朝日新聞社　2005.7　149p　30cm　〈他言語標題：Cultural crossings-Tang art and the Japanese envoys　会期・会場：2005年7月20日―9月11日　東京国立博物館ほか　年表あり〉
◇遣唐使の見た中国と日本―新発見「井真成墓誌」から何がわかるか　専修大学・西北大学共同プロジェクト編　朝日新聞社　2005.7　355, 3p　19cm　（朝日選書780）　〈年表あり　文献あり〉　1400円　①4-02-259880-8
◇遣唐使の見た中国　古瀬奈津子著　吉川弘文館　2003.5　227p　19cm　（歴史文化ライブラリー154）　〈年表あり　文献あり〉　1700円　①4-642-05554-1
◇シルクロードを翔る―遣隋使と遣唐使　シルクロード・奈良国際シンポジウム2001　奈良　なら・シルクロード博記念国際交流財団シルクロード学研究センター　2003.3　180p　30cm　（シルクロード・奈良国際シンポジウム記録集　no.6）
◇高丘親王入唐記―廃太子と虎害伝説の真相　佐伯有清著　吉川弘文館　2002.11　250p　20cm　〈肖像あり〉　3000円　①4-642-07791-X
◇遣唐使船―東アジアのなかで　東野治之著　朝日新聞社　1999.9　208, 6p　19cm　（朝日選書634）　1200円　①4-02-259734-8
◇遣唐使が歩いた道　曹復著,「人民中国」翻訳部訳　二玄社　1999.7　301p　19cm　2000円　①4-544-05208-4
◇唐から見た遣唐使―混血児たちの大唐帝国　王勇著　講談社　1998.3　268p　19cm　（講談社選書メチエ125）　1600円　①4-06-258125-6
◇遣唐使船をしらべる―荒海をこえ、命がけで中国にわたった人びと　渡辺誠著

◇小峰書店　1995.4　47p　29cm　〈しらべ学習に役立つ日本の歴史 4〉〈監修：古川清行〉　2800円　⑩4-338-12204-8
◇遣唐使が見た中国文化―中国社会科学院考古研究所最新の精華　ロマントピア藤原京'95協賛特別展　橿原　奈良県立橿原考古学研究所附属博物館　1995.3　144p　30cm　（奈良県立橿原考古学研究所附属博物館特別展図録　第45冊）〈会期：1995年3月29日～5月21日〉
◇古代日本の軍事航海史　下巻　遣隋使・遣唐使・渤海使　松枝正根著　かや書房　1994.11　303,3p　20cm　〈年表：p265～299 巻末：参考文献〉　2800円　⑩4-906124-10-0
◇遣唐使と正倉院　東野治之著　岩波書店　1992.7　359,15p　22cm　5500円　⑩4-00-000622-3
◇唐と日本―古代を考える　池田温編　吉川弘文館　1992.6　292p　20cm　1980円　⑩4-642-02183-3
◇けんとうしものがたり　兵庫県立歴史博物館編　姫路　兵庫県立歴史博物館　c1989　40p　21cm
◇遣唐使の研究　増村宏著　京都　同朋舎出版　1988.12　757,18p　22cm　18000円　⑩4-8104-0759-4
◇遣唐使研究と史料　茂在寅男ほか著　東海大学出版会　1987.4　284p　22cm　4500円　⑩4-486-00946-0
◇海外視点・日本の歴史　4　遣唐使と正倉院　土田直鎮,石井正敏編　ぎょうせい　1986.12　175p　27cm　〈監修：土田直鎮ほか 編集：日本アート・センター〉　2800円　⑩4-324-00258-4
◇遣唐使たちとその周辺　沢田博保著　「遣唐使たちとその周辺」刊行委員会　1985.11　299p　22cm　非売品
◇万葉の遣唐使船―遣唐使とその混血児たち　高木博著　教育出版センター　1984.12　210p　22cm　（研究選書 36）　2500円　⑩4-7632-1119-6
◇遣唐使時代の日本と中国―日本・中国文化交流シンポジウム　江上波夫編　小学館　1982.4　287p　20cm　〈遣隋使・遣唐使関係年表：p270～277〉　1300円
◇東アジア世界における日本古代史講座

第5巻　隋唐帝国の出現と日本　井上光貞ほか編　学生社　1981.9　269p　22cm　3400円
◇遣唐使　森克己著　至文堂　1955　217p　図版　19cm　（日本歴史新書）

小野　妹子
おのの いもこ

生没年不詳

　飛鳥時代の官人。中国名は蘇因高。和珥氏、春日氏の同族で臣姓。近江国滋賀郡小野の人。推古15年（607年）に聖徳太子の命により第1回遣隋使として派遣された。その際、「日出づる処の天子、書を日没する処の天子に致す、恙なきや、云々」で始まる国書を上表し、煬帝の不興を買ったとされる。推古16年（608年）に隋使裴世清を伴って帰国、隋の国書を百済人に奪われたと報告したが、国書の内容が朝廷の期待に沿うものでなかったため自ら破棄したとも言われる。同年に裴世清が隋へ帰国する際、僧旻・高向玄理・南淵請安らの学問僧・留学生を伴い、再び遣隋使として渡海した。推古17年（609年）に帰国した後の事跡は明らかでないが、冠位は大礼（十二階の第5位）から大徳（最高位）に昇進したとされる。

　　　　＊　　　＊　　　＊

◇みんなが知りたい！「世界の偉人」のことがわかる本　イデア・ビレッジ著　メイツ出版　2007.4　160p　21cm　（まなぶっく）　1200円　①978-4-7804-0220-9
◇日本の歴史 その不思議な結末―傑物・英雄たちの「その後」　河合敦著　三笠書房　2003.6　284p　15cm　（知的生きかた文庫）　552円　⑩4-8379-7332-9
◇原始～奈良,平安　歴史教育者協議会編　岩崎書店　1994.4　87p　26cm　（人物でたどる日本の歴史 1）　2500円　⑩4-265-04631-2
◇遣隋使・小野妹子　志賀町史編集委員会編　〔志賀町（滋賀県）〕　志賀町　1994.1　148,8p 図版5枚　21cm
◇日本の歴史をつくった人びと　第1巻　「くに」から「国」へ―邪馬台国から大和国家へ　学校図書　1990.5　127p　22cm　〈監修：鳥海靖〉　1000円　⑩4-7625-0865-9
◇42人の人物と日本の歴史―新教科書に出てくる　1　卑弥呼・聖徳太子・小野妹

子・中大兄皇子・中臣鎌足　高野尚好ほか監修・指導　学習研究社　1990.3　55p　31cm　⑪4-05-104215-4
◇小野妹子　溝口逸夫著　京都　サンブライト出版　1987.7　167p　19cm　1500円　⑪4-7832-0097-1

高向 玄理
たかむこの くろまろ

？～白雉5年(654年)5月

飛鳥時代の学者。姓は史。黒麻呂とも記すが、正しくは「げんり」と読む。漢人を称する百済系渡来人の子孫。推古16年(608年)に遣隋使小野妹子に随行して留学生として入隋、政治・制度や海外情勢に関する豊かな学識を身につけ、舒明12年(640年)に帰国した。大化元年(645年)の乙巳の変の後、僧旻と共に国政の最高顧問である国博士に任ぜられ、大化の改新に参画した。大化2年(646年)に新羅に派遣され、次いで白雉5年(654年)に遣唐使として中国に渡り、長安で死去した。冠位は大錦上または大花下であったとされる。

＊　＊　＊

◇日本留学生列伝—黎明期の日本を導いた先駆者達　松邨賀太著　文芸社　2001.10　201p　19cm　952円　⑪4-8355-2572-8
◇古代中世の社会と国家　大阪　清文堂出版　1998.12　710p　22cm　〈大阪大学文学部日本史研究室創立50周年記念論文集 上巻〉　14000円　⑪4-7924-0445-2

旻
みん

？～白雉4年(653年)6月

僧侶。名は日文。推古16年(608年)、遣隋使小野妹子に従って留学僧として入隋し、舒明4年(632年)に帰国。仏教のほか天文などの新知識に優れたといわれ、藤原鎌足、蘇我入鹿らに周易を講じていた。皇極4年(645年)孝徳天皇の即位と共に国博士となり、十師の一人となる。大化の改新に大きな役割をはたし、天皇の信任も厚く、官制を立案するなど政治に重きをなした。

＊　＊　＊

◇事典日本の名僧　今泉淑夫編　吉川弘文館　2005.2　449,27p　20cm　〈年表あ

り〉　2700円　⑪4-642-07860-6

阿倍 仲麻呂
あべの なかまろ

文武2年(698年)～宝亀元年(770年)

奈良時代の文人。姓は安倍、名は仲満とも書き、中国名は朝仲満、朝衡、晁衡。中務大輔を務めた阿倍船守の子。霊亀2年(716年)に吉備真備・玄昉らと共に遣唐留学生となり、養老元年(717年)に遣唐大使多治比県守に従い入唐。科挙に合格して唐の玄宗に仕え、司経校書・左拾遺・左補闕などを歴任する一方、李白・王維らの文人と交遊した。天平勝宝5年(753年)に遣唐大使藤原清河や鑑真らと共に帰国しようとしたが、乗船が遭難して安南(ベトナム)に漂着。翌年長安に戻り、再び唐に仕えて秘書監兼衛尉卿・左散騎常侍・鎮南都護・安南節度使などを歴任した。同地で没した後、潞州大都督を、日本でも正二品を追贈された。『古今和歌集』に収められた「天の原ふりさけ見れば春日なる三笠の山に出でし月かも」の歌は有名。

＊　＊　＊

◇夢枕獏の奇想家列伝　夢枕獏著　文芸春秋　2009.3　213p　18×11cm　〈文春新書〉　780円　⑪978-4-16-660689-4
◇辞世108選　長生馬齢編　エスピーエススタジオ, 愛育社〔発売〕　2007.11　119p　19cm　〈江戸シリーズ〉　1300円　⑪978-4-7500-0334-4
◇阿倍仲麻呂伝研究—手沢補訂本　杉本直治郎著　勉誠出版　2006.2　852, 2, 19p　23cm　〈解題：気賀沢保規　育芳社1940年刊を手沢補訂したものの複製〉　28000円　⑪4-585-03131-6
◇阿部仲麻呂入唐記　分冊1　観音寺　上坂氏顕彰会史料出版部　2002.8　1冊(ページ付なし)　30cm　〈上坂氏顕彰会所蔵手写本44〉〈複製〉　52800円
◇阿部仲麻呂入唐記　分冊2　観音寺　上坂氏顕彰会史料出版部　2002.8　1冊(ページ付なし)　30cm　〈上坂氏顕彰会所蔵手写本44〉〈複製〉　52800円
◇阿部仲麻呂入唐記　分冊3　観音寺　上坂氏顕彰会史料出版部　2002.8　1冊(ページ付なし)　30cm　〈上坂氏顕彰会所蔵手写本44〉〈複製〉　46800円
◇辞世の句と日本人のこころ　吉田迪雄著

東洋館出版社　2000.2　186p　19cm　1800円　ⓘ4-491-01588-0
◇中日文化交流史話　王暁秋著，木田知生訳　日本エディタースクール出版部　2000.2　197p　19cm　（中国文化史ライブラリー）　1600円　ⓘ4-88888-296-7
◇日本人のアジア観―前近代を中心に　片倉穣著　明石書店　1998.12　354p　19cm　3800円　ⓘ4-7503-1114-6
◇阿倍仲麻呂の暗号　林青梧著　PHP研究所　1997.11　269p　20cm　1476円　ⓘ4-569-55860-7
◇阿倍仲麿　正延哲士著　三一書房　1994.12　257p　19cm　2200円　ⓘ4-380-94278-3
◇阿倍仲麻呂―唐代詩人との交友　神原料兵衛著　〔箕面〕〔神原料兵衛〕　1983.5　100p　19cm　非売品
◇天の原ふりさけみれば　土岐善麿著　蝸牛社　1976.11　188p　20cm　〈限定版〉　3000円
◇日本人物史大系　第1巻　古代　川崎庸之編　朝倉書店　1961　326p　22cm

『隋書』東夷伝倭国条
ずいしょとういでんわこくのじょう

『隋書』は隋代の歴史をあつかう正史の一つで、唐の太宗の勅により魏徴・長孫無忌らが編纂し、636年に帝紀5巻、列伝50巻が成立。656年に『経籍志』など志30巻を編入した。この全85巻からなる『隋書』の東夷伝の中に倭国について書かれている条があり、『日本書紀』にない隋からみた遣隋使の記述がなされている。

　　　　＊　　　＊　　　＊

◇続・世界の偉人たちの驚き日本発見記　波田野毅著　明成社　2009.9　47p　21cm　（日本の息吹ブックレット）　524円　ⓘ978-4-944219-85-8
◇『魏志倭人伝』『隋書倭国伝』の地名が語る記紀の虚構　丸山清治著　文芸社　2008.5　106p　19cm　1100円　ⓘ978-4-286-04607-5
◇中国正史倭人・倭国伝全釈　鳥越憲三郎著　中央公論新社　2004.6　240p　20cm　1900円　ⓘ4-12-003544-1
◇新訂　魏志倭人伝・後漢書倭伝・宋書倭国伝・隋書倭国伝―中国正史日本伝　1　石原道博編訳　岩波書店　2003.4　167p　15cm　（岩波文庫）〈第73刷〉　460円　ⓘ4-00-334011-6
◇魏志倭人伝・後漢書倭伝・宋書倭国伝・隋書倭国伝　石原道博編訳　新訂版　岩波書店　1985.5　167p　15cm　（岩波文庫）〈中国正史日本伝1〉　400円
◇魏志倭人伝・後漢書倭伝・宋書倭国伝・隋書倭国伝　和田清, 石原道博共編訳　岩波書店　1951　118p　15cm　（岩波文庫）

大化の改新
たいかのかいしん

　中大兄皇子・中臣鎌足らが中心となって行った、皇極5年(645年)6月の乙巳の変に始まる一連の政治改革。同年6月12日に中大兄・鎌足・蘇我倉山田石川麻呂らが飛鳥板蓋宮大極殿で蘇我入鹿を暗殺、13日に入鹿の父の蘇我蝦夷が自邸に火を放って自殺し、巨大な権勢を誇った蘇我氏本宗家が滅亡。14日に皇極天皇が中大兄の叔父である軽皇子（孝徳天皇）に譲位し、中大兄が皇太子に立てられると共に、阿倍内麻呂が左大臣、石川麻呂が右大臣、鎌足が内臣に任じられた。これが乙巳の変だが、乙巳の変のみを指して大化の改新と呼ぶこともある。6月19日に日本初の元号である大化が制定され、12月に飛鳥から摂津の難波長柄豊碕宮へ都が遷された。大化2年(646年)1月に公地公民制・国郡里制・班田収授法・租庸調などの導入を旨とする改新の詔が公布された。これ以後、白雉元年(650年)頃まで、唐の律令制を手本に、氏姓制度による皇族・豪族の支配を否定し、中央集権国家建設を目指す政治改革が実施された。改革の理念の実現は天武・持統両朝の改革を経て大宝元年(701年)の大宝律令制定・施行まで待たねばならず、

広義にはここまでを大化の改新に含めることもある。一方、当時は公地公民制の理念が存在しなかったとする説、あるいは改新の詔を後世の創作として大化の改新そのものを否定する説などもあり、学界では大化の改新の歴史的意義をめぐる論争が繰り広げられている。

◇天智(てんち)天皇と大化改新　森田悌著　同成社　2009.2　284p　22cm　(同成社古代史選書2)　6000円　①978-4-88621-468-3

◇「大化改新」隠された真相─蘇我氏は本当に逆臣だったのか？　NHKスペシャル　谷口雅一著　ダイヤモンド社　2008.6　230p　19cm　〈年表あり　文献あり〉　1500円　①978-4-478-00606-1

◇大化改新と古代国家誕生─乙巳の変・白村江の戦い・壬申の乱　吉村武彦編　新人物往来社　2008.6　177p　26cm　(別冊歴史読本　第33巻22号)　〈年表あり〉　2200円　①978-4-404-03611-7

◇大化の改新　海音寺潮五郎著　河出書房新社　2008.4　358p　15cm　(河出文庫)　950円　①978-4-309-40901-6

◇「大化改新」の史料批判　山尾幸久著　塙書房　2006.10　501,9p　22cm　9500円　①4-8273-1205-2

◇大化改新　朝河貫一著,矢吹晋訳　柏書房　2006.7　334,310p　22cm　〈他言語標題：The early institutional life of Japan　英語併記〉　9500円　①4-7601-2945-6

◇偽りの大化改新　中村修也著　講談社　2006.6　238p　18cm　(講談社現代新書)　〈年表あり　文献あり〉　720円　①4-06-149843-6

◇古代王権と大化改新─律令制国家成立前史　遠山美都男著　普及版　雄山閣　2005.4　374p　22cm　7500円　①4-639-01886-X

◇大化の改新と壬申の乱─古代天皇制の成立　平野邦雄編　作品社　2003.3　254p　19cm　(史話日本の古代　第6巻)　〈文献あり〉　1600円　①4-87893-530-8

◇大化改新の謎─闇に葬られた衝撃の真相　関裕二著　PHP研究所　2002.7　249p　15cm　(PHP文庫)　533円　①4-569-57767-9

◇古代王権と大化改新─律令制国家成立前史　遠山美都男著　雄山閣出版　1999.1　374p　22cm　8800円　①4-639-01578-X

◇関晃著作集　第2巻　大化改新の研究　下　関晃著作集編集委員会編　吉川弘文館　1996.11　345,8p　22cm　7416円　①4-642-02302-X

◇関晃著作集　第1巻　大化改新の研究　上　関晃著作集編集委員会編　吉川弘文館　1996.10　356,13p　22cm　〈著者の肖像あり〉　7416円　①4-642-02301-1

◇大化改新─六四五年六月の宮廷革命　遠山美都男著　中央公論社　1993.2　314p　18cm　(中公新書)　840円　①4-12-101119-8

◇陰謀大化改新─仕組まれた東アジアの政変　小林惠子著　文芸春秋　1992.9　254p　20cm　1300円　①4-16-346780-7

◇「大化改新」史論　上巻　門脇禎二著　京都　思文閣出版　1991.9　285,8p　22cm　3914円　①4-7842-0651-5

◇「大化改新」史論　下巻　門脇禎二著　京都　思文閣出版　1991.9　331,9p　22cm　3914円　①4-7842-0652-3

◇大化改新の基礎的研究　北村文治著　吉川弘文館　1990.5　345,4p　22cm　7500円　①4-642-02101-9

◇研究史　大化改新　野村忠夫著　増補版　吉川弘文館　1989.7　303,8p　19cm　〈第4刷(第1刷：73.7.5)〉　1960円　①4-642-07035-4

◇坂本太郎著作集　第6巻　大化改新　坂本太郎著作集編集委員会編　吉川弘文館　1988.10　407,18p　22cm　5800円　①4-642-02221-X

◇古代国家と大化改新　大山誠一著　吉川弘文館　1988.9　328,7p　20cm　(古代史研究選書)　2800円　①4-642-02164-7

◇大化改新と東アジア　井上光貞ほか著　山川出版社　1981.2　328p　19cm　1500円

◇日本古代国家史研究─大化改新論批判

原秀三郎著　東京大学出版会　1980.1　353，16p　22cm　3600円
◇大化改新　野村忠夫著　吉川弘文館　1973　273，7p　19cm　（研究史）
◇大化改新前後の都高市京　志賀剛著　雄山閣　1972　134p　図　地図3枚　22cm　（雄山閣歴史選書12）
◇大化改新　井上光貞著　弘文堂書房　1970　180p　19cm　（アテネ新書）500円
◇「大化改新」論―その前史の研究　門脇禎二著　徳間書店　1969　291p　22cm　1800円
◇大化改新と人民の抵抗　元持佐太郎著　大津　元持佐太郎　1968　15p　図版　26cm　〈万葉集の田上山は山岳信仰、伝説、経塚に〉
◇大化改新　時野谷滋著　日本教文社　1966　226p　図版　20cm　（日本人のための国史叢書15）　400円
◇大化の改新　北山茂夫著　岩波書店　1961　238p　図版　18cm　（岩波新書）
◇大化の改新　海音寺潮五郎著　河出書房新社　1959　374p　図版　20cm　（現代人の日本史　第2）
◇大化改新　井上光貞著　要書房　1954　174p　19cm　（要選書）

孝徳天皇
こうとくてんのう

推古2年（594年）～白雉5年（654年）10月10日　第36代天皇。在位期間は大化元年（645年）～白雉5年（654年）。諱は軽皇子、和風諡号は天万豊日天皇。敏達天皇の曾孫、皇極天皇の同母弟、中大兄皇子（天智天皇）の叔父。父は舒明天皇の弟の茅渟王、母は欽明天皇の孫の吉備姫王。皇極4年（645年）6月の乙巳の変により、皇極の譲位を受けて即位。中大兄を皇太子とし、日本で初めて元号を立てて大化とした。7月に中大兄の同母妹の間人皇女を皇后とし、12月に難波長柄豊碕宮に遷都。中大兄らと大化の改新を行ったが、白雉4年（653年）に意見の対立が生じ、中大兄・間人は官人らを従え飛鳥へ遷った。一人難波に残された孝徳は白雉5年（654年）に失意のうちに病没し、河内の大坂磯長陵に葬られた。

＊　　＊　　＊

◇天皇皇族実録　4　用明天皇実録・崇峻天皇実録・推古天皇実録・舒明天皇実録・皇極天皇実録・孝徳天皇実録・斉明天皇実録・天智天皇実録・弘文天皇実録　藤井讓治,吉岡真之監修・解説　ゆまに書房　2008.7　1冊　22cm　〈宮内庁書陵部蔵の複製〉　18500円　①978-4-8433-1960-4, 978-4-8433-2680-0
◇孝徳天皇私記　浜田清次著　桜楓社　1988.5　381p　20cm　5000円　①4-273-02232-X
◇日本書紀孝徳天皇紀集釈　竹間清臣述　〔出版地不明〕　〔出版者不明〕　1973　89p　21cm　〈明治34年刊の複製〉

難波宮
なにわのみや

飛鳥時代・奈良時代に造営された皇居。昭和28年（1953年）、中央区法円坂町より鴟尾（しび）の破片が出土したのをきっかけに発掘調査が開始され、前期・後期に二大別される宮殿遺跡が発掘された。前期難波宮は、白雉3年（652年）に完成し天武朝まで存続していた孝徳朝の難波長柄豊碕宮を一部改修して再利用した難波宮で、『日本書紀』に朱鳥元年（686年）正月全焼したと記されている。後期の難波宮は、神亀3年（726年）に聖武天皇が藤原宇合（うまかい）を知造難波宮事に任じて造営に着手し、天平6年（734年）ごろ完成した。その後、天平12年（740年）に大宰少弐藤原広嗣の乱が起き天皇は伊勢に難を避け、平城京から山背の恭仁京、近江の紫香楽宮と転々と都を移し、次いで天平16年（744年）難波宮を皇都と定めた。しかし翌年には再び平城京に還都することになり、延暦12年（793年）ごろ難波宮は廃絶したと考えられる。

＊　　＊　　＊

◇難波宮の歴史と保存　直木孝次郎著　吉川弘文館　2009.8　272p　20cm　（直木孝次郎古代を語る11）　2600円　①978-4-642-07892-4
◇古代難波とその周辺　直木孝次郎著　吉川弘文館　2009.7　254p　20cm　（直木孝次郎古代を語る10）　2600円　①978-4-642-07891-7
◇難波宮跡　植木久著　同成社　2009.6　171p　20cm　（日本の遺跡37）　〈シリーズの企画・監修者：菊池徹夫、坂井秀弥　文献あり〉　1800円　①978-4-

88621-476-8

◇難波宮から大坂へ　栄原永遠男, 仁木宏編　大阪　和泉書院　2006.3　254p　22cm　（大阪叢書 2）〈年表あり〉　6000円　①4-7576-0367-3

◇古代都市誕生―飛鳥時代の仏教と国づくり 特別展　大阪歴史博物館編　大阪　大阪歴史博物館　2004.10　159p　30cm　〈他言語標題：The birth of a Japanese ancient city　会期：平成16年10月27日―12月20日ほか　難波宮跡発掘50周年記念　文献あり　年表あり〉

◇難波宮―宮城北辺をさぐる シンポジウム「難波宮」,「大坂城」―上町台地に築かれた二大遺跡の最新発掘情報 発表要旨　大阪府文化財センター編　〔堺〕　大阪府文化財センター　2004.6　38p　30cm　〈会期・会場：2004年6月12日 大阪歴史博物館　年表あり〉

◇古代の難波と難波宮―シンポジウム　直木孝次郎, 中尾芳治編　学生社　2003.8　345p　22cm　〈年表あり〉　3200円　①4-311-30052-2

◇難波の宮　山根徳太郎著　新装版　学生社　2002.6　286p　20cm　〈解説：中尾芳治〉　2400円　①4-311-20257-1

◇難波宮―遷都1350年記念 特別展　大阪市教育委員会ほか編　大阪　大阪市立博物館　1995.10　88p　30cm　〈会期：1995年10月17日～12月17日　文献一覧・難波宮関係年表：p78～80〉

◇難波京の風景―人物と史跡でたどる大阪のルーツ　小笠原好彦著　文英堂　1995.3　255p　21cm　（古代の三都を歩く）〈監修：上田正昭　略年表・参考文献：p242～247〉　1950円　①4-578-00458-9

◇難波宮の研究　中尾芳治著　吉川弘文館　1995.3　358, 12p　22cm　〈付：参考文献〉　8961円　①4-642-02284-8

◇難波宮と難波津の研究　直木孝次郎著　吉川弘文館　1994.2　266, 9p　22cm　〈難波宮・難波津略年表：p253～258〉　6000円　①4-642-02272-4

◇難波―古代を考える　直木孝次郎編　吉川弘文館　1992.12　283p　20cm　1980円　①4-642-02184-1

◇大阪の原点・難波京―私案「条坊推定図」の解説　安間安人著　〔堺〕　〔安間安人〕　1992.11　30, 3p　26cm　〈折り込図4枚　付（図1枚）：難波京条坊推定復元図〉

◇古代難波の水光る―歴史の河海を行く　津田由伎子著　大和書房　1989.5　229p　20cm　2060円　①4-479-95016-8

◇難波京と古代の大阪　直木孝次郎編　学生社　1985.7　251p　19cm　〈難波宮跡調査保存略年表：p20～22 難波宮および日本・中国の都城関係年表：p116～117　付：参考文献〉　1700円

◇古代の難波　吉田晶著　〔東村山〕　教育社　1982.10　272p　18cm　（教育社歴史新書 日本史 37）〈古代の難波関係略年表：p265～272〉　800円

◇難波宮跡の保存と裁判　難波宮跡訴訟記録保存会編　第一法規出版　1980.2　916p　22cm　7000円

◇難波宮と日本古代国家　難波宮址を守る会編　塙書房　1977.5　385p 図　19cm　〈執筆者：井上光貞〔等〕　難波宮関係著作文献目録（大谷治孝）：p.351～376〉　1600円

◇難波王朝　山根徳太郎著　学生社　1969　221p 図版　19cm　520円

蘇我 蝦夷
そがの えみし

？～大化元年（645年）6月13日

飛鳥時代の豪族。蘇我馬子の子。毛人とも記し、豊浦大臣と称された。推古18年（610年）に四大夫の一人として来朝した新羅・任那の使節を迎え、推古34年（626年）に馬子が没すると大臣に任ぜられた。推古36年（628年）に推古天皇が没すると、山背大兄王を推す叔父の境部摩理勢を殺害して舒明天皇を即位させた。自らの墓を生前に築いて陵と呼び、皇極2年（643年）に子の入鹿を大臣に立てるなど、推古・舒明・皇極の三朝にわたり権勢をふるったが、舒明の晩年に始まる天皇との対立が皇極天皇の即位後に深刻化。皇極4年（645年）に入鹿が宮中で中大兄皇子らに暗殺されると、蝦夷も屋敷に火を放って自殺、蘇我氏本宗家は滅亡した。

＊　＊　＊

◇蘇我蝦夷・入鹿　門脇禎二著　吉川弘文館　1985.7　167p　19cm　（人物叢書 新

装版） 〈新装版　叢書の編者：日本歴史学会　主要参考文献：p165～167〉　900円　①4-642-05006-X
◇蘇我蝦夷・入鹿　門脇禎二著　吉川弘文館　1977.12　167p　図　18cm　（人物叢書）〈叢書の編者：日本歴史学会　主要参考文献：p.165～167〉　600円

蘇我 入鹿
そがの いるか

？～大化元年(645年)6月12日

　飛鳥時代の豪族。入霞とも記す。別名は蘇我鞍作、蘇我林臣鞍作、蘇我太郎、林太郎など。蘇我蝦夷の子。青年時代には僧旻の学堂に学び第一級の人物と評された。皇極元年(642年)に皇極天皇が即位した頃、その権勢は蝦夷をしのぎ国政を左右する程で、皇極2年(643年)10月には蝦夷から大臣の位を譲られた。その直後の11月に蘇我氏との縁が強い古人大兄皇子を即位させるため、斑鳩宮を襲って山背大兄王ら上宮王家を滅亡させたが、これを聞いた蝦夷は大いに怒り嘆いたという。自らを天皇に擬するなど専横を極めたが、皇極4年(645年)に中大兄皇子・中臣鎌足らにより飛鳥板蓋宮大極殿で暗殺された。翌日、蝦夷も屋敷に火を放って自殺、蘇我氏本宗家は滅亡した。

*　　　*　　　*

◇「入鹿と鎌足」謎と真説　関裕二著　学習研究社　2007.6　257p　15cm　（学研M文庫）〈文献あり〉　590円　①978-4-05-901198-9
◇聖徳太子は蘇我入鹿である　関裕二著　ベストセラーズ　1999.11　285p　15cm　（ワニ文庫）　552円　①4-584-39111-4
◇聖徳太子は蘇我入鹿である　関裕二著　フットワーク出版　1991.4　269p　19cm　1600円　①4-87689-046-3
◇蘇我蝦夷・入鹿　門脇禎二著　吉川弘文館　1985.7　167p　19cm　（人物叢書新装版）〈新装版　叢書の編者：日本歴史学会　主要参考文献：p165～167〉　900円　①4-642-05006-X
◇蘇我蝦夷・入鹿　門脇禎二著　吉川弘文館　1977.12　167p　図　18cm　（人物叢書）〈叢書の編者：日本歴史学会　主要参考文献：p.165～167〉　600円

山背大兄王
やましろのおおえのおう

？～皇極2年(643年)11月1日

　飛鳥時代の皇族。別名は山代大兄王、山尻王、山代兄王。聖徳太子の長子で、母は蘇我馬子の娘の刀自古郎女。異母妹春米女王と結婚して難波麻呂古王、麻呂古王、弓削王、佐々女王、三嶋女王、甲可王、尾治王を儲け、聖徳太子の死後はその一族(上宮王家)を代表する人物となった。推古36年(628年)に推古天皇が没した後、田村皇子と皇位を争ったが、山背大兄を推す境部摩理勢が田村を推す蘇我蝦夷に攻め滅ぼされ、舒明元年(629年)に田村が舒明天皇として即位した。皇極2年(643年)に古人大兄皇子を即位させようと画策した蘇我入鹿の兵に斑鳩宮を襲われ、生駒山に逃れた後に斑鳩寺に入り一族と共に自殺、上宮王家は滅亡した。

*　　　*　　　*

◇清福と貪欲の日本史―日本人の本道とは何か　百瀬明治著　角川書店　2003.10　269p　18cm　（角川oneテーマ21）　733円　①4-04-704146-7
◇山背大兄王　小原良文著　郁朋社　2000.3　127p　19cm　1400円　①4-87302-076-X
◇一冊で歴史を彩った100人の死に際を見る―本当のその人がわかるエピソード集　得能審二著　友人社　1994.2　238p　19cm　（一冊で100シリーズ　27）　1360円　①4-946447-31-8
◇山背大兄皇子　村田佳次郎著　市川　村田公明　1994.2　164p　21cm　〈作品集8・小説4〉　1200円

天智天皇
てんじてんのう

推古34年(626年)～天智10年(672年)12月3日　第38代天皇(在位668年～671年)。和風諡号は天命開別尊。諱は葛城皇子だが、中大兄皇子の名で広く知られる。舒明天皇の第2皇子で、母は皇極天皇。子に大友皇子(弘文天皇)、鸕野讚良

皇女（持統天皇）、阿倍皇女（元明天皇）などがいる。皇極4年（645年）に中臣鎌足・蘇我倉山田石川麻呂と謀って蘇我蝦夷・入鹿父子を殺し、叔父である軽皇子（孝徳天皇）を即位させると共に自らは皇太子となった（乙巳の変）。大化の元号を定め、飛鳥から難波長柄豊崎宮に都を遷して大化の改新を推し進めたが、次第に孝徳と対立し、同母妹で孝徳皇后の間人皇女や官人らを連れて飛鳥に帰還した。孝徳が失意のうちに病死した後、斉明元年（655年）に飛鳥板蓋宮で皇極天皇を重祚させて斉明天皇とし、自らは皇太子として政権を掌握。斉明7年（661年）に斉明が崩御した後も即位せず称制をとった。天智2年（663年）に白村江の戦いで日本・百済連合軍が唐・新羅連合軍に大敗すると朝鮮から全面撤退し、水城を築き防人を設置するなど西国の防備を固めた。天智6年（667年）に近江大津宮に遷都し、翌年即位。近江令の編纂や庚午年籍の作成、冠位二十六階の制や民部・家部の制の制定などを行い、国内政治の引き締めを図った。一方、弟の大海人皇子（天武天皇）を皇太弟としたが、後に子の大友皇子の即位を望むようになり、天智10年（671年）に大友を太政大臣に任じた。同年に崩御し、山城国宇治郡の山科陵に葬られた。『万葉集』に4首を収める。

◇天智（てんち）天皇と大化改新　森田悌著　同成社　2009.2　284p　22cm　（同成社古代史選書2）　6000円　⓲978-4-88621-468-3

◇天智王権と天武王権　佃収著　松戸ストーク，星雲社（発売）　2007.2　483p　22cm　（古代史の復元7）　2800円　⓲978-4-434-10259-2

◇偽りの大化改新　中村修也著　講談社　2006.6　238p　18cm　（講談社現代新書）〈年表あり　文献あり〉　720円　⓲4-06-149843-6

◇飛鳥王朝史―聖徳太子と天智・天武の偉業 "日本" を創った激動の100年　学習研究社　2005.5　191p　26cm　（歴史群像シリーズ 特別編集）〈文献あり　年表あり〉　1500円　⓲4-05-603870-8

◇中大兄皇子と藤原鎌足―大化の改新のちかい　酒寄雅志監修，小西聖一著　理論社　2004.10　105p　25cm　（NHKにんげん日本史）〈年譜あり　年表あり〉　1800円　⓲4-652-01475-9

◇中大兄皇子―戦う王の虚像と実像　遠山美都男著　角川書店　2002.10　253p　15cm　（角川文庫）〈「天智天皇」（PHP研究所1999年刊）の増訂〉　686円　⓲4-04-355102-9

◇天智天皇―律令国家建設者の虚実　遠山美都男著　PHP研究所　1999.2　253p　18cm　（PHP新書）　657円　⓲4-569-60460-9

◇白虎と青竜―中大兄と大海人攻防の世紀　小林恵子著　文芸春秋　1993.9　309p　20cm　1500円　⓲4-16-347930-9

◇天智伝　中西進著　中央公論社　1992.3　315p　16cm　（中公文庫）　540円　⓲4-12-201884-6

◇天智・天武天皇の謎―『日本書紀』の虚偽と真実　大和岩雄著　六興出版　1991.7　237p　19cm　（ロッコウブックス）　1400円　⓲4-8453-5071-8

◇近江神宮―天智天皇と大津京　新人物往来社　1991.4　227p　21cm　（別冊〈歴史研究〉神社シリーズ）　1000円　⓲4-404-01822-3

◇天智天皇―物語と史蹟をたずねて　徳永真一郎著　成美堂出版　1989.1　222p　19cm　〈付（1枚）：天智天皇略年表〉　900円　⓲4-415-06570-8

◇天智伝　中西進著　中央公論社　1975　279p　20cm　（中公叢書）　1100円

◇天智天皇と近江神宮　大津　近江神宮　1960　139p　21cm　〈近江神宮御鎮座二十周年記念〉

藤原 鎌足　ふじわらの かまたり

推古22年(614年)〜天智8年(669年)10月16日　飛鳥時代の政治家。藤原氏の祖。旧名は中臣連鎌子、中臣連鎌足、幼名は仲郎。大和国高市郡の人。推古・舒明朝の前事奏官(大夫)兼祭官である小徳冠中臣連御食子の長子で、母は大徳冠大伴囓の娘の大伴智仙娘。定恵、不比等らの父。早くから中国の史書や兵法書に関心を持ち、青年期には僧旻や南淵請安の門で周易や儒教を学び、蘇我入鹿とともに秀才とされた。皇極3年(644年)に神祇伯への任命を固辞し、病気を理由に摂津三島の別宅に退いた。蘇我氏打倒を志し、飛鳥寺で行われた蹴鞠の会で中大兄皇子(天智天皇)に近づき側近となり、蘇我氏内部の対立に乗じて蘇我倉山田石川麻呂を味方に引き入れた。大化元年(645年)に飛鳥板蓋宮大極殿で入鹿を暗殺し、その父蝦夷の屋敷を攻めて自殺せしめ、蘇我氏本宗家を滅ぼした(乙巳の変)。この功績により内臣に任ぜられ、皇太子となった中大兄を助けて政治の刷新に努めた。斉明朝・天智朝でも天皇の絶大な信任を受け、政界の重鎮として律令体制の基礎を築いた。また、晩年には対立を深めた天智天皇と大海人皇子(天武天皇)の調停役もこなし、大海人の信任を得たとされる。この間、大化3年(647年)の新冠位制で大錦冠、白雉5年(654年)には大紫冠を授かり、巨額の封戸や功田を賜って後の藤原氏の財産の基盤を築いている。臨終に際し、天智より大織冠・内大臣の位と藤原朝臣姓を賜った。仏教への信仰厚く、長子定恵を出家させている。また、『万葉集』に2首、『歌経標式』に1首を収める。一説には、阿武山古墳がその墓とされる。

◇藤原鎌足と阿武山古墳—茨木市制60周年記念事業文化財シンポジウム　茨木市, 茨木市教育委員会編　〔茨木〕　茨木市 2009.3　85p　30cm　〈会期・会場:平成20年2月24日 茨木市立生涯学習センターきらめきホール　共同刊行:茨木市教育委員会〉

◇「入鹿と鎌足」謎と真説　関裕二著　学習研究社　2007.6　257p　15cm　(学研M文庫)　〈文献あり〉　590円　①978-4-05-901198-9

◇日本を不幸にした藤原一族の謎　関裕二著　PHP研究所　2006.10　262p　20cm　〈文献あり〉　1400円　①4-569-65635-8

◇中大兄皇子と藤原鎌足—大化の改新のちかい　酒寄雅志監修, 小西聖一著　理論社　2004.10　105p　25cm　(NHKにんげん日本史)　〈年譜あり　年表あり〉　1800円　①4-652-01475-9

◇藤原鎌足—大織冠内大臣　藤原春雄著　改訂　京都　ジャパンインターナショナル総合研究所　2003.6　254p　27cm　〈東京　星雲社(発売)　付属資料:20p:藤原氏族姓氏一覧〉　3800円　①4-434-03096-5

◇改革の日本史　河合敦著　学習研究社　2002.9　253p　21cm　(Rekishi Gunzou Book)　1400円　①4-05-401813-0

◇藤氏家伝—鎌足・貞慧・武智麻呂伝　註釈と研究　沖森卓也, 佐藤信, 矢嶋泉著　吉川弘文館　1999.5　509p　22cm　〈複製および翻刻を含む〉　13000円　①4-642-02336-4

◇藤原鎌足とその時代—大化改新をめぐって　青木和夫, 田辺昭三編　吉川弘文館　1997.3　207p　20cm　2575円　①4-642-07499-6

◇新装世界の伝記 40　藤原鎌足　中沢圭夫著　ぎょうせい　1995.12　293p　20cm　1600円　①4-324-04483-X

◇藤原鎌足　梅原猛ほか著　思索社　1992.3　345p　19cm　〈新装版 藤原鎌足の肖像あり〉　1600円　①4-7835-1172-1

◇藤原鎌足—高松塚古墳と法隆寺炎上の真相　野村貞治著　改訂　大阪　野村貞治〔1981〕　349p　19cm　〈虚構の歴史が

許せるか 附・高松塚論考 限定版〉
4500円
◇世界の伝記 40 藤原鎌足 中沢聖夫著 ぎょうせい 1980.12 293p 20cm 1500円
◇藤原鎌足―高松塚古墳と法隆寺炎上の真相 野村貞治著 大阪〔野村貞治〕1978.7 249p 18cm 〈著者の肖像あり〉
◇藤原鎌足 田村円澄著 塙書房 1966 209p 18cm （塙新書） 200円

斉明天皇（皇極天皇）
さいめいてんのう（こうぎょくてんのう）

推古2年（594年）～斉明7年（661年）7月24日
第35代、第37代天皇。諱は宝皇女。皇極天皇としての在位期間は皇極元年から皇極4年（642～645年）、斉明天皇としての在位期間は斉明元年から斉明7年（655～661年）。茅渟王の娘で、母は吉備嶋皇祖母命。舒明天皇の皇后。中大兄皇子（天智天皇）、間人皇女、大海人皇子（天武天皇）の母。舒明天皇崩御後、皇極元年（642年）に即位したが、大化元年（645年）6月の蘇我本宗家滅亡事件によって弟の孝徳天皇に譲位。孝徳天皇が崩御すると重祚して斉明天皇となった。治世に関しては皇太子中大兄皇子が実権を握ったが、有間皇子の謀殺事件、東北の蝦夷征討をはじめ国内政局は安定しなかった。その後、唐・新羅連合の圧力に苦しむ百済の救援要請を受け、救援軍を率いて九州に下り筑紫朝倉宮で病死。

* * *

◇女帝の歴史を裏返す 永井路子著 中央公論新社 2005.11 198p 19cm 1500円 ⓘ4-12-003683-9
◇女性天皇の歴史 石原藤夫著 栄光出版社 2004.3 221p 19cm 1300円 ⓘ4-7541-0059-X
◇可能性としての女帝―女帝と王権・国家 荒木敏夫著 青木書店 1999.5 303p 19cm （AOKI LIBRARY） 2500円 ⓘ4-250-99026-5
◇鬼と天皇 大和岩雄著 白水社 1992.1 259p 19cm 2000円 ⓘ4-560-02230-5

阿倍 比羅夫
あべの ひらふ

生没年不詳
斉明天皇時代の武将。別名は阿倍引田比羅夫（あべのひけたのひらふ）。阿倍宿奈麻呂の父。斉明4年（658年）越国守として船師180艘を率いて東北地方日本海側の蝦夷を討ち、現在の秋田となる齶田（あぎた）、能代となる渟代（ぬしろ）2郡の蝦夷を従わせ、渟代、津軽2郡の郡領を定めた。その後、天智元年（662年）に救援軍の後将軍となり百済に赴き、翌年2万7千の兵を率いて新羅を攻めたが、白村江の戦いで唐・新羅の連合軍に敗れ、のち筑紫大宰帥となった。

* * *

◇古代東北史の人々 新野直吉著 復刊 吉川弘文館 2009.9 231, 3p 26cm （歴史文化セレクション） 1900円 ⓘ978-4-642-06354-8
◇海と周辺国に向き合う日本人の歴史―飛鳥の将軍・阿倍比羅夫/中世の海と松浦党 真島節朗著 郁朋社 2003.12 279p 19cm 1500円 ⓘ4-87302-248-7

白村江の戦い
はくそんこうのたたかい

天智2年（663年）8月27日から28日にかけて、白村江の河口付近で発生した日本・百済連合軍と唐・新羅連合軍との戦い。なお、白村江は朝鮮半島南西部を流れる錦江の古称で、「はくすきのえ」とも読む。斉明6年（660年）に唐・新羅の攻撃を受けて百済の王城が陥落、国王が捕虜となり唐に連れ去られ、百済は実質的に滅亡した。斉明天皇・中大兄皇子らは朝鮮半島南部の権益を守るため、百済遺臣の要請に応え、当時日本に滞在していた百済王子余豊璋を新国王として百済に送ると共に救援軍を派遣した。しかし、白村江の戦いで大敗を喫し、百済は完全に滅亡。日本は朝鮮半島から完全に撤退する一方、唐・新羅の来寇に備えて大宰府に水城を、西日本各地に朝鮮式山城を築き、九州に防人を配し、都を内陸部の近江大津宮に遷した。

* * *

◇白村江敗戦と上代特殊仮名遣い―「日本」を生んだ白村江敗戦その言語学的証拠 藤井游惟著 東京図書出版会, リフレ出版（発売） 2007.10 326p 21cm 〈文

献あり〕 1800円 ①978-4-86223-147-5
◇白村江の戦い・元寇・秀吉の朝鮮侵攻―日本の対外戦争古代・中世　豊田泰著　文芸社　2007.7　392p　21cm　2000円　①978-4-286-02876-7
◇百済滅亡と古代日本―白村江から大野城へ　全栄来著　雄山閣　2004.4　277p　22cm　〈折り込1枚　文献あり　年表あり〕　3600円　①4-639-01838-X
◇高安城と烽―基本資料集　八尾　高安城を探る会　2001.6　153p　30cm　〈設立25周年記念〉
◇報道記事より見た幻の高安城を探る　棚橋利光, 平嶋述司編　八尾　高安城を探る会　2001.6　167p　30cm
◇白村江―古代日本の敗戦と薬師寺の謎　鈴木治著　新装版　学生社　1999.1　225p　20cm　1980円　①4-311-20222-9
◇高安城と古代山城―平成10年度特別展　八尾市立歴史民俗資料館編　〔八尾〕八尾市教育委員会　1998.10　46p　30cm　〈市制50周年記念協賛〉
◇「白村江」以後―国家危機と東アジア外交　森公章著　講談社　1998.6　248p　19cm　（講談社選書メチエ 132）　1500円　①4-06-258132-9
◇白村江―古代東アジア大戦の謎　遠山美都男著　講談社　1997.10　237p　18cm　（講談社現代新書）　〈年表あり　文献あり〕　660円　①4-06-149379-5
◇白村江の戦いと壬申の乱―唐初期の朝鮮三国と日本　小林恵子著　補訂版　現代思潮社　1995.10　277, 5p　20cm　2472円　①4-329-00154-3
◇検証白村江の戦い　牛島康允著　近代文芸社　1995.8　173p　20cm　〈参考資料一般：p171～173〉　1800円　①4-7733-4598-5
◇白村江―古代日本の敗戦と薬師寺の謎　鈴木治著　学生社　1995.2　244p　19cm　〈解説付新装版　解説：杉山二郎　参考文献：p224～225〉　1957円　①4-311-20193-1
◇白村江の戦いと壬申の乱―唐初期の朝鮮三国と日本　小林恵子著　現代思潮社　1987.12　277, 5p　20cm　1800円
◇白村江―東アジアの動乱と日本　鬼頭清明著　〔東村山〕　教育社　1981.11　213p　18cm　（教育社歴史新書）　〈参考文献・略年表：p206～213〉　800円
◇白村江の戦―七世紀・東アジアの動乱　夜久正雄著　国民文化研究会　1974　289p　17cm　（国文研叢書 15）　〈七世紀の日本・朝鮮半島三国・隋唐の対照略年表：p.277-289〉　非売品
◇白村江　鈴木治著　学生社　1972　225p　22cm　〈参考文献：p.224-225〉　1200円

近江大津宮
おうみのおおつのみや

　天智天皇・弘文天皇2代の都。別名は近江宮、大津宮、滋賀宮、滋賀大津宮。条房制や京域が存在したかは明らかでない。中大兄皇子は天智6年（667年）3月に飛鳥から琵琶湖畔の近江大津宮に都を遷し、天智7年（668年）に天智天皇として即位した。天智2年（663年）の白村江の戦いの大敗を受け、唐・新羅の来寇に備えての遷都であったと考えられている。天智10年（671年）に天智が崩御すると、弘文元年（672年）に壬申の乱が勃発。乱を制した大海人皇子（天武天皇）は飛鳥浄御原宮へ都を遷し、近江大津宮は廃都となった。正確な場所は長らく不明だったが、昭和49年（1974年）以後の発掘調査により、大津市北郊の錦織地区で遺構の一部が発見された。

　　　　＊　　　＊　　　＊

◇幻の都大津京を掘る　林博通著　学生社　2005.9　261p　20cm　〈文献あり〉　2400円　①4-311-20284-9
◇大津京跡の研究　林博通著　京都　思文閣出版　2001.3　243, 15p　27cm　8800円　①4-7842-1073-3
◇よみがえる湖都―大津の宮時代を探る　田辺昭三著　日本放送出版協会　1983.12　241p　19cm　（NHKブックス 448）　750円　①4-14-001448-2
◇謎の古代―京・近江―京滋文化の源流を探る　京都新聞社編　河出書房新社　1981.4　267p　20cm　〈京都新聞創刊100周年記念シンポジウム　執筆：上田正昭ほか〉　1300円

律令
りつりょう

　古代国家の基本法である律と令。律は刑法、令は行政法などに相当する。律令を部分的に改正した単行法である格、それらの施行細則である式とあわせ、律令格式の4語で成文法の体系を意味する。中央集権国家を統治するために中国で発達したもので、秦・漢代に律が、南北朝時代に令が登場し、隋・唐代に完成の域に達した。東アジア諸国にも広く伝えられ、日本では7世紀後半から8世紀前半にかけて、隋・唐にならって近江令・飛鳥浄御原令・大宝律令・養老律令が制定された。また、社会変化に伴う律令規定の改変が著しくなったことから、9世紀から10世紀にかけて弘仁格式・貞観格式・延喜格式の三代格式などが編纂された。

　　　　＊　　　＊　　　＊

◇律令天皇制祭祀の研究　榎村寛之著　オンデマンド版　塙書房　2008.10　432,19p　22cm　〈原本：1996年刊〉　9500円　①978-4-8273-1603-2

◇律令官人制と地域社会　中村順昭著　吉川弘文館　2008.7　354,11p　22cm　〈年譜あり〉　11000円　①978-4-642-02468-6

◇律令国家史の研究　鎌田元一著　塙書房　2008.2　563,12p　22cm　12000円　①978-4-8273-1216-4

◇律令国家と万葉びと―飛鳥・奈良時代　鐘江宏之著　小学館　2008.2　366p　図版7p　22cm　〈全集日本の歴史　第3巻〉〈文献あり　年表あり〉　2400円　①978-4-09-622103-7

◇日本古代官職辞典　阿部猛編　増補改訂　同成社　2007.12　533,5ｐ　22ｃｍ　〈文献あり〉　9500円　①978-4-88621-415-7

◇本州東北部における古墳時代の終末と律令社会の成立―福島大学考古学研究室第1回公開シンポジウム　福島大学行政政策学類考古学研究室編　福島　福島大学行政政策学類考古学研究室　2007.11　57p　図版4p　30cm　〈会期・会場：2007年11月10日―11日　コラッセふくしま　文献あり〉

◇律令国家と農民　鬼頭清明著　塙書房　2007.9（4刷）　250p　19cm　〈塙選書83〉〈1979年刊のオンデマンド版〉　2700円　①978-4-8273-3583-5

◇氏族伝承と律令祭儀の研究　工藤浩著　新典社　2007.4　373p　22cm　〈新典社研究叢書185〉　10000円　①978-4-7879-4185-5

◇律令官人社会の研究　虎尾達哉著　塙書房　2006.11　437,4p　22cm　11000円　①4-8273-1208-7

◇日本創生から律令国家へ―神代―飛鳥・奈良期　武光誠監修・年表解説　世界文化社　2006.5　199p　24cm　〈日本の歴史を見る　ビジュアル版1〉〈年表あり〉　2400円　①4-418-06208-4

◇律令貴族成立史の研究　吉川敏子著　塙書房　2006.2　267,10p　22cm　6500円　①4-8273-1201-X

◇律令国家と天皇家産機構　古尾谷知浩著　塙書房　2006.2　383,25p　22cm　8500円　①4-8273-1198-6

◇律令制国家と古代社会　吉村武彦編　塙書房　2005.5　573p　22cm　14000円　①4-8273-1196-X

◇律令制の虚実　村井康彦著　講談社　2005.4　273p　15cm　〈講談社学術文庫〉〈1976年刊の補訂　年表あり〉　900円　①4-06-159703-5

◇律令国家仏教の研究　本郷真紹著　京都　法蔵館　2005.3　333,11p　22cm　6600円　①4-8318-7465-5

◇律令国家と神祇祭祀制度の研究　西宮秀紀著　塙書房　2004.11　482,48p　22cm　11000円　①4-8273-1184-6

◇律令国家の展開　歴史学研究会,日本史研究会編　東京大学出版会　2004.6　306p　19cm　〈日本史講座　第2巻〉　2200円　①4-13-025102-3

◇古代量制の数量的基礎―律令国家の知恵を解く　西村光央著　京都　ウインかもがわ　2004.3　222p　21cm　〈京都　かもがわ出版（発売）〉　2500円　①4-87699-791-8

◇律令法とその周辺　国学院大学日本文化研究所編　汲古書院　2004.3　318p　20cm　〈年表あり〉　6000円　①4-7629-4166-2

◇日本古代の法と裁判　長谷山彰著　創文社　2004.2　372,14p　22cm　7200円　①4-423-74086-9

◇日本律令制の構造　笹山晴生編　吉川弘文館　2003.5　490p　22cm　12000円　Ⓘ4-642-02392-5

◇日本律令制の展開　笹山晴生編　吉川弘文館　2003.5　491p　22cm　12000円　Ⓘ4-642-02393-3

◇奈良時代軍事制度の研究　松本政春著　塙書房　2003.2　406, 18p　22cm　8400円　Ⓘ4-8273-1179-X

◇日本古代国家と土地所有　山尾幸久著　吉川弘文館　2003.2　591, 10p　22cm（日本史学研究叢書）　12000円　Ⓘ4-642-02388-7

◇律令論纂　小林宏編　汲古書院　2003.2　379p　22cm　〈著者目録あり〉　12000円　Ⓘ4-7629-4165-4

◇古代王権と律令国家　筧敏生著　校倉書房　2002.12　364p　22cm　（歴史科学叢書）　9000円　Ⓘ4-7517-3380-X

◇律令国家と天平文化　佐藤信編　吉川弘文館　2002.9　332, 16p　22cm　（日本の時代史 4）〈シリーズ責任表示：石上英一〔ほか企画・編集〕〉　3200円　Ⓘ4-642-00804-7

◇律令国家の展開と地域支配　西別府元日著　京都　思文閣出版　2002.8　374, 11p　22cm　（思文閣史学叢書）　8200円　Ⓘ4-7842-1111-X

◇律令兵制史の研究　松本政春著　大阪　清文堂出版　2002.6　306, 12p　22cm　8000円　Ⓘ4-7924-0522-X

◇前近代日本の法と政治―邪馬台国及び律令制の研究　上野利三著　北樹出版　2002.1　279p　22cm　3500円　Ⓘ4-89384-846-1

◇律令貴族と政争―藤原氏と石上氏をめぐって　木本好信著　塙書房　2001.4　279p　19cm　（塙選書 97）　3000円　Ⓘ4-8273-3097-2

◇律令公民制の研究　鎌田元一著　塙書房　2001.3　626, 40p　22cm　12000円　Ⓘ4-8273-1171-4

◇日本古代国家の地方支配　北条秀樹著　吉川弘文館　2000.8　297, 10p　22cm　7800円　Ⓘ4-642-02350-X

◇古代王権と官僚制　仁藤敦史著　京都　臨川書店　2000.5　311, 16p　22cm　6300円　Ⓘ4-653-03722-1

◇律令制と貴族　竹内理三著, 竹内啓編・解説　角川書店　2000.2　573p　22cm（竹内理三著作集 第4巻）　14000円　Ⓘ4-04-522704-0

◇訳註日本律令　11　令義解訳註篇　別冊　律令研究会編　東京堂出版　1999.6　663p　16×22cm　〈複製〉　18000円　Ⓘ4-490-30218-5

◇律令制成立過程の研究　武光誠著　雄山閣出版　1998.9　245, 6p　22cm　4800円　Ⓘ4-639-01548-8

◇律令国家の地方末端支配機構をめぐって―研究集会の記録　奈良国立文化財研究所埋蔵文化財センター編　〔奈良〕　奈良国立文化財研究所　1998.3　283p　30cm

◇律令官僚制の研究　吉川真司著　塙書房　1998.2　500, 15p　22cm　9500円　Ⓘ4-8273-1150-1

◇蝦夷・律令国家・日本海―日本考古学協会1997年度秋田大会 シンポジウム2・資料集　日本考古学協会1997年度秋田大会実行委員会編　秋田　日本考古学協会1997年度秋田大会実行委員会　1997.10　458p　30cm

◇律令国家官制の研究　春名宏昭著　吉川弘文館　1997.7　320, 17p　22cm　7000円　Ⓘ4-642-02313-5

◇日本古代国家成立期の政権構造　倉本一宏著　吉川弘文館　1997.1　486, 13p　22cm　9500円　Ⓘ4-642-02309-7

◇日本の古代　15　古代国家と日本　岸俊男ほか編　岸俊男編　中央公論社　1996.12　412p 図版32p　16cm　（中公文庫）〈監修：貝塚茂樹ほか〉　1200円　Ⓘ4-12-202767-5

◇律令国家と社会構造　石上英一著　名著刊行会　1996.11　282p　20cm　（歴史学叢書）　2884円　Ⓘ4-8390-0300-9

◇日本古代の社会と国家　吉村武彦著　岩波書店　1996.9　346, 9p　22cm　7500円　Ⓘ4-00-001731-4

◇訳註日本律令　8　唐律疏議訳註篇　4　律令研究会編　東京堂出版　1996.9　377p　22cm　15000円　Ⓘ4-490-30215-0

◇日本の古代　7　まつりごとの展開　岸俊男ほか編　岸俊男編　中央公論社　1996.4　522p 図版16枚　16cm　（中公

◇文庫〉〈監修：貝塚茂樹ほか〉 1350円 ①4-12-202587-7
◇日本古代労働力編成の研究 櫛木謙周著 塙書房 1996.2 335,27p 22cm 7004円 ①4-8273-1141-2
◇律令天皇制祭祀の研究 榎村寛之著 塙書房 1996.2 432,19p 22cm 8755円 ①4-8273-1139-0
◇律令官制成立史の研究 荊木美行著 国書刊行会 1995.8 368,8p 21cm 5800円 ①4-336-03725-6
◇律令国家の政務と儀礼 虎尾俊哉編 吉川弘文館 1995.7 346p 22cm 8961円 ①4-642-02286-4
◇律令国家の地方支配 虎尾俊哉編 吉川弘文館 1995.7 340p 22cm 8961円 ①4-642-02288-0
◇律令 井上光貞ほか校注 岩波書店 1994.4 851p 22cm 〈日本思想大系新装版〉 6200円 ①4-00-003751-X
◇律令研究続貂 利光三津夫編著 慶応通信 1994.4 207p 22cm 4000円 ①4-7664-0560-9
◇律令政治と官人制 野村忠夫著 吉川弘文館 1993.12 319,6p 22cm 7000円 ①4-642-02265-1
◇日本律令制論集 上巻 笹山晴生先生還暦記念会編 吉川弘文館 1993.9 708p 22cm 13000円 ①4-642-02268-6
◇日本律令制論集 下巻 笹山晴生先生還暦記念会編 吉川弘文館 1993.9 713p 22cm 13000円 ①4-642-02269-4
◇律令国家支配構造の研究 大津透著 岩波書店 1993.1 386,23p 22cm 5500円 ①4-00-002455-8
◇律令制度崩壊過程の研究 泉谷康夫著 高科書店 1992.12 473,18p 22cm 〈1972年刊の再刊〉 8000円
◇日本律令国家論攷 青木和夫著 岩波書店 1992.7 332,10p 22cm 5500円 ①4-00-001692-X
◇訳註日本律令 9 令義解訳註篇 1 律令研究会編 東京堂出版 1991.10 483p 22cm 11650円 ①4-490-30216-9
◇佐藤誠実博士律令格式論集 佐藤誠実著, 滝川政次郎 汲古書院 1991.9 415p 22cm 〈出版：律令研究会 著者の肖像あり〉 11000円
◇初期律令官制の研究 荊木美行著 大阪和泉書院 1991.3 428,13p 22cm 〈日本史研究叢刊 1〉 8240円 ①4-87088-436-4
◇律令国家の展開過程 滝音能之編 名著出版 1991.3 244p 22cm 4000円 ①4-626-01401-1
◇律令制祭祀論考 菊地康明編 塙書房 1991.2 604,1p 22cm 9991円 ①4-8273-1081-5
◇律令地方財政史の研究 山里純一著 吉川弘文館 1991.2 343,11p 22cm 6800円 ①4-642-02249-X
◇律令註釈書の系統的研究 水本浩典著 塙書房 1991.2 550,22p 21cm 12360円 ①4-8273-1082-3
◇律令軍団制の研究 橋本裕著 増補版 吉川弘文館 1990.10 288p 22cm 〈初版の出版者：橋本裕氏遺稿集刊行会 (豊中)〉 5800円 ①4-642-02244-9
◇律令外古代法の研究 長谷山彰著 慶応通信 1990.4 269p 22cm 2987円 ①4-7664-0453-X
◇律令制社会の成立と展開 亀田隆之先生還暦記念会編 吉川弘文館 1989.12 349p 22cm 6800円 ①4-642-02239-2
◇訳註日本律令 10 令義解訳註篇 2 律令研究会編 東京堂出版 1989.4 774p 22cm 18000円 ①4-490-30217-7
◇坂本太郎著作集 第7巻 律令制度 坂本太郎著作集編集委員会編 吉川弘文館 1989.3 423,10p 22cm 5800円 ①4-642-02222-8
◇律令国家の構造 関晃先生古稀記念会編 吉川弘文館 1989.1 519p 22cm 8000円 ①4-642-02215-5
◇律令制の研究 続 利光三津夫著 慶応通信 1988.12 461p 23cm 9000円 ①4-7664-0404-1
◇律令の研究 滝川政次郎著 名著普及会 1988.11 1冊 22cm 20000円 ①4-89551-359-9
◇日本の古代 第15巻 古代国家と日本 岸俊男ほか編 岸俊男編 中央公論社 1988.5 350p 図版32p 21cm 〈監修：貝塚茂樹ほか〉 2200円 ①4-12-

402548-3
◇律の研究　利光三津夫著　名著普及会　1988.3　376p　22cm　〈明治書院昭和36年刊の複製〉　18000円　①4-89551-317-3
◇律令及び令制の研究　利光三津夫著　名著普及会　1988.3　297p　22cm　〈明治書院昭和34年刊の複製〉　18000円　①4-89551-317-3
◇律令時代の農民生活　滝川政次郎著　名著普及会　1988.1　1冊　22cm　〈『法制史上により観たる日本農民の生活・律令時代』（同人社書店大正15年～昭和2年刊）の改題複製〉　18000円　①4-89551-295-9
◇訳註日本律令　7　唐律疏議訳註篇　3　律令研究会編　東京堂出版　1987.6（再版：1999.6）　433p　22cm　15000円　①4-490-30214-2
◇日本律の基礎的研究　高塩博著　汲古書院　1987.5　488p　22cm　9800円
◇日本古代官僚制の研究　早川庄八著　岩波書店　1986.11　454, 17p　22cm　5800円　①4-00-001657-1
◇法制史論叢　第1冊　律令格式の研究　滝川政次郎著　名著普及会　1986.9　509, 2p　22cm　〈角川書店昭和42年刊の複製〉　42000円　①4-89551-231-2
◇法政史論叢　第3冊　律令賤民制の研究　滝川政次郎著　名著普及会　1986.9　488, 5p　22cm　〈角川書店昭和42年刊の複製〉　42000円　①4-89551-231-2
◇法政史論叢　第4冊　律令諸制及び令外官の研究　滝川政次郎著　名著普及会　1986.9　473, 6p　22cm　〈角川書店昭和42年刊の複製　著者の肖像あり〉　42000円　①4-89551-231-2
◇日本古代法制史　利光三津夫著　慶応通信　1986.8　171p　22cm　1700円　①4-7664-0349-5
◇田中卓著作集　6　律令制の諸問題　国書刊行会　1986.5　564p　22cm　6800円
◇律令国家と賤民　神野清一著　吉川弘文館　1986.2　267, 9p　20cm　（古代史研究選書）　2500円　①4-642-02159-0
◇角田文衞著作集　第3巻　律令国家の展開　京都　法蔵館　1985.3　350p　22cm　7000円

◇訳註日本律令　6　唐律疏議訳註篇　2　律令研究会編　東京堂出版　1984.9（再版：1999.6）　397p　22cm　15000円　①4-490-30213-4
◇律令制と古代社会─竹内理三先生喜寿記念論文集上巻　竹内理三先生喜寿記念論文集刊行会編　東京堂出版　1984.9　446p　22cm　7300円
◇日本律復原の研究　国学院大学日本文化研究所編　国書刊行会　1984.6　825, 4, 22p　22cm　16000円
◇律令制の諸問題─滝川政次郎博士米寿記念論集　滝川博士米寿記念会編　汲古書院　1984.5　831p　22cm　〈滝川政次郎の肖像あり〉　15000円
◇日本古代国家と律令制　武光誠著　吉川弘文館　1984.4　422, 25p　22cm　6800円　①4-642-02127-2
◇律令国家の軍事制　野田嶺志著　吉川弘文館　1984.4　234, 4p　20cm　（古代史研究選書）　2300円　①4-642-02155-8
◇律令国家と古代の社会　吉田孝著　岩波書店　1983.12　454, 22p　22cm　4500円
◇律令国家の歴史地理学的研究─古代の空間構成　服部昌之著　大明堂　1983.2　467p　22cm　〈付(地図5枚 袋入)〉　5800円　①4-470-45027-8
◇律令国家成立史の研究　黛弘道著　吉川弘文館　1982.12　666, 37p　22cm　（日本史学研究叢書）　9800円
◇律令軍団制の研究─橋本裕氏遺稿集　橋本裕著　豊中　橋本裕氏遺稿集刊行会　1982.11　243p　22cm
◇東アジア世界における日本古代史講座　第6巻　日本律令国家と東アジア　井上光貞ほか編集　学生社　1982.9　364p　22cm　4200円
◇律令国家と神祇　熊谷保孝著　第一書房　1982.6　424p　22cm　4500円
◇日本古代思想史の研究　井上光貞著　岩波書店　1982.3　488, 14p　22cm　4800円
◇東アジア世界における日本古代史講座　第7巻　東アジアの変貌と日本律令国家　井上光貞ほか編集　学生社　1982.1　278p　22cm　3800円

飛鳥時代

◇日本律令成立の研究　押部佳周著　塙書房　1981.11　372, 8p　22cm　5800円

◇律令制の研究　利光三津夫著　慶応義塾大学法学研究会　1981.6　277p　22cm　（慶応義塾大学法学研究会叢書 40）〈発売：慶応通信〉　3900円　④4-7664-0249-9

◇日本思想大系本『律令』頭注・補注索引　明治大学法学部法史学研究室編　明治大学法学部法史学研究室　1980.12　100p　26cm　非売品

◇古代天皇制と社会構造　竹内理三編　校倉書房　1980.3　403p　22cm　5000円

◇訳註日本律令　5　唐律疏議訳註篇　1　律令研究会編　東京堂出版　1979.10（再版：1999.6）　357p　22cm　15000円　④4-490-30212-6

◇律令行政における国・郡（地方支分部局）に対する監督体勢について　〔行政管理庁〕長官官房総務課　1979.9　201p　25cm　（行政管理問題研究資料 54-2）〈謄写版〉

◇律令国家と農民　鬼頭清明著　塙書房　1979.9　250p　19cm　（塙選書 83）1700円

◇古代国家と地方豪族　米田雄介著　〔東村山〕　教育社　1979.6　276p　18cm　（教育社歴史新書）　600円

◇律令制社会解体過程の研究　中野栄夫著　塙書房　1979.5　290, 16p　22cm　4700円

◇律令制下の司法と警察―検非違使制度を中心として　大饗亮著　大学教育社　1979.2　331, 11p　22cm　8000円

◇律令官人制の研究　野村忠夫著　増訂版　吉川弘文館　1978.8　593, 9p　22cm　（日本史学研究叢書）　5300円

◇訳註日本律令　1　首巻　律令研究会編　東京堂出版　1978.5（再版：1999.6）　636p　22cm　15000円　④4-490-30210-X

◇律令国家と貴族社会　続　竹内理三博士古稀記念会編　吉川弘文館　1978.1　640p　22cm　6300円

◇律令封禄制度史の研究　時野谷滋著　吉川弘文館　1977.8　540, 14p　22cm　（日本史学研究叢書）　6800円

◇日本思想大系　3　律令　井上光貞等校注　岩波書店　1977.3　851p　22cm　3600円

◇訳註日本律令　4　律本文篇　別冊　律令研究会編　東京堂出版　1976.9（3版：1999.6）　502p　16×22cm　〈複製〉　15000円　④4-490-30211-8

◇訳註日本律令　4　律本文篇　別冊　複製版　律令研究会編　東京堂出版　1976　502p　16×22cm　6000円

◇律令制の虚実　村井康彦著　講談社　1976　244p　18cm　（講談社現代新書）　390円

◇律令負担体系の研究　長山泰孝著　塙書房　1976　352, 13p　22cm　4500円

◇訳註日本律令　3　律本文篇　下巻　律令研究会編　東京堂出版　1975.8（再版：1999.6）　p461-938　22cm　15000円　④4-490-30548-6

◇訳註日本律令　2　律本文篇　上巻　律令研究会編　東京堂出版　1975.3（再版：1999.6）　460p　22cm　15000円　④4-490-30547-8

◇律令行政機関変遷　浅古迪著　行政管理庁長官官房総務課　1975　157p　30cm　（行政管理問題研究会資料）〈付図（袋入）：律令中央官庁変遷経過図（一般行政機関ノ部）(1枚)〉謄写版〉

◇万葉律令考　滝川政次郎著　東京堂出版　1974　698p　22cm　12000円

◇続律令制とその周辺　利光三津夫著　慶応義塾大学法学研究会　1973　288p 図　22cm　（慶応義塾大学法学研究会叢書 35）　2400円

◇律令制度崩壊過程の研究　泉谷康夫著　鳴鳳社　1972　473, 18p　22cm　4600円

◇律令叢説　岩橋小弥太著　吉川弘文館　1972　289, 21p　22cm　2700円

◇令制下における君臣上下の秩序について　喜田新六著　伊勢　皇学館大学出版部　1972　544p 肖像　22cm　5500円

◇律令官人給与制の研究　高橋崇著　吉川弘文館　1970　529, 9p　22cm　（日本史学研究叢書）　3800円

◇律令古代の東北　新野直吉著　北望社　1969　288p　22cm　1500円

◇律令国家と貴族社会　竹内理三博士還暦

200

◇律令時代の農民生活　滝川政次郎　刀江書院　1969　551p　22cm　〈『法制史上より観たる日本農民の生活律令時代』（同人社書店大正15－昭和2刊）の改訂版刀江書院昭和18年刊の複製〉　3600円
◇律令を中心とした日中関係史の研究　曽我部静雄著　吉川弘文館　1968　640p　22cm　3500円
◇律令国家成立過程の研究　八木充著　塙書房　1968　394p　22cm
◇律令政治の諸様相　野村忠夫著　塙書房　1968　301p　19cm　（塙選書）　650円
◇律令官人制の研究　野村忠夫著　吉川弘文館　1967　519p　22cm　3000円
◇律令制とその周辺　利光三津夫著　慶応義塾大学法学研究会　1967　326p　図版　22cm　（慶応義塾大学法学研究会叢書　第17）　1500円
◇律令制古代法　奥野彦六著　酒井書店　1966　363p　22cm　2000円
◇律令の研究　滝川政次郎著　刀江書院　1966　727, 75, 80p　22cm　〈昭和6年刊の複刻　付録：律令研究史（利光三津夫, 小林宏, 滝川政次郎）〉　6000円
◇律令国家の展開　角田文衛著　塙書房　1965　414p　図版　22cm
◇日本古代法史　石尾芳久著　塙書房　1964　193p　19cm　（塙選書）
◇日本古代の天皇制と太政官制度　石尾芳久著　有斐閣　1962　204p　19cm
◇律の研究　利光三津夫著　明治書院　1961　376p　22cm　〈付：律集解逸文337-376p〉
◇律令財政史の研究　村尾次郎著　吉川弘文館　1961　579, 27p　22cm　（日本史学研究叢書）
◇律令国家の基礎構造　大阪歴史学会編　吉川弘文館　1960　514p　地図　22cm
◇律令制の基調　村尾次郎著　塙書房　1960　254p　図版　19cm　（塙選書）
◇律令及び令制の研究　利光三津夫著　明治書院　1959　297p　22cm
◇律令制と貴族政権　第2部　貴族政権の構造　竹内理三著　御茶の水書房　1958　388p　22cm
◇律令制と貴族政権　第1部　貴族政権成立の諸前提　竹内理三著　御茶の水書房　1957　250p　22cm
◇律令制度の社会と文化　宮城栄昌著　弘文堂　1955　78p　15cm　（アテネ文庫）
◇律令時代の農民生活　滝川政次郎著　乾元社　1952　551p　22cm

近江令・飛鳥浄御原令
おうみりょう・あすかきよみはらりょう

　近江令は、天智天皇（在位668年～671年）の時代に制定されたといわれる令。22巻。日本最初の体系的な法典とされ、天智7年（668年）、天智の命により藤原鎌足らが編纂したといわれるが、律を欠いており、その成立・施行・内容に関する確かな史料も存在しない。天智10年（671年）までに施行されたとの説が有力である。このほか、飛鳥浄御原令と同一とする説、その存在そのものを否定する説もある。飛鳥浄御原令は7世紀後半、天武・持統朝に編纂された日本古代の法典。浄御原律令ともいう。全22巻のすべてが散逸したため、今日に伝わっていない。『日本書紀』によると、天武10年（681年）に天武天皇の命令で編纂に着手し、持統3年（689年）に施行されたという。飛鳥浄御原令の存否については諸説あるが、律は編纂されず、唐の律をそのまま借用し、近江令の改訂版であり、大宝律令の基礎とされたという学説が有力である。

*　　　*　　　*

◇天智天皇―律令国家建設者の虚実　遠山美都男著　PHP研究所　1999.2　253p　18cm　（PHP新書）　657円　①4-569-60460-9
◇律令官制成立史の研究　荊木美行著　国書刊行会　1995.8　368, 8p　21cm　5800円　①4-336-03725-6
◇古代国家の形成と展開　大阪歴史学会編　吉川弘文館　1976　719p　22cm　〈大阪歴史学会25周年記念〉　8000円

弘文天皇
こうぶんてんのう

　大化4年（648年）～弘文元年（672年）7月23日
　第39代天皇。在位期間は天智10年（671年）～弘文元年（672年）。諡は大友皇子、伊賀皇子。天

智天皇の第1皇子で、母は伊賀宅子娘。皇后は天武天皇の娘の十市皇女で、葛野王を儲けている。天智10年(671年)1月に史上初の太政大臣に任ぜられ、10月には皇太弟の大海人皇子が天智からの譲位の申し出を固辞して吉野に隠棲したため、近江朝廷の中心人物となった。12月3日に天智が崩御し、大友が即位したと推測されるが確証はない。弘文元年(672年)6月に大海人が挙兵して壬申の乱が勃発、戦いに敗れた大友は近江山前で自殺した。陵は近江長等山前陵。『日本書紀』はその即位を認めていないが、明治3年(1870年)に在位を認められ、弘文天皇と追謚された。「懐風藻」に漢詩2首が残る。

　　　　＊　　　＊　　　＊

◇古代からの伝言 壬申の乱　八木荘司著　角川書店, 角川グループパブリッシング〔発売〕　2007.2　240p　15cm　(角川文庫)　552円　ⓘ978-4-04-382806-7
◇日本史「敗者」たちの言い分―負けた側にも正義あり　岳真也著　PHP研究所〔2005.9〕　300p　15cm　(PHP文庫)　590円　ⓘ4-569-66459-8
◇研究史 壬申の乱　星野良作著　増補版　吉川弘文館　1989.7　305, 20p　19cm　〈第5刷(第1刷：73.2.23)〉　1960円　ⓘ4-642-07034-6

壬申の乱
じんしんのらん

　弘文元年(672年)壬申の年、大友皇子(弘文天皇)と大海人皇子(天武天皇)の間で戦われた、皇位継承をめぐる内乱。天智天皇は初め弟の大海人を皇太弟としていたが、晩年には息子である大友の即位を望むようになり、天智10年(671年)1月に大友を史上初の太政大臣とした。10月には天智との対立を深めた大海人が吉野山に隠棲し、12月3日に天智が崩御し大友が即位したとされる。弘文元年(672年)6月、大海人が美濃に逃れて東国を制圧し、近江へ向けて進撃を開始。1ヶ月以上にわたり各地で戦いが繰り広げられたが、7月22日に近江瀬田で大海人側の主力軍が近江朝廷側の主力軍を撃破、敗れた大友は7月23日に近江山前で自殺した。一方、乱を制した大海人は天武2年(673年)2月に飛鳥浄御原宮で即位した。

　　　　＊　　　＊　　　＊

◇壬申の乱を読み解く　早川万年著　吉川弘文館　2009.12　194p　19cm　(歴史文化ライブラリー)　1700円　ⓘ978-4-642-05684-7
◇異論壬申の乱―『日本書紀』壬申紀を検証する　榊原康彦著　彩流社　2009.10　302p　19cm　〈表紙のタイトル：異論 Jinshin no ran　文献あり〉　2000円　ⓘ978-4-7791-1464-9
◇本当は怖ろしい万葉集　壬申の乱編　西域から来た皇女　小林恵子著　祥伝社　2008.6　251p　16cm　(祥伝社黄金文庫)　〈「西域から来た皇女」(平成17年刊)の改題　年表あり　文献あり〉　571円　ⓘ978-4-396-31457-6
◇壬申の乱―史跡探訪　大竹初彦著　名古屋　ブイツーソリューション　2007.7　338, 24p　22cm　〈文献あり〉
◇壬申の乱を歩く　倉本一宏著　吉川弘文館　2007.7　232, 8p　21cm　(歴史の旅)　〈文献あり〉　2500円　ⓘ978-4-642-07978-5
◇古代からの伝言 壬申の乱　八木荘司著　角川書店, 角川グループパブリッシング〔発売〕　2007.2　240p　15cm　(角川文庫)　552円　ⓘ978-4-04-382806-7
◇壬申の乱　倉本一宏著　吉川弘文館　2007.2　290, 3p　20cm　(戦争の日本史 2)　〈文献あり　年表あり〉　2500円　ⓘ978-4-642-06312-8
◇大海人皇子、吉野を発つ―壬申の乱を旅する 平成16年度特別展　香芝市二上山博物館編　〔香芝〕　香芝市教育委員会　2004.10　57p　30cm　〈会期：2004年10月9日―11月28日　年表あり〉
◇壬申の乱の謎―古代史最大の争乱の真相　関裕二著　PHP研究所　2003.6　265p　15cm　(PHP文庫)　533円　ⓘ4-569-57971-X
◇大化の改新と壬申の乱―古代天皇制の成立　平野邦雄編　作品社　2003.3　254p　19cm　(史話日本の古代 第6巻)　〈文献あり〉　1600円　ⓘ4-87893-530-8
◇壬申大乱　古田武彦著　東洋書林　2001.10　349p　20cm　2800円　ⓘ4-88721-537-1
◇日本古代内乱史論　北山茂夫著　岩波書店　2000.9　359p　15cm　(岩波現代文庫　学術)　1100円　ⓘ4-00-600026-X
◇壬申の乱研究の展開　星野良作著　吉川弘文館　1997.10　276, 4p　22cm　6600

◇壬申の乱―大海人皇子から天武天皇へ　第3回春日井シンポジウム　森浩一，門脇禎二編　大巧社　1996.11　294p　20cm　2000円　④4-924899-13-5

◇壬申の乱―天皇誕生の神話と史実　遠山美都男著　中央公論社　1996.3　308p　18cm　（中公新書）　840円　④4-12-101293-3

◇春日井シンポジウム　第3回（1995年）壬申の乱と東海―大海人皇子から天武天皇へ　春日井市教育委員会民俗考古調査室編　〔春日井〕　第3回春日井シンポジウム実行委員会　1995.10　2冊（別冊とも）　26cm　〈別冊（94p）：著作目録　会期・会場：1995年11月18日・19日　春日井市民会館〉

◇白村江の戦いと壬申の乱―唐初期の朝鮮三国と日本　小林恵子著　補訂版　現代思潮社　1995.10　277, 5p　20cm　2472円　④4-329-00154-3

◇天武の時代―壬申の乱をめぐる歴史と神話　山本幸司著　朝日新聞社　1995.5　193p　19cm　（朝日選書 526）　1100円　④4-02-259626-0

◇水野祐著作集　5　非情の世紀　下　壬申の乱外史　早稲田大学出版部　1994.9　313p　22cm　5000円　④4-657-94730-3

◇水野祐著作集　4　非情の世紀　上　壬申の乱外史　早稲田大学出版部　1993.12　250p　22cm　4500円　④4-657-93035-4

◇白虎と青竜―中大兄と大海人攻防の世紀　小林恵子著　文芸春秋　1993.9　309p　20cm　1500円　④4-16-347930-9

◇壬申紀を読む―歴史と文化と言語　西郷信綱著　平凡社　1993.6　262p　20cm　（平凡社選書 148）　2472円　④4-582-84148-1

◇壬申の乱　直木孝次郎著　増補版　塙書房　1992.12　348p　19cm　（塙選書 13）　3605円　④4-8273-3013-1

◇壬申の乱と古事記、日本書紀の成立―斉明天皇の土左遷都がもたらしたこれらの事実を明らかにする　橋詰和人著　大空社　1992.2　232p　22cm　3000円　④4-87236-213-6

◇大来皇女と壬申の乱―斎宮をめぐる人々　企画展　斎宮歴史博物館編　明和町（三重県）　斎宮歴史博物館　1991.4　74p　26cm　〈会期：1991年4月28日～6月9日〉

◇扶桑樹呻吟記―壬申の乱　宮地たか著　大阪　日本教育研究センター　1990.7　275p　20cm　2000円　④4-89026-073-0

◇研究史　壬申の乱　星野良作著　増補版　吉川弘文館　1989.7　305, 20p　19cm　〈第5刷（第1刷：73.2.23）〉　1960円　④4-642-07034-6

◇白村江の戦いと壬申の乱―唐初期の朝鮮三国と日本　小林恵子著　現代思潮社　1987.12　277, 5p　20cm　1800円

◇壬申の乱　奈良国立文化財研究所飛鳥資料館編　明日香村（奈良県）　奈良国立文化財研究所飛鳥資料館　1987.10　55p　30cm　（飛鳥資料館図録　第18冊）

◇万葉集で読む古代争乱　中津攸子著　新人物往来社　1986.4　204p　20cm　1500円　④4-404-01345-0

◇田中卓著作集　5　壬申の乱とその前後　国書刊行会　1985.9　495p　22cm　5800円

◇悲劇の王妃―壬申の乱の犠牲者十市皇女　若浜汐子著　近代文芸社　1985.4　280p　20cm　1500円　④4-89607-448-3

◇女人たちの壬申の乱　横関朝子著　名古屋　中日新聞本社　1983.2　233p　19cm　1400円　④4-8062-0135-9

◇壬申の内乱　北山茂夫著　岩波書店　1978.8　229p　18cm　（岩波新書）　280円

◇敵見たる虎か吼ゆると―壬申の乱を歩く　第2部　三浦昇著　実業之日本社　1976　275p　20cm　（有楽選書 8）　1200円

◇敵見たる虎か吼ゆると―壬申の乱を歩く　第1部　三浦昇著　実業之日本社　1976　236p　21cm　（有楽選書 7）　1100円

◇壬申の乱―研究史　星野良作著　吉川弘文館　1973　288, 7p　19cm

◇壬申の乱　亀田隆之著　至文堂　1961　237p　19cm　（日本歴史新書）

◇壬申の乱　直木孝次郎著　塙書房　1961　279p　19cm　（塙選書）

天武天皇　てんむてんのう

舒明3年(631年)～朱鳥元年(686年)9月9日　第40代天皇。在位期間は天武2年(673年)～天武15年(686年)。和風諡号は天渟中原瀛真人尊、諱は大海人皇子。舒明天皇の第3皇子で、母は皇極天皇。斉明3年(657年)に同母兄である中大兄皇子(天智天皇)の子の鸕野讚良皇女(持統天皇)を妃に迎え、天智7年(668年)に天智が即位すると皇太弟になり、兄を補佐して政務に携わった。天智の晩年、その第1皇子である大友皇子(弘文天皇)との間に皇位継承問題が起こったため、天智10年(671年)に吉野山へ隠棲。同年末に天智が崩御すると、翌年吉野から美濃へ逃れて挙兵、1ヶ月余りの戦いの末に近江大津宮を攻め落とし、大友を自殺せしめた(壬申の乱)。天武2年(673年)に飛鳥浄御原宮で即位し、鸕野讚良を皇后とした。その後、諸氏族の部曲や諸王臣私有の山林原野の収公、諸国の境界確定、八色の姓や位階六十階の制定、律令や国史の編纂など様々な政策を実施し、天皇を頂点とする中央集権的な律令国家の構築を図った。なお、律令と国史の編纂は生前に完成しなかったが、後に飛鳥浄御原令や『古事記』『日本書紀』として結実した。大和国高市郡の檜隈大内陵がその御陵とされる。『万葉集』に4首を収める。鸕野讚良との間に出来た草壁皇子は即位することなく早世したが、その子のうち2人(文武天皇・元正天皇)が皇位に就いている。

◇天皇皇族実録 5 天武天皇実録　藤井讓治,吉岡真之監修・解説　ゆまに書房　2008.7　23, 498p　22cm　〈宮内庁書陵部蔵の複製〉　18500円　①978-4-8433-1961-1, 978-4-8433-2680-0

◇天武・持統朝の寺院造営―東日本 シンポジウム報告書　帝塚山大学考古学研究所編　〔奈良〕 帝塚山大学考古学研究所　2008.3　162p　30cm　〈会期・会場：平成19年10月21日 帝塚山大学東生駒キャンパス6202教室　文献あり〉

◇天武・持統朝の寺院造営―西日本 シンポジウム報告書　帝塚山大学考古学研究所編　〔奈良〕 帝塚山大学考古学研究所　2007.6　146p　30cm　〈会期・会場：平成19年3月18日 帝塚山大学東生駒キャンパスJ202教室　文献あり〉

◇天智王権と天武王権　佃收著　松戸 ストーク, 星雲社(発売)　2007.2　483p　22cm　(古代史の復元 7)　2800円　①978-4-434-10259-2

◇天武天皇と九州王朝―古事記・日本書紀に使用された暦 平成衝口発　砂川恵伸著　新泉社　2006.12　414p　20cm　3500円　①4-7877-0616-0

◇天武天皇の秘密と持統天皇の陰謀―謎の古代三河と大和　榊原康彦著　彩流社　2006.2　297p　19cm　〈年表あり　文献あり〉　2000円　①4-7791-1140-4

◇飛鳥王朝史―聖徳太子と天智・天武の偉業"日本"を創った激動の100年　学習研究社　2005.5　191p　26cm　(歴史群像シリーズ 特別編集)　〈文献あり　年表あり〉　1500円　①4-05-603870-8

◇天武・持統朝―その時代と人々 春季特別展　橿原　橿原考古学研究所附属博物館　2004.4　88p　30cm　(奈良県立橿原考古学研究所附属博物館特別展図録 第61冊)　〈会期：2004年4月17日―6月6日　文献あり〉

◇天武天皇隠された正体　関裕二著　ベストセラーズ　2000.7　255p　15cm　(ワニ文庫)　562円　①4-584-39114-9

◇蘇我王朝と天武天皇　石渡信一郎著　三一書房　1996.3　238p　20cm　2300円　①4-380-96220-2

◇天武の時代―壬申の乱をめぐる歴史と神話　山本幸司著　朝日新聞社　1995.5　193p　19cm　(朝日選書 526)　1100円　①4-02-259626-6

◇古事記と天武天皇の謎　大和岩雄著　京都　臨川書店　1993.10　234p　19cm

◇〈六興出版1979年刊の新版〉 1600円 ⓘ4-653-02591-6
◇天武天皇出生の謎 大和岩雄著 新版 京都 臨川書店 1993.10 241p 19cm（臨川選書） 1600円 ⓘ4-653-02585-1
◇白虎と青竜―中大兄と大海人攻防の世紀 小林恵子著 文芸春秋 1993.9 309p 20cm 1500円 ⓘ4-16-347930-9
◇天武と持統―歌が明かす壬申の乱 李寧熙著 文芸春秋 1993.3 300p 16cm（文春文庫） 460円 ⓘ4-16-753903-9
◇天武天皇隠された正体―暴かれた日本書紀のトリック 関裕二著 ベストセラーズ 1991.12 236p 19cm 1380円 ⓘ4-584-18124-1
◇天智・天武天皇の謎―『日本書紀』の虚偽と真実 大和岩雄著 六興出版 1991.7 237p 19cm（ロッコウブックス） 1400円 ⓘ4-8453-5071-8
◇天武天皇出生の謎 大和岩雄著 増補版 六興出版 1991.5 241p 19cm（ロッコウブックス） 1400円 ⓘ4-8453-5057-2
◇天武と持統―歌が明かす壬申の乱 李寧熙著 文芸春秋 1990.10 286p 20cm 1300円 ⓘ4-16-344670-2
◇天武天皇論 2 大和岩雄著 大和書房 1987.12 441, 26p 20cm 4800円 ⓘ4-479-84004-4
◇天武天皇論 1 大和岩雄著 大和書房 1987.10 345p 20cm 4800円 ⓘ4-479-84003-6
◇天武天皇出生の謎 大和岩雄著 六興出版 1987.2 240p 19cm（ロッコウブックス） 1200円 ⓘ4-8453-5057-2
◇古事記と天武天皇の謎 大和岩雄著 六興出版 1979.8 250p 19cm（ロッコウブックス） 980円
◇天武朝 北山茂夫著 中央公論社 1978.6 282p 18cm（中公新書） 460円
◇天武天皇 川崎庸之著 岩波書店 1952.5（第33刷：1998.10） 194p 18cm（岩波新書） 660円 ⓘ4-00-413093-X

八色の姓
やくさのかばね

　天武13年（684年）10月に制定された姓制度。従来の姓制度に替えて、新たに真人・朝臣・宿禰・忌寸・道師・臣・連・稲置の8種類の姓を定めた。最上位の真人は継体天皇以降の天皇の近親でそれまで公（君）姓を称していた者に、第2位の朝臣は物部連や中臣連を例外に、より遠縁の皇別氏族で臣姓を称していた者に与えられた。これに対し、第3位の宿禰は連姓を称していた神別系の有力氏族に、第4位の忌寸は直姓を称していた国造や渡来系有力氏族に与えられた。また、道師・稲置の2姓が賜姓された実例はなく、臣・連は7・8世紀を通じて諸氏族に与えられた。このように、八色の姓は皇室との親疎を基準に諸氏族を序列化し、天皇中心の新体制確立を図った政策であった。

　　　　＊　　　＊　　　＊

◇日本古代の宗教と伝承 松倉文比古編 勉誠出版 2009.3 390p 22cm（竜谷叢書 18） 9800円 ⓘ978-4-585-03242-7
◇系図研究の基礎知識―家系に見る日本の歴史 第1巻 近藤安太郎著 近藤出版社 1989.3 817, 13p 21cm 13000円 ⓘ4-7725-0265-3
◇論集日本歴史 3 平安王朝 林陸朗編 有精堂出版 1976 366p 22cm〈監修：豊田武, 児玉幸多, 大久保利謙〉 2800円

持統天皇
じとうてんのう

大化元年（645年）～大宝2年（703年）12月22日
第41代皇。在位期間は持統4年（690年）～文武元年（697年）。諱は鸕野讚良皇女。天智天皇の第2皇女で、母は蘇我倉山田石川麻呂の娘の蘇我遠智娘。大海人皇子の妃となり、草壁皇子を生む。壬申の乱に勝利した大海人が天武2年（673年）に飛鳥浄御原宮で天武天皇として即位したのに伴い皇后となった。朱鳥元年（686年）の天武崩御後は政務を執り（称制）、持統3年（689年）に皇太子草壁が没した後、持統4年（690年）に即位。飛鳥浄御原令の施行、藤原京の造営など、天武の遺業を継いで律令国家の基礎を築いた。文武元年（697年）に草壁の遺児軽皇子（文武天皇）に譲位した後も、太上天皇として政務を補佐し、大宝律令を公布した。死後、天武の檜隈大内陵に

飛鳥時代

合葬された。『万葉集』に歌6首がある。

＊　　　＊　　　＊

◇持統女帝と皇位継承　倉本一宏著　吉川弘文館　2009.3　183p　19cm　〈歴史文化ライブラリー 266〉〈文献あり〉1700円　①978-4-642-05666-3

◇執念の女帝・持統　関裕二著　ポプラ社　2009.3　244p　19cm　（関裕二〈古代史の謎〉コレクション6）〈『謎の女帝・持統』（ベストセラーズ2002年刊）の加筆修正、再編集版　文献あり〉　1300円　①978-4-591-10880-2

◇天武天皇の秘密と持統天皇の陰謀—謎の古代三河と大和　榊原康彦著　彩流社　2006.2　297p　19cm　〈年表あり　文献あり〉　2000円　①4-7791-1140-4

◇飛鳥の女帝　中河原喬著　同成社　2004.11　191p　20cm　1700円　①4-88621-304-9

◇持統天皇—日本古代帝王の呪術　吉野裕子著　オンデマンド版　京都　人文書院　2004.4　270p　19cm　2200円　①4-409-59010-3

◇天武・持統天皇と信濃の古代史　宮沢和穂著　国書刊行会　2003.9　257p　20cm　3500円　①4-336-04581-X

◇謎の女帝・持統—日本初の女性天皇　関裕二著　ベストセラーズ　2002.2　238p　18cm　〈ベスト新書〉〈「謀略の女帝持統天皇」（フットワーク出版1992年刊）の増訂〉　680円　①4-584-12035-8

◇鉄の女帝持統　小石房子著　作品社　2002.1　227p　18cm　〈日本の女帝〉〈「天照らす、持統」（1999年刊）の改題〉　800円　①4-87893-460-3

◇女帝と詩人　北山茂夫著　岩波書店　2000.7　287p　15cm　〈岩波現代文庫　学術〉　1100円　①4-00-600020-0

◇持統天皇と藤原不比等—日本古代史を規定した盟約　土橋寛著　中央公論社　1994.6　157p　18cm　〈中公新書〉〈藤原不比等の肖像あり〉　680円　①4-12-101192-9

◇天武と持統—歌が明かす壬申の乱　李寧煕著　文芸春秋　1993.3　300p　16cm　（文春文庫）　460円　①4-16-753903-9

◇万葉の心—持統天皇と藤原不比等　土橋寛述, 亀岡市, 亀岡市教育委員会編　亀岡　亀岡市　1992.10　19, 10p　19cm　（亀岡生涯学習市民大学　平成3年度）〈共同刊行：亀岡市教育委員会〉

◇謀略の女帝持統天皇—古代正史への挑戦状　関裕二著　フットワーク出版　1992.8　238p　19cm　1500円　①4-87689-104-4

◇天武と持統—歌が明かす壬申の乱　李寧煕著　文芸春秋　1990.10　286p　20cm　1300円　①4-16-344670-2

◇持統女帝の謎　山本偦著　立風書房　1988.11　228p　20cm　1300円　①4-651-75103-2

◇持統天皇—日本古代帝王の呪術　吉野裕子著　京都　人文書院　1988.3　270p　20cm　1800円　①4-409-52007-5

◇持統天皇　直木孝次郎著　吉川弘文館　1985.8　291p　19cm　（人物叢書　新装版）〈新装版　叢書の編者：日本歴史学会〉　1600円　①4-642-05009-4

◇持統女帝の生涯　津田さち子著　学生社　1980.11　204p　20cm　2400円

◇持統天皇　直木孝次郎著　吉川弘文館　1960　289p 図版　18cm　（人物叢書　日本歴史学会編）

藤原京
ふじわらきょう

　持統天皇・文武天皇・元明天皇3代の都。『日本書紀』では新益京の名で呼ばれる。また、その宮城は藤原宮と呼ばれる。現在の奈良県橿原市高殿町を中心とする、畝火・耳成・香具の大和三山に囲まれた地域に造営された。持統8年（694年）12月に持統天皇が飛鳥浄御原宮から都を遷し、和銅3年（710年）3月に元明天皇が平城京に遷都した。中国式の条坊制を採用した日本最初の都城とされ、東西約2.1キロ、南北約3.1キロの広さを持ち、朱雀大路を中心に左京・右京とも東西4坊・南北12条に区画された。大極殿・朝堂院・官衙などの遺跡が発掘され、国の史跡に指定されている。

＊　　　＊　　　＊

◇飛鳥藤原京木簡　2 解説　藤原京木簡　1　奈良文化財研究所編　〔奈良〕　国立文化財機構奈良文化財研究所, 吉川弘文館（発売）　2009.5　432, 53p　21cm　〈索

◇飛鳥藤原京木簡　2　藤原京木簡 1　奈良文化財研究所編　〔奈良〕　国立文化財機構奈良文化財研究所,吉川弘文館(発売)　2009.5　123p　38cm　①978-4-642-01975-0, 978-4-642-01974-3

◇飛鳥藤原京木簡　2(藤原京木簡 1)解説　国立文化財機構奈良文化財研究所編　奈良　国立文化財機構奈良文化財研究所　2009.3　432,53p　21cm　(奈良県文化財研究所史料 第82冊 別冊)　①978-4-902010-70-1

◇飛鳥藤原京木簡　2(藤原京木簡 1)図版　国立文化財機構奈良文化財研究所編　奈良　国立文化財機構奈良文化財研究所　2009.3　123p　38cm　(奈良文化財研究所史料 第82冊)

◇西田中瓦窯から藤原京造営を考える　大和郡山市教育委員会編　大和郡山　大和郡山市教育委員会　2009.1　46p　30cm　(こおりやま歴史フォーラム資料 第13回)　〈年表あり〉

◇飛鳥の宮と藤原京—よみがえる古代王宮　林部均著　吉川弘文館　2008.2　259p　19cm　(歴史文化ライブラリー 249)　〈文献あり〉　1800円　①978-4-642-05649-6

◇飛鳥藤原京木簡　1　飛鳥池・山田寺木簡　奈良文化財研究所編　奈良　奈良文化財研究所,吉川弘文館〔発売〕　2007.8　2冊(セット)　21cm　18000円　①978-4-642-01971-2

◇飛鳥藤原京木簡　1(飛鳥池・山田寺木簡)解説　文化財研究所奈良文化財研究所編　〔奈良〕　文化財研究所奈良文化財研究所,吉川弘文館(発売)　2007.8　378,38p　21cm　①978-4-642-01973-6, 978-4-642-01971-2

◇飛鳥藤原京木簡　1(飛鳥池・山田寺木簡)　文化財研究所奈良文化財研究所編　〔奈良〕　文化財研究所奈良文化財研究所,吉川弘文館(発売)　2007.8　図版　103p　38cm　①978-4-642-01972-9, 978-4-642-01971-2

◇飛鳥藤原京木簡　1(飛鳥池・山田寺木簡)解説　文化財研究所奈良文化財研究所編　奈良　文化財研究所奈良文化財研究所　2007.3　378,38p　21cm　(奈良文化財研究所史料 第79冊 別冊)　①978-4-902010-51-0

◇飛鳥藤原京木簡　1(飛鳥池・山田寺木簡)図版　文化財研究所奈良文化財研究所編　奈良　文化財研究所奈良文化財研究所　2007.3　103p　38cm　(奈良文化財研究所史料 第79冊 別冊)

◇藤原京と人・歌・ロマン　ムーンライトin藤原京実行委員会編　橿原　ムーンライトin藤原京実行委員会　2005.2　53p　30cm　(歴史シンポジウム v.1)　〈会期・会場：2004年10月9日 奈良県社会福祉総合センター大ホール〉

◇藤原京—よみがえる日本最初の都城　木下正史著　中央公論新社　2003.1　305p　18cm　(中公新書)　〈文献あり　年表あり〉　880円　①4-12-101681-5

◇藤原京の形成　寺崎保広著　山川出版社　2002.3　96p　21cm　(日本史リブレット 6)　〈文献あり〉　800円　①4-634-54060-6

◇飛鳥・藤原京展—古代律令国家の創造　奈良文化財研究所,朝日新聞社事業本部大阪企画事業部編　朝日新聞社　2002　227p　30cm　〈会期・会場：2002年6月1日—7月28日 大阪歴史博物館ほか　英文・中文・ハングル併載　奈良文化財研究所創立50周年記念〉

◇飛鳥藤原京　八木充著　吉川弘文館　1996.11　289,7p　20cm　(研究史)　〈関係文献一覧：p274〜289〉　2987円　①4-642-07128-8

◇藤原京千三百年—飛鳥・奈良の宮都　小松左京,石倉明編　有学書林　1994.12　198p　20cm　1800円　①4-946477-18-7

◇新益京(藤原宮)と四大神　竹沢勉著　大和書房　1990.3　197p　19cm　〈著者略歴・論文：p194〜197〉　1800円　①4-479-95019-2

◇飛鳥京藤原京考証　田村吉永著　京都綜芸舎　1965　62p　図版　19cm

都城
とじょう

中国の城郭都市にならって造営された日本古代の都。中央北寄りに天子の住まいとなる宮を置き、その外に条坊制に従って東西・南北に走

飛鳥時代

る道路で区画された街区を設定し、官人に計画的に宅地を班給した。中国では周囲を堅固な城壁で囲んだが、日本ではそうした例は殆どない。具体的に構造が明確になっている最古の都城は藤原京で、大和の古道である中ツ道、下ツ道、横大路、山田道を京極とし、朱雀大路を中心に条坊制街区が設定された。藤原京以前に行政区画としての京が成立していたことは確実だが、その京が都城制にのっとっていたかは不明である。平城京は唐の長安を模していると考えられていたが、藤原京と構造が似ており、基本的には藤原京を2倍に拡大して計画されたことが判ってからは、長安以前の北魏の洛陽城などを模したとする説が浮上している。

　　　　＊　　　＊　　　＊

◇古代都城のかたち　舘野和己編　同成社　2009.6　230p　22cm　（同成社古代史選書 3）　4800円　①978-4-88621-480-5
◇都城制研究　3　古代都城と条坊制―下三橋遺跡をめぐって　奈良女子大学21世紀COEプログラム古代日本形成の特質解明の研究教育拠点編　〔奈良〕　奈良女子大学21世紀COEプログラム古代日本形成の特質解明の研究教育拠点　2009.3　105p　30cm　（奈良女子大学21世紀COEプログラム報告集 vol.27）〈文献あり〉
◇古代都市とその思想　奈良女子大学21世紀COEプログラム古代日本形成の特質解明の研究教育拠点編　〔奈良〕　奈良女子大学21世紀COEプログラム古代日本形成の特質解明の研究教育拠点　2009.2　200p　30cm　（奈良女子大学21世紀COEプログラム報告集 vol.24）〈会期：2006年5月21日ほか〉
◇都城制研究　2　宮中枢部の形成と展開―大極殿の成立をめぐって　奈良女子大学21世紀COEプログラム古代日本形成の特質解明の研究教育拠点編　〔奈良〕　奈良女子大学21世紀COEプログラム古代日本形成の特質解明の研究教育拠点　2009.1　124p　30cm　（奈良女子大学21世紀COEプログラム報告集 vol.23）
◇日本古代都市史研究―古代王権の展開と変容　堀内明博著　京都　思文閣出版　2009.1　502p　27cm　〈索引あり〉　15000円　①978-4-7842-1457-0
◇日本古代都城制の研究―藤原京・平城京の史的意義　井上和人著　吉川弘文館　2008.4　357, 5p　22cm　11000円　①978-4-642-02465-5
◇都城制研究　1　奈良女子大学21世紀COEプログラム古代日本形成の特質解明の研究教育拠点編　〔奈良〕　奈良女子大学21世紀COEプログラム古代日本形成の特質解明の研究教育拠点　2007.11　97p　30cm　（奈良女子大学21世紀COEプログラム報告集 v.16）
◇古代都市とその形制　奈良女子大学21世紀COEプログラム古代日本形成の特質解明の研究教育拠点編　〔奈良〕　奈良女子大学21世紀COEプログラム古代日本形成の特質解明の研究教育拠点　2007.8　141p　30cm　（奈良女子大学21世紀COEプログラム報告集 v.14）〈文献あり〉
◇古代日本と朝鮮の都城　中尾芳治, 佐藤興治, 小笠原好彦編著　京都　ミネルヴァ書房　2007.3　446, 11p　22cm　〈年表あり　文献あり〉　8000円　①978-4-623-04691-1
◇都城―古代日本のシンボリズム 飛鳥から平安京へ　吉村武彦, 山路直充編　青木書店　2007.3　442p　22cm　〈文献あり〉　4800円　①978-4-250-20708-2
◇古代日本の都城と木簡　寺崎保広著　吉川弘文館　2006.12　400, 6p　22cm　10000円　①4-642-02454-9
◇古代都城制条里制の実証的研究　井上和人著　学生社　2004.5　540p　22cm　9800円　①4-311-30484-6
◇近江・大津になぜ都は営まれたのか―大津宮・紫香楽宮・保良宮 古都大津・歴史シンポジウム　大津市歴史博物館編著　〔大津〕　大津市歴史博物館　2004.3　196, 4p　19cm　〈〔彦根〕サンライズ出版（発売）　会期・会場：平成15年11月22日 大津市生涯学習センター　年表あり〉　①4-88325-252-3
◇飛鳥古京・藤原京・平城京の謎　寺沢竜著　草思社　2003.5　205p　20cm　1800円　①4-7942-1211-9
◇日本古代宮都構造の研究　小沢毅著　青木書店　2003.5　387, 8p　22cm　4900円　①4-250-20309-3
◇古代王権の空間支配　広瀬和雄, 小路田泰直編　青木書店　2003.3　301p　22cm　3200円　①4-250-20307-7
◇藤原京―よみがえる日本最初の都城　木

下正史著　中央公論新社　2003.1　305p　18cm　（中公新書）〈文献あり　年表あり〉　880円　ⓘ4-12-101681-5

◇古代の都を復元する　岡田茂弘監修　学習研究社　2002.10　127p　24cm　（Gakken graphic books deluxe 25）〈執筆：岡田茂弘，町田章，山岸常人〉　1800円　ⓘ4-05-401652-9

◇日中古代都城図録　奈良　文化財研究所　奈良文化財研究所　2002.8　191p　30cm　（奈良文化財研究所史料　第57冊）〈創立50周年記念〉

◇日中古代都城図録―奈良文化財研究所創立50周年記念　奈良文化財研究所編　クバプロ　2002.8　191p　30cm　3000円　ⓘ4-87805-012-8

◇日中宮城の比較研究　吉田歓著　吉川弘文館　2002.2　260, 9p　22cm　11000円　ⓘ4-642-02372-0

◇〈都〉の成立―飛鳥京から平安京へ　門脇禎二，狩野久編　平凡社　2002.2　303p　20cm　2900円　ⓘ4-582-47508-6

◇神々と天皇の宮都をたどる―高天原から平安京へ　高城修三著　文英堂　2001.10　271p　21cm　（特別寄稿：水野正好〉　1800円　ⓘ4-578-10080-4

◇古代・天皇の都　鈴木亨著　学習研究社　2001.7　357p　15cm　（学研M文庫）　630円　ⓘ4-05-901064-2

◇古代宮都形成過程の研究　林部均著　青木書店　2001.3　378, 13p　22cm　4800円　ⓘ4-250-20107-4

◇日韓古代宮都の研究　亀田博著　学生社　2000.5　294p　22cm　5800円　ⓘ4-311-30473-0

◇古代木簡と都城の研究　鬼頭清明著　塙書房　2000.3　403, 7p　22cm　7000円　ⓘ4-8273-1165-X

◇古代王権と都城　仁藤敦史著　吉川弘文館　1998.2　374, 14p　22cm　8200円　ⓘ4-642-02324-0

◇古代都市の構造と展開　古代都城制研究集会実行委員会編　奈良　奈良国立文化財研究所　1998　360p　30cm　（古代都城制研究集会報告集　第3回）

◇都城研究の現在　おうふうコンピュータ資料センター研究所著　おうふう　1997.11　183p　22cm　（歴史文化研究　第3号）〈執筆：鈴木久男ほか〉　3900円　ⓘ4-273-02857-3

◇日本古代都城の研究　山中章著　柏書房　1997.5　381, 15p　21cm　（ポテンティア叢書 46）　5500円　ⓘ4-7601-1455-6

◇都城における行政機構の成立と展開　古代都城制研究集会実行委員会編　奈良　奈良国立文化財研究所　1997.2　328p　30cm　（古代都城制研究集会報告集　第2回）

◇古都発掘―藤原京と平城京　田中琢編　岩波書店　1996.11　242p　18cm　（岩波新書）　680円　ⓘ4-00-430468-7

◇日本の古代 9　都城の生態　岸俊男ほか編　岸俊男編　中央公論社　1996.6　534p 図版32枚　16cm　（中公文庫）〈監修：貝塚茂樹ほか　参考文献：p519～521〉　1350円　ⓘ4-12-202629-6

◇古代都城の儀礼空間と構造　古代都城制研究集会実行委員会編　奈良　奈良国立文化財研究所埋蔵文化財センター　1996.1　313, 79p　30cm　（古代都城制研究集会報告集　第1回）

◇日本古代の都城と建築　沢村仁著　中央公論美術出版　1995.6　318p　26cm　18540円　ⓘ4-8055-0281-9

◇都という文化　おうふうコンピュータ資料センター研究所編　おうふう　1995.6　150p　22cm　（歴史文化研究　第2号）〈執筆：井上満郎ほか〉　3900円　ⓘ4-273-02837-9

◇山背から山城へ―山背遷都へのみち　特別展　京都府立山城郷土資料館　山城町（京都府）　京都府立山城郷土資料館　1994.10　61p　26cm　（展示図録 14）〈会期：平成6年10月29日～11月30日〉

◇山背から山城へ―山背遷都へのみち　開館10周年記念特別展　向日市文化資料館編　向日　向日市文化資料館　1994.9　61p　26cm　〈会期：平成6年9月24日～10月23日〉

◇日本の古代国家と城　佐藤宗諄編　新人物往来社　1994.3　283p　19cm　1800円　ⓘ4-404-02086-4

◇天皇の都―宮都再発見　左方郁子編著　読売新聞社　1994.2　253p　19cm　1200円　ⓘ4-643-94007-7

◇古代宮都の研究　今泉隆雄著　吉川弘文館　1993.12　380, 16p　22cm　〈日本史学研究叢書〉　9000円　ⓘ4-642-02271-6
◇日本の古代宮都　岸俊男著　岩波書店　1993.5　191p　19cm　2200円　ⓘ4-00-001698-9
◇古代宮都の日々　鬼頭清明著　校倉書房　1992.12　344p　20cm　3090円　ⓘ4-7517-2230-1
◇The historic city of Nara—an archaeological approach　Tsuboi Kiyotari and Tanaka Migaku, translated by David W. Hughes and Gina L. Barnes.　Tokyo　Centre for East Asian Cultural Studies　1991. xvii, 157 p., 〔12〕 p. of plates : ill. (some col.), maps　26 cm.　〈Maps on lining papers.Correction paper inserted.Includes index.Bibliography：p. 147-148.〉　ⓘ4-89656-501-0
◇日本古代宮都の研究　岸俊男著　岩波書店　1988.11　580, 21p　22cm　6900円　ⓘ4-00-001665-2
◇奈良・平安時代の宮都と文化　戸田秀典著　吉川弘文館　1988.2　391, 9p　22cm　〈折り込図2枚〉　9000円　ⓘ4-642-02135-3
◇宮都発掘—古代を考える　坪井清足編　吉川弘文館　1987.10　303p　20cm　1800円　ⓘ4-642-02144-2
◇日本の古代　第9巻　都城の生態　岸俊男ほか編　岸俊男編　中央公論社　1987.4　458p 図版32p　21cm　〈監修：貝塚茂樹ほか〉　2200円　ⓘ4-12-402542-4
◇法政史論叢　第2冊　京制並に都城制の研究　滝川政次郎著　名著普及会　1986.9　513, 2p　22cm　〈角川書店昭和42年刊の複製〉　42000円　ⓘ4-89551-231-2
◇古代宮都の探究　岸俊男著　塙書房　1984.5　248p　19cm　2500円
◇日本古代の都城と国家　狩野久編　塙書房　1984.2　303p　19cm　2800円
◇日本の古代宮都　岸俊男著　NHKサービスセンター　1981.4　140p　21cm　〈NHK大学講座〉〈東京 日本放送出版協会（発売）　シリーズ責任表示：日本放送協会編　放送期間：1981年4月—9月〉
◇日本の宮都—古代都市の原像　村井康彦著　角川書店　1978.9　230p　21cm　〈季刊論叢日本文化 9）　1900円
◇都城　上田正昭編　社会思想社　1976　389p　20cm　〈日本古代文化の探究〉　1200円

文武天皇
もんむてんのう

天武12年（683年）～慶雲4年（707年）6月15日　第42代天皇。在位期間は持統11年（697年）～慶雲4年（707年）。諱は軽（珂瑠）、和風諡号は天之真宗豊祖父天皇。草壁皇子の第2子で、母は天智天皇の娘の阿閇皇女（元明天皇）。天武天皇と持統天皇の孫にあたる。持統11年（697年）2月に皇太子となり、8月に即位。藤原不比等の娘の藤原宮子を夫人とし、首皇子（聖武天皇）を儲けた。治世の前半は持統太上天皇が後見して政務を総覧し、大宝元年（701年）に大宝律令を公布した。大宝2年（703年）に持統が崩御した後は忍壁親王や不比等らの補佐を受け、律令の定着を図りつつ、貴族の不満を解消するため官人の特権拡大を行った。また、自然災害や飢饉の頻発を受け、農民負担の軽減策などを実施した。『懐風藻』に漢詩3首、『万葉集』に短歌1首が残る。陵墓は檜隈安古山陵。

　　　＊　　　＊　　　＊

◇天皇皇族実録　6　持統天皇実録・文武天皇実録・元明天皇実録・元正天皇実録・聖武天皇実録　藤井譲治，吉岡真之監修・解説　ゆまに書房　2008.7　1冊　22cm　〈宮内庁書陵部蔵の複製〉　18500円　ⓘ978-4-8433-1962-8, 978-4-8433-2680-0
◇天皇家の謎—これ一冊で皇室の歴史が理解できる！　歴史雑学探究倶楽部編　学習研究社　2008.3　255p　19cm　〈『図解 天皇家の謎と真実』加筆・訂正・改題書〉　476円　ⓘ978-4-05-403687-1

大宝律令・養老律令
たいほうりつりょう・ようろうりつりょう

　大宝律令は、大宝元年（701年）に施行された律令。律6巻、令11巻。唐の永徽律令に範を取り、文武天皇元年（697年）の文武天皇の即位前後から、刑部親王・藤原不比等らが中心となって編纂。文武4年（700年）3月に大宝令が、大宝元年（701年）8月に日本初の律である大宝律が完成し、天

平宝字元年（757年）の養老律令施行まで国の基本法典となった。養老律令が施行された後に大宝律令は散逸し、現在では令集解などにより条文の一部を知ることができるのみである。養老律令は律10巻約500条、令10巻約1000条。養老2年（718年）に藤原不比等らが大宝律令を一部修正して編纂したものと伝えられ、大宝律令からの大きな変更点はない。不比等の孫の藤原仲麻呂（恵美押勝）により公布・施行された。律令国家の崩壊により実行力を失ったが、武家政権の時代にも公家社会では形式的に重んじられた。律の大半は散逸したが、唐律から内容を推定できる。令の大部分は令義解・令集解などの注釈書に収録されて現存する。

　　　　　＊　　　＊　　　＊

◇律　令義解　清原夏野ほか撰　吉川弘文館　2007.6　180, 354p　27cm　〈国史大系 新訂増補 第22巻〉〈平成12年刊（新装版）を原本としたオンデマンド版〉12500円　①978-4-642-04023-5

◇令集解　前篇　惟宗直本編　吉川弘文館　2007.6　527p　27cm　〈国史大系 新訂増補 第23巻〉〈平成12年刊（新装版）を原本としたオンデマンド版〉　12500円　①978-4-642-04024-2

◇令集解　後篇　惟宗直本編　吉川弘文館　2007.6　p529-976, 26, 11p　27cm　〈国史大系 新訂増補 第24巻〉〈平成12年刊（新装版）を原本としたオンデマンド版〉12000円　①978-4-642-04025-9

◇令集解　後篇　黒板勝美編　新装版　吉川弘文館　2000.9　p529-976, 26, 11p　23cm　〈国史大系 新訂増補 第24巻〉〈複製〉　7600円　①4-642-00326-6

◇令集解　前篇　黒板勝美編　新装版　吉川弘文館　2000.8　527p　23cm　〈国史大系 新訂増補 第23巻〉〈複製〉　7600円　①4-642-00325-8

◇律　令義解　黒板勝美編, 黒板勝美編　新装版　吉川弘文館　2000.6　180, 354p　23cm　〈国史大系 新訂増補 第22巻〉〈複製〉　7600円　①4-642-00324-X

◇令集解所引漢籍備考　奥村郁三編著　吹田　関西大学東西学術研究所　2000.3　718, 45p　27cm　〈関西大学東西学術研究所研究叢刊 14〉〈発行所：関西大学出版部〉　16000円　①4-87354-312-6

◇貴重典籍叢書─国立歴史民俗博物館蔵　歴史篇 第6巻　令集解　6　国立歴史民俗博物館館蔵史料編集会編　惟宗直本撰　京都　臨川書店　1999.9　323p　23cm　〈付・校勘記　複製〉　10000円　①4-653-03526-1, 4-653-03520-2

◇令義解─紅葉山文庫本　二色刷影印　東京堂出版　1999.9　462p　16×24cm　〈解説：水本浩典〉　38000円　①4-490-20391-8

◇訳註日本律令　11　令義解訳註篇　別冊　律令研究会編　東京堂出版　1999.6　663p　16×22cm　〈複製〉　18000円　①4-490-30218-5

◇貴重典籍叢書─国立歴史民俗博物館蔵　歴史篇 第5巻　令集解　5　国立歴史民俗博物館館蔵史料編集会編　惟宗直本撰　京都　臨川書店　1999.3　612p　23cm　〈複製〉　12000円　①4-653-03525-3, 4-653-03520-2

◇貴重典籍叢書─国立歴史民俗博物館蔵　歴史篇 第4巻　令集解　4　国立歴史民俗博物館館蔵史料編集会編　惟宗直本撰　京都　臨川書店　1999.2　568p　23cm　〈複製〉　11000円　①4-653-03524-5, 4-653-03520-2

◇貴重典籍叢書─国立歴史民俗博物館蔵　歴史篇 第3巻　令集解　3　国立歴史民俗博物館館蔵史料編集会編　惟宗直本著　京都　臨川書店　1999.1　588p　23cm　〈複製〉　12000円　①4-653-03523-7, 4-653-03520-2

◇貴重典籍叢書─国立歴史民俗博物館蔵　歴史篇 第2巻　令集解　2　国立歴史民俗博物館館蔵史料編集会編　惟宗直本著　京都　臨川書店　1998.12　604p　23cm　〈複製〉　12000円　①4-653-03522-9, 4-653-03520-2

◇貴重典籍叢書─国立歴史民俗博物館蔵　歴史篇 第1巻　令集解　1　国立歴史民俗博物館館蔵史料編集会編　惟宗直本著　京都　臨川書店　1998.11　598p　23cm　〈複製〉　12000円　①4-653-03521-0, 4-653-03520-2

◇令集解私記の研究　荊木美行編　汲古書院　1997.3　363p　21cm　6000円　①4-7629-9445-6

◇訳註日本律令　9　令義解訳註篇　1　律令研究会編　東京堂出版　1991.10　483p　22cm　11650円　①4-490-30216-9

◇令集解総索引　水本浩典ほか編　高科書

店　1991.9　2冊　27cm　〈付(1冊)：検字表〉　全45000円
◇令義解総索引　亀井隆之ほか編　高科書店　1991.4　276p　22cm　6000円
◇令集解官位令職員令語句索引　奥村郁三、薗田香融共編　吹田　関西大学東西学術研究所　1990.3　426p　22cm　（関西大学東西学術研究所研究叢刊 7）〈発行所：関西大学出版部〉　6500円　①4-87354-117-4
◇令集解引書索引　戸川芳郎ほか編　汲古書院　1990.1　224p　23cm　3500円
◇訳註日本律令　10　令義解訳註篇　2　律令研究会編　東京堂出版　1989.4　774p　22cm　18000円　①4-490-30217-7
◇令集解釈義　三浦周行, 滝川政次郎共編　国書刊行会　1982.4　894, 26p　22cm　〈昭和6年刊の複製　滝川政次郎の肖像あり〉　15000円
◇新釈令義解　薗田守良著　律令研究会　汲古書院（制作・発売）　1974　2冊　27cm　〈神宮文庫所蔵本の複製〉　各15000円

神祇官・太政官
じんぎかん・だいじょうかん

　律令制における最高機関で、両者をあわせて二官と呼ぶ。神祇官は「かみづかさ」とも読み、天神地祇の祭祀をつかさどり、諸国の官社を総管する。形式上は太政官の上位に位置付けられたが、規模や権能は小さく、行政上は太政官に指揮された。太政官は国政を統括する最高機関で、「おおいまつりごとのつかさ」とも読み、別名は尚書省・都省・鸞台、藤原仲麻呂が官名を唐風に改めた際には乾政官と称した。長官は太政大臣、次いで左大臣・右大臣がおり、大臣に大納言を加えた議政官（後に令外官として内大臣・中納言・参議を設置）が政務を審議した。議政官の下には直属の事務局である少納言局と、八省以下の官司を管掌して行政実務の執行にあたる左弁官局・右弁官局が置かれた。

　　　　＊　　　＊　　　＊

◇律令太政官制の研究　武光誠著　増訂　吉川弘文館　2007.7　330, 12p　22cm　13000円　①978-4-642-02459-4
◇律令太政官制の研究　武光誠著　吉川弘文館　1999.5　193, 5p　22cm　〈索引あり〉　4800円　①4-642-02335-6

◇日本行政史序説　笠原英彦著　芦書房　1998.3　270p　19cm　3000円　①4-7556-1135-0
◇日本古代の天皇制と太政官制度　石尾芳久著　有斐閣　1962　204p　19cm

八　省
はっしょう

　律令制において太政官に置かれた8つの中央行政官庁で、「やつのすぶるつかさ」とも読む。中務省・式部省・治部省・民部省・兵部省・刑部省・大蔵省・宮内省の総称。このうち、前4者は左弁官局、後4者は右弁官局に属した。八省百官と言えば狭義には八省およびその被官を、また二官八省と言えば狭義には神祇官・太政官の二官と八省を指すが、広義にはいずれの語も、八省管轄下の職・寮・司や八省管轄外の弾正台・衛府などの中央官庁および地方官庁を含む、律令制の官庁組織の総体を意味する。こうした官庁組織は7世紀後半から徐々に形成され、持統3年（689年）の飛鳥浄御原令を経て、大宝元年（701年）の大宝令で完成の域に達した。

　　　　＊　　　＊　　　＊

◇日本古代官職辞典　阿部猛編　増補改訂　同成社　2007.12　533, 54p　22cm　〈文献あり〉　9500円　①978-4-88621-415-7
◇日本古代官職辞典　阿部猛編　高科書店　1995.2　525, 54p　21cm　9785円
◇有職故実　上　石村貞吉著, 嵐義人校訂　講談社　1987.8　350p　15cm　（講談社学術文庫）　880円　①4-06-158800-1
◇日本古代衛府制度の研究　笹山晴生著　東京大学出版会　1985.4　369, 12p　22cm　5200円　①4-13-020072-0
◇律令衛府関係機関（中央）の変遷—資料集　浅古迪著　行政管理庁長官官房総務課　1976　114p　31cm　（行政管理問題研究会資料 51-7）〈付図（袋入）：衛府関係機関変遷表（1枚）謄写版〉

大宰府
だざいふ

　律令制において筑前国に置かれた地方官庁。「おおみこともちのつかさ」とも読む。九州および壱岐・対馬を管轄した他、外交使節の接待や海

防などに当たった。律令制では地方行政は中央政府による諸国直轄を原則とするが、古くから大陸への門戸として重要な役割を果たしてきた九州には例外的に大宰府が置かれ、西海道諸国を統轄した。このため、大宰府には帥・弐・監・典の四等官や祭祀をつかさどる主神をはじめ、中央政府の縮小版といえる官制や都市が組織され、大きな権限を持つことから遠朝廷(とおのみかど)とも呼ばれた。大和政権時代に起源を持ち、大宝元年(701年)の大宝令で整備され、政治的・文化的に重要な役割を果たしたが、中世には有名無実化した。福岡県太宰府市に遺跡があり、特別史跡に指定されている。

　　　　*　　　　*　　　　*

◇大宰府古代史年表　川添昭二監修, 重松敏彦編　吉川弘文館　2007.2　642p　23cm　〈付・官人補任表〉　16000円　①978-4-642-01433-5
◇国境の誕生—大宰府から見た日本の原形　ブルース・バートン著　日本放送出版協会　2001.8　281p　19cm　(NHKブックス)　1070円　①4-14-001922-0
◇大宰府と観世音寺—発掘された古代の筑紫　高倉洋彰著　福岡　海鳥社　1996.11　269p　19cm　(海鳥ブックス 18)　1854円　①4-87415-172-8
◇大宰府探求　田村円澄著　吉川弘文館　1990.1　272p　20cm　2800円　①4-642-07284-5
◇多賀城と大宰府—東北歴史資料館15周年記念 宮城県多賀城跡調査研究所20周年記念　〔多賀城〕　東北歴史資料館　1989.8　1冊　26cm
◇大宰府の歴史　7　古都大宰府を守る会編　福岡　西日本新聞社　1987.10　313p　19cm　1800円　①4-8167-0004-8
◇大宰府—古代を考える　田村円澄編　吉川弘文館　1987.5　264p　19cm　1800円　①4-642-02143-4
◇大宰府の歴史　6　古都大宰府を守る会編　福岡　西日本新聞社　1986.11　271p　19cm　1800円　①4-8167-0092-7
◇大宰府の歴史　5　古都大宰府を守る会編　福岡　西日本新聞社　1986.3　257p　19cm　1800円　①4-8167-0091-9
◇大宰府の歴史　4　古都大宰府を守る会編　福岡　西日本新聞社　1985.6　241p　19cm　1800円　①4-8167-0090-0

◇古代の大宰府　倉住靖彦著　吉川弘文館　1985.5　275, 8p　20cm　(古代史研究選書)　2500円　①4-642-02157-4
◇大宰府の歴史　3　古都大宰府を守る会編　福岡　西日本新聞社　1984.12　257p　19cm　1800円　①4-8167-0089-7
◇大宰府の歴史　2　古都大宰府を守る会編　福岡　西日本新聞社　1984.7　235p　19cm　1700円　①4-8167-0064-1
◇大宰府の歴史　1　古都大宰府を守る会編　福岡　西日本新聞社　1984.3　313p　19cm　1800円　①4-8167-0063-3
◇古代を考える　28　大宰府跡の検討　羽曳野　古代を考える会　1981.9　63p　26cm　900円
◇大宰府　倉住靖彦著　〔東村山〕　教育社　1979.11　218p　18cm　(教育社歴史新書)　600円
◇古代筑紫文化の謎—万葉と古代九州　筑紫豊著　新人物往来社　1974　249p　図　20cm　1200円
◇邪馬台と大宰府　長沼賢海著　太宰府町(福岡県)　太宰府天満宮文化研究所　1968　493p　図　22cm　非売

五畿七道
ごきしちどう

律令制における地方行政区画。日本全国を指す語としても用いられた。五畿は五畿内の略で、山城・大和・摂津・河内・和泉を指す。大化2年(646年)の設置当初は四畿内といったが、天平宝字元年(757年)に河内から和泉が分置され五畿内となった。都城の所在した大和・山城およびその周辺に位置する政治・経済・文化の中心地域であり、大化の改新以来特別扱いされ、大宝令でも調の半分と庸の全てが免除されていた。七道は東海道・東山道・北陸道・山陰道・山陽道・南海道・西海道のことで、本来は都から放射状に伸びる街道の名だが、諸国はいずれかの道に属したため、地方行政区画となった。地方に対する政策はしばしば道を単位に実施され、巡察使・問民苦使・節度使の派遣なども畿内・道ごとに行われた。

　　　　*　　　　*　　　　*

◇事典日本古代の道と駅　木下良著　吉川弘文館　2009.3　412, 9p　23cm　〈索引あり〉　8000円　①978-4-642-01450-2

213

飛鳥時代

◇道路誕生―考古学からみた道づくり　近江俊秀著　青木書店　2008.3　230p　21cm　2800円　①978-4-250-20806-5

◇日本古代史地名事典　加藤謙吉, 関和彦, 遠山美都男, 仁藤敦史, 前之園亮一編　雄山閣　2007.10　960p　22cm　15000円　①978-4-639-01995-4

◇古代国家と道路―考古学からの検証　近江俊秀著　青木書店　2006.6　247, 21p　21cm　5300円　①4-250-20615-7

◇完全踏査 続古代の道―山陰道・山陽道・南海道・西海道　木下良監修, 武部健一著　吉川弘文館　2005.11　283p　19cm　2800円　①4-642-07948-3

◇完全踏査 古代の道―畿内・東海道・東山道・北陸道　木下良監修, 武部健一著　吉川弘文館　2004.10　245p　19cm　2600円　①4-642-07932-7

◇宿場　児玉幸多編　東京堂出版　1999.7　334p　20cm　(日本史小百科)　2800円　①4-490-20331-4

◇国府―畿内・七道の様相 日本考古学協会1996年度三重大会 シンポジウム2　日本考古学協会1996年度三重大会三重県実行委員会編　明和町(三重県)　日本考古学協会1996年度三重大会三重県実行委員会　1996.11　486p　30cm

◇古代道路―古代を考える　木下良編　吉川弘文館　1996.4　315p　20cm　2575円　①4-642-02187-6

◇道のはなし 1　武部健一著　技報堂出版　1992.4　280p　19cm　1751円　①4-7655-4377-3

◇道の古代史―古道哀歓　上田正昭著　大和書房　1986.4　281p　20cm　(日本文化叢書 7)　1900円　①4-479-83007-3

◇古代の道と国　丸茂武重著　六興出版　1986.1　229p　19cm　(ロッコウブックス)　1300円

◇道の古代史―記紀のあしあと　上田正昭著　京都　淡交社　1974　264p　22cm　(淡交選書)　1000円

国郡里
こくぐんり

律令制における地方行政組織。全国を国・郡・里の三段階の行政区画に編成し、国には国司、郡には郡司、里には里長を置いた。なお、国司が中央から派遣されたのに対し、郡司は旧国造などの在地首長が、里長は現地の有力農民が任命された。国司と郡司の役所はそれぞれ国衙、郡衙(郡家)と呼ばれた。里は50戸からなり、郡は2里以上20里以下とされ、里の数により5等級に区分された。また、国はその国力や都からの距離により区分された。大化の改新を経て7世紀後半に成立し、大宝元年(701年)の大宝律令施行により完成した。霊亀元年(715年)に里を郷と改め、郷を2～3の里に分けたが、天平12年(740年)頃に里が廃止された。

*　　*　　*

◇地方木簡と郡家の機構　森公章著　同成社　2009.7　332p　22cm　(同成社古代史選書 5)　8000円　①978-4-88621-492-8

◇日本古代の郡衙遺跡　条里制・古代都市研究会編　雄山閣　2009.3　369p　27cm　〈文献あり〉　12000円　①978-4-639-02076-9

◇古代の地方官衙と社会　佐藤信著　山川出版社　2007.2　105p　21cm　(日本史リブレット 8)　〈文献あり〉　800円　①978-4-634-54080-4

◇国司の館―古代の地方官人たち　田中広明著　学生社　2006.9　209p　20cm　2200円　①4-311-20300-4

◇東国の国府―発掘された古代の役所　上田市立信濃国分寺資料館編　上田　上田市立信濃国分寺資料館　2000.9　72p　26cm

◇古代郡司制度の研究　森公章著　吉川弘文館　2000.2　371, 8p　22cm　7500円　①4-642-02346-1

◇日本古代の外交と地方行政　大山誠一著　吉川弘文館　1999.12　256p　22cm　6000円　①4-642-02344-5

◇国府―畿内・七道の様相 日本考古学協会1996年度三重大会 シンポジウム2　日本考古学協会1996年度三重大会三重県実行委員会編　明和町(三重県)　日本考古学協会1996年度三重大会三重県実行委員会　1996.11　486p　30cm

◇斎宮・国府・国分寺―伊勢のまつりと古代の役所 特別展　斎宮歴史博物館, 三重県埋蔵文化財センター編　明和町(三重県)　斎宮歴史博物館　1996.10　64p

飛鳥時代

30cm 〈共同刊行:三重県埋蔵文化財センター 会期:平成8年10月10日〜11月24日 主要参考文献:p63〉
◇国府 藤岡謙二郎著 吉川弘文館 1995.7 271, 12p 20cm (日本歴史叢書 新装版)〈新装版 折り込図1枚 叢書の編者:日本歴史学会〉 2781円 ①4-642-06617-9
◇郡司制の成立 渡部育子著 吉川弘文館 1989.8 261, 8p 20cm (古代史研究選書) 2700円 ①4-642-02165-5
◇国府―その変遷を主にして 木下良著 〔東村山〕 教育社 1988.6 334p 18cm (教育社歴史新書) 1000円 ①4-315-50694-X
◇国衙機構の研究―「在国司職」研究序説 関幸彦著 吉川弘文館 1984.12 339, 13p 22cm 5000円 ①4-642-02574-X
◇古代を考える 13 近江国府跡の検討 羽曳野 古代を考える会 1978.1 54p 図版7枚 26cm
◇郡司の研究 米田雄介著 法政大学出版会 1976 376, 13p 22cm (叢書・歴史学研究) 4300円
◇常陸国府・郡家の研究―東洋史上より見た 豊崎卓著 山川出版社 1970 398p 図版 22cm 4000円
◇国府 藤岡謙二郎著 吉川弘文館 1969 271p 地図 20cm (日本歴史叢書 日本歴史学会編)
◇国司制度 吉村茂樹著 塙書店 1962 211p 図版 19cm (塙選書 第23))

戸籍・計帳
こせき・けいちょう

　律令制下における民衆把握のための基本帳簿。戸籍は中国にならって6世紀ごろから朝廷直轄領の一部で造られ、律令国家では班田収授や氏姓決定などのため、戸主・戸口・奴婢の氏姓名・性別・年齢や課不課の別、受田額などを記載し6年に一度作成された。9世紀には定期作製が困難となり、11世紀には廃絶した。計帳は調・庸などの人頭税を賦課するため国ごとに毎年作成され、国内の人口・調口数・調帳などを国司がまとめて算出した。この制度も律令体制の弛緩にともない9世紀を通じて次第に衰退していった。

＊　　＊　　＊

◇日本古代の家族と村落 宮本救著 吉川弘文館 2006.9 376, 6p 22cm 13000円 ①4-642-02450-6
◇古代人名録―戸籍と計帳の世界 平成7年度秋季特別展 大阪府立近つ飛鳥博物館編 河南町(大阪府) 大阪府立近つ飛鳥博物館 1995.10 94p 30cm (大阪府立近つ飛鳥博物館図録6)〈会期:1995年10月3日〜12月3日〉
◇正倉院籍帳の研究 布村一夫著 刀水書房 1994.2 580p 22cm 13000円 ①4-88708-152-9
◇日本古代戸籍の研究 南部昇著 吉川弘文館 1992.2 475, 3p 22cm 9200円 ①4-642-02254-6
◇日本古代籍帳制度論 平田耿二著 吉川弘文館 1986.5 584, 6p 22cm 〈折り込図3枚〉 10000円 ①4-642-02203-1
◇日本古代籍帳の研究 岸俊男著 塙書房 1973 499p 図 22cm 3600円
◇正倉院文書大宝・養老戸籍の人名語の索引 筏勲編 大阪 民間大学刊行会 1960 34p 25cm 〈謄写版〉
◇正倉院文書大宝・養老戸籍の人名語の索引 第2 筏勲編 大阪 民間大学刊行会 1960 60p 25cm 〈謄写版〉

班田収授法
はんでんしゅうじゅのほう

　律令制における土地制度の基本法。6歳以上の人民を対象に、良民の男子は2段、良民の女子はその3分の2、官戸・官奴婢は良民と同じ、家人・私奴婢は良民の3分の1の口分田が与えられ、1段につき2束2把の稲を田租として納めることになっていた。6年ごとに作られる戸籍に基づき、同様に6年ごとに実施され、新たに6歳以上に達した者に口分田が与えられ、死亡者の口分田は収公された。唐の均田法にならった制度で、『日本書紀』には大化2年(646年)に成立したとあるが、持統3年(689年)の飛鳥浄御原令で制定されたとする説が有力である。平安時代初期以降は実行が困難になり、延喜年間(901年〜923年)に廃絶した。

＊　　＊　　＊

◇律令田制と班田図 宮本救著 吉川弘文

215

館 1998.2 288, 6p 27cm （日本史学研究叢書）〈文献あり 索引あり〉 12000円 Ⓘ4-642-02322-4
◇日本古代土地法史論 虎尾俊哉著 吉川弘文館 1981.10 297, 6p 22cm 5000円
◇班田収授 村山光一著 吉川弘文館 1978.4 330, 6p 19cm （研究史）〈班田収授制関係文献一覧：p317〜330〉 1600円
◇班田収授法の研究 虎尾俊哉著 吉川弘文館 1961 511p 表 22cm （日本史学研究叢書）
◇上代の土地制度 今宮新著 至文堂 1957 217p 19cm （日本歴史新書）

条里制
じょうりせい

　古代日本の律令体制下における土地区画制度。6町（約654メートル）の幅で碁盤目状に区画し、一区画を里とよび、里はさらに1町間隔で縦横に区切り36の坪とし、何国何郡何条何里何坪とよんで土地の位置を表した。また、国家的に耕地を支配・管理し、班田制度を補助する役割を果たした。起源や施行細則については明確ではなく、6世紀末から7世紀初頭に局地的に出現した可能性が高い。7世紀後半から8世紀中期に全国の平野において施行されたが、12世紀後半から14世紀前半にはほとんどの地方で姿を消したと考えられる。分布は、畿内、北九州、瀬戸内、近江から東へ出た濃尾平野、北へ出た福井平野で著しく発達し、東北、関東、山陰、南九州では部分的に見られる。

　　　　＊　　　＊　　　＊

◇古代都城制条里制の実証的研究 井上和人著 学生社 2004.5 540p 22cm 9800円 Ⓘ4-311-30484-6
◇空から見た古代遺跡と条里 条里制研究会編 大明堂 1997.5 167p 31cm 6200円 Ⓘ4-470-45046-4
◇条里制 落合重信著 吉川弘文館 1995.6 262, 7p 20cm （日本歴史叢書 新装版）〈新装版 折り込図3枚 叢書の編者：日本歴史学会〉 2678円 Ⓘ4-642-06613-6
◇古代日本の景観―方格プランの生態と認識 金田章裕著 吉川弘文館 1993.3 311, 8p 22cm 6800円 Ⓘ4-642-02264-3
◇条里と村落の歴史地理学研究 金田章裕著 大明堂 1985.6 509p 22cm 5600円 Ⓘ4-470-45030-8
◇条里地域の自然環境 高木勇夫著 古今書院 1985.4 238p 22cm 3000円 Ⓘ4-7722-1142-X
◇伊勢湾岸地域の古代条里制 弥永貞三, 谷岡武雄編 東京堂出版 1979.6 319p 22cm 〈執筆：弥永貞三ほか〉 4800円
◇条里遺構に関する若干の覚書―その考古学的成果 鈴木実夫, 日下部善己著 〔福島〕〔日下部善己〕 1979.3 14p 26cm
◇条里制と荘園―伊勢湾西岸地域の歴史地理学的研究 倉田康夫著 東京堂出版 1976 345p 22cm 5800円
◇条里制の歴史地理学的研究―尾張・美濃・越前を中心として 水野時二著 大明堂 1971 850p 図2枚・地図8枚（袋入） 27cm 5600円
◇条里制の研究―歴史地理学的考察 渡辺久雄著 大阪 創元社 1968 487p 地図 22cm （創元学術双書） 2800円
◇条里制 落合重信著 吉川弘文館 1967 262p 図版 地図 20cm （日本歴史叢書 17 日本歴史学会編） 650円

租庸調・雑徭
そようちょう・ぞうよう

　律令制における租税。飛鳥浄御原令を経て、大宝元年（701年）の大宝律令により確立された。租は口分田・位田・賜田・功田などに課され、田1段につき稲2束2把または1束5把を納めた。庸は人頭税で、年10日の歳役（労役）のかわりに正丁1人あたり布2丈6尺を納めた。布のかわりに米・塩・綿などを納めることもあった。調は大化の改新では田の面積および戸単位に、大宝律令以後は人頭税として課せられ、絹・綿・鉄・海産物など諸国の特産物を納めた。雑徭は令に定められた歳役とは別に課せられた労役で、正丁は年60日、次丁は30日、中男は15日を限度とし（後に軽減）、国司の指揮下で土木工事などに従事した。庸と調が中央に運ばれ国家の財源となったのに対し、租と雑徭は地方の財源とされた。

　　　　＊　　　＊　　　＊

飛鳥時代

◇制度通 2 伊藤東涯著, 砺波護, 森華校訂 平凡社 2006.10 352p 18cm （東洋文庫） 2900円 ⓘ4-582-80755-0
◇法制史研究 54 法制史学会編 創文社 2005.3 295,44p 21cm 10000円
◇日本古代の食封と出挙 水野柳太郎著 吉川弘文館 2002.8 400,14p 22cm 11000円 ⓘ4-642-02381-X
◇日本古代の財政制度 早川庄八著 名著刊行会 2000.7 335p 20cm （歴史学叢書） 3000円 ⓘ4-8390-0311-4
◇文学にあらわれた日本人の納税意識 佐藤進著 東京大学出版会 1987.5 246p 19cm （UP選書 255） 1400円 ⓘ4-13-002055-2
◇均田、租庸調制度の研究 鈴木俊著 刀水書房 1980.4 209,12p 22cm 4200円
◇岩波講座世界歴史 第5 古代 第5 東アジア世界の形成 第2 岩波書店 1970 474p 22cm 1000円

防人
さきもり

　古代の軍事制度で、筑紫・大宰府など北九州や壱岐・対馬の防備に当たった兵士。大化前代にもこれに類したものが置かれたが、天智2年（663年）の白村江の戦いに敗れた後に防人として制度化された。大宰府の防人司の統率下に置かれ、任期は3年。任地までの移動や任期中に必要な武器・食糧の調達を自力で行わなければならず、任期中の税の免除も行われないという過酷なもので、1年のうち60日間は軍役につき、それ以外は農業に従事して食糧を自給した。初めは諸国の軍団の兵士から選ばれたが、後に東国の兵士に限られるようになった。その後数度の改廃を経て、延暦14年（795年）に防人司が廃止された。『万葉集』には東国防人たちが詠んだ防人歌が収められている。

　　　＊　　　＊　　　＊

◇東歌と防人歌―東国万葉の跡を訪ねて 瀬古確著 右文書院 2009.7 325p 19cm 〈著作目録あり〉 1800円 ⓘ978-4-8421-0733-2
◇大宰府古代史年表 川添昭二監修, 重松敏彦編 吉川弘文館 2007.2 642p 23cm 〈付・官人補任表〉 16000円 ⓘ978-4-642-01433-5
◇防人とその周辺 落合正男著 横浜門土社 1998.12 91p 19cm 1000円 ⓘ4-89561-220-1
◇大宰府探求 田村円澄著 吉川弘文館 1990.1 272p 20cm 2800円 ⓘ4-642-07284-5
◇防人の歌は愛の歌 山本藤枝著 立風書房 1988.7 174p 20cm 〈参考文献：p169〉 1000円 ⓘ4-651-13015-1
◇防人歌の基礎構造 吉野裕著 筑摩書房 1984.1 286p 19cm （筑摩叢書 287） 1600円
◇防人と衛士―律令国家の兵士 野田嶺志著 〔東村山〕 教育社 1980.1 257p 18cm （教育社歴史新書） 〈略年表：p253～257〉 600円

木簡
もっかん

　古代、中国や日本で文字を書き記すために用いた木の札。細長い小板に毛筆で墨や漆で書き、並べて革・麻の紐でつづり巻き携帯・保存した。材質は檜、杉が多く、大きさは多くが長さ十数センチから三十数センチほど。内容は役所間の連絡文書や記録、税物につけた荷札など種々のものがある。昭和36年（1961年）に平城宮跡の内裏北西方の土壌から出土した40点の木簡をはじめ全国各地で発見された。日本で最古のものは奈良県明日香村坂田寺跡下層、もしくは前期難波宮下層遺構から出土したものとされ、いずれも7世紀前半を下らないとされる。

　　　＊　　　＊　　　＊

◇地方木簡と郡家の機構 森公章著 同成社 2009.7 332p 22cm （同成社古代史選書 5） 8000円 ⓘ978-4-88621-492-8
◇奈良貴族の時代史―長屋王家木簡と北宮王家 森公章著 講談社 2009.7 286p 19cm （講談社選書メチエ 444） 〈並列シリーズ名：Kodansha sensho metier 索引あり〉 1800円 ⓘ978-4-06-258444-9
◇飛鳥藤原京木簡 2 解説 藤原京木簡 1 奈良文化財研究所編 〔奈良〕 国立文化財機構奈良文化財研究所, 吉川弘文館（発売） 2009.5 432,53p 21cm 〈索

飛鳥時代

引あり〕 ①978-4-642-01976-7, 978-4-642-01974-3

◇飛鳥藤原京木簡 2 藤原京木簡 1 奈良文化財研究所編 〔奈良〕 国立文化財機構奈良文化財研究所, 吉川弘文館（発売） 2009.5 123p 38cm ①978-4-642-01975-0, 978-4-642-01974-3

◇日本古代出土木簡の研究 八木充著 塙書房 2009.5 408, 6p 21cm 12000円 ①978-4-8273-1227-0

◇飛鳥藤原京木簡 2（藤原京木簡 1）解説 国立文化財機構奈良文化財研究所編 奈良 国立文化財機構奈良文化財研究所 2009.3 432, 53p 21cm （奈良県文化財研究所史料 第82冊 別冊） ①978-4-902010-70-1

◇飛鳥藤原京木簡 2（藤原京木簡 1）図版 国立文化財機構奈良文化財研究所編 奈良 国立文化財機構奈良文化財研究所 2009.3 123p 38cm （奈良文化財研究所史料 第82冊）

◇古代地方木簡の世紀─西河原木簡から見えてくるもの 滋賀県文化財保護協会, 滋賀県立安土城考古博物館編 大津, 彦根 滋賀県文化財保護協会, サンライズ出版（製作・発売） 2008.12 211p 図版8p 19cm 〈会期・会場：平成20年7月19日～9月7日 滋賀県立安土城考古博物館 文献あり〉 1600円 ①978-4-88325-375-3

◇紫香楽宮出土の歌木簡について 奈良女子大学21世紀COEプログラム古代日本形成の特質解明の研究教育拠点編 〔奈良〕 奈良女子大学21世紀COEプログラム古代日本形成の特質解明の研究教育拠点 2008.11 73p 30cm （奈良女子大学21世紀COEプログラム報告集 vol.21）〈会期・会場：2008年6月29日 奈良女子大学記念館〉

◇古代地方木簡の世紀─文字資料から見た古代の近江 第36回企画展・滋賀県文化財保護協会調査成果展 滋賀県立安土城考古博物館, 滋賀県文化財保護協会編 安土町（滋賀県） 滋賀県立安土城考古博物館 2008.7 94p 30cm 〈会期：平成20年7月19日～9月7日 共同刊行：滋賀県文化財保護協会〉

◇吉田金彦著作選 3 悲しき歌木簡 吉田金彦著 明治書院 2008.7 345p 22cm 〈文献あり 年譜あり〉 15000円 ①978-4-625-43415-0

◇日本古代木簡字典 国立文化財機構奈良文化財研究所編 八木書店 2008.6 192p 19cm 2200円 ①978-4-8406-2033-8

◇日本古代木簡字典 国立文化財機構奈良文化財研究所編 〔奈良〕 国立文化財機構奈良文化財研究所 2008.3 192p 19cm

◇地下から出土した文字 鐘江宏之著 山川出版社 2007.9 100p 21cm （日本史リブレット 15）〈文献あり〉 800円 ①978-4-634-54150-4

◇飛鳥藤原京木簡 1（飛鳥池・山田寺木簡）解説 文化財研究所奈良文化財研究所編 〔奈良〕 文化財研究所奈良文化財研究所, 吉川弘文館（発売） 2007.8 378, 38p 21cm ①978-4-642-01973-6, 978-4-642-01971-2

◇飛鳥藤原京木簡 1（飛鳥池・山田寺木簡） 文化財研究所奈良文化財研究所編 〔奈良〕 文化財研究所奈良文化財研究所, 吉川弘文館（発売） 2007.8 図版103p 38cm ①978-4-642-01972-9, 978-4-642-01971-2

◇難波宮出土の歌木簡について 奈良女子大学21世紀COEプログラム古代日本形成の特質解明の研究教育拠点編 〔奈良〕 奈良女子大学21世紀COEプログラム古代日本形成の特質解明の研究教育拠点 2007.5 54p 30cm （奈良女子大学21世紀COEプログラム報告集 v.12）〈会期・会場：平成18年11月19日 奈良女子大学記念館講堂〉

◇飛鳥藤原京木簡 1（飛鳥池・山田寺木簡）解説 文化財研究所奈良文化財研究所編 奈良 文化財研究所奈良文化財研究所 2007.3 378, 38p 21cm （奈良文化財研究所史料 第79冊 別冊） ①978-4-902010-51-0

◇飛鳥藤原京木簡 1（飛鳥池・山田寺木簡）図版 文化財研究所奈良文化財研究所編 奈良 文化財研究所奈良文化財研究所 2007.3 103p 38cm （奈良文化財研究所史料 第79冊 別冊）

◇木簡による日本語書記史 犬飼隆著 笠間書院 2005.12 247p 22cm 〈年表あり〉 4500円 ①4-305-70305-X

◇木簡は語る―万葉百話　猪股静弥著　大阪　和泉書院　2005.5　314p　21cm　2500円　ⓘ4-7576-0314-2

◇木簡の社会史―天平人の日常生活　鬼頭清明著　講談社　2004.8　233p　15cm　(講談社学術文庫)〈河出書房新社1984年刊の増補〉　900円　ⓘ4-06-159670-5

◇平城宮木簡　6　文化財研究所奈良文化財研究所編　奈良　文化財研究所奈良文化財研究所　2004.3　図版116枚　37cm　(奈良文化財研究所史料　第63冊)〈付属資料：511, 49p(21cm)：解説　ホルダー入〉

◇全国木簡出土遺跡・報告書綜覧　山本崇, 寺崎保広編　奈良　木簡学会　2004.2　278p　30cm

◇日本古代木簡集成　木簡学会編　東京大学出版会　2003.5　1冊　37cm　〈文献あり〉　20000円　ⓘ4-13-020136-0

◇古代地方木簡の研究　平川南著　吉川弘文館　2003.2　635, 34p 図版12p　22cm　14000円　ⓘ4-642-02380-1

◇長屋王家・二条大路木簡を読む　奈良国立文化財研究所編〔奈良〕　奈良国立文化財研究所　2001.3　336, 13p　27cm〈東京 吉川弘文館(発売)〉　11000円　ⓘ4-642-02366-6

◇平城京木簡　2　長屋王家木簡(2)　奈良国立文化財研究所編　奈良　奈良国立文化財研究所, 吉川弘文館〔発売〕　2001.3　195p　38×27cm　〈付属資料：別冊1〉　47000円　ⓘ4-642-02402-6

◇平城京と木簡の世紀　渡辺晃宏著　講談社　2001.2　366p　20cm　(日本の歴史　第4巻)　2200円　ⓘ4-06-268904-9

◇木簡が語る古代史　下　国家の支配としくみ　平野邦雄, 鈴木靖民編　吉川弘文館　2001.2　247p　22cm　3900円　ⓘ4-642-07493-7

◇長屋王家木簡の基礎的研究　森公章著　吉川弘文館　2000.5　381, 7p　22cm　7500円　ⓘ4-642-02347-X

◇古代木簡と都城の研究　鬼頭清明著　塙書房　2000.3　403, 7p　22cm　7000円　ⓘ4-8273-1165-X

◇上代文学と木簡の研究　小谷博秦著　大阪　和泉書院　1999.1　320p　22cm

(研究叢書 231)　10000円　ⓘ4-87088-959-5

◇古代木簡の研究　今泉隆雄著　吉川弘文館　1998.3　492, 11p 図版10枚　22cm　(日本史学研究叢書)　11000円　ⓘ4-642-02327-5

◇長屋王家木簡と金石文　大山誠一著　吉川弘文館　1998.3　355, 6p　22cm　7500円　ⓘ4-642-02325-9

◇木簡―古代からのメッセージ　大庭脩編著　大修館書店　1998.2　375p　22cm　4000円　ⓘ4-469-23140-1

◇木簡が語る日本の古代　東野治之著　岩波書店　1997.9　223, 4p　16cm　(同時代ライブラリー)〈1983年刊の増訂〉　1000円　ⓘ4-00-260319-9

◇日本古代の宮都と木簡　佐藤信著　吉川弘文館　1997.4　485, 12p　22cm　(日本史学研究叢書)　9800円+税　ⓘ4-642-02311-9

◇長屋王家木簡の研究　東野治之著　塙書房　1996.11　463p　22cm　9785円　ⓘ4-8273-1143-9

◇木簡が語る古代の信濃―掘り出された地方行政と暮らし 1996年秋季企画展　長野県立歴史館編　更埴　長野県立歴史館　1996.10　76p　30cm　〈会期：1996年10月5日～11月10日〉

◇木簡が語る古代史　上　都の変遷と暮らし　平野邦雄, 鈴木靖民編　吉川弘文館　1996.9　244p　22cm　3811円　ⓘ4-642-07492-9

◇天平の木簡と文化　松尾光著　笠間書院　1994.10　387p　20cm　(古代史散策)　2400円　ⓘ4-305-70150-2

◇上代木簡資料集成　沖森卓也, 佐藤信著　おうふう　1994.2　197p　27cm　9800円　ⓘ4-273-02758-5

◇古代木簡の基礎的研究　鬼頭清明著　塙書房　1993.2　506, 7p　22cm　8034円　ⓘ4-8273-1099-8

◇長屋王家木簡と奈良朝政治史　大山誠一著　吉川弘文館　1993.1　196, 6p　20cm　(古代史研究選書)　2200円　ⓘ4-642-02167-1

◇木簡―古代からのメッセージ 木簡展解説図録　川崎市市民ミュージアム企画・編集　川崎　川崎市市民ミュージアム

◇木簡と宣命の国語学的研究　小谷博泰著　大阪　和泉書院　1986.11　361,3p　22cm　〈研究叢書31〉　8500円　①4-87088-217-5
◇木簡の社会史―天平人の日常生活　鬼頭清明著　河出書房新社　1984.6　189p　20cm　〈参考文献：p184〉　1500円　①4-309-22108-4
◇木簡が語る日本の古代　東野治之著　岩波書店　1983.5　196p　18cm　〈岩波新書〉　430円
◇日本古代木簡の研究　東野治之著　塙書房　1983.3　414p　22cm　6500円
◇伊場木簡の研究　竹内理三編　東京堂出版　1981.9　343p　22cm　6500円
◇宮都と木簡―よみがえる古代史　岸俊男著　吉川弘文館　1977.10　257p　19cm　1300円
◇正倉院文書と木簡の研究　東野治之著　塙書房　1977.9　439p　図　22cm　6200円

飛鳥文化　あすかぶんか

　飛鳥時代前期、推古朝（592年～628年）を中心に栄えた文化。時期的には6世紀中頃の仏教伝来から大化元年（645年）の大化の改新までを指すのが一般的である。豪族たちを主な担い手として、日本で最初の仏教文化が花開き、天武・持統両朝を中心とする飛鳥時代後期の白鳳文化、奈良時代の天平文化の基盤となった。また、仏教以外にも、漢字、儒教・道教などの思想、天文・暦法など、朝鮮を経由して伝えられた中国六朝文化の影響が強くみられる他、西域文化の影響も認められ、従来の古墳文化とは全く異質な、国際性豊かで高度な文化である。飛鳥文化を代表する作品として、建築では法興寺（飛鳥寺）や法隆寺（斑鳩寺）、仏像では法隆寺金堂釈迦三尊像や広隆寺弥勒菩薩半跏思惟像、工芸品では玉虫厨子や天寿国繡帳などが挙げられる。また、十七条憲法や三経義疏など思想・学問も発展し、『天皇記』『国記』など日本初の史書が編纂された。万葉仮名が考案され、日本語を漢字で表現できるようになったのもこの頃のことである。

◇一度は拝したい奈良の仏像　山崎隆之著,小川光三写真　学習研究社　2009.3　261p　18cm　〈学研新書〉　880円　①978-4-05-403855-4
◇奈良の仏像　紺野敏文著　アスキー・メディアワークス,角川グループパブリッシング〔発売〕　2009.2　214p　18cm　〈アスキー新書〉　762円　①978-4-04-867747-9
◇四天王寺聖霊会の舞楽　南谷美保著　大阪　東方出版　2008.8　145p　26cm　2800円　①978-4-86249-122-0
◇図説飛鳥の古社を歩く―飛鳥・山辺の道　和田萃文,森和彦写真　河出書房新社　2007.12　115p　22cm　〈ふくろうの本〉　1800円　①978-4-309-76108-4
◇四天王寺参詣の案内と民俗昔話　吉村昌一著　〔出版地不明〕　〔吉村昌一〕　2007.3　65p　26cm
◇聖徳太子と四天王寺　滝藤尊教監修,山本和子文,山越武志画　善本社　2005.1　45p　17×17cm　〈歴史絵本〉　1000円　①4-7939-0429-7
◇仏教の幻惑　上原和著　新装版　学習研究社　2003.12　175p　31cm　〈人間の美術　3（飛鳥・白鳳時代）〉　3400円　①4-05-102346-X
◇国宝広隆寺の仏像　上巻　第1冊　弥勒菩薩半跏像（宝冠弥勒）　松島健監修,長岡竜作責任編集　京都　同朋舎メディアプラン　2002.6　37p　37cm　〈極美の国宝仏〉〈おもに図〉　①4-901339-20-6, 4-901339-03-6
◇国宝広隆寺の仏像　上巻　第2冊　弥勒菩薩半跏像（泣き弥勒）　松島健監修,長岡竜作責任編集　京都　同朋舎メディアプ

◇ラン 2002.6 32p 37cm （極美の国宝仏）〈おもに図〉 ⓘ4-901339-21-4, 4-901339-03-6
◇国宝広隆寺の仏像 上巻 第3冊 阿弥陀如来坐像・不空羂索観音菩薩立像 松島健監修, 長岡竜作責任編集 京都 同朋舎メディアプラン 2002.6 39p 37cm （極美の国宝仏）〈おもに図〉 ⓘ4-901339-22-2, 4-901339-03-6
◇国宝広隆寺の仏像 上巻 第4冊 千手観音菩薩立像 松島健監修, 長岡竜作責任編集 京都 同朋舎メディアプラン 2002.6 29p 37cm （極美の国宝仏）〈おもに図〉 ⓘ4-901339-23-0, 4-901339-03-6
◇国宝広隆寺の仏像 下巻 第5冊 十二神将立像 1 松島健監修, 長岡竜作責任編集 京都 同朋舎メディアプラン 2002.6 37p 37cm （極美の国宝仏）〈おもに図〉 ⓘ4-901339-24-9, 4-901339-03-6
◇国宝広隆寺の仏像 下巻 第6冊 十二神将立像 2 松島健監修, 長岡竜作責任編集 京都 同朋舎メディアプラン 2002.6 36p 37cm （極美の国宝仏）〈おもに図〉 ⓘ4-901339-25-7, 4-901339-03-6
◇国宝広隆寺の仏像 下巻 第7冊 十二神将立像 3 松島健監修, 長岡竜作責任編集 京都 同朋舎メディアプラン 2002.6 37p 37cm （極美の国宝仏）〈おもに図〉 ⓘ4-901339-26-5, 4-901339-03-6
◇国宝広隆寺の仏像 下巻 第8冊 十二神将立像 4 松島健監修, 長岡竜作責任編集 京都 同朋舎メディアプラン 2002.6 37p 37cm （極美の国宝仏）〈おもに図〉 ⓘ4-901339-27-3, 4-901339-03-6
◇国宝広隆寺の仏像 下巻 第9冊 解説 松島健監修, 長岡竜作責任編集 京都 同朋舎メディアプラン 2002.6 43p 37cm （極美の国宝仏） ⓘ4-901339-28-1, 4-901339-03-6
◇日本の仏像100選―いま、魅力の仏像と出会う 佐藤昭夫監修 主婦と生活社 2002.5 215p 27×20cm 2300円 ⓘ4-391-12629-X
◇弥勒菩薩―京都・広隆寺 小川光三撮影 毎日新聞社 2000.11 110p 21cm （めだかの本） 1200円 ⓘ4-620-60562-X
◇国宝と歴史の旅 1 飛鳥のほとけ天平のほとけ 朝日新聞社 1999.8 64p 30cm （朝日百科） 933円 ⓘ4-02-330901-X
◇東洋美術史論叢 吉村怜博士古稀記念会編 雄山閣出版 1999.2 521p 22cm 11500円 ⓘ4-639-01582-8
◇大和路古寺・仏像巡り 小川光三文・写真 主婦と生活社 1999.2 127p 21cm 〈絵：小川瞳〉 1500円 ⓘ4-391-12314-2
◇奈良の仏像―古都の寺々と名品を訪ねて 村田靖子著 大日本絵画 1997.12 398p 20cm 3800円 ⓘ4-499-20118-7
◇広隆寺上宮王院聖徳太子像―調査報告 伊藤史朗責任編集 京都 京都大学学術出版会 1997.1 94p 31cm 6180円 ⓘ4-87698-038-1
◇日本建築史図録 飛鳥・奈良・平安 天沼俊一著 東京堂出版 1996.6 332p 27cm 〈昭和8-14年刊の複製〉 ⓘ4-490-30433-1
◇古代朝鮮仏と飛鳥仏 久野健著, 田枝幹宏写真 2版 山川出版社 1996.4 60, 8p 図版50枚 37cm 30000円 ⓘ4-634-67230-8
◇四天王寺古文書 第1巻 棚橋利光編 大阪 清文堂出版 1996.3 421p 22cm （清文堂史料叢書 第78刊） 12875円 ⓘ4-7924-0417-7
◇四天王寺古文書 第2巻 棚橋利光編 大阪 清文堂出版 1996.3 478p 22cm （清文堂史料叢書 第79刊） 13390円 ⓘ4-7924-0418-5
◇聖徳太子信仰の美術 大阪 東方出版 1996.1 343p 37cm 〈四天王寺開創1400年記念出版 監修：大阪市立美術館 おもに図〉 60000円 ⓘ4-88591-447-7
◇奈良大和路の仏像―飛鳥・白鳳・天平仏に親しむ 小川光三写真 日本交通公社出版事業局 1993.12 159p 21cm （JTBキャンブックス）〈監修：佐藤昭夫〉 1500円 ⓘ4-533-02012-7
◇四天王寺史料 四天王寺史編纂室著 大阪 四天王寺 1993.4 342p 22cm 〈開創1400年記念出版 編集・校訂：棚橋利光〉

飛鳥時代

◇四天王寺史料　総本山四天王寺著, 棚橋利光編　清文堂出版　1993.4　342p　22cm　〈清文堂史料叢書 第66刊〉　8850円　①4-7924-0385-5

◇四天王寺の宝物と聖徳太子信仰　「四天王寺の宝物と聖徳太子信仰」展実行委員会編　〔大阪〕　「四天王寺の宝物と聖徳太子信仰」展実行委員会　1992.10　212p　30cm　〈開創1400年記念 会期・会場：1992年10月〜11月8日 大阪市立美術館ほか〉

◇人間の美術　3　仏教の幻惑─飛鳥・白鳳時代　上原和著　学習研究社　1989.12　175p　31cm　〈監修：梅原猛〉　3500円　①4-05-102346-X

◇四天王寺年表　棚橋利光編　大阪　清文堂出版　1989.6　314p　22cm　〈清文堂史料叢書 第31刊〉　6400円　①4-7924-0288-3

◇論集日本仏教史　第1巻　飛鳥時代　川岸宏教編　雄山閣出版　1989.5　393p　22cm　6000円　①4-639-00852-X, 4-639-00552-0

◇飛鳥文化─綜合研究　大倉精神文化研究所編　国書刊行会　1989.2　552p　22cm　10000円

◇綜合研究飛鳥文化　大倉精神文化研究所編　国書刊行会　1989.2　552p　22cm　10000円

◇太秦広隆寺　京都　広隆寺　〔1988〕　1冊（頁付なし）　21cm　〈付（1枚）〉

◇大和古寺探求　2　飛鳥・斑鳩編　寺尾勇著　有峰書店新社　1987.12　317p　20cm　2800円　①4-87045-173-5

◇大和路のみ仏たち─奈良三十三か寺めぐり　大橋一章, 森野勝隆編著　グラフ社　1987.12　318p　19cm　1900円　①4-7662-0165-5

◇魅惑の仏像　4　弥勒菩薩─京都・広隆寺　小川光三写真　毎日新聞社　1986.6　63p　31cm　1800円　①4-620-60194-2

◇魅惑の仏像　3　釈迦三尊─奈良・法隆寺金堂　小川光三写真　毎日新聞社　1986.5　63p　31cm　1800円　①4-620-60193-4

◇飛鳥の仏像　奈良国立文化財研究所飛鳥資料館編　京都　同朋舎出版　1983.10　250p　31cm　〈おもに図〉　6800円

①4-8104-0351-3

◇日本の美と文化─Art japanesque　2　飛鳥と万葉─仏教伝来の波　直木孝次郎ほか編著　講談社　1983.9　167p　31cm　〈参考文献：p167〉　2400円　①4-06-127732-4

◇日本仏教の心　2　聖徳太子と四天王寺　日本仏教研究所編　出口常順著　ぎょうせい　1981.12　212p　29cm　〈聖徳太子の肖像あり 付属資料（録音カセット1巻）：和宗総本山四天王寺管長出口常順法話.聖徳太子忌曼供法要 箱入〉　5000円

◇古寺巡礼西国　3　四天王寺　宮本輝ほか著　京都　淡交社　1981.9　148p　27cm　〈監修：井上靖, 佐和隆研〉　3200円　①4-473-00746-4

◇日本古寺美術全集　第7巻　四天王寺と河内の古寺　座右宝刊行会編集制作　永井信一編集　集英社　1981.9　147p　40cm　〈監修：太田博太郎ほか〉　5600円

◇復興四天王寺　藤島亥治郎編著　大阪　総本山四天王寺　1981.6　263p　37cm　〈箱入〉

◇四天王寺聖霊院奥殿落慶讃法要記　四天王寺勧学院奥殿落慶讃法要記編集委員会編　大阪　四天王寺　1981.1　347p　図版16枚　22cm　3000円

◇日本古寺美術全集　第12巻　教王護国寺と広隆寺─教王護国寺・観智院・広隆寺　座右宝刊行会編集制作　浜田隆著編　集英社　1980.5　147p　40cm　〈監修：太田博太郎ほか〉　5600円

◇土門拳日本の彫刻　1　飛鳥・奈良　土門拳著　美術出版社　1979.12　203p　37cm　〈おもに図〉　8800円

◇丈六仏開眼─四天王寺阿弥陀如来造顕の記録　四天王寺「丈六仏開眼」刊行会編集　〔「丈六仏開眼」刊行会〕　1979.10　158p　34cm　〈監修：出口常順, 松久朋琳　発売：プレジデント社〉　16000円

◇古代朝鮮仏と飛鳥仏　久野健, 田枝幹宏写真　東出版　1979.7　55, 8p　36cm　〈限定版〉　26000円

◇飛鳥大和・美の巡礼　栗田勇著　新潮社　1978.9　232p　22cm　2000円

◇文化財講座日本の美術　5　彫刻（飛鳥・奈良）　岡田譲ほか編集　西川新次執筆　第一法規出版　1978.9　269p　22cm

222

〈監修：文化庁〉　1900円
◇上代彫刻史の研究　町田甲一著　吉川弘文館　1977.5　318p 図18枚　27cm　6500円
◇国宝―原色版　1　上古・飛鳥・奈良　1　毎日新聞社　1976.11　189, 3p（おもに図）　36cm　〈監修：文化庁　愛蔵版〉
◇国宝―原色版　2　上古・飛鳥・奈良　2　毎日新聞社　1976.11　165, 3p（おもに図）　36cm　〈監修：文化庁　愛蔵版〉
◇新羅と飛鳥・白鳳の仏教文化　田村円澄, 洪淳昶編　吉川弘文館　1975　360p 図　22cm　3800円
◇飛鳥・奈良　太田古朴著　京都　綜芸舎　1971　130, 18p 図　19cm　（仏像観賞シリーズ 1）　500円
◇広隆寺　水沢澄夫著　中央公論美術出版　1965　40p 図版　19cm
◇広隆寺　望月信成編　京都　山本湖舟写真工芸部　1963　50p 図版100枚　37cm
◇四天王寺誌　奥田慈応編著　改訂増補第10版　大阪　四天王寺　1963　115p 図　19cm
◇奈良美術研究　安藤更生著　校倉書房　1962　225p 図版　22cm
◇奈良の美術　小林剛著　東京創元社　1958　203p　19cm　（創元選書）
◇飛鳥・奈良時代の文化　羽田亨編　大阪　武田薬品工業　1955　122p 図版　21cm
◇日本の彫刻　第2　飛鳥時代　今泉篤男等編　美術出版社　1952　図版32p 解説15p　35×26cm　〈土門拳撮影〉

法隆寺　ほうりゅうじ

　奈良県生駒郡斑鳩町にある聖徳宗の総本山。もと法相宗。別名は法隆学問寺、斑鳩寺。南都七大寺の一つ。推古天皇・聖徳太子創建の七ヶ寺の一つで、用命天皇の遺命により推古15年(607年)に斑鳩宮のそばに建立され、薬師三尊像が安置されたと伝えられる。聖徳太子逝去の翌年の推古31年(623年)には金堂の釈迦如来三尊像が造像された。天智9年(670年)に落雷で焼失し、創建当初より北西の地に再建された。創建時の伽藍は若草伽藍跡とよばれる地にあったとされる。西院伽藍は金堂と五重塔を東西に並べた法隆寺式の伽藍配置をなし、中門・五重塔・金堂・回廊は7世紀後半に建てられたもので、現存する世界最古の木造建築とされ、奈良時代から平安時代にかけて建立された経蔵・鐘楼・大講堂と共に国宝に指定されている。東院伽藍は天平11年(739年)に行信が造営したもので、聖徳太子一族の住居であった斑鳩宮の跡地に位置し、現存最古の八角円堂である夢殿や伝法堂・鐘楼が国宝に指定されている。この他、南大門や聖霊院など多くの建物が国宝に指定されており、飛鳥・奈良時代の作である釈迦三尊像・薬師如来坐像・百済観音・夢違観音・救世観音・玉虫厨子など、所蔵物にも多くの国宝がある。境内は国の史跡に指定されており、平成5年(1993年)には「法隆寺地域の仏教建造物」として世界遺産に登録された。

◇法隆寺ミステリーの封印を解く―なぜ、二度も焼失したのに飛鳥文化が残っているのか　久慈力著　現代書館　2009.9　198p　20cm　2000円　①978-4-7684-5617-0
◇飛鳥寺と法隆寺　直木孝次郎著　吉川弘文館　2009.6　287p　20cm　（直木孝次郎古代を語る 9）　2600円　①978-4-642-07890-0
◇法隆寺の名宝と聖徳太子の文化財展　石川県立美術館編　金沢　石川県立美術館　2008.9　131p　30cm　〈会期・会場：平成20年9月20日―10月24日 石川県立美術館　リニューアルオープン記念　年表あり〉
◇国宝法隆寺金堂展―目録　奈良国立博物館, 法隆寺, 朝日新聞社編　朝日新聞社　2008.6　195, 7p　31cm　〈他言語標題：

飛鳥時代

National treasures from the golden hall of Horyu-ji temple　会期・会場：平成20年6月14日—7月21日　奈良国立博物館　年表あり〉

◇法隆寺の中のギリシャ・シルクロード文化―聖徳太子関連寺院の真偽を探る　久慈力著　現代書館　2008.6　197p　20cm　2000円　①978-4-7684-6973-6

◇塔のある風景―法隆寺再建の真相　上野隆功著　鹿島出版会　2007.11　317p　22cm　〈文献あり〉　2800円　①978-4-306-08517-6

◇法隆寺辞典・法隆寺年表　高田良信著　京都　柳原出版　2007.11　2冊（セット）　19cm　16000円　①978-4-8409-5018-3

◇救世観音像封印の謎　倉西裕子著　白水社　2007.10　240p　20cm　〈文献あり〉　2400円　①978-4-560-03170-4

◇聖徳太子絵伝下貼文書　2　東京国立博物館編　東京国立博物館　2007.3　115p　30cm　（法隆寺献納宝物特別調査概報27（平成18年度））

◇法隆寺は移築された―大宰府から斑鳩へ　米田良三著　新装　新泉社　2007.3　208p　20cm　2200円　①978-4-7877-0603-4

◇世界文化遺産法隆寺を語る　高田良信著　京都　柳原出版　2007.2　265p　19cm　〈年表あり〉　2200円　①978-4-8409-5016-9

◇斑鳩の夢―法隆寺創建の真相　上野隆功著　鹿島出版会　2006.11　278p　22cm　〈文献あり〉　2800円　①4-306-08512-0

◇法隆寺の謎を解く　武沢秀一著　筑摩書房　2006.6　280,5p　18cm　（ちくま新書）　820円　①4-480-06260-2

◇国宝・百済観音は誰なのか？―実在したモデルとその素顔　倉西裕子著　小学館　2006.4　260p　20cm　〈年表あり　文献あり〉　1800円　①4-09-626079-7

◇法隆寺・薬師寺・東大寺論争の歩み　大橋一章著　グラフ社　2006.4　218p　19cm　〈文献あり〉　1600円　①4-7662-0960-5

◇法隆寺論争　家永三郎,古田武彦著　新装　新泉社　2006.4　113p　21cm　1400円　①4-7877-0604-7

◇聖徳太子絵伝下貼文書　1　東京国立博物館編　東京国立博物館　2006.3　248p　30cm　（法隆寺献納宝物特別調査概報26（平成17年度））

◇聖徳太子と国宝法隆寺展　愛媛県美術館,愛媛新聞社,兵庫県立歴史博物館,神戸新聞社編　〔松山〕　愛媛県美術館　2005.8　223p　30cm　〈会期・会場：2005年8月13日—9月19日　愛媛県美術館ほか　共同刊行：愛媛新聞社ほか　年表あり〉

◇法隆寺幻翳―私見新法隆寺論　杉浦俊幸著　新風舎　2005.8　125p　19cm　1200円　①4-7974-6146-2

◇聖徳太子と法隆寺の謎―交差する飛鳥時代と奈良時代　倉西裕子著　平凡社　2005.2　274p　20cm　2200円　①4-582-46906-X

◇法隆寺―日本仏教美術の黎明　春季特別展　奈良国立博物館編　〔奈良〕　奈良国立博物館　2004.4　198,9p　30cm　〈他言語標題：Horyu-ji　会期：平成16年4月24日—6月13日　年表あり〉

◇法隆寺のものさし―隠された王朝交代の謎　川端俊一郎著　京都　ミネルヴァ書房　2004.2　314,27p　20cm　（シリーズ〈古代史の探求〉6）　2800円　①4-623-03943-9

◇木に学べ―法隆寺・薬師寺の美　西岡常一著　小学館　2003.12　284p　15cm　（小学館文庫）　〈年譜あり〉　552円　①4-09-405851-6

◇法隆寺の智慧・永平寺の心　立松和平著　新潮社　2003.10　206p　18cm　（新潮新書）　〈文献あり〉　680円　①4-10-610037-1

◇法隆寺　田中昭三文,入江泰吉写真　JTB　2003.7　143p　21cm　（JTBキャンブックス）　〈文献あり　年表あり〉　1700円　①4-533-04853-6

◇隠された十字架―法隆寺論　梅原猛著　44刷改版　新潮社　2003.4　602p　16cm　（新潮文庫）　〈年表あり〉　781円　①4-10-124401-4

◇週刊日本の美をめぐる　no.11（古代 2）法隆寺と聖徳太子　小学館　2002.7　42p　30cm　（小学館ウイークリーブック）　533円

◇法隆寺とパルテノン―西洋美術史の眼で

飛鳥時代

見た新・古寺巡礼　田中英道著　祥伝社　2002.4　305p　20cm　1800円　①4-396-61149-8

◇法隆寺考古資料　文化財研究所奈良文化財研究所編　奈良　奈良文化財研究所　2002.2　29, 3p 図版85, 31p　30cm　（奈良文化財研究所史料　第56冊）

◇法隆寺古絵図集　文化財研究所奈良文化財研究所編　奈良　奈良文化財研究所　2001.11　82, 8p　30cm　（奈良文化財研究所史料　第55冊）

◇奈良六大寺大観　第1巻　法隆寺　1　奈良六大寺大観刊行会編　補訂版　岩波書店　2001.7　140, 6, 9p 図版230p　38cm　〈付属資料：16p：付録7　文献あり〉　35000円　①4-00-008901-3

◇奈良六大寺大観　第5巻　法隆寺　5　奈良六大寺大観刊行会編　補訂版　岩波書店　2001.3　123, 7, 14p 図版226p　38cm　〈付属資料：16p：付録10　文献あり〉　35000円　①4-00-008905-6

◇釈迦三尊―奈良・法隆寺金堂　小川光三撮影　毎日新聞社　2001.1　109p　21cm（めだかの本）〈年表あり〉　1200円　①4-620-60564-6

◇奈良六大寺大観　第4巻　法隆寺　4　奈良六大寺大観刊行会編　補訂版　岩波書店　2001.1　103, 8, 8p 図版238p　38cm　〈付属資料：16p：付録9　文献あり〉　35000円　①4-00-008904-8

◇奈良六大寺大観　第3巻　法隆寺　3　奈良六大寺大観刊行会編　補訂版　岩波書店　2000.5　98, 7, 3p 図版238p　38cm　〈文献あり〉　35000円　①4-00-008903-X

◇世界遺産飛鳥・法隆寺の謎―聖徳太子は、天智・天武に何を遺したか　テレビ東京編, 有賀訓執筆　祥伝社　2000.4　235p　20cm　1700円　①4-396-61097-1

◇斑鳩寺―その宝物と歴史―絵画と彫刻―法隆寺領鵤庄千四百年記念　太子町立歴史資料館編　太子町（兵庫県）　太子町立歴史資料館　1999.9　48p　30cm　〈特別展：平成11年9月8日―10月3日ほか　年表あり〉

◇奈良六大寺大観　第2巻　法隆寺　2　奈良六大寺大観刊行会編　補訂版　岩波書店　1999.9　106, 7, 10p 図版248p　38cm　〈文献あり〉　35000円　①4-00-008902-1

◇生まれかわった法隆寺宝物館　東京国立博物館編　東京国立博物館　1999.7　311p　21cm　〈年表あり〉

◇法隆寺の至宝―昭和資財帳　第8巻　古記録・古文書　小学館　1999.3　411p　31cm　28000円　①4-09-562008-0

◇法隆寺献納宝物銘文集成　東京国立博物館編　吉川弘文館　1999.2　1冊　27cm　30000円　①4-642-02334-8

◇法隆寺教学の研究　高田良信著　斑鳩町（奈良県）　聖徳宗総本山法隆寺　1998.10　516p　22cm

◇法隆寺の謎　高田良信著　小学館　1998.10　271p　20cm　2000円　①4-09-387265-1

◇法隆寺美術論争の視点　大橋一章編著　グラフ社　1998.8　381p　19cm　2800円　①4-7662-0494-8

◇法隆寺の向こう側　室伏志畔著　三一書房　1998.6　276p　20cm　2700円　①4-380-98274-2

◇聖徳太子と斑鳩―藤ノ木古墳・法隆寺をめぐる人びと　平成10年度春季特別展図録　橿原　奈良県立橿原考古学研究所附属博物館　1998.4　86p　30cm　（奈良県立橿原考古学研究所附属博物館特別展図録　第49冊）

◇法隆寺の至宝―昭和資財帳　第14巻　法会儀式具・収納具・生活具・染織品　小学館　1998.3　203p　31cm　28000円　①4-09-562014-5

◇百済観音―特別公開　文化財指定制度100周年記念　文化庁監修, 東京国立博物館編　朝日新聞社　1997.11　47p　30cm　〈会期・会場：1997年11月26日―12月21日　東京国立博物館ほか〉

◇法隆寺子院建築の研究　西条孝之著　文化財建造物保存技術協会　1997.3　208p 図版63p　27cm　（文建協叢書5）〈付属資料：図2枚（袋入）〉

◇法隆寺の至宝―昭和資財帳　第7巻　写経・版経・板木　小学館　1997.3　334p　31cm　28000円　①4-09-562007-2

◇法隆寺の歴史と信仰　高田良信編・著, 小学館編　斑鳩町（奈良県）　法隆寺　1996.12　275p　18cm　〈共同刊行：小学館（東京）　年表あり　文献あり〉

225

①4-09-562089-7

◇法隆寺文化のひろがり──一四〇〇年後の検証　森郁夫, 高田良信監修, 法隆寺昭和資財帳編纂所編　〔斑鳩町(奈良県)〕法隆寺　1996.12　234p　21cm　〈年表あり〉

◇世界文化遺産法隆寺　高田良信著　吉川弘文館　1996.11　208p　19cm　(歴史文化ライブラリー 6)　1751円　①4-642-05406-5

◇法隆寺献納宝物─特別展　東京国立博物館　1996.10　345, 24p　30cm　〈会期：平成8年10月8日～11月17日　関係年表：p328～331〉

◇法隆寺の至宝─昭和資財帳　第2巻　東院伽藍・子院・石造品　小学館　1996.7　252p　31cm　28000円　①4-09-562002-1

◇法隆寺要集　法隆寺学研究所編　斑鳩町(奈良県)　聖徳宗総本山法隆寺　1996.5　593p　22cm　〈監修：高田良信〉

◇法隆寺の至宝─昭和資財帳　第3巻　金銅像・塑像・乾漆像・石像　小学館　1996.4　211p　31cm　28000円　①4-09-562003-X

◇法隆寺要集　法隆寺学研究所編　斑鳩町(奈良県)　聖徳宗総本山法隆寺　1996.2　2冊　25cm　〈監修：高田良信　帙入　和装〉

◇法隆寺秘宝展─再現・元禄江戸出開帳 開館35周年記念展3　サントリー美術館編　サントリー美術館　〔1996〕　119p　28cm　〈会期：平成8年7月31日～9月16日　年表：p110～119〉

◇法隆寺金堂・聖霊院内陣と「四騎獅子狩文錦」　朝日新聞社編　大阪　朝日新聞社　1995.10　79p　31cm　〈監修：法隆寺　おもに図〉　2500円　①4-900871-01-X

◇法隆寺再現壁画　朝日新聞社編　朝日新聞社　1995.10　103p　31cm　〈監修：法隆寺 図版構成・執筆：河原由雄 執筆：平山郁夫ほか　法隆寺金堂壁画関係資料：p98～100〉　2500円　①4-02-258619-2

◇法隆寺の四季と行事　高田良信著　小学館　1995.8　127p　21cm　(Shotor museum)　〈法隆寺行事関連年表・参考図書：p122～125〉　1500円　①4-09-606002-X

◇法隆寺─世界文化遺産　毎日新聞社　1995.3　99p　21cm　1600円　①4-620-60459-3

◇法隆寺の至宝─昭和資財帳　第11巻　西円堂奉納品─武具・髪飾り ほか　小学館　1995.3　215p　31cm　25000円　①4-09-562011-0

◇法隆寺金堂壁画　朝日新聞社編　朝日新聞社　1994.11　99p　31cm　〈監修：法隆寺 執筆：鈴木嘉吉ほか〉　2500円　①4-02-258591-9

◇法隆寺千四百年　高田良信著　新潮社　1994.11　119p　22cm　(とんぼの本)　〈法隆寺略年表：p118～119 付：主要参考文献〉　1500円　①4-10-602031-9

◇奈良の寺　8　金堂壁画─法隆寺　柳沢孝著　岩波書店　1994.7　20p 図版52p　33cm　〈1975年刊の再刊〉　3200円　①4-00-008308-2

◇法隆寺と姫路城─描かれた世界文化遺産の美　姫路市立美術館編　〔姫路〕　姫路市　1994.4　112p　28cm　〈世界遺産姫路城記念行事キャスティバル'94　会期：1994年4月2日～5月8日　「法隆寺の美」関連略年表・参考文献：p96～97　「姫路城の美」関連略年表・参考文献：p104～105〉

◇楽器　東京国立博物館編　東京国立博物館　1994.3　87p　26cm　(法隆寺献納宝物特別調査概報 14(平成5年度))

◇性相・法隆寺学研究　聖徳宗総本山法隆寺編　春秋社　1994.2　463p　23cm　〈法隆寺勧学院開設百周年記念　法隆寺勧学院年表：p419～451〉　15038円　①4-393-11184-2

◇奈良の寺　7　小金銅仏─法隆寺　石田尚豊, 米田太三郎著　岩波書店　1994.2　18p 図版44p　33cm　〈1974年刊の再刊〉　3200円　①4-00-008307-4

◇法隆寺への精神史　井上章一著　弘文堂　1994.2　341p　20cm　2500円　①4-335-55056-1

◇国宝法隆寺展─法隆寺昭和資材帳調査完成記念　東京国立博物館ほか編　NHK　1994　314p　30cm　〈製作：小学館　会期・会場：平成6年3月1日～4月3日 奈良国立博物館ほか　参考文献・法隆寺略年表：p288～297〉

◇奈良の寺 2 東院伽藍と西院諸堂―法隆寺 鈴木嘉吉,渡辺義雄著 岩波書店 1993.12 20p 図版48p 33cm 〈1974年刊の再刊〉 3200円 ⓃISBN4-00-008302-3

◇建築から古代を解く―法隆寺・三十三間堂の謎 米田良三著 新泉社 1993.11 235p 20cm 2300円 ⓃISBN4-7877-9316-0

◇奈良の寺 5 夢殿観音と百済観音―法隆寺 久野健,辻本米三郎著 岩波書店 1993.9 17p 図版48p 33cm 〈1973年刊の復刊〉 ⓃISBN4-00-008305-8

◇奈良の寺 4 五重塔の塑像―法隆寺 長広敏雄ほか著 岩波書店 1993.8 18p 図版52p 33cm 〈1974年刊の再刊〉 3200円 ⓃISBN4-00-008304-X

◇法隆寺建立の謎―聖徳太子と藤ノ木古墳 高田良信著 春秋社 1993.6 213p 20cm 1700円 ⓃISBN4-393-48223-9

◇法隆寺の至宝―昭和資財帳 第12巻 荘厳具・堂内具・供養具 小学館 1993.6 375p 31cm 25000円 ⓃISBN4-09-562012-9

◇奈良の寺 1 西院伽藍―法隆寺 浅野清,渡辺義雄著 岩波書店 1993.5 16p 図版56p 33cm 〈1974年刊の再刊〉 3200円 ⓃISBN4-00-008301-5

◇法隆寺論争 家永三郎,古田武彦著 新泉社 1993.5 113p 21cm (市民の古代別巻 4) 1000円 ⓃISBN4-7877-9305-5

◇法隆寺の謎と秘話 高田良信著 小学館 1993.2 250p 16cm (小学館ライブラリー) 760円 ⓃISBN4-09-460040-X

◇奈良の寺 3 金堂釈迦三尊―法隆寺 水野敬三郎ほか著 岩波書店 1992.11 18p 図版48p 33cm 〈1974年刊の再刊〉 3200円 ⓃISBN4-00-008303-1

◇再現・法隆寺壁画―幻の至宝が甦った NHK取材班編 日本放送出版協会 1992.10 205p 21cm (監修:坂田俊文) 1600円 ⓃISBN4-14-080066-6

◇法隆寺の至宝―昭和資財帳 第15巻 瓦 小学館 1992.9 535p 31cm 28000円 ⓃISBN4-09-562015-3

◇奈良六大寺大観 第1巻 法隆寺 1 奈良六大寺大観刊行会編 岩波書店 1991.12 133,6p 図版230p 38cm 〈第3刷(第1刷:1972年) 付:参考文献〉 32000円 ⓃISBN4-00-008241-8

◇聖徳太子の寺―法隆寺展目録 小学館編 〔長野県〕 長野県信濃美術館 1991.10 147p 26cm 〈信越放送創立40周年記念・長野県信濃美術館25周年記念 共同刊行:信越放送 会期:平成3年10月5日～11月4日 法隆寺略年表:p138～140〉 ⓃISBN4-09-562083-8

◇木に学べ―法隆寺・薬師寺の美 西岡常一著 小学館 1991.8 251p 16cm (小学館ライブラリー) 〈著者の肖像あり〉 740円 ⓃISBN4-09-460002-7

◇法隆寺史料集成 近代編 4 法隆寺昭和資財帳編纂所編 ワコー美術出版 1991.7 169p 28cm 〈複製〉 12500円 ⓃISBN4-948731-29-3

◇法隆寺は移築された―大宰府から斑鳩へ 米田良三著 新泉社 1991.7 203p 20cm 1800円

◇法隆寺の至宝―昭和資財帳 第5巻 百万塔・陀羅尼経 小学館 1991.6 247p 31cm 19000円 ⓃISBN4-09-562005-6

◇法隆寺 3 奈良六大寺大観刊行会編 岩波書店 1991.5 238,95,7p 37×30cm (奈良六大寺大観 第3巻) 〈第3刷(第1刷:1969年)〉 32000円 ⓃISBN4-00-008243-4

◇法隆寺国宝散歩―日本の美と心のふるさとを訪ねる 高田良信文,入江泰吉写真 講談社 1991.3 143p 21cm (講談社カルチャーブックス 7) 〈年表・参考文献:p142〉 1500円 ⓃISBN4-06-198012-2

◇法隆寺の世界―いま開く仏教文化の宝庫 開館十周年記念特別展 小学館編 宇佐大分県立宇佐風土記の丘歴史民俗資料館 1991.3 156p 30cm 〈会期:平成3年5月3日～26日〉

◇法隆寺の至宝―昭和資財帳 第1巻 西院伽藍 小学館 1991.2 218p 31cm 19000円 ⓃISBN4-09-562001-3

◇新編名宝日本の美術 第1巻 法隆寺 大西修也執筆 小学館 1990.10 153p 31cm (小学館ギャラリー) 〈監修:太田博太郎ほか 参考文献:p152～153 付:年表・法隆寺史と西院・東院伽藍の変遷 (折り込)〉 1800円 ⓃISBN4-09-375101-3

◇日本美術全集 第2巻 法隆寺から薬師寺へ―飛鳥・奈良の建築・彫刻 大河直躬ほか編 水野敬三郎ほか編著 講談社

1990.10　237p　37cm　〈折り込図1枚〉　7500円　Ⓘ4-06-196402-X

◇法隆寺の至宝―昭和資財帳　第13巻　法具・梵音具・僧具　小学館　1990.8　217p　31cm　19000円　Ⓘ4-09-562013-7

◇私の法隆寺案内　高田良信著　日本放送出版協会　1990.8　189p　24cm　〈法隆寺略年表：p183～185〉　2000円　Ⓘ4-14-008728-5

◇追跡！法隆寺の秘宝　高田良信, 堀田謹吾著　徳間書店　1990.4　291p　22cm　〈法隆寺宝物関連年表：p288～289〉　1800円　Ⓘ4-19-224222-2

◇法隆寺秘宝展―平成の出開帳　百済観音堂建立勧進　目録　小学館編　小学館　1990.4　220p　26cm　〈会期・会場：平成2年4月26日～5月15日　日本橋・高島屋ほか〉　Ⓘ4-09-562068-4

◇法隆寺の謎を解く　高田良信著　小学館　1990.1　239p　19cm　〈小学館創造選書107〉　法隆寺献納宝物関係年表：p200～209〉　1100円　Ⓘ4-09-820107-0

◇法隆寺―入江泰吉写真集　入江泰吉著　小学館　1989.12　293p　40cm　〈折り込図4枚〉　34500円　Ⓘ4-09-699391-3

◇飛天―法隆寺金堂壁画　奈良国立文化財研究所飛鳥資料館編　明日香村(奈良県)　奈良国立文化財研究所飛鳥資料館　1989.10　59p　30cm　〈飛鳥資料館図録第22冊〉

◇法隆寺の至宝―昭和資財帳　第10巻　面・装束・楽器　小学館　1989.7　206p　31cm　19000円　Ⓘ4-09-562010-2

◇法隆寺の謎　邦光史郎著　祥伝社　1989.7　271p　16cm　〈ノン・ポシェット〉　440円　Ⓘ4-396-31024-2

◇法隆寺史料集成　近代編5　法隆寺昭和資財帳編纂所編　ワコー美術出版　1989.3　204p　28cm　〈複製〉　13390円　Ⓘ4-948731-28-5, 4-948731-29-3

◇特別展百済観音―法隆寺宝物献納110年　東京国立博物館ほか編　NHKサービスセンター　1988.11　142p　30cm　〈会期：1988年11月22日～12月18日〉

◇法隆寺の至宝―昭和資財帳　第9巻　工芸　鏡　小学館　1988.10　269p　31cm　18500円　Ⓘ4-09-562009-9

◇不滅の建築　1　法隆寺五重塔―奈良・法隆寺　鈴木嘉吉, 工藤圭章責任編集　小川光三撮影　毎日新聞社　1988.6　63p　31cm　〈法隆寺五重塔関係年表：p56～58〉　1800円　Ⓘ4-620-60271-X

◇法隆寺　町田甲一著　増訂新版　時事通信社　1987.11　421p　20cm　〈初版：角川書店昭和47年刊　法隆寺年表・参考文献：p396～414〉　2800円　Ⓘ4-7887-8738-5

◇日本の古寺美術　2　法隆寺　2　建築　藤井恵介著　大阪　保育社　1987.9　196p　図版16p　19cm　〈企画：町田甲一　参考文献：p175～189〉　1600円　Ⓘ4-586-72002-6

◇村田治郎著作集　2　法隆寺の研究史　中央公論美術出版　1987.7　431p　22cm　9800円　Ⓘ4-8055-1422-1

◇魅惑の仏像　14　百済観音―奈良・法隆寺　小川光三写真　毎日新聞社　1987.6　63p　31cm　1800円　Ⓘ4-620-60224-8

◇日本の古寺美術　1　法隆寺　1　歴史と古文献　高田良信著　大阪　保育社　1987.3　270p　図版16p　19cm　〈企画：町田甲一　法隆寺略年表：p186～205　参考文献：p260～266〉　1600円　Ⓘ4-586-72001-8

◇法隆寺史料集成　近代編　3　法隆寺昭和資財帳編纂所編　ワコー美術出版　1987.3　234p　28cm　〈複製〉　15000円　Ⓘ4-948731-24-2, 4-948731-29-3

◇日本の古寺美術　3　法隆寺　3　美術　大西修也著　大阪　保育社　1987.1　230p　図版16p　19cm　〈企画：町田甲一　参考文献：p218～225〉　1600円　Ⓘ4-586-72003-4

◇法隆寺献納宝物染織　1　幡・褥　東京国立博物館編　京都　便利堂　1986.12　264p　31cm　〈参考文献：p257～259〉　12000円

◇法隆寺の至宝―昭和資財帳　第6巻　絵画　小学館　1986.11　311p　31cm　〈おもに図〉　18500円　Ⓘ4-09-562006-4

◇村田治郎著作集　1　法隆寺建築様式攷　中央公論美術出版　1986.10　457p　22cm　〈著者の肖像あり〉　9800円

◇「法隆寺日記」をひらく―廃仏毀釈から100年　高田良信著　日本放送出版協会

飛鳥時代

1986.9　215p　19cm　（NHKブックス510）　750円　ⓘ4-14-001510-1

◇正倉院・法隆寺伝来裂　吉岡常雄著　京都　紫紅社　1986.6　38p　38cm　〈英語書名：Shôsô-in and Hôryû-ji gire 英文併記　はり込図14枚〉　ⓘ4-87940-017-3

◇四季法隆寺　日弁貞夫他著　新潮社　1986.1　119p　22cm　（とんぼの本）　1100円　ⓘ4-10-601930-2

◇写真・今世紀の法隆寺―小川一真から入江泰吉まで　小学館　1985.11　104p　31cm　〈付：年表〉　4800円　ⓘ4-09-680381-2

◇法隆寺の至宝―昭和資財帳　第4巻　彫刻2　木彫　小学館　1985.11　295p　31cm　〈おもに図〉　15000円　ⓘ4-09-562004-8

◇法隆寺の秘話　高田良信著　小学館　1985.11　223p　19cm　（小学館創造選書 100）　980円　ⓘ4-09-820100-3

◇法隆寺史料集成　3　法隆寺昭和資財帳編纂所編　ワコー美術出版　1985.10　212p　28cm　〈編集：たんこう舎　複製〉　12000円　ⓘ4-948731-08-0, 4-948731-23-4

◇法隆寺史料集成　4　法隆寺昭和資財帳編纂所編　ワコー美術出版　1985.10　143p　28cm　〈編集：たんこう舎　複製〉　11000円　ⓘ4-948731-09-9, 4-948731-23-4

◇法隆寺史料集成　10　法隆寺昭和資財帳編纂所編　ワコー美術出版　1985.10　240p　28cm　〈編集：たんこう舎　複製〉　11000円　ⓘ4-948731-15-3, 4-948731-23-4

◇法隆寺史料集成　8　法隆寺昭和資財帳編纂所編　ワコー美術出版　1985.9　161p　28cm　〈編集：たんこう舎　複製〉　10000円

◇法隆寺の歴史と年表　高田良信著　ワコー美術出版　1985.7　321p　22cm　〈企画：法隆寺昭和資材帳編纂所〉　4800円

◇法隆寺史料集成　11　法隆寺昭和資財帳編纂所編　ワコー美術出版　1985.6　167p　28cm　〈編集：たんこう舎　複製〉　11000円

◇古代は輝いていた　3　法隆寺の中の九州王朝　古田武彦著　朝日新聞社　1985.4　369p　20cm　1600円　ⓘ4-02-255273-5

◇法隆寺史料集成　7　法隆寺昭和資財帳編纂所編　ワコー美術出版　1985.2　250p　28cm　〈編集：たんこう舎　複製〉　11000円

◇法隆寺史料集成　6　法隆寺昭和資財帳編纂所編　ワコー美術出版　1984.11　292p　28cm　〈複製〉　12000円

◇法隆寺史料集成　5　法隆寺昭和資財帳編纂所企画　ワコー美術出版　1984.10　182p　28cm　〈編集：たんこう舎　複製〉　11000円

◇法隆寺の建築　浅野清著　中央公論美術出版　1984.9　153p　20cm　〈法隆寺略年表：p136〜138〉　2000円

◇法隆寺の里―わたしの斑鳩巡礼　直木孝次郎著　旺文社　1984.9　250p　16cm　（旺文社文庫）　360円　ⓘ4-01-064296-3

◇法隆寺史料集成　9　法隆寺昭和資財帳編纂所編　ワコー美術出版　1984.7　154p　28cm　〈編集：たんこう舎　複製〉　9000円

◇法隆寺史料集成　12　法隆寺昭和資財帳編纂所編　ワコー美術出版　1984.7　183p　28cm　〈編集：たんこう舎　複製〉　10000円

◇法隆寺史料集成　14　法隆寺昭和資財帳編纂所編　ワコー美術出版　1984.7　157p　28cm　〈編集：たんこう舎　複製〉　9000円

◇法隆寺史料集成　15　法隆寺昭和資財帳編纂所編　ワコー美術出版　1984.5　239p　28cm　〈複製〉　11000円

◇法隆寺史料集成　13　法隆寺昭和資財帳編纂所編　ワコー美術出版　1984.4　275p　28cm　〈複製〉　12800円

◇日本仏教の心　1　聖徳太子と法隆寺　日本仏教研究所編　間中定泉著　ぎょうせい　1984.3　181p　29cm　〈付属資料（録音カセット　1巻）：法隆寺前管主間中定泉法話.太子講式.法隆寺お会式法要　箱入〉　5000円

◇法隆寺史料集成　1　法隆寺昭和資財帳編纂所編　ワコー美術出版　1983.10　176p　28cm　〈複製〉　9000円

◇法隆寺史料集成　2　法隆寺昭和資財帳編纂所編　ワコー美術出版　1983.10

171p　28cm　〈複製〉　9000円

◇新・法隆寺物語　太田信隆著　集英社　1983.7　226p　16cm　〈集英社文庫〉〈『まほろばの僧』（春秋社昭和51年刊）の改題改訂　付・斑鳩の夏の陽ざしに　五木寛之著〉　260円　①4-08-750600-2

◇梅原猛著作集　10　隠された十字架　集英社　1982.7　494p　20cm　2000円

◇会津八一全集　第1巻　安藤更生ほか編纂　中央公論社　1982.6　559p　図版17枚　23cm　〈著者の肖像あり〉　8800円

◇喜田貞吉著作集　第7巻　法隆寺再建論　小林行雄編集　平凡社　1982.3　452p　22cm　〈著者の肖像あり　書誌一覧：p450～452〉　5000円

◇名宝日本の美術　第2巻　法隆寺　大西修也執筆　小学館　1982.2　153p　31cm　〈監修：太田博太郎ほか　参考文献：p152～153　付：年表・法隆寺史と西院・東院伽藍の変遷〉　2200円

◇法隆寺展目録—聖徳太子千三百六十年御諱記念　奈良　奈良国立博物館　1981.11　91,5p　26cm　〈会期：昭和56年11月10日～11月23日　法隆寺略年表：p85～90〉

◇法隆寺献納金銅仏　奈良　奈良国立博物館　1981.10　82,5p　26cm　〈会期：昭和56年10月18日～11月23日〉

◇法隆寺子院の研究　高田良信著　京都　同朋舎出版　1981.8　196p　22cm　4800円　①4-8104-0243-6

◇隠された十字架—法隆寺論　梅原猛著　新潮社　1981.4　528p　16cm　〈新潮文庫〉〈年表：p521～526〉　480円　①4-10-124401-4

◇法隆寺夏季大学記念誌　第30回　法隆寺編　斑鳩町（奈良県）　法隆寺　1980.7　172p　26cm

◇日本古寺美術全集　第2巻　法隆寺と斑鳩の古寺　座右宝刊行会編集制作　太田博太郎編集　集英社　1979.11　147p　40cm　〈監修：太田博太郎ほか　参考文献：p146～147〉　5600円

◇法隆寺金堂壁画集—便利堂蔵版　講談社　1979.11　1冊（頁付なし）　65cm　〈編集：第一出版センター　法隆寺金堂壁画集刊行会昭和26年刊の複製　はり込図26枚　付（別冊33p 50cm）：解説　帙入〉

145000円

◇日本の美術　4　法隆寺　水野清一著　第2版　平凡社　1979.8　164p　24cm　〈監修：亀井勝一郎ほか〉　1800円

◇日本古寺美術全集　第1巻　法隆寺と飛鳥の古寺　座右宝刊行会編集制作　久野健編著　集英社　1979.5　147p　40cm　〈監修：太田博太郎ほか　参考文献：p146～147〉　5600円

◇古寺巡礼奈良　1　法隆寺　伊藤桂一ほか著　京都　淡交社　1979.1　152p　27cm　〈監修：井上靖、塚本善隆　法隆寺年表：p149～151〉　2800円

◇日本美術全集　第2巻　飛鳥・白鳳の美術—法隆寺と斑鳩の寺　鈴木嘉吉編　学習研究社　1978.12　229p　38cm　〈法隆寺美術史年表：p224～226〉　4600円

◇法隆寺を支えた木　西岡常一、小原二郎著　日本放送出版協会　1978.6　226p　19cm　（NHKブックス 318）　600円

◇法隆寺のなぞ　高田良信著　主婦の友社　1977.6　205p　19cm　（Tomo選書）　700円

◇法隆寺銘文集成　上巻　高田良信編　国書刊行会　1977.2　189p　22cm　3000円

◇日本の美　第3集　法隆寺、薬師寺、唐招提寺　学習研究社　1977　159p（図共）　29cm　〈NHK総合テレビで放送の『日本の美』の内容にもとづいて学習研究社が編集したもの〉　1800円

◇建築技法から見た法隆寺金堂の諸問題　竹島卓一著　中央公論美術出版　1975　445p　21cm　5000円

◇奈良の寺　8　金堂壁画—法隆寺　文：柳沢孝、撮影：便利堂　岩波書店　1975　52, 20p（おもに図）　33cm　2500円

◇法隆寺献納宝物　東京国立博物館　1975　337p（おもに図）　35cm　〈法隆寺献納宝物関係資料・年表：p.311-320〉

◇奈良の寺　1　西院伽藍—法隆寺　文：浅野清、撮影：渡辺義雄　岩波書店　1974　56, 16p（おもに図）　33cm　2200円

◇奈良の寺　2　東院伽藍と西院諸堂—法隆寺　文：鈴木嘉吉、撮影：渡辺義雄　岩波書店　1974　48, 20p（おもに図）　33cm　2200円

飛鳥時代

◇奈良の寺　3　金堂釈迦三尊—法隆寺　文：水野敬三郎，撮影：米田太三郎，辻本米三郎　岩波書店　1974　48, 18p（おもに図）　33cm　2200円

◇奈良の寺　4　五重塔の塑像—法隆寺　文：長広敏雄，撮影：坂本万七，辻本米三郎　岩波書店　1974　52, 18p（おもに図）　33cm　2200円

◇奈良の寺　7　小金銅仏—法隆寺　文：石田尚豊，撮影：米田太三郎　岩波書店　1974　44, 18p（おもに図）　33cm　2200円

◇法隆寺　間中定泉，高田良信著　学生社　1974　266p（図共）　19cm　〈付録：法隆寺年表・法隆寺関係の古文献p.244-264〉　860円

◇法隆寺献納宝物目録—Treasures from the Horyu-ji　東京国立博物館　1973.10　69p　26cm　〈英文併記〉

◇奈良の寺　5　夢殿観音と百済観音—法隆寺　文：久野健，撮影：辻本米三郎　岩波書店　1973　48, 17p（おもに図）　33cm　2200円

◇奈良県文化財全集　11　法隆寺　9　奈良県教育委員会事務局文化財保存課編　〔奈良〕　奈良県教育委員会　1972.3　52p　図版55枚　26cm　〈主要参考文献：p52〉

◇隠された十字架—法隆寺論　梅原猛著　新潮社　1972　456p　図　20cm　1000円

◇法隆寺　町田甲一著　角川書店　1972　260p　図　19cm　（角川選書）

◇日本の美術　3　法隆寺　久野健，鈴木嘉吉著　小学館　1971　219p（おもに図）　20cm　（ブック・オブ・ブックス）　580円

◇奈良県文化財全集　9　法隆寺　7　奈良県教育委員会事務局文化財保存課編　〔奈良〕　奈良県教育委員会　1970.3　46p　図版53枚　26cm　〈参考文献抄：p46〉

◇いかるがの心—法隆寺と聖徳太子　寺尾勇著　大阪　創元社　1969　280p　図版　19cm　680円

◇聖徳太子　上原和著　三彩社　1969　92p　図版17枚　22cm　（東洋美術選書）　〈参考文献：p.88-92〉　580円

◇法隆寺　寺尾勇，入江泰吉共著　大阪　保育社　1969　152p（おもに図版）　15cm　（カラーブックス）　250円

◇法隆寺　近畿日本鉄道創立五十周年記念出版編集所編　大阪　近畿日本鉄道　1969　113p　図版44p　27cm　（近畿日本叢書　第4冊）　2000円

◇法隆寺—壁画と金堂　朝日新聞社　1968　図版125枚　解説118p　36cm　〈監修者：石田茂作，亀田孜　解説：法隆寺金堂の文化史的意義（石田茂作）法隆寺金堂の壁画（亀田孜）法隆寺金堂の彫刻と工芸（西川新次）法隆寺金堂の建築（大岡実）〉　17000円

◇法隆寺　町田甲一著　角川書店　1967　217p　18cm　（角川新書）　250円

◇法隆寺五重塔の塑像　西川新次著　二玄社　1966　210p（図版共）　37cm　5500円

◇法隆寺の彫刻　久野健文，長谷川伝次郎写真　中央公論美術出版　1964　139, 24p　図版130p　30cm　〈限定版〉　4000円

◇法隆寺　浅野清著　社会思想社　1963　225p（図版・解説共）　15cm　（現代教養文庫）

◇法隆寺—いかるがの里　北川桃雄著，入江泰吉写真　〔京都〕　淡交新社　1962　142p　原色図版1枚　図版76枚　22cm

◇法隆寺　大野可円編著　教育新潮社　1962　228p（図版共）　19cm　（日本のお寺シリーズ　3）

◇法隆寺そぞろあるき　小川弥太郎著　小川弥太郎　1961　208p　図版　19cm　非売

◇法隆寺　村田治郎，上野照夫，佐藤辰三共著　毎日新聞社　1960　141, 26p　図版71枚（原色版共）　30cm

◇法隆寺の彫刻　久野健文，長谷川伝次郎写真　中央公論美術出版　1958　139, 24p　図版130p　30cm　〈限定版〉

◇夢殿　北川桃雄著　創元社　1957　154p　図版32枚　19cm

◇法隆寺建築文献目録　村田治郎，近藤豊編　彰国社　1955　194, 17p　22cm

◇法隆寺五重塔秘宝の調査　法隆寺国宝保存委員会編　〔斑鳩町（奈良県）〕　法隆

飛鳥時代

　寺　1954　49p 図版31枚　30cm
◇法隆寺　浅野清著　弘文堂　1953 2版
　62p　15cm　（アテネ文庫）
◇法隆寺建築綜観―昭和修理を通じて見た
　法隆寺建築の研究　浅野清著　京都　便
　利堂　1953　334p 図版13枚　22cm
　（京都大学文学部考古学叢書 第1冊）
◇法隆寺金堂建築及び壁画の文様研究　福
　山敏男，太田英蔵共著，東京文化財研究所
　美術部編　東京文化財研究所美術部
　1953　73p 図版　30cm　（美術研究所研
　究報告）
◇法隆寺金堂壁画　東京国立博物館編
　〔京都〕　〔便利堂〕　〔1953〕　図386
　枚(12帙)　64cm　〈全紙大撮影による原
　寸大部分図全部　箱入〉
◇法隆寺金堂壁画集　法隆寺金堂壁画集刊
　行会編　京都　法隆寺金堂壁画集刊行会
　1951　図版14枚　はり込み原色図版22枚
　63cm　〈帙入　別冊：解説（田中一松）〉
　10000円
◇法隆寺秘話　上田正二郎著　富山房
　1951　170p 図版　18cm
◇図説法隆寺　朝日新聞社編　大阪　朝日
　新聞社　1949　139p 図版24枚　22cm
◇法隆寺―総観　近畿日本鉄道編纂室編
　京都　河原書店　1949　273p 図版
　19cm
◇法隆寺建築　太田博太郎著　彰国社
　1949　233p 図版　22cm　（建築文化撰
　書 第4）
◇法隆寺金堂釈迦三尊像　田沢坦等編　岩
　波書店　1949　104p 図版52枚 表　30cm
　（法隆寺資料彫刻篇 第1輯）
◇法隆寺の研究史　村田治郎著　大阪　毎
　日新聞社　1949　332p 図版　22cm
◇法隆寺の話　久野健著　月曜書房　1949
　70p 図版　26cm
◇百済観音　浜田青陵著　奈良　養徳社
　1948　292p 図版　19cm

法興寺
ほうこうじ

　奈良県高市郡飛鳥村にあった寺。俗に飛鳥寺
ともよばれる。日本最古の本格的寺院で、推古
4年（596年）に蘇我馬子が建立し、高麗僧恵慈を
住まわせた。推古14年（606年）に鞍作止利の作
とされる本尊の丈六金銅釈迦如来像（飛鳥大仏）
が完成・安置された。蘇我氏の氏寺として、また
蘇我氏本宗家滅亡後も四大寺の一つに数えられ
て繁栄したが、平城京遷都に伴い、養老2年（718
年）に金堂・塔など一部の建物を残して平城京へ
移転し、元興寺が建立された。元あった法興寺
は本元興寺と呼ばれるようになったが、次第に
衰微・荒廃した。現在は跡地に新義真言宗豊山
派の安居院が存在し、本尊の飛鳥大仏は重要文
化財に指定されている。

*　　　*　　　*

◇飛鳥寺と法隆寺　直木孝次郎著　吉川弘
　文館　2009.6　287p　20cm　（直木孝次
　郎古代を語る 9）　2600円　①978-4-642-
　07890-0
◇飛鳥の文明開化　大橋一章著　吉川弘文
　館　1997.4　230p　19cm　（歴史文化ラ
　イブラリー 12）　1751円　①4-642-
　05412-X
◇飛鳥寺と聖徳太子　岡本精一著　明日香
　村（奈良県）　飛鳥寺　1988.10　113p
　19cm　〈発売：奈良新聞社〉
◇飛鳥寺　坪井清足著　中央公論美術出版
　1964　40p 図版　19cm

元興寺
がんごうじ

　奈良市芝新屋町と中院町にある寺。初め蘇我
氏によって飛鳥の地に建てられ、法号を法興寺、
俗に飛鳥寺ともいった。平城遷都以後平城京内
に移された際に元興寺となり、南都七大寺の一
つとして栄えた。三論・法相などの教学の中心の
一つとして、東大寺や興福寺と並ぶ勢力を誇った
がその後衰退し、室町時代の宝徳3年（1451年）
の火災で主要な堂宇は焼失した。かつての塔跡
が芝新屋町に、鎌倉時代建立の僧坊の一部であ
る極楽坊が中院町に残っている。平成10年（1998
年）に「古都奈良の文化財」の一つとして世界遺
産に登録された。

*　　　*　　　*

◇元興寺の歴史　岩城隆利著　吉川弘文館
　1999.11　401, 13p 図版12p　22cm　9500
　円　①4-642-02343-7
◇大和の古寺　3　元興寺・元興寺極楽坊・
　般若寺・十輪院　鈴木嘉吉ほか著　岩波

◇奈良・元興寺仏教版画展　町田市立国際版画美術館編　町田　町田市立国際版画美術館　1992　170p　22cm　〈会期：1992年2月16日～4月5日　元興寺仏教版画関係参考文献：p159〉

◇元興寺　岩城隆利著　中央公論美術出版　1982.3　40p　19cm　（美術文化シリーズ　49）〈参考図書：p40〉　500円

◇大和の古寺　3　元興寺・元興寺極楽坊・般若寺・十輪院　鈴木嘉吉ほか撮影　岩波書店　1981.11　21p　図版48p　33cm　〈付（図1枚）：図版一覧　参考文献：p15〉　2800円

◇日本古寺美術全集　第5巻　興福寺と元興寺―興福寺・元興寺・元興寺（極楽坊）・十輪院　座右宝刊行会編集制作　太田博太郎編集　集英社　1980.7　147p　40cm　〈監修：太田博太郎ほか　参考文献：p146〉　5600円

◇古寺巡礼奈良　6　元興寺　野口武彦ほか著　京都　淡交社　1979.6　168p　27cm　〈監修：井上靖,塚本善隆　元興寺年表：p163～167〉　2800円

◇元興寺編年史料　下巻　岩城隆利編　吉川弘文館　1966　596p　図版　22cm　2800円

◇元興寺編年史料　中巻　岩城隆利編　吉川弘文館　1965　528p　図版　22cm

◇元興寺編年史料　上巻　岩城隆利編　吉川弘文館　1963　549p　図版　22cm

中宮寺
ちゅうぐうじ

奈良県生駒郡斑鳩町にある聖徳宗の尼寺。元は法相宗、真言宗。別称は中宮尼寺、中宮寺御所、斑鳩御所。法隆寺を斑鳩寺と呼ぶのに対して斑鳩尼寺とも呼ばれる。聖徳太子建立七ヶ寺の一つで、推古29年（621年）に生母で用明天皇皇后の穴穂部間人皇女が没した後、菩提を弔うためその御所を寺としたのに始まるという。聖徳太子ゆかりの尼寺として栄えたが、平安時代末までに衰微。鎌倉時代に信如が再興したが、その後再び衰微した。天文年間（1532年～1555年）に伏見宮貞敦親王の娘の尊智女王が住持してよ

り復興、門跡寺院となった。本尊の弥勒菩薩半跏像（伝如意輪観音像）と天寿国繍帳は飛鳥美術の代表作とされ、国宝に指定されている。

　　　　＊　　　＊　　　＊

◇中宮寺門跡　中宮寺門跡監修,中世日本研究所,キャサリン・ルドビック編　京都　光村推古書院　2009.4　79p　21cm　〈本文：日英両文〉　952円　①978-4-8381-9972-3

◇大和の古寺　1　中宮寺　法輪寺　法起寺　毛利久解説,入江泰吉,渡辺義雄写真　新装版　岩波書店　2009.2　44,17p　33cm　〈付（1枚）：図版一覧〉　3500円　①978-4-00-008391-1

◇中宮寺国宝菩薩半跏像　東京国立博物館編　東京国立博物館　2005.3　14p　30cm

◇国宝中宮寺菩薩像―特別展観　奈良国立博物館編　奈良　奈良国立博物館　2000.8　61p　30cm　〈文化財保護法50年記念　会期：平成12年8月8-22日〉

◇魅惑の仏像　27　如意輪観音―奈良・中宮寺　小川光三写真　毎日新聞社　1996.10　63p　31cm　2000円　①4-620-60437-2

◇大和の古寺　1　中宮寺・法輪寺・法起寺　毛利久ほか著　岩波書店　1992.2　17p　図版44p　33cm　〈第2刷（第1刷：1982年）付（図1枚）：図版一覧〉　3200円　①4-00-008261-2

◇日本の古寺美術　15　斑鳩の寺　大橋一章著　大阪　保育社　1989.9　240p　図版16p　19cm　〈企画：町田甲一　斑鳩の寺略年表・参考文献：p214～236〉　1648円　①4-586-72015-8

◇中宮寺法輪寺法起寺の歴史と年表　高田良信著　ワコー美術出版社　1984.10　245p　22cm　〈主要参考文献目録抄：p124～126〉　4800円

◇大和の古寺　1　中宮寺・法輪寺・法起寺　毛利久ほか撮影　岩波書店　1982.1　17p　図版44p　33cm　〈付（図1枚）：図版一覧〉　2800円

◇斑鳩尼寺　北川桃雄著　京都　世界文学社　1947　202p　図版　21cm

當麻寺
たいまでら

奈良県葛城市當麻にある寺。高野山真言宗と浄土宗を兼宗し、正しくは二上山禅林寺と号する。寺伝によると推古20年(612年)に聖徳太子の弟の麻呂子王が河内に万宝蔵院を建立し、天武10年(681年)に王の孫の当麻国見が役小角を開山として現在の地に移転・改称したとされるが、伽藍配置などから天平年間(729年〜749年)初頭に当麻氏の氏寺として創建されたと考えられている。鎌倉時代以降に當麻曼荼羅を中心とする浄土信仰の霊場として繁栄し、中将姫伝説でも知られる。東西2つの三重塔を有するが、東塔は奈良時代末期、西塔は奈良時代最末期から平安時代初期にかけての建築で、近世以前の東西両塔が現存する日本唯一の例であり、いずれも国宝に指定されている。

＊　　＊　　＊

◇大和の古寺　2　当麻寺　柳沢孝解説, 辻本米三郎, 渡辺義雄写真　新装版　岩波書店　2009.2　56, 23p　33cm　〈付(1枚)：図版一覧〉　3500円　①978-4-00-008392-8
◇当麻寺の版木—西南院　奈良　元興寺文化財研究所　2006.3　33, 6p　30cm　〈(財)大和文化財保存会援助事業による〉
◇当麻寺私注記　河中一学著　雄山閣出版　1999.10　680, 83p　22cm　〈文献あり〉　15000円　①4-639-01644-1
◇大和文化財保存会援助事業による当麻寺の版木—護念院・中之坊・奥院　奈良　元興寺文化財研究所　1996.3　60p　30cm　〈(財)大和文化財保存会援助事業による〉
◇大和の古寺　2　当麻寺　柳沢孝著, 辻本米三郎, 渡辺義雄撮影　岩波書店　1992.3　23p 図版56p　33cm　〈第2刷(第1刷：1982年)　付(図1枚)：図版一覧〉　3200円　①4-00-008262-0
◇日本の古寺美術　11　当麻寺　松島健, 河原由雄共著　大阪　保育社　1988.11　230p 図版16p　19cm　〈企画：町田甲一　当麻寺略年表・参考文献：p212〜227〉　1600円　①4-586-72011-5
◇大和の古寺　2　当麻寺　柳沢孝ほか撮影　岩波書店　1982.3　23p 図版56p　33cm　〈付(図1枚)：図版一覧〉　2800円
◇古寺巡礼奈良　7　当麻寺　富岡多恵子ほか著　京都　淡交社　1979.7　156p　27cm　〈監修：井上靖, 塚本善隆　当麻寺年表：p154〜155〉　2800円
◇大和古寺大観　第2巻　当麻寺　岩波書店　1978.12　1冊　38cm　〈付：参考文献〉　28000円
◇当麻　近畿日本鉄道株式会社近畿文化会編　京都　綜芸舎　1977.4　84p　19cm　〈近畿日本ブックス　1〉　500円
◇当麻寺民俗資料緊急調査報告書　奈良　元興寺仏教民俗資料研究所　1972　74p 図15枚　31cm　〈国宝当麻寺本堂(曼荼羅堂)の解体修理(昭和32年より昭和35年に至る)により発見された資料のうち、仏教関係の民俗資料の調査報告書　調査は昭和45, 46年の2年度にわたって実施されたもの〉
◇当麻寺　北川桃雄著　中央公論美術出版　1966　40p 図版　19cm　〈美術文化シリーズ〉　200円
◇当麻曼荼羅厨子図譜　文化財保護委員会　1963　図版31枚　36cm　〈付：解説(別綴22p)〉
◇当麻　近畿日本鉄道創立五十周年記念出版編集所編　大阪　近畿日本鉄道　1962　159p 図版21枚　27cm　〈近畿日本叢書　第7冊〉

伽藍配置
がらんはいち

寺院における主要な堂塔の配置形式。源流はインド・中国・朝鮮に求められる。飛鳥時代の代表的な伽藍配置には飛鳥寺式・川原寺式・四天王寺式・法隆寺式・薬師寺式などがあり、一塔三金堂・一塔二金堂・一塔一金堂・二塔一金堂など形式は様々だが、仏舎利を祀る塔を中心に、概ね塔や金堂を回廊内に配置した。奈良時代に入ると東大寺に代表されるように、塔が回廊外に配置されることが多くなった。平安時代初期には密教が興り、山地に伽藍が形成されるようになったため不規則な配置が多い。平安時代後期には浄土信仰の発展に伴い、池に面した阿弥陀堂を中心とする伽藍が盛行した。鎌倉時代の禅宗寺院では三門・仏殿・法堂などを中心線上に並べる、整然とした伽藍配置が形成された。

＊　　＊　　＊

◇図説日本の古代　第5巻　古墳から伽藍へ―古墳時代～飛鳥時代　森浩一著　中央公論社　1990.5　158p　27cm　3200円　①4-12-402795-8

◇塔と伽藍　鈴木嘉吉編　世界文化社　1988.6　150p　37cm　（復元日本大観 2）　18000円　①4-418-88902-7

金銅像（金銅仏）

こんどうぞう（こんどうぶつ）

鋳銅の仏像の表面に鍍金をして金色に仕上げたもの。造像素材の金属として、金、銀、銅、鍮石（ちゅうじゃく）、白駐、鉛、錫、鉄などが『法華経』方便品や『大乗造像功徳経』などの経典にあげられている。推古14年（606年）に創建された飛鳥寺に止利仏師の手による丈六の金銅仏が安置されたのに始まり、推古31年（623年）製作の法隆寺金堂釈梼三尊像、7世紀末から8世紀初めの薬師寺薬師三尊像、天平勝宝4年（752年）開眼の東大寺大仏まで、飛鳥、白鳳、天平期に全盛期を迎えた。その後9世紀以降は木彫像が主流となった。

＊　　＊　　＊

◇小金銅仏の世界―服部コレクション 東アジアのみほとけたち　大橋一章監修, 早稲田大学会津八一記念博物館編　早稲田大学会津八一記念博物館　2008.9　95p　30cm　〈会期・会場：2008年9月24日―10月16日〉

◇金銅仏―日本・韓国の古代仏教彫刻　姜友邦監修　仙台　東北電力　1999.3　149p　27cm　①4-924892-18-1

◇奈良の寺　7　小金銅仏―法隆寺　石田尚豊, 米田太三郎著　岩波書店　1994.2　18p 図版44p　33cm　〈1974年刊の再刊〉　3200円　①4-00-008307-4

◇金銅仏　6　東京国立博物館編　東京国立博物館　1990.3　79p 図版33枚　26cm　（法隆寺献納宝物特別調査概報 10（平成元年度））

◇金銅仏　5　東京国立博物館編　東京国立博物館　1989.3　51p 図版36枚　26cm　（法隆寺献納宝物特別調査概報 9（昭和63年度））

◇金銅仏―中国・朝鮮・日本 特別展図録　東京国立博物館編　東京国立博物館　1988.3　493, 12p　38cm

◇金銅仏　4　東京国立博物館編　東京国立博物館　1988.3　43p 図版33枚　26cm　（法隆寺献納宝物特別調査概報 8（昭和62年度））

◇金銅仏―中国・朝鮮・日本 特別展　東京国立博物館編　東京国立博物館　1987.3　351p　26cm　〈会期：昭和62年3月10日～4月19日〉

◇金銅仏　3　東京国立博物館編　東京国立博物館　1987.3　36p 図版34枚　26cm　（法隆寺献納宝物特別調査概報 7（昭和61年度））

◇魅惑の仏像　5　薬師三尊―奈良・薬師寺金堂　小川光三写真　毎日新聞社　1986.7　63p　31cm　1800円　①4-620-60195-0

◇魅惑の仏像　3　釈迦三尊―奈良・法隆寺金堂　小川光三写真　毎日新聞社　1986.5　63p　31cm　1800円　①4-620-60193-4

◇金銅仏　2　東京国立博物館編　東京国立博物館　1986.3　27p 図版23枚　26cm　（法隆寺献納宝物特別調査概報 6（昭和60年度））

◇金銅仏　1　東京国立博物館編　東京国立博物館　1985.3　24p 図版16枚　26cm　（法隆寺献納宝物特別調査概報 5（昭和58・59年度））

◇古代小金銅仏　久野健著　小学館　1982.7　255p　37cm　〈箱入〉　33000円

◇法隆寺献納金銅仏　奈良　奈良国立博物館　1981.10　82, 5p　26cm　〈会期：昭和56年10月18日～11月23日〉

◇飛鳥・白鳳の在銘金銅仏　奈良国立文化財研究所飛鳥資料館編　京都　同朋舎　1979.8　207p　31cm　6500円

◇小金銅仏―飛鳥から鎌倉まで　松原三郎, 田辺三郎助著, 米田太三郎写真　東京美術　1979.2　365p　36cm　〈帙入〉　38000円

◇飛鳥・白鳳の在銘金銅仏　銘文篇　奈良国立文化財研究所編　明日香村（奈良県高市郡）　飛鳥資料館　1977.3　112p（おもに図）　30cm

◇飛鳥・白鳳の在銘金銅仏　奈良国立文化

財研究所編　明日香村（奈良県高市郡）
飛鳥資料館　1976　132p（図共）　30cm
◇奈良の寺　7　小金銅仏―法隆寺　文：
石田尚豊，撮影：米田太三郎　岩波書店
1974　44,18p（おもに図）　33cm
2200円
◇金銅仏　2　五島美術館　1972　71p（お
もに図）　26cm　（仏教美術シリーズ 3）
〈第二回金銅仏展：昭和47年6月10日―7
月5日〉
◇金銅仏　野間清六監修,田枝幹宏写真
竹内書店　1964　図版126p 解説42p
30cm　〈限定版 英文併記〉
◇金銅仏　千沢楨治著　大日本雄弁会講談
社　1956　58p（図版38p共）　20cm
（講談社版アート・ブックス）　〈はり込
原色図版22枚あり〉
◇日本金銅仏図録―東京国立博物館展観
東京国立博物館　1955　図版16枚 解説
5p　26cm
◇御物金銅仏　野間清六著　京都　便利堂
1952　図版131枚 解説84p 35cm　〈英
文解説併記〉
◇法隆寺金堂釈迦三尊像　田沢坦等編　岩
波書店　1949　104p 図版52枚 表　30cm
（法隆寺資料彫刻篇 第1輯）
◇御物金銅仏像　国立博物館　1947　141p
図版140p 31cm　（国立博物館学報 第
10冊）

鞍作 止利
くらつくりの とり

生没年不詳

飛鳥時代の仏師。正しくは司馬鞍作部首止利。
鞍首止利、鞍部鳥、止利仏師（鳥仏師）とも呼ば
れる。鞍作多須奈の子で、仏教を日本に伝えたと
される中国南梁からの渡来人司馬達等の孫とさ
れる。推古13年（605年）から推古14年（606年）
にかけて、推古天皇の詔により法興寺（飛鳥寺）
の本尊である丈六金銅釈迦如来像（飛鳥大仏）を
造仏。祖父以来仏法の興隆に尽くした功により
大仁位を賜った。また推古31年（623年）に聖徳
太子追善のため、法隆寺金堂の本尊である銅造
鍍金釈迦三尊像を造仏した。日本最初の本格的
な仏師で、中国北魏の様式を取り入れつつ日本
式に洗練された作風は止利様式と呼ばれる。

　　　＊　　　＊　　　＊

◇止利仏師ものがたり　鍛治明香著　河合
村（岐阜県）　河合村　1995.3　178p
26cm
◇日本古代史叢考―高嶌正人先生古稀祝賀
論文集　高嶌正人先生古稀祝賀論文集刊
行会編　雄山閣出版　1994.4　278p
22cm〈高嶌正人の肖像あり〉　5800円
ⓒ4-639-01232-2

玉虫厨子
たまむしのずし

法隆寺に伝わる飛鳥時代の厨子。7世紀中頃の
作。檜造りで、高さ226.6センチ。上から順に、単
層入母屋造り錣葺きの宮殿の形をした厨子（宮殿
部）、須弥座、台座の三つの部分からなる。外面
は黒漆塗りで、唐草文を透かし彫りした金銅製
金具が施され、宮殿部の金具の下に玉虫の羽を
敷いたのでこの名がある。宮殿部の内側には銅
板打ち出し・鍍金の押出し千体仏坐像が張り付
けられている。宮殿部の正面と左右側面には扉
になっており、これらの扉と宮殿部の背面・須
弥座の四面に大陸文化の影響が強い彩色画が施
されているが、これらの絵画はいずれも仏教に
題材を取っている。飛鳥時代を代表する工芸品
で、国宝に指定されている。

　　　＊　　　＊　　　＊

◇聖徳太子と玉虫厨子―現代に問う飛鳥仏
教　石田尚豊著　東京美術　1998.2
315p 図版11枚　22cm　3800円　ⓒ4-
8087-0648-2
◇奈良の寺　6　玉虫厨子と橘夫人厨子―
法隆寺　秋山光和,辻本米三郎著　岩波
書店　1994.5　22p 図版48p　33cm
〈1975年刊の再刊〉　3200円　ⓒ4-00-
008306-6
◇玉虫厨子―飛鳥・白鳳美術様式史論　上
原和著　吉川弘文館　1991.12　575,21p
38cm　68000円　ⓒ4-642-07300-0
◇奈良の寺　6　玉虫厨子と橘夫人厨子―
法隆寺　文：秋山光和,撮影：辻本米三
郎　岩波書店　1975　48,22p（おもに
図）　33cm　2500円
◇玉虫厨子の研究―飛鳥・白鳳美術様式史
論　上原和著　増補版　巌南堂書店
1968　550p 図版　22cm　〈初版は日本
学術振興会昭和39年刊〉　3000円
◇玉虫厨子の研究―飛鳥・白鳳美術様式史

論　上原和著　日本学術振興会　1964　495p 図版　22cm

天寿国繍帳
てんじゅこくしゅうちょう

飛鳥時代の繍帳。天寿国曼荼羅とも呼ばれ、日本最古の刺繍とされる。聖徳太子の没後、推古30年(622年)に妃の橘大郎女が太子の往生した天寿国(極楽浄土)のありさまを縫い取らせ、太子を偲ぶよすがにしたもの。椋部秦久麻の監督下で、東漢末賢・高麗加西溢・漢奴加己利の3人の渡来系工人が下絵を描いた。また、図の他に銘文が縫い合わされており、その全文は『上宮聖徳法王帝説』に記載されている。元は2メートル×4メートルの帳2枚を横につなげたもので法隆寺が蔵したが、現在は88.8センチ×82.7センチの断片が中宮寺に伝えられており、国宝に指定されている。

　　　　＊　　　＊　　　＊

◇国宝天寿国繍帳　東京国立博物館編　東京国立博物館　2006.3　18p　30cm
◇生と死の図像学―アジアにおける生と死のコスモロジー　林雅彦編　至文堂　2003.3　426p　21cm　(明治大学人文科学研究所叢書)　9524円　①4-7843-0256-5
◇隠された聖徳太子の世界―復元・幻の天寿国　大橋一章,谷口雅一著　日本放送出版協会　2002.2　205p　22cm　〈文献あり〉　1900円　①4-14-080666-4
◇天寿国繍帳の研究　大橋一章著　吉川弘文館　1995.2　16, 211, 11p　31cm　22000円　①4-642-07449-X
◇聖徳太子への鎮魂―天寿国繍帳残照　大橋一章著　グラフ社　1987.11　236p　19cm　1800円　①4-7662-0163-9
◇天寿国曼荼羅の研究　青木茂作著　法隆寺村(奈良県生駒郡)　鵤故郷舎出版部　1946　301p　図版13枚　22cm

白鳳文化
はくほうぶんか

　飛鳥時代後期、大化元年(645年)の大化の改新から和銅3年(710年)の平城京遷都にかけての白鳳時代に栄えた文化。白鳳は孝徳天皇朝の年号白雉(650年～654年)の異称とされる。飛鳥文化と天平文化の中間に位置し、大化の改新から壬申の乱を経て天武・持統両朝により律令国家が建設される時代にあたり、天皇や貴族中心の華やかな文化である。また、従来は朝鮮半島を経由していた大陸文化が遣唐使により中国から直接もたらされるようになったこともあり、初唐文化の影響の下に清新さと力強さを特徴とする。白鳳文化を代表するのは仏教美術で、仏教が国家仏教としての性格を強め、天皇や豪族による造寺・造仏が激増する中で、建築では薬師寺東塔や法隆寺西院伽藍、仏像では薬師寺金堂薬師三尊像や同東院堂聖観音像、絵画では法隆寺金堂壁画など、すぐれた作品が多数生み出された。この他、高松塚古墳壁画も白鳳文化を代表する絵画として著名である。文芸面では大津皇子らにより漢詩が隆盛する一方、柿本人麻呂や額田王ら万葉歌人により和歌が著しい発展をみせた。記紀の編纂が開始されたのもこの時代のことである。

◇一度は拝したい奈良の仏像　山崎隆之著,小川光三写真　学習研究社　2009.3　261p　18cm　(学研新書)　880円　①978-4-05-403855-4
◇日本の仏像―飛鳥・白鳳・天平の祈りと美　長岡竜作著　中央公論新社　2009.3　274p　18cm　(中公新書1988)　〈文献あり〉　980円　①978-4-12-101988-2
◇奈良の仏像　紺野敏文著　アスキー・メディアワークス,角川グループパブリッシング〔発売〕　2009.2　214p　18cm　(アスキー新書)　762円　①978-4-04-867747-9
◇白鳳時代と高松塚古墳―築造時の時代背景　安田和子著　大阪　竹林館　2009.2　211p　20cm　〈文献あり　年表あり〉

飛鳥時代

2000円　①978-4-86000-163-6

◇鎮魂仏の涙―仏頭・不空羂索観音立像をめぐる謎　星野恵朗著　文芸社　2005.4　123p　19cm〈年表あり〉　1000円　①4-8355-8873-8

◇白鳳天平時代の研究　松尾光著　笠間書院　2004.3　715p　22cm〈著作目録あり〉　14000円　①4-305-70268-1

◇仏教の幻惑　上原和著　新装版　学習研究社　2003.12　175p　31cm（人間の美術 3（飛鳥・白鳳時代））　3400円　①4-05-102346-X

◇白鳳・天平の時代　青木和夫著　吉川弘文館　2003.5　280p　20cm　3200円　①4-642-07916-5

◇白鳳の風景　金森徹著　文芸社　2003.2　142p　20cm　1500円　①4-8355-5156-7

◇日本の仏像100選―いま、魅力の仏像と出会う　佐藤昭夫監修　主婦と生活社　2002.5　215p　27×20cm　2300円　①4-391-12629-X

◇日韓古代彫刻史論　大西修也著　福岡中国書店　2002.2　447p　21cm　9000円　①4-924779-64-4

◇荘厳―飛鳥・白鳳仏のインテリア　大阪府立近つ飛鳥博物館編　河南町（大阪府）大阪府立近つ飛鳥博物館　2001.4　114p　30cm（大阪府立近つ飛鳥博物館図録 24）〈平成13年度春季特別展　会期：2001年4月17日―6月17日　文献あり〉

◇飛鳥池遺跡―富本銭と白鳳文化　直木孝次郎, 鈴木重治編　春日部　ケイ・アイ・メディア　2000.5　275p　19cm　2300円　①4-907796-05-6

◇飛鳥・白鳳の瓦と土器―年代論　帝塚山大学考古学研究所歴史考古学研究会・古代の土器研究会共催シンポジウム　帝塚山大学考古学研究所歴史考古学研究会, 古代の土器研究会編　奈良　帝塚山大学考古学研究所歴史考古学研究会　1999.11　178p　30cm〈会期・会場：1999年11月27日―28日 奈良国立文化財研究所　共同刊行：古代の土器研究会〉

◇国宝と歴史の旅　1　飛鳥のほとけ　のほとけ　朝日新聞社　1999.8　64p　30cm（朝日百科）　933円　①4-02-330901-X

◇東洋美術史論叢　吉村怜博士古稀記念会編　雄山閣出版　1999.2　521p　22cm　11500円　①4-639-01582-8

◇大和路古寺・仏像巡り　小川光三文・写真　主婦と生活社　1999.2　127p　21cm〈絵：小川瞳〉　1500円　①4-391-12314-2

◇奈良の仏像―古都の寺々と名品を訪ねて　村田靖子著　大日本絵画　1997.12　398p　20cm　3800円　①4-499-20118-7

◇日本建築史図録　飛鳥・奈良・平安　天沼俊一著　東京堂出版　1996.6　332p　27cm〈昭和8-14年刊の複製〉　①4-490-30433-1

◇謎の大寺・飛鳥川原寺―白鳳の仏　第53回企画展　高崎　群馬県立歴史博物館　1996.4　119p　30cm〈会期：平成8年4月27日～6月23日〉

◇飛鳥・白鳳仏教史　上　田村円澄著　吉川弘文館　1994.2　291p　20cm　2800円　①4-642-07417-1

◇飛鳥・白鳳仏教史　下　田村円澄著　吉川弘文館　1994.2　283p　20cm　2800円　①4-642-07418-X

◇奈良大和路の仏像―飛鳥・白鳳・天平仏に親しむ　小川光三写真　日本交通公社出版事業局　1993.12　159p　21cm（JTBキャンブックス）〈監修：佐藤昭夫〉　1500円　①4-533-02012-7

◇人間の美術　3　仏教の幻惑―飛鳥・白鳳時代　上原和著　学習研究社　1989.12　175p　31cm〈監修：梅原猛〉　3500円　①4-05-102346-X

◇大和路のみ仏たち―奈良三十三か寺めぐり　大橋一章, 森野勝博編著　グラフ社　1987.12　318p　19cm　1900円　①4-7662-0165-5

◇魅惑の仏像　18　聖観音―奈良・薬師寺東院堂　小川光三写真　毎日新聞社　1987.10　63p　31cm　1800円　①4-620-60238-8

◇魅惑の仏像　5　薬師三尊―奈良・薬師寺金堂　小川光三写真　毎日新聞社　1986.7　63p　31cm　1800円　①4-620-60195-0

◇飛鳥白鳳天平仏　久野健著　京都　法蔵館　1984.1　200p　20cm（法蔵選書 28）　1600円

◇日本の美と文化―Art japanesque　2　飛鳥と万葉―仏教伝来の波　直木孝次郎

ほか編著　講談社　1983.9　167p　31cm　〈参考文献：p167〉　2400円　①4-06-127732-4
◇日本美術全集　第3巻　飛鳥・白鳳の美術―高松塚と藤原京　上原和, 工藤圭章編集　学習研究社　1980.1　236p　38cm　〈年表：p230～232〉　4600円
◇土門拳日本の彫刻　1　飛鳥・奈良　土門拳著　美術出版社　1979.12　203p　37cm　〈おもに図〉　8800円
◇飛鳥・白鳳の在銘金銅仏　奈良国立文化財研究所飛鳥資料館編　京都　同朋舎　1979.8　207p　31cm　6500円
◇日本美術全集　第2巻　飛鳥・白鳳の美術―法隆寺と斑鳩の寺　鈴木嘉吉編　学習研究社　1978.12　229p　38cm　〈法隆寺美術史年表：p224～226〉　4600円
◇文化財講座日本の美術　5　彫刻（飛鳥・奈良）　岡田譲ほか編集　西川新次執筆　第一法規出版　1978.9　269p　22cm　〈監修：文化庁〉　1900円
◇白鳳の美術　久野健　六興出版　1978.4　228p　22cm　1800円
◇白鳳文学新論―記紀万葉風土記の批評的研究　徳光久也著　笠間書院　1978.1　613p　22cm　（笠間叢書 90）　13000円
◇上代彫刻史の研究　町田甲一著　吉川弘文館　1977.5　318p　図18枚　27cm　6500円
◇飛鳥・白鳳の在銘金銅仏　銘文篇　奈良国立文化財研究所編　明日香村（奈良県高市郡）　飛鳥資料館　1977.3　112p（おもに図）　30cm
◇国宝―原色版　1　上古・飛鳥・奈良　1　毎日新聞社　1976.11　189, 3p（おもに図）　36cm　〈監修：文化庁　愛蔵版〉
◇国宝―原色版　2　上古・飛鳥・奈良　2　毎日新聞社　1976.11　165, 3p（おもに図）　36cm　〈監修：文化庁　愛蔵版〉
◇飛鳥・白鳳の在銘金銅仏　奈良国立文化財研究所編　明日香村（奈良県高市郡）飛鳥資料館　1976　132p（図共）　30cm
◇白鳳の再現　吉村貞司著　新潮社　1976　265p 図　20cm　（新潮選書）　900円
◇飛鳥・白鳳仏教論　田村円澄著　雄山閣出版　1975　335, 12p　22cm　（古代史選書 2）　2500円

◇新羅と飛鳥・白鳳の仏教文化　田村円澄, 洪淳昶編　吉川弘文館　1975　360p 図　22cm　3800円
◇白鳳天平の世界　横田健一著　大阪　創元社　1973　509, 5p　22cm　（創元学術双書）　3200円
◇飛鳥・奈良　太田古朴著　京都　綜芸舎　1971　130, 18p 図　19cm　（仏像観賞シリーズ 1）　500円
◇奈良美術研究　安藤更生著　校倉書房　1962　225p 図版　22cm
◇白鳳文学論　徳光久也著　法政大学出版局　1959　333p 図版　21cm
◇飛鳥・白鳳・天平の美術　野間清六著　至文堂　1958　206p 図版　19cm　（日本歴史新書）
◇奈良の美術　小林剛著　東京創元社　1958　203p　19cm　（創元選書）
◇日本の彫刻　第3　白鳳時代　今泉篤男等編　美術出版社　1951　図版32p　解説15p　35×26cm　〈藤本四八撮影〉

薬師寺
やくしじ

　奈良市西ノ京町にある法相宗の大本山。別名は西京寺、瑠璃宮薬師寺。南都七大寺の一つ。天武9年（680年）に天武天皇が皇后の病気平癒を祈願して建立を発願し、天皇崩御後の文武2年（698年）に藤原京に完成した。平城京遷都に伴い、養老2年（718年）に現在の地に移転した。藤原京の寺は橿原市木殿町に位置し、本薬師寺と呼ばれて現在も存続している。伽藍配置は中門と講堂をつないだ回廊内の中央に金堂、その左右に東西両塔を置くもので、薬師寺式と称される。東塔は創建当時の遺構が現存し、所蔵の薬師三尊像・聖観音菩薩立像・吉祥天画像・仏足石・仏足石歌碑は国宝に指定されている。平成10年（1998年）に「古都奈良の文化財」の一つとして世界遺産に登録された。

　　　　　＊　　　＊　　　＊

◇薬師寺伽藍の研究　宮上茂隆著　草思社　2009.4　517p　22cm　〈著作目録あり　作品目録あり　年表あり〉　12000円　①978-4-7942-1703-5
◇国宝麻布著色吉祥天像―薬師寺所蔵　奈良国立博物館, 東京文化財研究所企画情

報部編　中央公論美術出版　2008.5　105p　38cm　〈折り込2枚〉　19000円　①978-4-8055-0570-0

◇薬師寺所蔵黒草紙・新黒双紙—影印・翻刻　国立文化財機構奈良文化財研究所編　京都　法蔵館　2008.5　269p　22cm　（南都史料叢書　第1冊）　10000円　①978-4-8318-7574-7

◇薬師寺白鳳伽藍の謎を解く　白鳳文化研究会編　冨山房インターナショナル　2008.5　421p　図版4p　20cm　2800円　①978-4-902385-58-8

◇国宝薬師寺展—平城遷都一三〇〇年記念　東京国立博物館，読売新聞東京本社文化事業部，NHK，NHKプロモーション編　読売新聞東京本社　2008.3　242, 9p　30cm　〈他言語標題：National treasures from Yakushi-ji temple　会期・会場：2008年3月25日—6月8日　東京国立博物館　共同刊行：NHKほか　年表あり　文献あり〉

◇法隆寺・薬師寺・東大寺論争の歩み　大橋一章著　グラフ社　2006.4　218p　19cm　〈文献あり〉　1600円　①4-7662-0960-5

◇木に学べ—法隆寺・薬師寺の美　西岡常一著　小学館　2003.12　284p　15cm　（小学館文庫）　〈年譜あり〉　552円　①4-09-405851-6

◇薬師三尊—奈良・薬師寺金堂　小川光三撮影　毎日新聞社　2001.3　109p　21cm　（めだかの本）　〈年表あり〉　1200円　①4-620-60566-2

◇薬師寺千三百年の精華—美術史研究のあゆみ　大橋一章, 松原智美編著　里文出版　2000.12　309p　20cm　2500円　①4-89806-136-2

◇薬師寺再興—白鳳伽藍に賭けた人々　寺沢竜著　草思社　2000.10　278p　20cm　2000円　①4-7942-1001-9

◇薬師寺　全　奈良六大寺大観刊行会編　補訂版　岩波書店　2000.7　1冊　38×31cm　（奈良六大寺大観　第6巻）　35000円　①4-00-008906-4

◇薬師寺の版木　奈良　元興寺文化財研究所　2000.3　35, 6p　30cm　〈（財）大和文化保存会援助事業による〉

◇奈良の寺　10　東塔—薬師寺　沢村仁ほか著　岩波書店　1993.11　18p　図版48p　33cm　〈1974年刊の再刊〉　3200円　①4-00-008310-4

◇奈良の寺　9　金堂薬師三尊と聖観音—薬師寺　長谷川誠, 入江泰吉著　岩波書店　1992.12　17p　図版48p　33cm　〈1974年刊の再刊〉　①4-00-008309-0

◇木に学べ—法隆寺・薬師寺の美　西岡常一著　小学館　1991.8　251p　16cm　（小学館ライブラリー）　〈著者の肖像あり〉　740円　①4-09-460002-7

◇薬師寺　奈良六大寺大観刊行会編　岩波書店　1991.4　240, 127, 7p　37×30cm　（奈良六大寺大観　第6巻）　〈第3刷（第1刷：1970年）〉　32000円　①4-00-008246-9

◇薬師寺　安田暎胤, 大橋一章編　里文出版　1990.11　477p　37cm　〈企画：町田甲一　薬師寺史料年表・薬師寺研究書及び論文目録：p412～448〉　34000円　①4-947546-43-3

◇新編名宝日本の美術　第2巻　薬師寺　松山鉄夫執筆　小学館　1990.10　147p　31cm　（小学館ギャラリー）　〈監修：太田博太郎ほか　年表・参考文献：p146～147　付：薬師寺略年表（折り込）〉　1800円　①4-09-375102-1

◇日本美術全集　第2巻　法隆寺から薬師寺へ—飛鳥・奈良の建築・彫刻　大河直躬ほか編　水野敬三郎ほか編著　講談社　1990.10　237p　37cm　〈折り込図1枚〉　7500円　①4-06-196402-X

◇日本古代金銅仏の研究　薬師寺篇　松山鉄夫　中央公論美術出版　1990.2　132p　図版122p　31cm　〈折り込図3枚〉　22000円　①4-8055-0196-0

◇日本美を語る　第2巻　千古に輝く西の京—薬師寺・唐招提寺と西の京の寺々　矢内原伊作, 佐藤昭夫編　ぎょうせい　1989.3　159p　31cm　〈監修：井上靖ほか　編集：新集社〉　4500円　①4-324-01556-2

◇薬師寺—白鳳再建への道　河原由雄ほか編　〔奈良〕　薬師寺　1986.10　285p　28cm　〈天武天皇千三百年玉忌記念, 発菩提心荘厳国土展覧会図録　薬師寺略年表：p284-285〉

◇日本の古寺美術　4　薬師寺　大橋一章

◇著　大阪　保育社　1986.4　246p 図版16p　19cm　〈企画：町田甲一　薬師寺略年表・参考文献：p228～242〉　1600円　①4-586-72004-2

◇薬師寺　町田甲一著　グラフ社　1984.5　320p　29cm　〈参考文献・薬師寺関係年表：p282～310〉　16000円　①4-7662-0060-8

◇名宝日本の美術　第6巻　薬師寺　松山鉄夫執筆　小学館　1983.3　143p　31cm　〈監修：太田博太郎ほか　年表・参考文献：p140～143 付：薬師寺略年表〉　2200円　①4-09-375006-8

◇蘇る薬師寺西塔　西岡常一ほか著、寺岡房雄写真　草思社　1981.4　247p　22cm　2200円

◇古寺巡礼奈良　15　薬師寺　大岡信ほか著　京都　淡交社　1980.11　176p　27cm　〈監修：井上靖、塚本善隆　薬師寺年表：p173～175〉　2800円

◇薬師寺　高田好胤、山田法胤著　学生社　1980.2　220p　19cm　〈薬師寺略年表：p211～218〉　1200円

◇日本古寺美術全集　第3巻　薬師寺と唐招提寺　座右宝刊行会編集制作　伊藤延男編著　集英社　1979.7　147p　40cm　〈監修：太田博太郎ほか　参考文献：p146〉　5600円

◇日本の仏画　第2期第4巻　国宝吉祥天像（薬師寺）国宝倶舎曼陀羅図（東大寺）　学習研究社　1978.1　図版4枚　53cm　〈監修：田中一松、亀田孜　編集：高崎富士彦ほか　付（別冊 13p 30cm）：解説〉　7500円

◇薬師寺への誘い　高田好胤編著、野上透撮影　講談社　1977.9　150p（図共）　15cm　（講談社文庫）　360円

◇日本の美　第3集　法隆寺,薬師寺,唐招提寺　学習研究社　1977　159p（図共）　29cm　〈NHK総合テレビで放送の『日本の美』の内容にもとづいて学習研究社が編集したもの〉　1800円

◇金堂再建―白鳳の薬師寺金堂いまここに　深井昌司撮影　アキラ・コーポレーション　1976　209p（図共）　31cm　〈付（袋入）：カラー写真2枚〉　7800円

◇白鳳の再現　吉村貞司著　新潮社　1976　265p 図　20cm　（新潮選書）　900円

◇奈良の寺　9　金堂薬師三尊と聖観音―薬師寺　文：長谷川誠、撮影：入江泰吉　岩波書店　1974　48, 17p（おもに図）　33cm　2200円

◇奈良の寺　10　東塔―薬師寺　文：沢村仁、撮影：渡辺義雄、入江泰吉　岩波書店　1974　48, 18p（おもに図）　33cm　2200円

◇薬師寺　写真：土門拳　毎日新聞社　1971　166p（図共）　36cm　12000円

◇薬師寺・唐招提寺　永井路子、入江泰吉著　大阪　保育社　1970　153p（おもに図版）　15cm　（カラーブックス）　250円

◇南都薬師寺仏足石の研究史的覚書　浅田芳朗著　姫路　原始文化研究室　1965　56p　22cm　〈限定版〉　非売

◇薬師寺　近畿日本鉄道創立五十周年記念出版編集所編　大阪　近畿日本鉄道　1965　155p 図版24枚　27cm　（近畿日本叢書　第5号）

◇西の京薬師寺　亀井勝一郎、川添登、長谷川誠文、入江泰吉写真　京都　淡交新社　1963　111p 図版114p　22cm

◇薬師寺　町田甲一著　中央公論美術出版　1963　41p 図版　19cm

◇薬師寺仏足石覚書　浅田芳朗著　〔姫路〕浅田芳朗　1963　26p　26cm　〈限定版〉

◇薬師寺　坂本万七、町田甲一著　実業之日本社　1960　111p 図版54枚 原色図版（はり込）4枚　29cm

◇薬師寺　福山敏男、久野健著　東京大学出版会　1958　324p 図版　19cm　（日本美術史叢書　第1）

◇薬師寺国宝薬師三尊等修理工事報告書　奈良　薬師寺修理委員会　1958　84p 図版195p　31cm

大官大寺
だいかんだいじ

奈良大安寺の前身で、高市郡夜部村（現在の明日香村）にあったときの旧称。『日本書紀』によると、推古25年（617年）聖徳太子が現在の大和郡山市に建立した熊凝（くまごり）精舎を起源とし、舒明11年（639年）百済川のかたわらに移建し百済大寺と称し、天武2年（673年）高市郡に移り高市（たけち）大寺と改号する。さらに霊亀2

年(716年)奈良に移転して大安寺となり、飛鳥寺、川原寺、薬師寺とともに、藤原京内の四大寺となる。寺跡の出土遺物から8世紀初頭に建立されたことがわかり、寺域は東西2丁(約270メートル)、南北3丁(約400メートル)の広大な範囲であったと推定される。

　　　＊　　　＊　　　＊

◇飛鳥幻の寺、大官大寺の謎　木下正史著　角川書店　2005.2　275p　19cm　（角川選書 369）　〈文献あり〉　1500円　①4-04-703369-3
◇幻のおおでら―百済大寺　明日香村(奈良県)　奈良国立文化財研究所飛鳥資料館　1999.4　43p　30cm　（飛鳥資料館図録　第33冊）
◇南都大安寺論叢　南都国際仏教文化研究所編　奈良　大安寺　1995.11　583p　22cm　〈発売：臨川書店(京都)〉　9785円　①4-653-03169-X
◇大安寺物語　友野澄雄著　〔岡山〕〔友野澄雄〕　1992.1　61p　19cm
◇大安寺史・史料　大安寺史編集委員会編　奈良　大安寺　1984.11　1010p 図版10枚　22cm　〈東京 名著出版(発売)〉　①4-626-01143-8
◇大官大寺考証　橋本伊知朗著　京都　綜芸舎　1969　128p 図版　19cm　580円
◇大安寺　今城甚造著　中央公論美術出版　1966　40p 図版　19cm　（美術文化シリーズ）　200円

高松塚古墳
たかまつづかこふん

　飛鳥時代後半の壁画古墳。奈良県高市郡明日香村平田の丘陵南斜面にある直径約20メートル、高さ約5メートルの小円墳。昭和47年(1972年)に漆食塗りの石室内部の壁、天井、床に彩色壁画が発見された。東壁に青竜、西壁に白虎、北壁に玄武が描かれており、南壁には朱雀が描かれていたとみられるが剥落している。東西の壁の四神の上にそれぞれ日像と月像が、四神の南に男子4人画像、北に女子4人画像が描かれる。天井には径9ミリに切り抜いた金箔を星とし、朱線で結ぶ星宿がある。石室西寄りに、内面を白土の下地に朱彩した漆塗り木棺が出土した。棺の外面には金箔を貼り、熟年男性一体分の人骨があった。また海獣葡萄鏡・乾漆棺・人骨などが出土し、当時の衣服の制や喪葬儀礼に加え、朝鮮・中国との文化交流を考える上で、古代史の貴重な資料となっている。国の特別史跡。

　　　＊　　　＊　　　＊

◇白鳳時代と高松塚古墳―築造時の時代背景　安田和子著　大阪　竹林館　2009.2　211p　20cm　〈文献あり　年表あり〉　2000円　①978-4-86000-163-6
◇高松塚古墳壁画フォトマップ資料　国立文化財機構奈良文化財研究所編　〔奈良〕　国立文化財機構奈良文化財研究所　2009.1　39p 図版33p　30cm　（奈良文化財研究所史料　第81冊）　①978-4-902010-67-1
◇高松塚被葬者考―天武朝の謎　小林恵子著　現代思潮新社　2009.1　193p　20cm　〈現代思潮社1988年刊の複製〉　2500円　①978-4-329-02053-6
◇高松塚とキトラ―古墳壁画の謎　来村多加史著　講談社　2008.1　232p　20cm　〈文献あり〉　1700円　①978-4-06-214500-8
◇高松塚への道　網干善教著, 太田信隆構成　草思社　2007.10　236p 図版4p　20cm　〈著作目録あり　年譜あり〉　1700円　①978-4-7942-1635-9
◇高松塚古墳は守れるか―保存科学の挑戦　毛利和雄著　日本放送出版協会　2007.3　251p　19cm　（NHKブックス 1082）　〈文献あり　年表あり〉　1070円　①978-4-14-091082-5
◇壁画古墳の研究　網干善教著　学生社　2006.10　343p　22cm　6800円　①4-311-30490-0
◇高松塚古墳取合部天井の崩落止め工事及び石室西壁の損傷事故に関する調査報告書　高松塚古墳取合部天井の崩落止め工事及び石室西壁の損傷事故に関する調査委員会編　〔出版地不明〕　高松塚古墳取合部天井の崩落止め工事及び石室西壁の損傷事故に関する調査委員会　2006.6　121p　30cm
◇飛鳥の奥津城―キトラ・カラト・マルコ・高松塚。　文化財研究所奈良文化財研究所飛鳥資料館著　明日香村(奈良県)　文化財研究所奈良文化財研究所飛鳥資料館　2005.3　47p 図版6枚　30cm　（飛鳥資料館図録　第43冊）　〈年表あり〉
◇国宝高松塚古墳壁画　文化庁監修　中央

◇公論美術出版　2004.6　38p 図版51枚　37cm　〈折り込4枚　年表あり　文献あり〉　18000円　①4-8055-0470-6
◇キトラ古墳高松塚の壁画の系譜―天文画像を中心として　成家徹郎著　大東文化大学人文科学研究所　2004.3　342p 26cm　〈他言語標題：Lineage of the mural of the Tomb Ki-to-ra & Ta-ka-ma-tsu　付属資料：1冊　文献あり〉
◇壁画古墳の流れ―高松塚とキトラ　平成15年度秋季企画展　大阪府立近つ飛鳥博物館編　河南町（大阪府）　大阪府立近つ飛鳥博物館　2003.10　86p 30cm　〈大阪府立近つ飛鳥博物館図録31〉〈他言語標題：The mural painting tombs　会期：平成15年10月7日～12月7日〉
◇週刊日本の美をめぐる　no.31（古代1）高松塚古墳と古代の造形　小学館　2002.12　42p 30cm　〈小学館ウイークリーブック〉　533円
◇高松塚古墳の研究　網干善教著　同朋舎、角川書店（発売）　1999.6　424p 27cm　19000円　①4-8104-2556-8
◇古代史を解く鍵―暦と高松塚古墳　有坂隆道著　講談社　1999.2　424p 15cm　〈講談社学術文庫〉　1100円　①4-06-159366-8
◇高松塚壁画の新研究　明日香村（奈良県）　奈良国立文化財研究所飛鳥資料館　1992.4　24p 26cm　〈飛鳥資料館カタログ　第9冊〉〈付（1枚）〉
◇高松塚は高市皇子の墓　土淵正一郎著　新人物往来社　1991.7　295p 20cm　〈高松塚関連略年表：p288～291〉　2300円　①4-404-01841-X
◇黄泉の王―私見・高松塚　梅原猛著　新潮社　1990.7　299p 15cm　〈新潮文庫〉　480円　①4-10-124405-7
◇国宝高松塚古墳壁画―保存と修理　文化庁　1987.3　207p 31cm
◇高松塚拾年―壁画保存の歩み　奈良国立文化財研究所飛鳥資料館編　明日香村（奈良県）　奈良国立文化財研究所飛鳥資料館　1982.10　43p 30cm　〈飛鳥資料館図録　第9冊〉〈高松塚保存年表：p42～43〉
◇古代史を解くカギ―高松塚以降の四大発見　有坂隆道著　毎日新聞社　1982.4　259p 19cm　〈毎日選書11〉　1200円
◇高松塚壁画館解説　高松塚壁画館編　明日香村（奈良県）　飛鳥保存財団　1980.10　32p 26cm　〈飛鳥時代年表・高松塚参考文献：p29～32〉
◇高松塚古墳壁画調査報告書　高松塚古墳総合学術調査会編　京都　便利堂　1974　40p 図71枚　透視図7枚（袋入）　36cm　〈文化庁の委託による　箱入　箱の書名：高松塚古墳壁画〉　13000円
◇高松塚古墳壁画調査報告書　高松塚古墳総合学術調査会　〔1973〕　40p 図71枚　透視図7枚　35cm　〈文化庁の委託による　帙入　帙の書名：高松塚古墳〉
◇黄泉の王―私見・高松塚　梅原猛著　新潮社　1973　260p 図　20cm　750円
◇飛鳥の謎―貴人のロマンが蘇る高松塚古墳　川野京輔, 麦野広志著　徳間書店　1972　245p 20cm　740円
◇高句麗壁画古墳と帰化人　水野祐著　雄山閣　1972　307p 図　22cm　〈雄山閣歴史選書9〉〈参考文献：p.303-307〉
◇壁画古墳の謎―日本古代史の原点を探る　講談社　1972　235p 20cm　500円

柿本　人麻呂　　かきのもとの　ひとまろ

　　生没年不詳　飛鳥時代の歌人。三十六歌仙の一人。名は人麿・人丸とも書き、「ひとまる」とも読む。姓は朝臣。『古事記』によると、柿本氏は第5代孝昭天皇の皇子の天押帯日子命を祖とし、春日・大宅・粟田・小野などの諸氏と同族であるとされる。天武9年（680年）作の歌や文武4年（700年）作の歌が残っており、天武・持統・文武の3朝（673年～707年）に仕えた下級官人であったと思われるが、官人としての履歴の詳細は不明。日並皇子・高市皇子の大舎人だったとも言われ、宮廷歌人として活躍した他、近江・讃岐・石見・筑紫などの歌があることか

ら地方官として各地に赴任したとも考えられる。臨終の作の題詞などから和銅2年（709年）前後に石見で死亡し、官位は六位以下であったと推定されるが、定かではない。主要な作品は持統朝（686年～697年）に集中しており、『万葉集』に長歌16首、短歌63首の他、「人麻呂歌集に出づ」として長歌・短歌あわせて約370首が収められているが、その全てが人麻呂作とは思われない。長歌・短歌いずれにも秀で、特に挽歌に優れる。枕詞・序詞・対句などの技巧を駆使した荘重雄大な歌風により、『万葉集』を代表する歌人とされるのみならず、和歌史上を通じても高い評価を受け、古来歌聖と讃えられている。

◇大津皇子怨念の歌　柿本人麻呂を探して　井上智幸著, 井上智幸著　文芸社　2009.6　210p　19cm　〈文献あり〉　1200円　①978-4-286-06901-2

◇柿本人麻呂の詩学　西条勉著　翰林書房　2009.5　261p　22cm　4500円　①978-4-87737-281-1

◇柿本人麻呂研究―別離の主題　伊藤延子著　創英社, 三省堂書店（発売）　2008.1　237p　22cm　〈他言語標題：Kakinomoto no Hitomaro and the theme of separation〉　4700円　①978-4-88142-364-6

◇柿本朝臣人麿之詞集七夕歌表記論　今泉忠芳著　御津町（愛知県）　御津磯夫記念館　2007.8　68p　21cm　〈年表あり〉　1000円

◇柿本朝臣人麿之詞集七夕歌　今泉忠芳著　御津町（愛知県）　御津磯夫記念館　2007.5　54p　21cm　1000円

◇柿本人麻呂　高岡市万葉歴史館編　高岡高岡市民文化振興事業団高岡市万葉歴史館　2007.3　175p　21cm　（高岡市万葉歴史館叢書 19）　〈年表あり〉

◇柿本人麻呂論　北山茂夫著　岩波書店　2006.9　392p　15cm　（岩波現代文庫　学術）　〈年譜あり〉　1200円　①4-00-600164-9

◇柿本人麻呂の時代と表現　菊地義裕著　おうふう　2006.2　446p　22cm　12000円　①4-273-03425-5

◇伊藤左千夫と万葉集―その人麻呂論を巡って　牧野博行著　短歌新聞社　2005.11　186p　20cm　2381円　①4-8039-1234-3

◇人麻呂の方法―時間・空間・「語り手」　身崎寿著　札幌　北海道大学図書刊行会　2005.1　285p　22cm　（北海道大学大学院文学研究科研究叢書 7）　4700円　①4-8329-6491-7

◇人麿集全釈　島田良二著　風間書房　2004.9　390p　22cm　（私家集全釈叢書 34）　12000円　①4-7599-1449-8

◇万葉集歌人研究叢書 3　青木周平ほか編・解説　クレス出版　2004.4　327, 5p　22cm　6600円　①4-87733-210-3, 4-87733-207-3

◇万葉集歌人研究叢書 4　青木周平ほか編・解説　クレス出版　2004.4　358, 5p　22cm　〈複製〉　7200円　①4-87733-211-1, 4-87733-207-3

◇万葉集歌人研究叢書 5　青木周平ほか編・解説　クレス出版　2004.4　297, 4p　22cm　〈複製〉　6000円　①4-87733-212-X, 4-87733-207-3

◇柿本人麻呂作品研究序説　岩下武彦著　若草書房　2004.2　274, 4p　22cm　（古代文学研究叢書 9）　9500円　①4-948755-79-6

◇柿本人麻呂と和歌史　村田右富実著　大阪　和泉書院　2004.1　411p　22cm　（研究叢書 307）　10000円　①4-7576-0241-3

◇柿本人麿異聞　片桐洋一著　大阪　和泉書院　2003.10　241p　20cm　（和泉選書 138）　〈肖像あり〉　2500円　①4-7576-0226-X

◇人麻呂と妻―万葉集の謎　山内のり江著　文芸社　2003.10　174p　19cm　1000円　①4-8355-6455-3

◇柿本人麻呂作歌論　渡瀬昌忠著　おうふう　2003.3　618p　22cm　（渡瀬昌忠著作集 第7巻）　12000円　①4-273-03257-0

◇島の宮の文学　渡瀬昌忠著　おうふう　2003.2　361p　22cm　（渡瀬昌忠著作集 第6巻）　〈年表あり〉　12000円　①4-

273-03256-2
◇万葉集と人麻呂歌集　渡瀬昌忠著　おうふう　2003.1　592p　22cm　(渡瀬昌忠著作集　第5巻)　12000円　④4-273-03255-4
◇人麻呂歌集非略体歌論　下　七夕歌群論　渡瀬昌忠著　おうふう　2002.12　383p　22cm　(渡瀬昌忠著作集　第4巻)　12000円　④4-273-03254-6
◇人麻呂歌集非略体歌論　上　渡瀬昌忠著　おうふう　2002.11　484p　22cm　(渡瀬昌忠著作集　第3巻)　12000円　④4-273-03253-8
◇人麻呂歌集略体歌論　下　渡瀬昌忠著　おうふう　2002.10　425p　22cm　(渡瀬昌忠著作集　第2巻)　12000円　④4-273-03252-X
◇人麻呂歌集略体歌論　上　渡瀬昌忠著　おうふう　2002.9　424p　22cm　(渡瀬昌忠著作集　第1巻)　12000円　④4-273-03251-1
◇吾灯柿本人麻呂　柿花厌著　東京経済　2000.8　247p　20cm　1905円　④4-8064-0665-1
◇柿本人麻呂〈全〉　橋本達雄編　笠間書院　2000.6　378p　22cm　3800円　④4-305-70212-6
◇人麻呂の作歌活動　上野理著　汲古書院　2000.3　613,9p　22cm　15000円　④4-7629-3429-1
◇桜井満著作集　第2巻　柿本人麻呂論　桜井満著,伊藤高雄ほか編　おうふう　2000.2　399p　22cm　15000円　④4-273-03132-9
◇柿本人麻呂とその子躬都良　大西俊輝著　東洋出版　1999.12　358p　22cm　3000円　④4-8096-7310-3
◇万葉の歌人と作品—セミナー　第3巻　神野志隆光,坂本信幸企画編集　大阪　和泉書院　1999.12　306p　22cm　3500円　④4-7576-0020-8
◇万葉の歌人と作品—セミナー　第2巻　神野志隆光,坂本信幸企画編集　大阪　和泉書院　1999.9　330p　22cm　〈文献あり〉　3500円　④4-87088-992-7
◇柿本人麻呂論考　阿蘇瑞枝著　増補改訂版　おうふう　1998.3　1317p　22cm　48000円　④4-273-03030-6

◇人麻呂は誰か—万葉歌人決定論　坂田隆著　新泉社　1997.6　247p　19cm　1900円　④4-7877-9709-3
◇柿本人麻呂と『古事記』小林晴次著,日蓮宗新聞社出版部編　日蓮宗新聞社(製作)　1996.1　119p　21cm　〈著者の肖像あり〉　1500円
◇中西進万葉論集　第7巻　万葉集原論・柿本人麻呂　講談社　1995.11　564p　22cm　9800円　④4-06-252657-3
◇人麻呂幻想　菊池威雄著　新典社　1995.6　238p　19cm　(新典社文庫3)　〈人麻呂関係年表・主要参考文献：p234～236〉　1854円　④4-7879-6503-4
◇柿本人麿　1　斎藤茂吉著　岩波書店　1994.11　799p　20cm　〈第2刷(第1刷：1982年)　著者の肖像あり〉　7500円　④4-00-008656-1
◇柿本人麿　2　斎藤茂吉著　岩波書店　1994.11　980p　20cm　〈第2刷(第1刷：1982年)　著者の肖像あり〉　7800円　④4-00-008657-X
◇柿本人麿　3　斎藤茂吉著　岩波書店　1994.11　946p　20cm　〈第2刷(第1刷：1982年)　著者の肖像あり〉　7800円　④4-00-008658-8
◇柿本人麿　4　斎藤茂吉著　岩波書店　1994.11　819p　20cm　〈第2刷(第1刷：1982年)　著者の肖像あり〉　7500円　④4-00-008659-6
◇柿本人麻呂　北山茂夫著　岩波書店　1994.11　215p　19cm　(岩波新書)　〈柿本人麻呂年譜：p209～212〉　1600円　④4-00-003863-X
◇人麿の運命　古田武彦著　原書房　1994.4　343p　20cm　1800円　④4-562-02512-3
◇万葉集作歌とその場—人麻呂攷序説　続篇　緒方惟章著　桜楓社　1993.3　341p　22cm　19000円　④4-273-02624-4
◇人麻呂の暗号　藤村由加著　新潮社　1992.11　350p　15cm　(新潮文庫)　440円　④4-10-125821-X
◇人麻呂渡し—律令からのメッセージ　蓮沼徳次郎著　近代文芸社　1992.8　253p　20cm　1600円　④4-7733-1204-1
◇柿本人麻呂と「壬申の乱」の影—万葉の

◇歌聖は百済人だった 栄光と哀しみの歌に秘められた亡命歌人の叫び 朴炳植著 HBJ出版局 1992.5 223p 20cm （記紀・万葉を古代朝鮮語で読むための必読シリーズ 2） 1500円 ⓘ4-8337-3133-9

◇柿本人麻呂研究―古代和歌文学の成立 神野志隆光著 塙書房 1992.4 427, 6p 22cm 8961円 ⓘ4-8273-0068-2

◇柿本人麻呂 中西進著 講談社 1991.12 269p 15cm （講談社学術文庫） 740円 ⓘ4-06-159006-5

◇人麿・憶良と家持の論 川口常孝著 桜楓社 1991.10 693p 22cm 48000円 ⓘ4-273-02554-X

◇人麻呂の表現世界―古体歌から新体歌へ 稲岡耕二著 岩波書店 1991.7 290p 19cm 3500円 ⓘ4-00-001907-4

◇人麻呂伝説 大和岩雄著 白水社 1991.2 262p 20cm 1800円 ⓘ4-560-02228-3

◇柿本人麻呂 山本健吉著 河出書房新社 1990.11 300p 15cm （河出文庫） 680円 ⓘ4-309-40288-7

◇柿本人麻呂いろは歌の謎 篠原央憲著 三笠書房 1990.10 249p 15cm （知的生きかた文庫）〈『いろは歌の謎』（昭和61年刊）の加筆・改題 参考文献：p248～249〉 450円 ⓘ4-8379-0413-0

◇人麻呂の実像 大和岩雄著 大和書房 1990.2 319p 20cm 1800円 ⓘ4-479-84011-7

◇柿本人麿の暗号歌 栗崎瑞雄著 現代日本社 1989.11 317p 20cm 〈主な参考文献：p304 柿本人麿歌・年表：p310～314〉 1800円 ⓘ4-905928-05-2

◇人麿の謎を解く 土淵正一郎著 新人物往来社 1989.11 313p 20cm 〈人麿・『万葉集』成立の略年表：p306～311〉 2000円 ⓘ4-404-01682-4

◇柿本人麿の謎―いろは歌第三の暗号 栗崎瑞雄著 改訂版 現代日本社 1989.10 272p 20cm 〈柿本人麿の肖像あり 主な参考文献：p263 柿本人麿・年表：p266～269〉 1700円 ⓘ4-905928-01-X

◇万葉集―人麻呂と人麻呂歌集 身崎寿編 有精堂出版 1989.10 272p 22cm （日本文学研究資料新集 2）〈参考文献：p255～271〉 3650円 ⓘ4-640-30951-1, 4-640-32528-2

◇柿本人麻呂―その周辺と時代 田崎宏著〔狭山〕〔田崎宏〕 1989.7 254p 20cm 〈製作：岩波ブックサービスセンター（東京） 折り込表1枚 付（表2枚 袋入） 参照文献：p249～254〉

◇柿本人麻呂―人と作品 中西進編 桜楓社 1989.5 372p 20cm 2575円 ⓘ4-273-02324-5

◇人麻呂の暗号 藤村由加著 新潮社 1989.1 257p 20cm 1200円 ⓘ4-10-371901-X

◇柿本人麿―秘恋の歌聖 石原秀晃著 エム・ビー・シー21 1988.12 336p 20cm 〈発売：東京経済〉 1800円

◇柿本人麻呂―日並皇子挽歌覚え書 牧野博行著 リーベル出版 1988.5 250p 20cm 2500円 ⓘ4-947602-80-5

◇柿本人麻呂攷 菊池威雄著 新典社 1987.10 397p 22cm （新典社研究叢書 18） 12000円 ⓘ4-7879-4018-X

◇人麿を考える 上代文学会編 笠間書院 1986.6 177p 20cm （万葉夏季大学 第13集） 1800円

◇近江荒都歌論集―あたらしいよみをもとめて 田無 古代土曜会 1986.5 104p 21cm 〈〈近江荒都歌〉文献一覧：p28～30〉 800円

◇柿本人麻呂とその時代 吉田義孝著 桜楓社 1986.3 343p 22cm 9800円 ⓘ4-273-02082-3

◇散りぬる葉―古代暗号学が明かす歌聖柿本人麻呂の恐るべき生涯 篠原央憲著 土曜美術社 1986.3 253p 19cm （カメブックス 12）〈『柿本人麻呂の謎』（徳間書店1980年刊）の改題新版 参考文献：p251～253〉 980円 ⓘ4-88625-130-7

◇柿本人麻呂―その死―鴨山五首論 八百板茂著 言叢社 1986.1 374p 20cm 2400円

◇王朝の歌人 1 柿本人麻呂―歌の聖なりける 稲岡耕二著 集英社 1985.4 264p 20cm 〈編集：創美社 人麻呂略年譜・参考文献：p256～260〉 1400円 ⓘ4-08-164001-7

◇柿本人麻呂 吉村貞司著 理想社 1984.12 434p 20cm 2900円

◇柿本人麻呂論―複式長歌の誦詠考　内藤磐著　明治書院　1984.9　255p　19cm　〈国文学研究叢書〉　2600円

◇柿本人麻呂―謎の歌聖　橋本達雄著　新典社　1984.4　302p　19cm　（日本の作家 3）〈柿本人麻呂の肖像あり　略年譜：p297～301〉　1500円　①4-7879-7003-8

◇「『柿本備材抄』の成立」補遺　武井和人著　〔武井和人〕　1983.11　44p　26cm　〈附・翻刻, 校異　『埼玉大学紀要（人文科学篇）』第32巻(1983年度)別刷〉

◇柿本人麻呂論　北山茂夫著　岩波書店　1983.5　346p　19cm　〈柿本人麻呂年譜：p339～341〉　2100円

◇水底の歌―柿本人麿論　梅原猛著　新潮社　1983.2　2冊　15cm　（新潮文庫）　各440円　①4-10-124402-2

◇梅原猛著作集　14　歌の復籍　集英社　1982.10　630p　20cm　2200円

◇梅原猛著作集　13　万葉を考える　集英社　1982.8　492p　20cm　2000円

◇柿本人麿　斎藤茂吉　岩波書店　1982.5　4冊　20cm　〈限定版〉　4800～5100円

◇柿本人麻呂ノート　佐佐木幸綱著　青土社　1982.5　230p　20cm　1600円

◇梅原猛著作集　11　水底の歌　集英社　1982.1　758p　20cm　〈年表：p714～722〉　2200円

◇石見の人麻呂　都筑省吾著　河出書房新社　1981.2　316, 11p　22cm　8000円

◇柿本人麻呂の謎―いろは歌第三の暗号　栗崎瑞雄著　現代日本社　1980.11　270p　20cm　〈柿本人麻呂の肖像あり　柿本人麿・年表：p264～267〉　1500円

◇柿本人麻呂の謎―古代暗号学が明かす歌聖の恐るべき生涯　篠原央憲著　徳間書店　1980.10　252p　18cm　（Tokuma books）〈参考文献：p250～252〉680円

◇柿本人麻呂と川越―他　山田勝利著　川越　氷川神社社務所　1980.6　80p　18cm　〈叙勲記念　略歴・主たる著書：p77～78〉

◇柿本人麻呂論　桜井満著　桜楓社　1980.6　295p　22cm　3800円

◇柿本人麿の歌　梅原猛著　聖教新聞社　1980.4　98p　18cm　〈文化教養シリーズ〉　250円

◇柿本人麻呂―無冠の恋歌　末田重幸著　講談社　1980.3　401p　20cm　〈参考文献：p399～401〉　1400円

◇歌の復籍―柿本朝臣人麿歌集論　梅原猛著　集英社　1979.9　2冊　20cm　各1200円

◇万葉を溯る―柿本人麻呂をめぐって　玉城徹著　角川書店　1979.6　307p　20cm　2300円

◇人麿全歌―私註　岑清光著　篁短歌会　1979.1　269p　19cm　（篁短歌叢書　第23篇）　1500円

◇秘められた挽歌―柿本人麻呂と高市皇子　末田重幸著　講談社　1977.11　265p　20cm　〈参考文献：p.264～265〉　980円

◇柿本人麿の和歌評釈新考　1　鈴木翰著　磐田（静岡県）　鈴木翰　1977.6　28p　21cm　（鈴木万葉集文庫 15）

◇柿本朝臣人麻呂歌集の研究　森淳司著　桜楓社　1976　391p　22cm　〈参考文献目録：p.373-380〉　8000円

◇柿本人麻呂　山路平四郎, 窪田章一郎編　早稲田大学出版部　1976　277p　19cm　（古代の文学 2）〈人麻呂主要参考文献解題・目録：p.245-276〉　1600円

◇柿本人麻呂研究　島の宮の文学　渡瀬昌忠著　桜楓社　1976　336p　22cm　〈島の宮関係年表：p.319-334〉　8000円

◇高木市之助全集　第3巻　舎人人麿, 憶良と旅人　講談社　1976　486p　肖像　20cm　〈貧窮問答歌の論　付貧窮問答歌校本　解説(犬養孝) 解題(深萱和男)〉　3800円

◇万葉集作歌とその場―人麻呂攷序説　緒方惟章著　桜楓社　1976　330p　22cm　3800円

◇斎藤茂吉全集　第18巻　柿本人麿　4　岩波書店　1975　819p　肖像　20cm　2200円

◇斎藤茂吉全集　第16巻　柿本人麿　2　岩波書店　1974　980p　肖像　20cm　1800円

◇斎藤茂吉全集　第17巻　柿本人麿　3　岩波書店　1974　945p　肖像　20cm

1800円
◇人麻呂用字考　竹尾正子著　桜楓社　1974　330p　22cm　〈付：参考文献〉9800円
◇柿本人麻呂　北山茂夫著　岩波書店　1973　215p　18cm　（岩波新書）〈柿本人麻呂年譜：p.209-212〉　180円
◇柿本人麻呂研究　歌集編　上　渡瀬昌忠著　桜楓社　1973　430p　22cm　8000円
◇斎藤茂吉全集　第15巻　柿本人麿　1　岩波書店　1973　799p　図　20cm　1600円
◇武田祐吉著作集　第7巻　万葉集篇　3　角川書店　1973　469p　図　23cm　2800円
◇水底の歌―柿本人麿論　上巻　梅原猛著　新潮社　1973　357p　図　肖像　20cm　900円
◇水底の歌―柿本人麿論　下巻　梅原猛著　新潮社　1973　352p　肖像　20cm　900円
◇柿本人麻呂論考　阿蘇瑞枝著　桜楓社　1972　1197p　22cm　10000円
◇柿本人麻呂　中西進著　筑摩書房　1970　256, 3p　図版　19cm　（日本詩人選2）
◇柿本人麿の研究　尾崎暢殃著　北沢図書出版　1969　536p　22cm　4500円
◇柿本人麻呂　山本健吉著　講談社　1968　305p　20cm　（名著シリーズ）　480円
◇柿本人麻呂―作品研究　清水克彦著　風間書房　1965　179p　22cm
◇人麻呂歌集と人麻呂伝　神田秀夫著　塙書房　1965　307p　19cm　（塙選書）　600円
◇柿本人麻呂　山本健吉著　新潮社　1962　306p　20cm
◇人麿の歌集とその成立　後藤利雄著　至文堂　1961　380p　図版　22cm
◇柿本人麿　評釈篇　巻之下　斎藤茂吉著　6版　岩波書店　1949　1086p　図版　22cm
◇柿本人麿　評釈篇　巻之上　斎藤茂吉著　6版　岩波書店　1948　1094p　22cm
◇柿本人麿　総論篇　斎藤茂吉著　8版　岩波書店　1948　503p　図版　21cm

奈良時代

奈良時代　ならじだい

　日本史の時代区分の一つで、奈良の平城京を都とした和銅3年(710年)から延暦3年(784年)にかけての時代。元明天皇が藤原京から平城京へ遷都した後、元正・聖武・孝謙・淳仁・称徳(孝謙の重祚)・光仁の各天皇を経て、桓武天皇が長岡京・平安京に遷都したが、桓武天皇を除いて奈良朝7代と称する。また、文化史では天平時代とも呼ばれる。平城京遷都の9年前にあたる大宝元年(701年)に大宝律令が制定されるなど律令制度に基づく中央集権国家が完成する一方、東北では出羽国が設置されると共に陸奥国に多賀城が築かれ、九州では薩摩国・大隅国が設置されると共に種子島・屋久島・奄美大島が支配下に入るなど、古代国家が最盛期を迎えた時代である。また、遣唐使の派遣や新羅・渤海との交流などを通じて大陸の文物が多数輸入されると共に、鎮護国家思想に基づく仏教興隆政策のもと南都七大寺や国分寺などが次々と建立され、華やかな天平文化が繁栄した。しかし、天平年間(729年〜749年)には天平文化が絶頂期を迎える一方で、過酷な統治などによる農民の窮乏が深刻化して浮浪・逃亡する者が続出し、飢饉や疫病がこれに追い討ちをかけた。また、人口増加に伴う耕地不足を解消するため導入された三世一身法や墾田永年私財法が貴族・寺社の大土地私有を招き公地公民制に綻びが生じるなど、律令国家は動揺・衰退し始めた。聖武天皇の死後、奈良時代後期には橘奈良麻呂の乱や藤原仲麻呂(恵美押勝)の乱が相次いで発生し、法王となって専権を振るった道鏡が追放されるなど、政変が続発した。

◇古代史の謎を攻略する 奈良時代篇　松尾光著　笠間書院　2009.10　262p　19cm　1500円　①978-4-305-70493-1
◇奈良の都　直木孝次郎著　吉川弘文館　2009.10　279p　20cm　(直木孝次郎古代を語る 13)　2600円　①978-4-642-07894-8
◇日本の仏像―飛鳥・白鳳・天平の祈りと美　長岡竜作著　中央公論新社　2009.3　274p　18cm　(中公新書 1988)　〈文献あり〉　980円　①978-4-12-101988-2
◇奈良美術成立史論　大橋一章著　中央公論美術出版　2009.1　480p　27cm　〈索引あり〉　33000円　①978-4-8055-0597-7
◇万葉時代の人びとと政争　木本好信著　おうふう　2008.4　211p　19cm　2200円　①978-4-273-03499-3
◇失われた日本古代皇帝の謎　斎藤忠著　学習研究社　2008.3　299p　15cm　(学研M文庫)　〈年表あり　文献あり〉　676円　①978-4-05-901214-6
◇奈良時代の歌びと　高岡市万葉歴史館編　高岡　高岡市民文化振興事業団高岡市万葉歴史館　2008.3　194p　21cm　(高岡市万葉歴史館叢書 20)
◇古代の皇位継承―天武系皇統は実在したか　遠山美都男著　吉川弘文館　2007.11　222p　19cm　(歴史文化ライブラリー 242)　〈文献あり〉　1700円　①978-4-642-05642-7
◇奈良朝の謎を追う　石田則明著　栄光出版社　2007.9　304p　20cm　1600円

249

奈良時代

①978-4-7541-0104-6, 4-7541-0083-2
◇平城時代史論考　角田文衞著　吉川弘文館　2007.6　424p　22cm　15000円　①978-4-642-02458-7
◇奈良・平安仏教の展開　速水侑編　吉川弘文館　2006.8　311p　22cm　10000円　①4-642-02451-4
◇日本古代の写経と社会　宮崎健司著　塙書房　2006.5　425, 218p　22cm　18000円　①4-8273-1203-6
◇奈良仏教と在地社会　根本誠二, サムエル・C.モース編　岩田書院　2004.11　348p　22cm　〈文献あり〉　8900円　①4-87294-344-9
◇奈良の都　青木和夫著　改版　中央公論新社　2004.7　585p　16cm　（中公文庫）〈文献あり　年表あり〉　1238円　①4-12-204401-4
◇古墳から奈良時代墳墓へ―古代律令国家の墓制　平成16年度春季特別展（開館10周年記念）　大阪府立近つ飛鳥博物館編　河南町（大阪府）　大阪府立近つ飛鳥博物館　2004.4　151p　30cm　（大阪府立近つ飛鳥博物館図録 34）〈他言語標題：Change in tomb-building institution from the Kofun period to the Nara period　会期：2004年4月20日―6月20日　年表あり　文献あり〉
◇白鳳天平時代の研究　松尾光著　笠間書院　2004.3　715p　22cm　〈著作目録あり〉　14000円　①4-305-70268-1
◇奈良平安期の日本とアジア　山内晋次著　吉川弘文館　2003.8　268, 48p　22cm　8500円　①4-642-02395-X
◇奈良時代写経史研究　栄原永遠男著　塙書房　2003.5　509, 22p　22cm　11000円　①4-8273-1178-1
◇万葉びとの心と暮らし―仏教文化の開花　中西進編　作品社　2003.5　254p　19cm　（史話日本の古代 第7巻）〈文献あり〉　1600円　①4-87893-532-4
◇奈良時代軍事制度の研究　松本政春著　塙書房　2003.2　406, 18p　22cm　8400円　①4-8273-1179-X
◇奈良仏教の地方的展開　根本誠二, 宮城洋一郎編　岩田書院　2002.2　237p　21cm　2800円　①4-87294-231-0

◇奈良時代の政治と制度　亀田隆之著　吉川弘文館　2001.3　316, 10p　22cm　9000円　①4-642-02361-5
◇仏教の歴史　7　普遍への目覚め―聖徳太子・最澄・空海　ひろさちや著　新装版　春秋社　2000.6　258p　20cm　1500円　①4-393-10827-2
◇奈良時代の鏡紀行―ふるさとの鏡のルーツをさぐる　片山昭悟著　山崎町（兵庫県）　片山昭悟　2000.5　269p　22cm　（研究資料 no.8）
◇奈良時代　小和田哲男監修　岩崎書店　2000.4　47p　29cm　（人物・資料でよくわかる日本の歴史 3）　3000円　①4-265-04843-9, 4-265-10223-9
◇大仏以後　杉山二郎著　新・新装版　学生社　1999.11　318p　20cm　2400円　①4-311-20229-6
◇飛鳥・奈良時代　吉田孝著　岩波書店　1999.10　194, 3p　18cm　（岩波ジュニア新書）　740円　①4-00-500332-X
◇奈良時代の藤原氏と朝政　高島正人著　吉川弘文館　1999.7　176, 6p　22cm　5500円　①4-642-02342-9
◇奈良時代の史料と社会　滝音能之著　岩田書院　1999.4　172p　21cm　2000円　①4-87294-139-X
◇奈良時代の鏡―千二百年前にあこがれた紋様　続編　片山昭悟著　山崎町（兵庫県）　片山昭悟　1999.3　261p　30cm　（研究資料 no.6）
◇唐と奈良の文化―七～八世紀中国・日本の美術工芸　第83回展観　西宮　黒川古文化研究所　〔1999〕　14p　26cm　〈会期：1999年4月24日―5月9日〉
◇奈良朝の政変劇―皇親たちの悲劇　倉本一宏著　吉川弘文館　1998.12　227p　19cm　（歴史文化ライブラリー 53）　1700円　①4-642-05453-7
◇奈良朝時代に於ける寺院経済の研究　竹内理三著, 平野邦雄編集・解説　角川書店　1998.5　419p　22cm　（竹内理三著作集 第1巻）〈シリーズ責任表示：竹内理三著〉　14000円　①4-04-522701-6
◇万葉飛鳥ルネサンス―万葉びとの暮らしぶりを大胆にビジュアル化　大森亮尚監修, 万葉楽習プロジェクト編　多摩べ

奈良時代

ネッセコーポレーション 1998.4 158p 21cm （見聞塾）〈箱入 付属資料：ビデオカセット1巻（VHSタイプ）図1枚〉 3280円 ⓣ4-8288-8913-2

◇奈良時代の政治とその周縁 小山田和夫著 府中（東京都） 小山田和夫 1998.2 414p 22cm 非売品

◇奈良時代の文化と情報 アレキサンダー N.メシェリャコフ述、国際日本文化研究センター編 京都 国際日本文化研究センター 1997.12 20p 21cm （日文研フォーラム 第92回）〈会期・会場：1997年1月21日 国際交流基金京都支部〉

◇寧楽遺文 上巻（総目録・政治編） 辻善之助, 久松潜一監修, 竹内理三編 訂正8版 東京堂出版 1997.9 339p 22cm ⓣ4-490-30008-5

◇奈良平安時代史の諸相 史聚会編 高科書店 1997.2 323p 22cm 7000円+税

◇飛鳥奈良時代の考察 直木孝次郎著 高科書店 1996.4 520, 7, 25p 22cm 9785円

◇奈良時代の鏡研究―兵庫県宍粟郡山崎町金谷出土瑞雲双鸞八花鏡のルーツをもとめて 片山昭悟編著 山崎町（兵庫県） 片山昭悟 1996.4 61p 26cm （研究資料 no.4）

◇奈良―1, 300 years ago 森郁夫著 光文社 1996.3 197p 16cm （光文社文庫） 600円 ⓣ4-334-72209-1

◇万葉びとの生活―教養の日本史 阿部猛著 東京堂出版 1995.7 308p 19cm 2600円 ⓣ4-490-20270-9

◇天平の政治と争乱 松尾光著 笠間書院 1995.5 397p 20cm （古代史散策） 2400円 ⓣ4-305-70151-0

◇論集奈良仏教 第5巻 奈良仏教と東アジア 中井真孝編 雄山閣出版 1995.5 280p 22cm 4800円 ⓣ4-639-01243-8

◇奈良朝政治と皇位継承 木本好信著 高科書店 1995.4 288, 4p 20cm 3500円

◇奈良朝の政治と藤原氏 野村忠夫著 吉川弘文館 1995.1 267, 5p 22cm 6180円 ⓣ4-642-02278-3

◇論集奈良仏教 第1巻 奈良仏教の展開 速水侑編 雄山閣出版 1994.10 300p

22cm 4800円 ⓣ4-639-01241-1

◇平城宮から平安京へ 小川久勝著 近代文芸社 1994.8 215p 20cm 1600円 ⓣ4-7733-3181-X

◇奈良時代諸氏族の研究―議政官補任氏族 高島正人著 吉川弘文館 1994.7 808, 29p 21cm 〈第2刷（第1刷：73.2.25）〉 11330円 ⓣ4-642-02118-3

◇奈良時代史入門 小山田和夫著 府中（東京都） 小山田和夫 1994.4 294p 22cm 非売品

◇奈良美術の系譜 小杉一雄著 平凡社 1993.6 260p 20cm 2800円 ⓣ4-582-21221-2

◇奈良時代の政治 中井真孝著 京都 仏教大学 1992.12 168, 7p 21cm （日本古代史研究 1）

◇奈良平安時代史研究 土田直鎮著 吉川弘文館 1992.11 617, 9p 22cm （日本史学研究叢書） 10000円 ⓣ4-642-02257-0

◇奈良の都―その光と影 笹山晴生著 吉川弘文館 1992.7 312p 20cm 1980円 ⓣ4-642-07386-8

◇奈良朝政治史の研究 中川収著 高科書店 1991.5 445, 6, 16p 22cm 8000円

◇奈良朝山岳寺院の研究 逵日出典著 名著出版 1991.2 470, 11p 22cm 9900円 ⓣ4-626-01396-1

◇図説日本の古代 第6巻 文字と都と駅―奈良時代～平安時代初期 森浩一著 中央公論社 1990.9 158p 27cm 3200円 ⓣ4-12-402796-6

◇飛鳥奈良時代の基礎的研究 時野谷滋著 国書刊行会 1990.6 671p 22cm 12000円 ⓣ4-336-03016-2

◇図説日本の仏教 第1巻 奈良仏教 平田寛責任編集 新潮社 1989.3 381p 29cm 〈監修：太田博太郎ほか 編集：座右宝、美宝社 折り込図1枚〉 10000円 ⓣ4-10-602601-5

◇日本古代の菩薩と民衆 吉田靖雄著 吉川弘文館 1988.7 344, 9p 22cm 5800円 ⓣ4-642-02214-7

◇奈良文化と唐文化 王金林著 六興出版 1988.4 355, 6p 22cm （東アジアのなかの日本歴史 2） 3000円 ⓣ4-8453-

奈良時代

8092-7
◇大仏以後　杉山二郎著　学生社　1987.1　318p　19cm　1800円
◇論集日本仏教史　第2巻　奈良時代　速水侑編　雄山閣出版　1986.3　308p　22cm　4800円　①4-639-00553-9, 4-639-00552-0
◇奈良—古代を考える　直木孝次郎編　吉川弘文館　1985.5　255p　20cm　1800円　①4-642-02141-8
◇エコール・ド・ロイヤル古代日本を考える　3　古代飛鳥と奈良を考える　井上光貞ほか著　学生社　1985.1　233p　19cm　1600円
◇奈良平安時代史論集　土田直鎮先生還暦記念会編　吉川弘文館　1984.9　2冊　22cm　各10000円　①4-642-02129-9
◇日本古代僧伝の研究　佐久間竜著　吉川弘文館　1983.4　307, 17p　22cm　5500円
◇奈良時代諸氏族の研究—議政官補任氏族　高島正人著　吉川弘文館　1983.2　808, 29p　22cm　7700円
◇写経より見たる奈良朝仏教の研究　石田茂作著　東洋書林　1982.8　1冊　27cm　〈付：奈良朝現在一切経疏目録　東洋文庫昭和5年刊の複製　発売：原書房　折り込表12枚付（図表2枚）〉　12000円　①4-562-01282-X
◇奈良朝の政治と民衆　北山茂夫著　校倉書房　1982.8　290p　22cm　〈高桐書院昭和23年刊の復刊〉　5000円
◇寧楽遺文　中巻　宗教編　経済編上　竹内理三編　訂正6版　東京堂出版　1981.6　p343～740　22cm　〈監修：辻善之助, 久松潜一〉
◇寧楽遺文　下巻　経済編下　文学編・解説　竹内理三編　訂正6版　東京堂出版　1981.6　p741～1013, 173p　22cm　〈監修：辻善之助, 久松潜一〉
◇天平地宝　帝室博物館編　国書刊行会　1981.1　63p　図版116枚　41cm　〈帝室博物館昭和12年刊の複製〉　29500円
◇日本仏教基礎講座　第1巻　奈良仏教　平岡定海編　雄山閣出版　1980.6　352p　22cm　3500円
◇喜田貞吉著作集　第6巻　奈良時代の寺院　小林行雄編　平凡社　1980.2　550p　22cm　4600円
◇奈良時代史論　日本歴史地理学会編　日本図書センター　1977.1　544p　図版21枚　22cm　〈大正3年刊の複製　折り込図7枚〉　8000円
◇寧楽遺文　下巻　経済編下　文学編・解説　竹内理三編　訂正4版　東京堂出版　1976.12　p741～1013, 173p　22cm　〈監修：辻善之助, 久松潜一〉
◇奈良朝激動史　田尻隼人著　聖日本学会　1976　298p　19cm　1200円
◇掘り出された奈良の都—平城京時代　青山茂著　河出書房新社　1976　166p　図　20cm　980円
◇飛鳥奈良時代の研究　直木孝次郎著　塙書房　1975　570, 19p　22cm　5500円
◇天平・奈良—ゼミナール　朝日新聞社　1973　329p　19cm　750円
◇万葉の時代　北山茂夫著　岩波書店　1971　254p　18cm　（岩波新書）〈第23刷（第1刷：昭和29年刊）〉　180円
◇奈良時代史の諸問題　直木孝次郎著　塙書房　1968　453p　22cm　2300円
◇写経より見たる奈良朝仏教の研究　石田茂作著　東洋文庫　1966　254, 156, 55p　図版13枚　26cm　（東洋文庫論叢　第11）非売
◇奈良朝仏教史の研究　井上薫著　吉川弘文館　1966　659p　22cm　3500円
◇奈良朝の文化　石田茂作述　大東急記念文庫　1965.10　22p　21cm　（文化講座シリーズ　第9回　第2巻）
◇大和奈良朝—その実力者たち　井上光貞編　人物往来社　1965　301p　19cm
◇奈良時代の文化　村尾次郎著　至文堂　1962　213p　図版　19cm　（日本歴史新書）
◇天平の開花　丹羽文雄著　河出書房新社　1959　318p　図版　20cm　（現代人の日本史　第3）
◇奈良時代の貴族と農民—農村を中心として　弥永貞三著　至文堂　1956　204p　図版　地図　19cm　（日本歴史新書）
◇飛鳥・奈良時代の文化　羽田亨編　大阪武田薬品工業　1955　122p　図版　21cm
◇奈良朝の政治と民衆　北山茂夫著　京都

252

高桐書院　1948　290p　21cm　（現代歴史学論叢 1）

平城京
へいじょうきょう

　和銅3年（710年）から延暦3年（784年）まで、7代74年間の都。奈良の都、南都とも呼ばれる。現在の奈良市から大和郡山市にかけての地域に位置する。条坊制に基づいて造営された都城で、広さは東西約4.3キロ、南北約4.8キロ。中央北端を平城宮とし、平城宮から南へ伸びる朱雀大路の東側を左京、西側を右京と称する。さらに、左京の東側には外京、右京北端には北辺坊と呼ばれる張り出しが設けられ、外京を含めると東西約6.3キロになる。推定人口は15～20万人。元明天皇により藤原京から遷都し、桓武天皇により長岡京に遷都されるまで、天平文化の中心地として繁栄したが、平安時代には荒廃し、その大部分が田畑と化した。平城宮跡が特別史跡、平成10年（1998年）には「古都奈良の文化財」の一つとして世界遺産に登録されている。

　　　　＊　　　＊　　　＊

◇平城宮第一次大極殿の復原に関する研究　4　瓦・屋根　国立文化財機構奈良文化財研究所著　奈良　国立文化財機構奈良文化財研究所　2009.3　156, 8p　30cm　（奈良文化財研究所学報 第80冊）
◇平城宮第一次大極殿の復原に関する研究　1　基壇・礎石　国立文化財機構奈良文化財研究所著　奈良　国立文化財機構奈良文化財研究所　2009.2　119, 8p　30cm　（奈良文化財研究所学報 第79冊）
◇平城京全史解読─正史・続日本紀が語る意外な史実　大角修著　学習研究社　2009.1　247p　18cm　（学研新書 043）〈並列シリーズ名：Gakken shinsho　文献あり 年表あり〉　760円　①978-4-05-404026-7
◇国宝の仏像─奈良・平城京　大阪　修成学園出版局　2008.9　83p　30cm　1800円　①978-4-915783-57-9
◇平城京遷都─女帝・皇后と「ヤマトの時代」　千田稔著　中央公論新社　2008.3　265p　18cm　（中公新書）〈年表あり〉　840円　①978-4-12-101940-0
◇平城時代史論考　角田文衞著　吉川弘文館　2007.6　424p　22cm　15000円

①978-4-642-02458-7
◇平城京を楽しもう─見て学ぶ、奈良の歴史読本　千田稔監修　奈良　平城遷都1300年記念事業協会　2007.3　13p　30cm　〈平城遷都1300年記念事業〉　200円
◇平城京史料集成　2（条坊関係史料）　奈良女子大学21世紀COEプログラム古代日本形成の特質解明の研究教育拠点編　〔奈良〕　奈良女子大学21世紀COEプログラム古代日本形成の特質解明の研究教育拠点　2007.3　39, 196p　30cm　（奈良女子大学21世紀COEプログラム報告集 v.10）
◇平城京木簡　3　二条大路木簡1　奈良文化財研究所編　奈良文化財研究所, 吉川弘文館〔発売〕　2006.12　2冊（セット）　38×27cm　26000円　①4-642-02405-0
◇平城京史料集成　1　奈良女子大学21世紀COEプログラム古代日本形成の特質解明の研究教育拠点編　〔奈良〕　奈良女子大学21世紀COEプログラム古代日本形成の特質解明の研究教育拠点　2005.12　200p　30cm　（奈良女子大学21世紀COEプログラム報告集 v.3）
◇平城京の落日　栄原永遠男編　大阪　清文堂出版　2005.12　447p　22cm　（古代の人物 3）〈文献あり〉　3800円　①4-7924-0570-X
◇南都炎上とその再建をめぐって　奈良女子大学21世紀COEプログラム古代日本形成の特質解明の研究教育拠点編　〔奈良〕　奈良女子大学21世紀COEプログラム古代日本形成の特質解明の研究教育拠点　2005.11　61p　30cm　（奈良女子大学21世紀COEプログラム報告集 v.2）〈会期・会場：2005年1月21日 奈良女子大学文学部南棟226教室〉
◇平城宮兵部省跡　本文編・図版編　奈良文化財研究所編　奈良文化財研究所, 吉川弘文館〔発売〕　2005.5　2冊（セット）　31×22cm　22000円　①4-642-09303-6
◇平城京漆紙文書　1　文化財研究所奈良文化財研究所編　東京大学出版会　2005.4　47, 19p 図版28p　30cm　（奈良文化財研究所史料 第69冊）　6000円　①4-13-020401-7
◇平城京漆紙文書　1　文化財研究所奈良

文化財研究所編　奈良　文化財研究所奈良文化財研究所　2005.3　12, 47, 19p 図版28p　30cm　（奈良文化財研究所史料第69冊）　①4-902010-19-4

◇平城京の風景―人物と史跡でたどる青丹よし奈良の都　上田正昭監修, 千田稔著　第3刷版　文英堂　2005　255p　21cm　（古代の三都を歩く）〈年表あり　文献あり〉　2000円　①4-578-10081-2

◇奈良の都　青木和夫著　改版　中央公論新社　2004.7　585p　16cm　（中公文庫）〈文献あり　年表あり〉　1238円　①4-12-204401-4

◇世界遺産平城宮跡を考える―考古学・歴史学・地質学・環境論・交通論から　直木孝次郎, 鈴木重治編　春日部　ケイ・アイ・メディア　2002.11　367p　19cm（歴史遺産 3）　2500円　①4-907796-11-0

◇平城京跡出土墨書土器資料　1 第2分冊　奈良市埋蔵文化財調査センター編　奈良　奈良市教育委員会　2002.11　10p 図版8, 8p　30cm　（奈良市埋蔵文化財調査センター資料 no.4）

◇争乱と謀略の平城京―称徳女帝と怪僧・道鏡の時代　小林恵子著　文芸春秋　2002.10　275p　20cm　1600円　①4-16-359050-1

◇平城京跡出土墨書土器資料　1 第1分冊　奈良市埋蔵文化財調査センター編　奈良　奈良市教育委員会　2002.3　52p　30cm　（奈良市埋蔵文化財調査センター資料 no.3）

◇平城京―その歴史と文化　平城遷都一三〇〇年　奈良県平城遷都一三〇〇年記念二〇一〇年委員会編, 樋口隆康ほか監修　小学館　2001.12　264p　22cm　〈年表あり　文献あり〉　2300円　①4-09-626126-2

◇古代都市平城京の世界　舘野和己著　山川出版社　2001.7　99p　21cm　（日本史リブレット 7）〈文献あり〉　800円　①4-634-54070-3

◇平城京と木簡の世紀　渡辺晃宏著　講談社　2001.2　366p　20cm　（日本の歴史 第4巻）　2200円　①4-06-268904-9

◇あおによし―奈良国立文化財研究所収蔵平城京跡出土品展　岡山県立博物館編　岡山　岡山県立博物館　2001.1　72p　26cm〈平成12年度特別展:平成13年1月26日―2月25日　年表あり　文献あり〉

◇平城宮朱雀門復原工事の記録　文化財建造物保存技術協会編　文化財建造物保存技術協会　1999.3　222p 図版84枚　30cm〈折り込1枚〉

◇平城京と天平文化―奈良時代　古川清行著　小峰書店　1998.4　119p　27cm（人物・遺産でさぐる日本の歴史　調べ学習に役立つ 3）　2500円　①4-338-15103-X

◇平城坊目考 平城坊目遺考　久世宵瑞, 金沢昇平著　五月書房　1998.4　629p　21cm　30000円　①4-7727-0278-4

◇「なら平城京展'98」図録　奈良国立文化財研究所編　〔奈良〕　奈良市　c1998　111p　30cm〈付属資料:図1枚〉

◇平城京の精神生活　金子裕之著　角川書店　1997.5　259p　19cm　（角川選書 282）　1400円　①4-04-703282-4

◇日本古代の宮都と木簡　佐藤信著　吉川弘文館　1997.4　485, 12p　22cm　（日本史学研究叢書）　9800円＋税　①4-642-02311-9

◇平城京街とくらし　田辺征夫著　東京堂出版　1997.4　289p　19cm　（教養の日本史）〈主な参考文献:p274〜281〉　2500円＋税　①4-490-20305-5

◇日本の古代 9　都城の生態　岸俊男ほか編　岸俊男編　中央公論社　1996.6　534p 図版32枚　16cm　（中公文庫）〈監修:貝塚茂樹ほか　参考文献:p519〜521〉　1350円　①4-12-202629-6

◇平城京長屋王邸跡 本文編・図版編―左京二条二坊・三条二坊発掘調査報告　奈良国立文化財研究所, 吉川弘文館〔発売〕　1996.3　2冊（セット）　30cm　43260円　①4-642-07726-X

◇平城京木簡―長屋王家木簡　奈良国立文化財研究所, 吉川弘文館〔発売〕　1995.6　139p　B4, 270, 40p　29870円　①4-642-02401-8

◇平城宮から平安京へ　小川久勝著　近代文芸社　1994.8　215p　20cm　1600円　①4-7733-3181-X

◇平城宮朱雀門の復原的研究　奈良　奈良国立文化財研究所　1994.3　148p 図版63枚　30cm　（奈良国立文化財研究所学

◇日本美術全集　第4巻　東大寺と平城京―奈良の建築・彫刻　大河直躬ほか編　水野敬三郎ほか編著　講談社　1990.6　241p　37cm　〈折り込図1枚〉　7500円　①4-06-196404-6

◇平城京における宗教美術の諸問題―研究発表と座談会　上山春平編　京都　仏教美術研究上野記念財団助成研究会　1989.12　29,6p　30cm　（仏教美術研究上野記念財団助成研究会報告書　第19冊）

◇NHK平城京ロマンの旅　NHK平城京プロジェクト著　学習研究社　1987.5　208p　19cm　980円　①4-05-102519-5

◇平城京再現　新潮社　1985.3　115p　22cm　（とんぼの本）　〈監修：坪井清足,奈良国立文化財研究所　平城京七十四年史：p102～104〉　1100円　①4-10-601920-5

◇奈良・平安の都と長安―日中合同シンポジウム古代宮都の世界　西嶋定生編　小学館　1983.10　270p　20cm　1400円　①4-09-390071-X

◇奈良の文化財　no.2　平城京　〔奈良〕奈良市教育委員会文化財課　1983.9　32p　21cm　〈付：平城京関係年表〉

◇よみがえる平城京―天平の生活白書　奈良国立文化財研究所編　日本放送出版協会　1980.12　366p　20cm　〈監修：坪井清足〉　2000円

◇平城宮整備調査報告　1　〔奈良〕奈良国立文化財研究所　1979.3　152p　図版14枚　30cm　（奈良国立文化財研究所学報　第36冊）

◇平城古誌　大井重二郎著　京都　初音書房　1974　259p　22cm　〈附図：平城京条坊と大和条里図〉　3500円

◇平城京時代　青山茂著　河出書房新社　1965　148p　図版　18cm　（Kawade paperbacks）

◇平城宮　亀井勝一郎編　筑摩書房　1963　259p　図版　18cm　（グリーンベルト・シリーズ）

聖武天皇　しょうむてんのう

　大宝元年（701年）～天平勝宝8年（756年）5月2日　第45代天皇。在位期間は神亀元年（724年）～天平勝宝元年（749年）。諱は首、法号は勝満、和風諡号は天璽国押開豊桜彦尊、尊号は勝宝感神聖武皇帝。文武天皇の第1皇子で、母は藤原不比等の娘の宮子。文武崩御時に幼少のため即位できず、祖母の元明天皇、次いで伯母の元正天皇が中継として即位。この間の和銅7年（714年）に立太子され、神亀元年（724年）に元正の譲位を受けて即位した。藤原氏との関係が深く、皇族皇后の慣例を破り藤原不比等の娘の光明子を皇后とし、光明子との間の娘の阿部内親王（孝謙天皇）を皇太子としたが、皇女の立太子は史上初めてのこと。遣唐使を派遣して積極的に唐の文物制度を採用すると共に、仏教に篤く帰依して諸国に国分寺・国分尼寺を建立し、東大寺の盧遮那仏（大仏）を造立するなど、天平文化の繁栄をもたらした。一方、その治世中は皇族・貴族らの権力抗争が激しく、政治の主導権が長屋王・藤原武智麻呂・橘諸兄と目まぐるしく転変。天平12年（740年）に藤原広嗣の乱が起こると伊勢に行幸し、恭仁京・紫香楽宮・難波京と都を転々と移した後、天平17年（745年）にようやく平城京に帰還した。また、旱魃・地震・疫病などの災害も多く発生し、政治的にも社会的にも不安定な時代でもあった。天平勝宝元年（749年）に孝謙に譲位して出家、天平勝宝6年（754年）に鑑真から菩薩戒を受けた。その遺品の多くが正倉院御物として現存し、中でもその書「雑集」は繊細な筆致の名筆とされる。御陵は佐保山南陵。

◇聖武天皇の夢・紫香楽―近江・甲賀の聖武天皇ゆかりの遺跡を歩く　滋賀県教育委員会事務局文化財保護課,埋蔵文化センター編集・制作　甲賀　甲賀市教育

◇聖武天皇とその時代―天平の光と影　遠山美都男著　日本放送出版協会　2007.4　178p　21cm　(NHKシリーズ)　〈年表あり〉　850円　Ⓣ978-4-14-910629-8

◇鬼の帝聖武天皇の謎　関裕二著　PHP研究所　2006.2　271p　15cm　(PHP文庫)　〈『鬼の帝聖武天皇』(三一書房1998年刊)の増訂〉　514円　Ⓣ4-569-66474-1

◇聖武天皇とその時代―天平文化と近江　財団法人滋賀県文化財保護協会設立35周年記念展　滋賀県立琵琶湖文化館特別陳列滋賀県立安土城考古博物館第30回企画展　滋賀県文化財保護協会, 滋賀県立安土城考古博物館, 滋賀県立琵琶湖文化館編　大津　滋賀県文化財保護協会　2005.7　166p　30cm　〈会期・会場：平成17年7月16日～9月11日　滋賀県立安土城考古博物館ほか　共同刊行：滋賀県立安土城考古博物館ほか　年表あり〉

◇聖武天皇の夢と謎―紫香楽宮シンポジウム　甲賀市教育委員会編　新人物往来社　2005.3　143p　22cm　〈年表あり〉　2500円　Ⓣ4-404-03234-X

◇聖武天皇と行基―大仏にかけた願い　酒寄雅志監修, 小西聖一著　理論社　2004.2　113p　25cm　(NHKにんげん日本史)　〈年表あり〉　1800円　Ⓣ4-652-01467-8

◇聖武天皇と紫香楽宮の時代　小笠原好彦著　新日本出版社　2002.1　206p　18cm　(新日本新書)　950円　Ⓣ4-406-02849-8

◇聖徳太子・聖武天皇・光明皇后　聖徳太子, 聖武天皇, 光明皇后筆　中央公論新社　2001.10　226p　31cm　(書道芸術 新装第11巻)　〈シリーズ責任表示：井上靖〔ほか〕監修　シリーズ責任表示：中田勇次郎責任編集　複製を含む〉　Ⓣ4-12-490196-8, 4-12-490059-7

◇万葉集と謎の聖武天皇―恭仁京の挽歌　舟茂俊雄著　福寿書房　2001.7　413p　20cm　〈肖像あり〉

◇聖武天皇の彷徨五年に関する考察と大仏建立前後の社会情勢の研究　高津和夫編著　〔奈良〕　〔高津和夫〕　2001.6　123p　22cm　〈年表あり　文献あり〉

非売品

◇帝王聖武―天平の勁き皇帝　滝浪貞子著　講談社　2000.12　285p　19cm　(講談社選書メチエ 199)　1800円　Ⓣ4-06-258199-X

◇彷徨の王権聖武天皇　遠山美都男著　角川書店　1999.3　232p　19cm　(角川選書 305)　1400円　Ⓣ4-04-703305-7

◇聖武天皇―巨大な夢を生きる　中西進著　PHP研究所　1998.11　333p　18cm　(PHP新書)　857円　Ⓣ4-569-60313-0

◇聖武天皇と国分寺―在地から見た関東国分寺の造営　関東古瓦研究会編　雄山閣出版　1998.5　244p　22cm　4000円　Ⓣ4-639-01532-1

◇聖武天皇はなぜ大仏をつくった？―飛鳥・奈良時代　佐藤和彦監修　ポプラ社　1998.4　47p　29cm　(調べ学習にやくだつ日本史の大疑問 2)　〈索引あり〉　3000円　Ⓣ4-591-05696-1, 4-591-99229-2

◇聖武天皇御伝　奈良　東大寺　1956　669p 図版　22cm

藤原 不比等
ふじわらの ふひと

斉明5年(659年)～養老4年(720年)8月3日

奈良時代の政治家。名は史とも記す。諡号は文忠公、淡海公。藤原鎌足の2男で、母は車持君国子の娘の与志古。妻は県犬養三千代など。中納言・大納言を経て、和銅元年(708年)に右大臣となるが、この間の文武2年(698年)に父鎌足が賜った藤原朝臣姓の独占的使用を認められた。大宝律令や養老律令を編纂し、平城京遷都を推進するなど、律令体制の確立に努めた他、平城京遷都に際して春日に興福寺を建立。また、娘の宮子を文武天皇夫人、光明子を聖武天皇皇后とし、臣下の立后の例を開き、藤原氏が天皇家外戚として繁栄する端緒をつくった。息子の武智麻呂・房前・宇合・麻呂はそれぞれ藤原四家の祖となった。死後、太政大臣・正一位を追贈された。『懐風藻』に五言詩5首を収める。

＊　　＊　　＊

◇天孫降臨の夢―藤原不比等のプロジェクト　大山誠一著　日本放送出版協会　2009.11　294p　19cm　(NHKブックス)　1160円　Ⓣ978-4-14-091146-4

◇古代史の謎を攻略する 奈良時代篇　松尾

光著　笠間書院　2009.10　262p　19cm　1500円　⓵978-4-305-70493-1
◇神話のカラクリ不比等の野望　関裕二著　ポプラ社　2009.5　237p　19cm　（関裕二〈古代史の謎〉コレクション 7）〈文献あり〉　1300円　⓵978-4-591-10968-7
◇埋もれた巨像―国家論の試み　上山春平著　岩波書店　1997.11　294p　16cm　（同時代ライブラリー）〈1977年刊の増訂〉　1200円　⓵4-00-260324-5
◇藤原不比等　高島正人著　吉川弘文館　1997.6　282p　19cm　（人物叢書 新装版）　1900円　⓵4-642-05205-4
◇藤原不比等　いき一郎著　三一書房　1997.2　253p　20cm　2678円　⓵4-380-97224-0
◇奈良朝の政治と藤原氏　野村忠夫著　吉川弘文館　1995.1　267,5p　22cm　6180円　⓵4-642-02278-3
◇持統天皇と藤原不比等―日本古代史を規定した盟約　土橋寛著　中央公論社　1994.6　157p　18cm　（中公新書）〈藤原不比等の肖像あり〉　680円　⓵4-12-101192-9
◇万葉の心―持統天皇と藤原不比等　土橋寛述,亀岡市,亀岡市教育委員会編　亀岡市　1992.10　19,10p　19cm　（亀岡生涯学習市民大学 平成3年度）〈共同刊行：亀岡市教育委員会〉
◇天皇制の原点を探る―藤原不比等執念の軌跡　馬場朗著　光陽出版社　1989.1　351p　19cm　2000円　⓵4-87662-027-X
◇藤原不比等　上田正昭著　朝日新聞社　1986.12　231p　19cm　（朝日選書 320）〈新装版〉　920円　⓵4-02-259420-9
◇藤原不比等　上田正昭著　朝日新聞社　1978.4　228p　20cm　（朝日評伝選 9）　1200円

光明皇后
こうみょうこうごう

大宝元年（701年）～天平宝字4年（760年）6月7日
第45代聖武天皇の皇后。尊号は天平応真仁正皇太后、諱は安宿、出家して光明子と称し、藤三娘とも呼ばれた。藤原不比等の3女で、母は県犬養三千代。霊亀2年（716年）に皇太子首皇子（聖武天皇）の妃となり、翌々年に阿倍皇女（孝謙天皇）を儲け、天平元年（729年）に皇族以外で初の皇后となった。立后と同時に皇后宮職を設置、天平勝宝元年（749年）に聖武天皇が孝謙天皇に譲位すると紫微中台と改めて天皇大権を掌握するなど、政界に大きな影響を及ぼした。一方、仏教に篤く帰依し、国分寺の建立や東大寺大仏の造営に関わり、また病人・孤児の救済のため施薬院・悲田院を設置するなど社会事業にも尽くした。陵は佐保山東陵。『万葉集』に歌数首を収め、自筆と伝えられる「楽毅論」は名筆とされ正倉院御物として現存する。

＊　　　＊　　　＊

◇聖徳太子・聖武天皇・光明皇后　聖徳太子,聖武天皇,光明皇后筆　中央公論新社　2001.10　226p　31cm　（書道芸術 新装第11巻）〈シリーズ責任表示：井上靖〔ほか〕監修　シリーズ責任表示：中田勇次郎責任編集　複製を含む〉　⓵4-12-490196-8, 4-12-490059-7
◇光明皇后　林陸朗著　吉川弘文館　1986.5　272p　19cm　（人物叢書 新装版）〈新装版 叢書の編者：日本歴史学会〉　1500円　⓵4-642-05036-1
◇光明皇后　林陸朗著　吉川弘文館　1961　270p 図版　18cm　（人物叢書 日本歴史学会編）
◇光明皇后御伝―謹みて光明皇后の御霊に捧ぐ　光明皇后会,奈良光明会　1953　202p 図版　22cm

長屋王
ながやのおう

天武13年（684年）～天平元年（729年）2月12日
奈良時代の公卿。高市皇子の子で天武天皇の孫。慶雲元年（704年）正四位上。宮内卿、式部卿、正三位を経て、養老2年（718年）大納言となった。不比等の死後、従二位右大臣に任じ政権の首班となり、良田百万町開墾計画、三世一身法制定など諸政策を実施。神亀元年（724年）の聖武天皇の即位後は、藤原武智麻呂らの勢力が強まり、王は左道を学び国家を傾けようとしているという密告によって問罪され、妻子と共に自殺した（長屋王の変）。仏教への信仰が深く、また漢詩文をよくし、佐保宅（作宝楼、作宝宮）ではしばしば詩宴が催された。『懐風藻』『万葉集』に多くの作品がおさめられている。

＊　＊　＊

◇奈良貴族の時代史―長屋王家木簡と北宮王家　森公章著　講談社　2009.7　286p　19cm　（講談社選書メチエ　444）〈並列シリーズ名：Kodansha sensho metier　索引あり〉　1800円　ⓃⒹ978-4-06-258444-9

◇長屋王家・二条大路木簡を読む　奈良国立文化財研究所編　〔奈良〕　奈良国立文化財研究所　2001.3　336, 13p　27cm〈東京　吉川弘文館（発売）〉　11000円　ⓃⒹ4-642-02366-6

◇平城京木簡　2　長屋王家木簡(2)　奈良国立文化財研究所編　奈良　奈良国立文化財研究所, 吉川弘文館〔発売〕　2001.3　195p　38×27cm　〈付属資料：別冊1〉　47000円　ⓃⒹ4-642-02402-6

◇長屋王家木簡の基礎的研究　森公章著　吉川弘文館　2000.5　381, 7p　22cm　7500円　ⓃⒹ4-642-02347-X

◇長屋王　寺崎保広著　吉川弘文館　1999.2　282p　19cm　（人物叢書　新装版）　1900円　ⓃⒹ4-642-05214-3

◇長屋王家木簡と金石文　大山誠一著　吉川弘文館　1998.3　355, 6p　22cm　7500円　ⓃⒹ4-642-02325-9

◇長屋王家木簡の研究　東野治之著　塙書房　1996.11　463p　22cm　9785円　ⓃⒹ4-8273-1143-9

◇平城京長屋王邸跡―左京二条二坊・三条二坊発掘調査報告　図版編　奈良国立文化財研究所編　〔奈良〕　奈良国立文化財研究所　1996.3　228, 10, 286p　31cm〈『平城京左京二条二坊・三条二坊発掘調査報告』（1995年刊）の改題　発売：吉川弘文館（東京）付（図2枚）〉　ⓃⒹ4-642-07725-1

◇平城京長屋王邸跡―左京二条二坊・三条二坊発掘調査報告　本文編　奈良国立文化財研究所編　〔奈良〕　奈良国立文化財研究所　1996.3　654, 20p　31cm〈『平城京左京二条二坊・三条二坊発掘調査報告』（1995年刊）の改題　発売：吉川弘文館（東京）〉　ⓃⒹ4-642-07724-3

◇平城京木簡―長屋王家木簡　奈良国立文化財研究所, 吉川弘文館〔発売〕　1995.6　139p　B4, 270, 40p　29870円　ⓃⒹ4-642-02401-8

◇悲劇の宰相長屋王―古代の文学サロンと政治　辰巳正明著　講談社　1994.6　270p　19cm　（講談社選書メチエ　19）　1500円　ⓃⒹ4-06-258019-5

◇長屋王の謎―北宮木簡は語る　森田悌著　河出書房新社　1994.4　253p　20cm　2200円　ⓃⒹ4-309-22259-5

◇長屋王家木簡と奈良朝政治史　大山誠一著　吉川弘文館　1993.1　196, 6p　20cm　（古代史研究選書）　2200円　ⓃⒹ4-642-02167-1

◇長屋王「光と影」展―長屋親王宮の発見　奈良国立文化財研究所編　〔大阪〕　日本経済新聞社大阪本社　1991.2　87p　26cm　〈会期・会場：1991年2月20日～3月17日　奈良そごう美術館ほか〉

◇長屋王の謎―悲劇の宰相　堀本正巳著　奈良　奈良新聞出版センター　1990.11　131p　19cm　1000円　ⓃⒹ4-88856-012-9

◇長屋王とその時代　辰巳正明著　新典社　1990.2　134p　19cm　（叢刊・日本の文学　9）　1009円　ⓃⒹ4-7879-7509-9

橘　諸兄
たちばなの　もろえ

天武13年（684年）～天平宝字元年（757年）1月6日

　奈良時代の公卿。大和国（奈良県）の人。三野王の子、母は県犬養橘三千代。はじめ葛城王と称したが天平8年（736年）臣籍に降り、母の姓橘宿禰（すくね）を賜い諸兄と称した。和銅3年（710年）従五位下から累進し、参議となり、正一位・左大臣に昇る。藤原不比等の四子が死亡したことにより、大納言となって政権中枢を握り、吉備真備らを登用して奈良時代中期の政治を主導。恭仁京や東大寺大仏の造営などにも取り組んだが、孝謙天皇時代に光明皇太后と仲麻呂の政権掌握により政治的地位は低下した。聖武天皇が病に伏した際に謀反の状があると密告され、辞任の末失意のうちに没した。

＊　＊　＊

◇天平の母天平の子―平城京造営と大仏建立への道　相原精次著　彩流社　2003.3　245p　20cm　2000円　ⓃⒹ4-88202-811-5

玄 昉
げんぼう

?～天平18年(746年)6月18日

　奈良時代の法相宗の僧侶。俗姓は阿刀。義淵に師事したのち、霊亀2年(716年)留学僧として入唐。智周に法相を学び、玄宗皇帝から紫衣を賜った。天平7年(735年)帰国し興福寺に住し、天平9年(737年)僧正に任ぜられ紫袈裟の着用を許された。また、皇太夫人藤原宮子(みやこ)の看病で賞され、宮中の内道場に仕える。天皇や橘諸兄の信任を得て、大仏の創建や国分寺の建立を進言するなど、橘諸兄のもとで吉備真備とともに権勢をふるったために反感を買い、天平12年(740年)藤原広嗣が玄昉らの排斥を目論み挙兵した(藤原広嗣の乱)。乱は収められたがその後失脚、天平17年(745年)筑紫観世音寺に左遷され、翌年同地で没した。

　　　＊　　　＊　　　＊

◇奈良時代の僧侶と社会　根本誠二著　雄山閣出版　1999.1　232, 10p　22cm　4500円　Ⓘ4-639-01577-1

藤原 広嗣
ふじわらの ひろつぐ

?～天平12年(740年)11月1日

　奈良時代の官僚。藤原宇合(うまかい)の長男で、母は蘇我石川麻呂の娘国威大刀自。藤原氏一族の房前、麻呂、武智麻呂、宇合が相次ぎ病没した天平9年(737年)に従五位下に叙され、式部少輔、大養徳守を経て、天平10年(738年)大宰少弐に遷任された。天平12年(740年)上表して時政の得失を示し、重用されていた吉備真備・僧玄昉を中央政界から除くことを訴えて、弟の綱手とともに大宰府で挙兵したが、板櫃川の戦いに敗れ、値嘉(ちか)島に逃れたところを捕らえられ、綱手とともに肥前で斬殺された。これを藤原広嗣の乱という。

　　　＊　　　＊　　　＊

◇日本史を揺るがした反逆者の野望—野望を貫く男たちの闘いと決断！　寺林峻著　日本文芸社　1993.8　237p　15cm　(にちぶん文庫)　480円　Ⓘ4-537-06229-0
◇戦乱と人物　高柳光寿博士頌寿記念会編　吉川弘文館　1968　535p 図版　22cm　3500円

吉備 真備
きびの まきび

持統9年(695年)～宝亀6年(775年)10月2日

　奈良時代の学者・政治家。真吉備とも書く。通称は吉備大臣。備中国下道郡の豪族の出身で、下道朝臣国勝の子。母は楊貴(八木)氏。養老元年(717年)に留学生として入唐、天平7年(735年)に多くの書籍・兵器などを携えて帰国した。橘諸兄に重用され、皇太子阿倍皇女(孝謙・称徳天皇)の東宮学士を経て従四位上・右京大夫となり、吉備朝臣姓を賜った。藤原仲麻呂に疎まれて筑前守に左遷された後、天平勝宝4年(752年)に遣唐副使として再び入唐し、2年後に帰国。大宰大弐を経て造東大寺司長官となり、藤原仲麻呂の乱(恵美押勝の乱)鎮圧の功により従三位・勲二等を授けられた。累進して正二位・右大臣となるが、宝亀元年(770年)の称徳天皇崩御後の皇嗣擁立争いに敗れ、政界から退いた。著書に『私教類聚』『刪定律令』などがある。

　　　＊　　　＊　　　＊

◇吉備大臣入唐絵巻—知られざる古代中世一千年史　倉西裕子著　勉誠出版　2009.11　241p　19cm　2400円　Ⓘ978-4-585-05423-8
◇天平に輝く吉備真備公　高見茂著　岡山吉備人出版　2003.11　190p　17cm　(吉備人選書 3)　1000円　Ⓘ4-86069-056-7
◇日本留学生列伝—黎明期の日本を導いた先駆者達　松邨賀太著　文芸社　2001.10　201p　19cm　952円　Ⓘ4-8355-2572-8
◇吉備真備の世界　中山薫著　岡山　日本文教出版　2001.2　157p　15cm　(岡山文庫 210)　800円　Ⓘ4-8212-5210-4
◇吉備真備とその伝承—天平のマルチ人間　高見茂著　岡山　山陽新聞社　2000.3　278p　19cm　1619円　Ⓘ4-88197-678-8
◇吉備真備—天平の光と影　高見茂著　岡山　山陽新聞社　1997.9　278p　19cm　1619円　Ⓘ4-88197-632-X
◇日本の絵巻—コンパクト版 3 吉備大臣入唐絵巻　小松茂美編　中央公論社　1993.11　94p　17cm　1100円　Ⓘ4-12-403183-1
◇吉備真備　宮田俊彦著　吉川弘文館　1988.9　266p　19cm　(人物叢書 新装版)〈新装版 叢書の編者：日本歴史学会〉　1700円　Ⓘ4-642-05129-5

◇日本の絵巻　3　吉備大臣入唐絵巻　小松茂美編　中央公論社　1987.6　98p　35cm　3200円　ⓈⒸ4-12-402653-6

◇吉備真備物語　荒木栄悦著　善本社　1978.1　352p　20cm　〈吉備真備の肖像あり〉　1500円

◇新修日本絵巻物全集　6　粉河寺縁起絵・吉備大臣入唐絵　梅津次郎編集担当　角川書店　1977.11　1冊（はり込図7枚）　37cm　〈監修：田中一松〉　20000円

◇日本絵巻大成　3　吉備大臣入唐絵巻　小松茂美編集　小松茂美執筆　中央公論社　1977.7　167p（図共）　35cm　9800円

◇吉備真備　中山薫著　岡山　岡山ユネスコ協会　1972　66p 図　21cm　（日本人の国際理解シリーズ 1）　非売品

紫香楽宮（信楽宮）
しがらきのみや

　奈良時代の聖武天皇の離宮。甲賀宮（こうがのみや）ともいう。宮地は滋賀県甲賀市信楽町牧・黄瀬の一帯と、宮町地区からなる。『続日本紀』によると、天平14年（742年）8月、造宮縁の智努（ちぬ）王らに命じ近江国甲賀郡紫香楽村（滋賀県甲賀郡信楽町）に離宮を造らせたとある。天平15年（743年）10月、東大寺大仏の前身にあたる盧舎那仏の建立がこの地で始まった。翌年2月、都は恭仁から難波に移され、天平17年（745年）元旦の記事では紫香楽宮の地が都となっている。その後、都は平城京にかえされ、宮は廃止後、国分寺に転用された。

＊　　＊　　＊

◇紫香楽宮出土の歌木簡について　奈良女子大学21世紀COEプログラム古代日本形成の特質解明の研究教育拠点編　〔奈良〕　奈良女子大学21世紀COEプログラム古代日本形成の特質解明の研究教育拠点　2008.11　73p　30cm　（奈良女子大学21世紀COEプログラム報告集 vol.21）〈会期・会場：2008年6月29日　奈良女子大学記念館〉

◇大仏はなぜ紫香楽で造られたのか―聖武天皇とその時代　滋賀県文化財保護協会，滋賀県立安土城考古博物館，滋賀県立琵琶湖文化館編　大津，彦根　滋賀県文化財保護協会，サンライズ出版（製作・発売）　2005.11　190p 図版8p　19cm

〈会期・会場：平成17年8月7日　ピアザ淡海ほか　年表あり〉　1600円　ⓈⒸ4-88325-287-6

◇大仏造立の都―紫香楽宮　小笠原好彦著　新泉社　2005.10　93p　21cm　（シリーズ「遺跡を学ぶ」20）〈年表あり〉　1500円　ⓈⒸ4-7877-0540-7

◇聖武天皇の夢と謎―紫香楽宮シンポジウム　甲賀市教育委員会編　新人物往来社　2005.3　143p　22cm　〈年表あり〉　2500円　ⓈⒸ4-404-03234-X

◇聖武天皇と紫香楽宮の時代　小笠原好彦著　新日本出版社　2002.1　206p　18cm　（新日本新書）　950円　ⓈⒸ4-406-02849-8

◇今よみがえる紫香楽宮―新しい淡海文化の創造に向けて　栄原永遠男著，信楽町教育委員会編　改訂版　〔信楽町（滋賀県）〕　信楽町教育委員会　1999.11　16p　30cm　〈文献あり〉

◇天平の都紫香楽―その実像を求めて　「天平の都紫香楽」刊行委員会編　京都　ナカニシヤ出版　1997.9　174p　21cm　〈年表あり〉　1200円　ⓈⒸ4-88848-386-8

国分寺
こくぶんじ

　天平13年（741年）の聖武天皇の勅願により、国ごとに建立された官寺。僧寺と尼寺とがあり、正式には僧寺を金光明四天王護国之寺、尼寺を法華滅罪之寺というが、一般的には僧寺を国分寺、尼寺を国分尼寺、合わせて国分二寺と呼ばれる。奈良の東大寺を総国分寺、法華寺を総国分尼寺と定め、国司の支配下に置かれ、国内の僧尼の監督にもついた。疫病・飢饉・反乱などによる社会的動揺を背景に、鎮護国家・五穀豊穣を念願して建立されたものが、760年代中頃までに全国的に完成したが、平安時代中期以降は衰退した。

＊　　＊　　＊

◇国分寺について―解説書的な案内書　成田供著　八王子　武蔵野書房　2008.1　110p 図版8p　26cm　2000円　ⓈⒸ978-4-943898-77-1, 4-943898-77-7, 4-943898-58-0

◇国分寺―天平時代の国家と仏教　津山　津山郷土博物館　2000.10　63p　26cm　（津山郷土博物館特別展図録 第14冊）〈会期：平成12年10月14日―11月12日〉

奈良時代

◇史跡上総国分寺跡―国分僧尼寺とその時代　市原市文化財センター編　改訂〔市原〕　市原市教育委員会　1999　33p　26cm　(市原の遺跡1)

◇全国国分寺とその史跡シンポジウム―華ひらく古代地方文化―国分寺の創建と発展　資料集　全国国分寺とその史跡シンポジウム実行委員会, 国分僧尼寺の会編　上田　全国国分寺とその史跡シンポジウム実行委員会　1998.10　50p　30cm　〈共同刊行：国分僧尼寺の会〉

◇聖武天皇と国分寺―在地から見た関東国分寺の造営　関東古瓦研究会編　雄山閣出版　1998.5　244p　22cm　4000円　①4-639-01532-1

◇新修国分寺の研究　第7巻(補遺)　角田文衞編　吉川公文館　1997.11　730p　27cm　33000円　①4-642-07643-3

◇東山道と国分寺―古代信濃・そして"みちのく"への道　上田市立信濃国分寺資料館編　上田　上田市立信濃国分寺資料館　1997.7　66p　26cm　〈会期：平成9年7月26日―8月31日〉

◇斎宮・国府・国分寺―伊勢のまつりと古代の役所　特別展　斎宮歴史博物館,三重県埋蔵文化財センター編　明和町(三重県)　斎宮歴史博物館　1996.10　64p　30cm　〈共同刊行：三重県埋蔵文化財センター　会期：平成8年10月10日～11月24日　主要参考文献：p63〉

◇全国国分寺跡探訪記　髙井貢著　近代文芸社　1996.9　135p　20cm　〈国分寺年表：p110～133〉　1400円　①4-7733-5712-6

◇新修国分寺の研究　第6巻　総括　角田文衞編　吉川弘文館　1996.3　600,139p　27cm　〈巻末：国分寺研究文献目録〉　27810円　①4-642-07642-5

◇東国の国分寺―国家鎮護の寺々　上田市立信濃国分寺資料館編　上田　上田市立信濃国分寺資料館　1995.7　66p　26cm　〈会期：平成7年7月22日～9月3日〉

◇大和の古寺　5　秋篠寺・法華寺・海竜王寺・不退寺　中野玄三ほか撮影　岩波書店　1992.1　22p図版54p　33cm　〈第2刷(第1刷：1981年)　付(図1枚)：図版一覧〉　3200円　①4-00-008265-5

◇全国国分寺関係資料目録　石岡市立図書館編　〔石岡〕　〔石岡市立図書館〕〔1992〕　31p　26cm

◇新修国分寺の研究　第2巻　畿内と東海　角田文衞編　吉川弘文館　1991.11　399p　27cm　12000円　①4-642-07637-9

◇天平の巨大プロジェクト国分寺―第7回特別展展示図録　亀岡市文化資料館編　亀岡　亀岡市文化資料館　1991.10　40p　26cm　〈国分寺建立の詔発布1250年記念〉

◇輝かしき古代の国分寺―国分寺データベース　三村光広著　横浜　万年青書房　1991.8　247p　27cm

◇新修国分寺の研究　第3巻　東山道と北陸道　角田文衞編　吉川弘文館　1991.8　375p　27cm　12000円　①4-642-07638-7

◇新修国分寺の研究　第4巻　山陰道と山陽道　角田文衞編　吉川弘文館　1991.5　383p　27cm　12000円　①4-642-07639-5

◇国分寺関係資料目録―海老名市立図書館特別コレクション　平成2年6月30日現在　海老名市立図書館編　海老名　海老名市立図書館　1990.11　61p　26cm

◇新修国分寺の研究　第5巻　上　南海道　角田文衞編　吉川弘文館　1987.5　401p　27cm　10000円　①4-642-07640-9

◇新修国分寺の研究　第5巻　下　西海道　角田文衞編　吉川弘文館　1987.3　524p　27cm　14000円　①4-642-07641-7

◇新修国分寺の研究　第1巻　東大寺と法華寺　角田文衞編　吉川弘文館　1986.7　383p　27cm　〈文献目録：p334～381〉9800円　①4-642-07636-0

◇角田文衞著作集　第2巻　国分寺と古代寺院　京都　法蔵館　1985.10　393p　22cm　7000円

◇古代東国の甍―仏教文化の夜明けをさぐる　特別展　大宮　埼玉県立博物館　1982.10　89p　26cm　〈付(別冊8p)：展示概要　会期：1982年10月3日～11月3日〉

◇国分寺二百年史　馬場朗著　新人物往来社　1982.8　241p　20cm　1800円

◇日本古寺美術全集　第4巻　東大寺と新薬師寺・法華寺　座右宝刊行会編集制作　伊藤延男編集　集英社　1980.11　147p　40cm　〈監修：太田博太郎ほか〉

261

5600円
◇東大寺と国分寺　石田茂作著　至文堂　1959　246p(図版32p共)　図版　19cm　(日本歴史新書)

東大寺　とうだいじ

　奈良市雑司町にある華厳宗の大本山。別名は金光明四天王護国寺、大華厳寺、恒説華厳寺、東寺など。南都七大寺の一つ。天平15年(743年)に聖武天皇が盧舎那大仏像の造立を発願したことを受け、行基が勧進、良弁が開山となり、総国分寺として創建された。天平勝宝4年(752年)に本尊である盧舎那仏(奈良の大仏)の開眼供養が行われ、天平勝宝6年には鑑真が来日して戒壇院を創設。日本三戒壇の一つとして、また大荘園領主として、奈良時代・平安時代には興福寺と並んで繁栄した。創建当時の遺構として三月堂(法華堂)・転害門などが現存し、同じく創建当時より伝わる不空羂索観音立像や日光・月光菩薩立像など貴重な文化財多数を所蔵する。また、宝永6年(1790年)再建の金堂(大仏殿)は世界最大の木造建築として知られる。平成10年(1998年)に「古都奈良の文化財」の一つとして世界遺産に登録された。

◇日本仏教史における東大寺戒壇院―論集　GBS実行委員会編　奈良,京都　東大寺,法蔵館(制作・発売)　2008.12　128, 9p　30cm　(ザ・グレイトブッダ・シンポジウム論集 第6号)〈会期：平成19年12月22日―23日　文献あり〉　2000円

◇東大寺本末相論史料　京都　臨川書店　2008.4　774, 21p　23cm　(真福寺善本叢刊 第2期 第10巻(記録部 4))〈複製および翻刻〉　15000円　①978-4-653-03891-7, 978-4-653-03880-1

◇東大寺の版木―(財)大和文化財保存会援助事業による　奈良　元興寺文化財研究所　2007.3　28, 4p　30cm〈複製および翻刻〉

◇法隆寺・薬師寺・東大寺論争の歩み　大橋一章著　グラフ社　2006.4　218p　19cm〈文献あり〉　1600円　①4-7662-0960-5

◇奈良の大仏―歴史絵本　堀池春峰監修,山本和子文,村上正師画　3版　善本社　2005.11　1冊(ページ付なし)　17×17cm　800円　①4-7939-0399-1

◇大仏及大仏殿史　鷲尾隆慶,平岡明海編纂　文生書院　2005.1　1冊　22cm　(Bunsei Shoin digital library)〈奈良大仏供養会大正4年刊の複製　折り込1枚〉　11000円　①4-89253-233-9

◇東大寺創建前後―論集　GBS実行委員会編　奈良,京都　東大寺,法蔵館(製作・発売)　2004.12　99, 51p　30cm　(ザ・グレイトブッダ・シンポジウム論集 第2号)〈会期：平成15年12月20日―21日〉　2000円

◇論集 東大寺創建前後―ザ・グレイトブッダ・シンポジウム論集　第2号　GBS実行委員会編　奈良　東大寺,(京都)法蔵館〔発売〕　2004.12　99, 51p　30cm　2000円　①ISSN1348-8937

◇東大寺史へのいざない　東大寺監修,堀池春峰著,東大寺史研究所編　京都　昭和堂　2004.4　367p　19cm〈年表あり〉　2000円　①4-8122-0342-2

◇仏教を歩く　no.17　行基と「東大寺」　朝日新聞社　2004.2　32p　30cm　(週刊朝日百科)　533円

◇東大寺の歴史と教学―論集　GBS実行委員会編　奈良,京都　東大寺,法蔵館(発売)　2003.12　210p　30cm　(ザ・グレイトブッダ・シンポジウム論集 第1号)　2000円

◇東大寺―美術史研究のあゆみ　大橋一章,斎藤理恵子編著　里文出版　2003.9　369p　20cm〈文献あり〉　2500円　①4-89806-197-4

◇東大寺と華厳の世界　橋本聖円著　春秋社　2003.2　236p　20cm〈年表あり　文献あり〉　2300円　①4-393-17601-4

奈良時代

◇東大寺要録　筒井英俊校訂　国書刊行会　2003.1　380p　21cm　10000円　⓪4-336-00433-1

◇見直された聖域東大寺大仏史　田所弘著　文芸社　2001.11　387p　20cm　1400円　⓪4-8355-2512-4

◇奈良六大寺大観　第10巻　東大寺　第2　奈良六大寺大観刊行会編　補訂版　岩波書店　2001.5　107, 7, 5p　図版240p　38cm　〈付属資料：16p；付録2　文献あり〉　35000円　⓪4-00-008910-2

◇お水取り―特別陳列　東大寺修二会千二百五十回記念　奈良国立博物館, 仏教美術協会編　〔奈良〕　仏教美術協会　2001.2　51p　30cm　〈会期：平成13年2月20日―3月18日〉

◇四天王―奈良・東大寺戒壇堂　小川光三撮影　毎日新聞社　2000.12　110p　21cm　（めだかの本）〈年表あり〉　1200円　⓪4-620-60563-8

◇奈良六大寺大観　第9巻　東大寺　1　奈良六大寺大観刊行会編　補訂版　岩波書店　2000.11　130, 6, 6p　図版238p　38cm　〈付属資料：16p；付録6　文献あり〉　35000円　⓪4-00-008909-9

◇大仏開眼―東大寺の考古学　平成12年度秋季特別展図録　橿原　奈良県立橿原考古学研究所附属博物館　2000.10　80p　30cm　〈会期：平成12年10月7日―11月19日〉

◇奈良六大寺大観　第11巻　東大寺　3　奈良六大寺大観刊行会編　補訂版　岩波書店　2000.3　144, 8, 20　図版216p　38cm　〈文献あり〉　35000円　⓪4-00-008911-0

◇東大寺二月堂とお水取り―特別陳列　奈良国立博物館, 仏教美術協会編　〔奈良〕　仏教美術協会　2000.2　35p　30cm　〈会期：平成12年2月22日―3月20日〉

◇古代日本の国家と仏教―東大寺創建の研究　田村円澄著　吉川弘文館　1999.5　589, 2p　22cm　〈索引あり〉　13000円　⓪4-642-02337-2

◇東大寺　東大寺編　新装版　学生社　1999.4　266p　20cm　2200円　⓪4-311-40807-2

◇「東大寺の至宝展」図録　朝日新聞社, 東武美術館編　朝日新聞社　c1999　198p　30cm　〈ドイツにおける日本年特別展帰国記念　会期・会場：1999年12月9日―2000年1月23日　東武美術館　年表あり〉

◇定本丹鶴叢書　第20巻　水野忠央編, 朝倉治彦監修　大空社　1998.6　508, 6p　22cm　〈国立公文書館内閣文庫蔵の複製〉　⓪4-7568-0265-6

◇東大寺　安東次男, 上司海雲文, 土門拳写真　新装版　平凡社　1997.11　141p　18cm　（平凡社カラー新書セレクション）　940円　⓪4-582-83041-2

◇東大寺と正倉院　守屋弘斎他著　雄山閣出版　1997.5　188p　26cm　〈写真：植田英介〉　2500円　⓪4-639-01442-2

◇東大寺大仏の研究―歴史と鋳造技術　前田泰次ほか著　岩波書店　1997.2　2冊　32cm　〈「解説篇」「図版篇」に分冊刊行〉　全32000円　⓪4-00-008068-7

◇東大寺二月堂とお水取り―特別陳列　奈良国立博物館編　奈良　奈良国立博物館　1997.2　17p　30cm　〈会期：平成9年2月18日〜3月16日〉

◇東大寺辞典　平岡定海著　東京堂出版　1995.9　562p　21cm　〈新装版　東大寺年表・東大寺関係文献目録：p540〜546〉　3800円　⓪4-490-10399-9

◇東大寺諸尊像の修理　東大寺教学部編　毎日新聞社　1994.9　206p　26cm　4600円　⓪4-620-90447-3

◇東大寺の瓦工　森郁夫著　京都　臨川書店　1994.8　196p　19cm　（臨川選書）〈参考文献：p191〜193〉　1854円　⓪4-653-02760-9

◇奈良の寺　15　法華堂の乾漆像―東大寺　町田甲一ほか著　岩波書店　1994.1　18p　図版48p　33cm　〈1974年刊の再刊〉　3200円　⓪4-00-008315-5

◇奈良の寺　16　法華堂と戒壇院の塑像―東大寺　倉田文作, 入江泰吉著　岩波書店　1993.6　16p　図版48p　33cm　〈1973年刊の再刊〉　3200円　⓪4-00-008316-3

◇奈良の寺　14　大仏と大仏殿―東大寺　前田泰次ほか著　岩波書店　1993.4　18p　図版48p　33cm　〈1974年刊の再刊〉　3200円　⓪4-00-008314-7

◇奈良の寺　17　南大門と二王―東大寺　太田博太郎ほか著　岩波書店　1993.2　18p　図版48p　33cm　〈1975年刊の再刊〉

◇東大寺国宝写真展図録　東武美術館編　東武美術館　1993　140p　30cm　〈南大門仁王尊像平成大修理完成記念　会期・会場：平成5年12月3～23日 東武美術館　略年表：p135〉

◇東大寺―入江泰吉写真集　入江泰吉著　小学館　1992.5　291p　40cm　〈年譜：p290～291〉　38000円　①4-09-699392-1

◇東大寺　2　奈良六大寺大観刊行会編　岩波書店　1991.11　240, 101, 7p　38×31cm　〈奈良六大寺大観 第10巻〉〈第3刷（第1刷：68.8.30）〉　32000円　①4-00-008250-7

◇東大寺　1　奈良六大寺大観刊行会編　岩波書店　1991.7　238, 127, 6p　37×30cm　〈奈良六大寺大観 第9巻〉〈第3刷（第1刷：1970年）〉　32000円　①4-00-008249-3

◇東大寺の名宝―特別陳列　奈良国立博物館編　〔奈良〕　奈良国立博物館　1991.7　47p　26cm　〈会期：1991年7月13日～8月4日〉

◇東大寺　3　奈良六大寺大観刊行会編　岩波書店　1991.3　216, 139, 8p　37×30cm　〈奈良六大寺大観 第11巻〉〈第3刷（第1刷：1972年）〉　32000円　①4-00-008251-5

◇新編名宝日本の美術　第4巻　東大寺　田中義恭執筆　小学館　1990.7　153p　31cm　（小学館ギャラリー）〈監修：太田博太郎ほか　参考文献：p152～153　付：年表・東大寺史と主要堂塔の興亡（折り込）〉　1800円　①4-09-375104-8

◇日本美術全集　第4巻　東大寺と平城京―奈良の建築・彫刻　大河直躬ほか編　水野敬三郎ほか編著　講談社　1990.6　241p　37cm　〈折り込図1枚〉　7500円　①4-06-196404-6

◇東大寺物語―名利歳時記　加藤楸邨ほか編　世界文化社　1989.7　127p　31cm　〈東大寺略年表：p124～127〉　3950円　①4-418-89403-9

◇東大寺　井上博道著　中央公論社　1989.5　198p　27×38cm　〈東大寺略年表：p196〉　19000円　①4-12-001797-4

◇よみがえる鴟尾―大仏殿昭和大修理あれこれ　福田静男著　奈良　大仏奉賛会　1989.3　193p　19cm　〈発売：綜芸社（京都）　おもな参考資料：p193〉　1200円　①4-7940-0050-2

◇不滅の建築　5　東大寺南大門―奈良・東大寺　鈴木嘉吉, 工藤圭章責任編集　小川光三撮影　毎日新聞社　1988.10　63p　31cm　〈東大寺南大門の年表：p56～57〉　1800円　①4-620-60275-2

◇魅惑の仏像　12　不空羂索観音―奈良・東大寺法華堂　小川光三写真　毎日新聞社　1987.4　63p　31cm　1800円　①4-620-60222-1

◇奈良大仏創建　塚原平八郎著　〔相模原〕〔塚原平八郎〕　1986.9　253p　20cm　〈製作：朝日新聞東京本社朝日出版サービス（東京）　東大寺と大仏の略年表：p248～249〉

◇日本の古寺美術　7　東大寺　2　中世以降　浅井和春, 浅井京子共著　大阪　保育社　1986.9　230p　図版16p　19cm　〈企画：町田甲一　東大寺（中世以降）略年表：p192～203　参考文献：p209～223〉　1600円　①4-586-72007-7

◇魅惑の仏像　6　四天王―奈良・東大寺戒壇堂　小川光三写真　毎日新聞社　1986.8　63p　31cm　1800円　①4-620-60196-9

◇新修国分寺の研究　第1巻　東大寺と法華寺　角田文衞編　吉川弘文館　1986.7　383p　27cm　〈文献目録：p334～381〉　9800円　①4-642-07636-0

◇日本の古寺美術　6　東大寺　1　古代　川村知行著　大阪　保育社　1986.6　230p　図版16p　19cm　〈企画：町田甲一　東大寺（古代）略年表・参考文献：p204～225〉　1600円　①4-586-72006-9

◇魅惑の仏像　2　千手観音―奈良・唐招提寺金堂　小川光三写真　毎日新聞社　1986.4　63p　31cm　1800円　①4-620-60192-6

◇東大寺図書館蔵文明十六年書写『聖徳太子伝暦』影印と研究　日中文化交流史研究会編　桜楓社　1985.12　485p　22cm　48000円　①4-273-02031-9

◇東大寺物語―シルクロードの終着駅・奈良　狭川普文著　奈良　フジタ　1985.4　220p　20cm　1100円　①4-89349-031-1

◇Tales of the old Todaiji　edited by the

奈良時代

Educational Deptartment of the Todaiji, translated by P.F. Kornicki Nara Todaiji 1985.4 52 p. 15 cm. 〈他言語標題：東大寺の昔話し〉

◇東大寺法華堂の研究 近畿日本鉄道編纂室編 吉川弘文館 1984.7 334p 図版42枚 27cm 〈大八洲出版昭和23年刊の複製〉 12000円 ①4-642-02128-0

◇東大寺 佐保山堯海著 京都 淡交社 1981.6 161p 31cm 〈東大寺略年表：p138～148〉 4800円 ①4-473-00752-9

◇入江泰吉写真全集 2 東大寺とお水取り 集英社 1981.4 119p 35cm 〈編集：第一アートセンター〉 4800円

◇日本古寺美術全集 第4巻 東大寺と新薬師寺・法華寺 座右宝刊行会編集制作 伊藤延男編集 集英社 1980.11 147p 40cm 〈監修：太田博太郎ほか〉 5600円

◇名宝日本の美術 第3巻 東大寺 田中義恭執筆 小学館 1980.10 153p 31cm 〈監修：太田博太郎ほか 参考文献：p152～153 付：年表・東大寺史と主要堂塔の興亡〉 2200円

◇東大寺辞典 平岡定海著 東京堂出版 1980.8 562p 22cm 〈折り込地図1枚 東大寺年表・東大寺関係文献目録：p540～547〉 5800円

◇東大寺散華 美術文化史研究会編 名古屋 美術文化史研究会東海支部 1980.3 82, 84p 27cm 〈折り込図1枚 付：東大寺盧舎那仏像大仏殿略年表〉 2200円

◇古寺巡礼奈良 14 東大寺 足立巻一ほか著 京都 淡交社 1980.2 171p 27cm 〈監修：井上靖,塚本善隆 東大寺年表：p167～170〉 2800円

◇東大寺展―国宝大仏殿昭和大修理落慶記念 東京国立博物館ほか編 朝日新聞社 c1980 242p 24×24cm 〈期日：昭和55年4月8日～5月25日ほか 東大寺略年表 堀池春峰編：p228～237 参考文献：p241～242〉

◇日本の美術 54 東大寺 守屋弘斎著 小学館 1979.7 191p 20cm （ブック・オブ・ブックス） 〈東大寺略年表：p186～189〉 930円

◇日本の美術 5 東大寺の大仏 小林剛著 第2版 平凡社 1979.6 156p 24cm 〈監修：亀井勝一郎ほか 付：奈良時代彫刻史年表〉 1800円

◇大日本仏教全書 東大寺叢書 仏書刊行会編 第一書房 1978.4 2冊 22cm 〈付：孔目章発悟記 大正4年, 昭和7年刊の複製〉 全10000円

◇日本の仏画 第2期第4巻 国宝吉祥天像（薬師寺）国宝倶舎曼陀羅図（東大寺） 学習研究社 1978.1 図版4枚 53cm 〈監修：田中一松, 亀田孜 編集：高崎富士彦ほか 付（別冊 13p 30cm）：解説〉 7500円

◇東大寺 平岡定海著 〔東村山〕 教育社 1977.12 255p 図 18cm （教育社歴史新書 日本史 6） 〈発売：教育社出版サービス（東京） 東大寺関係史学文献目録・東大寺年表：p.246～255〉 600円

◇日本の美 第4集 東大寺・興福寺・運慶・快慶 学習研究社 1977.7 160p（図共） 29cm 〈NHK総合テレビで放送の『日本の美』の内容にもとづいて学習研究社が編集したもの〉 1800円

◇東大寺 安東次男, 上司海雲著 平凡社 1977.2 141p（図共） 18cm （平凡社カラー新書） 550円

◇奈良の寺 17 南大門と仁王―東大寺 文：太田博太郎, 撮影：渡辺義雄, 入江泰吉 岩波書店 1975 48, 18p（おもに図） 33cm 2500円

◇東大寺 上司海雲著 秋田書店 1974 268p 図 20cm 〈付（p.213-266）：東大寺の美術（町田甲一）神名帳, 過去帳〉 1200円

◇奈良の寺 14 大仏と大仏殿―東大寺 文：前田泰次, 撮影：渡辺義雄, 入江泰吉, 薗部澄 岩波書店 1974 48, 18p（おもに図） 33cm 2200円

◇奈良の寺 15 法華堂の乾漆像―東大寺 文：町田甲一, 撮影：入江泰吉, 渡辺義雄 岩波書店 1974 48, 18p（おもに図） 33cm 2200円

◇東大寺 東大寺教学部編 学生社 1973 252p 図 19cm 〈付録：東大寺年表, 東大寺関係文献目録〉 860円

◇東大寺 佐保山堯海著 座右宝刊行会 1973 149p（おもに図） 27cm 〈東大寺歴史年表：p.106-112〉 4500円

265

奈良時代

◇東大寺　土門拳撮影　平凡社　1973　175p（おもに図）　35cm　16000円
◇東大寺大仏蓮弁拓本　求竜堂　1973　図20枚　解説1冊　62cm（解説：42cm）〈監修・解説：蔵田蔵　帙入　限定版〉70000円
◇東大寺論叢　筒井英俊著, 筒井寛秀編　国書刊行会　1973　2冊　22cm　全5500円
◇奈良の寺　16　法華堂と戒壇院の塑像—東大寺　文：倉田文作, 撮影：入江泰吉　岩波書店　1973　48, 16p（おもに図）33cm　2200円
◇東大寺　写真：入江泰吉, 上司海雲編　毎日新聞社　1972　244p（おもに図）36cm　〈限定版〉　30000円
◇東大寺要録　筒井英俊校訂　国書刊行会　1971　380p　図　22cm　〈初版：全国書房昭和19年刊〉　2800円
◇東大寺　青山茂, 入江泰吉共著　大阪　保育社　1970　153p（おもに図版）15cm　（カラーブックス）　280円
◇正倉院と東大寺　石田茂作著, 正倉院御物刊行会編　改訂新版　悠々洞　1964　289p（図版　解説共）　31cm　〈宮内庁蔵版〉
◇東大寺　近畿日本鉄道創立五十周年記念出版編集所編　大阪　近畿日本鉄道　1963　199p　図版18枚　27cm　（近畿日本叢書　第8部）
◇正倉院と東大寺　石田茂作著　正倉院御物刊行会　1962　289p（図版解説共）原色図版2枚　31cm
◇東大寺の歴史　平岡定海著　至文堂　1961　235p　図版　19cm　（日本歴史新書）〈付：参考文献〉
◇東大寺　平岡定海, 山口光朔共著　社会思想研究会出版部　1960　160p（図版共）　16cm　（現代教養文庫）
◇東の大寺　佐保山堯海写真, 上司海雲文, 杉本健吉絵　京都　淡交新社　1960　131p　図版95p　22cm
◇東大寺と国分寺　石田茂作著　至文堂　1959　246p（図版32p共）図版　19cm（日本歴史新書）
◇東大寺遺文　第8　東大寺図書館編〔奈良〕　三笠印刷出版社（印刷者）

1956　160p　図版　21cm　〈謄写版　第8の編者：堀池春峰〉
◇東大寺遺文　第6　〔奈良〕　東大寺図書館　1953　60p　26cm　〈謄写版〉
◇図説東大寺　朝日新聞社編　朝日新聞社　1952　244p　図版34枚　22cm　〈大仏開眼千二百年記念出版〉
◇東大寺　小林剛編　毎日新聞社　1952　328p　図版6枚　19cm　〈大仏開眼千二百年記念出版〉
◇東大寺遺文　第3　〔奈良〕　東大寺図書館　1952序　96p　26cm　〈尊玄自筆本「探玄記第17巻義決抄第3」の紙背文書及び同じく「探玄記第20巻義決抄第2」の紙背文書を収録したもの　謄写版〉
◇東大寺成巻文書　第7　〔奈良〕　東大寺図書館　1952　12, 8, 20p　27cm〈謄写版〉
◇東大寺年中行事　東大寺図書館編　奈良　東大寺図書館　1952　38p　18cm　〈東大寺所蔵文書「東大寺年中行事近来省略用途等所下事」ヲ翻印シタモノ　解説（平岡定海）及荘園別索引ヲ附ス〉
◇薬師院文庫目録　〔奈良〕　東大寺図書館　〔1952〕　1冊（頁付なし）　26cm
◇東大寺遺文　第1　東大寺図書館編　奈良　東大寺図書館　1951　54p　27cm〈謄写版　尊玄自筆本「探玄記第2義決抄」の紙背文書及び同じく「探玄記第13義決抄第2」の紙背文書を収録したもの〉
◇東大寺成巻文書　第2-6　〔奈良〕　東大寺図書館　1951　1冊　28cm　〈謄写版〉
◇東大寺　清水公俊著　京都　京都印書館　1949　149p　図版91枚　30cm　〈附：聖武天皇大日本国総国分寺東大寺建立御発願一千二百年記念法要図録〉
◇東大寺法華堂の研究　近畿日本鉄道株式会社編纂室　京都　大八洲出版　1948　334p　図版28枚　26cm
◇東大寺　清水公俊著　京都　京都印書館　1945　61, 86p　図版89枚　30cm　〈堀池春峰編　松山志良撮影〉
◇東大寺文書　第1　東大寺百巻文書　第1-50巻　中村直勝編　大阪　全国書房　1945　399p　22cm

大仏開眼
だいぶつかいげん

　東大寺の本尊である盧遮那仏像の完成を記念して行われた法要。天平勝宝4年(752年)4月9日にインド僧の菩提僊那(ぼだいせんな)によって、目を入れて入魂する供養(点睛)が行なわれた。大仏開眼供養会ともいう。天平15年(743年)、仏の力による天下太平を願い、聖武天皇によって盧舎那大仏像の造立の詔が出された。まず近江紫香楽の甲賀寺で造立の工事が始められ、僧行基が弟子らを伴って勧進に赴いたが、火事や地震が相次いだことで平城還都が行なわれ、平城京東郊の金鐘寺の寺地で再開することとなった。僧行基は大仏の完成をみることなく没したが、2年の歳月をかけ5丈3尺5寸の巨像が完成した。

　　　　　＊　　　＊　　　＊

◇奈良の大仏―歴史絵本　堀池春峰監修, 山本和子文, 村上正師画　3版　善本社　2005.11　1冊(ページ付なし)　17×17cm　800円　①4-7939-0399-1
◇奈良の大仏をつくる　石野亨文, 井口文秀絵, 稲川弘明図　新版　小峰書店　2004.2　71p　29×22cm　(図説 日本の文化をさぐる)　2700円　①4-338-07503-1
◇鑑真と大仏建立　桜井信夫文　フレーベル館　2004.1　48p　27cm　(あるいて知ろう！歴史にんげん物語2)〈年譜あり〉　2900円　①4-577-02786-0
◇大仏開眼と宇佐八幡神―黄金の出土・法蓮・良弁　清輔道生著　彩流社　2002.6　130p　20cm　1500円　①4-88202-757-7
◇週刊日本の美をめぐる　no.4(古代3)奈良の都と大仏開眼　小学館　2002.5　42p　30cm　(小学館ウイークリーブック)　533円
◇「大仏開眼一二五〇年東大寺のすべて」目録　奈良国立博物館, 東大寺, 朝日新聞社編　朝日新聞社　2002.4　374p　30cm〈会期・会場：平成14年4月20日―7月7日　奈良国立博物館ほか　年表あり〉
◇大仏開眼―東大寺の考古学 平成12年度秋季特別展図録　橿原　奈良県立橿原考古学研究所附属博物館　2000.10　80p　30cm〈会期：平成12年10月7日―11月19日〉
◇大仏建立　杉山二郎著　新・新装版　学生社　1999.11　242p　20cm　2400円　①4-311-20230-X
◇天平の光と影―大仏建立をめぐって　上原和ほか著　講談社　1980.10　244p　19cm　1100円
◇大仏建立　杉山二郎著　学生社　1968　242p 図版　19cm　520円
◇毘盧遮那仏―大仏開眼千二百年記念〔奈良〕　東大寺　1952　図版14枚　37cm

行 基
ぎょうき

天智7年(668年)～天平勝宝元年(749年)2月2日

　奈良時代の僧。河内国(後に分立した和泉国)大鳥郡の人。百済系渡来人の末裔である高志氏の出身で、父は高志才智、母は蜂田古爾比売。15歳で出家し、道昭・義淵らに法相宗を学んだ。諸国を巡って民衆教化に努める傍ら、道路・橋・灌漑設備の建設など社会事業に尽力し、行基菩薩と崇められたが、養老元年(717年)以降こうした活動が僧尼令に反するとして弾圧された。後に聖武天皇の帰依を受け、国分寺建立に協力。天平15年(743年)に東大寺大仏造営に際して勧進に起用され、天平17年(745年)には日本最初の大僧正に任ぜられたが、大仏完成を見ずして没した。

　　　　　＊　　　＊　　　＊

◇喜光寺―行基終焉の古刹　山田法胤著　京都　柳原出版　2007.4　127p　19cm〈年譜あり〉　1000円　①978-4-8409-7048-8
◇行基伝承を歩く　根本誠二著　岩田書院　2005.9　220p　19cm〈文献あり〉　2800円　①4-87294-394-5
◇行基―民衆の導者　速水侑編　吉川弘文館　2004.4　212p　20cm　(日本の名僧2)〈文献あり　年譜あり〉　2600円　①4-642-07846-0
◇聖武天皇と行基―大仏にかけた願い　酒寄雅志監修, 小西聖一著　理論社　2004.2　113p　25cm　(NHKにんげん日本史)〈年表あり〉　1800円　①4-652-01467-8
◇仏教を歩く　no.17　行基と「東大寺」朝日新聞社　2004.2　32p　30cm　(週刊朝日百科)　533円

奈良時代

◇行基の構築と救済―平成15年度特別展　大阪府立狭山池博物館編　大阪狭山　大阪府立狭山池博物館　2003.10　78p　30cm　（大阪府立狭山池博物館図録5）〈会期：2003年10月1日―11月30日　年譜あり　文献あり〉

◇行基と渡来人文化―朝鮮半島から猪名川流域へ　米山俊直,辻一郎共編　大阪　たる出版　2003.5　252p　19cm　1000円　⓪4-924713-73-2

◇行基の考古学　摂河泉古代寺院研究会編　塙書房　2002.6　144p　27cm　5000円　⓪4-8273-1176-5

◇奈良時代の僧侶と社会　根本誠二著　雄山閣出版　1999.1　232,10p　22cm　4500円　⓪4-639-01577-1

◇行基菩薩―千二百五十年御遠忌記念誌　奈良　行基菩薩ゆかりの寺院　1998.11　72p　26cm

◇行基―生涯・事跡と菩薩信仰 没一二五〇年記念特別展　堺市博物館編　堺　堺市博物館　1998.10　124p　30cm

◇行基事典　井上薫編　国書刊行会　1997.7　587,16p　21cm　〈付属資料：特別付録1〉　18000円　⓪4-336-03967-4

◇日本最大の狭山池と天平の僧行基―第3回狭山池フォーラム　大阪狭山市教育委員会編　大阪狭山　狭山池フォーラム実行委員会　1996.10　53p　30cm　〈期日：平成8年10月12日〉

◇行基説話の生成と展開　米山孝子著　勉誠社　1996.6　262p　22cm　7725円　⓪4-585-03038-7

◇天平の僧行基―異能僧をめぐる土地と人々　千田稔著　中央公論社　1994.3　218p　18cm　（中公新書）　720円　⓪4-12-101178-3

◇行基と狭山池―特別展　大阪狭山市立郷土資料館編　大阪狭山　大阪狭山市立郷土資料館　1993.10　39p　26cm　〈会期：平成5年10月16日～12月12日〉

◇行基と古代仏教　中井真孝著　京都　永田文昌堂　1991.7　321p　20cm　2500円

◇奈良仏教と行基伝承の展開　根本誠二著　雄山閣出版　1991.6　268p　22cm　5000円　⓪4-639-01038-9

◇行基　井上薫著　吉川弘文館　1987.9　236p　19cm　（人物叢書 新装版）〈新装版 行基の肖像あり　叢書の編者：日本歴史学会〉　1600円　⓪4-642-05091-4

◇行基と律令国家　吉田靖雄著　吉川弘文館　1987.1　325,15p　20cm　（古代史研究選書）　2800円　⓪4-642-02162-0

◇行基菩薩―摂津・播磨に於けるその事蹟　故福原会下山人講演　福原会下山人述,長福寺考古資料館編　神戸　長福寺考古資料館　1984.8　27,191p　21cm　〈行基の肖像あり〉

◇日本名僧論集　第1巻　行基・鑑真　平岡定海,中井真孝編　吉川弘文館　1983.3　403p　22cm　〈行基および鑑真の肖像あり〉　5800円

◇行基　井上薫著　吉川弘文館　1959　232p 図版 地図　18cm　（人物叢書 日本歴史学会編）

孝謙天皇（称徳天皇）
こうけんてんのう（しょうとくてんのう）

養老2年（718年）～宝亀元年（770年）8月4日
第46代天皇。在位期間は天平勝宝元年（749年）～天平宝字2年（758年）。重祚して第48代称徳天皇となり、その在位期間は天平宝字8年（764年）～宝亀元年（770年）。諱は阿倍で、生前は宝字称徳孝謙皇帝と称した。高野天皇とも称せられる。聖武天皇の皇女で、母は藤原不比等の娘の光明皇后。天平10年（738年）に女性として初めて皇太子となり、天平勝宝元年（749年）に聖武の譲位を受けて即位。天平勝宝4年（752年）に東大寺大仏開眼供養会を開いた。橘奈良麻呂の乱後の天平宝字2年（758年）に淳仁天皇に譲位したが、道鏡を寵愛して淳仁や藤原仲麻呂と対立。天平宝字8年（764年）の藤原仲麻呂の乱（恵美押勝の乱）を鎮圧、淳仁を淡路島へ配流し、重祚して称徳天皇となった。引き続き道鏡を寵愛したが、その専横が甚だしく、神護景雲3年（769年）に宇佐八幡神託事件を引き起こした。御陵は高野陵。

＊　　＊　　＊

◇最後の女帝孝謙天皇　滝浪貞子著　吉川弘文館　1998.8　230p　19cm　（歴史文化ライブラリー44）　1700円　⓪4-642-05444-8

◇孝謙天皇と弓削道鏡の場合　本田義幾編著　古川　本田義幾　1993.8　72p　21cm　〈執筆：小林昌三九,田村豊幸〉

道鏡
どうきょう

？〜宝亀3年(772年)4月7日

奈良時代の僧。俗姓は弓削連。河内国若江郡の人。義淵に師事し法相を学ぶ。天平宝字6年(762年)に孝謙上皇の看病で功を成し、その寵愛を得て政界に進出。淳仁天皇・藤原仲麻呂と対立し、天平宝字8年(764年)の藤原の仲麻呂の乱(恵美押勝の乱)の後に孝謙上皇が重祚して称徳天皇となると大臣禅師、翌年に太政大臣禅師、さらにその翌年には法王の位に就くなど権力を振るい、仏教偏重・貴族抑圧の政策を行う。神護景雲3年(769年)に宇佐八幡宮の神託を理由に皇位の篡奪を企てたが、和気清麻呂らに阻止されて失敗した(宇佐八幡宮神託事件)。翌年称徳天皇が没すると皇太子白壁王(光仁天皇)により造下野国薬師寺別当に左遷され、同地で没した。

　　　＊　　　＊　　　＊

◇「道鏡事件」の真相　石田則明著　栄光出版社　2008.11　142p　20cm　〈文献あり　年表あり〉　1400円　①978-4-7541-0110-7
◇女帝と道鏡—天平末葉の政治と文化　北山茂夫著　講談社　2008.5　219p　15cm　(講談社学術文庫)　〈年表あり〉　800円　①978-4-06-159876-8
◇天平期の僧侶と天皇—僧道鏡試論　根本誠二著　岩田書院　2003.10　174p　19cm　2000円　①4-87294-293-0
◇孝謙天皇と弓削道鏡の場合　本田義幾編著　古川　本田義幾　1993.8　72p　21cm　〈執筆：小林昌三九, 田村豊幸〉
◇栃木県を歩いた弓削道鏡　田村豊幸著　田村豊幸　1993.8　53p　19cm　〈限定版〉
◇道鏡の生涯　古田清幹著, 道鏡を守る会編　田村豊幸　1992.4　240p　19cm　〈1972年刊の複製　著者の肖像あり〉
◇道鏡　横田健一著　吉川弘文館　1988.12　275p　19cm　(人物叢書 新装版)　〈新装版 叢書の編者：日本歴史学会〉　1800円　①4-642-05138-4
◇道鏡の生涯—新史料を基とした　古田清幹著　横浜　古田武太郎　1972　240p　19cm　非売
◇女帝と道鏡—天平末葉の政治と文化　北山茂夫著　中央公論社　1969　189p　18cm　(中公新書)　200円
◇道鏡　横田健一著　吉川弘文館　1959　275p　図版　地図　18cm　(人物叢書 日本歴史学会編)
◇法師道鏡　上田正二郎著　富山房　1950　140p　図版　地図　19cm

淳仁天皇
じゅんにんてんのう

天平5年(733年)〜天平神護元年(765年)10月23日

第47代天皇。在位期間は天平宝字2年(758年)〜天平宝字8年(764年)。諱は大炊王、別名は淡路廃帝、淡路公。舎人親王の第7子で、母は当麻山背。天武天皇の孫に当たる。天平宝字元年(757年)に藤原仲麻呂の推挙により皇太子となり、橘奈良麻呂の乱で仲麻呂が権力を確立したことを受け、翌年に孝謙天皇の譲位により即位した。やがて道鏡を寵愛する孝謙上皇と対立し、天平宝字6年(762年)に執政権を奪われた。天平宝字8年(764年)に藤原仲麻呂の乱(恵美押勝の乱)が起きて仲麻呂が斬首されると、自らも廃位され、淡路に幽閉された。翌年、配所からの逃走を試みて捕らえられ、翌日死亡した。御陵は淡路陵。

　　　＊　　　＊　　　＊

◇淳仁天皇御遺跡　続　松本杏治郎著　一宮町(兵庫県)　松本杏治郎　1957　22p　20cm
◇淳仁天皇御遺跡　松本杏治郎著　〔一宮町(兵庫県)〕　一宮町観光委員会, 古文化顕彰会　1956　18p　図版　地図　21cm　〈謄写版〉

藤原 仲麻呂
ふじわらの なかまろ

慶雲3年(706年)〜天平宝字8年(764年)9月18日

奈良時代の政治家。名は仲満とも書く。別名は恵美押勝。藤原武智麻呂の二男で、母は安倍貞吉の娘。天平勝宝元年(749年)に聖武天皇が孝謙天皇へ譲位したのに伴い大納言となり、光明皇太后の信を得て紫微中台の長官を兼ねた。後に大炊王(淳仁天皇)を皇太子に擁立し、紫微内相となって権勢を拡大。天平宝字元年(757年)の橘奈良麻呂の乱を鎮圧し、天平宝字2年(758年)に淳仁天皇を即位させて自らは太保(右大臣)に

269

奈良時代

任ぜられ、藤原恵美押勝の名を賜った。天平宝字4年（760年）に皇族以外で初めて太師（太政大臣）、天平宝字6年（762年）に正一位となった。しかし、天平宝字4年（760年）の光明皇太后の崩御後は道鏡を寵愛する孝謙上皇と対立。天平宝字8年（764年）に道鏡の排除を謀るが失敗し、近江国で妻子と共に処刑された（恵美押勝の乱）。養老律令の施行、歴代天皇の漢風諡号の撰進などの施策に取り組んだ。

＊　　＊　　＊

◇藤原仲麻呂政権の基礎的考察　木本好信著　高科書店　1993.6　314, 6, 10p　22cm　6000円
◇藤原仲麻呂　岸俊男著　吉川弘文館　1987.3　452p　19cm　（人物叢書 新装版）〈新装版 叢書の編者：日本歴史学会〉1900円　①4-642-05069-8
◇藤原仲麻呂政権の研究　木本好信著　みつわ　1981.5　210p　22cm　2000円
◇藤原仲麻呂　岸俊男著　吉川弘文館　1969　452p 図版　18cm　（人物叢書153 日本歴史学会編）700円

和気 清麻呂
わけの きよまろ

天平5年（733年）～延暦18年（799年）2月21日
奈良時代末期・平安初期の公卿。本姓は磐梨別公（いわなしわけのきみ）。備前国（岡山県）の人。姉の広虫（法均尼）が後宮女官であった称徳（孝謙）天皇に重用され、藤原の仲麻呂追討の功により天平神護元年（765年）勲六等を授け、従五位下・近衛将監となる。ついで藤野別真人（ふじののわけのまひと）を改めて吉備藤野和気（わけ）真人を賜った。神護景雲3年（769年）「道鏡を皇位につけよ」という宇佐八幡の神託が偽りであると奏上したため、道鏡の怒りを買い別部穢麻呂と改名を受け、大隅に配流された。翌年天皇が崩じ道鏡が失脚すると召還され、本姓・本位に復した。光仁・桓武天皇に仕え、摂津大夫、民部大輔、中宮大夫、民部卿を務め、従三位に昇進。また長岡京の造営や平安京遷都に尽力し、法令集『民部省例』などを編纂した。京都市上京区の護王神社に祀られる。

＊　　＊　　＊

◇和気清麻呂公と護王神社　所功著　京都 護王神社　2006.10　116p　21cm　〈年表あり〉

◇和気清麻呂　仙田実著　岡山　日本文教出版　1997.11　188p　15cm　（岡山文庫 190）〈年表あり　索引あり〉800円　①4-8212-5190-6
◇和気公と護王神社　護王神社御遷座百年祭奉賛会編　京都　護王神社　1987.11　264p　22cm　〈護王神社御遷座百年記念　和気清麻呂公関係略年譜：p35～36　護王神社略年表：p199～210〉
◇和気清麻呂公景仰史　若井勲夫執筆, 護王神社御遷座百年祭奉賛会編　京都　護王神社　1986.11　104p　18cm
◇和気清麻呂　平野邦雄著　吉川弘文館　1986.3　266p　19cm　（人物叢書 新装版）〈新装版 和気清麻呂の肖像あり　叢書の編者：日本歴史学会〉1500円　①4-642-05030-2
◇和気清麻呂　平野邦雄著　吉川弘文館　1964　266p 図版　18cm　（人物叢書 日本歴史学会編）

光仁天皇
こうにんてんのう

和銅2年（709年）10月13日～天応元年（782年）12月23日
第49代天皇。在位期間は宝亀元年（770年）～天応元年（781年）。諱は白壁王、和風諡号は天宗高紹天皇。施基（志貴）皇子の第6子で、母は紀諸人の娘の橡姫。天智天皇の孫に当たる。宝亀元年（770年）の称徳天皇の没後に藤原永手・良継・百川らに擁立されて皇太子となり、権勢をふるっていた道鏡を下野に追放。同年即位し、聖武天皇の娘の井上内親王を皇后、その子の他戸親王を皇太子としたが、宝亀3年（772年）に皇后・皇太子を廃し、翌年に高野新笠の子の山部親王（桓武天皇）を皇太子とした。和気清麻呂らを配流の地より召還し、前代の仏教偏重政治を改め、不要の令外官を廃止するなど行政改革を進めた。また、蝦夷に対して積極策をとったが、宝亀11年（780年）に伊治砦麻呂の乱（宝亀の乱）を引き起こした。天応元年（781年）に病気のため譲位し、同年没した。御陵は田原東陵。

＊　　＊　　＊

◇天皇皇族実録　7　孝謙天皇実録・淳仁天皇実録・称徳天皇実録・光仁天皇実録　藤井讓治, 吉岡真之監修・解説　ゆまに書房　2008.7　1冊　22cm　〈宮内庁書陵部蔵の複製〉18500円　①978-4-

8433-1963-5, 978-4-8433-2680-0
◇光仁天皇と大安寺　南都大安寺復興会編　奈良　大安寺　1982.1　31p図版9枚　22cm

長岡京
ながおかきょう

　桓武朝前期、延暦3年(784年)から延暦13年(794年)にかけての都。天応元年(781年)に即位した桓武天皇により、強大化した仏教勢力などの旧弊を断ち、人心を一新し、律令体制を立て直すため、大和国から遠く離れた山城国乙訓郡に築かれ、平城京から遷都された。しかし、長岡京造営の責任者藤原種継の暗殺や皇太弟早良親王の廃太子などの事件が続発し、度重なる洪水にも見舞われ、早良親王の怨霊を恐れる桓武天皇により、わずか10年で平安京に都が遷された。宮城は現在の京都府向日市に、経済の中心である東西市は長岡京市に、交通の中心である山崎津は乙訓郡大山崎町に、淀津は京都市に位置した。広さは南北10条・東西8坊(左右各4坊)で、推定人口は約5万人。

　　　　＊　　　＊　　　＊

◇桓武と激動の長岡京時代―歴博フォーラム　国立歴史民俗博物館編　山川出版社　2009.1　235p　19cm　〈会期・会場：2007年11月18日　東商ホール　年表あり〉　2800円　①978-4-634-59011-3
◇長岡京遷都―桓武と激動の時代 企画展示　人間文化研究機構国立歴史民俗博物館編　佐倉　人間文化研究機構国立歴史民俗博物館　2007.10　159p　30cm　〈会期：2007年10月10日―12月2日〉
◇長岡京研究序説　山中章著　塙書房　2001.4　459,15p　22cm　8500円　①4-8273-1170-6
◇長岡京古文化論叢　2　中山修一先生喜寿記念事業会編　京都　三星出版　1992.7　769p　27cm　〈中山修一の肖像あり〉　12000円
◇長岡京特別講演会―資料集　中山修一先生喜寿記念事業会編　〔長岡〕　〔中山修一先生喜寿記念事業会〕　1992.7　17,44p　26cm　〈「長岡京古文化論叢II」刊行記念　期日・会場：1992年7月18日　京都府長岡京記念文化会館〉
◇長岡京古文化論叢　中山修一先生古稀記念事業会編　京都　同朋舎出版　1986.6　831p　27cm　〈中山修一の肖像あり〉　20000円　①4-8104-0505-2
◇遷都1200年長岡京　中山修一著　京都　京都新聞社　1984.11　187p　19cm　〈年表長岡京の10年：p178～187〉　1000円　①4-7638-0177-5
◇長岡京の歴史と文化―都を動かした人々　向日市文化資料館編　向日　向日市文化資料館　1984.11　30p　26cm　〈常設展示図録　年表：p30〉
◇よみがえる長岡京　中山修一編　大阪　大阪書籍　1984.11　209p　19cm　（朝日カルチャーブックス 41）　1200円　①4-7548-1041-4
◇長岡京の新研究　小林清著　京都　比叡書房　1975　186p　22cm　1500円
◇長岡京の新研究　第6号　小林清著　向日　小林清　1972　60p(図共)　21cm
◇長岡京の謎　林陸朗著　新人物往来社　1972　245p　20cm　〈付：参考文献〉　850円
◇長岡京の新研究　第5号　小林清著　向日町(京都府)　小林清　1970　44p　26cm
◇長岡京の新研究　第4号　小林清著　向日町(京都府)　小林清　1969　44p　21cm
◇長岡京の新研究　第3号　小林清著　向日町(京都府)　小林清　1968　36p　22cm
◇長岡京の新研究　第2号　小林清著　向日町(京都府)　小林清　1966　28p　21cm

三世一身法
さんぜいっしんのほう

　養老7年(723年)に発布された土地法。開墾を奨励するため、新たに灌漑設備を築いて開墾した者には本人・子・孫(一説には子・孫・曾孫)の3代、既存の灌漑設備を用いて開墾または再開墾した者には本人1代に限り、墾田の占有を許したもの。しかし、最終的には墾田が収公されるため開墾促進の効果は薄く、天平15年(743年)に墾田永世私財法が発布されることになった。また、実際に開墾を行うだけの資力をもつ者は貴族・豪族・寺社などに限られており、これらの勢力の大土地所有欲を表面化させ、律令制の大原則である公地公民制崩壊の端緒となった。

　　　　＊　　　＊　　　＊

◇国民生活史研究　第1　生活と政治　伊東多三郎編　吉川弘文館　1957　313p　22cm

墾田永年私財法
こんでんえいねんしざいほう

　天平15年(743年)に発布された土地法。墾田永世私財法、墾田永代私有法、墾田永財法とも呼ばれる。三世一身法の後を受けて制定されたもので、開墾を奨励するため、一品・一位の500町から初位・庶人の10町まで位階に応じた面積の制限、国司の許可、許可後3年以内に開墾を終えることなどを条件に、墾田の永世私有を許した。天平神護元年(765年)に一旦廃止され、宝亀3年(772年)に旧に復旧したが、復旧時または遅くとも「弘仁格」が施行された弘仁11年(820年)頃までに面積の制限が失われた。同法により墾田は急増したが、貴族・豪族・寺社による大土地所有も活発化。律令制の大原則である公地公民制が崩壊し、荘園制が成立する大きな要因となった。

　　　　＊　　　＊　　　＊

◇古代東大寺庄園の研究　丸山幸彦著　広島　渓水社　2001.2　617p　22cm　12000円　①4-87440-639-4
◇古代荘園図と景観　金田章裕著　東京大学出版会　1998.10　346, 14p　22cm　6400円　①4-13-020118-2
◇古代荘園史料の基礎的研究　上　石上英一著　塙書房　1997.7　422p　22cm　7500円　①4-8273-1146-3
◇荘園の成立と領有　網野善彦, 石井進, 稲垣泰彦, 永原慶二編　吉川弘文館　1991.2　356p　21cm　(講座　日本荘園史2)　4300円　①4-642-02692-4
◇人物でたどる日本荘園史　阿部猛, 佐藤和彦編　東京堂出版　1990.1　381p　19cm　〈日本荘園史研究のための参考文献：p378～381〉　2800円　①4-490-20159-1
◇初期荘園史の研究　藤井一二著　塙書房　1986.6　492, 21p　22cm　8800円
◇日本古代の耕地と農民　森田悌著　第一書房　1986.4　317, 7p　22cm　4500円

駅制・駅家
えきせい・えきか

　律令制で連絡・通信のために設けられた交通制度。唐の制度にならって大化の改新に始まり、大宝令によって制度的に確立。中央と地方とを結ぶ官吏、公使の旅行、政令伝達、報告など、交通、通信に大きな役割を果たした。都と各国の国府を結ぶ東海・東山・北陸・山陰・山陽・南海・西海の7道の幹線道路をそのまま駅路とし、30里(約16km)ごとに駅馬の継ぎ立て、駅使の宿泊、食料を供給する駅家(駅亭)を置き、各駅に駅馬を備えて緊急の官用通信にあてた。駅馬乗用は駅鈴を持つ官人のみが可能で、乱乗を防ぐため厳重に管理されていたが、律令国家の衰退とともに制度は弛緩し、中世、近世に及ぶ宿駅制への原型となった。

　　　　＊　　　＊　　　＊

◇事典日本古代の道と駅　木下良著　吉川弘文館　2009.3　412, 9p　23cm　〈索引あり〉　8000円　①978-4-642-01450-2
◇遺跡からみた古代の駅家　木本雅康著　山川出版社　2008.2　105p　21cm　(日本史リブレット 69)　〈文献あり〉　800円　①978-4-634-54681-3
◇駅家と在地社会　文化財研究所奈良文化財研究所編著　奈良　文化財研究所奈良文化財研究所　2004.12　282p　30cm　〈文献あり〉　①4-902010-22-4
◇古代駅伝馬制度の研究　永田英明著　吉川弘文館　2004.1　333, 7p　22cm　9500円　①4-642-02399-2
◇古代のみち―たんけん！東山道駅路　群馬県立歴史博物館編　高崎　群馬県立歴史博物館　2001.10　84p　21×30cm　〈第70回企画展：平成13年10月5日―12月2日　折り込6枚　文献あり〉
◇古代の道路事情　木本雅康著　吉川弘文館　2000.12　196p　19cm　(歴史文化ライブラリー 108)　1700円　①4-642-05508-8
◇日本の古代道路を探す―律令国家のアウトバーン　中村太一著　平凡社　2000.5　253p　18cm　(平凡社新書)　760円　①4-582-85045-6
◇日本古代の駅伝と交通　森田悌著　岩田書院　2000.2　260p　22cm　(古代史研究叢書 1)　5400円　①4-87294-159-4

◇日本古代の交通と社会　舘野和己著　塙書房　1998.2　419, 29p　22cm　7800円　①4-8273-1151-X
◇坂本太郎著作集　第8巻　古代の駅と道　坂本太郎著作集編集委員会編　吉川弘文館　1989.5　487, 17p　22cm　6180円　①4-642-02223-6

和同開珎
わどうかいちん・わどうかいほう

　古代の銭貨。皇朝十二銭のうちでも最も古く、日本最初の流通貨幣とされる。「珎」を珍の異体字とする説と、「宝」の略字とする説とがある。慶雲5年(708年)正月に武蔵国から和銅が献上されたので年号を和銅と改め、5月に銀銭、8月に銅銭が発行された。銀銭は翌年廃止され、銅銭は主に畿内およびその周辺で流通したが、陸奥・出羽・長門などの遠隔地からも出土しており、これらの地域では権力を象徴する宝物として扱われたとみられる。唐の開元通宝をモデルに平城京で種銭を作成し、それを全国数ヶ所の銅産地に送って鋳造したといわれ、京都・山口などに鋳造銭司遺跡が存在する。和同開珎に先立ち、天武12年(683年)頃に富本銭が鋳造されているが、富本銭を日本最古の流通貨幣とする説と、流通貨幣でなく宗教的な目的を持つ厭勝銭だったとする説があり、評価は一定していない。

　　　　＊　　　＊　　　＊

◇貨幣誕生―和同開珎の時代とくらし　企画展和同開珎発行1300年　日本銀行金融研究所貨幣博物館　2007.12　48p　30cm
◇銭貨―前近代日本の貨幣と国家　池享編　青木書店　2001.5　214p　21cm　（「もの」から見る日本史）　2800円　①4-250-20119-8
◇富本銭と謎の銀銭―貨幣誕生の真相　今村啓爾著　小学館　2001.2　245p　20cm　1600円　①4-09-626124-6
◇貨幣の日本史　東野治之著　朝日新聞社　1997.3　275, 8p　19cm　（朝日選書）　1545円　①4-02-259674-0
◇日本貨幣年表　日本銀行金融研究所, 日本信用調査〔発売〕　1994.6　122p　26cm　1800円　①4-930909-38-4
◇和同開珎―古代貨幣事情をさぐる　藤井一二著　中央公論社　1991.2　261p　18cm　（中公新書）　680円　①4-12-101011-6
◇古銭と紙幣―和同開珎から現行貨幣まで収集と鑑賞　矢部倉吉著　金園社　1973　475p 図　19cm　（実用百科選書）　1200円

皇朝十二銭
こうちょうじゅうにせん

　古代の律令政府が鋳造した12種の銅銭の総称。本朝十二銭、皇国十二銭とも呼ばれる。和銅元年(708年)に和同開珎が発行され、その後順に万年通宝、神功開宝、隆平永宝、富寿神宝、承和昌宝、長年大宝、饒益神宝、貞観永宝、寛平大宝、延喜通宝と続き、天徳2年(958年)に最後の乾元大宝が発行された。いずれも小形円板状で、中央に正方形の穴があり、表に名称の4字が刻まれている。律令政府は地金より高い法定価値を付与した銭貨を用いることで財政的利益を得たが、高い法定価値を長期間維持することは困難であり、価値の下落と私鋳銭の横行に対処するため数十年ごとに新銭貨を発行した。これらの銭貨は主に畿内とその周辺地域で流通したが、10世紀末頃には衰退した。

　　　　＊　　　＊　　　＊

◇日本古代の貨幣と社会　三上喜孝著　吉川弘文館　2005.7　261, 9p　22cm　8000円　①4-642-02439-5
◇古代銭貨に関する理化学的研究―「皇朝十二銭」の鉛同位体比分析および金属組成分析　斎藤努, 高橋照彦, 西川裕一著　日本銀行金融研究所　〔2002〕　1冊　30cm　（IMES discussion paper series no.2002-J-30）
◇貨幣の誕生―皇朝銭の博物誌　三上隆三著　朝日新聞社　1998.1　270p　19cm　（朝日選書）　1400円　①4-02-259691-0
◇日本古代銭貨流通史の研究　栄原永遠男著　塙書房　1993.2　360, 210, 22p　22cm　8755円　①4-8273-1097-1
◇上代食貨制度の研究　第2集　岩橋小弥太著, 国学院大学史学研究室編　吉川弘文館　1969　303p　22cm　1800円

出羽国
でわのくに

　旧国名の一。現在の山形県と鹿角市・小坂町を除く秋田県全域にあたる。史上最初にあらわれるのは、越後国(新潟県)の北に出羽(いでは)郡を新設したという『続日本紀』の記述である。和銅5年(712年)に新設された出羽国は、陸奥国の最上・置賜(おいたみ)の2郡(現山形県)を編入し、先に設けられた出羽郡とあわせて3郡で一国を構成した。養老5年(721年)出羽国は陸奥の按察使(あぜち)の支配下に置かれ、天平5年(733年)には雄勝郡が新置、秋田高清水村に出羽柵が移ったとされている。天平宝字3年(759年)、雄勝柵を拡充して雄勝城がつくられ、雄勝郡北部を割き平鹿(ひらか)郡が設置された。

＊　　＊　　＊

◇出羽国ができるころ―出羽建国期における南出羽の考古学　山形県立うきたむ風土記の丘考古資料館編　高畠町(山形県)　山形県立うきたむ風土記の丘考古資料館　2008.10　150p 図版6p　30cm
◇出羽の遺跡を歩く―山形考古学事始　川崎利夫著　高志書院　2001.2　210p　21cm　2300円　ⓘ4-906641-42-3
◇律令国家東北史の研究　高橋崇著　吉川弘文館　1991.2　482, 14p　22cm　9800円　ⓘ4-642-02245-7
◇出羽国風土記　荒井太四郎編, 狩野徳蔵校訂　千秋社　1985.12　870p　22cm　〈明治閣(明治17年刊)の複製〉　14000円　ⓘ4-88477-087-0
◇山形郷土研究叢書　国書刊行会　1982.11　10冊　22cm　〈昭和5～31年刊の複製〉　全33000円
◇出羽国風土記　荒井太四郎著, 狩野徳蔵校訂　歴史図書社　1977.5　834p　22cm　〈明治17年刊の複製〉　10500円
◇出羽国風土略記　進藤重記著　歴史図書社　1974　1冊 図11枚　20cm　〈東京学社昭和3-4年刊の複製〉　6500円

多賀城
たがじょう

　律令制支配の拠点として現在の宮城県多賀城市市川に築かれた城柵。多賀柵(たがのさく)と

もいう。陸奥国府、陸奥・出羽を管轄する按察使、軍政をつかさどる鎮守府の三種の機能を有し、東北地方の政治・軍事および文化の中心をなした。創建年代は明確ではないが、天平9年(737年)に初めて史料に「多賀柵」とみえ、宝亀11年(780年)に「多賀城」として現れる。同年の伊治呰麻呂(いじのあざまろ)の乱で一時焼失し、貞観11年(869年)の陸奥国大地震で大きな被害を被ったと考えられる。延暦21年(802年)坂上田村麻呂は鎮守府を多賀城から胆沢城へ移した。史跡は、多賀城市大字市川・浮島の地にある。多賀城の沿革などを記す有名な多賀城碑が外郭南門跡付近にある。

＊　　＊　　＊

◇多賀城跡　高倉敏明著　同成社　2008.9　178p　20cm　(日本の遺跡 30)　〈文献あり〉　1800円　ⓘ978-4-88621-452-2
◇多賀城と古代東北―古代を考える　青木和夫, 岡田茂弘編　吉川弘文館　2006.9　321p　20cm　3000円　ⓘ4-642-02196-5
◇平泉への道―国府多賀城・胆沢鎮守府・平泉藤原氏　工藤雅樹著　雄山閣　2005.12　262p　21cm　〈文献あり〉　2800円　ⓘ4-639-01911-4
◇律令国家の対蝦夷政策―相馬の製鉄遺跡群　飯村均著　新泉社　2005.11　93p　21cm　(シリーズ「遺跡を学ぶ」 21)　〈文献あり〉　1500円　ⓘ4-7877-0631-4
◇古代蝦夷と律令国家　蝦夷研究会編　高志書院　2004.9　297p　22cm　(奥羽史研究叢書 7)　〈文献あり〉　4000円　ⓘ4-906641-87-3
◇古代多賀城と都から赴任して来た人々―政戦略から見た　鎌田徹著　仙台　宝文堂　2003.11　241p　21cm　〈年表あり　文献あり〉　1300円　ⓘ4-8323-0133-0
◇多賀城跡―発掘のあゆみ　〔多賀城〕　宮城県多賀城跡調査研究所　〔2003〕　40p　30cm
◇ふるきいしぶみ―多賀城碑と日本古代の碑　多賀城　東北歴史博物館　2001.3　91p　30cm　〈会期：平成13年4月24日―6月10日　文献あり〉
◇多賀城の世界―発掘調査四十年　桑原滋郎ほか著　郡山　ヨークベニマル　2000.5　303p　20cm　非売品
◇多賀城碑―その謎を解く　安倍辰夫, 平川南編　増補版　雄山閣出版　1999.11

329, 12p　22cm　〈折り込1枚　文献あり〉　5200円　①4-639-00862-7

◇多賀城―多賀城碑拓の真がんを問う　樋口慶助編　長井　樋口慶助　1998.10　50p　26cm

◇古代東北と柵戸　高橋崇著　吉川弘文館　1996.7　212p　22cm　5459円　①4-642-02307-0

◇古代東北と律令法　虎尾俊哉著　吉川弘文館　1995.6　252p　20cm　2575円　①4-642-07464-3

◇多賀城と大宰府―東北歴史資料館15周年記念 宮城県多賀城跡調査研究所20周年記念　〔多賀城〕　東北歴史資料館　1989.8　1冊　26cm

◇律令国家と蝦夷　虎尾俊哉著　評論社　1975　220p 図　18cm　（若い世代と語る日本の歴史 10）〈年表：p.215-220〉　690円

◇多賀城と秋田城　新野直吉著　仙台　東北出版　1959　219p　19cm　（東北の地理歴史研究双書）

隼人
はやと

古代、九州南部に居住し、永らく大和政権に服属を承諾しなかった人々を隼人と称した。敏捷・勇敢なことで知られ、多くは水田耕作に従さず、主として狩猟、漁労を営み、南方系の文化の影響を濃厚に受けていたことで、律令時代には「夷人雑類」として扱われた。一般の班田農民と差別された理由として、生活様式が違い、言語的にも訳語（おさ）を介さなくては通じなかったことがあげられる。天武朝以後は朝廷に朝貢し、歌舞を奏上したり相撲を見せたりし、8世紀以後はその朝貢が6年1交替と定期的になり、首長層はしばしば位を授けられている。また、大和朝廷に服属した一部の隼人は、畿内各地に移住させられ宮門の守護、行幸の先駆や、即位・大嘗祭などに奉仕したとみられる。

＊　＊　＊

◇隼人と古代日本　永山修一著　同成社　2009.10　244p　21cm　（同成社古代史選書 6）　5000円　①978-4-88621-497-3

◇隼人族呉人説　久々知武著　新風舎　2006.1　93p　19cm　1200円　①4-7974-7123-9

◇隼人の神学と正史　八代新一著　〔枕崎〕　八代新一　2005.8　355p　21cm　〈鹿児島 南日本新聞開発センター（製作発売）〉　1429円　①4-86074-045-9

◇隼人学―地域遺産を未来につなぐ　志学館大学生涯学習センター, 隼人町教育委員会編　鹿児島　南方新社　2004.9　431p　21cm　2000円　①4-86124-021-2

◇隼人の古代史　中村明蔵著　平凡社　2001.12　267p　18cm　（平凡社新書）〈年表あり〉　760円　①4-582-85119-3

◇神になった隼人―日向神話の誕生と再生　中村明蔵著　〔鹿児島〕　南日本新聞社　2000.11　257p　19cm　（南日本ブックス）〈鹿児島 南日本新聞開発センター（発売）〉　1500円　①4-944075-71-5

◇古代隼人社会の構造と展開　中村明蔵著　岩田書院　1998.2　330, 10p　22cm　6900円　①4-87294-101-2

◇南方神話と古代の日本　中西進編　角川書店　1995.1　239p　19cm　（角川選書 257）　1400円　①4-04-703257-3

◇隼人族の生活と文化　隼人文化研究会編　雄山閣出版　1993.9　528p　22cm　15000円　①4-639-01185-7

◇隼人の研究　中村明蔵著　新訂　丸山学芸図書　1993.9　307, 10p　20cm　〈初版の出版者：学生社〉　2300円　①4-89542-129-5

◇隼人と律令国家　中村明蔵著　名著出版　1993.1　341, 14p　22cm　7500円　①4-626-01475-5

◇南海の邪馬台国―検証された“海上の道”　木村政昭著　徳間書店　1992.2　270p　19cm　1300円　①4-19-554786-5

◇隼人研究余録　藤井重寿著　近代文芸社　1991.6　155p　20cm　1500円　①4-7733-1048-0

◇熊襲・隼人の社会史研究　中村明蔵著　名著出版　1986.5　465p　22cm　6500円　①4-626-01264-7

◇熊襲と隼人―南九州の古代社会　〔浜松〕　浜松市博物館　1984.7　20p　26cm　〈第6回特別展 会期：1984年7月29日～9月2日〉

◇古代隼人への招待　隼人文化研究会著　第一法規出版　1983.6　190p　19cm

1600円
◇隼人の楯　中村明蔵著　学生社　1978.11　222p　19cm　1400円
◇隼人の研究　中村明蔵著　学生社　1977.10　269p　22cm　2800円
◇隼人　大林太良編　社会思想社　1975　330p　20cm　（日本古代文化の探究）

◇隼人と大和政権　井上辰雄著　学生社　1974　209p　22cm　1400円
◇熊襲と隼人―西九州の古代社会　中村明蔵著　評論社　1973　254p　図　18cm　（若い世代と語る日本の歴史　別巻1）　450円

天平文化　てんぴょうぶんか

奈良時代、天平年間（729年～749年）を中心に栄えた文化。聖武天皇が729年に神亀から天平へと改元した後、しばしば天平感宝・天平勝宝・天平宝字と天平を冠する年号が用いられたこともあり、文化史や美術史においては奈良時代を天平時代、その時代の文化を天平文化と呼ぶ。律令体制の整備を背景にした貴族的な文化で、遣唐使により招来された唐や西域など大陸文化の影響を強く受けた国際的な文化でもある。また、飛鳥文化や白鳳文化の伝統を受け継いだ仏教文化であり、鎮護国家思想に基づく仏教興隆政策のもと、仏教美術の黄金時代が築かれた。天平時代を代表する美術品としては正倉院御物をはじめ、建築では唐招提寺金堂・講堂、東大寺法華堂・転害門、彫刻では東大寺法華堂不空羂索観音立像、興福寺八部衆立像・十大弟子立像、絵画では薬師寺吉祥天像などが挙げられる。このほか、漢字や漢文の普及を背景に『古事記』『日本書紀』『万葉集』『懐風藻』などが編纂された。

◇大和路のみ仏たち―奈良三十三か寺めぐり　大橋一章,森野勝編著　グラフ社　2009.6　318p　19cm　1500円　ⓘ978-4-7662-1253-2
◇名文で巡る阿修羅―天平の国宝仏　梅原猛、永井路子、森敦、亀井勝一郎、竹西寛子、高村光太郎、広津和郎、岡部伊都子、瀬戸内寂聴、白洲正子、安田靭彦、井上靖、堀辰雄、会津八一、杉本秀太郎、和辻哲郎、矢内原伊作、田山花袋、直木孝次郎、北川桃雄、久野健、上村勝彦、香取忠彦著　青草書房　2009.5　268p　20cm　（Seisouおとなの図書館）　1800円　ⓘ978-4-903735-13-9
◇一度は拝したい奈良の仏像　山崎隆之著、小川光三写真　学習研究社　2009.3　261p　18cm　（学研新書）　880円　ⓘ978-4-05-403855-4
◇奈良の仏像　紺野敏文著　アスキー・メディアワークス,角川グループパブリッシング〔発売〕　2009.2　214p　18cm　（アスキー新書）　762円　ⓘ978-4-04-867747-9

◇バザラにホレた！―新薬師寺・十二神将彩色再現ものがたり　松沢尚美,山田修著　キャドセンター　2004.10　137p　21cm　（Digital wonder archive books v.1）〈東京トランスアート（発売）〉　952円　ⓘ4-88752-279-7
◇竜華寺の天平仏―その謎にせまる　特別展　神奈川県立金沢文庫編　横浜　神奈川県立金沢文庫　2004.10　64p　30cm　〈会期・会場：平成16年10月7日―12月5日　神奈川県立金沢文庫〉
◇平城の爛熟　梅原猛,井上正著　新装版　学習研究社　2003.12　195p　31cm　（人間の美術　4（奈良時代））〈シリーズ責任表示：梅原猛監修〉　3400円　ⓘ4-05-102347-8
◇王朝の文様―天平・平安の花文様とその流れ　サントリー美術館編　サントリー美術館　2003　103p　28cm　〈他言語標題：Courtly designs　会期：平成15年4月15日―5月25日〉
◇律令国家と天平文化　佐藤信編　吉川弘文館　2002.9　332,16p　22cm　（日本

◇の時代史 4)〈シリーズ責任表示：石上英一〔ほか企画・編集〕〉 3200円 ①4-642-00804-7
◇日本の仏像100選—いま、魅力の仏像と出会う 佐藤昭夫監修 主婦と生活社 2002.5 215p 27×20cm 2300円 ①4-391-12629-X
◇天平のほとけたち 西沢聖子著 長野 ほおずき書籍 2001.7 277p 20cm〈東京 星雲社（発売）〉 1800円 ①4-434-01112-X
◇十二神将—奈良・新薬師寺 小川光三撮影 毎日新聞社 2001.4 109p 21cm（めだかの本） 1200円 ①4-620-60567-0
◇奈良時代の写経と内裏 栄原永遠男著 塙書房 2000.3 405,23p 22cm 8000円 ①4-8273-1166-8
◇国宝と歴史の旅 1 飛鳥のほとけ天平のほとけ 朝日新聞社 1999.8 64p 30cm（朝日百科） 933円 ①4-02-330901-X
◇東洋美術史論叢 吉村怜博士古稀記念会編 雄山閣出版 1999.2 521p 22cm 11500円 ①4-639-01582-8
◇大和路古寺・仏像巡り 小川光三文・写真 主婦と生活社 1999.2 127p 21cm〈絵：小川瞳〉 1500円 ①4-391-12314-2
◇天平—特別展 奈良国立博物館編〔奈良〕奈良国立博物館 1998.4 286p 30cm
◇平城京と天平文化—奈良時代 古川清行著 小峰書店 1998.4 119p 27cm（人物・遺産でさぐる日本の歴史 調べ学習に役立つ 3) 2500円 ①4-338-15103-X
◇天平彫刻の技法—古典塑像と乾漆像について 本間紀男著 雄山閣出版 1998.2 282p 27cm 15000円 ①4-639-01509-7
◇奈良の仏像—古都の寺々と名品を訪ねて 村田靖子著 大日本絵画 1997.12 398p 20cm 3800円 ①4-499-20118-7
◇奈良時代の鏡研究—出土地・伝世地を訪ねて 片山昭悟著 山崎町（兵庫県）片山昭悟 1997.3 197p 21cm（研究資料 no.5)
◇日本建築史図録 飛鳥・奈良・平安 天沼俊一著 東京堂出版 1996.7 332p 27cm〈昭和8-14年刊の複製〉 ①4-490-30433-1
◇奈良時代の鏡研究—兵庫県宍粟郡山崎町金谷出土瑞雲双鸞八花鏡のルーツをもとめて 片山昭悟編著 山崎町（兵庫県）片山昭悟 1996.4 61p 26cm（研究資料 no.4)
◇天平のミケランジェロ—公麻呂と芸術都市・奈良 田中英道著 弓立社 1995.9 236p 21cm（叢書日本再考） 2600円 ①4-89667-566-5
◇天平の木簡と文化 松尾光著 笠間書院 1994.10 387p 20cm（古代史散策） 2400円 ①4-305-70150-2
◇飛鳥・天平の華—古寺とみ仏 児島建次郎著 京都 同朋舎出版 1994.5 269p 22cm〈写真：入江泰吉、矢野建彦〉 2300円 ①4-8104-1843-X
◇論争奈良美術 大橋一章編著 平凡社 1994.4 284p 20cm 2860円 ①4-582-21222-0
◇奈良大和路の仏像—飛鳥・白鳳・天平仏に親しむ 小川光三写真 日本交通公社出版事業局 1993.12 159p 21cm（JTBキャンブックス）〈監修：佐藤昭夫〉 1500円 ①4-533-02012-7
◇大和の古寺 4 新薬師寺・白毫寺・円成寺・大安寺 西川新次ほか著 岩波書店 1992.5 24p 図版56p 33cm〈第2刷（第1刷：1982年）付（図1枚）：図版一覧〉 3200円 ①4-00-008264-7
◇大和古寺めぐり—奈良の古寺・かくれ寺をたずねる 吉野正美文、岡田栄一写真 偕成社 1991.6 215p 19cm 2000円 ①4-03-529160-9
◇日本の古寺美術 16 新薬師寺と白毫寺・円成寺 清水真澄、稲木吉一共著 大阪 保育社 1990.10 197p 図版16p 19cm〈企画：町田甲一〉 1648円 ①4-586-72016-6
◇人間の美術 4 平城の爛熟—奈良時代 梅原猛、井上正著 学習研究社 1990.2 195p 31cm〈監修：梅原猛〉 3500円 ①4-05-102347-8
◇大和路のみ仏たち—奈良三十三か寺めぐり 大橋一章, 森野勝編著 グラフ社 1987.12 318p 19cm 1900円 ①4-7662-0165-5

奈良時代

◇大和古寺探求　1　平城編―天平の光と影　寺尾勇著　有峰書店新社　1987.4　315p　20cm　2800円　①4-87045-166-2

◇魅惑の仏像　9　十二神将―奈良・新薬師寺　小川光三写真　毎日新聞社　1987.2　63p　31cm　1800円　①4-620-60219-1

◇論叢仏教美術史　町田甲一先生古稀記念会編　吉川弘文館　1986.6　623p　22cm　9800円　①4-642-07245-4

◇寧楽美術の争点　大橋一章編著　グラフ社　1984.10　317p　19cm　1800円

◇日本古代仏師の研究　田中嗣人著　吉川弘文館　1983.8　385, 23p　22cm　7000円

◇Classic Buddhist sculpture ; the Tempyo period. By Jiro Sugiyama., Translated and adapted by Samuel Crowell Morse. Tokyo, Kodansha International, 1982. 230p 27cm (Japanese arts library, 11)　4000円　①4-7700-0908-9

◇天平芸術の工房　武者小路穣著　〔東村山〕　教育社　1981.2　221p　18cm　（教育社歴史新書）　800円

◇日本古寺美術全集　第4巻　東大寺と新薬師寺・法華寺　座右宝刊行会編集制作　伊藤延男編集　集英社　1980.11　147p　40cm　〈監修：太田博太郎ほか〉　5600円

◇日本美術史論究　3　天平・貞観　源豊宗著　京都　思文閣出版　1980.1　507p　23cm　（源豊宗著作集）　6500円

◇土門拳日本の彫刻　1　飛鳥・奈良　土門拳著　美術出版社　1979.12　203p　37cm　〈おもに図〉　8800円

◇奈良朝政争史―天平文化の光と影　中川収著　〔東村山〕　教育社　1979.3　261p　18cm　（教育社歴史新書）　600円

◇文化財講座日本の美術　5　彫刻（飛鳥・奈良）　岡田譲ほか編集　西川新次執筆　第一法規出版　1978.9　269p　22cm　〈監修：文化庁〉　1900円

◇日本古代と唐風美術　斉藤孝著　大阪　創元社　1978.5　259p 図版24p　22cm　（創元学術双書）　3600円

◇日本美術全集　第4巻　天平の美術　1　南都七大寺　上原昭一, 鈴木嘉吉編集　学習研究社　1977.10　218p（図共）　38cm　4600円

◇上代彫刻史の研究　町田甲一著　吉川弘文館　1977.5　318p 図18枚　27cm　6500円

◇国宝―原色版　1　上古・飛鳥・奈良　1　毎日新聞社　1976.11　189, 3p（おもに図）　36cm　〈監修：文化庁　愛蔵版〉

◇国宝―原色版　2　上古・飛鳥・奈良　2　毎日新聞社　1976.11　165, 3p（おもに図）　36cm　〈監修：文化庁　愛蔵版〉

◇秋篠寺　写真：高橋由貴彦, 文：千貝純弘　芸立出版　1975　149p（おもに図）　35cm　〈限定版〉　17000円

◇日本古代史の旅　7　奈良の古寺―天平のほとけたち　小学館　1974　182p（図共）　20cm　〈監修：児玉幸多, 奈良本辰也, 和歌森太郎〉　950円

◇飛鳥・奈良　太田古朴著　京都　綜芸舎　1971　130, 18p 図　19cm　（仏像観賞シリーズ　1）　500円

◇天平の仏　後藤文夫著　評論社　1969　262p 図版　18cm　（若い世代と語る日本の歴史 7）　290円

◇奈良時代建築の研究　浅野清著　中央公論美術出版　1969　513p　25cm　6000円

◇秋篠寺　水沢澄夫著　中央公論美術出版　1968　38p 図版　19cm　200円

◇古代文学序説―記紀と古代〈芸能＝劇〉　尾畑喜一郎著　桜楓社　1968　446p　22cm　1800円

◇奈良朝の文化　石田茂作述　大東急記念文庫　1965.10　22p　21cm　（文化講座シリーズ　第9回　第2巻）

◇法華寺　町田甲一著　中央公論美術出版　1964　40p 図版　19cm

◇天平の雰囲気―正倉院御物を中心として　松本楢重著　奈良　大和タイムス社　1962　154p 図版21枚　31cm　〈「正倉院雑談」昭和22年刊の改訂増補版　限定版〉

◇奈良美術研究　安藤更生著　校倉書房　1962　225p 図版　22cm

◇奈良の美術　小林剛著　東京創元社　1958　203p　19cm　（創元選書）

◇天平彫刻　児島喜久雄等編　増補版　生

278

活百科刊行会　1954　214p 図版17枚　27cm　〈原色版1枚〉
◇奈良文化の伝流　永島福太郎著　目黒書店　1951　497p 22cm　（日本史学叢書）
◇日本の彫刻　第4　天平時代　今泉篤男等編　美術出版社　1951　図版32p 解説14p　35×26cm　〈入江泰吉撮影〉
◇天平芸術の創造力　河本敦夫著　名古屋　黎明書房　1949　267p 図版　22cm
◇天平彫刻　児島喜久雄等編　小山書店　1948　211p 図版15p 26cm　（小山美術新書1）
◇天平彫刻の典型　町田甲一著　座右宝刊行会　1948　54p 図版　16cm
◇天平の文化　上　3版　大阪　朝日新聞社　1947.5　354p 22cm　90円
◇新薬師寺　福岡隆聖編　京都　全国書房　1947　46p 図版20枚　26cm
◇新薬師寺考　毛利久著　京都　河原書店　1947　170p 図版7枚　19cm　（近畿古文化選書）
◇天平芸術の研究　小川晴暘著　改訂版　大阪　明和書院　1947 4版　178p 図版　26cm
◇天平の文化　下　3版　大阪　朝日新聞社　1947　344p 図版　21cm　〈初版昭和18〉
◇奈良朝文化の話　亀井勝一郎著　愛育社　1946　160p（図版共）　18cm　（愛育文庫 85）

西大寺
さいだいじ

　奈良市西大寺芝町にある真言律宗の総本山。山号は勝宝山。平城京の西に位置し、東の東大寺に対して西大寺と称される。別名は高野寺、四王院。南都七大寺の一つ。天平神護元年（765年）に称徳天皇が四天王像の造立を発願したのに始まる。開山は常騰。四天王像は現在も四王堂に安置されているが、大部分は後世の補作で、増長天に踏みつけられた邪鬼だけが創建当時のものである。平安時代に度々の災害により衰退したが、鎌倉時代に叡尊が再興し、戒律の根本道場として繁栄した。現在の伽藍は江戸時代以降に再建されたものである。平安時代の仏画である十二天像、天平時代に書写された金光明最勝王経10巻などの国宝を所蔵する。

＊　　＊　　＊

◇西大寺古絵図の世界　佐藤信編　東京大学出版会　2005.2　312, 4p 図版32p 27cm　13000円　①4-13-026208-4
◇西大寺古絵図は語る―古代・中世の奈良　特別陳列　東京大学文学部, 奈良国立博物館編　〔奈良〕　奈良国立博物館　2002.9　85, 3p 30cm　〈会期：平成14年9月14日―10月6日　文献あり〉
◇西大寺の版木　奈良　元興寺文化財研究所　2002.3　63, 16p 30cm　〈(財)大和文化財保存会援助事業による〉
◇奈良六大寺大観　第14巻　西大寺　奈良六大寺大観刊行会編　補訂版　岩波書店　2001.11　1冊 38cm　〈付属資料：16p：付録 16〉　35000円　①4-00-008914-5
◇奈良の寺　21　舎利塔十二天―西大寺　岡田譲, 永野太造著　岩波書店　1994.6　18p 図版48p 33cm　〈1974年刊の再刊〉　3200円　①4-00-008321-X
◇西大寺　奈良六大寺大観刊行会編　岩波書店　1992.3　172, 138, 7, 44p　38×31cm　〈奈良六大寺大観　第14巻〉　〈第3刷（第1刷：73.5.21）〉　32000円　①4-00-008254-X
◇奈良六大寺大観　第14巻　西大寺　奈良六大寺大観刊行会編　岩波書店　1992.3　1冊　38cm　〈第3刷（第1刷：1973年）〉　32000円　①4-00-008254-X
◇奈良西大寺展―真言律宗一門の秘宝公開　奈良国立博物館編　日本経済新聞社　1991.7　205p 26cm　〈興正菩薩叡尊七百年遠忌記念『西大寺展』（平成2年刊）の第2版　会期・会場：平成3年7月9日～8月25日　東京国立博物館〉
◇西大寺展　奈良国立博物館編　日本経済新聞社　1990.8　205p 26cm　〈興正菩薩叡尊七百年遠忌記念 会期・会場：平成2年8月25日～10月7日　奈良国立博物館ほか〉
◇日本の古寺美術　10　西大寺　金子啓明著　大阪　保育社　1987.6　206p 図版16p 19cm　〈企画：町田甲一〉　1600円　①4-586-72010-7
◇日本古寺美術全集　第6巻　西大寺と奈良の古寺　伊藤延男編集　集英社　1983.1　147p 40cm　〈監修：太田博太

◇古寺巡礼奈良 8 西大寺 梅原猛ほか著 京都 淡交社 1979.8 140p 27cm 〈監修：井上靖, 塚本善隆〉 2800円
◇奈良の寺 21 舎利塔十二天—西大寺 文：岡田譲, 撮影：永野太造 岩波書店 1974 48, 18p（おもに図） 33cm 2200円
◇西大寺 長谷川誠著 中央公論美術出版 1966 40p 図版 19cm 150円

興福寺
こうふくじ

奈良市登大路町にある法相宗の大本山。南都七大寺の一。7世紀後半に藤原鎌足が没した後、その遺志に従い妻の鏡王女が山城に建てた山階寺に始まると伝えられ、後に飛鳥に移転して厩坂寺と称した。和銅3年（710年）の平城京遷都に伴い藤原不比等が現在地に移して興福寺と改称。以後藤原氏の氏寺として、また大荘園領主として繁栄した。春日大社を管轄し、その僧兵は奈良法師と呼ばれて恐れられた。治承4年（1180年）に平重衡の南都焼打によって焼失したが再建され、鎌倉時代・室町時代には大和国守護職を有した。五重塔・三重塔・北円堂などの建物が国宝に指定されている他、天平時代の乾漆彫刻の傑作として名高い、旧西金堂の十大弟子立像（6像現存）や八部衆像など、多数の文化財を所蔵する。平成10年（1998年）に「古都奈良の文化財」の一つとして世界遺産に登録された。

*　　　*　　　*

◇国宝阿修羅展 東京国立博物館, 九州国立博物館, 法相宗大本山興福寺, 朝日新聞社編 朝日新聞社 2009.3 295, 8p 30cm 〈他言語標題：The national treasure Ashura and masterpieces from Kohfukuji 会期・会場：2009年3月31日—6月7日 東京国立博物館ほか 興福寺創建1300年記念 年表あり 文献あり〉
◇もっと知りたい興福寺の仏たち 金子啓明著 東京美術 2009.3 95p 26cm （アート・ビギナーズ・コレクション）〈並列シリーズ名：Art beginners' collection 文献あり 年表あり 索引あり〉 1800円 ⓘ978-4-8087-0859-7
◇興福寺南円堂と法相六祖像の研究 小野佳代著 中央公論美術出版 2008.1 342p 22cm 〈文献あり〉 12000円 ⓘ978-4-8055-0563-2
◇興福寺のすべて—歴史教え美術 多川俊映, 金子啓明監修 小学館 2004.10 159p 21cm 〈年表あり〉 1800円 ⓘ4-09-681771-6
◇「興福寺国宝展鎌倉復興期のみほとけ」図録 東京芸術大学大学美術館, 岡崎市美術博物館, 山口県立美術館, 大阪市立美術館, 仙台市博物館, 朝日新聞社編 朝日新聞社 2004.9 263p 30cm 〈他言語標題：National treasures of Kohfukuji from the temple revival of Kamakura period 会期・会場：2004年9月18日—11月3日 東京芸術大学大学美術館ほか タイトルは奥付による 年表あり 文献あり〉
◇興福寺典籍文書目録 第3巻 文化財研究所奈良文化財研究所編 京都 法蔵館 2004.6 327p 22cm 11000円 ⓘ4-8318-7278-4
◇興福寺典籍文書目録 第3巻 文化財研究所奈良文化財研究所編 奈良 文化財研究所奈良文化財研究所 2004.3 327p 22cm （奈良文化財研究所史料 第67冊） ⓘ4-902010-21-6
◇阿修羅—奈良・興福寺 小川光三撮影 毎日新聞社 2000.11 110p 21cm （めだかの本） 1200円 ⓘ4-620-60561-1
◇奈良六大寺大観 第8巻 興福寺 2 奈良六大寺大観刊行会編 補訂版 岩波書店 2000.9 97, 7, 10p 図版240p 38cm 〈付属資料：16p；付録 8〉 35000円 ⓘ4-00-008908-0
◇興福寺—五重塔内陣・東金堂後堂と旧食堂遺構 興福寺監修, 飛鳥園写真 小学館スクウェア 2000.6 93p 31cm 2381円 ⓘ4-7979-8504-6
◇奈良六大寺大観 第7巻 興福寺 1 奈良六大寺大観刊行会編 補訂版 岩波書店 1999.11 120, 7, 9p 図版236p 38cm 35000円 ⓘ4-00-008907-2
◇牡丹と藤—摂家門跡家よりみた興福寺史 第3巻 松園裕 1998.8 176p 27cm 〈折り込み1枚 付属資料：1枚〉
◇興福寺 泉谷康夫著 新装版 吉川弘文館 1997.11 227, 8p 20cm （日本歴史叢書 新装版） 2400円 ⓘ4-642-

◇興福寺　小川光三撮影　新潮社　1997.2　293p　26cm　〈英語書名：Kofuku-ji 英文併記　監修：興福寺　折り込図1枚〉　5150円　ⓘ4-10-416401-1

◇中世興福寺維摩会の研究　高山有紀著　勉誠社　1997.2　388p　22cm　11330円　ⓘ4-585-10014-8

◇興福寺国宝展―南円堂平成大修理落慶記念　東京国立博物館編　芸術研究振興財団　1997.1　227, 9p　30cm　〈会期：平成9年1月14日～3月16日〉

◇興福寺典籍文書目録　第2巻　奈良国立文化財研究所編　京都　法藏館　1996.9　399p　22cm　13390円　ⓘ4-8318-7266-0

◇興福寺典籍文書目録　第2巻　奈良国立文化財研究所編　奈良　奈良国立文化財研究所　1996.3　399p　22cm　（奈良国立文化財研究所史料　第44冊）

◇興福寺曼荼羅図―京都国立博物館蔵　京都国立博物館編　〔京都〕　京都国立博物館　1995.3　92p　34cm

◇牡丹と藤―摂家門跡家よりみた興福寺史　第1巻　松園裕　1994.10　163p 図版42枚　27cm　〈折り込6枚〉

◇牡丹と藤―摂家門跡家よりみた興福寺史　第2巻　松園裕　1994.10　186p　27cm　〈折り込3枚〉

◇奈良の寺　13　北円堂と南円堂の諸像―興福寺　西川杏太郎、辻本米三郎著　岩波書店　1994.3　18p 図版48p　33cm　〈1974年刊の再刊〉　3200円　ⓘ4-00-008313-9

◇奈良の寺　12　東金堂の諸像―興福寺　井上正、辻本米三郎著　岩波書店　1993.7　18p 図版48p　33cm　〈1975年刊の再刊〉　3200円　ⓘ4-00-008312-0

◇奈良の寺　11　八部衆と十大弟子―興福寺　毛利久、辻本米三郎著　岩波書店　1993.3　17p 図版48p　33cm　〈1973年刊の再刊〉　3200円　ⓘ4-00-008311-2

◇魅惑の仏像　22　天灯鬼・竜灯鬼―奈良・興福寺　小川光三写真　毎日新聞社　1992.11　63p　31cm　2000円　ⓘ4-620-60432-1

◇興福寺の美術―特別陳列　奈良国立博物館編　奈良　奈良国立博物館　1992.7　36p　26cm　〈会期：平成4年7月18日～8月16日〉

◇興福寺　2　奈良六大寺大観刊行会編　岩波書店　1991.6　240, 95, 7p　37×30cm　（奈良六大寺大観　第8巻）　〈第3刷（第1刷：1970年）〉　32000円　ⓘ4-00-008248-5

◇興福寺　1　奈良六大寺大観刊行会編　岩波書店　1991.1　236, 124p　37×30cm　（奈良六大寺大観　第7巻）　〈第3刷（第1刷：1969年）〉　32000円　ⓘ4-00-008247-7

◇新編名宝日本の美術　第3巻　興福寺　松島健執筆　小学館　1990.10　155p　31cm　（小学館ギャラリー）　〈監修：太田博太郎ほか〉　1800円　ⓘ4-09-375103-X

◇奈良興福寺―あゆみ・おしえ・ほとけ　多川俊映著　小学館　1990.5　271p　20cm　1800円　ⓘ4-09-387054-3

◇日本の古寺美術　5　興福寺　小西正文著　大阪　保育社　1987.4　222p 図版16p　19cm　〈企画：町田甲一〉　1600円　ⓘ4-586-72005-0

◇興福寺典籍文書目録　第1巻　奈良国立文化財研究所編　京都　法藏館　1986.10　343p　22cm　10000円　ⓘ4-8318-7263-6

◇興福寺典籍文書目録　第1巻　奈良国立文化財研究所編　奈良　奈良国立文化財研究所　1986.3　343p　22cm　（奈良国立文化財研究所史料　第29冊）

◇魅惑の仏像　1　阿修羅―奈良・興福寺　小川光三写真　毎日新聞社　1986.2　64p　31cm　1800円

◇名宝日本の美術　第5巻　興福寺　松島健執筆　小学館　1981.7　155p　31cm　〈監修：太田博太郎ほか〉　2200円

◇日本古寺美術全集　第5巻　興福寺と元興寺―興福寺・元興寺・元興寺（極楽坊）・十輪院　座右宝刊行会編集制作　太田博太郎編集　集英社　1980.7　147p　40cm　〈監修：太田博太郎ほか　参考文献：p146〉　5600円

◇古寺巡礼奈良　11　興福寺　大原富枝ほか著　京都　淡交社　1979.11　143p　27cm　〈監修：井上靖、塚本善隆〉　2800円

◇大日本仏教全書　興福寺叢書　仏書刊行会編　第一書房　1978.4　2冊　22cm

奈良時代

〈大正4年, 昭和7年刊の複製〉 全 10000円

◇奈良県文化財全集 14 興福寺 1 奈良県教育委員会事務局文化財保存課編 〔奈良〕 奈良県教育委員会 1978.3 43p 図版30枚 26cm

◇日本の美 第4集 東大寺・興福寺・運慶・快慶 学習研究社 1977.7 160p（図共） 29cm 〈NHK総合テレビで放送の『日本の美』の内容にもとづいて学習研究社が編集したもの〉 1800円

◇奈良の寺 12 東金堂の諸像—興福寺 文：井上正, 撮影：辻本米三郎 岩波書店 1975 48, 18p（おもに図） 33cm 2500円

◇奈良の寺 13 北円堂と南円堂の諸像—興福寺 文：西川杏太郎, 撮影：辻本米三郎 岩波書店 1974 48, 18p（おもに図） 33cm 2200円

◇平凡社ギャラリー 13 阿修羅 文：今泉篤男, 写真：入江泰吉 平凡社 1974 1冊（おもに図） 36cm 480円

◇奈良の寺 11 八部衆と十大弟子—興福寺 文：毛利久, 撮影：辻本米三郎 岩波書店 1973 48, 17p（おもに図） 33cm 2200円

◇興福寺 小西正文, 入江泰吉共著 大阪 保育社 1970 153p（おもに図版） 15cm （カラーブックス） 280円

◇春日大社・興福寺 近畿日本鉄道創立五十周年記念出版編集所編 大阪 近畿日本鉄道 1961 169p 図版21枚 27cm （近畿日本叢書 第6冊）

南都六宗
なんとろくしゅう

奈良時代の6つの仏教宗派。「りくしゅう」とも読み、古京の六宗、奈良六宗、あるいは単に六宗とも呼ばれる。三論宗・成実宗・法相宗・俱舎宗・律宗・華厳宗のこと。宗は学僧の集団を意味し、もとは衆と記した。このことからも分かるように、平安時代以後に成立する宗派が信仰や民衆教化を重視したのと異なり、研究学派としての性格が強く、国家の公認を受けて官大寺などで研究された。南都七大寺は六宗兼学の寺で、各寺は特定の宗派に属するのではなく、広く各宗の教義を研究し、宗派間の交流も密だった。南都六宗はいずれも唐を中心に発達した仏教が日本に伝えられたものだが、奈良時代を通じて研究が深化し、後に天台宗・真言宗や鎌倉仏教が成立する礎となった。

　　　　＊　　　＊　　　＊

◇南都仏教史の研究 遺芳篇 堀池春峰著, 東大寺監修 京都 法蔵館 2004.3 752, 54p 22cm 〈著作目録あり 年譜あり〉 9800円 ①4-8318-7540-6

◇華厳思想 結城令聞著 春秋社 1999.12 609, 11p 22cm （結城令聞著作選集 第2巻） 16000円 ①4-393-11115-X

◇論集奈良仏教 第4巻 神々と奈良仏教 曽根正人編 雄山閣出版 1995.2 316p 22cm 4800円 ①4-639-01242-X

◇律宗綱要—現代語訳 凝然大徳原著, 佐藤達玄著 大蔵出版 1994.7 374p 22cm 8500円 ①4-8043-1023-1

◇論集奈良仏教 第2巻 律令国家と仏教 朝枝善照編 雄山閣出版 1994.7 334p 22cm 4800円 ①4-639-01229-2

◇論集奈良仏教 第3巻 奈良時代の僧侶と社会 根本誠二編 雄山閣出版 1994.4 324p 22cm 4800円 ①4-639-01196-2

◇日本仏教宗史論集 第2巻 南都六宗 平岡定海, 山崎慶輝編 吉川弘文館 1985.1 449p 22cm 5800円 ①4-642-06742-6

◇南都仏教史の研究 下 諸寺篇 堀池春峰著 京都 法蔵館 1982.4 732, 19p 22cm 12000円

◇南都七大寺の歴史と年表 太田博太郎著 岩波書店 1979.9 390p 22cm 〈南都七大寺年表：p287〜386 典拠文献：p387〜390〉 5200円

◇日本の美術 4 南都六宗の建築 浅野清著 小学館 1973 206p（図共） 20cm （ブック・オブ・ブックス） 580円

◇世界教育宝典 仏教教育宝典 2 聖徳太子, 南都仏教集 出口常順, 平岡定海編 町田 玉川大学出版部 1972 412p 図 22cm 2000円

◇南都七大寺の研究 大岡実著 中央公論美術出版 1966 399p 図版 25cm 〈編者：大岡実先生退官記念事業会〉 4000円

◇華厳学 亀川教信著 京都 百華苑 1949 315p 22cm

鑑真　がんじん

　持統2年(688年)～天平宝字7年(763年)5月6日　奈良時代の渡来僧。日本律宗の開祖とされる。唐の揚州江陽県の人で、俗姓は淳于。過海大師、唐大和上と尊称される。揚州大明寺で戒律を講じ「授戒の大師」と称せられる高僧だったが、日本から入唐した留学僧栄叡・普照らの要請を受け、天平14年(742年)に渡日を決意。5度にわたり渡航に失敗し、この間に失明するが、天平勝宝5年(753年)12月に薩摩に到着し、翌年2月に平城京に入った。孝謙天皇の勅により授戒伝律の権限を一任され、同年4月に東大寺大仏殿前に臨時の戒壇を設けて聖武上皇らに菩薩戒を授けたが、これが日本の登壇授戒の嚆矢とされる。また、翌年には大仏殿西方に戒壇院を設立した。天平勝宝8年(756年)に大僧都となり、天平宝字2年(758年)には大和上の称号を贈られた。天平宝字3年(759年)に唐招提寺を創建して戒律の根本道場とし、天平宝字7年(763年)に同寺で入寂した。同寺に墓所が現存し、開山堂に安置された鑑真像は生前の姿を良く伝えているとされ、国宝に指定されている。なお、鑑真が招来した天台典籍は後に最澄の天台宗開創の基盤となり、王羲之父子の真蹟は書道の興隆に多大な影響を与えた。また、共に来朝した弟子の思託が著した鑑真の伝記『大唐伝戒師僧名記大和上鑑真伝(大和上伝)』は散逸したが、これを元にした淡海三船の『唐大和上東征伝(東征伝)』が現存する。

◇鑑真　東野治之著　岩波書店　2009.11　198, 10p　17cm　〈岩波新書〉　720円　①978-4-00-431218-5

◇鑑真―転生への旅立ち　山本巖著, 伊東昌一郎写真　福岡　書肆侃侃房　2007.8　142p　20cm　1429円　①978-4-902108-57-6

◇鑑真は日中友好のかがり火―百折不撓の聖人鑑真の背景と影響　山田昌夫著〔立川〕　西武新社　2006.10　261p　20cm　〈発行所：エコー出版　折り込1枚　年譜あり〉　1810円　①4-901103-99-7

◇国宝鑑真和上展―唐招提寺金堂平成大修理記念　鷲塚泰光総監修, 阪田宗彦監修, 小野雅弘編　TBS　c2006　217, 15p　31cm　〈年譜あり　年表あり〉

◇鑑真幻影―薩摩坊津・遣唐使船・肥前鹿瀬津　中村明蔵著　鹿児島　南方新社　2005.2　216p　19cm　1800円　①4-86124-040-9

◇唐招提寺展国宝鑑真和上像と盧舎那仏　TBS　c2005　210p　31cm　〈会期・会場：2005年1月12日—3月6日　東京国立博物館平成館　TBSテレビ50周年記念・金堂平成大修理記念　年譜あり　年表あり〉

◇鑑真和上―私の如是我聞　遠藤証円著　文芸社　2004.2　333p　20cm　1800円　①4-8355-7062-6

◇鑑真と大仏建立　桜井信夫文　フレーベル館　2004.1　48p　27cm　〈あるいて知ろう！歴史にんげん物語 2〉　〈年譜あり〉　2900円　①4-577-02786-0

◇仏教を歩く　no.14　鑑真　朝日新聞社　2004.1　32p　30cm　〈週刊朝日百科〉　533円

◇おん目の雫ぬぐはばや―鑑真和上新伝　王勇著　農山漁村文化協会　2002.12　206p　22cm　〈図説・中国文化百華　第3巻〉　〈年表あり〉　3048円　①4-540-02044-7

◇国宝鑑真和上展―唐招提寺金堂平成大修理記念　鷲塚泰光総監修, 阪田宗彦監修, 小野雅弘編　TBS　c2001　200, 15p　31cm

◇鑑真大和上伝之研究　安藤更生著　平凡社　1994.11　381, 14p 図版25枚　27cm　〈第3刷（第1刷：1960年）折り込2枚　鑑真の肖像あり〉　21000円　①4-582-73502-9

◇鑑真　安藤更生著　吉川弘文館　1989.2

252p 19cm 〈人物叢書 新装版〉〈新装版 鑑真の肖像あり 叢書の編者：日本歴史学会〉 1600円 ①4-642-05144-9
◇日本名僧論集 第1巻 行基・鑑真 平岡定海,中井真孝編 吉川弘文館 1983.3 403p 22cm 〈行基および鑑真の肖像あり〉 5800円
◇鑑真 汪向栄著,今枝二郎訳 五月書房 1980.6 206p 20cm 〈鑑真年譜：p202～205〉 1600円
◇唐大和上東征伝—鑑真和尚東渡記 日本語中国語現代語訳 淡海三船著,海野昇雄,郭人奇訳 福島 鑑真和上を慕う会 1980.3 84p 26cm 非売品
◇鑑真と唐招提寺を訪ねる旅 太陽社 1978.12 174p 28cm （Sun mook no.4）〈背の書名：鑑真と唐招提寺 執筆：井上靖ほか 発売：大日本絵画 鑑真と唐招提寺・略年表：p162～163 付：参考文献・資料〉 1800円
◇鑑真 杉山二郎著 三彩社 1977.8 89p 図17枚 22cm 〈東洋美術選書〉〈新装版〉 980円
◇唐大和上東征伝の研究 蔵中進著 桜楓社 1976 645p 図 22cm 24000円
◇奈良の寺 20 鑑真像と木彫群—唐招提寺 文：西川新次,撮影：米田太三郎 岩波書店 1975 48,18p（おもに図）33cm 2500円
◇鑑真—その戒律思想 石田瑞麿著 大蔵出版 1974 346p 図 地図 20cm 〈大蔵選書〉 1500円
◇唐大和上東征伝の研究 西崎亨著 都祁村（奈良県山辺郡） 西崎亨 1973 121p 26cm 〈謄写版〉 非売品
◇鑑真 杉山二郎著 三彩社 1971 図17枚 89p 22cm 〈東洋美術選書〉 580円
◇鑑真和上 安藤更生著 吉川弘文館 1967 252p 図版 18cm （人物叢書 日本歴史学会編） 330円
◇唐大和上東征伝 真人元開撰,安藤更生訳註 〔奈良〕 唐招提寺 1964 28p 図版 30cm
◇鑑真 安藤更生著 改訂版 美術出版社 1963 222p 図版 19cm
◇鑑真和上—円寂一二〇〇年記念 安藤更生,亀井勝一郎編 春秋社 1963 229p 図版 22cm
◇唐大和上東征伝 真人元開撰 〔京都〕東大寺 1963 25,6p 33cm 〈東寺観智院蔵の影印 解説：堀池春峰 和装〉
◇鑑真大和上伝之研究 安藤更生著 平凡社 1960 381p 図版29枚 27cm
◇鑑真 安藤更生著 美術出版社 1958 225p 図版 19cm
◇鑑真—その思想と生涯 石田瑞麿著 大蔵出版 1958 198p 図版 地図 19cm

唐招提寺
とうしょうだいじ

奈良市五条町にある律宗の総本山。古くは唐律招提寺と呼ばれ、単に招提寺とも称される。南都七大寺の一つ。天平宝字3年(759年)に鑑真が新田部親王の旧宅を譲り受けて創建し、戒壇を設けて律宗の根本道場とした。主要伽藍は鑑真の死後に整備されたが、このうち講堂は平城京の朝集殿を移築したものである。金堂・講堂・経蔵・宝蔵は奈良時代の遺構で、いずれも国宝に指定されている。所蔵品にも貴重な品が多いが、中でも本尊の盧遮那仏坐像・薬師如来立像・千手観音立像・鑑真和上坐像などは天平時代を代表する名品で、国宝に指定されている。平成10年(1998年)に「古都奈良の文化財」の一つとして世界遺産に登録された。

　　　　＊　　　＊　　　＊

◇唐招提寺の歴史と景観に関する調査研究 文化財研究所奈良文化財研究所著 奈良 奈良文化財研究所 2006.3 58,23p 図版4p 30cm ①4-902010-64-X
◇国宝鑑真和上展—唐招提寺金堂平成大修理記念 鷲塚泰光総監修,阪田宗彦監修,小野雅弘編 TBS c2006 217,15p 31cm 〈年譜あり 年表あり〉
◇唐招提寺匠が挑む 玉城妙子著 小学館 2005.12 247p 20cm 〈年表あり〉 1800円 ①4-09-626078-9
◇唐招提寺展国宝鑑真和上像と盧舎那仏 TBS c2005 210p 31cm 〈会期・会場：2005年1月12日—3月6日 東京国立博物館平成館 TBSテレビ50周年記念・金堂平成大修理記念 年譜あり 年表あり〉
◇招提千歳伝記 関口静雄,山本博也編著

昭和女子大学近代文化研究所　2004.2
225p　31cm　〈唐招提寺・律宗戒学院叢
書 第1輯〉　10000円　①4-7862-0100-6

◇唐招提寺　2　奈良六大寺大観刊行会編
補訂版　岩波書店　2001.9　1冊　38×
32cm　〈奈良六大寺大観 第13巻〉
35000円　①4-00-008913-7

◇千手観音―奈良・唐招提寺金堂　小川光
三撮影　毎日新聞社　2001.2　109p
21cm　〈めだかの本〉〈年表あり〉
1200円　①4-620-60565-4

◇国宝鑑真和上展―唐招提寺金堂平成大修
理記念　鷲塚泰光総監修, 阪田宗彦監修,
小野雅弘編　TBS　c2001　200, 15p
31cm

◇唐招提寺　1　奈良六大寺大観刊行会編
補訂版　岩波書店　2000.1　1冊　38×
31cm　〈奈良六大寺大観 第12巻〉
35000円　①4-00-008912-9

◇唐招提寺の版木　元興寺文化財研究所編
〔奈良〕　元興寺文化財研究所　1999.3
27, 4p　30cm　〈(財)大和文化保存会援
助事業による〉

◇唐招提寺　唐招提寺編　新装版　学生社
1998.4　252p　20cm　1900円　①4-311-
40806-4

◇奈良の寺　18　金堂と講堂―唐招提寺
工藤圭章ほか著　岩波書店　1993.10
18p 図版48p　33cm　〈1974年刊の再刊〉
3200円　①4-00-008318-X

◇唐招提寺の美術―特別陳列　奈良国立博
物館編　〔奈良〕　奈良国立博物館
1993.7　65p　26cm　〈会期：平成5年7
月17日～8月15日〉

◇奈良の寺　19　金堂の仏像―唐招提寺
田辺三郎助, 米田太三郎著　岩波書店
1993.1　15p 図版48p　33cm　〈1973年
刊の再刊〉　3200円　①4-00-008319-8

◇奈良六大寺大観　第13巻　唐招提寺　2
奈良六大寺大観刊行会編　岩波書店
1992.1　244, 122, 7p　38cm　〈第3刷
（第1刷：1972年）付：参考文献〉
32000円　①4-00-008253-1

◇風月同天―唐招提寺閑話　遠藤証円著
毎日新聞社　1991.11　253p　20cm
1500円　①4-620-30825-0

◇NHK国宝への旅　第5巻　奈良 唐招提
寺.京都 三十三間堂／千手観音.東京 出光

美術館／伴大納言絵巻　NHK取材班著
日本放送出版協会　1991.8　140p　24cm
1860円　①4-14-008537-1

◇唐招提寺　1　奈良六大寺大観刊行会編
岩波書店　1991.2　240, 107, 7p　38×
31cm　〈奈良六大寺大観 第12巻〉〈第3
刷（第1刷：69.2.25）〉　32000円　①4-
00-008252-3

◇新編名宝日本の美術　第6巻　唐招提寺
浅井和春執筆　小学館　1990.7　159p
31cm　〈小学館ギャラリー〉〈監修：太
田博太郎ほか　参考文献：p158～159
付：年表・鑑真和上と唐招提寺（折り
込）〉　1800円　①4-09-375106-4

◇日本美を語る　第2巻　千古に輝く西の
京―薬師寺・唐招提寺と西の京の方々
矢内原伊作, 佐藤昭夫編　ぎょうせい
1989.3　159p　31cm　〈監修：井上靖ほ
か 編集：新集社〉　4500円　①4-324-
01556-2

◇不滅の建築　2　唐招提寺金堂―奈良・
唐招提寺　鈴木嘉吉, 工藤圭章責任編集
小川光三撮影　毎日新聞社　1988.7
63p　31cm　〈唐招提寺の年表：p56～
57〉　1800円　①4-620-60272-8

◇日本の古寺美術　8　唐招提寺　星山晋
也著　大阪　保育社　1987.10　266p 図
版16p　19cm　〈企画：町田甲一　唐招
提寺略年表：p231～239 参考文献：p252
～262〉　1600円　①4-586-72008-5

◇魅惑の仏像　10　盧舎那仏―奈良・唐招
提寺金堂　小川光三写真　毎日新聞社
1987.2　63p　31cm　1800円　①4-620-
60220-5

◇名宝日本の美術　第7巻　唐招提寺　浅
井和春執筆　小学館　1980.9　151p
31cm　〈監修：太田博太郎ほか　参考文
献：p150～151 付：年表・鑑真和上と唐
招提寺〉　2200円

◇古寺巡礼奈良　9　唐招提寺　井上靖ほ
か著　京都　淡交社　1979.9　162p
27cm　〈監修：井上靖, 塚本善隆　唐招
提寺年表：p158～160〉　2800円

◇日本古寺美術全集　第3巻　薬師寺と唐
招提寺　座右宝刊行会編集制作　伊藤延
男編著　集英社　1979.7　147p　40cm
〈監修：太田博太郎ほか　参考文献：
p146〉　5600円

◇鑑真と唐招提寺を訪ねる旅　太陽社
　1978.12　174p　28cm　（Sun mook no.4）〈背の書名：鑑真と唐招提寺　執筆：井上靖ほか　発売：大日本絵画　鑑真と唐招提寺・略年表：p162〜163 付：参考文献・資料〉　1800円
◇日本の美　第3集　法隆寺，薬師寺，唐招提寺　学習研究社　1977　159p（図共）29cm　〈NHK総合テレビで放送の『日本の美』の内容にもとづいて学習研究社が編集したもの〉　1800円
◇日本の美を求めて　東山魁夷著　講談社　1976　119p　15cm　（講談社学術文庫）240円
◇唐招提寺への道　東山魁夷著　新潮社　1975　237p 図　19cm　（新潮選書）800円
◇奈良の寺　20　鑑真像と木彫群—唐招提寺　文：西川新次，撮影：米田太三郎　岩波書店　1975　48, 18p（おもに図）33cm　2500円
◇奈良の寺　18　金堂と講堂—唐招提寺　文：工藤圭章，撮影：渡辺義雄，薗部澄　岩波書店　1974　48, 18p（おもに図）33cm　2200円
◇唐招提寺　徳田明本著　学生社　1973　255p 図　19cm　780円
◇唐招提寺　写真：入江泰吉　毎日新聞社　1973　181p（おもに図）38cm　〈監修：森本孝順　限定版 箱入〉　25000円
◇奈良の寺　19　金堂の仏像—唐招提寺　文：田辺三郎助，撮影：米田太三郎　岩波書店　1973　48, 15p（おもに図）33cm　2200円
◇唐招提寺史料　第1　奈良国立文化財研究所編　奈良　奈良国立文化財研究所　1971　440p 図11枚　22cm　（奈良国立文化財研究所史料 第7冊）
◇薬師寺・唐招提寺　永井路子，入江泰吉著　大阪　保育社　1970　153p（おもに図版）　15cm　（カラーブックス）　250円
◇唐招提寺—西の京　亀井勝一郎，塚本善隆文，入江泰吉写真　京都　淡交新社　1963　232p（図版共）　22cm
◇唐招提寺　安藤更生著　中央公論美術出版　1963　41p 図版　19cm
◇唐招提寺　近畿日本鉄道創立五十周年記念出版編集所編　大阪　近畿日本鉄道　1960　167p 図版53枚　26cm　（近畿日本叢書 第9冊）
◇唐招提寺　座右宝刊行会編　角川書店　1955　48, 7p 図版35枚　37cm
◇唐招提寺　唐招提寺編　奈良　唐招提寺　1950　48p 図版8枚　16cm
◇唐招提寺　中村逸作著，入江泰吉撮影　京都　富書店　1947　48p 図版16枚　19cm

正倉院　しょうそういん

　奈良市の東大寺大仏殿の北西にある宝庫。天平勝宝8年（756年）から天平宝字3年（759年）の間に東大寺の正倉として建てられた。校倉造の北倉・南倉を板倉の中倉で繋いだ高床式の倉庫で、屋根は寄棟造本瓦葺き。大きさは南北32.7メートル・東西9メートル、高さは14メートルで床下は2.5メートル。なお、正倉とは律令制において官庁・寺社などの公的施設に設置された主要な倉のことで、正倉の置かれた区画を正倉院と呼んだが、現存するものは1つだけで、固有名詞化している。正倉院には聖武天皇の遺品や東大寺の文書・寺宝など7世紀から8世紀にかけての宝物9000余点が伝わるが、それらの品は創建当初に光明皇太后が先帝聖武天皇の冥福を祈念して東大寺盧舎那仏（大仏）に献納したものと、天暦4年（950年）に東大寺羂索院から移されたものに大別される。東西交易により唐・ペルシャなどアジア各地からもたらされた品も多く、世界的に貴重な資料となっている。建物・宝物共に古くは東大寺の管理下にあったが、明治8年（1875年）に政府の管理下に移され、現在は宮内庁の所管である。平成10年（1998年）に「古都奈良の文化財」の一部としてユネスコの世界遺産に登録されたが、それに先

立つ平成9年(1997年)に建物が国宝に指定されている。

◇森川杜園『正倉院御物写』の世界　東京大学大学院工学系研究科建築学専攻,東京大学史料編纂所附属画像史料解析センター編　東京大学大学院工学系研究科建築学専攻　2009.3　48p　30cm　〈共同刊行：東京大学史料編纂所附属画像史料解析センター　文献あり〉

◇正倉院―歴史と宝物　杉本一樹著　中央公論新社　2008.10　246p 図版16p　18cm　（中公新書）〈文献あり〉　800円　①978-4-12-101967-7

◇正倉院展六十回のあゆみ　奈良国立博物館編　奈良,京都　奈良国立博物館,思文閣出版（発売）　2008.10　284p　30cm　3000円　①978-4-7842-1440-2

◇正倉院宝物に学ぶ　奈良国立博物館編　京都　思文閣出版　2008.10　421, 2p 図版8p　19cm　〈文献あり　年表あり〉　3000円　①978-4-7842-1439-6

◇正倉院の謎　由水常雄著　魁星出版,学灯社（発売）　2007.6　279p　22cm　3600円　①978-4-312-01024-7

◇The 59th Annual Exhibition of Shoso-in Treasures　Nara　Nara National Museum　2007　64 p.　21 cm.　〈他言語標題：正倉院展　"Held from October 27th through November 12, 2007 at the Nara National Museum in Nara, Japan."〉

◇The 58th Annual Exhibition of Shoso-in Treasures　Nara　Nara National Museum　2006　64 p.　21 cm.　〈他言語標題：正倉院展　"Held from October 24th through November 12, 2006 at the Nara National Museum in Nara, Japan."〉

◇正倉院薬物の世界―日本の薬の源流を探る　鳥越泰義著　平凡社　2005.10　260p　18cm　（平凡社新書）〈文献あり〉　880円　①4-582-85296-3

◇The 56th Annual Exhibition of Shoso-in Treasures　Nara　Nara National Museum　2004　44 p.　30 cm.　〈Held on Oct. 30-Nov. 15, 2004.　Title on spine：Exhibition of Shoso-in treasures.〉

◇正倉院の至宝―宝物殿に眠る歴史の謎　長沢和俊著　青春出版社　2003.10　237p　18cm　（プレイブックスインテリジェンス）〈文献あり〉　780円　①4-413-04072-4

◇The 55th Annual Exhibition of Shoso-in Treasures　Nara　Nara National Museum　2003　44 p.　30 cm.　〈Held on Oct. 25-Nov. 10, 2003.　Title on spine：Exhibition of Shoso-in treasures.〉

◇週刊日本の美をめぐる　no.23（古代 4）正倉院―アジアの浪漫　小学館　2002.10　40p　30cm　（小学館ウイークリーブック）　533円

◇すぐわかる正倉院の美術―見方と歴史　米田雄介著　東京美術　2002.10　127p　21cm　〈年表あり〉　1900円　①4-8087-0728-4

◇The 54th Annual Exhibition of Shoso-in treasures　Nara　Nara National Museum　2002　40p　30cm　〈Held on Oct. 26-Nov. 11, 2002.　Title on spine：Exhibition of Shoso-in treasures.〉

◇正倉院宝物染織―宮内庁蔵版　下　正倉院事務所編　新訂　朝日新聞社　2001.4　1冊　37cm　〈他言語標題：Textiles in the Shoso-in　英文併記　箱入〉　8000円　①4-02-258661-3

◇正倉院の謎を解く　米田雄介,木村法光著　毎日新聞社　2001.3　221p　20cm　1600円　①4-620-31503-6

◇正倉院宝物と平安時代―和風化への道　米田雄介著　京都　淡交社　2000.10　191p　26cm　3000円　①4-473-01693-5

◇正倉院宝物染織―宮内庁蔵版　上　正倉院事務所編　新訂　朝日新聞社　2000.7　1冊　37cm　〈他言語標題：Textiles in the Shoso-in　英文併記〉　①4-02-258660-5

◇図説正倉院薬物　柴田承二監修,宮内庁正倉院事務所編　中央公論新社　2000.2　231p　31cm　19000円　①4-12-002845-3

◇正倉院への道―天平の至宝　米田雄介他

奈良時代

著　雄山閣出版　1999.10　162p　26cm　〈年表あり〉　2500円　⊙4-639-01643-3
◇正倉院宝物の故郷　米田雄介著, 大蔵省印刷局編　大蔵省印刷局　1999.10　183p　27cm　〈折り込1枚　年表あり　文献あり〉　3000円　⊙4-17-211205-6
◇正倉院学ノート　米田雄介, 樫山和民編著　朝日新聞社　1999.4　286p　19cm　（朝日選書 623）　1500円　⊙4-02-259723-2
◇正倉院の秘宝　梓沢要著　広済堂出版　1999.2　377p　20cm　1800円　⊙4-331-05802-6
◇正倉院と日本文化　米田雄介著　吉川弘文館　1998.10　192p　19cm　（歴史文化ライブラリー 49）　1700円　⊙4-642-05449-9
◇正倉院宝物の歴史と保存　米田雄介著　吉川弘文館　1998.9　258p　20cm　3000円　⊙4-642-07749-9
◇正倉院の歴史　橋本義彦著　吉川弘文館　1997.11　279p　20cm　3800円　⊙4-642-07739-1
◇正倉院宝物―宮内庁蔵版　10　南倉　4　正倉院事務所編　毎日新聞社　1997.7　245, 41p　38cm　27184円　⊙4-620-80290-5
◇東大寺と正倉院　守屋弘斎他著　雄山閣出版　1997.5　188p　26cm　〈写真：植田英介〉　2500円　⊙4-639-01442-2
◇正倉院宝物―宮内庁蔵版　9　南倉　3　正倉院事務所編　毎日新聞社　1997.3　258, 30p　38cm　27184円　⊙4-620-80289-1
◇正倉院宝物―宮内庁蔵版　6　中倉　3　正倉院事務所編　毎日新聞社　1996.11　270, 30p　37cm　28000円　⊙4-620-80286-7
◇正倉院宝物―宮内庁蔵版　2　北倉　2　正倉院事務所編　毎日新聞社　1996.7　261, 22p　38cm　28000円　⊙4-620-80282-4
◇正倉院宝物―宮内庁蔵版　8　南倉　2　正倉院事務所編　毎日新聞社　1996.3　281, 28p　37cm　28000円　⊙4-620-80288-3
◇正倉院案内　和田軍一著　吉川弘文館　1996.2　254p　20cm　〈『正倉院夜話』

の改訂　正倉院年表：p243～254〉　2884円　⊙4-642-07478-3
◇正倉院宝物―宮内庁蔵版　5　中倉　2　正倉院事務所編　毎日新聞社　1995.11　261, 19p　37cm　28000円　⊙4-620-80285-9
◇正倉院宝物―宮内庁蔵版　3　北倉　3　正倉院事務所編　毎日新聞社　1995.7　331p　37cm　28000円　⊙4-620-80283-2
◇正倉院宝物―宮内庁蔵版　7　南倉　1　正倉院事務所編　毎日新聞社　1995.3　267, 33p　37cm　28000円　⊙4-620-80287-5
◇正倉院宝物―宮内庁蔵版　4　中倉　1　正倉院事務所編　毎日新聞社　1994.11　271, 21p　37cm　28000円　⊙4-620-80284-0
◇正倉院宝物―宮内庁蔵版　1　北倉　1　正倉院事務所編　毎日新聞社　1994.7　275, 12p　37cm　28000円　⊙4-620-80281-6
◇正倉院裂　松本包夫本文　京都　京都書院　1993.11　95p　22cm　（京都書院美術双書）　〈英語書名：Shôsôin textiles　英文併記　編集：紫紅社, 花林舎〉　2800円　⊙4-7636-7036-0
◇正倉院宝物にみる仏具・儀式具　光森正士責任編集　京都　紫紅社　1993.10　201, 73p　31cm　〈英語書名：The treasures of the Shôsôin　英文併記　論文・解説：木村法光ほか　訳：モニカ・ベーテ〉　15000円　⊙4-87940-521-3
◇正倉院　菊葉文化協会　1993.4　79p　26cm　〈監修：宮内庁正倉院事務所　年表：p78～79〉
◇正倉院宝物にみる家具・調度　木村法光責任編集　〔京都〕　紫紅社　1992.10　229, 81p　31cm　〈英語書名：The treasures of the Shosoin　英文併記　執筆：尾形充彦ほか　発売：しこうしゃ図書販売〉　15000円　⊙4-87940-520-5
◇日本美術全集　第3巻　正倉院と上代絵画―飛鳥・奈良の絵画・工芸　大河直躬ほか編　中野政樹ほか編著　講談社　1992.10　241p　37cm　〈折り込図1枚　年表：p230～234〉　7500円　⊙4-06-196403-8
◇遣唐使と正倉院　東野治之著　岩波書店

奈良時代

1992.7　359, 15p　22cm　5500円　Ⓘ4-00-000622-3

◇正倉院宝物にみる楽舞・遊戯具　松本包夫責任編集　〔京都〕　紫紅社　1991.8　214, 79p　31cm　〈英語書名：The treasures of the Shôsôin 英文併記　執筆：木戸敏郎ほか　発売：しこうしゃ図書販売〉　15000円　Ⓘ4-87940-519-1

◇正倉院への道—天平美術への招待　関根真隆著　吉川弘文館　1991.4　234p　22cm　3900円　Ⓘ4-642-02238-4

◇ドキュメント正倉院—1200年の扉が開かれた　NHK正倉院プロジェクト著　日本放送出版協会　1991.1　229p 図版24枚　22cm　2200円　Ⓘ4-14-008743-9

◇新編名宝日本の美術　第5巻　正倉院　関根真隆執筆　小学館　1990.7　143p　31cm　（小学館ギャラリー）〈監修：太田博太郎ほか　折り込図1枚　参考文献・正倉院年表：p138〜143〉　1800円　Ⓘ4-09-375105-6

◇謎の正倉院　邦光史郎著　祥伝社　1990.5　245p　16cm　（ノン・ポシェット）　440円　Ⓘ4-396-31029-3

◇天平美術への招待—正倉院宝物考　関根真隆著　吉川弘文館　1989.12　225p　22cm　3900円　Ⓘ4-642-02237-6

◇正倉院宝物　南倉　正倉院事務所編　増補改訂　朝日新聞社　1989.11　64, 54p　図版135枚　37cm　〈英語書名：Treasures of the Shosoin 英文併記　帙入〉　59740円　Ⓘ4-02-255803-2

◇正倉院の宝物　平凡社　1989.4　168p　31cm　〈新装版〉　2890円　Ⓘ4-582-24202-2

◇道は正倉院へ　読売新聞社　1989.3　174p　30cm　〈正倉院関係主要文献目録：p170〜174〉　2300円　Ⓘ4-643-89008-8

◇正倉院宝物　中倉　正倉院事務所編　増補改訂　朝日新聞社　1988.11　56, 49p　図版134枚　37cm　〈英語書名：Treasures of the Shosoin 英文併記　帙入〉　58000円　Ⓘ4-02-255802-4

◇正倉院　東野治之著　岩波書店　1988.10　198, 3p　18cm　（岩波新書）〈参考文献：p191〜196〉　480円　Ⓘ4-00-430042-8

◇正倉院の宝物　関根真隆著　大阪　保育社　1988.10　151p　15cm　（カラーブックス 763）　600円　Ⓘ4-586-50763-2

◇正倉院宝物　北倉　正倉院事務所編　増補改訂　朝日新聞社　1987.11　64, 49p　図版134枚　37cm　〈英語書名：Treasures of the Shosoin 英文併記　帙入〉　58000円　Ⓘ4-02-255801-6

◇正倉院展目録　昭和62年　〔奈良〕　奈良国立博物館　1987.10　123p　26cm　〈書名は奥付による　背等の書名：正倉院展　おもに図　巻末：英文目録　会期：昭和62年10月24日〜11月9日〉

◇正倉院の謎—激動の歴史に揺れた宝物　由水常雄著　中央公論社　1987.10　282p　16cm　（中公文庫）　420円　Ⓘ4-12-201461-1

◇海外視点・日本の歴史　4　遣唐使と正倉院　土田直鎮, 石井正敏編　ぎょうせい　1986.12　175p　27cm　〈監修：土田直鎮ほか　編集：日本アート・センター〉　2800円　Ⓘ4-324-00258-4

◇正倉院展目録　昭和61年　〔奈良〕　奈良国立博物館　1986.10　130p　26cm　〈背・表紙・標題紙の書名：正倉院展　おもに図　巻末：英文目録　会期：昭和61年10月25日〜11月10日〉

◇日本の古寺美術　別巻　正倉院　宮治昭著　大阪　保育社　1986.7　214p 図版16p　19cm　〈企画：町田甲一　正倉院略年表・参考文献：p197〜208〉　1600円　Ⓘ4-586-72020-4

◇正倉院・法隆寺伝来裂　吉岡常雄著　京都　紫紅社　1986.6　38p　38cm　〈英語書名：Shôsô-in and Hôryû-ji gire 英文併記　はり込図14枚〉　Ⓘ4-87940-017-3

◇正倉院展目録　昭和60年　〔奈良〕　奈良国立博物館　1985.10　152p　26cm　〈背・表紙・標題紙の書名：正倉院展　おもに図　巻末：英文目録　会期：昭和60年10月26日〜11月11日〉

◇正倉院の文様　後藤四郎編　日本経済新聞社　1985.10　136p 図版193枚　37cm　65000円　Ⓘ4-532-04091-4

◇正倉院古文書目録　奈良帝室博物館正倉院掛編　文献出版　1984.12　634p　22cm　〈昭和4年刊の複製 限定版〉　20000円

289

奈良時代

◇正倉院展目録　昭和59年　〔奈良〕　奈良国立博物館　1984.10　135p　26cm　〈背・表紙・標題紙の書名：正倉院展　おもに図　巻末：英文目録　会期：昭和59年10月28日～11月11日〉

◇天平のひびき―正倉院の楽器　岸辺成雄著　音楽之友社　1984.6　79p　22cm　（Music gallery 1）　〈参考文献：p78〉　1200円　①4-276-38001-4

◇正倉院展目録　昭和58年　〔奈良〕　奈良国立博物館　1983.10　150p　26cm　〈背・表紙・標題紙の書名：正倉院展　おもに図　巻末：英文目録　会期：昭和58年10月23日～11月6日〉

◇正倉院の匠たち　青山茂編　草思社　1983.7　318p　22cm　2900円

◇名宝日本の美術　第4巻　正倉院　関根真隆執筆　小学館　1982.12　143p　31cm　〈監修：太田博太郎ほか　折り込図1枚　参考文献・正倉院年表：p138～143〉　2200円

◇正倉院ぎれ　松本包夫著　学生社　1982.11　254p　22cm　〈参考図書・論文一覧：p250～254〉　5800円

◇正倉院物語　中川登史宏著　大阪　向陽書房　1982.10　173p　20cm　〈正倉院年表：p157～171　付：著者略歴〉　1900円　①4-906108-05-9

◇正倉院展目録　昭和57年　〔奈良〕　奈良国立博物館　1982.7　150p　26cm　〈書名は奥付による　背等の書名：正倉院展　英文併記　おもに図　会期：昭和57年10月24日～11月7日〉

◇日本の美と文化―Art japanesque　3　大仏と正倉院―天平の夢とロマン　杉山二郎ほか著　講談社　1982.3　171p　31cm　〈参考文献：p171〉　2400円　①4-06-127733-2

◇正倉院への道　松本清張編　日本放送出版協会　1981.11　263p　図版25枚　22cm　1700円　①4-14-008253-4

◇特別展正倉院宝物　東京国立博物館　1981.10　201p　26cm　〈会期：昭和56年10月31日～11月25日　正倉院関係文献目録：p178～191〉

◇太陽正倉院シリーズ　2　正倉院と唐朝工芸　平凡社　1981.4　146p　29cm　（太陽シリーズ 26）　2000円

◇太陽正倉院シリーズ　1　正倉院とシルクロード　平凡社　1981.1　146p　29cm　（太陽シリーズ 25）　2000円

◇正倉院楽器の研究　林謙三著　風間書房　1980.8　370, 15p 図版12枚　22cm　〈本書に関連のある著者の主要論文・著書：p369～370〉　5600円

◇正倉院展目録　1980　〔奈良〕　奈良国立博物館　〔1980〕　64, 16p　26cm　〈英文併記　おもに図　期日：昭和55年10月26～11月9日〉

◇日本の美術　6　シルクロードと正倉院　林良一著　第2版　平凡社　1979.7　168p　24cm　〈監修：亀井勝一郎ほか　付：正倉院年表〉　1800円

◇正倉院展目録　〔1979〕　〔奈良〕　奈良国立博物館　〔1979〕　74, 21p　26cm　〈英文併記　おもに図　巻末：英文目録〉

◇日本美術全集　第5巻　天平の美術　2　正倉院　後藤四郎編集　学習研究社　1978.10　224p　38cm　〈年表：p216～220〉　4600円

◇正倉院宝物銘文集成　松嶋順正編　吉川弘文館　1978.7　2冊（図録とも）　27cm　全12000円

◇正倉院の木工―宮内庁蔵版　正倉院事務所編集　日本経済新聞社　1978.3　206, 17p 図版138枚　38cm　18000円

◇正倉院展目録　〔1978〕　〔奈良〕　奈良国立博物館　〔1978〕　76, 27p　26cm　〈期日：昭和53年10月22日～11月5日　おもに図〉

◇正倉院宝物複製特別展　〔名古屋〕　名古屋市博物館　〔1978〕　1冊（頁なし）　24×24cm　〈会期：昭和53年1月14日～29日〉

◇正倉院展の歴史―奈良国立博物館正倉院展三十年のあゆみ　奈良国立博物館編　奈良　奈良国立博物館　1977.10　239p（図共）　26cm　〈製作：便利堂（京都）〉

◇正倉院展目録　1977　〔奈良〕　奈良国立博物館　1977.10　108p　26cm　〈おもに図　巻末：英文目録　英文併記〉

◇正倉院の謎―激動の歴史に揺れた宝物　由水常雄著　徳間書店　1977.6　276p　20cm　1500円

奈良時代

◇正倉院の大刀外装—宮内庁蔵版　正倉院事務所編集　小学館　1977.3　2冊（別冊共）　38cm　〈別冊：27×38cm〉15000円
◇正倉院の金工—宮内庁蔵版　正倉院事務所編集　日本経済新聞社　1976　図246p 121, 13p　38cm　12000円
◇正倉院—流沙と潮の香の秘密をさぐる　杉山二郎著　ブレーン出版　1975　330, 12p 図26枚　22cm　（ブレーン美術選書）〈正倉院年譜：p.325-328　巻末：世界文化史略年表〉　2900円
◇正倉院展目録　〔昭和50年〕　〔奈良〕奈良国立博物館　〔1975〕　40p　26cm　〈会期：昭和50年10月26日～11月9日〉
◇正倉院の漆工　正倉院事務所編集　平凡社　1975　図140枚　解説180, 16p　38cm　〈宮内庁蔵版〉　14000円
◇日本の美術　6　正倉院　土井弘著　小学館　1974　203p（おもに図）　20cm（ブック・オブ・ブックス）　750円
◇正倉院の組紐—宮内庁蔵版　正倉院事務所編集　平凡社　1973　図51枚 183, 8p　31cm　〈解説：山岡一晴〉　4000円
◇正倉院小史　安藤更生著　国書刊行会　1972　203p 図12枚　19cm　〈正倉院関係文献目録：p.179-203〉　850円
◇正倉院の紙　正倉院事務所編　日本経済新聞社　1970　169, 5p 図版70枚　はり込み図版10枚　31cm　〈宮内庁蔵版　調査紙年目録：p.165-169〉　8000円
◇正倉院展目録　1969～1973　〔奈良〕奈良国立博物館　〔1969〕-〔1973〕　5冊（合本1冊）　27cm
◇正倉院の絵画　正倉院事務所編　日本経済新聞社　1968　図版86枚 164p　39cm　〈宮内庁蔵版　はり込み原色図版39枚〉　32000円
◇正倉院の楽器　正倉院事務所編　日本経済新聞社　1967　234, 24p 図版56枚　31cm　〈宮内庁蔵版〉　6300円
◇正倉院夜話—宝物は語る　和田軍一著　日本経済新聞社　1967　196p　18cm　（日経新書）　260円
◇正倉院展目録　〔1966〕　〔奈良〕奈良国立博物館　〔1966〕　1冊（頁付なし）　25cm　〈はり込図1枚　会期：1966年10月23日～11月6日〉
◇正倉院随想　李家正文著　鹿島研究所出版会　1965　248p　20cm　480円
◇正倉院展目録　〔奈良〕　奈良国立博物館　〔1965-1968〕　3冊（合本1冊）　27cm　〈会期：1965年10.24-11.7, 1967年10.22-11.5, 1968年10.20-11.3〉
◇正倉院のガラス—宮内庁蔵版　正倉院事務所編　日本経済新聞社　1965　99, 20p 図版35枚　31cm　〈正倉院ガラスに関する研究文献目録：97-99p〉
◇正倉院の宝物　正倉院事務所編　朝日新聞社　1965　図版100枚　解説99p　はり込み原色図版2枚　34cm　〈宮内庁蔵版〉
◇正倉院楽器の研究　林謙三著　風間書房　1964　370p 図版　22cm
◇正倉院展目録　〔奈良〕　奈良国立博物館　1964序　46p（図版解説共）はり込み原色図版1枚　26cm　〈1964年10月25日—11月8日〉
◇正倉院と東大寺　石田茂作著, 正倉院御物刊行会編　改訂新版　悠々洞　1964　289p（図版 解説共）　31cm　〈宮内庁蔵版〉
◇正倉院宝物　〔第3〕　北倉　正倉院事務所編　朝日新聞社　1962　2冊（解説共）　40cm　〈はり込原色図版125枚〉
◇天平の雰囲気—正倉院御物を中心として　松本楷重著　奈良　大和タイムス社　1962　154p 図版21枚　31cm　〈「正倉院雑談」昭和22年刊の改訂増補版　限定版〉
◇正倉院宝物　〔第2〕　南倉　正倉院事務所編　朝日新聞社　1961　2冊（解説共）　40cm　〈はり込原色図版119枚〉
◇正倉院の気象　大阪　大阪管区気象台　1960　33p 図版23枚　26cm
◇正倉院宝物　〔第1〕　中倉　正倉院事務所編　朝日新聞社　1960　2冊（解説共）　40cm　〈限定版　原色図版（張込）130枚〉
◇正倉院の宝物　岡田譲編著　社会思想研究会出版部　1959　152p（図版, 解説共）　16cm　（現代教養文庫）
◇正倉院宝物展目録　日本博物館協会　1959　151p（図版解説共）　24cm

291

◇正倉院の鉱物　第1　正倉院薬物を中心とする古代石薬の研究　益富寿之助著　京都　日本砿物趣味の会　1958　211p　図版　27cm　〈付録(180-204p)：最新証定石薬便覧，参考文献〉
◇正倉院展目録　奈良　奈良国立博物館　1957　34p　20cm　〈昭和32年10月21日―11月3日於奈良国立博物館〉
◇正倉院　和田軍一著　東京創元社　1955　69p　図版64枚　19cm　〈創元選書〉
◇正倉院伎楽面の研究　石田茂作著　美術出版社　1955　112p　図版　22cm　〈附：伎楽面関係類別資料集成(83-112p)　正倉院伎楽面写真目録(図版33p)〉
◇正倉院御物図録　第18輯　東京国立博物館　1955　図版67枚　解説67枚　43cm　〈大和綴　帙入り　著作権所有：文化財保護委員会　和装〉
◇正倉院棚別目録　改訂版　宮内庁書陵部　1955　178, 7p 図版64枚　18cm
◇正倉院薬物　朝比奈泰彦編　大阪　植物文献刊行会　1955　520p(図版共) 図版43枚(はり込図版共)　30cm　〈附：種々薬帳 他4篇(袋入)〉
◇正倉院　石田茂作, 和田軍一編　毎日新聞社　1954　149p 図版77枚　30cm　〈原色図版13枚, 英文解説付〉
◇正倉院御物図録　第17輯　東京国立博物館　1953　図版70枚　解説70p　43cm　〈大和綴　和装〉
◇正倉院展目録　奈良　奈良国立博物館　1953　36p　20cm　〈昭和28年11月1-14日　於：奈良国立博物館〉
◇正倉院棚別目録　宮内庁書陵部　1951.10　178, 7p 図版64p　19cm　〈年表あり〉
◇正倉院御物図録　第16輯　東京国立博物館　1951　図版70枚　解説70枚　43cm　〈大和綴　帙入り　著作権所有：文化財保護委員会　和装〉
◇正倉院ガラス容器の研究　原田淑人著　座右宝刊行会　1948　56p 図版12p　16cm
◇正倉院雑談　松本楢重著　奈良　奈良観光事業出版部　1948　266p　19cm　150円
◇正倉院　昭和22年版　小川晴暘著　明和書院　1947　72p 図版　26cm　〈明和美術叢書　第6輯〉
◇正倉院図録　飛鳥園編　大阪　明和書院　1947　はり込図版30枚　46cm　〈明和美術叢書　第1輯〉〈帙入 限定版　付：序文及図版解説(小川晴暘)〉　350円
◇正倉院の研究　上　小川晴暘編　大阪　明和書院　1947　92p 図版32p　26cm　〈明和美術叢書　第3輯〉
◇正倉院御物並に七大寺秘仏に就いて　小林剛編　丹波市町(奈良県)　養徳社　1946　11p 図版　27cm

正倉院文書
しょうそういんもんじょ

　東大寺正倉院の校倉に伝来した8世紀の造東大寺司写経所の古文書。総数約1万点におよぶ。初めて整理されたのは天保4～7年(1833～36年)で，穂井田忠友による正集45巻。その後，明治37年(1904年)までに計667巻5冊に整理されたが，その整理の途上で流出したものも数十点ある。天平8年(736年)頃からの写経事業の活発化に伴い，充本帳・充筆墨帳・雑物収納帳・校ague帳・布施帳・食口帳・食物用帳など大量の文書が作成された。また，紙の節約のため反故紙(ほごがみ)を用いることが多かったため，政府から払い下げられた戸籍，計帳，正税帳などの官文書や，法華寺・興福寺・石山寺などの造営文書などさまざまな紙が写経所の文書・帳簿に利用されており，紙背文書として残っている。8世紀の地方行政，流通経済，社会生活を知るための重要な資料となっている。

　　　　＊　　　＊　　　＊

◇正倉院文書の訓読と注釈　啓・書状編 1　奈良女子大学21世紀COEプログラム古代日本形成の特質解明の研究教育拠点編〔奈良〕　奈良女子大学21世紀COEプログラム古代日本形成の特質解明の研究教育拠点　2009.3　124p　30cm　〈奈良女子大学21世紀COEプログラム報告集 vol.25〉〈複製および翻刻〉
◇正倉院文書研究　11　正倉院文書研究会編　吉川弘文館　2009.2　200p　26cm　6000円　①978-4-642-08931-9, ISSN1343-7291
◇正倉院古文書影印集成　17　塵芥文書裏 巻1-39 他　宮内庁正倉院事務所編　八木書店　2007.8　218, 157p　22×

奈良時代

31cm 26000円 Ⓘ978-4-8406-2117-5
◇正倉院文書の訓読と注釈 請暇不参解編 2 奈良女子大学21世紀COEプログラム古代日本形成の特質解明の研究教育拠点編 〔奈良〕 奈良女子大学21世紀COEプログラム古代日本形成の特質解明の研究教育拠点 2007.3 161p 30cm 〈奈良女子大学21世紀COEプログラム報告集 v.9〉〈複製および翻刻〉
◇正倉院古文書影印集成 16 塵芥文書 巻21-39 宮内庁正倉院事務所編 八木書店 2006.1 169, 133p 22×31cm 20000円 Ⓘ4-8406-2116-0
◇正倉院文書の訓読と注釈 請暇不参解編 1 奈良女子大学21世紀COEプログラム古代日本形成の特質解明の研究教育拠点編 〔奈良〕 奈良女子大学21世紀COEプログラム古代日本形成の特質解明の研究教育拠点 2005.12 163p 30cm 〈奈良女子大学21世紀COEプログラム報告集 v.4〉〈複製および翻刻〉
◇正倉院文書研究 10 正倉院文書研究会編 吉川弘文館 2005.6 149, 57p 26cm 6000円 Ⓘ4-642-08930-6, ISSN1343-7291
◇正倉院文書論集 西洋子, 石上英一編 青史出版 2005.6 350p 22cm 〈年譜あり 著作目録あり〉 8000円 Ⓘ4-921145-27-X
◇正倉院古文書影印集成 15 塵芥文書 巻1-20 宮内庁正倉院事務所編 八木書店 2004.12 182, 134p 22×31cm 20000円 Ⓘ4-8406-2115-2
◇正倉院文書目録 5 塵芥 東京大学史料編纂所編纂 東京大学出版会 2004.5 877, 3p 22cm 18000円 Ⓘ4-13-091245-3
◇正倉院文書目録 5 塵芥 東京大学史料編纂所編纂 東京大学 2004.3 877, 3p 22cm 〈発行所：東京大学出版会〉
◇正倉院文書研究 9 正倉院文書研究会編 吉川弘文館 2003.11 177p 26cm 5500円 Ⓘ4-642-08929-2
◇正倉院文書研究 8 正倉院文書研究会編 吉川弘文館 2002.11 177p 26cm 5500円 Ⓘ4-642-08928-4, ISSN1343-7291
◇正倉院文書整理過程の研究 西洋子著 吉川弘文館 2002.1 338, 19p 22cm 〈年表あり〉 11000円 Ⓘ4-642-02370-4
◇正倉院文書研究 7 正倉院文書研究会編 吉川弘文館 2001.11 211p 26cm 5500円 Ⓘ4-642-08927-6, ISSN1343-7291
◇正倉院古文書影印集成 14 続修別集裏 巻1-50 宮内庁正倉院事務所編 八木書店 2001.8 246, 82p 22×31cm 20000円 Ⓘ4-8406-2114-4
◇正倉院文書事項索引 関根真隆編 吉川弘文館 2001.3 340p 23cm 12000円 Ⓘ4-642-02364-X
◇正倉院古文書影印集成 13 続修別集 巻23-50 宮内庁正倉院事務所編 八木書店 2000.12 285, 68p 22×31cm 20000円 Ⓘ4-8406-2113-6
◇古代文書論―正倉院文書と木簡・漆紙文書 石上英一, 加藤友康, 山口英男編 東京大学出版会 1999.11 322p 22cm 6800円 Ⓘ4-13-020121-2
◇正倉院文書研究 6 正倉院文書研究会編 吉川弘文館 1999.11 167p 26cm 5500円 Ⓘ4-642-08926-8, ISSN1343-7291
◇正倉院古文書影印集成 12 続修別集 巻1～22 宮内庁正倉院事務所編 八木書店 1999.8 290, 65p 22×31cm 20000円 Ⓘ4-8406-2112-8
◇正倉院文書目録 4 続修別集 東京大学史料編纂所編纂 東京大学出版会 1999.3 679, 17p 22cm 14000円 Ⓘ4-13-091244-5
◇正倉院文書と写経所の研究 山下有美著 吉川弘文館 1999.1 515, 13p 22cm 13000円 Ⓘ4-642-02333-X
◇正倉院文書研究 5 正倉院文書研究会編 吉川弘文館 1997.11 177p 26cm 5000円 Ⓘ4-642-08925-X
◇正倉院古文書影印集成 11 続修後集裏 巻1-43 宮内庁正倉院事務所編 八木書店 1997.8 140, 59p 22×31cm 19000円 Ⓘ4-8406-2111-X
◇正倉院文書研究 4 正倉院文書研究会編 吉川弘文館 1996.11 198p 26cm 5150円 Ⓘ4-642-08924-1
◇正倉院古文書影印集成 10 続修後集

巻23〜43　宮内庁正倉院事務所編　八木書店　1996.8　215, 52p　22×31cm　19570円　①4-8406-2110-1

◇正倉院文書研究　3　吉川弘文館　1995.11　193, 19p　26cm　4120円　①4-642-08923-3

◇正倉院古文書影印集成　9　続修後集　巻1〜22　宮内庁正倉院事務所編　八木書店　1995.8　209, 54p　22×31cm　19570円　①4-8406-2109-8

◇正倉院文書研究　2　正倉院文書研究会編　吉川弘文館　1994.11　153, 39p　26cm　4120円　①4-642-08922-5

◇正倉院文書目録　3　続修後集　東京大学史料編纂所編纂　東京大学出版会　1994.5　503, 13p　22cm　13390円　①4-13-091243-7

◇正倉院古文書影印集成　8　続修　裏　巻26〜50　宮内庁正倉院事務所編　八木書店　1994.3　237, 59p　22×31cm　20600円　①4-8406-2108-X

◇正倉院籍帳の研究　布村一夫著　刀水書房　1994.2　580p　22cm　13000円　①4-88708-152-9

◇正倉院文書研究　1　正倉院文書研究会編　吉川弘文館　1993.11　169, 39p　26cm　4120円　①4-642-08921-7

◇正倉院古文書影印集成　6　続修　巻26〜50　宮内庁正倉院事務所編　八木書店　1993.6　333, 81p　22×31cm　20600円　①4-8406-2106-3

◇正倉院文書拾遺　国立歴史民俗博物館編　佐倉　国立歴史民俗博物館　1992.3　274p　43cm　〈創設10周年記念　付(1冊)：釈文(訂正版)〉

◇正倉院古文書影印集成　7　続修　裏　巻1〜25　宮内庁正倉院事務所編　八木書店　1992.2　266, 65p　22×31cm　20600円　①4-8406-2107-1

◇正倉院古文書影印集成　5　続修　巻1〜25　宮内庁正倉院事務所編　八木書店　1991.4　297, 82p　22×31cm　20600円　①4-8406-2105-5

◇正倉院古文書影印集成　4　正集　裏　巻22〜45　宮内庁正倉院事務所編　八木書店　1990.9　284, 69p　22×31cm　20600円　①4-8406-2104-7

◇正倉院古文書影印集成　2　正集　巻22〜45　宮内庁正倉院事務所編　八木書店　1990.1　332, 94p　22×31cm　20600円　①4-8406-2102-0

◇正倉院古文書影印集成　3　正集—裏　巻1〜21　宮内庁正倉院事務所編　八木書店　1989.1　247, 65p　22×31cm　20000円　①4-8406-2103-9

◇正倉院古文書影印集成　1　正集—巻1〜21　宮内庁正倉院事務所編　八木書店　1988.5　288, 87p　22×31cm　20000円　①4-8406-2101-2

◇正倉院文書目録　2　続修　東京大学史料編纂所編纂　東京大学出版会　1988.3　918p　22cm　13000円　①4-13-091242-9

◇正倉院文書目録　1　正集　東京大学史料編纂所編纂　東京大学出版会　1987.3　810p　22cm　12000円　①4-13-091241-0

◇正倉院文書展—企画展　国立歴史民俗博物館編　佐倉　歴史民俗博物館振興会　1985.10　1冊(頁付なし)　26cm　〈会期・会場：昭和60年10月22日〜11月17日　国立歴史民俗博物館〉

◇正倉院文書索引—官司・官職・地名・寺社編　直木孝次郎編　平凡社　1981.4　228p　22cm　〈『大日本古文書(編年文書)』25巻(東京大学出版会刊)の索引〉　4800円

◇正倉院文書と木簡の研究　東野治之著　塙書房　1977.9　439p　図　22cm　6200円

◇正倉院文書大宝・養老戸籍の人名語の索引　筏勲編　大阪　民間大学刊行会　1960　34p　25cm　〈謄写版〉

◇正倉院文書大宝・養老戸籍の人名語の索引　第2　筏勲編　大阪　民間大学刊行会　1960　60p　25cm　〈謄写版〉

校倉造
あぜくらづくり

校倉風の建築様式。校倉とは横木を井桁に積み上げて壁とした倉のことで、高床とするのが一般的。世界各地の木材の豊富な地域に古くから見られる。校倉に用いる木材を校木というが、日本では断面が三角形の校木を用い、稜を外側に、平面を内側に向けて積み上げる方法が発達した。奈良時代には甲倉と呼ばれ、寺社をはじ

め中央・地方の官庁などで広く築かれたが、校木の代わりに丸太材を用いた丸木倉や板材を用いた板倉に比べると数は少なかった。奈良時代の遺構として東大寺正倉院宝庫や唐招提寺宝蔵・経蔵などが現存する。

　　　　＊　　　＊　　　＊

◇校倉の研究　石田茂作著　京都　臨川書店　1992.1　110, 12p 図版34枚　27cm〈便利堂昭和26年刊の複製〉　9785円　①4-653-02122-8

塑像
そぞう

　塑は粘土を意味し、東洋に古くから伝わる土でつくった彫像の総称。技法は芯木に藁や縄を巻き、上に塑土を粗いものから細かいものへと2～3層に分けて塑形する。7世紀ごろ日本へ伝来、7世紀後半に大陸から本格的な塑造技法が伝わったと思われ、奈良時代には摂（しょう）、芥（てん）と呼ばれて全盛期を迎えたが、平安時代以降は造像の主流にならなかった。奈良時代の代表的な名作として法隆寺五重塔の塔本四面具、東大寺法華堂の日光・月光像や執金剛神像、同寺戒壇院の四天王像、新薬師寺の十二神将像などがある。現存の最古の例は、奈良・當麻寺の弥勒仏坐像（国宝）である。

　　　　＊　　　＊　　　＊

◇仏像の秘密を読む　山崎隆之著　大阪　東方出版　2007.4　206p　21cm　1800円　①978-4-86249-068-1
◇仏像のひみつ　山本勉著　朝日出版社　2006.6　111p　23×19cm　1400円　①4-255-00363-7
◇日本彫刻史論叢　西川杏太郎著　中央公論美術出版　2000.1　516p　26×20cm　30000円　①4-8055-0380-7
◇奈良の寺　4　五重塔の塑像―法隆寺　長広敏雄ほか著　岩波書店　1993.8　18p 図版52p　33cm〈1974年刊の再刊〉3200円　①4-00-008304-X
◇奈良の寺　16　法華堂と戒壇院の塑像―東大寺　倉田文作, 入江泰吉著　岩波書店　1993.6　16p 図版48p　33cm〈1973年刊の再刊〉　3200円　①4-00-008316-3
◇薬師寺西塔跡出土塑像群　奈良国立博物館編　〔奈良〕　奈良国立博物館　1981.12　1冊　26cm
◇飛鳥の塼仏と塑像―川原寺裏山出土品を中心として　奈良国立博物館編　〔奈良〕　奈良国立博物館　1976.7　36p　26cm〈会期：1976年7月3日―8月1日〉
◇奈良の寺　4　五重塔の塑像―法隆寺　文：長広敏雄, 撮影：坂本万七, 辻本米三郎　岩波書店　1974　52, 18p（おもに図）　33cm　2200円
◇奈良の寺　16　法華堂と戒壇院の塑像―東大寺　文：倉田文作, 撮影：入江泰吉　岩波書店　1973　48, 16p（おもに図）　33cm　2200円
◇法隆寺五重塔の塑像　西川新次著　二玄社　1966　210p（図版共）　37cm　5500円
◇塑像　森田規靖著　昭森社　1962　155p はり込み図版4枚　26cm

乾漆像
かんしつぞう

　乾漆の技法を用いて造られた彫像。7世紀ごろ中国からその技術がもたらされたと考えられ、当時は即（そく）、夾紵（きょうちょ）などと呼ばれた。製法は脱活乾漆（脱乾漆）と木心乾漆の2種あり、前者は、粘土の原型に麻布を幾重にも漆で覆い固めて成形し、乾燥後、中の原型を取り去り、補強の木わくを組み入れるもの。東大寺三月堂不空羂索観音像、興福寺の八部衆や十大弟子像はこれにあたる。後者は、像の形を木で造り木屑漆を盛り上げて造る。脱乾漆より質の悪い漆でも作ることが可能なため、国家財政が破綻をきたした奈良時代末期に多く作られ、平安初期まで見られる。聖林寺十一面観音像などがある。現存の最古の例として、7世紀末期に推定される當麻寺金堂四天王像が上げられる。

　　　　＊　　　＊　　　＊

◇仏像の秘密を読む　山崎隆之著　大阪　東方出版　2007.4　206p　21cm　1800円　①978-4-86249-068-1
◇奈良の寺　15　法華堂の乾漆像―東大寺　町田甲一ほか著　岩波書店　1994.1　18p 図版48p　33cm〈1974年刊の再刊〉3200円　①4-00-008315-5
◇魅惑の仏像　2　千手観音―奈良・唐招提寺金堂　小川光三写真　毎日新聞社　1986.4　63p　31cm　1800円　①4-620-

60192-6
◇魅惑の仏像　1　阿修羅—奈良・興福寺
　小川光三写真　毎日新聞社　1986.2
　64p　31cm　1800円
◇奈良の寺　15　法華堂の乾漆像—東大寺
　文：町田甲一，撮影：入江泰吉，渡辺義雄
　岩波書店　1974　48, 18p（おもに図）
　33cm　2200円

大学寮・国学
だいがくりょう・こくがく

　大学寮は律令制における官司の一つで、中央の官吏養成機関。「おおつかさ」「ふみやのつかさ」とも読む。天智朝に起源を持ち、大宝令により制度・機構が整えられた。本科である明経道では儒教古典を、教養課程である音道・書道・算道では読み・書き・算術の基礎を教授したが、後に本科から文章道（紀伝道）・明法道が独立した。教育対象は五位以上の貴族の子弟や国学の卒業生などで学生（がくしょう）と呼ばれ、就学期間は9年以下で、卒業試験に受かると位階を授けられて任官することができた。国学は地方の教育機関。大宝令に基づき、大宰府に府学、諸国に国学を1校ずつ設置し、教官としてその国内から採用した国博士・国医師を配した。学生は郡司の子弟で、定員に満たない場合は庶人の子弟が入学し、主に経書を教授された。就学期間は9年以下で、卒業試験に合格すると任官するか、または中央の大学に進学することができた。

＊　　　＊　　　＊

◇桃裕行著作集　第1巻　上代学制の研究
　—修訂版　京都　思文閣出版　1994.6
　496p　22cm　14420円　ⓘ4-7842-0841-0
◇桃裕行著作集　第2巻　上代学制論攷
　京都　思文閣出版　1993.8　449p　22cm
　13390円　ⓘ4-7842-0790-2
◇日本古代学校の研究　久木幸男著　町田
　玉川大学出版部　1990.7　512p　21cm
　9270円　ⓘ4-472-07981-X
◇大学寮と古代儒教—日本古代教育史研究
　久木幸男著　サイマル出版会　1968
　317p　22cm　1800円
◇明法道の研究　布施弥平治著　新生社
　1966　333p　22cm　2000円

古事記　こじき

　奈良時代の歴史書。「ふることぶみ」とも読み、記と略し、『日本書紀』と合わせて記紀と呼ばれる。序文および上中下の3巻からなり、和銅5年（712年）に成立した。序文によれば、天武天皇の勅命で稗田阿礼が誦習した『帝紀』や『旧辞』を、元明天皇の勅命を受けた太安万侶が撰録したものと伝えられる。上巻には天地開闢に始まる神代、中巻には神武天皇から応神天皇まで、下巻には仁徳天皇から推古天皇までの記事を収め、神話・伝説や多くの歌謡を含む。現存する日本最古の歴史書で、天皇を中心とする国家発展の歴史を物語ることで、天皇支配を正当化しようとしたものとされる。国文学・国語学における貴重な文献であることは疑いなく、神話学・民族学・歴史学の研究資料としても価値が高い。古事記そのものの研究も古くから行なわれており、寛政10年（1798年）に完成した本居宣長による注釈書『古事記伝』はその集大成として名高い。

◇図解古事記・日本書紀　多田元監修　西
　東社　2009.12　287p　19cm　（歴史が
　おもしろいシリーズ！）〈『もう一度学
　びたい古事記と日本書紀』（2006年刊）
　の普及版　年表あり　索引あり〉　720円
　ⓘ978-4-7916-1762-3
◇古事記と日本の神々—日本の神話を完全
　図解で一挙に解読!! 決定版　吉田邦博著
　学研パブリッシング，学研マーケティン
グ（発売）　2009.10　247p　19cm　476
円　ⓘ978-4-05-404342-8
◇語源でとく古代大和　渡部正路著　叢文
　社　2009.9　245p　19cm　1429円
　ⓘ978-4-7947-0623-2
◇古事記—現代語訳付き　中村啓信訳注
　新版　角川学芸出版，角川グループパブ
　リッシング（発売）　2009.9　607p
　15cm　（角川文庫 15906）〈初版：角川

◇書店昭和31年刊　索引あり〉　1124円　①978-4-04-400104-9
◇よくわかる古事記―神々の時代の日本の姿　島崎晋著　新人物往来社　2009.9　254p　21cm　〈文献あり〉　1500円　①978-4-404-03732-9
◇古事記創作の真実　岸元史明著　〔鶴ヶ島〕　国文学研究所　2009.5　355p　21cm　3000円
◇古事記―神々の系図・天皇の系図　横手武則著　文芸社　2009.4　44p　22cm　1100円　①978-4-286-06516-8
◇古事記成立考　大和岩雄著　新版　大和書房　2009.4　646,21p　20cm　〈索引あり〉　4800円　①978-4-479-84071-8
◇八俣遠呂智　阿部国治著　〔神戸〕　日本講演会, ルナ企画（発売）　2009.4　182p　19cm　（新釈古事記伝 第7集）　2000円　①978-4-9904268-1-1
◇古事記神話の研究　寺川真知夫著　塙書房　2009.3　462p　22cm　11000円　①978-4-8273-0109-0
◇神話と古事記・日本書紀　直木孝次郎著　吉川弘文館　2008.12　278p　20cm　（直木孝次郎古代を語る 3）　2600円　①978-4-642-07884-4
◇古事記の表現と文脈　谷口雅博著　おうふう　2008.11　401p　22cm　12000円　①978-4-273-03511-2
◇古事記・日本書紀を歩く―神話と伝説の世界を訪ねて　林豊著　JTBパブリッシング　2008.10　160p　21cm　（楽学ブックス）〈JTBキャンブックス1995年刊の増訂　年表あり〉　1600円　①978-4-533-07262-8
◇古事記の「こころ」―伊勢神道の視点から　小野善一郎著　ぺりかん社　2008.10　222p　20cm　〈文献あり〉　2800円　①978-4-8315-1219-2
◇古事記の想像力―神から人への113のものがたり　井上辰雄著　遊子館　2008.10　247p　19cm　（遊子館歴史選書 10）　1800円　①978-4-946525-94-0
◇古事記の歴史意識　矢嶋泉著　吉川弘文館　2008.9　247p　19cm　（歴史文化ライブラリー 260）〈文献あり〉　1800円　①978-4-642-05660-1

◇古事記抄　塚越喜一郎著　土浦　筑波書林　2008.8　87p　19cm　952円　①978-4-86004-074-1
◇「古事記」の真実　長部日出雄著　文芸春秋　2008.8　293p　18cm　（文春新書）　850円　①978-4-16-660649-8
◇古事記を読む　三浦佑之編　吉川弘文館　2008.6　236p　20cm　（歴史と古典）〈文献あり〉　2800円　①978-4-642-07150-5
◇古事記神々の詩―七五調四行詩と絵で語る　湯川英男著, 田畑貴親絵　宮崎　鉱脈社　2008.6　187p　20×21cm　1600円　①978-4-86061-269-6
◇図解日本人なら知っておきたい古事記　島崎晋著　洋泉社　2008.6　174p　21cm　1300円　①978-4-86248-266-2
◇図説古事記　石井正己著, 篠山紀信写真　河出書房新社　2008.6　127p　22cm　（ふくろうの本）　1800円　①978-4-309-76114-5
◇図解雑学古事記と日本書紀　武光誠著　ナツメ社　2008.5　223p　19cm　〈奥付のタイトル：古事記と日本書紀〉　1300円　①978-4-8163-4500-5
◇古事記逆説の暗号―日本書紀を覆す反骨のカラクリ　関裕二著　東京書籍　2008.4　250p　19cm　〈文献あり〉　1500円　①978-4-487-80286-9
◇謎解き日本史詳説・古事記―つくられた日本神話と建国のイデオロギー　衣川真澄著　新版　大阪　パレード, 星雲社（発売）　2008.4　198p　21cm　（Parade books）〈文献あり〉　1500円　①978-4-434-11813-5
◇日本古代史の解明に挑む―『古事記』『日本書紀』『三国史』から読み解く　横山和子著　岡山　横山和子, 丸善岡山支店出版サービスセンター（製作）　2008.3　190p　21cm　2300円　①978-4-89620-160-4
◇記紀と古代史料の研究　荊木美行著　国書刊行会　2008.2　511,5p　22cm　7000円　①978-4-336-04998-8
◇古事記　松本義弘文, シブヤユウジイラスト　学習研究社　2008.2　195p　21cm　（超訳日本の古典 1）　1300円　①978-4-05-202859-5

◇古事記の世界観　神野志隆光著　吉川弘文館　2008.2　214p　20cm　(歴史文化セレクション)　〈1986年刊の復刊〉　1700円　①978-4-642-06344-9

◇『古事記』謎と真相　中江克己著　学習研究社　2007.12　295p　15cm　(学研M文庫)　680円　①978-4-05-901209-2

◇日本・起源の古代からよむ　工藤隆著　勉誠出版　2007.12　304p　20cm　2000円　①978-4-585-05386-6

◇徹底図解古事記・日本書紀―神々とともに歩んだ日本創世記 カラー版　榎本秋著　新星出版社　2007.11　191p　21cm　1400円　①978-4-405-10664-2

◇懐かしい古事記　大西雅子著, 尾野益大編　東京図書出版会, リフレ出版(発売)　2007.11　227p　19cm　1300円　①978-4-86223-211-3

◇なるほど！古事記・日本書紀―地図&図解　島崎晋著　広済堂出版　2007.10　119p　26cm　〈年表あり〉　1200円　①978-4-331-51234-0

◇古事記　下つ巻　大津栄一郎訳・付記　きんのくわがた社　2007.8　248, 66p　20cm　3200円　①978-4-87770-077-5

◇古事記　山口佳紀, 神野志隆光校訂・訳　小学館　2007.7　318p　20cm　(日本の古典をよむ 1)　1800円　①978-4-09-362171-7

◇図説古事記と日本の神々―日本の神話が一気にわかる決定版！　吉田邦博著　学習研究社　2007.7　119p　26cm　1000円　①978-4-05-403541-6

◇古事記　中つ巻　大津栄一郎著　きんのくわがた社　2007.6　360p　20cm　3200円　①978-4-87770-076-8

◇「図解」古事記と日本書紀―比べてみるとよくわかる！　滝音能之監修　PHP研究所　2007.6　95p　26cm　〈年表あり〉　952円　①978-4-569-69224-1

◇古事記を旅する　三浦佑之著　文芸春秋　2007.4　315p　21cm　2381円　①978-4-16-369070-4

◇古事記のひみつ―歴史書の成立　三浦佑之著　吉川弘文館　2007.4　219p　19cm　(歴史文化ライブラリー 229)　〈文献あり　年表あり〉　1700円　①978-4-642-05629-8

◇古事記をよむ　2　中西進著　四季社　2007.3　514p　22cm　(中西進著作集 2)　5500円　①978-4-88405-402-1

◇古事記講義　三浦佑之著　文芸春秋　2007.3　401p　16cm　(文春文庫)　676円　①978-4-16-772503-7

◇古事記のことば―この国を知る134の神語り　井上辰雄著　遊子館　2007.3　285p　19cm　(遊子館歴史選書 5)　1900円　①978-4-946525-81-0

◇漢字テキストとしての古事記　神野志隆光著　東京大学出版会　2007.2　228p　21cm　(Liberal arts)　2200円　①978-4-13-083044-7

◇古事記　上つ巻　大津栄一郎著　きんのくわがた社　2007.2　375p　20cm　3200円　①978-4-87770-075-1

◇古事記をよむ　1　中西進著　四季社　2007.1　512p　22cm　(中西進著作集 1)　5500円　①978-4-88405-401-4

◇謎解き日本史詳説・古事記―つくられた日本神話と建国のイデオロギー　衣川真澄著　新風舎　2007.1　198p　21cm　〈年表あり〉　1500円　①978-4-289-01056-1

◇古事記―口語訳　人代篇　三浦佑之訳・注釈　文芸春秋　2006.12　521p　16cm　(文春文庫)　〈文献あり〉　686円　①4-16-772502-9

◇古事記―口語訳　神代篇　三浦佑之訳・注釈　文芸春秋　2006.12　313p　16cm　(文春文庫)　600円　①4-16-772501-0

◇『古事記』諸本における受容と展開の研究　小林真美著　国学院大学大学院　2006.12　231p　26cm　(国学院大学大学院研究叢書 文学研究科 15)

◇古事記の起源―新しい古代像をもとめて　工藤隆著　中央公論新社　2006.12　293p　18cm　(中公新書)　840円　①4-12-101878-8

◇『古事記』『日本書紀』に消された皇祖神饒速日大神の復権　大野七三著　批評社　2006.11　213p　20cm　2000円　①4-8265-0454-3

◇記・紀の説話は阿波に実在した　高木隆弘著　たま出版　2006.9　207p　19cm　〈文献あり〉　1300円　①4-8127-0213-5

◇古事記の新研究　上田正昭編　学生社

2006.7 218p 22cm 4200円 ⓈI4-311-30066-2
◇もう一度学びたい古事記と日本書紀　多田元監修　西東社　2006.7　287p　21cm　〈折り込1枚　年表あり　文献あり〉　1480円　ⓈI4-7916-1387-2
◇記紀夜話　3　菅野雅雄著　おうふう　2006.6　188p　19cm　2000円　ⓈI4-273-03438-7
◇古事記注釈　第8巻　西郷信綱著　筑摩書房　2006.6　398p　15cm　（ちくま学芸文庫）　1500円　ⓈI4-480-08918-7
◇木簡・金石文と記紀の研究　小谷博泰著　大阪　和泉書院　2006.5　336p　22cm　（研究叢書 352）　12000円　ⓈI4-7576-0369-X
◇古事記注釈　第7巻　西郷信綱著　筑摩書房　2006.4　254p　15cm　（ちくま学芸文庫）　1100円　ⓈI4-480-08917-9
◇古事記と人間―脳力開発による歴史の解明　城野宏著　啓明書房　2006.4　215p　18cm　760円　ⓈI4-7671-1129-3
◇面白いほどよくわかる古事記―古代の神々・天皇が織り成す波瀾万丈の物語　吉田敦彦監修、島崎晋著　日本文芸社　2006.2　350p　19cm　（学校で教えない教科書）　1400円　ⓈI4-537-25358-4
◇古事記―歴史が語る"日本のあけぼの"　近藤啓太郎著　世界文化社　2006.2　199p　24cm　（日本の古典に親しむ　ビジュアル版 4）　2400円　ⓈI4-418-06201-7
◇古事記注釈　第6巻　西郷信綱著　筑摩書房　2006.2　412p　15cm　（ちくま学芸文庫）　1500円　ⓈI4-480-08916-0
◇古代文学の諸相　多田みや子著　翰林書房　2006.1　453p　22cm　〈著作目録あり　年譜あり〉　12000円　ⓈI4-87737-215-6
◇古事記大后物語の研究　山崎かおり著　国学院大学大学院　2005.12　196p　26cm　（国学院大学大学院研究叢書　文学研究科 14）
◇古事記注釈　第5巻　西郷信綱著　筑摩書房　2005.12　366p　15cm　（ちくま学芸文庫）　1400円　ⓈI4-480-08915-2
◇神と歌の物語新訳古事記　尾崎左永子訳　草思社　2005.11　438p　20cm　2500円　ⓈI4-7942-1458-8
◇古事記がわかる事典―読む・知る・愉しむ　青木周平編著　日本実業出版社　2005.11　255,7p　19cm　〈文献あり〉　1500円　ⓈI4-534-03977-8
◇古事記と王家の系譜学　西条勉著　笠間書院　2005.11　431,7p　22cm　9500円　ⓈI4-305-70297-5
◇古事記の真実　空の巻　二宮陸雄著　愛育社　2005.11　p547-956,67p　22cm　〈文献あり　「神代編の梵語解」の索引もあり〉　7800円　ⓈI4-7500-0238-0
◇古事記注釈　第4巻　西郷信綱著　筑摩書房　2005.10　203p　15cm　（ちくま学芸文庫）　1000円　ⓈI4-480-08914-4
◇古事記注釈　第3巻　西郷信綱著　筑摩書房　2005.8　310p　15cm　（ちくま学芸文庫）　1300円　ⓈI4-480-08913-6
◇『古事記』異端の神々　原田実著　ビイング・ネット・プレス　2005.7　247p　19cm　（太古日本の封印された神々 1）　2000円　ⓈI978-4-904117-22-4
◇古事記 英文版―THE KOJIKI：Records of Ancient Matters　バジル H.チェンバレン訳　チャールズ・イー・タトル出版　2005.6　489p　21×13cm　〈本文：英文〉　2000円　ⓈI4-8053-0794-3
◇古事記注釈　第2巻　西郷信綱著　筑摩書房　2005.6　246p　15cm　（ちくま学芸文庫）　1100円　ⓈI4-480-08912-8
◇古事記変容する神々　佐賀純一著　東洋医学舎　2005.5　279p　20cm　1600円　ⓈI4-88580-661-5
◇上代文献の出雲―記紀でなぜ出雲が重視されたか　長野一雄著　新典社　2005.5　206p　22cm　（新典社研究叢書 168）　5860円　ⓈI4-7879-4168-2
◇図説地図とあらすじで読む古事記と日本書紀　坂本勝監修　青春出版社　2005.5　111p　26cm　〈年表あり〉　1080円　ⓈI4-413-00781-6
◇古事記注釈　第1巻　西郷信綱著　筑摩書房　2005.4　315p　15cm　（ちくま学芸文庫）　1300円　ⓈI4-480-08911-X
◇記紀夜話　2　菅野雅雄著　おうふう　2005.3　193p　19cm　2000円　ⓈI4-273-03385-7

◇記紀の考古学　森浩一著　朝日新聞社　2005.2　376p　15cm　（朝日文庫）　720円　①4-02-261462-5

◇古事記の表現と解釈　山口佳紀著　風間書房　2005.2　450p　22cm　12000円　①4-7599-1500-1

◇「作品」として読む古事記講義　山田永著　藤原書店　2005.2　284p　22cm　〈文献あり〉　3200円　①4-89434-437-8

◇古事記言霊解　出口王仁三郎著　亀岡　みいづ舎　2004.12　280p　19cm　〈肖像あり　年譜あり〉　1800円　①4-900441-71-6

◇菅野雅雄著作集　別冊（総索引・他）　菅野雅雄著　おうふう　2004.12　179p　22cm　〈肖像あり　年譜あり〉　5000円　①4-273-03327-5

◇日本古代史の謎を解く―『記・紀』に秘められた真実　沢田洋太郎著　新泉社　2004.12　293p　19cm　〈年表あり　文献あり〉　2000円　①4-7877-0406-0

◇古事記の宇宙論　北沢方邦著　平凡社　2004.11　210p　18cm　（平凡社新書）　〈文献あり〉　760円　①4-582-85248-3

◇「神代記」の構想　緒方惟章著　おうふう　2004.11　519p　22cm　25000円　①4-273-03356-9

◇古事記論叢　5　構造　菅野雅雄著　おうふう　2004.9　393p　22cm　（菅野雅雄著作集 第5巻）　〈シリーズ責任表示：菅野雅雄著〉　15000円　①4-273-03325-9

◇古事記が語る原風景　岡野弘彦ほか著　PHPエディターズ・グループ　2004.7　303p　20cm　（エンゼル叢書 7）　〈東京　PHP研究所（発売）〉　1600円　①4-569-63760-4

◇古事記論叢　4　構想　菅野雅雄著　おうふう　2004.7　400p　22cm　（菅野雅雄著作集 第4巻）　〈シリーズ責任表示：菅野雅雄著〉　15000円　①4-273-03324-0

◇「記紀」はいかにして成立したか―「天」の史書と「地」の史書　倉西裕子著　講談社　2004.6　228p　19cm　（講談社選書メチエ 301）　1500円　①4-06-258301-1

◇古事記　緒方惟章訳　勉誠出版　2004.6　380p　20cm　（現代語で読む歴史文学）　〈シリーズ責任表示：西沢正史監修〉　3500円　①4-585-07061-3

◇古事記と郷歌の仮名と音韻―新音韻説「神」と「上」は同じ　内山汎著　八千代　内山汎　2004.6　183p　26cm　①4-906685-43-9

◇古事記生成の研究　志水義夫著　おうふう　2004.5　422p　22cm　16000円　①4-273-03330-5

◇古事記論叢　3　成立　菅野雅雄著　おうふう　2004.5　418p　22cm　（菅野雅雄著作集 第3巻）　〈シリーズ責任表示：菅野雅雄著〉　15000円　①4-273-03323-2

◇「記紀」の成立と紀年の謎を解く　蛭田喬樹著　創英社　2004.4　138p　19cm　〈東京 三省堂書店（発売）〉　1000円　①4-88142-248-0

◇古事記の新しい解読―コタンスキの古事記研究と外国語訳古事記　ヴィエスワフ・コタンスキ著, 松井嘉和編著　錦正社　2004.3　399p　27cm　〈著作目録あり〉　5714円　①4-7646-1001-9

◇古事記論叢　2　説話　菅野雅雄著　おうふう　2004.3　429p　22cm　（菅野雅雄著作集 第2巻）　〈シリーズ責任表示：菅野雅雄著〉　15000円　①4-273-03322-4

◇古事記の真実―神代編の梵語解　二宮陸雄著　愛育社　2004.2　589p　22cm　7800円　①4-7500-0247-X

◇古事記説話形成の研究　大脇由紀子著　おうふう　2004.1　311p　22cm　12000円　①4-273-03310-0

◇古事記論叢　1　系譜　菅野雅雄著　おうふう　2004.1　377p　22cm　（菅野雅雄著作集 第1巻）　〈シリーズ責任表示：菅野雅雄著〉　15000円　①4-273-03321-6

◇『古事記』成立の背景と構想　遠山一郎著　笠間書院　2003.11　350, 5p　22cm　8500円　①4-305-70263-0

◇古事記の読み方―八百万の神の物語　坂本勝著　岩波書店　2003.11　204, 3p　18cm　（岩波新書）　〈文献あり〉　740円　①4-00-430864-X

◇古事記神話論　松本直樹著　新典社　2003.10　476p　22cm　（新典社研究叢書 154）　12800円　①4-7879-4154-2

◇らくらく読める古事記　島崎晋著　広済堂出版　2003.10　269p　21cm　1500円

奈良時代

ⓣ4-331-50996-6
◇現代語訳古事記　福永武彦訳　河出書房新社　2003.8　455p　15cm　（河出文庫）　840円　ⓣ4-309-40699-8
◇古事記講義　三浦佑之著　文芸春秋　2003.7　278p　22cm　1714円　ⓣ4-16-365130-6
◇古事記研究文献目録　雑誌論文篇2　古事記学会編　国書刊行会　2003.6　316, 32p　27cm　ⓣ4-336-04546-1
◇古事記研究文献目録　単行書篇2　古事記学会編　国書刊行会　2003.6　177, 36p　27cm　ⓣ4-336-04546-1
◇受け日　阿部国治著　神戸　日本講演会　2003.5　157p　19cm　（新釈古事記伝　第4集）　1500円　ⓣ4-931413-06-4
◇古事記受容史　青木周平編　笠間書院　2003.5　417p　22cm　（上代文学会研究叢書）　8500円　ⓣ4-305-60165-6
◇古事記論集　古事記学会編　おうふう　2003.5　334p　22cm　12000円　ⓣ4-273-03275-9
◇古事記　八木書店　2003.2　267, 24p　27cm　（尊経閣善本影印集成 30）〈シリーズ責任表示：前田育徳会尊経閣文庫編〉　26000円　ⓣ4-8406-2330-9
◇古事記物語　鈴木三重吉著　新版　角川書店　2003.1　246p　15cm　（角川文庫）　552円　ⓣ4-04-102305-X
◇古事記撰録方法の発見―古事記偽書説補遺　大島隼人著　ゆ～ゆ～書店　2003　452p　19cm　〈補遺のサブタイトル：序の新解釈・疑惑の引用者との関係解明ほか　文献あり〉
◇記紀と易経　西孝二郎著　彩図社　2002.11　426p　15cm　（ぶんりき文庫）　710円　ⓣ4-88392-307-X
◇古事記―記紀神話と日本の黎明　学習研究社　2002.10　184p　26cm　（歴史群像シリーズ 67号）〈折込み1枚〉　1500円　ⓣ4-05-602891-5
◇『古事記伝』拾い読み―未知探求の百科事典　吉田悦之語り手　松阪　伊勢の国・松阪十楽　2002.10　54p　21cm　（十楽選よむゼミ no.5）〈会期・会場：平成10年7月22日　松阪市殿町第一公民館　折り込1枚〉　400円

◇古事記の凄さ―日本書紀の強さ　配山実著　日本図書刊行会　2002.10　251p　20cm　〈東京　近代文芸社（発売）〉　1800円　ⓣ4-8231-0815-9
◇古事記　角川書店編　角川書店　2002.8　300p　15cm　（角川文庫）　629円　ⓣ4-04-357410-X
◇中国少数民族と日本文化―古代文学の古層を探る　工藤隆編　勉誠出版　2002.7　271, 15p　20cm　（遊学叢書 25）　2800円　ⓣ4-585-04085-4
◇古事記―口語訳　完全版　三浦佑之訳・注釈　文芸春秋　2002.6　494p　22cm〈文献あり〉　3333円　ⓣ4-16-321010-5
◇古事記研究　西郷信綱著　復刊　未来社　2002.5　305, 14p　22cm〈折り込1枚〉　3200円　ⓣ4-624-60022-3
◇古事記の暗号―神話が語る科学の夜明け　藤村由加著　新潮社　2002.5　363p　16cm　（新潮文庫）　514円　ⓣ4-10-125823-6
◇週刊日本の古典を見る　3　古事記　巻1　近藤啓太郎訳　世界文化社　2002.5　34p　30cm　333円
◇週刊日本の古典を見る　4　古事記　巻2　近藤啓太郎訳　世界文化社　2002.5　34p　30cm　533円
◇古事記の語り口―起源・命名・神話　阪下圭八著　笠間書院　2002.4　335, 7p　22cm　7800円　ⓣ4-305-70238-X
◇記紀夜話　菅野雅雄著　おうふう　2002.3　174p　19cm　2000円　ⓣ4-273-03232-5
◇古事記・日本書紀論究―菅野雅雄博士古稀記念　菅野雅雄博士古稀記念論集刊行会編　おうふう　2002.3　478p　22cm〈肖像あり〉　15000円　ⓣ4-273-03217-1
◇古事記スサノヲの研究　山田永著　新典社　2001.10　414p　22cm　（新典社研究叢書 137）　10400円　ⓣ4-7879-4137-2
◇少彦名　阿部国治著　神戸　日本講演会　2001.5　145p　19cm　（新釈古事記伝　第3集）　1500円　ⓣ4-931413-05-6
◇古事記ってなに？―古典の謎解き　下江戸勲著　〔土浦〕　筑波書林　2001.2　148p　19cm　〈土浦　茨城図書（発売）〉　1500円　ⓣ4-86004-003-1

◇日本的意識の起源—ユング心理学で読む古事記　高尾浩幸著　新曜社　2001.2　272, 3p　20cm　2600円　①4-7885-0751-X
◇古事記　梅原猛著　学習研究社　2001.1　281p　15cm　（学研M文庫）　520円　①4-05-902013-3
◇記紀の考古学　森浩一著　朝日新聞社　2000.12　349p　20cm　2200円　①4-02-257555-7
◇「古事記」を歩く　佐藤高著　光文社　2000.11　251, 4p　16cm　（知恵の森文庫）　533円　①4-334-78049-0
◇イナバノシロウサギの総合研究　石破洋著　牧野出版　2000.6　287p　23cm　4500円　①4-89500-061-3
◇古事記構造の研究　菅野雅雄著　おうふう　2000.5　390p　22cm　15000円　①4-273-03125-6
◇日本古代史と神話古事記全解明　古田史朗著　〔京都〕　〔古田史朗〕　2000.4　174p　26cm　〈奥付のタイトル：古事記解明と大和政権邪馬台国統合〉
◇蓋結　阿部国治著　神戸　日本講演会　2000.3　154p　19cm　（新釈古事記伝 第2集）〈肖像あり〉　1500円　①4-931413-03-X
◇記紀万葉論攷—中村啓信先生古稀記念　中村啓信先生古稀記念論文集刊行会編　中村啓信先生古稀記念論文集刊行会　2000.3　311p　21cm　非売品
◇紀年を解読する—古事記・日本書紀の真実　高城修三著　京都　ミネルヴァ書房　2000.3　348p　20cm　（シリーズ〈古代史の探求〉2）〈付属資料：1枚〉　3000円　①4-623-03169-1
◇古事記の表現論的研究　戸谷高明著　新典社　2000.3　622p　22cm　（新典社研究叢書 127）　14500円　①4-7879-4127-5
◇古事記の本性　中村啓信著　おうふう　2000.1　540p　22cm　15000円　①4-273-03105-1
◇世界の文学—名作への招待　21　朝日新聞社　1999.12　32p　30cm　（週刊朝日百科）　533円
◇古事記の現在　神野志隆光編　笠間書院　1999.10　294p　22cm　（上代文学会研究叢書）　6800円　①4-305-60161-3

◇日本書紀・古事記編年と原型の考証—神武元年の完全解読　三宅康靖著　日本図書刊行会　1999.10　135p　22cm　〈東京 近代文芸社（発売）〉　1500円　①4-8231-0383-1
◇古事記・日本書紀を知る事典　武光誠著　東京堂出版　1999.9　336p　20cm　2600円　①4-490-10526-6
◇古事記・日本書紀論叢—太田善麿先生追悼論文集　太田善麿先生追悼論文集刊行会編　群書　1999.7　782p　22cm　〈肖像あり　東京 続群書類従完成会（発売）〉　18000円
◇古事記研究大系　2　古事記の研究史　古事記学会編　高科書店　1999.6　409p　22cm　6000円
◇改竄された記紀と古代日本—歴史に正解あり　湊学季著　松戸　ストーク　1999.4　145p　21cm　〈東京 星雲社（発売）〉　2000円　①4-7952-2687-3
◇古事記ってなに？—古典の謎解き　上　江戸勲著　〔土浦〕　筑波書林　1999.2　132p　19cm　（土浦 茨城図書（発売））　1300円　①4-900725-72-2
◇古事記と日本書紀—「天皇神話」の歴史　神野志隆光著　講談社　1999.1　211p　18cm　（講談社現代新書）　640円　①4-06-149436-8
◇古事記　先代旧事本紀　神道五部書　新装版　吉川弘文館　1998.10　151, 158, 64p　23cm　（国史大系 新訂増補 第7巻）〈シリーズ責任表示：黒板勝美編輯複製〉　6500円　①4-642-00308-8
◇逆説としての『記・紀』神話—日本古代史への視座　近江雅和, 榎本出雲著　彩流社　1998.9　372p　20cm　2500円　①4-88202-554-X
◇イザナミの伝言—古事記にさぐる女の系譜　中山千夏著　築地書館　1998.6　265p　20cm　2400円　①4-8067-4617-7
◇古事記研究大系　5-1　古事記の神々　上　古事記学会編　高科書店　1998.6　329p　22cm　5500円
◇古事記の文字法　西条勉著　笠間書院　1998.6　370p　22cm　8800円　①4-305-70175-8
◇古事記説話の表現と構想の研究　長野一雄著　おうふう　1998.5　479p　22cm

◇日本古代史「記紀・風土記」総覧　新人物往来社　1998.3　454p　21cm　(別冊歴史読本 55)　2200円　④4-404-02596-3
◇青木生子著作集　第1巻　日本抒情詩論　青木生子著　おうふう　1997.12　354p　22cm　12000円　④4-273-02968-5
◇古事記の暗号―神話が語る科学の夜明け　藤村由加著　新潮社　1997.11　248p　20cm　1400円　④4-10-371904-4
◇新編日本古典文学全集　1　古事記　山口佳紀, 神野志隆光校注・訳　小学館　1997.6　462p　23cm　4076円　④4-09-658001-5
◇古事記研究大系　1　古事記の成立　古事記学会編　高科書店　1997.3　316p　22cm　5500円
◇古事記と日本国家の成立　大久保一郎著　広島　渓水社　1997.3　383p　20cm　4500円　④4-87440-438-3
◇古事記成立考　大和岩雄著　増補改訂版　大和書房　1997.1　318p　20cm　2884円　④4-479-84040-0
◇天智系『古事記』と天武系『日本書紀』　邦前文吾著　〔国東町(大分県)〕　〔邦前文吾〕　〔1997〕　35, 2p　26cm
◇古事記研究大系　11　古事記の世界　上　古事記学会編　高科書店　1996.9　330p　22cm　5500円
◇古事記おもしろ読本　木屋隆安著　泰流社　1996.7　204p　19cm　1400円　④4-8121-0178-6
◇越中万葉と記紀の古伝承　広瀬誠著　富山　桂書房　1996.4　426p　22cm　5665円
◇古事記日本書紀必携　神野志隆光編　学灯社　1996.4　218p　22cm　(『別冊国文学』改装版)　1750円　④4-312-00539-7
◇古事記・釈日本紀・風土記の文献学的研究　小野田光雄著　続群書類従完成会　1996.2　774p　22cm　23690円　④4-7971-0775-8
◇新・わかりやすい日本の神話　出雲井晶著　京都　光琳社出版　1996.2　209p　20cm　1500円　④4-7713-0197-2
◇柿本人麻呂と『古事記』小林晴次著, 日蓮宗新聞社出版部編　日蓮宗新聞社(製作)　1996.1　119p　21cm　〈著者の肖像あり〉　1500円
◇古事記の生成　工藤隆著　笠間書院　1996.1　247, 8p　22cm　(笠間叢書 288)　6300円　④4-305-10288-9
◇『古事記』の謎―神話が語る日本秘史　邦光史郎著　祥伝社　1995.12　279p　16cm　(ノン・ポシェット)　〈『日本の神話』(勁文社平成2年刊)の改題〉　530円　④4-396-31071-4
◇記紀万葉の謎―ことばのタイムトンネル　藤村由加著　実業之日本社　1995.11　265p　20cm　1400円　④4-408-53268-1
◇古事記とヤマトの歴史―古代史研究　松本徳二著　近代文芸社　1995.10　96p　19cm　1000円　④4-7733-5008-3
◇古事記の比較説話学―古事記の解釈と原伝承　大久間喜一郎著　雄山閣出版　1995.10　337p　22cm　5974円　④4-639-01325-6
◇古事記―天皇の世界の物語　神野志隆光著　日本放送出版協会　1995.9　287p　19cm　(NHKブックス 746)　1100円　④4-14-001746-5
◇古事記の表記と訓読　山口佳紀著　有精堂出版　1995.9　470p　22cm　10094円　④4-640-31064-1
◇古事記古代王権の語りの仕組み　都倉義孝著　有精堂出版　1995.8　412p　22cm　7004円　④4-640-31062-5
◇記紀・万葉を科学する　吉田舜著　福岡　葦書房　1995.7　356p　19cm　2000円　④4-7512-0596-X
◇古事記研究大系　10　古事記の言葉　古事記学会編　高科書店　1995.7　297p　22cm　4800円
◇『古事記』に隠された幾何学　大谷幸市著　三一書房　1995.7　236p　20cm　2200円　④4-380-95262-2
◇古事記と女性祭祀伝承　川上順子著　高科書店　1995.6　267, 13p　22cm　6000円
◇古事記・日本書紀を歩く―神話・伝承の世界　林豊著　日本交通公社出版事業局　1995.6　160p　21cm　(JTBキャンブックス)　〈監修: 長山泰孝　写真: 沖宏治〉

奈良時代

1500円　①4-533-02226-X
◇古事記と言霊—言霊原理より見た日本と世界の歴史とその将来　島田正路著　言霊の会　1995.5　359p　19cm　3200円
◇伝承と言語—上代の説話から　佐佐木隆著　ひつじ書房　1995.5　320p　20cm　〈未発選書 第3巻〉　4326円　①4-938669-47-1
◇真説古事記—完全版　1　コンピュータを携えた神々　山田久延彦著　徳間書店　1995.4　282p　19cm　(「超知」ライブラリー)　1200円　①4-19-860282-4
◇『古事記』『日本書紀』の謎　新人物往来社　1995.2　385p　21cm　〈別冊歴史読本〉〈古代文献史料全解題：p318～385〉　1800円
◇古事記研究—歌と神話の文学的表現　青木周平著　おうふう　1994.12　689p　22cm　19000円　①4-273-02803-4
◇古事記研究大系　3　古事記の構想　古事記学会編　高科書店　1994.12　347p　22cm　4800円
◇日本史学の黎明　宮井義雄著　春秋社　1994.11　252,7p　22cm　6695円　①4-393-48224-7
◇記紀の文字表現と漢訳仏典　瀬間正之著　おうふう　1994.10　302p　22cm　18000円　①4-273-02795-X
◇古事記撰録方法の発見—秘密にされた撰録方法の要旨 古事記偽書説　大島隼人著　ゆ～ゆ～書店　1994.10　345p　19cm　〈改訂版〉　2000円
◇古事記撰録方法の発見—古事記偽書説 続編　大島隼人著　ゆ～ゆ～書店　1994.10　3冊　19cm　〈続編の副題名：秘密にされた記事や説話の成立解明〉　各2000円
◇『古事記』にみる気象　原見敬二著　近代文芸社　1994.10　133p　20cm　1200円　①4-7733-3095-3
◇古事記研究大系　6　古事記の天皇　古事記学会編　高科書店　1994.8　350p　22cm　4800円
◇古事記の天皇　古事記学会編　高科書店　1994.8　350p　21cm　(古事記研究大系6)　4944円
◇日本抒情詩論—記紀・万葉の世界　青木生子著　パルトス社　1994.7　363p　22cm　〈弘文堂昭和32年刊の複製〉　15000円
◇古事記総索引　索引篇　高木市之助,富山民蔵編　平凡社　1994.6　585,3p　22cm　〈第3刷(第1刷：1974年)新装版〉　①4-582-35600-1
◇古事記総索引　補遺　高木市之助,富山民蔵編　平凡社　1994.6　420p　22cm　〈第2刷(第1刷：1974年)折り込み1枚〉　①4-582-35600-1
◇古事記総索引　本文篇　高木市之助,富山民蔵編　平凡社　1994.6　361p　22cm　〈第3刷(第1刷：1974年)新装版〉　①4-582-35600-1
◇古事記大成　1　研究史篇　久松潜一ほか編　久松潜一編　平凡社　1994.6　360p　22cm　〈第3刷(第1刷：1956年)〉　①4-582-35610-9
◇古事記大成　2　文学篇　久松潜一ほか編　高木市之助編　平凡社　1994.6　348p　22cm　〈第2刷(第1刷：1957年)〉　①4-582-35610-9
◇古事記大成　3　言語文字篇　久松潜一ほか著　武田祐吉編　平凡社　1994.6　404p　22cm　〈第2刷(第1刷：1957年)〉　①4-582-35610-9
◇古事記大成　4　歴史考古篇　久松潜一ほか編　坂本太郎編　平凡社　1994.6　312p　22cm　〈第2刷(第1刷：1956年)〉　①4-582-35610-9
◇古事記大成　5　神話民俗篇　久松潜一ほか編　風巻景次郎編　平凡社　1994.6　288p　22cm　〈第2刷(第1刷：1958年)〉　①4-582-35610-9
◇古事記大成　6　本文篇　久松潜一ほか編　倉野憲司編　平凡社　1994.6　554p　22cm　〈第2刷(第1刷：1957年)〉　①4-582-35610-9
◇古事記大成　7　古事記総索引　本文篇　久松潜一ほか編　高木市之助,富山民蔵編　平凡社　1994.6　361p　22cm　〈第3刷(第1刷：1974年)新装版〉　①4-582-35610-9
◇古事記大成　8　古事記総索引　索引篇　久松潜一ほか編　高木市之助,富山民蔵編　平凡社　1994.6　585,3p　22cm　〈第3刷(第1刷：1974年)新装版〉　①4-

582-35610-9

◇古事記大成　補遺　古事記総索引　補遺　久松潜一ほか編　高木市之助, 富山民蔵編　平凡社　1994.6　420p　22cm　〈第2刷（第1刷：1977年）折り込図1枚〉　Ⓘ4-582-35610-9

◇古事記が明す邪馬台国の謎　加藤真司著　学習研究社　1994.5　223p　18cm　（歴史群像新書）　780円　Ⓘ4-05-400361-3

◇古事記神理解及産土神徳講義―現代語訳本田親徳先生講義　本田親徳原著, 横山信行訳, 大津晄, 長峯正樹編　改訂版　千葉　顕神本会　1994.5　97p　27cm　〈著者の肖像あり〉　5000円

◇族長たちの墓碑銘―古事記誕生史話　森秀人著　作品社　1994.3　268p　20cm　1800円　Ⓘ4-87893-190-6

◇古事記研究大系　9　古事記の歌　古事記学会編　高科書店　1994.2　360p　22cm　4800円

◇盗まれた神話―記・紀の秘密　古田武彦著　朝日新聞社　1994.1　476p　15cm　（朝日文庫）　830円　Ⓘ4-02-260783-1

◇古事記　祝詞　倉野憲司校注, 武田祐吉校注　岩波書店　1993.11　463p　22cm　（日本古典文学大系新装版）　4000円　Ⓘ4-00-004486-9

◇古事記と天武天皇の謎　大和岩雄著　京都　臨川書店　1993.10　234p　19cm　〈六興出版1979年刊の新版〉　1600円　Ⓘ4-653-02591-6

◇古事記の研究　西宮一民著　おうふう　1993.10　597p　22cm　19000円　Ⓘ4-273-02748-8

◇記紀と漢文学　和漢比較文学会編　汲古書院　1993.9　299p　22cm　（和漢比較文学叢書 第10巻）　6500円　Ⓘ4-7629-3234-5

◇古事記音訓索引　瀬間正之編　おうふう　1993.9　333p　27cm　18000円　Ⓘ4-273-02693-7

◇古事記研究大系　8　古事記の文芸性　古事記学会編　高科書店　1993.9　358p　22cm　4800円

◇日本文化の原形　河村望著　人間の科学社　1993.8　326p　20cm　1854円　Ⓘ4-8226-0118-8

◇はじめての古事記―やさしく読み解く 平易な現代語訳で読み進む神と人の壮大な物語　板坂寿一著　日本文芸社　1993.8　252p　19cm　1200円　Ⓘ4-537-02372-4

◇記紀伝承説話の研究　山崎正之著　高科書店　1993.6　301, 3, 18p　22cm　6000円

◇古事記研究大系　4　古事記の神話　古事記学会編　高科書店　1993.6　320p　22cm　〈折り込表1枚〉　4800円

◇古事記構想の研究　菅野雅雄著　桜楓社　1993.6　274p　22cm　14000円　Ⓘ4-273-02642-2

◇古事記注解　2（上巻その1）　神野志隆光, 山口佳紀著　笠間書院　1993.6　240p　22cm　4500円　Ⓘ4-305-60010-2

◇古事記の神話　古事記学会編　高科書店　1993.6　320p　21cm　（古事記研究大系 4）　4944円

◇わかりやすい日本の神話　出雲井晶著　展転社　1993.6　214p　20cm　1500円　Ⓘ4-88656-090-3

◇上代説話事典　大久間喜一郎, 乾克己編　雄山閣出版　1993.5　549p　20cm　5800円　Ⓘ4-639-01163-6

◇古事記考証　川副武胤著　至文堂　1993.2　452p　22cm　〈著者の肖像あり〉　14800円　Ⓘ4-7843-0148-8

◇異形の古代文学―記紀・風土記表現論　山田直巳著　新典社　1992.12　270p　22cm　（新典社研究叢書 57）　8500円　Ⓘ4-7879-4057-0

◇記紀万葉の新研究　尾畑喜一郎編　桜楓社　1992.12　799p　22cm　〈著者の肖像あり〉　34000円　Ⓘ4-273-02618-X

◇縄文の巫女の道―奄美島口で読み解く『古事記』　配山実著　かのう書房　1992.12　226p　20cm　2060円

◇日本神話要説　尾畑喜一郎編　桜楓社　1992.12　207p　21cm　2100円　Ⓘ4-273-02619-8

◇倭人伝・古事記の謎が解けた　安田嘉治著　新人物往来社　1992.11　288p　20cm　1800円　Ⓘ4-404-01972-6

◇エコール・ド・ロイヤル古代日本を考える　第16巻　「古事記」と「日本書紀」の謎　上田正昭ほか著　学生社　1992.9　259p　19cm　1850円　Ⓘ4-311-41016-6

奈良時代

◇水蛭子の舟―古事記神話に秘められた原語思想の世界　北神徹著　大和書房　1992.7　289p　20cm　2500円　Ⓘ4-479-95027-3
◇韓国語で読み解く古事記　徐廷範著　大和書房　1992.5　238p　20cm　2300円　Ⓘ4-479-84018-4
◇記紀万葉論叢　吉井厳編　塙書房　1992.5　370p　22cm　8961円　Ⓘ4-8273-0069-0
◇古事記研究文献目録　単行書篇　古事記学会編　国書刊行会　1992.5　282, 56p　27cm　18000円　Ⓘ4-336-03367-6
◇神代巻の現代語訳　中西信伍著　六興出版　1992.3　342p　19cm　（ロッコウブックス）　1800円　Ⓘ4-8453-5080-7
◇もう一人のスサノオ　中西信伍著　六興出版　1992.3　340p　19cm　（ロッコウブックス）　1800円　Ⓘ4-8453-5079-3
◇記紀の王者像　奥田尚著　京都　松籟社　1992.1　278p　22cm　2600円　Ⓘ4-87984-123-4
◇『古事記』に隠された幾何学　大谷幸市著　六興出版　1992.1　237p　19cm　（ロッコウブックス）　1400円　Ⓘ4-8453-5077-7
◇泊瀬小国―記紀万葉の世界　和田嘉寿男著　桜楓社　1991.10　193p　20cm　3600円　Ⓘ4-273-02558-2
◇古事記を読む　河村望著　人間の科学社　1991.8　263p　20cm　1854円
◇新釈古事記　石川淳著　筑摩書房　1991.8　235p　15cm　（ちくま文庫）　540円　Ⓘ4-480-02545-6
◇古事記・日本書紀　神野志隆光, 大庭みな子編　新潮社　1991.2　111p　20cm　（新潮古典文学アルバム1）〈古事記・日本書紀関係年表：p104～109　古事記・日本書紀を読むための本：p111〉　1300円　Ⓘ4-10-620701-X
◇古事記は銅鐸を記録している　吉田舜著　福岡　葦書房　1991.1　301p　19cm〈折り込図5枚〉　1500円
◇「古事記」「日本書紀」総覧　上田正昭ほか著　新人物往来社　1990.12　479p　22cm〈学校図書館用〉　3200円　Ⓘ4-404-01787-1

◇新・古事記伝　3　人代の巻　下　中山千夏現代語訳・解説　築地書館　1990.12　349p　22cm　2781円　Ⓘ4-8067-5685-7
◇わかりやすい「古事記」入門―図解と新解釈で日本の原点を探る「ものがたり古事記」　佐藤寿哉著　日本文芸社　1990.12　212p　19cm　1000円　Ⓘ4-537-02218-3
◇古代日本人の自然観―『古事記』を中心に　舟橋豊著　審美社　1990.11　234p　20cm　2500円
◇新・古事記伝　2　人代の巻　上　中山千夏現代語訳・解説　築地書館　1990.9　324p　22cm　2472円　Ⓘ4-8067-5684-9
◇古事記―その隠された部分　嵯峨敵全著　あゆみ出版　1990.8　119p　19cm　1030円　Ⓘ4-7519-6131-4
◇日本神話と古代国家　直木孝次郎著　講談社　1990.6　313p　15cm　（講談社学術文庫）　800円　Ⓘ4-06-158928-8
◇記紀の思潮―資料並用　小笠原春夫著　文化書房博文社　1990.5　182p　21cm　2500円　Ⓘ4-8301-0554-2
◇記紀万葉の伝承と芸能　本田義寿著　大阪　和泉書院　1990.5　260p　22cm　（研究叢書87）〈著者の肖像あり〉　9270円　Ⓘ4-87088-391-0
◇古事記中下巻試論　植松茂著　明治書院　1990.4　218p　22cm　6800円　Ⓘ4-625-41095-9
◇日本の神話　邦光史郎著　勁文社　1990.4　235p　20cm　1500円　Ⓘ4-7669-1174-1
◇新・古事記伝　1　神代の巻　中山千夏現代語訳・解説　築地書館　1990.2　315p　22cm　2472円　Ⓘ4-8067-5683-0
◇古事記・日本書紀論集―神田秀夫先生喜寿記念　中村啓信ほか編　続群書類従完成会　1989.12　800p　22cm〈神田秀夫の肖像あり〉　18540円
◇記紀の世界―古語の発掘による古代史の解明　第2部　国枝竜一著　大和書房　1989.11　244p　19cm〈「第1部」の出版者：陽光出版社〉　2060円　Ⓘ4-479-95017-6
◇古典を歩く　6　古事記　毎日新聞社　1989.11　130p　30cm　（毎日グラフ別

冊） 1550円

◇図説日本の古典 1 古事記 神田秀夫ほか著 集英社 1989.10 218p 28cm 〈企画：秋山虔ほか 新装版〉 2880円 ⓘ4-08-167101-X

◇古事記注釈 第4巻 西郷信綱著 平凡社 1989.9 520p 22cm 5562円 ⓘ4-582-35704-0

◇誰も解かなかった「古事記」 山田久延彦著 天山出版 1989.8 272p 18cm 〈天山ブックス〉〈発売：大陸書房 折り込図1枚〉 780円 ⓘ4-8033-1795-X

◇古事記の物語─神がみのパフォーマンス 斎藤正二訳 八坂書房 1989.7 249,15p 20cm 2800円 ⓘ4-89694-588-3

◇古事記考説 尾崎知光著 大阪 和泉書院 1989.6 359p 22cm 〈研究叢書71〉 9270円 ⓘ4-87088-336-8

◇『古事記』『日本書紀』総覧 新人物往来社 1989.6 485p 21cm （別冊歴史読本・事典シリーズ 第2号） 1300円

◇本居宣長全集 第10巻 大野晋, 大久保正編集校訂 筑摩書房 1989.6 568p 23cm 〈第5刷（第1刷：昭和43年）〉 5360円 ⓘ4-480-74010-4

◇古事記神話の構造 フランソワ・マセ著 中央公論社 1989.5 248p 20cm 1900円 ⓘ4-12-001805-9

◇神々と天皇─古事記・日本創世伝説 山田宗睦著 〔東村山〕 教育社 1989.4 269p 19cm （B6シリーズ）〈発売：教育社出版サービス（東京）〉 980円 ⓘ4-315-50896-9

◇古事記事典 尾畑喜一郎編 桜楓社 1989.3 438p 22cm 3800円 ⓘ4-273-02258-3

◇津田左右吉全集 別巻 第1 岩波書店 1989.1 526p 22cm 〈第2刷（第1刷：1966年）〉 3800円 ⓘ4-00-091139-2

◇坂本太郎著作集 第2巻 古事記と日本書紀 坂本太郎著作集編集委員会編 吉川弘文館 1988.12 439,11p 22cm 5800円 ⓘ4-642-02217-1

◇日本の神サマたち 井之神弧鶴著 泉書房 1988.11 221p 19cm 1100円 ⓘ4-900138-10-X

◇大和三山─記紀万葉の世界 和田嘉寿男著 桜楓社 1988.10 239p 20cm 2400円 ⓘ4-273-02268-0

◇古事記注釈 第3巻 西郷信綱著 平凡社 1988.8 449p 22cm 〈折り込図1枚〉 5400円 ⓘ4-582-35703-2

◇古事記と日本書紀の検証 梅沢伊勢三著 吉川弘文館 1988.7 213p 20cm 2300円 ⓘ4-642-07273-X

◇日本神話必携 稲岡耕二編 学灯社 1988.7 222p 22cm 〈『別冊国文学』改装版〉 1550円 ⓘ4-312-00521-4

◇『古事記』偽書説は成り立たないか 大和岩雄著 大和書房 1988.5 240p 20cm 1800円 ⓘ4-479-84007-9

◇古事記成立考 大和岩雄著 大和書房 1988.5 381p 20cm 〈新装版〉 1900円 ⓘ4-479-84008-7

◇復原された古事記─改装復刻版 前波仲尾著 復原された古事記刊行会 1988.3 2冊（別冊とも） 27cm 〈別冊(38p)：解説〉 5000円

◇記紀・万葉の女性 久保昭雄著 武蔵野書院 1988.2 249p 19cm （武蔵野文庫 10） 1800円 ⓘ4-8386-0361-4

◇古事記と日本書紀の成立 梅沢伊勢三著 吉川弘文館 1988.2 226p 20cm 2300円 ⓘ4-642-07272-1

◇古事記・日本書紀 福永武彦訳 河出書房新社 1988.1 390p 18cm （日本古典文庫 1）〈新装版〉 1600円 ⓘ4-309-71301-7

◇記・紀の文脈 宮村千素著 大阪 和泉書院 1987.9 206p 22cm 5500円 ⓘ4-87088-258-2

◇新・古事記物語 中村啓信著 講談社 1987.9 277p 15cm （講談社学術文庫） 680円 ⓘ4-06-158804-4

◇古事記 金井清一校注・訳 ほるぷ出版 1987.7 291p 20cm （日本の文学）

◇記紀と古代伝承 伊野部重一郎著 吉川弘文館 1986.12 592,14p 22cm 9000円 ⓘ4-642-02208-2

◇独逸語訳古事記 第5巻 国土地理篇 木下祝夫著, 真鍋大覚編 〔福岡〕 香椎宮奉斎会 1986.12 316p 27cm

◇古事記 西宮一民編 新訂版 桜楓社 1986.11 217p 22cm 1800円 ⓘ4-

奈良時代

◇津田左右吉全集　第2巻　岩波書店　1986.10　678p　22cm　〈第2刷（第一刷：昭和38年）著者の肖像あり〉　4500円　ⓘ4-00-091112-0
◇古事記研究文献目録　雑誌論文篇　古事記学会編　国書刊行会　1986.8　400, 35p　27cm　15000円
◇古事記—王権と語り　土井清民編　有精堂出版　1986.7　260p　22cm　（日本文学研究資料新集 1）　3500円　ⓘ4-640-30950-3, 4-640-32528-2
◇古事記の世界観　神野志隆光著　吉川弘文館　1986.6　208p　20cm　2000円　ⓘ4-642-07254-3
◇山の辺の道—記紀万葉の世界　和田嘉寿男著　桜楓社　1986.5　244p　20cm　1800円　ⓘ4-273-02100-5
◇紀記論究　建国篇2　大和欠史時代　松岡静雄著　教育出版センター　1986.2　336p　22cm　〈同文館昭和6年刊の複製　発売：冬至書房〉
◇紀記論究　建国篇3　師木宮　松岡静雄著　教育出版センター　1986.2　329p　22cm　〈同文館昭和6年刊の複製　発売：冬至書房〉
◇紀記論究　建国篇4　日代宮　松岡静雄著　教育出版センター　1986.2　344p　22cm　〈同文館昭和7年刊の複製　発売：冬至書房〉
◇紀記論究　建国篇5　国内統一　松岡静雄著　教育出版センター　1986.2　333p　22cm　〈同文館昭和7年刊の複製　発売：冬至書房〉
◇紀記論究　建国篇6　外藩帰伏　松岡静雄著　教育出版センター　1986.2　330p　22cm　〈同文館昭和7年刊の複製　発売：冬至書房〉
◇古事記をよむ　4　河内王家の伝承—古事記下巻　中西進著　角川書店　1986.2　269p　20cm　2200円　ⓘ4-04-864014-3
◇紀記論究　神代篇1　創世記　松岡静雄著　教育出版センター　1986.1　322p　22cm　〈同文館昭和6年刊の複製　発売：冬至書房〉
◇紀記論究　神代篇2　諾冊二尊　松岡静雄著　教育出版センター　1986.1　279p　22cm　〈同文館昭和6年刊の複製　発売：冬至書房〉
◇紀記論究　神代篇4　出雲伝説　松岡静雄著　教育出版センター　1986.1　317p　22cm　〈同文館昭和6年刊の複製　発売：冬至書房〉
◇紀記論究　神代篇5　国譲　松岡静雄著　教育出版センター　1986.1　322p　22cm　〈同文館昭和6年刊の複製　発売：冬至書房〉
◇紀記論究　神代篇6　高千穂時代　松岡静雄著　教育出版センター　1986.1　325p　22cm　〈同文館昭和6年刊の複製　発売：冬至書房〉
◇古事記をよむ　3　大和の大王たち—古事記中巻　中西進著　角川書店　1986.1　292p　20cm　2200円　ⓘ4-04-864013-5
◇古事記をよむ　2　天降った神々—古事記上巻2　中西進著　角川書店　1985.12　226p　20cm　2200円　ⓘ4-04-864012-7
◇古事記をよむ　1　天つ神の世界—古事記上巻1　中西進著　角川書店　1985.11　307p　20cm　2200円　ⓘ4-04-864011-9
◇古事記の成立と構想　尾畑喜一郎著　桜楓社　1985.9　351p　22cm　9800円　ⓘ4-273-02024-6
◇古事記成立の研究　菅野雅雄著　桜楓社　1985.6　322p　22cm　6800円　ⓘ4-273-02008-4
◇古事記大講　水谷清著　八幡書店　1985.1〜5　30冊　22cm　〈古事記大講刊行会昭和2〜8年刊の複製　付（図1枚　袋入）：比乃川上神域略絵図〉　全150000円
◇古事記　下　次田真幸全訳注　講談社　1984.7　226p　15cm　（講談社学術文庫）　500円　ⓘ4-06-158209-7
◇記紀万葉集の世界　三谷栄一著　有精堂　1984.5　358p　22cm　8500円　ⓘ4-640-30562-1
◇神田秀夫論稿集　4　民族の古伝　明治書院　1984.2　424p　22cm　6800円
◇独逸語訳古事記　第4巻　天文暦象篇　木下祝夫著, 真鍋大覚編　［福岡］　香椎宮奉斎会　1984.2　359p　27cm
◇古事記—文芸読本　河出書房新社　1984.1　247p　21cm　〈新装版〉　880円
◇古事記　益田勝実著　岩波書店　1984.1

奈良時代

287p　20cm　（古典を読む 10）　1800円
◇日本古典の研究　川副武胤著　吉川弘文館　1983.12　627p　22cm　13000円　⓪4-642-02121-3
◇古事記の達成―その論理と方法　神野志隆光著　東京大学出版会　1983.9　285,3p　22cm　3400円
◇完訳日本の古典　第1巻　古事記　荻原浅男校注・訳　小学館　1983.8　374p　20cm　1700円　⓪4-09-556001-0
◇『古事記』神話の思想―日本思想研究序説　山内健生著　国民文化研究会　1983.7　179p　17cm　500円
◇神宮古典籍影印叢刊　1　古事記　日本書紀　上　神宮古典籍影印叢刊編集委員会編　伊勢　皇学館大学　1983.5　472,25p　27cm　〈複製　製作発売：八木書店（東京）〉　16000円
◇神宮古典籍影印叢刊　2　古事記　日本書紀　下　神宮古典籍影印叢刊編集委員会編　伊勢　皇学館大学　1983.5　413,31p　27cm　〈複製　製作発売：八木書店（東京）〉　16000円
◇聚注古事記　安津素彦ほか編　桜楓社　1983.3　910p　27cm　〈刊行：国学院大学日本文化研究所　箱入　限定版〉　300000円
◇語構成から見た日本書紀・古事記の語・語彙の比較研究―古事記の性格に関する研究　富山民蔵著　風間書房　1983.2　2冊　22cm　全40000円　⓪4-7599-0579-0
◇新釈古事記　石川淳著　角川書店　1983.1　275p　23cm　2800円
◇古事記とその周辺・芭蕉と俳文学　志田延義著　至文堂　1982.12　578p　22cm　（志田延義著作集）　6000円
◇古事記裏書　小野田光雄編　勉誠社　1982.9　28,44p　21cm　（勉誠社文庫 109）　〈釈文並びに解説：小野田光雄　神宮文庫所蔵本の複製〉　1500円
◇古事記の解析　牧尾一彦著　栄光出版社　1982.9　371p　22cm　〈著者の肖像あり〉　2000円　⓪4-7541-8214-6
◇古事記を読む―神代記の世界　浅野栄一郎著　柏　広池学園出版部　1982.7　269p　21cm
◇『古事記』神代の巻解読書　part 2　太陽系の誕生　名古屋「古事記」研究会編　辻村三著　名古屋　辻村三　1982.6　160p　26cm　1200円
◇古事記　梅原猛著　学習研究社　1982.5　251p　20cm　（日本の古典ノベルス）　980円　⓪4-05-100083-4
◇日本思想大系　1　古事記　青木和夫ほか校注　岩波書店　1982.2　694p　22cm　4600円
◇訂正古訓古事記　本居宣長著　勉誠社　1981.12　3冊　21cm　（勉誠社文庫 94～96）　〈解説：小野田光雄　享和3年刊本の複製〉　各1700円
◇論考「記紀」　太田善麿著　群書　1981.12　252p　19cm　〈発売：続群書類従完成会〉　3200円
◇諸本集成古事記　小野田光雄編　勉誠社　1981.11　3冊　22cm　〈複製〉　全36000円
◇梅原猛著作集　8　神々の流竄　集英社　1981.9　582p　20cm　1800円
◇古事記・風土記・日本霊異記　曽倉岑,金井清一著　尚学図書　1981.9　386p　20cm　（鑑賞日本の古典 1）　〈発売：小学館　参考文献解題・『古事記』『風土記』『日本霊異記』関係略年表：p341～381〉　1600円
◇『古事記』神代の巻解読書　part 1　宇宙の歴史　名古屋「古事記」研究会編　名古屋　辻村三　1981.8　45p　26cm　〈限定版〉　非売品
◇記紀の世界―古語の発掘による古代史の解明　国枝竜一著　陽光出版社　1981.4　323p　19cm　1500円
◇古事記―卜部兼永筆本　3巻　勉誠社　1981.4　394,34p　22cm　（古典資料類従 36）　〈解題：西田長男　鈴鹿勝所蔵の複製〉　12000円
◇古事記の研究　川副武胤著　改訂増補版　至文堂　1981.4　518p　22cm　3500円
◇古事記―文芸読本　河出書房新社　1980.12　247p　21cm　880円
◇古事記―全訳注　中　次田真幸訳注　講談社　1980.12（第37刷：2002.7）　251p　15cm　（講談社学術文庫）　880円　⓪4-06-158208-9
◇古事記全註釈　第7巻　下巻篇　倉野憲

309

◇司著　三省堂　1980.12　390p　22cm〈著者の肖像あり〉　6800円
◇現代語訳日本の古典　1　古事記　梅原猛著　学習研究社　1980.10　188p　30cm　2400円
◇古事記研究―古代伝承と歌謡　守屋俊彦著　三弥井書店　1980.10　354p　22cm　6000円
◇記紀万葉集の研究　浜田清次著　桜楓社　1980.7　605p　22cm　24000円
◇古事記成立の研究―後宮と神祇官の文学　三谷栄一著　有精堂出版　1980.7　500p　22cm　9800円
◇古事記伝―44巻　本居宣長撰　大阪　清栄社　1980.6　45冊（別冊とも）　28cm〈自筆稿本の複製　別冊（23cm）：答問録帙入　限定版　和装〉　345000円
◇古事記―春瑜本　上巻　ほるぷ出版　1980.4　1冊（頁付なし）　28cm（複刻日本古典文学館　第2期）〈伊勢神宮蔵（応永33年頃写）の複製　付（別冊35p　21cm）：解題　叢書の編者：日本古典文学会　箱入　限定版　和装〉
◇古事記全註釈　第6巻　中巻篇　下　倉野憲司著　三省堂　1979.11　448p　22cm　6800円
◇古事記―現代語訳　蓮田善明訳　古川書房　1979.9　241p　19cm（古川叢書）　1400円
◇古事記と天武天皇の謎　大和岩雄著　六興出版　1979.8　250p　19cm（ロッコウブックス）　980円
◇古事記への旅　荻原浅男著　日本放送出版協会　1979.7　238p　19cm（NHKブックス　347）　650円
◇古事記　西宮一民校注　新潮社　1979.6　410p　20cm（新潮日本古典集成）　1800円
◇古事記の証明―ワカタケル大王と太安万侶　毎日新聞社編　毎日新聞社　1979.6　267p　19cm　950円
◇盗まれた神話―記・紀の秘密　古田武彦著　角川書店　1979.6　444p　15cm（角川文庫）　460円
◇古事記偽書説の周辺　大和岩雄著　名著出版　1979.4　310p　20cm　1800円

◇図説日本の古典　1　古事記―神田秀夫〔ほか〕編集　集英社　1978.12　218p　28cm〈企画：秋山虔ほか〉　2400円
◇記紀論―国学的古事記観の克服　梅沢伊勢三著　創文社　1978.9　162p　20cm　1200円
◇訂正古訓古事記　中　本居宣長訓　新典社　1978.9　84丁　26cm（新典社版原典シリーズ　4）〈複製　付（別冊18p　19cm）：訂正古訓古事記校異　中　尾崎暢殃編　和装〉　2500円
◇訂正古訓古事記　下　本居宣長訓　新典社　1978.9　54,3丁　26cm（新典社版原典シリーズ　5）〈複製　付（別冊32p　19cm）：訂正古訓古事記校異　下　尾崎暢殃編　和装〉　2000円
◇古事記の形象と位相　村上清一著　明治書院　1978.5　395p　22cm　4200円
◇古事記の世界　川副武胤著　〔東村山〕教育社　1978.5　269p　18cm（教育社歴史新書）　600円
◇古事記全註釈　第5巻　中巻篇　上　倉野憲司著　三省堂　1978.4　320p　22cm　5000円
◇古事記及び日本書紀の表記の研究　野口武司著　桜楓社　1978.3　1034p　22cm　28000円
◇鑑賞日本古典文学　第1巻　古事記　上田正昭,井手至編　角川書店　1978.2　383p　20cm　1500円
◇古事記　国宝真福寺本　桜楓社　1978.1　247,7p　27cm〈解説：小島憲之　宝生院所蔵の複製〉　1800円
◇古事記　上　次田真幸全訳注　講談社　1977.12　214p　15cm（講談社学術文庫）　300円
◇古事記　上田正昭編　社会思想社　1977.9　337p　20cm（日本古代文化の探究）〈執筆：生田滋〔等〕〉　1500円
◇新訂古事記　武田祐吉訳注,中村啓信補訂・解説　角川書店　1977.8　441p　15cm（角川文庫）〈付：現代語訳,語句索引,歌謡各句索引〉　490円
◇論集・古事記の成立　倉野憲司他著　大和書房　1977.6　304p　20cm（日本古代文化叢書）　1700円
◇古事記　山路平四郎,窪田章一郎編　早

稲田大学出版部　1977.5　273p　19cm　（古代の文学3）　1700円
◇古事記総索引　補遺　高木市之助, 富山民蔵編　平凡社　1977.4　420p　図　22cm　〈新装版〉　4500円
◇古事記全註釈　第4巻　倉野憲司著　三省堂　1977.2　304p　図　22cm　5000円
◇記紀論攷　木村竜司著　笠間書院　1977.1　330p　22cm　（笠間叢書71）　6000円
◇古事記研究史　德光久也著　笠間書院　1977.1　443p　図　22cm　（笠間叢書72）　9000円
◇石川三四郎選集　第1巻　古事記神話の新研究　伊勢崎　黒色戦線社　東京　海燕書房（発売）　1976　392p　図　20cm　〈ジープ社昭和25年刊本の複製〉　2500円
◇古事記及び日本書紀の研究　川副武胤著　風間書房　1976　576p　22cm　12400円
◇古事記神話の構成　金子武雄著　南雲堂桜楓社　1976　262p　19cm　（国語国文学研究叢書12）　1800円
◇古事記全註釈　第3巻　上巻篇　中　倉野憲司著　三省堂　1976　360p　図　22cm　5000円
◇古事記注釈　第2巻　西郷信綱著　平凡社　1976　367p　22cm　3000円
◇古事記・日本書紀　福永武彦訳　河出書房新社　1976　390p　図　18cm　（日本古典文庫1）　〈解説：山本健吉〉　800円
◇続記紀批判―古事記及び日本書紀の文献的相互関係の究明　梅沢伊勢三著　創文社　1976　662p　22cm　10000円
◇天皇の系譜と神話　2　吉井巌著　塙書房　1976　439p　22cm　6300円
◇神々の体系　続（記紀神話の政治的背景）　上山春平著　中央公論社　1975　187p　18cm　（中公新書）　340円
◇古事記成立考―日本最古の古典への疑問　大和岩雄著　大和書房　1975　384p　20cm　（日本古代文化叢書）　1800円
◇古事記注釈　第1巻　西郷信綱著　平凡社　1975　405p　22cm　3000円
◇古事記・日本書紀　2　日本文学研究資料刊行会編　有精堂出版　1975　319p　22cm　（日本文学研究資料叢書）　2600円
◇盗まれた神話―記・紀の秘密　古田武彦著　朝日新聞社　1975　441p　20cm　1400円
◇国宝古事記　講談社　1974.11　4冊（別冊とも）　24～27cm　〈監修：久松潜一　真福寺本の複製　別冊：解説　久松潜一著　帙入　箱入（30cm）限定版　和装〉
◇安藤正次著作集　第4巻　記・紀・万葉集論考　安藤正次著作集刊行会編　雄山閣出版　1974　479p　肖像　22cm　5000円
◇古事記全註釈　第2巻　上巻篇　上　倉野憲司著　三省堂　1974　344p　図　22cm　4500円
◇古事記総索引　高木市之助, 富山民蔵編　平凡社　1974　2冊　22cm　〈新装版〉　全5000円
◇古代探求―古事記・日本書紀を中心に　松本清張著　増補　文芸春秋　1974　373p　20cm　1300円
◇性と権力の書古事記　城野宏著　オリエント書房　1974　226p　図　20cm　980円
◇日本古代試論　大和岩雄著　大和書房　1974　558p　22cm　4500円
◇古事記　西宮一民編　桜楓社　1973　217p　22cm　800円
◇古事記研究　西郷信綱著　未来社　1973　305, 14p　図　22cm　1500円
◇古事記説話の研究　菅野雅雄著　桜楓社　1973　340p　22cm　6800円
◇古事記全註釈　第1巻　序文篇　倉野憲司著　三省堂　1973　263p　図　22cm　3500円
◇武田祐吉著作集　第2巻　古事記篇　1　角川書店　1973　518p　23cm　2800円
◇武田祐吉著作集　第3巻　古事記篇　2　角川書店　1973　377p　23cm
◇武田祐吉著作集　第4巻　古事記・風土記篇　3　角川書店　1973　417p　23cm
◇日本古典文学全集　1　古事記・上代歌謡　校注・訳：荻原浅男, 鴻巣隼雄　小学館　1973　513p　図　23cm　1500円
◇現代人のための古事記　林房雄著　新人物往来社　1972　238p　20cm　850円
◇古事記　尾崎知光編　白帝社　1972

273p　22cm　1000円
◇古事記の世界　荻原浅男著　秋田書店　1972　267p　20cm　890円
◇古事記は神話ではない　完結編　桜井光堂著　秋田書店　1972　370p　20cm　890円
◇古代歌謡全注釈　古事記編　土橋寛著　角川書店　1972　466p　図　22cm　（日本古典評釈全注釈叢書）
◇日本古代の発見―古事記を裸にする　黒田正夫著　講談社　1972　414p　20cm　780円
◇日本古典の研究　津田左右吉著　改版　岩波書店　1972　2冊　22cm　2000円
◇古事記・日本書紀　梅沢伊勢三著　三一書房　1971　220p　20cm　（古典とその時代 1）〈新装版〉　850円
◇古事記は偽書か　鳥越憲三郎著　朝日新聞社　1971　328p　19cm　680円
◇古事記は神話ではない　続々　桜井光堂著　秋田書店　1971　255p　20cm　650円
◇訂正古訓古事記　上　本居宣長訓　新典社　1971　1冊　26cm　（新典社版原典シリーズ 3）〈付：訂正古訓古事記校異 上（尾崎暢殃）　和装〉　1500円
◇校注古事記　丸山林平編　武蔵野書院　1970.3　298p　22cm　①4-8386-0526-9
◇古事記大鏡　巻の1　苗代清太郎著　肇国社　1970　507p　肖像　23cm　4000円
◇古事記系譜の研究　菅野雅雄著　桜楓社　1970　396p　22cm　4800円
◇古事記・日本書紀 1　日本文学研究資料刊行会編　有精堂出版　1970　301p　22cm　（日本文学研究資料叢書）　1500円
◇古事記の紙背　杉岡衞著　岐阜　東海考史会　1970　98p　21cm　900円
◇古事記は神話ではない　桜井光堂著　秋田書店　1970　254p　20cm　560円
◇古事記は神話ではない　続　桜井光堂著　秋田書店　1970　303p　20cm　650円
◇日本神話の復元と古代国家　石川憲保著　天童　石川憲保　山形　郁文堂書店（発売）　1970　698p　図1枚（袋入）　22cm　3000円

稗田 阿礼
ひえだの あれ

生没年不詳

7世紀末から8世紀初めにかけての官人。大和国添上郡田邑の人。稗田氏は天鈿女命（あめのうずめのみこと）の後裔である猿女君の同族とされる。一度聞いたことは二度と忘れないと言われるほど記憶力に優れ、天武天皇の舎人となり『帝紀』や『旧辞』の誦習を命ぜられたが、時に28歳であったとされる。天武天皇の死後、元明天皇の命により太安麻呂が阿礼の誦習を撰録し、和銅5年（712年）『古事記』が成立した。古事記編纂以来の事跡は不明で、男性説と女性説の双方が唱えられている。

＊　　　＊　　　＊

◇古事記研究　西郷信綱著　復刊　未来社　2002.5　305, 14p　22cm　〈折り込1枚〉　3200円　①4-624-60022-3
◇古事記　梅原猛著　学習研究社　2001.1　281p　15cm　（学研M文庫）　520円　①4-05-902013-3
◇梅原猛著作集　8　神々の流竄　集英社　1981.9　582p　20cm　1800円

太 安麻呂
おおの やすまろ

？～養老7年（723年）7月6日

奈良時代初期の学者・官人。安万侶とも記す。姓は朝臣。壬申の乱の功臣である多品治の子と伝えられる。慶雲元年（704年）に従五位下、和銅4年（711年）に正五位上となる。同年9月に元明天皇の勅命を受け、稗田阿礼が誦習していた『帝紀』『旧辞』を撰録し、翌年正月に『古事記』として献上した。霊亀元年（715年）に従四位下、翌年に氏長（氏上）となり、晩年には従四位下・勲五等・民部卿に至った。『日本書紀』の編纂にも関わったと伝える資料もある。昭和54年（1979年）に奈良市此瀬町で墓が発見され、墓誌が出土した。

＊　　　＊　　　＊

◇日本語学の方法―工藤力男著述選　工藤力男著　汲古書院　2005.11　319, 13p　22cm　3800円　①4-7629-3527-1
◇日本語はいかにつくられたか？　小池清治著　筑摩書房　1995.6　251p　15cm

（ちくま学芸文庫）　800円　①4-480-08210-7
◇安万侶の真意　中西信伍著　六興出版　1992.3　343p　19cm　（ロッコウブックス）　1800円　①4-8453-5078-5
◇日本語はいかにつくられたか？　小池清治著　筑摩書房　1989.5　238p　19cm　（ちくまライブラリー 25）　1130円　①4-480-05125-2
◇古代史論考　6　外来民族による日本征服の陰謀を暴いた太安万侶と日本書紀　正気久会著　国立　文芸手帖の会　1986.9　185p　21cm　〈『文芸手帖』別冊〉　1500円
◇日本を創った官僚たち―歴史にみる虚像と実像　童門冬二著　旺文社　1986.9　311p　15cm　（旺文社文庫）　440円　①4-01-064362-5
◇太安万侶卿のお墓に詣でて　多栄平述，柳沢康雄編　〔美野里町（茨城県）〕〔柳沢康雄〕　〔1985〕　16p　26cm　〈太安万侶の肖像あり〉
◇太安万侶の表記意識―表現と解釈に関する論文集　原田章之進著　風間書房　1979.7　251p　22cm　3500円
◇古事記の証明―ワカタケル大王と太安万侶　毎日新聞社編　毎日新聞社　1979.6　267p　19cm　950円

帝紀・旧辞
てぃき・きゅうじ

『古事記』『日本書紀』の編纂に際して、原史料となったと伝えられる史書。『帝紀』は歴代天皇の系譜と事跡に関する伝承を記録したもので、帝皇日嗣とも呼ばれる。『旧辞』は諸氏族に口承された神話・伝説・歌謡物語などを記録したもので、「くじ」とも読み、先代旧辞、本辞とも呼ばれる。『帝紀』『旧辞』とも、大和政権の発展とこれに伴う国家的自覚の成長を背景に、欽明朝（539年～571年）の頃に成立したとされるが、その後散逸し現存しない。

＊　　＊　　＊

◇古事記論叢　5　構造　菅野雅雄著　おうふう　2004.9　393p　22cm　（菅野雅雄著作集 第5巻）〈シリーズ責任表示：菅野雅雄著〉　15000円　①4-273-03325-9
◇古事記構造の研究　菅野雅雄著　おうふう　2000.5　390p　22cm　15000円　①4-273-03125-6
◇日本史学の黎明　宮井義雄著　春秋社　1994.11　252,7p　22cm　6695円　①4-393-48224-7
◇帝紀の批評的研究　徳光久也著　笠間書院　1978.9　329p　22cm　（笠間叢書 106）　7000円

日本書紀　にほんしょき

奈良時代の歴史書。30巻。他に系図1巻が添えられていたが散逸した。はじめ日本紀と呼ばれ、平安時代初期頃から日本書紀と称されるようになった。紀と略し、『古事記』と合わせて記紀と呼ばれる。正史としては日本で最初のもので、六国史の第一。舎人親王らが編纂し、養老4年（720年）に成立した。巻一と巻二を神代の上と下、巻三を神武紀、それ以降の各巻に1代または数代の天皇ごとに編年体でまとめ、巻二十八と巻二十九を天武紀の上下、巻三十を持統紀とする。『古事記』が『帝紀』と『旧辞』だけを素材としていたのに対し、『日本書紀』はこれらを中心に寺院の縁起・諸家の家記・個人の日記・中国や朝鮮の史料などを広く資料に用いている。『帝紀』『旧辞』以外の異伝を無理に統一することなく併記または注記している。『古事記』と並び、日本史学その他の研究における重要な資料である。

◇図解古事記・日本書紀　多田元監修　西東社　2009.12　287p　19cm　（歴史がおもしろいシリーズ！）〈『もう一度学びたい古事記と日本書紀』（2006年刊）の普及版　年表あり　索引あり〉　720円　①978-4-7916-1762-3

◇日本書紀に見る立太子年の操作―天照大神=卑弥呼説を証明する　浅川高雄著　文芸社　2009.11　281p　19cm　〈文献あり〉　1500円　①978-4-286-07748-2
◇語源でとく古代大和　渡部正路著　叢文社　2009.9　245p　19cm　1429円　①978-4-7947-0623-2
◇変奏される日本書紀　神野志隆光著　東京大学出版会　2009.7　330,4p　21cm　6800円　①978-4-13-080067-9
◇『日本書紀』の天皇像と神祇伝承　松倉文比古著　雄山閣　2009.6　418p　21cm　8000円　①978-4-639-02096-7
◇日本書紀―全訳　宮沢豊穂訳　長野　ほおずき書籍,星雲社（発売）　2009.4　718p　22cm　〈文献あり〉　4762円　①978-4-434-12925-4
◇神話と古事記・日本書紀　直木孝次郎著　吉川弘文館　2008.12　278p　20cm　（直木孝次郎古代を語る 3）　2600円　①978-4-642-07884-9
◇なぜ『日本書紀』は古代史を偽装したのか　関裕二著　実業之日本社　2008.12　230p　18cm　（じっぴコンパクト）〈「日本書紀塗り替えられた古代史の謎」（2005年刊）の増訂〉　762円　①978-4-408-10745-5
◇飛鳥を築いた大王たち―『日本書紀』を読み解く　鈴木茂夫著　文芸社　2008.11　253p　19cm　〈文献あり〉　1500円　①978-4-286-05383-7
◇古事記・日本書紀を歩く―神話と伝説の世界を訪ねて　林豊著　JTBパブリッシング　2008.10　160p　21cm　（楽学ブックス）〈JTBキャンブックス1995年刊の増訂　年表あり〉　1600円　①978-4-533-07262-8
◇謎解き古代飛鳥の真相　中村修也著　学習研究社　2008.9　347p　15cm　（学研M文庫）　667円　①978-4-05-901226-9
◇垂加神道の人々と日本書紀　松本丘著　弘文堂　2008.7　290,5p　22cm　4400円　①978-4-335-16052-3
◇日本の「神話」と「古代史」がよくわかる本　島崎晋監修,日本博学倶楽部著　PHP研究所　2008.6　326p　15cm　（PHP文庫）〈文献あり〉　619円　①978-4-569-67050-8

◇図解雑学古事記と日本書紀　武光誠著　ナツメ社　2008.5　223p　19cm　〈奥付のタイトル：古事記と日本書紀〉　1300円　①978-4-8163-4500-5
◇日本古代史の解明に挑む―『古事記』『日本書紀』『三国史』から読み解く　横山和子著　岡山　横山和子,丸善岡山支店出版サービスセンター（製作）　2008.3　190p　21cm　2300円　①978-4-89620-160-4
◇記紀と古代史料の研究　荊木美行著　国書刊行会　2008.2　511,5p　22cm　7000円　①978-4-336-04998-8
◇なるほど！古事記・日本書紀―地図&図解　島崎晋著　広済堂出版　2007.10　119p　26cm　〈年表あり〉　1200円　①978-4-331-51234-0
◇日本書紀と三国史記の系図解読レポート　米田喜彦著　新風舎　2007.10　63p　26cm　1000円　①978-4-289-03250-1
◇日本書紀　上　小島憲之,直木孝次郎,西宮一民,蔵中進,毛利正守校訂・訳　小学館　2007.9　317p　20cm　（日本の古典をよむ 2）　1800円　①978-4-09-362172-4
◇日本書紀　下　風土記　小島憲之,直木孝次郎,西宮一民,蔵中進,毛利正守,植垣節也校訂・訳　小学館　2007.9　317p　20cm　（日本の古典をよむ 3）　1800円　①978-4-09-362173-1
◇尊経閣文庫本日本書紀本文・訓点総索引　石塚晴通編　八木書店　2007.8　432p　27cm　22000円　①978-4-8406-9411-7
◇「図解」古事記と日本書紀―比べてみるとよくわかる！　滝音能之監修　PHP研究所　2007.6　95p　26cm　〈年表あり〉　952円　①978-4-569-69224-1
◇日本書紀私記　釈日本紀　日本逸史　卜部兼方編,鴨祐之編　吉川弘文館　2007.6　206,356,378p　27cm　（国史大系 新訂増補 第8巻）〈平成11年刊（新装版）を原本としたオンデマンド版〉　17500円　①978-4-642-04008-2
◇古代天皇の聖数ライン―数字で読み解く日本書紀　江口洌著　河出書房新社　2007.2　245p　20cm　〈文献あり〉　2000円　①978-4-309-22459-6
◇日本書紀　4（訓点総索引・解説）　八木

奈良時代

◇書店　2006.9　505p　27cm　（宮内庁書陵部本影印成集 4）　20000円　ⓘ4-8406-2404-6
◇日本古代国家形成史考　小林敏男著　校倉書房　2006.8　335p　20cm　3800円　ⓘ4-7517-3760-0
◇もう一度学びたい古事記と日本書紀　多田元監修　西東社　2006.7　287p　21cm　〈折り込1枚　年表あり　文献あり〉　1480円　ⓘ4-7916-1387-2
◇記紀夜話　3　菅野雅雄著　おうふう　2006.6　188p　19cm　2000円　ⓘ4-273-03438-7
◇日本書紀研究　第27冊　横田健一先生米寿記念会編　塙書房　2006.6　315p　22cm　〈横田健一先生米寿記念〉　8000円　ⓘ4-8273-1527-2
◇木簡・金石文と記紀の研究　小谷博泰著　大阪　和泉書院　2006.5　336p　22cm　（研究叢書 352）　12000円　ⓘ4-7576-0369-X
◇日本書紀　3（巻21-巻24）　八木書店　2006.4　214p　27cm　（宮内庁書陵部本影印成集 3）　22000円　ⓘ4-8406-2403-8
◇日本書紀　2（巻14-巻17）　八木書店　2006.2　206p　27cm　（宮内庁書陵部本影印成集 2）　22000円　ⓘ4-8406-2402-X
◇日本書紀　1（巻2・巻10・巻12・巻13）　八木書店　2005.12　260p　27cm　（宮内庁書陵部本影印成集 1）　22000円　ⓘ4-8406-2401-1
◇日本書紀—現代語訳　福永武彦訳　河出書房新社　2005.10　428p　15cm　（河出文庫）　800円　ⓘ4-309-40764-1
◇日本書紀研究　第26冊　横田健一先生米寿記念会編　塙書房　2005.10　281p　22cm　〈肖像あり　横田健一先生米寿記念〉　7200円　ⓘ4-8273-1526-4
◇上代文献の出雲—記紀でなぜ出雲が重視されたか　長野一雄著　新典社　2005.5　206p　22cm　（新典社研究叢書 168）　5860円　ⓘ4-7879-4168-2
◇図説地図とあらすじで読む古事記と日本書紀　坂本勝監修　青春出版社　2005.5　111p　26cm　〈年表あり〉　1080円　ⓘ4-413-00781-6
◇日本書紀はパズルである　2（パンドラ編）　春日うそ麻呂著　新風舎　2005.5　54p　26cm　1000円　ⓘ4-7974-7090-9
◇記紀夜話　2　菅野雅雄著　おうふう　2005.3　193p　19cm　2000円　ⓘ4-273-03385-2
◇日本書紀 英文版—NIHONGI：Chronicles of Japan from the Earliest Times to A.D.697　ウィリアム・G.アストン英訳　チャールズ・イー・タトル出版　2005.3　443p　21×13cm　〈本文：英文〉　2000円　ⓘ4-8053-0793-5
◇日本書紀塗り替えられた古代史の謎　関裕二著　実業之日本社　2005.3　242p　19cm　1400円　ⓘ4-408-10624-0
◇記紀の考古学　森浩一著　朝日新聞社　2005.2　376p　15cm　（朝日文庫）　720円　ⓘ4-02-261462-5
◇日本古代史の謎を解く—『記・紀』に秘められた真実　沢田洋太郎著　新泉社　2004.12　293p　19cm　〈年表あり　文献あり〉　2000円　ⓘ4-7877-0406-0
◇釈日本紀　3（巻19-巻28）　卜部兼方編　八木書店　2004.10　285, 56, 18p　22×31cm　（尊経閣善本影印集成 29）　30000円　ⓘ4-8406-2329-5
◇「記紀」はいかにして成立したか—「天」の史書と「地」の史書　倉西裕子著　講談社　2004.6　228p　19cm　（講談社選書メチエ 301）　1500円　ⓘ4-06-258301-1
◇『日本書紀』紀年の研究　江口洌著　おうふう　2004.5　471p　22cm　16000円　ⓘ4-273-03332-1
◇「記紀」の成立と紀年の謎を解く　蛭田喬樹著　創英社　2004.4　138p　19cm　〈東京 三省堂書店（発売）〉　1000円　ⓘ4-88142-248-0
◇釈日本紀　2（巻9-巻18）　卜部兼方編　八木書店　2004.3　307p　22×31cm　（尊経閣善本影印集成 28）　30000円　ⓘ4-8406-2328-7
◇日本書紀の読み方　遠山美都男編, 遠山美都男ほか著　講談社　2004.3　270p　18cm　（講談社現代新書）　〈文献あり〉　720円　ⓘ4-06-149709-X
◇一三〇〇年間解かれなかった日本書紀の謎　竹田昌暉著　徳間書店　2004.1　316p　20cm　〈文献あり〉　1800円

315

奈良時代

- ◇日本書紀 5 坂本太郎ほか校注 岩波書店 2003.11 624p 19cm (ワイド版岩波文庫) 1800円 ⓘ4-00-007234-X
- ◇日本書紀 3 坂本太郎ほか校注 岩波書店 2003.10 524p 19cm (ワイド版岩波文庫) 1600円 ⓘ4-00-007232-3
- ◇日本書紀 3 井上光貞監訳, 笹山晴生訳 中央公論新社 2003.10 386p 18cm (中公クラシックス) 〈年表あり〉 1500円 ⓘ4-12-160059-2
- ◇日本書紀 4 坂本太郎ほか校注 岩波書店 2003.10 555p 19cm (ワイド版岩波文庫) 1600円 ⓘ4-00-007233-1
- ◇『日本書紀』の作品論的研究―人物造形のあり方を中心に 大館真晴著 国学院大学大学院 2003.10 157p 26cm (国学院大学大学院研究叢書 文学研究科 10)
- ◇日本書紀 1 坂本太郎ほか校注 岩波書店 2003.9 528p 19cm (ワイド版岩波文庫) 1600円 ⓘ4-00-007230-7
- ◇日本書紀 2 坂本太郎ほか校注 岩波書店 2003.9 574p 19cm (ワイド版岩波文庫) 1800円 ⓘ4-00-007231-5
- ◇日本書紀 2 井上光貞監訳, 佐伯有清, 笹山晴生訳 中央公論新社 2003.9 328p 18cm (中公クラシックス) 1450円 ⓘ4-12-160058-4
- ◇日本書紀研究 第25冊 横田健一編 塙書房 2003.9 292p 22cm 6800円 ⓘ4-8273-1525-6
- ◇日本書紀 1 井上光貞監訳, 川副武胤, 佐伯有清訳 中央公論新社 2003.8 320p 18cm (中公クラシックス) 1500円 ⓘ4-12-160057-6
- ◇釈日本紀 1(目録・巻1-巻8) 卜部兼方編 八木書店 2003.6 279p 22×31cm (尊経閣善本影印集成 27) 30000円 ⓘ4-8406-2327-9
- ◇日本書紀の真実―紀年論を解く 倉西裕子著 講談社 2003.5 203p 19cm (講談社選書メチエ) 1500円 ⓘ4-06-258270-8
- ◇大和言葉訳日本書紀(神代) 青木信策著 文芸社 2003.5 154p 22cm 1000円 ⓘ4-8355-5124-9
- ◇日本書紀構造論 小金丸研一著 おうふう 2003.3 415p 22cm 〈付属資料：21枚〉 20000円 ⓘ4-273-03194-9
- ◇日本書紀朝鮮関係記事考証 上巻 三品彰英著 第2版 天山舎 2002.12 274p 22cm 4500円 ⓘ4-924916-02-1
- ◇日本書紀朝鮮関係記事考証 下巻 三品彰英著 天山舎 2002.12 299, 48p 22cm 8000円 ⓘ4-924916-03-X
- ◇記紀と易経 西孝二郎著 彩図社 2002.11 426p 15cm (ぶんりき文庫) 710円 ⓘ4-88392-307-X
- ◇日本古代史の南船北馬―『日本書紀』の造作を読み解く 室伏志畔著 同時代社 2002.10 120p 19cm 1200円 ⓘ4-88683-481-7
- ◇日本書紀神話の研究 4 岸元史明著 〔鶴ヶ島〕 国文学研究所 2002.8 285p 21cm 1000円
- ◇日本書紀 八木書店 2002.4 200, 58p 27cm (尊経閣善本影印集成 26) 〈シリーズ責任表示：前田育徳会尊経閣文庫編〉 20000円 ⓘ4-8406-2326-0
- ◇記紀夜話 菅野雅雄著 おうふう 2002.3 174p 19cm 2000円 ⓘ4-273-03232-5
- ◇古事記・日本書紀論究―菅野雅雄博士古稀記念 菅野雅雄博士古稀記念論集刊行会編 おうふう 2002.3 478p 22cm 〈肖像あり〉 15000円 ⓘ4-273-03217-1
- ◇日本書紀神話の研究 3 岸元史明著 〔鶴ヶ島〕 国文学研究所 2002.3 278p 21cm 1000円
- ◇日本書紀神話の研究 2 岸元史明著 〔鶴ヶ島〕 国文学研究所 2002.2 323p 21cm 1000円
- ◇日本書紀神話の研究 1 岸元史明著 〔鶴ヶ島〕 国文学研究所 2002.1 258p 21cm 1000円
- ◇卑弥呼と日本書紀 石原藤夫著 栄光出版社 2001.11 600p 22cm 3800円 ⓘ4-7541-0041-F
- ◇日本書紀はなにを隠してきたか 遠山美都男著 洋泉社 2001.7 253p 18cm (新書y) 〈1999年刊の増訂〉 780円 ⓘ4-89691-549-6
- ◇「日本書紀」暗号解読―消された古代文明 竹田日恵, 文学考古会著 徳間書店

◇2001.6 268p 19cm 1600円 ⓈI4-19-861368-0
◇記紀の考古学 森浩一著 朝日新聞社 2000.12 349p 20cm 2200円 ⓈI4-02-257555-7
◇日本書紀研究 第23冊 横田健一編 塙書房 2000.11 357p 22cm 8200円 ⓈI4-8273-1523-X
◇日本書紀 後篇 黒板勝美,国史大系編修会編 新装版 吉川弘文館 2000.8 437p 23cm （国史大系 新訂増補 第1巻 下）〈複製〉 6500円 ⓈI4-642-00302-9
◇日本紀略 後篇 百錬抄 黒板勝美編輯,黒板勝美編輯 新装版 吉川弘文館 2000.7 290, 258p 23cm （国史大系 新訂増補 第11巻）〈複製〉 7600円 ⓈI4-642-00312-6
◇日本書紀年代論 石川雄治著 文芸社 2000.5 249p 20cm 1500円 ⓈI4-8355-0096-2
◇日本紀略 前篇 黒板勝美編輯 新装版 吉川弘文館 2000.4 546p 23cm （国史大系 新訂増補 第10巻）〈複製〉 7600円 ⓈI4-642-00311-8
◇日本書紀 前篇 黒板勝美,国史大系編修会編 新装版 吉川弘文館 2000.4 419p 23cm （国史大系 新訂増補 第1巻 上）〈複製〉 6500円 ⓈI4-642-00301-0
◇記紀万葉論攷―中村啓信先生古稀記念 中村啓信先生古稀記念論文集刊行会編 中村啓信先生古稀記念論文集刊行会 2000.3 311p 21cm 非売品
◇紀年を解読する―古事記・日本書紀の真実 高城修三著 京都 ミネルヴァ書房 2000.3 348p 20cm （シリーズ〈古代史の探求〉2）〈付属資料：1枚〉 3000円 ⓈI4-623-03169-1
◇日本書紀の基礎的研究 中村啓信著 高科書店 2000.3 466, 2, 15p 22cm 12000円
◇古代の日朝関係と日本書紀 笠井倭人著 吉川弘文館 2000.1 324, 6p 22cm 8000円 ⓈI4-642-02345-3
◇世界の文学―名作への招待 21 朝日新聞社 1999.12 32p 30cm （週刊朝日百科） 533円
◇日本書紀を読む 河村望著 人間の科学新社 1999.12 338p 20cm 〈標題紙・背・表紙の出版者表示：人間の科学社（旧社名）〉 2800円 ⓈI4-8226-0180-3
◇『楚辞』と『日本書紀』―〈こえ〉から「文字」へ 黒須重彦著 武蔵野書院 1999.10 241p 20cm 〈折り込み2枚〉 3800円 ⓈI4-8386-0185-9
◇日本書紀・古事記編年と原型の考証―神武元年の完全解読 三宅康靖著 日本図書刊行会 1999.10 135p 22cm 〈東京 近代文芸社（発売）〉 1500円 ⓈI4-8231-0383-1
◇日本書紀の謎を解く―述作者は誰か 森博達著 中央公論新社 1999.10 238p 18cm （中公新書） 780円 ⓈI4-12-101502-9
◇古事記・日本書紀を知る事典 武光誠著 東京堂出版 1999.9 336p 20cm 2600円 ⓈI4-490-10526-6
◇古事記・日本書紀論叢―太田善麿先生追悼論文集 太田善麿先生追悼論文集刊行会編 群書 1999.7 782p 22cm 〈肖像あり 東京 続群書類従完成会（発売）〉 18000円
◇日本書紀私記 釈日本紀 日本逸史 黒板勝美編輯,卜部兼方編,黒板勝美編輯,鴨祐之編,黒板勝美編輯 新装版 吉川弘文館 1999.7 206, 356, 378p 23cm （国史大系 新訂増補 第8巻）〈複製〉 11800円 ⓈI4-642-00309-6
◇『日本書紀』神代巻全注釈 角林文雄著 塙書房 1999.3 580, 14p 22cm 12000円 ⓈI4-8273-1161-7
◇『日本書紀』神代巻の基礎的研究 松田信彦著 国学院大学大学院 1999.3 100p 26cm （国学院大学大学院研究叢書 文学研究科 3）
◇日本書紀の紀年構造 藤井文夫著 日本図書刊行会 1999.3 131p 20cm 〈東京 近代文芸社（発売）〉 1300円 ⓈI4-8231-0208-8
◇日本書紀研究 第22冊 横田健一編 塙書房 1999.2 294p 22cm 6500円 ⓈI4-8273-1522-1
◇日本書紀史注 巻第4 山田宗睦著 風人社 1999.2 351, 6p 22cm 6000円 ⓈI4-938643-54-5
◇古事記と日本書紀―「天皇神話」の歴史

奈良時代

神野志隆光著　講談社　1999.1　211p　18cm　（講談社現代新書）　640円　⓵4-06-149436-8

◇古代史と日本書紀─津田史学をこえて　山田宗睦著　ニュートンプレス　1999.1　237p　19cm　（ニュートンプレス選書8）　1400円　⓵4-315-51522-1

◇逆説としての『記・紀』神話─日本古代史への視座　近江雅和，榎本出雲著　彩流社　1998.9　372p　20cm　2500円　⓵4-88202-554-X

◇新編日本古典文学全集　4　日本書紀　3　小島憲之ほか校注・訳　小学館　1998.6　646p　23cm　4657円　⓵4-09-658004-X

◇定本丹鶴叢書　第20巻　水野忠央編，朝倉治彦監修　大空社　1998.6　508, 6p　22cm　〈国立公文書館内閣文庫蔵の複製〉　⓵4-7568-0265-6

◇日本古代史「記紀・風土記」総覧　新人物往来社　1998.3　454p　21cm　（別冊歴史読本 55）　2200円　⓵4-404-02596-3

◇日本書紀史注　巻第3　山田宗睦著　風人社　1998.2　335, 9p　22cm　6000円　⓵4-938643-53-7

◇「日本書紀」と考古学　中尾七平著　福岡　海鳥社　1997.11　425, 4p　22cm　4600円　⓵4-87415-203-1

◇日本書紀史注　巻第2　山田宗睦著　風人社　1997.7　417, 11p　22cm　6000円　⓵4-938643-52-9

◇日本書紀研究　第21冊　横田健一編　塙書房　1997.6　467p　22cm　9700円　⓵4-8273-1521-3

◇書紀漢籍利用の推計学的研究　吉田舜著　福岡　葦書房　1997.4　253p　19cm　1600円　⓵4-7512-0663-X

◇日本書紀史注　巻第1　山田宗睦著　風人社　1997.2　497, 12p　22cm　6000円　⓵4-938643-51-0

◇天智系『古事記』と天武系『日本書紀』　邦前文吾著　〔国東町（大分県）〕　〔邦前文吾〕　〔1997〕　35, 2p　26cm

◇日本の神聖と先達伊奘諾（尊）・伊奘冉（尊）の生涯─神（聖）の教えをきき人に謂せる神の人　中村薫著　近代文芸社　1996.11　203p　20cm　1500円　⓵4-7733-5767-3

◇新編日本古典文学全集　3　日本書紀　2　小島憲之ほか校注・訳　小学館　1996.10　638p　23cm　4800円　⓵4-09-658003-1

◇日本書紀研究　第20冊　横田健一編　塙書房　1996.10　463p　22cm　9600円　⓵4-8273-1520-5

◇日本書紀の世界　中村修也編著　京都　思文閣出版　1996.6　263, 15p　21cm　2884円　⓵4-7842-0907-7

◇越中万葉と記紀の古伝承　広瀬誠著　富山　桂書房　1996.4　426p　22cm　5665円

◇古代天皇の系譜と紀年─さらば九州王朝論　西野凡夫著　鹿児島　高城書房出版　1996.3　377p　20cm　3000円　⓵4-924752-58-4

◇日本書紀は独立宣言書だった─明かされた建国の謎　山科誠著　角川書店　1996.3　206p　19cm　1300円　⓵4-04-884102-5

◇古事記・釈日本紀・風土記の文献学的研究　小野田光雄著　続群書類従完成会　1996.2　774p　22cm　23690円　⓵4-7971-0775-8

◇記紀万葉の謎─ことばのタイムトンネル　藤村由加著　実業之日本社　1995.11　265p　20cm　1400円　⓵4-408-53268-1

◇記紀・万葉を科学する　吉田舜著　福岡　葦書房　1995.7　356p　19cm　2000円　⓵4-7512-0596-X

◇古事記・日本書紀を歩く─神話・伝承の世界　林豊著　日本交通公社出版事業局　1995.6　160p　21cm　（JTBキャンブックス）　〈監修：長山泰孝　写真：沖宏治〉　1500円　⓵4-533-02226-X

◇校本日本書紀　4　国学院大学日本文化研究所編　角川書店　1995.5　562p　27cm　〈監修：岩橋小弥太　編集：中村啓信〉　12000円　⓵4-04-521204-3

◇伝承と言語─上代の説話から　佐佐木隆著　ひつじ書房　1995.5　320p　20cm　（未発選書 第3巻）　4326円　⓵4-938669-47-1

◇日本書紀　5　坂本太郎ほか校注　岩波書店　1995.3　624p　15cm　（岩波文庫）　980円　⓵4-00-300045-5

◇『古事記』『日本書紀』の謎　新人物往来社　1995.2　385p　21cm　（別冊歴史

読本）〈古代文献史料全解題：p318〜385〉 1800円
◇日本書紀 4 坂本太郎ほか校注 岩波書店 1995.2 555p 15cm （岩波文庫） 980円 ⓘ4-00-300044-7
◇六種対照日本書紀神代巻和訓研究索引 杉浦克己著 武蔵野書院 1995.2 847p 27cm 42000円 ⓘ4-8386-0153-0
◇日本書紀 3 坂本太郎ほか校注 岩波書店 1994.12 524p 15cm （岩波文庫） 980円 ⓘ4-00-300043-9
◇『日本書紀』とその世界 荊木美行著 大阪 燃焼社 1994.12 149p 21cm （燃焼社セレクト教養双書） 2000円 ⓘ4-88978-063-7
◇古代天皇伝承論 神尾登喜子著 おうふう 1994.11 333p 22cm 18000円 ⓘ4-273-02797-6
◇古代都市文学論—書紀・万葉・源氏物語の世界 高橋文二ほか著 翰林書房 1994.11 293p 20cm 2900円 ⓘ4-906424-57-0
◇記紀の文字表現と漢訳仏典 瀬間正之著 おうふう 1994.10 302p 22cm 18000円 ⓘ4-273-02795-X
◇日本書紀 2 坂本太郎ほか校注 岩波書店 1994.10 574p 15cm （岩波文庫） 980円 ⓘ4-00-300042-0
◇日本書紀を批判する—記紀成立の真相 古田武彦, 渋谷雅男共著 新泉社 1994.10 173p 21cm 1500円
◇日本書紀 1 坂本太郎ほか校注 岩波書店 1994.9 528p 15cm （岩波文庫） 980円 ⓘ4-00-300041-2
◇日本古代文化史の構想—祖父殴打伝承を読む 新川登亀男著 名著刊行会 1994.5 377p 20cm （歴史学叢書） 3800円 ⓘ4-8390-0288-6
◇新編日本古典文学全集 2 日本書紀 1 小島憲之ほか校注・訳 小学館 1994.4 582p 23cm 4300円 ⓘ4-09-658002-3
◇日本書紀研究 第19冊 横田健一編 塙書房 1994.2 456p 22cm 9785円 ⓘ4-8273-1519-1
◇盗まれた神話—記・紀の秘密 古田武彦著 朝日新聞社 1994.1 476p 15cm （朝日文庫） 830円 ⓘ4-02-260783-1

◇論集『日本書紀』「神代」 神野志隆光編 大阪 和泉書院 1993.12 146p 20cm （和泉選書 82） 2884円 ⓘ4-87088-625-1
◇日本書紀と古代朝鮮 木下礼仁著 塙書房 1993.10 439, 21p 22cm 18000円 ⓘ4-8273-1101-3
◇記紀と漢文学 和漢比較文学会編 汲古書院 1993.9 299p 22cm （和漢比較文学叢書 第10巻） 6500円 ⓘ4-7629-3234-5
◇日本書紀 上 坂本太郎ほか校注 岩波書店 1993.9 654p 22cm （日本古典文学大系新装版） 4500円 ⓘ4-00-004484-2
◇日本書紀 下 坂本太郎ほか校注 岩波書店 1993.9 627p 22cm （日本古典文学大系新装版） 4500円 ⓘ4-00-004485-0
◇日本文化の原形 河村望著 人間の科学社 1993.8 326p 20cm 1854円 ⓘ4-8226-0118-8
◇記紀伝承説話の研究 山崎正之著 高科書店 1993.6 301, 3, 18p 22cm 6000円
◇壬申紀を読む—歴史と文化と言語 西郷信綱編 平凡社 1993.6 262p 20cm （平凡社選書 148） 2472円 ⓘ4-582-84148-1
◇上代説話事典 大久間喜一郎, 乾克己編 雄山閣出版 1993.5 549p 20cm 5800円 ⓘ4-639-01163-6
◇日本書紀衝撃の大暗号 平田穂生著 広済堂出版 1993.4 291p 16cm （広済堂文庫）〈折り込図1枚〉 500円 ⓘ4-331-65173-8
◇異形の古代文学—記紀・風土記表現論 山田直巳著 新典社 1992.12 270p 22cm （新典社研究叢書 57） 8500円 ⓘ4-7879-4057-0
◇記紀万葉の新研究 尾畑喜一郎編 桜楓社 1992.12 799p 22cm 〈著者の肖像あり〉 34000円 ⓘ4-273-02618-X
◇竹内宿禰と語る日本書紀 木村信行著 改定新版 日本歴史研究所 1992.11 158p 26cm 6000円
◇エコール・ド・ロイヤル古代日本を考える 第16巻 「古事記」と「日本書紀」

奈良時代

の謎　上田正昭ほか著　学生社　1992.9　259p　19cm　1850円　⓪4-311-41016-6

◇書紀と九州王朝　吉田舜著　福岡　葦書房　1992.6　299p　19cm　1500円　⓪4-7512-0431-9

◇記紀万葉論叢　吉井巌編　塙書房　1992.5　370p　22cm　8961円　⓪4-8273-0069-0

◇日本書紀研究　第18冊　横田健一編　塙書房　1992.5　378p　22cm　8034円　⓪4-8273-1518-3

◇日本書紀抄の国語学的研究　小林千草著　大阪　清文堂出版　1992.5　739p　22cm　16500円　⓪4-7924-1323-0

◇梅沢伊勢三先生追悼記紀論集　中村啓信ほか編　続群書類従完成会　1992.3　625p　22cm　〈梅沢伊勢三の肖像あり〉　18540円

◇日本書紀　上　山田宗睦訳　〔東村山〕教育社　1992.3　274p　18cm　（教育社新書）〈発売：教育社出版サービス（東京）〉　1000円　⓪4-315-51246-X

◇日本書紀　中　山田宗睦訳　〔東村山〕教育社　1992.3　313p　18cm　（教育社新書）〈発売：教育社出版サービス（東京）〉　1000円　⓪4-315-51247-8

◇日本書紀　下　山田宗睦訳　〔東村山〕教育社　1992.3　298p　18cm　（教育社新書）〈発売：教育社出版サービス（東京）〉　1000円　⓪4-315-51248-6

◇日本書紀の秘密　石渡信一郎著　三一書房　1992.1　214p　20cm　1800円　⓪4-380-92205-7

◇泊瀬小国―記紀万葉の世界　和田嘉寿男著　桜楓社　1991.10　193p　20cm　3600円　⓪4-273-02558-2

◇古代の音韻と日本書紀の成立　森博達著　大修館書店　1991.7　392p　22cm　5665円

◇日本書紀のすべて　武光誠編　新人物往来社　1991.7　229p　20cm　2500円　⓪4-404-01835-5

◇日本書紀をよむ　松本清張著　岩波書店　1991.6　71p　21cm　（岩波ブックレット no.200）　350円　⓪4-00-003140-6

◇探訪日本書紀の大和　鼈井忠義編　雄山閣出版　1991.3　266p　19cm　1980円

⓪4-639-01015-X

◇神代巻秀真政伝　小笠原通当原著，鳥居礼訳註　東興書院　1991.2　588p　27cm　27000円　⓪4-924808-11-3

◇古事記・日本書紀　神野志隆光，大庭みな子　新潮社　1991.2　111p　20cm　（新潮古典文学アルバム 1）〈古事記・日本書紀関係年表：p104～109 古事記・日本書紀を読むための本：p111〉　1300円　⓪4-10-620701-X

◇「古事記」「日本書紀」総覧　上田正昭ほか著　新人物往来社　1990.12　479p　22cm　〈学校図書館用〉　3200円　⓪4-404-01787-1

◇「日本書紀」の暗号―真相の古代史　林青梧著　講談社　1990.9　286p　20cm　1380円　⓪4-06-204963-5

◇記紀の思潮―資料並用　小笠原春夫著　文化書房博文社　1990.5　182p　21cm　2500円　⓪4-8301-0554-2

◇記紀万葉の伝承と芸能　本田義寿著　大阪　和泉書院　1990.5　260p　22cm　（研究叢書 87）〈著者の肖像あり〉　9270円　⓪4-87088-391-0

◇日本書紀研究　第17冊　横田健一編　塙書房　1990.3　449p　22cm　8755円

◇古事記・日本書紀論集―神田秀夫先生喜寿記念　中村啓信ほか編　続群書類従完成会　1989.12　800p　22cm　〈神田秀夫の肖像あり〉　18540円

◇記紀の世界―古語の発掘による古代史の解明　第2部　国枝竜一著　大和書房　1989.11　244p　19cm　〈「第1部」の出版者：陽光出版社〉　2060円　⓪4-479-95017-6

◇『古事記』『日本書紀』総覧　新人物往来社　1989.6　485p　21cm　（別冊歴史読本・事典シリーズ 第2号）　1300円

◇校本日本書紀　3　国学院大学日本文化研究所編　角川書店　1989.4　739p　27cm　〈監修：岩橋小弥太　編集：中村啓信〉　10000円　⓪4-04-521203-5

◇津田左右吉全集　別巻 第1　岩波書店　1989.1　526p　22cm　〈第2刷（第1刷：1966年）〉　3800円　⓪4-00-091139-2

◇訓読日本書紀　舎人親王撰，武田祐吉訳　京都　臨川書店　1988.12　698p　22cm

◇〈『日本書紀』（大岡山書店昭和7，12年刊）の合本改題複製〉　7500円　Ⓘ4-653-01811-1
◇坂本太郎著作集　第2巻　古事記と日本書紀　坂本太郎著作集編集委員会編　吉川弘文館　1988.12　439, 11p　22cm　5800円　Ⓘ4-642-02217-1
◇古代史論考　7　日本古代の真相を綴る日本書紀の裏面解読法　正気久会著　国立　文芸手帖の会　1988.9　194p　21cm　〈『文芸手帖』別冊〉　1500円
◇書紀集解　1　河村秀根・益根編著,阿部秋生解題,小島憲之本文補注　京都　臨川書店　1988.9　278p　図版18枚　22cm　〈書名は奥付による　標題紙・背の書名：書紀集解 3刷（1刷：1969年）折り込表2枚〉　Ⓘ4-653-00169-3, 4-653-00168-5
◇書紀集解　2　河村秀根・益根編著,阿部秋生解題,小島憲之本文補注　京都　臨川書店　1988.9　656p　22cm　〈書名は奥付による　標題紙・背の書名：書紀集解 3刷（1刷：1969年）〉　Ⓘ4-653-00170-7, 4-653-00168-5
◇書紀集解　3　河村秀根・益根編著,阿部秋生解題,小島憲之本文補注　京都　臨川書店　1988.9　p657〜1256　22cm　〈書名は奥付による　標題紙・背の書名：書紀集解 3刷（1刷：1969年）〉　Ⓘ4-653-00171-5, 4-653-00168-5
◇書紀集解　4　河村秀根・益根編著,阿部秋生解題,小島憲之本文補注　京都　臨川書店　1988.9　p1257〜1916　22cm　〈書名は奥付による　標題紙・背の書名：書紀集解 3刷（1刷：1969年）〉　Ⓘ4-653-00172-3, 4-653-00168-5
◇書紀集解　附録　河村氏家学拾説　河村秀根・益根編著,阿部秋生解題,小島憲之本文補注　京都　臨川書店　1988.9　173p　21cm　〈3刷（1刷：1969年）〉　Ⓘ4-653-00173-1, 4-653-00168-5
◇日本書紀―全現代語訳　下　宇治谷孟著　講談社　1988.8　373p　15cm　（講談社学術文庫）　880円　Ⓘ4-06-158834-6
◇古事記と日本書紀の検証　梅沢伊勢三著　吉川弘文館　1988.7　213p　20cm　2300円　Ⓘ4-642-07273-X
◇日本神話必携　稲岡耕二編　学燈社　1988.7　222p　22cm　〈『別冊国文学』改装版〉　1550円　Ⓘ4-312-00521-4
◇日本書紀―全現代語訳　上　宇治谷孟著　講談社　1988.6　381p　15cm　（講談社学術文庫）　880円　Ⓘ4-06-158833-8
◇記紀・万葉の女性　久保昭雄著　武蔵野書院　1988.2　249p　19cm　（武蔵野文庫 10）　1800円　Ⓘ4-8386-0361-4
◇古事記と日本書紀の成立　梅沢伊勢三著　吉川弘文館　1988.2　226p　20cm　2300円　Ⓘ4-642-07272-1
◇古事記・日本書紀　福永武彦訳　河出書房新社　1988.1　390p　18cm　（日本古典文庫 1）　〈新装版〉　1600円　Ⓘ4-309-71301-7
◇日本書紀研究　第16冊　宗教・思想篇　横田健一先生古稀記念会編　塙書房　1987.12　328p　22cm　〈横田健一先生古稀記念〉　6500円
◇日本書紀　下　井上光貞監訳　中央公論社　1987.11　765p　20cm　6800円　Ⓘ4-12-001620-X
◇記・紀の文脈　宮村千素著　大阪　和泉書院　1987.9　206p　22cm　5500円　Ⓘ4-87088-258-2
◇日本原記―天皇家の秘密と新解『日本書紀』　朴炳植著　情報センター出版局　1987.6　262p　19cm　1200円　Ⓘ4-7958-0642-X
◇日本書紀　上　真殿皎訳　水戸　入木山房　1987.6　277p　22cm　2500円
◇日本書紀研究　第15冊　政治・制度篇　横田健一先生古稀記念会編　塙書房　1987.6　350p　22cm　〈横田健一先生古稀記念 折り込図2枚〉　6800円
◇日本書紀　上　井上光貞監訳　中央公論社　1987.3　787p　20cm　6800円　Ⓘ4-12-001554-8
◇日本書紀研究　第14冊　横田健一編　塙書房　1987.2　277p　22cm　5500円
◇記紀と古代伝承　伊野部重一郎著　吉川弘文館　1986.12　592, 14p　22cm　9000円　Ⓘ4-642-02208-2
◇津田左右吉全集　第2巻　岩波書店　1986.10　678p　22cm　〈第2刷（第一刷：昭和38年）著者の肖像あり〉　4500円　Ⓘ4-00-091112-0
◇日本書紀―全訳―現代文　下巻　宇治谷

孟著　大阪　創芸出版　1986.3　350p　22cm　4800円　①4-915479-14-5

◇紀記論究　建国篇2　大和欠史時代　松岡静雄著　教育出版センター　1986.2　336p　22cm　〈同文館昭和6年刊の複製　発売：冬至書房〉

◇紀記論究　建国篇3　師木宮　松岡静雄著　教育出版センター　1986.2　329p　22cm　〈同文館昭和6年刊の複製　発売：冬至書房〉

◇紀記論究　建国篇4　日代宮　松岡静雄著　教育出版センター　1986.2　344p　22cm　〈同文館昭和7年刊の複製　発売：冬至書房〉

◇紀記論究　建国篇5　国内統一　松岡静雄著　教育出版センター　1986.2　333p　22cm　〈同文館昭和7年刊の複製　発売：冬至書房〉

◇紀記論究　建国篇6　外藩帰伏　松岡静雄著　教育出版センター　1986.2　330p　22cm　〈同文館昭和7年刊の複製　発売：冬至書房〉

◇紀記論究　神代篇1　創世記　松岡静雄著　教育出版センター　1986.1　322p　22cm　〈同文館昭和6年刊の複製　発売：冬至書房〉

◇紀記論究　神代篇2　諾冊二尊　松岡静雄著　教育出版センター　1986.1　279p　22cm　〈同文館昭和6年刊の複製　発売：冬至書房〉

◇紀記論究　神代篇4　出雲伝説　松岡静雄著　教育出版センター　1986.1　317p　22cm　〈同文館昭和6年刊の複製　発売：冬至書房〉

◇紀記論究　神代篇3　高天原　松岡静雄著　教育出版センター　1986.1　314p　22cm　〈同文館昭和6年刊の複製　発売：冬至書房〉

◇紀記論究　神代篇5　国譲　松岡静雄著　教育出版センター　1986.1　322p　22cm　〈同文館昭和6年刊の複製　発売：冬至書房〉

◇紀記論究　神代篇6　高千穂時代　松岡静雄著　教育出版センター　1986.1　325p　22cm　〈同文館昭和6年刊の複製　発売：冬至書房〉

◇日本書紀―全訳―現代文　上巻　宇治谷孟著　大阪　創芸出版　1986.1　350p　22cm　4800円　①4-915479-13-7

◇日本書紀抄―両足院蔵　伊藤東慎ほか共編　京都　臨川書店　1986.1　517p　22cm　〈複製〉　14000円　①4-653-01316-0

◇日本紀略人名総索引―古代及中世初期貴族政治史資料　山田尋通ほか編　横浜　政治経済史学会　1985.12　469p　22cm　〈監修：彦由一太　限定版〉　10000円

◇日本書紀研究　第13冊　横田健一編　塙書房　1985.3　396p　22cm　6500円

◇日本書紀成立論序説　横田健一著　塙書房　1984.11　391,30p　22cm　6500円

◇神田秀夫論稿集　4　民族の古伝　明治書院　1984.2　424p　22cm　6800円

◇日本書紀―図書寮本　研究篇　石塚晴通著　汲古書院　1984.2　576p　23cm　①4-7629-3125-X

◇日本古典の研究　川副武胤著　吉川弘文館　1983.12　627p　22cm　13000円　①4-642-02121-3

◇書紀を読む―研究ノート　池田　日本書紀を読む会　1983.11　170p　26cm

◇天理図書館善本叢書　和書之部　第56巻　日本書紀　兼右本3　天理図書館善本叢書和書之部編集委員会編　天理　天理大学出版部　1983.9　536,58p　27cm　〈複製　製作発売：八木書店（東京）〉　14000円

◇日本書紀成立の研究　友田吉之助著　増補版　風間書房　1983.8　826p　22cm　16000円　①4-7599-0317-8

◇天理図書館善本叢書　和書之部　第55巻　日本書紀　兼右本2　天理図書館善本叢書和書之部編集委員会編　天理　天理大学出版部　1983.7　556p　27cm　〈複製　製作発売：八木書店（東京）〉　14000円

◇神宮古典籍影印叢刊　1　古事記　日本書紀　上　神宮古典籍影印叢刊編集委員会編　伊勢　皇学館大学　1983.5　472,25p　27cm　〈複製　製作発売：八木書店（東京）〉　16000円

◇神宮古典籍影印叢刊　2　古事記　日本書紀　下　神宮古典籍影印叢刊編集委員会編　伊勢　皇学館大学　1983.5　413,31p　27cm　〈複製　製作発売：八木書店

◇天理図書館善本叢書　和書之部　第54巻　日本書紀―兼右本　1　天理図書館善本叢書和書之部編集委員会編　天理　天理大学出版部　1983.5　518p　27cm　〈複製　製作発売：八木書店(東京)〉　14000円

◇語構成から見た日本書紀・古事記の語・語彙の比較研究―古事記の性格に関する研究　富山民蔵著　風間書房　1983.2　2冊　22cm　全40000円　①4-7599-0579-0

◇六国史　巻1・巻2　日本書紀　佐伯有義校訂標注　増補　名著普及会　1982.12　1冊　24cm　〈朝日新聞社昭和15年刊の合本複製〉　10000円

◇日本書紀研究　第12冊　横田健一編　塙書房　1982.11　333,6p　22cm　5500円

◇日本書紀―三嶋本　巻1～3　舎人親王ほか編、三嶋本日本書紀影印刊行委員会編　国学院大学　1982.9　3冊　30cm　〈複製　付(別冊26p 21cm)：解説　中村啓信　折本　帙入　箱入　和装〉

◇論考「記紀」　太田善麿著　群書　1981.12　252p　19cm　〈発売：続群書類従完成会〉　3200円

◇日本書紀通釈　飯田武郷著　教育出版センター　1981.9　6冊　23cm　〈複製　発売：冬至書房新社〉　全120000円

◇記紀の世界―古語の発掘による古代史の解明　国枝竜一著　陽光出版社　1981.4　323p　19cm　1500円

◇記紀万葉集の研究　浜田清次著　桜楓社　1980.7　605p　22cm　24000円

◇釈日本紀　卜部兼方著, 狩谷棭斎校訂　現代思潮社　1979.10　2冊　20cm　〈続日本古典全集〉〈複製〉　全30000円

◇日本書紀研究　第11冊　横田健一編　塙書房　1979.9　323p　22cm　5000円

◇日本書紀　山田英雄著　〔東村山〕　教育社　1979.6　226p　18cm　〈教育社歴史新書〉　600円

◇盗まれた神話―記・紀の秘密　古田武彦著　角川書店　1979.6　444p　15cm　〈角川文庫〉　460円

◇日本書紀　東洋文庫蔵岩崎本　築島裕, 石塚晴通著　貴重本刊行会　1978.11　536p　23cm　〈編集：日本古典文学会〉　16500円

◇日本書紀通証　谷川士清著　京都　臨川書店　1978.11　3冊　22cm　〈解題：小島憲之　宝暦12年刊の複製〉　各18000円

◇埋もれた古代史―日本書紀編纂の謎を探る　中島洋社　圭文社　1978.9　254p　19cm　1500円

◇記紀論―国学的古事記観の克服　梅沢伊勢三著　創文社　1978.9　162p　20cm　1200円

◇古事記及び日本書紀の表記の研究　野口武司著　桜楓社　1978.3　1034p　22cm　28000円

◇新紀年論―「書紀」記事編年の跡を探る　脇山雍著　〔市川〕　〔脇山雍〕　1977.12　170p　26cm　〈謄写版〉

◇日本書紀研究　第10冊　横田健一編　塙書房　1977.12　339p　22cm　5000円

◇鑑賞日本古典文学　第2巻　日本書紀・風土記　直木孝次郎, 西宮一民, 岡田精司編　角川書店　1977.5　529p　20cm　1500円

◇記紀論攷　木村竜司著　笠間書院　1977.1　330p　22cm　〈笠間叢書71〉　6000円

◇古事記及び日本書紀の研究　川副武胤著　風間書房　1976　576p　22cm　12400円

◇古事記・日本書紀　福永武彦訳　河出書房新社　1976　390p　図　18cm　〈日本古典文庫1〉〈解説：山本健吉〉　800円

◇続記紀批判―古事記及び日本書紀の文献的相互関係の究明　梅沢伊勢三著　創文社　1976　662p　22cm　10000円

◇日本書紀研究　第9冊　横田健一編　塙書房　1976　492p　22cm　〈三品彰英先生追悼記念〉　6700円

◇校本日本書紀　2　神代　上(後編)　国学院大学日本文化研究所編　角川書店　1975　769p　27cm　〈監修：岩崎小弥太　編集：中村啓信〉　8600円

◇古事記・日本書紀　2　日本文学研究資料刊行会編　有精堂出版　1975　319p　22cm　〈日本文学研究資料叢書〉　2600円

◇釈日本紀　卜部兼方著　吉川弘文館　1975　30冊〔解説共〕　28cm　〈編者：前田育徳会尊経閣文庫　前田育徳会所蔵の複製　解説(89p 27cm)：釈日本紀解説　附資通王筆釈日本紀考并引書索引(太田

晶二郎〕 2帙入 限定版 和装〕 全300000円

◇日本書紀研究 第8冊 横田健一編 塙書房 1975 447p 22cm 〈三品彰英先生追悼記念〉 5800円

◇古代探求―古事記・日本書紀を中心に 松本清張著 増補 文芸春秋 1974 373p 20cm 1300円

◇『日本紀略』人名索引 梅光女学院大学文学部国文学科第1回卒業生編 下関 梅光女学院大学 1974 60p 21cm 〈監修：梅光女学院大学国語国文学会〉

◇校本日本書紀 1 神代 上（前編） 国学院大学日本文化研究所編 角川書店 1973 672p 27cm 〈監修：岩崎小弥太 編集：中村啓信〉 8600円

◇日本書紀研究 第7冊 横田健一編 塙書房 1973 354p 22cm 〈三品彰英先生追悼記念〉 3200円

◇古典の虚と実―記紀の神話をどう読むか 上田正昭 富山 富山県教育委員会 1972 150p 19cm （精神開発叢書 21） 非売

◇日本古典の研究 津田左右吉著 改版 岩波書店 1972 2冊 22cm 2000円

◇日本書紀 巻第22（推古） 日本古典文学刊行会 ほるぷ出版（製作） 図書月販（発売） 1972 1軸 29cm （複刻日本古典文学館 第1期） 〈東洋文庫蔵本（巻子装1軸）の複製 箱入（33cm）監修・編集：日本古典文学会 付（別冊20p 21cm）：日本書紀巻第22解題（山岸徳平） 和装〉

◇日本書紀 巻第24（皇極） 日本古典文学刊行会 ほるぷ出版（製作） 図書月販（発売） 1972 1軸 28cm （複刻日本古典文学館 第1期） 〈東洋文庫蔵（巻子装1軸）の複製 箱入（32cm）監修・編集：日本古典文学会 付（別冊20p 21cm）：日本書紀巻第22・巻第24解題（山岸徳平） 和装〉

◇日本書紀研究 第6冊 横田健一編 塙書房 1972 455p 22cm 〈三品彰英先生追悼記念〉 3300円

◇国宝卜部兼方自筆日本書紀神代巻 赤松俊秀編著 京都 法蔵館 1971 4冊 26×33cm 〈大橋寛治蔵本の影印（2冊）、翻刻（102p）および研究篇（赤松俊秀著 86,5p 33cm）限定版 帙入り 和装〉

◇古事記・日本書紀 梅沢伊勢三著 三一書房 1971 220p 20cm （古典とその時代 1） 〈新装版〉 850円

◇神話と歴史 直木孝次郎著 吉川弘文館 1971 287p 19cm

◇日本書紀抄―古活字本二巻本 〔金沢〕〔高羽五郎〕 1971-1972 2冊 26cm （抄物小系 4） 〈編者：高羽五郎 謄写版 和装〉 非売品

◇日本書紀朝鮮地名攷 鮎貝房之進著 国書刊行会 1971 955p 地図 22cm 〈『雑攷』第7輯上下巻（昭和12年刊）の複製〉 7000円

◇古事記・日本書紀 1 日本文学研究資料刊行会編 有精堂出版 1970 301p 22cm （日本文学研究資料叢書） 1500円

◇日本神話の復元と古代国家 石川憲保著 天童 石川憲保 山形 郁文堂書店（発売） 1970 698p 図1枚（袋入） 22cm 3000円

舎人親王
とねりしんのう

天武5年（676年）～天平7年（735年）11月14日
奈良時代前期の皇族・政治家・歌人。天武天皇の第3皇子で、母は天智天皇の娘の新田部皇女。養老2年（718年）に一品となり、翌年には新田部親王と共に皇太子首親王（聖武天皇）の輔翼を命ぜられた。養老4年（720年）5月には編纂を主宰した『日本書紀』を奏上し、同年8月に藤原不比等が没した後は知太政官事となり、長屋王と共に皇親政権を運営した。その後、次第に藤原氏に接近し、天平元年（729年）2月の長屋王の変では長屋王を糾問、8月には藤原氏出身の光明皇后冊立を宣した。死後、太政大臣を追贈。天平宝字3年（759年）に第7子の大炊王が即位して淳仁天皇となり、崇道尽敬皇帝と追号された。『万葉集』に歌を収める。

　　　　　＊　　　＊　　　＊

◇記紀の研究―舎人親王の世界 中村勉著 日本図書刊行会 1997.2 454p 20cm 〈発売：近代文芸社〉 2000円 ①4-89039-301-3

奈良時代

六国史
りっこくし

奈良時代から平安時代にかけて編纂された6つの官撰の国史の総称。『日本書紀(日本紀)』『続日本紀(続紀)』『日本後紀』『続日本後紀』『日本文徳天皇実録(文徳実録)』『日本三代実録(三代実録)』のこと。『日本書紀』の成立が養老4年(720年)、『三代実録』の成立が延喜元年(901年)でその内容は神代から光孝天皇の仁和3年(887年)に至る。いずれも漢文の編年体で記述されているが、薨卒の条に人物の詳しい伝記をのせることで紀伝体の性格も持つ。なお、この後も度々官撰の国史の編纂が計画されたが、完成に至ったものはない。

＊　＊　＊

◇六国史　坂本太郎著　吉川弘文館　1994.12　382, 12p　20cm　〈日本歴史叢書 新装版〉〈新装版 叢書の編者：日本歴史学会〉　3193円　①4-642-06602-0

◇The six national histories of Japan　Sakamoto Tarô, translated by John S. Brownlee. Tokyo　University of Tokyo Press　c1991. xxx, 232 p. 24 cm.〈Translation of：Rikkokusi.Includes bibliographical references and indexes.〉①4-13-027026-5

◇坂本太郎著作集　第3巻　六国史　坂本太郎著作集編集委員会編　吉川弘文館　1989.1　398, 8p　22cm　5600円　①4-642-02218-X

◇六国史　巻1・巻2　日本書紀　佐伯有義校訂標注　増補　名著普及会　1982.12　1冊　24cm　〈朝日新聞社昭和15年刊の合本複製〉　10000円

◇六国史　巻3・巻4　続日本紀　佐伯有義校訂標注　増補　名著普及会　1982.12　1冊　24cm　〈朝日新聞社昭和15年刊の合本複製〉　12000円

◇六国史　巻11・巻12　年表・索引　佐伯有義校訂標注　増補　名著普及会　1982.10　1冊　24cm　〈朝日新聞社昭和16年刊の合本複製〉　8000円

◇奈良の都―紀・続紀の核を突く　中村将之著　栄光出版社　1982.7　157p　19cm　〈著者の肖像あり〉　1000円

◇六国史　坂本太郎著　吉川弘文館　1970　382, 12p 図版　20cm　(日本歴史叢書　27 日本歴史学会編)

◇六国史索引　第1　日本書紀索引　六国史索引編集部編　吉川弘文館　1969　337p　23cm　2500円

◇六国史索引　第2　続日本紀索引　六国史索引編集部編　吉川弘文館　1967　521p　23cm　2800円

◇六国史索引　第4　日本三代実録索引　六国史索引編集部編　吉川弘文館　1963　414p　23cm

続日本紀
しょくにほんぎ

平安時代初期の歴史書。40巻。続紀とも呼ばれる。『日本書紀』に続く正史で、六国史の第二。桓武天皇の勅により菅野真道・藤原継縄・秋篠安人・中科巨都雄らが編纂し、延暦16年(797年)に成立。文武天皇が即位した文武元年(697年)から桓武天皇の延暦10年(791年)までを、漢文の編年体で記している。記述は全般的に簡潔で、事件の要点のみを記している。注釈書に河村秀根の『続紀集解』、村尾元融の『続日本紀考証』、佐伯有義の『校訂標注続日本紀』などがある。

＊　＊　＊

◇続日本紀史料　第11巻　自天平宝字二年八月至天平宝字四年六月　皇学館大学史料編纂所編纂　伊勢　皇学館大学出版部　2009.5　581, 3p　22cm　〈皇学館大学創立百三十周年・再興五十周年記念出版〉　9500円　①978-4-87644-158-7

◇平城京全史解読―正史・続日本紀が語る意外な史実　大角修著　学習研究社　2009.1　247p　18cm　(学研新書 043)〈並列シリーズ名：Gakken shinsho　文献あり 年表あり〉　760円　①978-4-05-404026-7

◇続日本紀史料　第10巻 下　自天平勝宝九歳・天平宝字元年正月至天平宝字二年七月　皇学館大学史料編纂所編纂　伊勢　皇学館大学出版部　2008.12　343, 3p　22cm　〈皇学館大学創立百三十周年・再興五十周年記念出版〉　8000円　①978-4-87644-150-1

◇続日本紀史料　第10巻 上　自天平勝宝五年正月至天平勝宝八歳十二月・是歳　皇学館大学史料編纂所編纂　伊勢　皇学館大学出版部　2008.8　650, 3p　22cm

325

奈良時代

〈皇学館大学創立百三十周年・再興五十周年記念出版〉　12000円　①978-4-87644-146-4

◇続日本紀史料　第9巻 下　自天平勝宝二年正月至天平勝宝四年十二月・是歳　皇学館大学史料編纂所編纂　伊勢　皇学館大学出版部　2007.12　609, 2p　22cm　〈皇学館大学創立百三十周年・再興五十周年記念出版〉　12000円　①978-4-87644-141-9

◇続日本紀　吉川弘文館　2007.6　561p　27cm　（国史大系 新訂増補 第2巻）〈平成12年刊(新装版)を原本としたオンデマンド版〉　13000円　①978-4-642-04002-0

◇続日本紀史料　第9巻 上　自天平十九年正月至天平勝宝元年十二月・是歳　皇学館大学史料編纂所編纂　伊勢　皇学館大学出版部　2007.3　779, 3p　22cm　〈皇学館大学創立百三十周年・再興五十周年記念出版〉　12000円　①978-4-87644-139-6

◇日本は礼の国だった―『続日本紀』は語る　石田則明著　栄光出版社　2006.10　378p　20cm　〈文献あり〉　1800円　①4-7541-0083-2

◇続日本紀史料　第8巻　自天平十五年正月至天平十八年十二月・是歳　皇学館大学史料編纂所編纂　伊勢　皇学館大学出版部　2006.3　633, 3p　22cm　12000円　①4-87644-132-4

◇続日本紀史料　第7巻　自天平十年正月至天平十四年十二月・是歳　皇学館大学史料編纂所編纂　伊勢　皇学館大学出版部　2005.10　668, 3p　22cm　〈皇学館大学創立百三十周年・再興五十周年記念出版〉　14000円　①4-87644-124-3

◇続日本紀史料　第6巻　自天平三年正月至天平九年十二月・是歳　皇学館大学史料編纂所編纂　伊勢　皇学館出版部　2004.12　888, 4p　22cm　19000円　①4-87644-119-5

◇続日本紀の諸相―創立五十周年記念　続日本紀研究会編　塙書房　2004.10　509p　22cm　9000円　①4-8273-1190-0

◇続日本紀史料　第5巻　自養老六年正月至天平二年十二月・是歳　皇学館大学史料編纂所編纂　伊勢　皇学館出版部　2004.3　858, 4p　22cm　16000円　①4-87644-116-2

◇続日本紀と奈良期の政変　中西康裕著　吉川弘文館　2002.7　314, 12p　22cm　8500円　①4-642-02382-8

◇続日本紀拾い読み　佐々木秀穂著　八千代　窓映社　2002.1　220p　19cm　2000円　①4-916136-27-6

◇続日本紀史料　第4巻　自霊亀元年九月至養老五年十二月・是歳　皇学館大学史料編纂所編纂　伊勢　皇学館大学出版部　2001.3　754, 4p　22cm　①4-87644-105-7

◇続日本紀　黒板勝美編　新装版　吉川弘文館　2000.10　561p　23cm　（国史大系 新訂増補 第2巻）〈複製〉　7600円　①4-642-00303-7

◇貴重典籍叢書―国立歴史民俗博物館蔵　歴史篇 第11巻　続日本紀 5　国立歴史民俗博物館館蔵史料編集会編　京都　臨川書店　2000.7　364p　23cm　〈複製〉　①4-653-03531-8, 4-653-03520-2

◇新日本古典文学大系　別巻〔3〕　続日本紀索引年表　佐竹昭広ほか編　笹山晴生,吉村武彦編　岩波書店　2000.2　418, 149p　22cm　4600円　①4-00-240103-0

◇貴重典籍叢書―国立歴史民俗博物館蔵　歴史篇 第10巻　続日本紀 4　国立歴史民俗博物館館蔵史料編集会編　京都　臨川書店　1999.10　550p　23cm　〈複製〉　12000円　①4-653-03530-X, 4-653-03520-2

◇貴重典籍叢書―国立歴史民俗博物館蔵　歴史篇 第9巻　続日本紀 3　国立歴史民俗博物館館蔵史料編集会編　京都　臨川書店　1999.9　576p　23cm　〈複製〉　12000円　①4-653-03529-6, 4-653-03520-2

◇貴重典籍叢書―国立歴史民俗博物館蔵　歴史篇 第8巻　続日本紀 2　国立歴史民俗博物館館蔵史料編集会編　京都　臨川書店　1999.8　640p　23cm　〈複製〉　13500円　①4-653-03528-8, 4-653-03520-2

◇続日本紀の世界―奈良時代への招待　中村修也編著　京都　思文閣出版　1999.6　443, 17p　21cm　2900円　①4-7842-0997-2

◇新日本古典文学大系　16　続日本紀 5　佐竹昭広ほか編　藤原継縄ほか撰, 青木

奈良時代

和夫ほか校注　岩波書店　1998.2　672p　22cm　4700円　Ⓝ4-00-240016-6

◇続日本紀史料　第3巻　自和銅三年正月至霊亀元年九月　皇学館大学史料編纂所編纂　伊勢　皇学館大学出版部　1996.3　414, 3p　22cm　Ⓝ4-87644-089-1

◇続日本紀―全現代語訳　下　宇治谷孟著　講談社　1995.11　483p　15cm　（講談社学術文庫）　1100円　ⓃM-06-159032-4

◇新日本古典文学大系　15　続日本紀　4　佐竹昭広ほか編　藤原継縄ほか撰, 青木和夫ほか校注　岩波書店　1995.6　676p　22cm　4800円　ⓃM-00-240015-8

◇続日本紀の時代―創立四十周年記念　続日本紀研究会編　塙書房　1994.12　471p　22cm　7725円　ⓃM-8273-1107-2

◇続日本紀史料　第2巻　自大宝三年正月至和銅二年十二月・是歳　皇学館大学史料編纂所編纂　伊勢　皇学館大学出版部　1994.3　513, 4p　22cm　ⓃM-87644-086-7

◇続日本紀―蓬左文庫本　5　藤原継縄ほか撰　八木書店　1993.4　399, 126, 15p　27cm　〈複製〉　20000円　ⓃM-8406-2205-1

◇続日本紀　早川庄八著　岩波書店　1993.2　208p　19cm　（岩波セミナーブックス109）　1600円　ⓃM-00-004258-0

◇続日本紀―全現代語訳　中　宇治谷孟著　講談社　1992.11　459p　15cm　（講談社学術文庫）　1100円　ⓃM-06-159031-6

◇新日本古典文学大系　14　続日本紀　3　佐竹昭広ほか編　藤原継縄ほか撰, 青木和夫ほか校注　岩波書店　1992.11　667p　22cm　4600円　ⓃM-00-240014-X

◇続日本紀―蓬左文庫本　1　藤原継縄ほか撰　八木書店　1992.8　466p　27cm　〈複製〉　20000円　ⓃM-8406-2201-9

◇続日本紀―全現代語訳　上　宇治谷孟著　講談社　1992.6　432p　15cm　（講談社学術文庫）　1000円　ⓃM-06-159030-8

◇続日本紀―蓬左文庫本　4　藤原継縄ほか撰　八木書店　1992.5　413p　27cm　〈複製〉　20000円　ⓃM-8406-2204-3

◇続日本紀　4　直木孝次郎他訳注　平凡社　1992.4　368p　18cm　（東洋文庫）　3090円　ⓃM-582-80548-5

◇続日本紀―蓬左文庫本　3　藤原継縄ほか撰　八木書店　1992.3　393p　27cm　〈複製〉　20000円　ⓃM-8406-2203-5

◇続日本紀総索引　星野聡, 村尾義和編　高科書店　1992.2　2冊　27cm　〈付（別冊12, 10, 12p）：検字表〉　全40000円

◇続日本紀―蓬左文庫本　2　藤原継縄ほか撰　八木書店　1991.11　417p　27cm　〈複製　折り込図1枚〉　20000円　ⓃM-8406-2202-7

◇続日本紀　3　直木孝次郎他訳注　平凡社　1990.10　332p　18cm　（東洋文庫）　2884円　ⓃM-582-80524-8

◇新日本古典文学大系　13　続日本記　2　佐竹昭広ほか編　藤原継縄ほか撰, 青木和夫ほか校注　岩波書店　1990.9　709p　22cm　4400円　ⓃM-00-240013-1

◇続日本紀宣命講　金子武雄著　高科書店　1989.8　521, 14, 16p　22cm　〈白帝社1941年刊の複製〉　8240円

◇新日本古典文学大系　12　続日本記　1　佐竹昭広ほか編　藤原継縄ほか撰, 青木和夫ほか校注　岩波書店　1989.3　572p　22cm　3600円　ⓃM-00-240012-3

◇続日本紀　2　直木孝次郎他訳注　平凡社　1988.8　293p　18cm　（東洋文庫）　2400円　ⓃM-582-80489-6

◇完訳・注釈続日本紀　第4分冊　巻第廿三―巻第廿九　林陸朗校注訓訳　現代思潮社　1987.6　177, 51p　20cm　（古典文庫79）　2400円

◇続日本紀史料　第1巻　自文武天皇元年八月至大宝二年十二月・是歳　皇学館大学史料編纂所編纂　伊勢　皇学館大学出版部　1987.3　598, 4p　22cm　15000円

◇完訳・注釈続日本紀　第2分冊　巻第九―巻第十五　林陸朗校注訓訳　現代思潮社　1986.7　185, 47p　20cm　（古典文庫76）　2400円

◇続日本紀　1　直木孝次郎他訳注　平凡社　1986.6　325p　18cm　（東洋文庫）〈折り込図1枚〉　2400円　ⓃM-582-80457-8

◇訓読続日本紀　藤原継縄ほか撰, 今泉忠義訳　京都　臨川書店　1986.5　1134p　22cm　〈『続日本紀』（大岡山書店昭和9～12年刊）の改題復刊〉　9700円　ⓃM-

◇完訳・注釈続日本紀　第1分冊　巻第一—巻第八　林陸朗校注訓訳　現代思潮社　1985.11　186, 73p　20cm　〈古典文庫74〉　2400円

◇六国史　巻3・巻4　続日本紀　佐伯有義校訂標注　増補　名著普及会　1982.12　1冊　24cm　〈朝日新聞社昭和15年刊の合本複製〉　12000円

◇続日本紀宣命—校本・総索引　北川和秀編　吉川弘文館　1982.10　385p　23cm　8500円

◇続日本紀索引　熊谷幸次郎編　新訂　文献出版　1981.6　2冊　27cm　〈限定版〉　全25000円

◇続日本紀考証　村尾元融述　国書刊行会　1971　1170, 140p　22cm　〈校訂者：村尾元矩、村尾元長　明治3年序刊の複製〉　9000円

◇六国史索引　第2　続日本紀索引　六国史索引編集部編　吉川弘文館　1967　521p　21cm　2800円

◇続日本紀語句索引稿　田中卓, 福原紀子, 寺田富美子共編　大阪　日本上古史研究会　1958　212p　25cm　〈日本上古史研究会増刊　第3集〉　〈謄写版〉

風土記
ふどき

奈良時代の地誌。和銅6年(713年)の元明天皇の詔により諸国で作成されたもので、郡郷の地名の由来・地形や産物・伝説などを記してあるが、撰進の時期は一律ではない。風土記と称されるようになったのは平安時代以後のことで、当時は解(げ)とよばれる報告書の形で撰進された。天平5年(733年)の日付のある『出雲国風土記』の完本の他、常陸国・播磨国の風土記が一部を欠いた状態で、肥前国・豊後国の風土記がかなり省略された形で現存する。それ以外の国の風土記は、他の書物に部分的に引用された文章が残るのみである。平安時代や江戸時代にも風土記と称する地誌が編纂されており、それらと区別するため古風土記とも呼ばれる。

＊　　＊　　＊

◇風土記の表現—記録から文学へ　神田典城編　笠間書院　2009.7　543p　22cm　(上代文学会研究叢書)　〈年表あり　索引あり〉　13000円　Ⓡ978-4-305-60167-4

◇起源の物語『常陸国風土記』松崎健一郎著　〔水戸〕　真昼のうみかぜ社　2009.5　399p　21cm　2600円

◇菅野雅雄博士喜寿記念紀・風土記論究　菅野雅雄博士喜寿記念論集刊行会編　おうふう　2009.3　687p　22cm　〈文献あり〉　28000円　Ⓡ978-4-273-03510-5

◇風土記研究の諸問題　荊木美行著　国書刊行会　2009.3　342, 3p　22cm　6000円　Ⓡ978-4-336-05099-1

◇美しく読む「播磨国風土記」—読み下し文と55の謎　田井恭一編　〔稲美町(兵庫県)〕　田井恭一, 神戸新聞総合出版センター(製作・発売)　2009.2　246p　19cm　〈索引あり〉　1300円　Ⓡ978-4-343-00493-2

◇図説日本人の源流を探る風土記　坂本勝監修　青春出版社　2008.3　111p　26cm　〈表紙のタイトル：日本人の源流を探る図説風土記〉　1080円　Ⓡ978-4-413-00938-6

◇風土記受容史研究　兼岡理恵著　笠間書院　2008.2　429, 10p　22cm　〈他言語標題：A historical study on the acceptance of the Fudoki　年表あり〉　9800円　Ⓡ978-4-305-70374-3

◇豊後国風土記　肥前国風土記　沖森卓也, 佐藤信, 矢嶋泉編著, 沖森卓也, 佐藤信, 矢嶋泉編著　山川出版社　2008.2　101p　21cm　1700円　Ⓡ978-4-634-59393-0

◇出雲国風土記注釈　松本直樹注釈　新典社　2007.11　605p　22cm　(新典社注釈叢書 13)　17000円　Ⓡ978-4-7879-1513-9

◇播磨国風土記の伝承の一つの解釈　北山繁良著　神戸　神戸新聞総合印刷(印刷)　2007.11　275p　19cm

◇「播磨国風土記」の謎に迫る　田井恭一著　神戸　神戸新聞総合出版センター(製作・発売)　2007.11　190p　22cm　1900円　Ⓡ978-4-343-00440-6

◇日本書紀　下　風土記　小島憲之, 直木孝次郎, 西宮一民, 蔵中進, 毛利正守, 植垣節也校訂・訳, 小島憲之, 直木孝次郎, 西宮一民, 蔵中進, 毛利正守, 植垣節也校訂・訳　小学館　2007.9　317p　20cm　(日本の古典をよむ 3)　1800円　Ⓡ978-

4-09-362173-1
◇常陸国風土記　沖森卓也, 佐藤信, 矢嶋泉編著　山川出版社　2007.4　99p　21cm　1700円　Ⓣ978-4-634-59392-3
◇出雲国風土記の研究　3　神門水海北辺の研究　論考編　島根県古代文化センター編　松江　島根県古代文化センター　2007.3　144,13p　30cm　（島根県古代文化センター調査研究報告書 38）
◇古風土記の研究　橋本雅之著　大阪　和泉書院　2007.1　270p　22cm　（研究叢書 359）　8000円　Ⓣ978-4-7576-0395-0
◇古代出雲　前田晴人著　吉川弘文館　2006.11　282p　19cm　（歴史文化ライブラリー 219）　〈文献あり〉　1900円　Ⓣ4-642-05619-X
◇日本神話と風土記の時空　永藤靖著　三弥井書店　2006.11　327p　20cm　2800円　Ⓣ4-8382-9072-1
◇古代出雲の社会と交流　滝音能之著　おうふう　2006.10　317p　22cm　6800円　Ⓣ4-273-03436-0
◇風土記探訪事典　中村啓信, 谷口雅博, 飯泉健司, 大島敏史著　東京堂出版　2006.9　308p　23×16cm　3800円　Ⓣ4-490-10698-X
◇『出雲国風土記』註論　関和彦著　明石書店　2006.8　1277p　22cm　22000円　Ⓣ4-7503-2376-4
◇出雲の考古学と『出雲国風土記』古代出雲王国の里推進協議会編　学生社　2006.8　287p　20cm　2400円　Ⓣ4-311-20299-7
◇風土記を読む　中村啓信, 谷口雅博, 飯泉健司編, 大島敏史写真　おうふう　2006.6　231p　26cm　2400円　Ⓣ4-273-03368-2
◇万葉集と風土記からのメッセージ—甦る九州朝廷　川西葉吉著　文芸社　2006.4　130p　20cm　〈年表あり　文献あり〉　1300円　Ⓣ4-286-01064-3
◇出雲国風土記の研究　3　神門水海北辺の研究　資料編　島根県古代文化センター編　松江　島根県古代文化センター　2006.3　149,52p　30cm　（島根県古代文化センター調査研究報告書 34）
◇新・古代出雲史—『出雲国風土記』再考　関和彦著　増補新版　藤原書店　2006.3　250p　23cm　〈写真：久田博幸〉　2900円　Ⓣ4-89434-506-4
◇播磨国風土記　沖森卓也, 佐藤信, 矢嶋泉編著　山川出版社　2005.10　107p　21cm　1700円　Ⓣ4-634-59391-2
◇出雲国風土記　沖森卓也, 佐藤信, 矢嶋泉編著　山川出版社　2005.4　141p　21cm　1700円　Ⓣ4-634-59390-4
◇出雲国風土記註論—嶋根郡・巻末条　関和彦執筆　松江　島根県古代文化センター　2004.3　245p　26cm　（島根県古代文化センター調査研究報告書 25）　〈シリーズ責任表示：島根県古代文化センター編〉
◇播磨国風土記ところどころ　田中荘介著　大阪　編集工房ノア　2003.12　301p　20cm　〈折り込み1枚〉　2200円　Ⓣ4-89271-119-5
◇常陸国風土記と古代地名　鈴木健著　新読書社　2003.10　293p　20cm　2500円　Ⓣ4-7880-9023-6
◇出雲国風土記註論—総記・意宇郡条　関和彦執筆　松江　島根県古代文化センター　2003.3　258p　26cm　（島根県古代文化センター調査研究報告書 15）　〈シリーズ責任表示：島根県古代文化センター編〉
◇出雲国風土記と古代遺跡　勝部昭著　山川出版社　2002.5　103p　21cm　（日本史リブレット 13）　〈年表あり　文献あり〉　800円　Ⓣ4-634-54130-0
◇白鳥悲歌—「常陸国風土記」異聞　嶋津治夫著　大阪　澪標　2002.4　157p　20cm　1600円　Ⓣ4-944164-85-8
◇風土記逸文の文献学的研究　荊木美行著　伊勢　皇學館出版部　2002.3　513,5p　22cm　8000円　Ⓣ4-87644-107-3
◇風土記を学ぶ人のために　植垣節也, 橋本雅之編　京都　世界思想社　2001.8　340p　19cm　2300円　Ⓣ4-7907-0887-X
◇古代出雲の世界　滝音能之著　歴研　2001.7　190p　21cm　〈「訂正出雲風土記」の複製を含む〉　2000円　Ⓣ4-947769-06-8
◇国引き考—出雲国風土記　西郷信綱著　〈リキエスタ〉の会　2001.4　51p　21cm　〈東京　トランスアート市谷分室（発売）〉　1000円　Ⓣ4-88752-146-4

奈良時代

◇演習風土記―常陸・西海道　滝音能之編　白鳥舎　2001.3　176, 72p　19cm　〈複製　文献あり〉　2500円　⑪4-939046-03-6
◇風土記逸文注釈　上代文献を読む会編　翰林書房　2001.2　815, 11p　22cm　18000円　⑪4-87737-116-8
◇新・古代出雲史―『出雲国風土記』再考　関和彦著　藤原書店　2001.1　227p　23cm　〈写真：久田博幸〉　2800円　⑪4-89434-214-6
◇常陸国風土記をゆく　柴田弘武文, 横村克宏写真　流山　崙書房出版　2000.6　222p　21cm　2000円　⑪4-8455-1068-5
◇古代史籍の研究　上　飯田瑞穂著　吉川弘文館　2000.5　352p　22cm　（飯田瑞穂著作集 2）　12000円　⑪4-642-02296-1
◇風土記　吉野裕訳　平凡社　2000.2　521p　16cm　（平凡社ライブラリー）　1500円　⑪4-582-76328-6
◇世界の文学―名作への招待　21　朝日新聞社　1999.12　32p　30cm　（週刊朝日百科）　533円
◇古風土記並びに風土記逸文語句索引　橋本雅之編　大阪　和泉書院　1999.10　319p　22cm　（索引叢書 44）　6000円　⑪4-87088-990-0
◇風土記の考古学―古代人の自然観　辰巳和弘著　白水社　1999.9　213, 2p　20cm　2400円　⑪4-560-04070-2
◇出雲国風土記　荻原千鶴全訳注　講談社　1999.6　386p　15cm　（講談社学術文庫）　1100円　⑪4-06-159382-X
◇古代東国と常陸国風土記　井上辰雄編　雄山閣出版　1999.6　327p　22cm　7500円　⑪4-639-01614-X
◇出雲国風土記とその周辺　朝山晧著　松江　島根県古代文化センター　1999.3　374p　22cm　（古代文化叢書 5）〈付属資料：図9枚〉
◇古代出雲の社会と信仰　滝音能之著　雄山閣出版　1998.12　210, 8p　22cm　3800円　⑪4-639-01568-2
◇風土記の研究　秋本吉郎著　復刻　京都　ミネルヴァ書房　1998.10　1085p　22cm　〈原本：1963年刊〉　⑪4-623-02974-3
◇図説古代出雲と風土記世界　滝音能之編　河出書房新社　1998.9　111p　22cm　1800円　⑪4-309-72584-8
◇『常陸国風土記』と説話の研究　志田諄一著　雄山閣出版　1998.9　372p　22cm　7000円　⑪4-639-01552-6
◇播磨国風土記を歩く　寺林峻文, 中村真一郎写真　神戸　神戸新聞総合出版センター　1998.5　143p　21cm　1800円　⑪4-87521-056-6
◇出雲国風土記論　朝山晧著　松江　島根県古代文化センター　1998.3　366p　22cm　（古代文化叢書 4）
◇日本古代史「記紀・風土記」総覧　新人物往来社　1998.3　454p　21cm　（別冊歴史読本 55）　2200円　⑪4-404-02596-3
◇出雲国風土記　加藤義成校注　改版　平田　報光社　1997.12（12刷）　158p　19cm　〈松江 松江今井書店（発売）　付属資料：1枚　文献あり〉　⑪4-89593-622-8
◇新編日本古典文学全集　5　風土記　植垣節也校注・訳　小学館　1997.10　629p　23cm　4657円　⑪4-09-658005-8
◇風土記の神と宗教的世界　風土記を読む会編　おうふう　1997.10　248p　21cm　3500円　⑪4-273-02994-4
◇常陸国風土記と神仙思想　志田諄一著　土浦　筑波書林　1997.5　127p　19cm　1300円　⑪4-900725-49-8
◇風土記逸文研究入門　荊木美行著　国書刊行会　1997.5　144p　21cm　2500円　⑪4-336-03931-3
◇出雲国風土記の研究　2　島根郡朝酌郷調査報告書　島根県古代文化センター編　松江　島根県古代文化センター　1997.3　211p　30cm　（島根県古代文化センター調査研究報告書 7）
◇神と神話の古代史　滝音能之著　岩田書院　1996.9　177p　15×21cm　〈『訂正出雲風土記』の複製を含む〉　2060円　⑪4-900697-59-1
◇播磨国風土記―古代からのメッセージ　播磨学研究所編　神戸　神戸新聞総合出版センター　1996.8　294p　20cm　〈監修：上田正昭〉　1800円　⑪4-87521-212-7
◇出雲国風土記論究　下巻　加藤義成著

◇松江　島根県古代文化センター　1996.3　374p　22cm　（古代文化叢書2）〈年譜・著作目録：p346〜364〉

◇古事記・釈日本紀・風土記の文献学的研究　小野田光雄著　続群書類従完成会　1996.2　774p　22cm　23690円　ⓓ4-7971-0775-8

◇常陸国風土記の探究―紀行・論文・文献目録・写本　「常陸国風土記の探究」編集委員会編　千葉　市民の古代研究会・関東　1995.12　492p　21cm

◇折口信夫全集　5　大和時代の文学・風土記の古代生活―古代文学論　折口信夫全集刊行会編纂　中央公論社　1995.6　444p　20cm　5000円　ⓓ4-12-403352-4

◇残っている古代の風土記　長田喜八郎著〔四日市〕〔長田喜八郎〕1995.5　363p　22cm　〈編集・製作：朝日新聞名古屋本社編制作センター〉　3000円

◇出雲国風土記論究　上巻　加藤義成著　松江　島根県古代文化センター　1995.3　290p　22cm　（古代文化叢書1）

◇出雲国風土記と古代日本―出雲地域史の研究　滝音能之著　雄山閣出版　1994.4　371p　22cm　6800円　ⓓ4-639-01221-7

◇風土記　秋本吉郎校注　岩波書店　1993.10　529p　22cm　（日本古典文学大系新装版）〈折り込図5枚〉　4200円　ⓓ4-00-004487-7

◇神々のくにそのくにびと―出雲風土記の旅　田川美穂著　広島　中国新聞社　1993.4　263p　18cm　〈付1枚〉　1100円　ⓓ4-88517-158-X

◇異形の古代文学―記紀・風土記表現論　山田直巳著　新典社　1992.12　270p　22cm　（新典社研究叢書57）　8500円　ⓓ4-7879-4057-0

◇修訂出雲国風土記参究　加藤義成著　改訂4版　松江　松江今井書店　1992.12　545p　22cm　〈折り込1枚〉　ⓓ4-89593-006-8

◇風土記説話の古代史　滝音能之著　桜楓社　1992.9　150p　19cm　2800円　ⓓ4-273-02595-7

◇風土記の世界と日本の古代　永藤靖著　大和書房　1991.4　285p　20cm　2800円　ⓓ4-479-84016-8

◇むかし琵琶湖で鯨が捕れた　河合隼雄ほか著　潮出版社　1991.4　237p　20cm　1200円　ⓓ4-267-01254-7

◇風土記を読む　志田諄一著　石岡　嵪書房出版茨城営業所　1989.12　216p　19cm　2000円

◇常陸国風土記にみる古代　井上辰雄著　学生社　1989.8　247p　19cm　1800円　ⓓ4-311-20144-3

◇出雲風土記とその社会　佐野正巳著　雄山閣出版　1989.5　210p　22cm　2500円　ⓓ4-639-00864-3

◇常陸風土記の世界　江原忠昭著　土浦　筑波書林　1989.1　140p　18cm　（ふるさと文庫）〈発売：茨城図書〉　618円

◇坂本太郎著作集　第4巻　風土記と万葉集　坂本太郎著作集編集委員会編　吉川弘文館　1988.10　391,8p　22cm　5600円　ⓓ4-642-02219-8

◇日本神話必携　稲岡耕二編　学灯社　1988.7　222p　22cm　〈『別冊国文学』改装版〉　1550円　ⓓ4-312-00521-4

◇古代は沈黙せず　古田武彦著　駸々堂出版　1988.6　449p　19cm　2000円　ⓓ4-397-50253-6

◇播磨国風土記に見える神人の交錯　浅田芳朗著　姫路　郷土文化学会　1988.6　92p　26cm　（郷土文化学会報告　第1冊）　非売品

◇田中卓著作集　8　出雲国風土記の研究　国書刊行会　1988.5　471p　22cm　6800円

◇古代は輝いていた　1　『風土記』にいた卑弥呼　古田武彦著　朝日新聞社　1988.4　341p　15cm　（朝日文庫）　500円　ⓓ4-02-260497-2

◇入門・古風土記　下　出雲国風土記.豊後国風土記.肥前国風土記. 山陰・山陽・南海・西海道諸国の逸文　水野祐著　雄山閣出版　1987.10　246p　22cm　3200円　ⓓ4-639-00680-2

◇入門・古風土記　上　常陸国風土記.播磨国風土記. 畿内・高志・東山・東海道諸国の逸文　水野祐著　雄山閣出版　1987.9　221p　22cm　3200円　ⓓ4-639-00670-5

◇修訂出雲国風土記参究　加藤義成著　松江　今井書店　1987.2　545p　22cm

〈『出雲国風土記参究』(至文堂昭和32年刊)の改訂3版 折り込図1枚〉 4800円

◇播磨風土記―その光と陰を追って 寺本躬久編 上郡町(兵庫県) 寺本躬久 1987.1 170p 21cm 〈発売:みるめ書房(神戸)〉 1900円

◇井上通泰上代関係著作集 11 播磨国風土記新考 秀英書房 1986.11 589, 103p 22cm 〈大岡山書店昭和18年刊の複製〉 ⓘ4-87957-073-7

◇井上通泰上代関係著作集 12 肥前風土記新考・豊後風土記新考・西海道風土記逸文新考 秀英書房 1986.11 1冊 22cm 〈功人社昭和10年刊の複製〉 ⓘ4-87957-073-7

◇古代出雲の研究―神と神を祀るものの消長 石塚尊俊著 佼成出版社 1986.6 346p 23cm 10000円 ⓘ4-333-01219-8

◇播磨国風土記新考 井上通泰著 〔複刻版〕 京都 臨川書店 1986.3 589, 103p 21cm 7600円 ⓘ4-653-00945-7

◇風土記と古代社会 関和彦著 塙書房 1984.12 226p 19cm (塙選書 90) 2200円

◇出雲国風土記論攷 水野祐著 東京白川書院 1983.9 2冊 22cm 〈「本文篇」「図録篇」に分冊刊行 早稲田大学古代史研究会昭和40年刊の複製〉 全30000円 ⓘ4-88576-024-0

◇日本の神話 6 風土記―埋もれた神話 伊藤清司, 松前健編集 ぎょうせい 1983.8 173p 30cm 5000円

◇古代説話 風土記篇 大久間喜一郎編 桜楓社 1983.4 184p 22cm 〈参考文献目録:p147～184〉 1800円

◇古事記・風土記・日本霊異記 曽倉岑, 金井清一著 尚学図書 1981.9 386p 20cm (鑑賞日本の古典 1) 〈発売:小学館 参考文献解題・『古事記』『風土記』『日本霊異記』関係略年表:p341～381〉 1600円

◇常陸国風土記の探求 下 新治郡・多珂郡・茨城郡 河野辰男著 土浦 筑波書林 1981.7 100p 18cm (ふるさと文庫) 〈発売:茨城図書〉 580円

◇常陸国風土記の探求 中 筑波郡, 信太郡. 久慈郡 河野辰男著 土浦 筑波書林 1980.8 117p 18cm (ふるさと文庫) 〈発売:茨城図書〉 580円

◇常陸国風土記の探求 上 那賀郡.香島郡.行方郡 河野辰男著 土浦 崙書房 1979.9 126p 18cm (ふるさと文庫) 〈発売:茨城図書〉 580円

◇風土記の世界 志田諄一著 〔東村山〕 教育社 1979.9 223p 18cm (教育社歴史新書) 600円

◇風土記―全訳注 1 常陸国風土記 秋本吉徳訳注 講談社 1979.4 191p 15cm (講談社学術文庫) 280円

◇口訳常陸国風土記 河野辰男著 土浦 崙書房 1978.12 74p 18cm (ふるさと文庫) 〈発売:茨城図書〉 480円

◇私説古風土記 松本清張著 平凡社 1977.12 343p 図 20cm 1400円

◇古風土記逸文考証 栗田寛著 有峰書店 1977.6 686p 22cm 〈複製〉 7800円

◇鑑賞日本古典文学 第2巻 日本書紀・風土記 直木孝次郎, 西宮一民, 岡田精司編 角川書店 1977.5 529p 20cm 1500円

◇常陸国風土記の史的概観 河野辰男著 流山 崙書房 1977.3 319p 22cm 〈発売:茨城図書(土浦)〉 3000円

◇出雲の古代史 門脇禎二著 日本放送出版協会 1976 262p 18cm (HNKブックス) 650円

◇風土記 上田正昭編 社会思想社 1975 310p 20cm (日本古代文化の探究) 1200円

◇八雲立つ風土記の丘周辺の文化財 松江 島根県教育委員会 1975 381p 図42枚 27cm 〈執筆:山本清等〉

◇出雲国風土記の神話 佐藤四信著 笠間書院 1974 520, 18p 22cm (笠間叢書) 8500円

◇肥前風土記新考 井上通泰著 京都 臨川書店 1974 155, 9, 24p 22cm 〈巧人社昭和10年刊の複製〉 3500円

◇武田祐吉著作集 第4巻 古事記・風土記篇 3 角川書店 1973 417p 23cm

◇風土記世界と鉄王神話 吉野裕著 三一書房 1972 440p 20cm

◇風土記の研究並びに漢字索引 植垣節也著 風間書房 1972 64, 987p 22cm

◇風土記　小島瓔礼校注　角川書店　1970　458p　15cm　（角川文庫）　280円
◇風土記語句索引　渡辺寛編　伊勢　皇学館大学出版部　1970　79p　21cm　600円
◇万葉大和風土記—定本　堀内民一著　2版　京都　人文書院　1970　355p　図版　地図　22cm　1400円

漢詩
かんし

中国の古典詩、およびその形式によって日本でつくられた詩。普通、一句は四言・五言、または七言で、平仄（ひょうそく）・脚韻などの規則があり、古詩・楽府（がふ）・絶句・律・排律などの種類がある。日本では近江朝に始まり、宮廷における応詔侍宴の詩が中心をなす。現存最古の漢詩集は『懐風藻』である。養老（717～724）から天平（729～749）のころは、藤原宇合（うまかい）、石上乙麻呂（いそのかみおとまろ）らが活躍。唐風文化の全盛期となる平安初期は『凌雲集』『文華秀麗集』『経国集』の勅撰詩集が編纂された。平安時代にも宮廷や摂関家で頻繁に詩会が開催され多くの詩が詠まれたが、表現の艶麗に対して内容は空虚となり、平安後期には衰退した。

＊　＊　＊

◇古代漢詩選　興膳宏著　研文出版　2005.10　260p　20cm　（日本漢詩人選集　別巻）　3300円　①4-87636-253-X
◇日本文学と漢詩—外国文学の受容について　中西進著　岩波書店　2004.10　201,3p　19cm　（岩波セミナーブックス S2）　2200円　①4-00-028052-X
◇奈良朝漢詩文の比較文学的研究　蔵中しのぶ著　翰林書房　2003.7　551p　22cm　〈年表あり〉　12000円　①4-87737-117-6
◇日本漢詩　猪口篤志著, 菊地隆雄編　新版　明治書院　2002.7　242p　18cm　（新書漢文大系 7）　1000円　①4-625-66316-4
◇『万葉集』と六朝詩—悲哀と耽美の起源　吉田とよ子著　勉誠出版　1999.7　197p　20cm　（遊学叢書）　2000円　①4-585-04063-3
◇奈良万葉と中国文学　胡志昂著　笠間書院　1998.12　426p　22cm　（笠間叢書　316）　8000円　①4-305-10316-8
◇日本漢詩　古代篇　本間洋一編　大阪　和泉書院　1996.10　274p　22cm　2575円　①4-87088-826-2
◇日本漢詩　猪口篤志著, 菊地隆雄編　明治書院　1996.7　242p　18cm　（新書漢文大系 7）　980円　①4-625-57307-6
◇日本上代の恋愛と中国古典　孫久富著　新典社　1996.7　509p　22cm　（新典社研究叢書 100）　16000円　①4-7879-4100-3
◇万葉集と漢文学　和漢比較文学会編　汲古書院　1993.1　286p　22cm　（和漢比較文学叢書 第9巻）　6500円　①4-7629-3233-7
◇日本漢文学史論考　山岸徳平編　岩波書店　1974　624p　22cm　4000円
◇漢詩文引用より見た万葉集の研究　古沢未知男著　南雲堂桜楓社　1964　244p　22cm　〈限定版〉
◇近江奈良朝の漢文学　岡田正之著　丹波市町（奈良県）　養徳社　1946　278p　22cm

懐風藻
かいふうそう

奈良時代の漢詩集。1巻。撰者は未詳で、淡海三船説、葛井広成説、石上宅嗣説、白壁王（光仁天皇）説などがある。天平勝宝3年（751年）の成立で、現存する日本最古の漢詩集。書名は先哲の遺風を懐（おも）う詩集の意。近江朝から奈良朝中期の天平頃にかけて、約80年間64人の漢詩120編を年代順・作者別に収めている。主な作者に大友皇子（弘文天皇）、河島皇子、大津皇子、文武天皇、藤原不比等、長屋王、藤原房前、藤原宇合、藤原万里、石上乙麻呂など。詩形は五言詩が多く、中国の六朝・初唐の詩の影響が強い。

＊　＊　＊

◇懐風藻—日本的自然観はどのように成立したか　辰巳正明編　笠間書院　2008.6　241p　22cm　7000円　①978-4-305-70380-4
◇懐風藻　凌雲集　文華秀麗集　経国集　本朝麗藻　小野岑守ほか撰, 藤原冬嗣ほか撰, 良岑安世ほか撰　現代思潮新社　2007.5　13, 241p　16cm　（覆刻日本古典全集）〈現代思潮社昭和57年刊を原本

としたオンデマンド版〉 3500円
①978-4-329-02633-0

◇懐風藻―漢字文化圏の中の日本古代漢詩 辰巳正明編 笠間書院 2000.11 249,16p 22cm （上代文学会研究叢書） 6600円 ①4-305-60162-1

◇懐風藻 江口孝夫全訳注 講談社 2000.10 392p 15cm （講談社学術文庫） 1250円 ①4-06-159452-4

◇懐風藻新註 林古渓著、林大編 パルトス社 1996.1 336p 22cm 〈明治院昭和33年刊の複製〉 16000円

◇懐風藻註釈 沢田総清著 パルトス社 1990.12 438p 20cm 〈大岡山書店昭和8年刊の複製〉 11000円

◇懐風藻 凌雲集 文華秀麗集 経国集 本朝麗藻 与謝野寛ほか編纂校訂,小野岑守ほか撰 現代思潮社 1982.10 241p 16cm 〈覆刻日本古典全集〉〈日本古典全集刊行会大正15年刊の複製〉

◇懐風藻漢字索引 辰巳正明編 新典社 1978.10 246p 22cm 〈付：本文篇〉 3000円

◇懐風藻―和訳詩集 楜沢竜吉訳 学灯社 1972 201p 図 20cm 1200円

◇懐風藻新註 林古渓著、林大編 明治書院 1958 336p 図版 22cm

◇懐風藻漢字索引 柴田甲二郎編 大阪日本上古史研究会 1957 65p 27cm 〈吉永登監修 謄写版〉

◇懐風藻の研究―本文批判と註釈研究 大野保著 三省堂 1957 214p 19cm

大津皇子
おおつのみこ

天智2年（663年）～朱鳥元年（686年）10月3日
天武天皇の第三皇子。母は天智天皇の皇女の大田皇女。弘文元年（672年）壬申の乱に際して、近江を脱出し伊勢で大海人皇子（天武天皇）と合流。乱後の天武12年（683年）太政大臣となったが、朱鳥元年（686年）9月に天武天皇が崩ずると、皇太子草壁皇子に対する謀反の嫌疑がかけられ、訳語田（おさだ）の自邸において死を賜り、妃山辺（やまべ）皇女（天智天皇皇女）も後を追って殉死した。皇子は詩才に優れ、『懐風藻』『万葉集』に歌が伝えられる。『万葉集』巻2の詞書によると、皇子の屍はのち二上山（奈良県葛城市）男岳頂上

に移葬された。
*　　*　　*

◇大津皇子怨念の歌 柿本人麻呂を探して 井上智幸著, 井上智幸著 文芸社 2009.6 210p 19cm 〈文献あり〉 1200円 ①978-4-286-06901-2

◇皇子たちの鎮魂歌―万葉集の〈虚〉と〈実〉 小松崎文夫著 新人物往来社 2004.3 338p 20cm 〈年表あり 文献あり〉 1905円 ①4-404-03188-2

◇天翔る白日―小説大津皇子 黒岩重吾著 改版 中央公論社 1996.10 604p 16cm （中公文庫） 1100円 ①4-12-202713-6

◇白鳳の絶唱―大津皇子の生涯 山路麻芸著 春秋社 1987.4 210p 20cm 1800円 ①4-393-44711-5

◇天翔る白日―小説大津皇子 黒岩重吾著 中央公論社 1986.6 463p 16cm （中公文庫） 560円 ①4-12-201329-1

◇飛鳥の悲唱―二上山の落日 大津皇子の謎 吉村遊三著 改訂版 有峰書店新社 1984.7 209p 19cm 〈新装版〉 1500円

◇天翔る白日―小説大津皇子 黒岩重吾著 中央公論社 1983.11 452p 20cm 〈参考図書・論文：p452〉 1350円 ①4-12-001256-5

◇大津皇子 生方たつゑ著 角川書店 1978.9 214p 19cm （角川選書 95） 760円

◇大津皇子の死―皇位継承をめぐる悲劇 大橋智著 名古屋 財界名古屋 1967 146p 図版 19cm 300円

石上 宅嗣
いそのかみの やかつぐ

天平元年（729年）～天応元年（781年）6月24日
奈良時代後期の文人、官人。別名は物部朝臣、石上大朝臣。石上乙麻呂の子。石上麻呂の孫。天平勝宝3年（751年）従五位下を授けられ、天平宝字元年757年）相模守となる。その後、三河守、侍従、文部大輔、常陸守の要職を歴任し、天平神護2年（766年）参議を務め、神護景雲2年（768年）従三位に昇り式部卿となる。宝亀11年（780年）大納言となり、翌年正三位となる。詩文を作

るすに秀で、淡海三船(おうみのみふね)とならぶ奈良朝後半の代表的文人であった。自らの旧宅を阿醍寺(あしゅくじ)という寺にして、その寺内に建てた「芸亭(うんてい)」に儒教の典籍を収蔵し、好学の人たちに広く閲覧を開放した。日本の図書館の最初といわれる。

　　　　＊　　＊　　＊

◇日本教育史基本文献・史料叢書　12　石上宅嗣卿　石上宅嗣卿顕彰会編　大空社　1992.2　143, 6p　22cm　〈監修:寺崎昌男, 久木幸男　石上宅嗣卿顕彰会昭和5年刊の複製〉　4000円　ⓈI4-87236-612-3
◇芸亭院―日本最初の公開図書館　桑原蓼軒著　奈良　芸亭院創始千二百年記念会　1962　145p 図版　22cm

和　歌
<small>わか</small>

　漢詩に対して、奈良時代までに発生した日本固有の詩歌の称。倭歌とも書く。定型が完成する前の和歌を上代歌謡といい、そのうち『記紀』に収められた上代歌謡は特に記紀歌謡と呼ばれる。五音節句と七音節句の繰り返しによる音数律が基本となり、五七五七七の短歌、基本として五七を三回以上繰り返して七で結ぶ長歌、五七七(片歌)を二度繰り返す旋頭歌、短歌形式にさらに七の加わった歌体で奈良の薬師寺の仏足石碑に刻まれた仏足石歌体などがあり、現存する最初の歌集『万葉集』にもみいだせる。後世、長歌、旋頭歌などの形式が廃れ、和歌という語は直接短歌をさすようになった。

　　　　＊　　＊　　＊

◇天皇たちの和歌　谷知子著　角川学芸出版, 角川グループパブリッシング(発売)　2008.4　239p　19cm　(角川選書 421)　1500円　ⓈI978-4-04-703421-1
◇日本書紀「歌」全注釈　大久間喜一郎, 居駒永幸編　笠間書院　2008.3　465, 20p　22cm　12000円　ⓈI978-4-305-70373-6
◇古代宮廷儀礼と歌謡　藤原享和著　おうふう　2007.6　424p　22cm　12000円　ⓈI978-4-273-03468-9
◇古代歌謡の終焉と変容　飯島一彦著　おうふう　2007.3　335p　22cm　12000円　ⓈI978-4-273-03430-6
◇上代和歌史の研究　高松寿夫著　新典社　2007.3　556p　22cm　(新典社研究叢書 183)　14000円　ⓈI978-4-7879-4183-1
◇万葉集と上代歌謡　岸正尚著　菁柿堂, 星雲社(発売)　2007.3　330p　19cm　(Edition trombone)　2400円　ⓈI978-4-434-10532-6
◇古典和歌における鐘の研究―日中比較文化的考察　劉小俊著　風間書房　2006.12　320p　22cm　11000円　ⓈI4-7599-1589-3
◇益田勝実の仕事　3　益田勝実著, 鈴木日出男, 天野紀代子編　筑摩書房　2006.3　607p　15cm　(ちくま学芸文庫)　1500円　ⓈI4-480-08973-X
◇古代歌謡と南島歌謡―歌の源泉を求めて　谷川健一著　横浜　春風社　2006.2　303p　19cm　〈『うたと日本人』増補・改題書〉　2400円　ⓈI4-86110-058-5
◇三省堂名歌名句辞典　佐佐木幸綱, 復本一郎編　机上版　三省堂　2005.9　1066, 90p　22cm　〈年表あり〉　7500円　ⓈI4-385-15383-3
◇和歌文学の流れ　針原孝之, 小池一行, 半田公平, 島原泰雄編　新典社　2005.4　382p　21cm　〈年表あり〉　2300円　ⓈI4-7879-0624-0
◇柿本人麻呂と歌史　村田右富実著　大阪　和泉書院　2004.1　411p　22cm　(研究叢書 307)　10000円　ⓈI4-7576-0241-3
◇古代の歌と叙事文芸史　居駒永幸著　笠間書院　2003.3　489, 15p　22cm　(明治大学人文科学研究所叢書)　8500円　ⓈI4-305-70257-6
◇記紀伝承の分水嶺　内藤磐著　西田書店　2002.10　304p　22cm　4700円　ⓈI4-88866-357-2
◇上代歌謡対比集成―記紀から万葉へ　樋口和也著　文芸社　2001.7　330p　20cm　1800円　ⓈI4-8355-1864-0
◇古代歌謡と伝承文学　大久間喜一郎著　塙書房　2001.4　517, 8p　22cm　12000円　ⓈI4-8273-0086-0
◇古代和歌の享受　北村進著　おうふう　2000.11　265p　22cm　6800円　ⓈI4-273-03149-3
◇古典和歌解読―和歌表現はどのように深化したか　小松英雄著　笠間書院　2000.10　116p　21cm　1500円　ⓈI4-

奈良時代

305-70220-7
◇記紀のうた釈義　松下雅雄著　〔横浜〕松下弘子　2000.6　335p　22cm　〈肖像あり　年譜あり〉
◇王の歌―古代歌謡論　鈴木日出男著　筑摩書房　1999.10　266p　22cm　4500円　⓪4-480-82341-7
◇古代和歌の世界　鈴木日出男著　筑摩書房　1999.3　221p　18cm　（ちくま新書）　660円　⓪4-480-05791-9
◇和歌の生成と機構　駒木敏著　大阪　和泉書院　1999.3　335p　22cm　（研究叢書236）　9000円　⓪4-87088-965-X
◇記紀歌謡が語る古代史―邪馬台国大和論古代王朝の興亡　江畑耕作著　近代文芸社　1998.12　177p　20cm　2500円　⓪4-7733-6367-3
◇和歌文学の伝統　有吉保編　角川書店　1997.8　686p　22cm　28000円　⓪4-04-864019-4
◇古代和歌生成史論　島田修三著　砂子屋書房　1997.7　413p　20cm　（ディヴィニタス叢書5）　4800円
◇久米歌と久米　ネリー・ナウマン著，檜枝陽一郎訳　言叢社　1997.6　251, 18p　22cm　〈文献あり　著作目録あり　索引あり〉　4500円　⓪4-905913-58-6
◇和歌文学史の研究　和歌編　島津忠夫著　角川書店　1997.6　817p　22cm　32000円+税　⓪4-04-864017-8
◇古代文学講座　9　歌謡　古橋信孝ほか編　勉誠社　1996.7　254p　22cm　3800円　⓪4-585-02048-9
◇古事記日本書紀必携　神野志隆光編　学灯社　1996.4　218p　22cm　〈『別冊国文学』改装版〉　1750円　⓪4-312-00539-7
◇和歌文学論集　10　和歌の伝統と享受　『和歌文学論集』編集委員会編　風間書房　1996.3　456p　22cm　5974円　⓪4-7599-0985-0
◇古代歌謡の展開　宮岡薫著　大阪　和泉書院　1995.9　497p　22cm　（研究叢書174）　15450円　⓪4-87088-755-X
◇和歌文学論集　7　歌論の展開　『和歌文学論集』編集委員会編　風間書房　1995.3　446p　22cm　5974円　⓪4-7599-0916-8

◇二神唱和　都筑省吾著　河出書房新社　1994.5　2冊　22cm　〈書名は奥付・外箱による　外箱入　『歌謡古事記』と『オノコロシマのこと』に分冊刊行〉　全18000円　⓪4-309-90122-0
◇記紀歌謡の世界―山路平四郎古典文学論集　山路平四郎著　笠間書院　1994.1　709p　22cm　（笠間叢書265）　〈山路平四郎略年譜・著述目録：p685〜694〉　17500円　⓪4-305-10265-X
◇和歌文学論集　9　百人一首と秀歌撰　『和歌文学論集』編集委員会編　風間書房　1994.1　386p　22cm　5974円　⓪4-7599-0870-6
◇上代歌謡と万葉集　岡本雅彦著　奈良　飛鳥書房　1993.9　250p　22cm　2000円
◇和歌文学論集　3　和歌と物語　『和歌文学論集』編集委員会編　風間書房　1993.9　315p　22cm　4944円　⓪4-7599-0858-7
◇古代和歌の成立　森朝男著　勉誠社　1993.5　428, 12p　22cm　13500円　⓪4-585-03015-8
◇和歌文学の世界　第15集　詠集〈題〉の和歌空間　和歌文学会編　笠間書院　1992.11　330p　20cm　3914円　⓪4-305-70015-8
◇和歌大辞典　犬養廉ほか編　明治書院　1992.4　1201p　27cm　〈年表：p1105〜1173〉　24720円　⓪4-625-40029-5
◇和歌文学論集　4　王朝私家集の成立と展開　『和歌文学論集』編集委員会編　風間書房　1992.1　439p　22cm　4944円　⓪4-7599-0804-8
◇日本の詩歌　小沢彰著　有峰書店新社　1991.12　398p　20cm　4500円　⓪4-87045-192-1
◇万葉と歌謡　上代文学会編　笠間書院　1991.5　189p　20cm　（万葉夏季大学　第16集）　1957円
◇和歌文学論集　8　新古今集とその時代　『和歌文学論集』編集委員会編　風間書房　1991.5　392p　22cm　4944円　⓪4-7599-0791-2
◇上代の和歌と言語　西宮一民著　大阪　和泉書院　1991.4　279p　22cm　（研究叢書99）　5150円　⓪4-87088-467-4
◇古代うた紀行　中西進著　角川書店

1989.6　287p　19cm　（角川選書 188）　1200円　④4-04-703188-7
◇古代歌謡の生態と構造—土橋寛論文集中　土橋寛著　塙書房　1988.10　390p　22cm　7300円
◇古典和歌論叢　犬養廉編　明治書院　1988.4　579p　22cm　〈犬養廉略年譜・著作一覧：p568～578〉　9600円　④4-625-41088-6
◇古代和歌の発生—歌の呪性と様式　古橋信孝著　東京大学出版会　1988.1　302, 8p　22cm　4000円　④4-13-080055-8
◇古代歌謡の構造　宮岡薫著　新典社　1987.10　415p　22cm　（新典社研究叢書 17）　9800円
◇古代和歌　五味智英著　増補　笠間書院　1987.3　420p　20cm　〈初版：至文堂　昭和26年刊〉　2500円
◇上代歌謡演劇論　内藤磐著　明治書院　1987.2　427p　22cm　7800円
◇和歌文学の世界　第10集　論集和歌とレトリック　和歌文学会編　笠間書院　1986.9　289p　20cm　3000円
◇古代歌謡をひらく　土橋寛著　大阪　大阪書籍　1986.5　277p　19cm　（朝日カルチャーブックス 63）　1200円　④4-7548-1063-5
◇上代歌謡　森本治吉ほか編　桜楓社　1986.4　169p　21cm　〈2刷（1刷：昭和39年）〉　④4-273-00836-X
◇和歌大辞典　犬養廉ほか編　明治書院　1986.3　1201p　27cm　〈年表：p1105～1173〉　24000円
◇紀記論究　外篇　古代歌謡　松岡静雄著　教育出版センター　1986.2　2冊　22cm　〈同文館昭和7年刊の複製　発売：冬至書房〉
◇古代歌謡　日本文学研究資料刊行会編　有精堂出版　1985.11　311p　22cm　（日本文学研究資料叢書）　3200円　④4-640-30008-5, 4-640-32501-0
◇和歌史—万葉から現代短歌まで　神野志隆光ほか著　大阪　和泉書院　1985.4　291p　19cm　（和泉選書 18）　1800円　④4-87088-152-7
◇和歌文学の世界　第9集　論集和歌とは何か　和歌文学会編　笠間書院　1984.11　270p　19cm　2800円
◇古典和歌論集—万葉から新古今へ　寺田純子著　笠間書院　1984.6　229p　20cm　2800円
◇和歌文学の世界　第8集　論集明星とアララギ　和歌文学会編　笠間書院　1983.4　251p　19cm　2500円
◇記紀歌謡と万葉の間　菅野雅雄著　桜楓社　1982.5　143p　19cm　（国語国文学研究叢書 第33巻）　1500円
◇和歌文学辞典　有吉保編　桜楓社　1982.5　862p　20cm　3400円
◇古代歌謡論　古橋信孝著　冬樹社　1982.1　430, 4p　20cm　2800円
◇日本書紀歌謡　大久保正全訳注　講談社　1981.8　384p　15cm　（講談社学術文庫）　780円
◇古事記歌謡—全訳注　大久保正訳注　講談社　1981.7　264p　15cm　（講談社学術文庫）　640円
◇和歌文学の世界　第7集　論集古今和歌集　和歌文学会編　笠間書院　1981.6　328p　19cm　3000円
◇古日本文学発生論—記紀歌謡前史　藤井貞和著　思潮社　1980.7　217, 11p　19cm　〈新装版〉　1500円
◇和歌文学の世界　第6集　和歌文学会編　笠間書院　1978.7　189p　19cm　（笠間選書 105）　1000円
◇古代和歌論考　本位田重美著　笠間書院　1977.9　391p　22cm　（笠間叢書 81）　8000円
◇和歌文学の世界　第5集　和歌文学会編　笠間書店　1977.8　236p　18cm　（笠間選書 80）　1000円
◇和歌文学発生史論　阿部正路著　桜楓社　1977.4　695p　図　22cm　16000円
◇記紀歌謡　山路平四郎, 窪田章一郎編　早稲田大学出版部　1976　253p　19cm　（古代の文学 1）　〈主要参考文献目録：p.216-251〉　1600円
◇古代歌謡全注釈　日本書紀編　土橋寛著　角川書店　1976　439p　図　22cm　（日本古典評釈全注釈叢書）　3900円
◇古代歌謡の現場—私の日本詩史ノート　安西均著　教育出版センター　1976

奈良時代

226p　19cm　1300円
◇和歌文学の世界　第4集　和歌文学会編　笠間書店　1976　250p　18cm　（笠間選書 52）　1000円
◇伊勢神宮神官連歌の研究　奥野純一著　日本学術振興会　1975.3　652p　22cm　〈年表：p617～648〉
◇鑑賞日本古典文学　第4巻　歌謡　1　土橋寛，池田弥三郎編　角川書店　1975　453p　20cm　1500円
◇和歌文学の世界　第3集　和歌文学会編　笠間書店　1975　234p　18cm　（笠間選書 35）　1000円
◇和歌連歌の研究　石村雍子著　武蔵野書院　1975　306p　22cm　5200円
◇和歌文学年表　阿部正路著　桜楓社　1974　182p　20cm　1000円
◇和歌文学の世界　第2集　和歌文学会編　笠間書院　1974　218p　18cm　（笠間選書 17）　900円
◇古事記　上代歌謡　太安万侶編，荻原浅男校注・訳，鴻巣隼雄校注・訳　小学館　1973.11（第23版：1992.10）　513p 図版 12p　23cm　（日本古典文学全集 1）　①4-09-657001-X
◇記紀歌謡評釈　山路平四郎著　東京堂出版　1973　506p　22cm　9500円
◇日本古典文学全集　1　古事記・上代歌謡　校注・訳：荻原浅男，鴻巣隼雄　小学館　1973　513p 図　23cm　1500円
◇和歌文学の世界　第1集　和歌文学会編　笠間書院　1973　261p　18cm　（笠間選書 2）　700円
◇記紀歌謡　益田勝実著　筑摩書房　1972　333, 4p 図　19cm　（日本詩人選 1）
◇和歌の歴史　藤田福夫，阿部正路編　桜楓社　1972　294p　19cm　980円
◇古代歌謡論　土橋寛著　三一書房　1971　456, 13p　23cm　2400円
◇上代歌謡集　高木市之助校註　朝日新聞社　1971　421p　19cm　（日本古典全書　監修：高木市之助等）〈第2版（初版：昭和42年刊）〉　680円
◇古代歌謡——一目でわかる 古事記・万葉集　高橋公麿著　林書店 三崎書房（発売）　1970　359p　18cm　580円

◇古代歌謡乃研究　藤田徳太郎著　有精堂出版　1969　509p 図版　22cm　〈金星堂昭和9年刊の複製〉　3800円
◇和歌文学講座　第5巻　万葉の歌人　和歌文学会編　桜楓社　1969　322p　22cm　1200円
◇古代歌謡の世界　土橋寛著　塙書房　1968　456p　19cm　（塙選書）　900円
◇日本歌人講座　第1　上古の歌人　久松潜一，実方清編　弘文堂新社　1968　443p　22cm　1500円
◇上代歌謡集　高木市之助校註　朝日新聞社　1967　416p　19cm　（日本古典全書）〈監修者：新村出等〉　680円
◇記紀歌謡全註解　相磯貞三著　有精堂出版　1962　628p　22cm
◇女人和歌大系　第1巻　歌謡期・万葉期・勅選集期　長沢美津編　風間書房　1962　677p　22cm
◇縮冊日本文学全集　第10巻　日本詩歌篇　日本週報社　1961　481p　20cm　〈執筆者：宇多零雨 他7名〉
◇日本歌人講座　第1　上古の歌人　弘文堂　1961　297p 図版　22cm
◇日本の上代歌謡和歌文学　賀古明著　文化書房　1961　211p　22cm
◇記紀歌謡論　相磯貞三著　京都　思文閣　1960　273p　22cm
◇和歌史　第1巻　日本詩歌概論　久松潜一著　東京堂　1960　258p　22cm
◇和歌史　第2巻　古代和歌史　久松潜一著　東京堂　1960　240p　22cm
◇記紀歌謡註解残集—主として福建語典拠　清水孝教著　清水孝教　1958　38p　26cm　〈謄写版 第8プリント〉
◇日本抒情詩論—記紀・万葉の世界　青木生子著　弘文堂　1957　363p　22cm
◇記紀歌謡集　武田祐吉校註　岩波書店　1956 9刷　242p　15cm　（岩波文庫）〈原文併記〉
◇記紀歌謡集全講　武田祐吉著　明治書院　1956　418p　22cm　（附録：琴歌譜歌謡集（361-392p））
◇記紀歌謡新註補遺　清水孝教著　清水孝教　1956　22p　26cm　〈第4プリント 謄写版〉

奈良時代

◇万葉以後　土岐善麿著　春秋社　1956　297p　19cm
◇日本和歌史論　上代篇　太田水穂著　岩波書店　1954　309p　22cm
◇和歌史〔第1巻〕総論古代篇　久松潜一著　東京堂　1951　3版　534p　21cm
◇記紀歌謡集　武田祐吉校註　岩波書店　1948　242p　15cm（岩波文庫947-948）〈初版昭和8〉
◇記紀歌謡集　武田祐吉校註　8版　岩波書店　1948　242p　15cm（岩波文庫）
◇和歌史　総論古代篇　久松潜一著　東京堂　1948　534p　21cm〈巻末：和歌史研究書略解〉
◇上代短歌史講話　永松忠雄著　京都　関書院　1947　427p　19cm
◇上代歌謡の研究　佐佐木信綱著　人文書院　1946　252p　21cm

万葉集　まんようしゅう

奈良時代の歌集。20巻。名前の意味については、万の言の葉（多くの歌）を集めたの意とする説、万世まで末永く伝えられるべき集の意とする説がある。奈良時代末期の成立で、現存する日本最古の歌集である。数次に渡り編纂され、大伴家持が現存の形に近いものにまとめたと推定される。仁徳天皇の皇后である磐姫の作と伝えられる歌から、大伴家持が天平宝字3年（759年）に詠んだ歌まで、約400年間に渡って詠まれた歌を収めるが、中心となるのは7世紀から8世紀にかけてのである。収録歌数は4500余首で、短歌約4200首と長歌約260首を中心とし、他に旋頭歌が約60首、仏足石歌が極少数。歌人数は500人近くに達し、皇族・貴族・官人の歌を中心とするが、東歌・防人歌など全国各地の一般民衆の歌をも収めている。代表的な歌人は有馬皇子・額田王・柿本人麻呂・山部赤人・山上憶良・大伴旅人・高橋虫麻呂・大伴家持・大伴坂上郎女・笠郎女など。初期の集団的な歌謡から末期の宮廷歌人による繊細優美な歌まで様々な歌を含むが、技巧的には稚拙ながらも豊かな人間性に基づき感動を率直に表現した作品が多い。なお、巻1から巻16までは基本的に雑歌・相聞歌・挽歌などの部立て、巻17以降は年月日順となっている。また、表記には万葉仮名を用いており、国語学上も重要な資料である。

◇万葉語文研究　第5集　万葉語学文学研究会編　大阪　和泉書院　2009.10　195p　21cm　3500円　①978-4-7576-0527-5
◇万葉集全解　4（巻第10・巻第11）　多田一臣訳注　筑摩書房　2009.9　578p　22cm　6500円　①978-4-480-75144-7
◇万葉集と歌人たち　直木孝次郎著　吉川弘文館　2009.9　273p　20cm（直木孝次郎古代を語る　12）　2600円　①978-4-642-07893-1
◇万葉集用字覚書　古屋彰著　大阪　和泉書院　2009.9　301p　21cm（研究叢書）　9000円　①978-4-7576-0525-1
◇万葉集全解　3（巻第7・巻第8・巻第9）　多田一臣訳注　筑摩書房　2009.7　518p　22cm　5900円　①978-4-480-75143-0
◇万葉集の今を考える　美夫君志会編　新典社　2009.7　349p　22cm（新典社研究叢書　201）　9600円　①978-4-7879-4201-2
◇近世国学と万葉集研究　城崎陽子著　おうふう　2009.6　324p　22cm〈索引あり〉　12000円　①978-4-273-03528-0
◇万葉集全歌講義　第5巻（巻第9・巻第10）　阿蘇瑞枝著　笠間書院　2009.6　938p　23cm　16500円　①978-4-305-40195-3
◇女歌の研究　佐野あつ子著　おうふう　2009.5　247p　22cm〈索引あり〉　11000円　①978-4-273-03516-7
◇万葉集全解　2（巻第4・巻第5・巻第6）　多田一臣訳注　筑摩書房　2009.5　524p　22cm　5900円　①978-4-480-75142-3

◇万葉集と新羅　梶川信行著　翰林書房　2009.5　285p　22cm　4500円　①978-4-87737-280-4
◇図説地図とあらすじでわかる！万葉集　坂本勝監修　青春出版社　2009.4　219p　18cm　（青春新書 PI-233）〈『図説地図とあらすじで読む万葉集』(2006年刊)の加筆・修正　下位シリーズの並列シリーズ名：Intelligence　文献あり 年表あり〉　930円　①978-4-413-04233-8
◇万葉集宮廷歌人全注釈―虫麻呂・赤人・金村・千年　浜口博章著　新典社　2009.4　271p　19cm　（新典社選書 24）　2000円　①978-4-7879-6774-9
◇万葉集とその時代　松尾光著　笠間書院　2009.4　390p　20cm　2600円　①978-4-305-70477-1
◇新選万葉集抄　小野寛著　新装版　笠間書院　2009.3　369p　22cm　〈年表あり 索引あり〉　1600円　①978-4-305-60306-7
◇万葉集全解　1（巻第1・巻第2・巻第3）　多田一臣訳注　筑摩書房　2009.3　461p　22cm　5600円　①978-4-480-75141-6
◇万葉の女性歌人　高岡市万葉歴史館編　高岡　高岡市民文化振興事業団高岡市万葉歴史館　2009.3　173p　21cm　（高岡市万葉歴史館叢書 21）
◇万葉秀歌鑑賞　山本健吉著　新装版　飯塚書店　2009.2　285p　20cm　〈初版：講談社昭和62年刊〉　2000円　①978-4-7522-1037-5
◇万葉びとの言葉とこころ―万葉から万葉へ　坂本信幸, 藤原茂樹著　日本放送出版協会　2009.1　178p　21cm　（NHKシリーズ）〈年表あり〉　850円　①978-4-14-910673-1
◇誤解された万葉語　吉田金彦著　勉誠出版　2008.12　344, 19p　22cm　〈索引あり〉　5000円　①978-4-585-03217-5
◇万葉語文研究　第4集　万葉語学文学研究会編　大阪　和泉書院　2008.12　202p　21cm　3500円　①978-4-7576-0495-7
◇中西進著作集　24　鑑賞万葉集　万葉百景　中西進著　四季社　2008.11　715p　22cm　5500円　①978-4-88405-424-3
◇万葉集巻二「挽歌」に見る構図　山口孝晴著　近代文芸社　2008.11　125p　20cm　1500円　①978-4-7733-7591-6
◇万葉集―新校注　井手至, 毛利正守校注　大阪　和泉書院　2008.10　534p　22cm　（和泉古典叢書 11）　2200円　①978-4-7576-0490-2
◇万葉集物語　森岡美子編　改訂新版　冨山房インターナショナル　2008.10　364p　19cm　〈年表あり〉　1800円　①978-4-902385-62-5
◇中西進著作集　23　万葉の長歌　中西進著　四季社　2008.9　405p　22cm　〈年表あり〉　5500円　①978-4-88405-423-6
◇万葉集を読む　古橋信孝編　吉川弘文館　2008.9　283p　20cm　（歴史と古典）〈文献あり〉　2800円　①978-4-642-07153-6
◇万葉集の表記と訓詁　大島信生著　おうふう　2008.9　257p　22cm　12000円　①978-4-273-03506-8
◇古代史家よりみた万葉集　大久保一郎著　広島　渓水社　2008.8　339p　20cm　〈文献あり〉　3800円　①978-4-86327-028-2
◇中西進著作集　22　万葉の秀歌　中西進著　四季社　2008.7　467p　22cm　5500円　①978-4-88405-422-9
◇万葉集全歌講義　第4巻（巻第7・巻第8）　阿蘇瑞枝著　笠間書院　2008.7　794p　23cm　14000円　①978-4-305-40194-6
◇万葉の散歩みち　上巻　広岡義隆著　新典社　2008.7　127p　18cm　（新典社新書）　800円　①978-4-7879-6111-2
◇万葉の散歩みち　下巻　広岡義隆著　新典社　2008.7　126p　18cm　（新典社新書）　800円　①978-4-7879-6112-9
◇吉田金彦著作選　1　万葉語の研究　上　吉田金彦著　明治書院　2008.7　355p　22cm　15000円　①978-4-625-43413-6
◇吉田金彦著作選　2　万葉語の研究　下　吉田金彦著　明治書院　2008.7　397p　22cm　〈文献あり〉　15000円　①978-4-625-43414-3
◇吉田金彦著作選　3　悲しき歌木簡　吉田金彦著　明治書院　2008.7　345p　22cm　〈文献あり　年譜あり〉　15000円　①978-4-625-43415-0
◇万葉集神事語辞典　辰巳正明, 城崎陽子

監修, 国学院大学研究開発推進機構日本文化研究所編　国学院大学　2008.6　272p　26cm

◇万葉集の様式と表現―伝達可能な造形としての〈心〉　大浦誠士著　笠間書院　2008.6　415, 4p　22cm　12500円　①978-4-305-70382-8

◇古代文化と聖数　江口洌著　おうふう　2008.5　413p　22cm　15000円　①978-4-273-03502-0

◇中西進著作集　21　万葉集全訳注原文付3　中西進著　四季社　2008.5　563p　22cm　5500円　①978-4-88405-421-2

◇万葉集字余りの研究　山口佳紀著　塙書房　2008.5　362, 19p　22cm　9500円　①978-4-8273-0107-6

◇万葉集百歌　古橋信孝, 森朝男著　青灯社　2008.5　260p　19cm　1800円　①978-4-86228-022-0

◇万葉集　小島憲之, 木下正俊, 東野治之校訂・訳　小学館　2008.4　318p　20cm　(日本の古典をよむ　4)　1800円　①978-4-09-362174-8

◇中西進著作集　20　万葉集全訳注原文付2　中西進著　四季社　2008.3　590p　22cm　5500円　①978-4-88405-420-5

◇奈良時代の歌びと　高岡市万葉歴史館編　高岡　高岡市民文化振興事業団高岡市万葉歴史館　2008.3　194p　21cm　(高岡市万葉歴史館叢書　20)

◇万葉集校注拾遺　工藤力男著　笠間書院　2008.2　230, 7p　21cm　3800円　①978-4-305-70366-8

◇中西進著作集　19　万葉集全訳注原文付1　中西進著　四季社　2008.1　513p　22cm　5500円　①978-4-88405-419-9

◇上代文学研究論集　片山武, 星野五彦編著　松戸　万葉書房　2007.12　178p　21cm　(万葉叢書　8)〈付・『千歌』写真版〉　3200円　①978-4-944185-10-8

◇万葉集研究　第29集　稲岡耕二監修, 神野志隆光, 芳賀紀雄編　塙書房　2007.12　263p　22cm　7200円　①978-4-8273-0529-6

◇万葉集全歌講義　第3巻(巻第5・巻第6)　阿蘇瑞枝著　笠間書院　2007.10　499p　23cm　12000円　①978-4-305-40193-9

◇万葉の挽歌―その生と死のドラマ　菊池威雄著　塙書房　2007.10　217, 2p　18cm　(はなわ新書)　1300円　①978-4-8273-4081-5

◇万葉びととの対話　上野誠著　日本放送出版協会　2007.10　226p　21cm　(NHKシリーズ)〈下位シリーズの責任表示：日本放送協会, 日本放送出版協会編　年表あり〉　760円　①978-4-14-910621-2

◇万葉集―古典を読む　大岡信著　岩波書店　2007.9　270p　15cm　(岩波現代文庫　文芸)　900円　①978-4-00-602127-6

◇万葉集の表現と受容　浅見徹著　大阪　和泉書院　2007.9　337p　22cm　(研究叢書　365)　10000円　①978-4-7576-0425-4

◇万葉語文研究　第3集　万葉語学文学研究会編　大阪　和泉書院　2007.6　184p　21cm　2800円　①978-4-7576-0422-3

◇覚えておきたい順万葉集の名歌　佐佐木幸綱監修, 荒木清編　中経出版　2007.5　255p　15cm　(中経の文庫)　552円　①978-4-8061-2707-9

◇初期万葉論　梶川信行編　笠間書院　2007.5　358p　22cm　(上代文学会研究叢書)　8000円　①978-4-305-60166-7

◇万葉集歌人事典　犬養孝, 五味智英, 小島憲之編集顧問, 大久間喜一郎, 森淳司, 針原孝之編　拡大版　雄山閣　2007.5　485p　21cm　〈年表あり〉　6000円　①978-4-639-01988-6

◇万葉集の〈われ〉　佐佐木幸綱著　角川学芸出版, 角川グループパブリッシング(発売)　2007.4　318p　19cm　(角川選書　408)〈文献あり〉　1700円　①978-4-04-703408-2

◇万葉の里　犬養孝著　大阪　和泉書院　2007.4　160p　19cm　(Izumi books　12)　1500円　①978-4-7576-0408-7

◇万葉集―訳文　森淳司編　新装版　笠間書院　2007.3　566p　22cm　〈年表あり〉　1800円　①978-4-305-70346-0

◇万葉集と上代歌謡　岸正尚著　菁柿堂, 星雲社(発売)　2007.3　330p　19cm　(Edition trombone)　2400円　①978-4-434-10532-6

◇万葉集編纂論　市瀬雅之著　おうふう　2007.3　336p　22cm　12000円　①978-

4-273-03426-9
◇本当は怖ろしい万葉集―歌が告発する血塗られた古代史　小林恵子著　祥伝社　2007.2　315p　16cm　（祥伝社黄金文庫）　600円　Ⓘ978-4-396-31423-1
◇万葉学史の研究　小川靖彦著　おうふう　2007.2　634p　22cm　〈年表あり〉　15000円　Ⓘ978-4-273-03429-0
◇万葉集全歌講義　第2巻（巻第3・巻第4）　阿蘇瑞枝著　笠間書院　2006.12　811p　23cm　15000円　Ⓘ4-305-40192-4
◇万葉集　3　稲岡耕二著　明治書院　2006.11　591p　22cm　（和歌文学大系3）　11000円　Ⓘ4-625-41328-1
◇万葉集研究　第28集　稲岡耕二監修, 神野志隆光, 芳賀紀雄編　塙書房　2006.11　244p　22cm　6500円　Ⓘ4-8273-0528-5
◇万葉歌の読解と古代語文法　黒田徹著　松戸　万葉書房　2006.10　330p　22cm　6000円　Ⓘ4-944185-09-X
◇万葉集の編纂と形成　橋本達雄著　笠間書院　2006.10　621,11p　22cm　（笠間叢書369）　12500円　Ⓘ4-305-10369-9
◇万葉集全注　巻12　小野寛著　有斐閣　2006.5　585p　22cm　9300円　Ⓘ4-641-07142-X
◇万葉集と風土記からのメッセージ―甦る九州朝廷　川西葉吉著　文芸社　2006.4　130p　20cm　〈年表あり　文献あり〉　1300円　Ⓘ4-286-01064-3
◇万葉語文研究　第2集　万葉語学文学研究会編　大阪　和泉書院　2006.3　261p　21cm　3000円　Ⓘ4-7576-0375-4
◇万葉集全歌講義　第1集（巻第1・巻第2）　阿蘇瑞枝著　笠間書院　2006.3　561p　23cm　9500円　Ⓘ4-305-40191-6
◇大和万葉旅行　堀内民一著　講談社　2006.3　365p　15cm　（講談社学術文庫）　1150円　Ⓘ4-06-159755-8
◇万葉びとの歌ごころ　前登志夫著　日本放送出版協会　2006.2　221p　20cm　1600円　Ⓘ4-14-081077-7
◇古代文学の諸相　多田みや子著　翰林書房　2006.1　453p　22cm　〈著作目録あり　年譜あり〉　12000円　Ⓘ4-87737-215-6
◇万葉集―美しき"やまとうた"の世界　池田弥三郎著　世界文化社　2006.1　199p　24cm　（日本の古典に親しむ ビジュアル版 3）　2400円　Ⓘ4-418-05224-0
◇万葉拾穂抄―影印・翻刻　4（巻15-20）　北村季吟著, 古典索引刊行会編　塙書房　2006.1　481p　19×27cm　35000円　Ⓘ4-8273-0104-2
◇万葉集釈注　7（巻第13巻第14）　伊藤博著　集英社　2005.12　647p　16cm　（集英社文庫ヘリテージシリーズ）　1000円　Ⓘ4-08-761016-0
◇万葉集釈注　8（巻第15巻第16）　伊藤博著　集英社　2005.12　678p　16cm　（集英社文庫ヘリテージシリーズ）　1048円　Ⓘ4-08-761017-9
◇万葉集釈注　9（巻第17巻第18）　伊藤博著　集英社　2005.12　679p　16cm　（集英社文庫ヘリテージシリーズ）　1048円　Ⓘ4-08-761018-7
◇万葉集釈注　10（巻第19巻第20）　伊藤博著　集英社　2005.12　894p　16cm　（集英社文庫ヘリテージシリーズ）　1238円　Ⓘ4-08-761019-5
◇伊藤左千夫と万葉集―その人麻呂論を巡って　牧野博行著　短歌新聞社　2005.11　186p　20cm　2381円　Ⓘ4-8039-1234-3
◇西域から来た皇女　小林恵子著　祥伝社　2005.11　249p　19cm　（本当は怖ろしい万葉集 2）　〈年表あり　文献あり〉　1500円　Ⓘ4-396-61254-0
◇万葉集全注　巻第13　曽倉岑著　有斐閣　2005.11　367p　22cm　6700円　Ⓘ4-641-07143-8
◇万葉集の題材と表現　渡辺護著　岡山大学教育出版　2005.11　395p　22cm　4800円　Ⓘ4-88730-653-9
◇万葉の歌人と作品―セミナー　第12巻　万葉秀歌抄　神野志隆光, 坂本信幸企画編集　大阪　和泉書院　2005.11　383p　22cm　3500円　Ⓘ4-7576-0334-7
◇天平万葉―第5回企画展図録　高岡市民文化振興事業団高岡市万葉歴史館企画・編集　高岡　高岡市民文化振興事業団高岡市万葉歴史館　2005.10　101p　30cm　〈年表あり〉
◇万葉のこみち　広岡義隆著　塙書房　2005.10　195,5p　18cm　（はなわ新書）

1200円 Ⓘ4-8273-4080-3

◇古代和歌における修辞―枕詞・序詞攷 白井伊津子著 塙書房 2005.9 362p 22cm 8000円 Ⓘ4-8273-0097-6

◇万葉集作者未詳歌巻の読解―歌とその神話・祭祀・法制・政治など 今井優著 大阪 和泉書院 2005.9 500p 21cm 7500円 Ⓘ4-7576-0332-0

◇万葉集釈注 1(巻第1巻第2) 伊藤博著 集英社 2005.9 618p 16cm (集英社文庫ヘリテージシリーズ) 952円 Ⓘ4-08-761010-1

◇万葉集釈注 2(巻第3巻第4) 伊藤博著 集英社 2005.9 672p 16cm (集英社文庫ヘリテージシリーズ) 1000円 Ⓘ4-08-761011-X

◇万葉集釈注 3(巻第5巻第6) 伊藤博著 集英社 2005.9 551p 16cm (集英社文庫ヘリテージシリーズ) 905円 Ⓘ4-08-761012-8

◇万葉集釈注 4(巻第7巻第8) 伊藤博著 集英社 2005.9 765p 16cm (集英社文庫ヘリテージシリーズ) 1095円 Ⓘ4-08-761013-6

◇万葉集釈注 5(巻第9巻第10) 伊藤博著 集英社 2005.9 712p 16cm (集英社文庫ヘリテージシリーズ) 1048円 Ⓘ4-08-761014-4

◇万葉集釈注 6(巻第11巻第12) 伊藤博著 集英社 2005.9 798p 16cm (集英社文庫ヘリテージシリーズ) 1143円 Ⓘ4-08-761015-2

◇万葉論集―石見の人麻呂他 清水克彦著 京都 世界思想社 2005.9 208p 20cm (Sekaishiso seminar) 2100円 Ⓘ4-7907-1142-0

◇文献からみた万葉集解説訓例 大堀敏雄著 福島 福島出版社(製作) 2005.8 134p 22cm 〈大堀敏雄卆寿記念出版 私家限定版 奥付・背のタイトル:万葉集解説訓例〉 非売品

◇口ずさんで楽しむ万葉百人一首 山城賢孝著 那覇 ニライ社 2005.6 254p 22cm 〈東京 新日本教育図書(発売) 年表あり〉 2000円 Ⓘ4-931314-62-7

◇詞林采葉抄 人丸集 由阿著 朝日新聞社 2005.6 678, 36p 22cm (冷泉家時雨亭叢書 第78巻) 〈付属資料:8p:月報 66 シリーズ責任表示:冷泉家時雨亭文庫編 複製〉 30000円 Ⓘ4-02-240378-0

◇万葉集研究 第27集 稲岡耕二編 塙書房 2005.6 465p 22cm 〈伊藤博先生追悼記念 肖像あり〉 11500円 Ⓘ4-8273-0527-7

◇万葉集の表記・成立・文学 中村昭著 おうふう 2005.6 699p 22cm 28000円 Ⓘ4-273-03372-0

◇あかねさす紫野―万葉集恋歌の世界 樋口百合子著 京都 世界思想社 2005.5 210p 19cm 〈文献あり〉 1800円 Ⓘ4-7907-1125-0

◇中西進の万葉みらい塾 中西進著 朝日新聞社 2005.4 267p 20cm 1500円 Ⓘ4-02-250024-7

◇万葉集が面白いほどわかる本 荒木清著 中経出版 2005.4 366p 21cm 〈他言語標題:An easy guide to the Manyoshu 年表あり〉 1600円 Ⓘ4-8061-2202-5

◇万葉語文研究 第1集 万葉語学文学研究会編 大阪 和泉書院 2005.3 193p 21cm 2700円 Ⓘ4-7576-0322-3

◇万葉集のことば 大島信生著 伊勢 皇学館出版部 2005.3 49p 19cm (皇学館大学講演叢書 第114輯) 〈会期:平成16年7月10日〉 286円

◇無名の万葉集 高岡市万葉歴史館編 笠間書院 2005.3 386p 20cm (高岡市万葉歴史館論集 8) 2800円 Ⓘ4-305-00238-8

◇万葉の歌人たち 岡野弘彦著 日本放送出版協会 2005.2 317p 16cm (NHKライブラリー 192) 970円 Ⓘ4-14-084192-3

◇三重学の和歌史―万葉集を中心として 福江八郎編著 改訂 津 伊勢新聞社 2005.1 398p 22cm 〈肖像あり〉 3000円 Ⓘ4-900457-89-2

◇言語主体の研究―万葉集を資料として 福田真久著 おうふう 2004.11 427p 22cm 16000円 Ⓘ4-273-03349-6

◇万葉集論叢 菅野雅雄著 おうふう 2004.11 453p 22cm (菅野雅雄著作集 第6巻) 〈シリーズ責任表示:菅野雅雄著〉 15000円 Ⓘ4-273-03326-7

◇文芸心理学から見た万葉集 星野五彦著

奈良時代

松戸　万葉書房　2004.10　222p　21cm　〈万葉叢書7〉　2800円　Ⓘ4-944185-07-3
◇万葉歌を解読する　佐佐木隆著　日本放送出版協会　2004.10　302p　19cm　〈NHKブックス1014〉　1120円　Ⓘ4-14-091014-3
◇万葉拾穂抄―影印・翻刻　3（巻10-14）　北村季吟著, 古典索引刊行会編　塙書房　2004.10　591p　19×34cm　〈付属資料：CD-ROM1枚（12cm）〉　35000円　Ⓘ4-8273-0103-4
◇万葉歌生成論　真下厚著　三弥井書店　2004.9　398, 4p　22cm　8476円　Ⓘ4-8382-3136-9
◇誤読された万葉集　古橋信孝著　新潮社　2004.6　204p　18cm　〈新潮新書〉〈文献あり〉　680円　Ⓘ4-10-610073-8
◇幻の万葉歌―難波津の歌と血沼之海の執念　鶴岡泰生著　高松　美巧社　2004.6　196p　21cm　〈年表あり〉　1000円　Ⓘ4-938236-87-7
◇万葉集の編纂と享受の研究　城崎陽子著　おうふう　2004.5　420p　22cm　16000円　Ⓘ4-273-03331-3
◇万葉集歌人研究叢書　1-10　青木周平ほか編・解説　クレス出版　2004.4　22cm　Ⓘ4-87733-207-3
◇万葉集研究　第26集　伊藤博, 稲岡耕二編　塙書房　2004.4　348, 50p　22cm　〈英語併載〉　9500円　Ⓘ4-8273-0526-9
◇万葉の旅　下　犬養孝著　改訂新版　平凡社　2004.4　379p　16cm　〈平凡社ライブラリー494〉〈社会思想社1964年刊の増訂　文献あり〉　1200円　Ⓘ4-582-76494-0
◇色の万葉集　高岡市万葉歴史館編　笠間書院　2004.3　354p 図版8p　20cm　〈高岡市万葉歴史館論集7〉　2800円　Ⓘ4-305-00237-X
◇新日本古典文学大系　別巻〔5〕　万葉集索引　佐竹昭広ほか編　佐竹昭広ほか編　岩波書店　2004.3　555p　22cm　〈年表あり〉　4800円　Ⓘ4-00-240105-7
◇万葉集　1　稲岡耕二校注　新装版　明治書院　2004.2　346p　19cm　〈校注古典叢書〉　2600円　Ⓘ4-625-71328-5
◇万葉集歌のことばの研究　佐々木民夫著　おうふう　2004.2　576p　22cm　16000円　Ⓘ4-273-03297-X
◇万葉集名歌の風景―時代を超えた心の旅　鉄野昌弘解説, 牧野貞之写真　学習研究社　2004.2　146p　22cm　〈美ジュアル日本〉　1600円　Ⓘ4-05-402374-6
◇万葉名歌　土屋文明著　文元社　2004.2　252p　19cm　〈教養ワイドコレクション〉〈東京 紀伊国屋書店（発売）「現代教養文庫」1969年刊（33刷）を原本としたOD版〉　2900円　Ⓘ4-86145-000-4
◇万葉の歌人たち　下　岡野弘彦著　日本放送出版協会　2004.1　149p　21cm　〈NHKシリーズ〉〈放送期間：2004年1月―3月〉　850円　Ⓘ4-14-910497-2
◇万葉の旅　中　犬養孝著　改訂新版　平凡社　2004.1　361p　16cm　〈平凡社ライブラリー〉〈初版：社会思想社1964年刊　文献あり〉　1200円　Ⓘ4-582-76489-4
◇万葉恋歌―日本人にとって「愛する」とは　永井路子著　光文社　2004.1　266p　16cm　〈光文社文庫〉　476円　Ⓘ4-334-73618-1
◇傍注万葉秀歌選　3　中西進著　四季社　2003.12　440p　22cm　2800円　Ⓘ4-88405-201-3
◇銅鐸と万葉集―「ことば」で探る古代日本　山口五郎著　近代文芸社　2003.11　214p　20cm　〈「忘れられた神の文化銅鐸と歌垣」の改訂新版　文献あり〉　1400円　Ⓘ4-7733-7077-7
◇万葉集再読　佐竹昭広著　平凡社　2003.11　213p　22cm　3400円　Ⓘ4-582-35231-6
◇万葉の旅　上　犬養孝著　改訂新版　平凡社　2003.11　366p　16cm　〈平凡社ライブラリー〉〈初版：社会思想社1964年刊　文献あり〉　1200円　Ⓘ4-582-76483-5
◇万葉のひびき―言葉と風土　櫟原聡著　大阪　竹林館　2003.11　151p　19cm　〈ソフィア叢書 no.12〉　1400円　Ⓘ4-86000-054-4
◇新日本古典文学大系　4　万葉集　4　佐竹昭広ほか編　佐竹昭広ほか校注　岩波書店　2003.10　527, 36p　22cm　5000円　Ⓘ4-00-240004-2
◇本当は怖ろしい万葉集―歌が告発する血

塗られた古代史　小林恵子著　祥伝社　2003.10　292p　19cm　〈文献あり〉　1500円　①4-396-61197-8

◇枕詞の暗号　藤村由加著　新潮社　2003.10　416p　16cm　（新潮文庫）〈「枕詞千年の謎」（平成4年刊）の改題〉　590円　①4-10-125824-4

◇万葉拾穂抄—影印・翻刻　2（巻5-9）　北村季吟著, 古典索引刊行会編　塙書房　2003.10　471p　19×27cm　〈付属資料：CD-ROM1枚（12cm）〉　35000円　①4-8273-0102-6

◇万葉集における中国文学の受容　芳賀紀雄著　塙書房　2003.10　814, 45p　22cm　18000円　①4-8273-0093-3

◇万葉の歌人たち　上　岡野弘彦著　日本放送出版協会　2003.10　155p　21cm　（NHKシリーズ）〈放送期間：2003年10月—12月〉　850円　①4-14-910496-4

◇後期万葉論　白川静著　中央公論新社　2003.9　390p　21cm　（中公文庫ワイド版）　5700円　①4-12-551293-0

◇初期万葉論　白川静著　中央公論新社　2003.9　292p　21cm　（中公文庫ワイド版）　4400円　①4-12-551294-9

◇万葉歌林　伊藤博著　塙書房　2003.9　484p　22cm　12000円　①4-8273-0095-X

◇傍注万葉秀歌選　2　中西進著　四季社　2003.8　421p　22cm　2800円　①4-88405-200-5

◇万葉集の歌を推理する　間宮厚司著　文芸春秋　2003.8　214p　18cm　（文春新書）　690円　①4-16-660332-9

◇万葉の歌人と作品—セミナー　第9巻　神野志隆光, 坂本信幸企画編集　大阪　和泉書院　2003.7　291p　22cm　〈文献あり〉　3500円　①4-7576-0217-0

◇万葉集を読む—その時代背景　その4　片山武著　名古屋　マイ・ブック出版　2003.6　205p　19cm　（灯叢書 第59編）〈年譜あり　年表あり〉　1800円

◇万葉の歌人とその表現　村田正博著　大阪　清文堂出版　2003.6　498, 14p　22cm　15000円　①4-7924-1376-1

◇傍注万葉秀歌選　1　中西進著　四季社　2003.5　451p　22cm　2800円　①4-88405-199-8

◇万葉学交響　渡瀬昌忠著　おうふう　2003.5　575p　22cm　（渡瀬昌忠著作集補巻）〈シリーズ責任表示：渡瀬昌忠著〉　12000円　①4-273-03259-7

◇万葉古代学—万葉びとは何を思い、どう生きたか　中西進ほか編著　大和書房　2003.5　197p　20cm　2400円　①4-479-84062-1

◇万葉集を読むための基礎百科—必携「万葉集」がわかる、面白くなる。　神野志隆光編　学灯社　2003.5　220p　22cm　〈「別冊国文学」（2002年11月刊）改装版〉　1700円　①4-312-00546-X

◇天平万葉論　梶川信行, 東茂美編　翰林書房　2003.4　285p　22cm　4000円　①4-87737-171-0

◇万葉集歌群構造論　渡瀬昌忠著　おうふう　2003.4　567p　22cm　（渡瀬昌忠著作集 第8巻）〈シリーズ責任表示：渡瀬昌忠著〉　12000円　①4-273-03258-9

◇万葉集全注　巻第9　金井清一著　有斐閣　2003.4　281p　22cm　5500円　①4-641-07139-X

◇万葉集名歌の風景—時代を超えた心の旅　鉄野昌弘解説, 牧野貞之写真　学習研究社　2003.4　146p　22cm　（Gakken mook）　1600円　①4-05-603038-3

◇古代和歌—万葉集入門　高松寿夫著　早稲田大学文学部　2003.3　145p　21cm　（早稲田大学オンデマンド出版シリーズ）〈東京 トランスアート（発売）　文献あり〉　1200円　①4-924956-99-6

◇万葉集索引　古典索引刊行会編　塙書房　2003.2　1007p　22cm　22000円　①4-8273-0092-5

◇万葉遊宴　近藤信義著　若草書房　2003.2　306, 9p　22cm　（古代文学研究叢書 8）　10000円　①4-948755-75-3

◇生涯学習のための万葉集入門　斎藤恭一著　文芸社　2003.1　344p　22cm　1800円　①4-8355-4925-2

◇万葉集　2　曽倉岑編　国書刊行会　2003.1　309p　22cm　（日本文学研究大成）〈シリーズ責任表示：日本文学研究大成刊行会監修　文献あり〉　3400円　①4-336-03085-5

◇万葉集と人麻呂歌集　渡瀬昌忠著　おう

奈良時代

ふう　2003.1　592p　22cm　（渡瀬昌忠著作集 第5巻）　12000円　ⓘ4-273-03255-4

◇言語本質論―万葉集による実証　福田真久著　おうふう　2002.11　358p　22cm　12000円　ⓘ4-273-03245-7

◇後期万葉論　白川静著　中央公論新社　2002.11　390p　16cm　（中公文庫）　1048円　ⓘ4-12-204129-5

◇万葉集語法概論―津之地直一先生遺稿集　津之地直一著　印西　万葉書房　2002.11　269p　21cm　（万葉叢書 5）〈肖像あり　年譜あり〉　3200円　ⓘ4-944185-04-9

◇万葉集の編纂資料と成立の研究　原田貞義著　おうふう　2002.11　502p　22cm　12000円　ⓘ4-273-03260-0

◇声に出して読みたい万葉の恋歌　松永暢史監修　河出書房新社　2002.10　221p　19cm　1300円　ⓘ4-309-01501-8

◇週刊日本の古典を見る　26　万葉集　巻1　池田弥三郎訳　世界文化社　2002.10　34p　30cm　533円

◇週刊日本の古典を見る　27　万葉集　巻2　池田弥三郎訳　世界文化社　2002.10　34p　30cm　533円

◇万葉集を読む―その時代背景　その3　片山武著　名古屋　マイ・ブック出版　2002.10　184p　19cm　（灯叢書 第58編）　1800円

◇万葉拾穂抄―影印・翻刻　1（巻1-4）　北村季吟著, 古典索引刊行会編　塙書房　2002.10　483p　19×27cm　〈付属資料：CD-ROM1枚（12cm）〉　35000円　ⓘ4-8273-0101-8

◇原万葉葬られた古代史　安引宏著　京都　人文書院　2002.9　239p　20cm　2300円　ⓘ4-409-52037-7

◇初期万葉論　白川静著　中央公論新社　2002.9　292p　16cm　（中公文庫）　857円　ⓘ4-12-204095-7

◇万葉にみる男の裏切り・女の嫉妬　上野誠著　日本放送出版協会　2002.9　219p　18cm　（生活人新書）　680円　ⓘ4-14-088040-6

◇新日本古典文学大系　3　万葉集　3　佐竹昭広ほか編　佐竹昭広ほか校注　岩波書店　2002.7　469, 26p　22cm　4800円　ⓘ4-00-240003-4

◇万葉集の向こう側―もうひとつの伽耶　室伏志畔著　五月書房　2002.7　216p　20cm　2500円　ⓘ4-7727-0366-7

◇文献からみた万葉和歌（和ふる）に関する新考　大堀敏雄著　福島　福島出版社（製作）　2002.6　278p　22cm　〈大堀敏雄米寿記念出版　私家限定版　背のタイトル：万葉和歌に関する新考〉　非売品

◇万葉の歌人と作品―セミナー　第8巻　神野志隆光, 坂本信幸企画編集　大阪　和泉書院　2002.5　357p　22cm　3500円　ⓘ4-7576-0156-5

◇上田万年の万葉コレクション―日本大学文理学部図書館所蔵「上田文庫」　梶川信行, 野口恵子編　日本大学文理学部　2002.3　48p　26cm　非売品

◇万葉集　2　稲岡耕二著　明治書院　2002.3　581p　22cm　（和歌文学大系 2）〈付属資料：8p：月報 15　シリーズ責任表示：久保田淳監修〉　8000円　ⓘ4-625-41311-7

◇万葉集と中国文学受容の世界　佐藤美知子著　塙書房　2002.3　467, 25p　22cm　12000円　ⓘ4-8273-0088-7

◇万葉集　リービ英雄英訳, 井上博道写真　ピエ・ブックス　2002.2　380p　23cm　〈他言語標題：Man'yô luster　英文併記〉　3800円　ⓘ4-89444-186-1

◇『万葉集』恋歌と『詩経』情詩の比較研究　徐送迎著　汲古書院　2002.2　407, 29p　22cm　12000円　ⓘ4-7629-3441-0

◇万葉集編纂の研究―作者未詳歌巻の論　村瀬憲夫著　塙書房　2002.2　513, 21p　22cm　12000円　ⓘ4-8273-0089-5

◇万葉集栞抄　第5　森重敏著　大阪　和泉書院　2002.1　385p　22cm　（研究叢書 278）　12500円　ⓘ4-7576-0141-7

◇万葉集の精神―その成立と大伴家持　保田与重郎著　新学社　2002.1　531p　16cm　（保田与重郎文庫 12）〈シリーズ責任表示：保田与重郎著〉　1730円　ⓘ4-7868-0033-3

◇賀茂真淵門人の万葉集研究―土満・魚彦　片山武著　印西　万葉書房　2001.12　116p　19cm　（万葉叢書 4）　2381円　ⓘ4-944185-03-0

奈良時代

- ◇枕ことば接語例解　升味蓼子著　印西万葉書房　2001.12　233p　21cm　（万葉叢書3）　3444円　ⓘ4-944185-02-2
- ◇万葉名歌　土屋文明著, 桜井信夫編　アートデイズ　2001.12　233p　20cm　〈写真：桑原英文〉　1800円　ⓘ4-900708-87-9
- ◇万葉集　角川書店編　角川書店　2001.11　254p　15cm　（角川文庫）　533円　ⓘ4-04-357406-1
- ◇万葉集新訳—歌の本音に迫る　谷戸貞彦著　松江　大元出版　2001.11　343p　21cm　1750円　ⓘ4-901596-12-8
- ◇万葉集注釈　巻第19　沢瀉久孝著　新装　中央公論新社　2001.11　225p　22cm　〈オンデマンド版〉　6000円　ⓘ4-12-570026-5
- ◇万葉入門考—五番歌と軍王の秘密を訪ねる　鶴岡泰生著　高松　四国新聞社　2001.11　306p　21cm　2095円　ⓘ4-86024-002-2
- ◇万葉人の表現とその環境—異文化への眼差し　梶川信行編　日本大学文理学部, 冨山房（発売）　2001.11　374p　22cm　（日本大学文理学部叢書1）　3500円　ⓘ4-572-99999-6
- ◇万葉への文学史万葉からの文学史　多田一臣編　笠間書院　2001.10　263, 6p　22cm　（上代文学会研究叢書）　6800円　ⓘ4-305-60164-8
- ◇万葉ことば事典　青木生子, 橋本達雄監修, 青木周平ほか編　大和書房　2001.10　526, 65p　22cm　6800円　ⓘ4-479-84057-5
- ◇万葉集　1　稲岡耕二編　国書刊行会　2001.10　329p　20cm　（日本文学研究大成）　3400円　ⓘ4-336-03082-0
- ◇万葉集を読む—その時代背景　その2　片山武著　名古屋　マイ・ブック出版　2001.10　159p　19cm　（灯叢書　第56編）〈年表あり　年譜あり〉　1800円
- ◇万葉集研究　第25集　伊藤博, 稲岡耕二編　塙書房　2001.10　339p　22cm　8500円　ⓘ4-8273-0525-0
- ◇万葉集構文論　佐佐木隆著　勉誠出版　2001.10　329p　22cm　9000円　ⓘ4-585-03080-8
- ◇万葉集に会いたい。　辰巳正明著　笠間書院　2001.10　175p　22cm　1600円　ⓘ4-305-70235-5
- ◇美夫君志論攷　美夫君志会編　おうふう　2001.9　297p　22cm　〈肖像あり〉　9500円　ⓘ4-273-03206-6
- ◇万葉集と謎の聖武天皇—恭仁京の挽歌　舟茂俊雄著　福寿書房　2001.7　413p　20cm　〈肖像あり〉
- ◇古代史の十字路—万葉批判　古田武彦著　東洋書林　2001.4　364p　20cm　2800円　ⓘ4-88721-498-7
- ◇万葉への架け橋—日本の歌を学ぶよすがに　丸田淳著　錦正社　2001.4　227p　20cm　2300円　ⓘ4-7646-0257-1
- ◇万葉難訓歌の研究　間宮厚司著　法政大学出版局　2001.4　256p　20cm　2700円　ⓘ4-588-46007-2
- ◇テーマ別万葉集　鈴木武晴編　おうふう　2001.2　416p　21cm　2800円　ⓘ4-273-03115-9
- ◇万葉集の発明—国民国家と文化装置としての古典　品田悦一著　新曜社　2001.2　356p　20cm　3200円　ⓘ4-7885-0746-3
- ◇万葉景物論　戸谷高明著　新典社　2000.12　366p　22cm　（新典社研究叢書132）　9000円　ⓘ4-7879-4132-1
- ◇万葉集抜書　佐竹昭広著　岩波書店　2000.12　339p　15cm　（岩波現代文庫　学術）　1200円　ⓘ4-00-600034-0
- ◇万葉の歌人と作品—セミナー　第6巻　神野志隆光, 坂本信幸企画編集　大阪　和泉書院　2000.12　309p　22cm　3500円　ⓘ4-7576-0076-3
- ◇新日本古典文学大系　2　万葉集　2　佐竹昭広ほか編　佐竹昭広ほか校注　岩波書店　2000.11　553, 35p　22cm　4800円　ⓘ4-00-240002-6
- ◇愚者の賦—万葉閑談　伊藤博著　集英社　2000.10　299p　20cm　2300円　ⓘ4-08-781207-3
- ◇万葉集を読む—その時代背景　その1　片山武著　名古屋　マイ・ブック出版　2000.10　111p　19cm　（灯叢書　第55編）〈年表あり〉　1500円
- ◇万葉集101の謎　松尾光編　新人物往来社　2000.10　238p　20cm　2800円　ⓘ4-404-02858-X

◇万葉を哲学する　続　吉永哲郎著　前橋　上毛新聞社出版局　2000.9　182p　19cm　〈「続」のサブタイトル：東歌の原風景〉　1200円　Ⓘ4-88058-791-5

◇古代和歌集点描―恋心を孤悲と詠む万葉びと　長友文明著　川崎　文房夢類　2000.7　207p　19cm　1700円　Ⓘ4-9980757-0-5

◇万葉集論考　木下正俊著　京都　臨川書店　2000.7　370p　22cm　7500円　Ⓘ4-653-03728-0

◇桜井満著作集　第5巻　万葉びとの憧憬　桜井満,伊藤高雄ほか編　おうふう　2000.6　342p　22cm　15000円　Ⓘ4-273-03135-3

◇万葉集研究　第24集　伊藤博,稲岡耕二編　塙書房　2000.6　332p　22cm　〈小島憲之先生追悼記念　肖像あり〉　7800円　Ⓘ4-8273-0524-2

◇万葉集と古代史　直木孝次郎著　吉川弘文館　2000.6　199p　19cm　（歴史文化ライブラリー 94）〈文献あり〉　1700円　Ⓘ4-642-05494-4

◇桜井満著作集　第4巻　万葉集の民俗学的研究　下　桜井満著,伊藤高雄ほか編　おうふう　2000.5　376p　22cm　15000円　Ⓘ4-273-03134-5

◇万葉集を知る事典　桜井満監修,尾崎富義,菊地義裕,伊藤高雄著　東京堂出版　2000.5　356p　20cm　2600円　Ⓘ4-490-10542-8

◇万葉集釈注　各句人名索引篇　伊藤博著　集英社　2000.5　509p　22cm　9500円　Ⓘ4-08-165013-6

◇万葉集釈注　原文篇　伊藤博著　集英社　2000.5　605p　22cm　9500円　Ⓘ4-08-165012-8

◇万葉集の形成　熊谷直春著　翰林書房　2000.5　261p　20cm　2800円　Ⓘ4-87737-098-6

◇万葉の歌人と作品―セミナー　第4巻　神野志隆光,坂本信幸企画編集　大阪　和泉書院　2000.5　324p　22cm　3500円　Ⓘ4-7576-0046-1

◇桜井満著作集　第3巻　万葉集の民俗学的研究　上　桜井満著,伊藤高雄ほか編　おうふう　2000.4　391p　22cm　15000円　Ⓘ4-273-03133-7

◇記紀万葉論攷―中村啓信先生古稀記念　中村啓信先生古稀記念論文集刊行会編　中村啓信先生古稀記念論文集刊行会　2000.3　311p　21cm　非売品

◇天象の万葉集　高岡市万葉歴史館編　笠間書院　2000.3　396p　20cm　（高岡市万葉歴史館論集 3）　2800円　Ⓘ4-305-00233-7

◇万葉集を読む　下巻　浜田清次著　高知　浜田清次　2000.3　695p　20cm　3810円

◇万葉集栞抄　第4　森重敏著　大阪　和泉書院　2000.3　454p　22cm　（研究叢書 245）　15000円　Ⓘ4-7576-0012-7

◇万葉集の時空　橋本達雄著　笠間書院　2000.3　401p　22cm　9800円　Ⓘ4-305-70209-6

◇物語文学の誕生―万葉集からの文学史　古橋信孝著　角川書店　2000.3　229p　20cm　（角川叢書 9）　2600円　Ⓘ4-04-702110-5

◇万葉集を読む　大岡信著　岩波書店　2000.1　597p　20cm　（日本の古典詩歌 1）　5800円　Ⓘ4-00-026391-9

◇世界の文学―名作への招待　22　朝日新聞社　1999.12　p34-64　30cm　（週刊朝日百科）　533円

◇万葉史を問う　美夫君志会編　新典社　1999.12　414p　22cm　（新典社研究叢書 123）　8500円　Ⓘ4-7879-4123-2

◇万葉集　角川書店編　角川書店　1999.12　254p　12cm　（角川mini文庫）　400円　Ⓘ4-04-700289-5

◇万葉集研究　第23集　小島憲之監修,伊藤博,稲岡耕二編　塙書房　1999.11　426p　22cm　9800円　Ⓘ4-8273-0523-4

◇万葉集と上代語　佐佐木隆著　ひつじ書房　1999.10　558p　22cm　（ひつじ研究叢書 言語編 第18巻）　22000円　Ⓘ4-89476-115-7

◇万葉集と神仙思想　林田正男著　笠間書院　1999.10　492p　22cm　（笠間叢書 330）　13000円　Ⓘ4-305-10330-3

◇万葉集ハンドブック　多田一臣編　三省堂　1999.10　280p　21cm　1900円　Ⓘ4-385-41038-0

◇万葉の歌人と作品―セミナー　第2巻　神野志隆光,坂本信幸企画編集　大阪

◇万葉の女性歌人たち　杉本苑子著　日本放送出版協会　1999.8　261p　16cm　(NHKライブラリー)　〈年表あり〉　920円　ⓈISBN4-14-084103-6

◇『万葉集』と六朝詩—悲哀と耽美の起源　吉田とよ子著　勉誠出版　1999.7　197p　20cm　(遊学叢書)　2000円　ⓈISBN4-585-04063-3

◇万葉集名歌選釈　保田与重郎著　京都新学社　1999.7　382p　16cm　(保田与重郎文庫　21)　1200円　ⓈISBN4-7868-0042-2

◇犬養孝万葉歌碑　犬養孝, 山内英正著　野間教育研究所　1999.6　437p　22cm　(野間教育研究所特別紀要)　5000円

◇万葉歌のなかの縄文発掘　山口博著　小学館　1999.6　251p　20cm　(小学館の謎解き古代史シリーズ　2)　1600円　ⓈISBN4-09-387240-6

◇万葉集覚書　山田英雄著　岩波書店　1999.6　318p　22cm　5600円　ⓈISBN4-00-002153-2

◇万葉私記　西郷信綱著　復刊　未来社　1999.5　355p　22cm　3800円　ⓈISBN4-624-60020-7

◇万葉の歌人と作品—セミナー　第1巻　神野志隆光, 坂本信幸企画編集　大阪　和泉書院　1999.5　356p　22cm　3500円　ⓈISBN4-87088-974-9

◇万葉風土—写真で見る万葉集　清原和義写真, 大森亮尚編　求竜堂　1999.4　167p　28cm　2800円　ⓈISBN4-7630-9914-0

◇伝承の万葉集　高岡市万葉歴史館編　笠間書院　1999.3　326p　20cm　(高岡市万葉歴史館論集　2)　2800円　ⓈISBN4-305-00232-9

◇万葉集歌人摘草　小野寛著　若草書房　1999.3　463, 4p　22cm　(古代文学研究叢書　3)　11000円　ⓈISBN4-948755-39-7

◇万葉集釈注　11　伊藤博著　集英社　1999.3　592p　22cm　9515円　ⓈISBN4-08-165011-X

◇万葉の三大歌人　高岡市万葉歴史館編　高岡　高岡市万葉歴史館　1999.3　98p　19cm　(高岡市万葉歴史館叢書　10)

◇万葉集を読む　上巻　浜田清次著　高知　浜田清次　1999.1　677p　20cm　3810円

◇万葉の諸相と国語学　星野五彦著　おうふう　1999.1　255p　21cm　3800円　ⓈISBN4-273-03052-7

◇奈良万葉と中国文学　胡志昂著　笠間書院　1998.12　426p　22cm　(笠間叢書　316)　8000円　ⓈISBN4-305-10316-8

◇万葉集釈注　10　伊藤博著　集英社　1998.12　830p　22cm　12600円　ⓈISBN4-08-165010-1

◇万葉時代の日本人　中西進著　潮出版社　1998.11　292p　19cm　(潮ライブラリー)　1500円　ⓈISBN4-267-01507-4

◇万葉試論—歌の流れと「存在」の問題　北山正迪著　大阪　和泉書院　1998.10　240p　22cm　8000円　ⓈISBN4-87088-948-X

◇埋もれた万葉の地名　吉田金彦著　東京堂出版　1998.9　347p　22cm　5800円　ⓈISBN4-490-20350-0

◇万葉秀歌探訪　岡野弘彦著　日本放送出版協会　1998.9　363p　16cm　(NHKライブラリー)　1070円　ⓈISBN4-14-084087-0

◇万葉集全注　巻第11　稲岡耕二著　有斐閣　1998.9　691p　22cm　9800円　ⓈISBN4-641-07141-1

◇万葉集と古代韓国語—枕詞に隠された秘密　金公七著　筑摩書房　1998.8　222p　18cm　(ちくま新書)　660円　ⓈISBN4-480-05769-2

◇五井蘭洲『万葉集詁』—本文・索引と研究　五井蘭洲著, 北谷幸冊編著　大阪　和泉書院　1998.7　286p　22cm　(索引叢書　43)　10000円　ⓈISBN4-87088-920-X

◇万葉集　1　多田一臣, 大浦誠士編　若草書房　1998.7　267p　22cm　(日本文学研究論文集成　1)　3500円　ⓈISBN4-948755-31-1

◇万葉集研究　第22集　小島憲之監修, 伊藤博, 稲岡耕二編　塙書房　1998.7　328p　22cm　8500円　ⓈISBN4-8273-0522-6

◇近江の万葉　西宮一民述　多賀町(滋賀県)　多賀大社文化振興基金　1998.6　50p　19cm　(多賀大社文化振興基金講演集　第4輯)　500円

◇万葉集栞抄　第3　森重敏著　大阪　和泉書院　1998.5　440p　22cm　(研究叢書　216)　13500円　ⓈISBN4-87088-893-9

349

奈良時代

◇万葉集釈注　9　伊藤博著　集英社　1998.5　635p　22cm　9515円　ⓘ4-08-165009-8
◇青木生子著作集　第4巻　万葉挽歌論　青木生子著　おうふう　1998.4　434p　22cm　12000円　ⓘ4-273-02971-5
◇万葉集を読む　佐佐木幸綱著　岩波書店　1998.4　177p　19cm　（岩波セミナーブックス 72）　2000円　ⓘ4-00-004242-4
◇万葉集の世界とその展開　佐藤武義編　白帝社　1998.4　397p　22cm　24000円
◇万葉びとと旅　高岡市万葉歴史館編　高岡　高岡市万葉歴史館　1998.3　121p　19cm　（高岡市万葉歴史館叢書 9）
◇水辺の万葉集　高岡市万葉歴史館編　笠間書院　1998.3　406p　20cm　（高岡市万葉歴史館論集 1）　2800円　ⓘ4-305-00231-0
◇万葉歌の主題と意匠　平舘英子著　塙書房　1998.2　484,12p　22cm　8600円　ⓘ4-8273-0079-8
◇万葉集　本文篇　佐竹昭広, 木下正俊, 小島憲之共著　補訂版　塙書房　1998.2　512p　22cm　2100円　ⓘ4-8273-0081-X
◇「万葉集」がわかる。　朝日新聞社　1998.2　175p　26cm　（アエラムック no.34）　1050円　ⓘ4-02-274083-3
◇天皇神話の形成と万葉集　遠山一郎著　塙書房　1998.1　357,6p　22cm　6800円　ⓘ4-8273-0077-1
◇万葉集釈注　8　伊藤博著　集英社　1998.1　615p　22cm　9515円　ⓘ4-08-165008-X
◇万葉集の表記と文字　古屋彰著　大阪　和泉書院　1998.1　503p　22cm　（研究叢書 215）　15000円　ⓘ4-87088-889-0
◇私の万葉集　5　大岡信著　講談社　1998.1　208p　18cm　（講談社現代新書）　640円　ⓘ4-06-149174-1
◇青木生子著作集　第1巻　日本抒情詩論　青木生子著　おうふう　1997.12　354p　22cm　12000円　ⓘ4-273-02968-5
◇青木生子著作集　第5巻　万葉の抒情　青木生子著　おうふう　1997.11　398p　22cm　12000円　ⓘ4-273-02972-3
◇古代の日本の文芸空間―万葉挽歌と葬送儀礼　上野誠著　雄山閣出版　1997.11　301, 22p　22cm　6800円　ⓘ4-639-01481-3
◇「万葉集」を旅しよう　大庭みな子著　講談社　1997.11　269p　15cm　（講談社文庫）〈「万葉集」(1989年刊)の改題〉　571円　ⓘ4-06-263610-7
◇万葉集全注　巻第19　青木生子著　有斐閣　1997.11　316p　21cm　5000円　ⓘ4-641-07149-7
◇万葉集の庶民の歌　久恒啓子著　短歌新聞社　1997.11　336p　20cm　3000円　ⓘ4-8039-0906-7
◇万葉集釈注　7　伊藤博著　集英社　1997.9　601p　22cm　9515円　ⓘ4-08-165007-1
◇万葉秀歌逍遥　亀山明生著　短歌研究社　1997.8　365p　20cm　〈付属資料：5p〉　3800円　ⓘ4-88551-306-5
◇万葉の世界と精神―日本民族の心の原点　前篇　山口悌治著　新装版　日本教文社　1997.8　408p　22cm　1905円　ⓘ4-531-06302-3
◇万葉の世界と精神―日本民族の心の原点　後篇　山口悌治著　新装版　日本教文社　1997.8　324p　22cm　1714円　ⓘ4-531-06303-1
◇人麻呂は誰か―万葉歌人決定論　坂田隆著　新泉社　1997.6　247p　19cm　1900円　ⓘ4-7877-9709-3
◇万葉集　1　稲岡耕二著　明治書院　1997.6　496p　22cm　（和歌文学大系 1）　4800円　ⓘ4-625-51301-4
◇私の万葉集　杉本苑子著　集英社　1997.6　260p　16cm　（集英社文庫）　495円　ⓘ4-08-748635-4
◇万葉集釈注　6　伊藤博著　集英社　1997.5　809p　22cm　12600円　ⓘ4-08-165006-3
◇万葉を哲学する　吉永哲郎著　前橋　上毛新聞社出版局　1997.4　265p　19cm　1500円　ⓘ4-88058-019-8
◇万葉歌人と中国思想　増尾伸一郎著　吉川弘文館　1997.4　338, 13p　22cm　7500円+税　ⓘ4-642-02310-0
◇万葉集と比較詩学　辰巳正明著　おうふう　1997.4　583p　22cm　2800円+税　ⓘ4-273-02950-2

350

◇万葉集研究　第21集　小島憲之監修, 伊藤博, 稲岡耕二編　塙書房　1997.3　351p　22cm　8500円　①4-8273-0521-8

◇万葉成立論　北原美紗子著　新典社　1997.3　478p　22cm　（新典社研究叢書105）　15450円　①4-7879-4105-4

◇万葉の原点　高岡市万葉歴史館編　高岡　高岡市万葉歴史館　1997.3　94p　19cm　（高岡市万葉歴史館叢書8）

◇三条西実隆自筆本『一葉抄』の研究　中世万葉集研究会編　笠間書院　1997.2　310p　22cm　（笠間叢書303）〈国文学研究資料館蔵の複製を含む〉　7800円　①4-305-10303-6

◇万葉集の諸問題　国文学研究資料館編　京都　臨川書店　1997.2　241p　19cm　（古典講演シリーズ1）　2884円　①4-653-03288-2

◇われ恋ひめやも―万葉の恋人たち　吉野正美文　偕成社　1997.2　287p　22cm　1957円　①4-03-003270-2

◇万葉空間　清原和義著　京都　世界思想社　1997.1　270p　20cm　（Sekaishiso seminar）　2500円　①4-7907-0631-1

◇私の万葉集　4　大岡信著　講談社　1997.1　175p　18cm　（講談社現代新書）　659円　①4-06-149173-3

◇折口信夫全集　21　日本芸能史六講―芸能史1　折口信夫全集刊行会編纂　中央公論社　1996.11　513p　20cm　5500円　①4-12-403368-0

◇古辞書研究資料叢刊　第17巻　万葉類葉抄　上　木村晟編　中御門宣胤撰　大空社　1996.11　554p　22cm　〈京都府立総合資料館蔵の複製〉　14000円　①4-7568-0325-3

◇古辞書研究資料叢刊　第18巻　万葉類葉抄　中　木村晟編　中御門宣胤撰　大空社　1996.11　436p　22cm　〈京都府立総合資料館蔵の複製〉　12000円　①4-7568-0326-1

◇古辞書研究資料叢刊　第19巻　万葉類葉抄　下　木村晟編　中御門宣胤撰　大空社　1996.11　576p　22cm　〈京都府立総合資料館蔵の複製〉　12000円　①4-7568-0327-X

◇古代的象徴表現の研究―古代的自然把握と序詞の機能　和田明美著　風間書房　1996.11　283p　22cm　11330円　①4-7599-1010-7

◇高市黒人―注釈と研究　尾崎暢殃ほか編　新典社　1996.11　557p　22cm　（新典社叢書19）　17300円　①4-7879-3019-2

◇万葉集釈注　5　伊藤博著　集英社　1996.11　737p　22cm　12000円　①4-08-165005-5

◇三重学の和歌史―万葉集を中心として　福江八郎編著　津　伊勢新聞社　1996.11　386p　21cm　2913円　①4-900457-69-8

◇類葉抄　上　中御門宣胤編纂, 橋本大心監修, 木村晟, 片山晴賢, 渡会正純編輯　横須賀　東光山文庫　1996.10　782p　27cm　〈京都府立総合資料館蔵の複製〉　非売品

◇類葉抄　下　中御門宣胤編纂, 橋本大心監修, 木村晟, 片山晴賢, 渡会正純編輯　横須賀　東光山文庫　1996.10　p784-1536　27cm　〈京都府立総合資料館蔵の複製〉　非売品

◇万葉集旅の歌―旅の歌鑑賞　山田修七郎著　近代文芸社　1996.9　195p　20cm　1500円　①4-7733-5541-7

◇新編日本古典文学全集　9　万葉集　4　（巻第15～巻第20）　小島憲之ほか校注・訳　小学館　1996.8　558p　23cm　4600円　①4-09-658009-0

◇万葉集釈注　4　伊藤博著　集英社　1996.8　771p　22cm　12000円　①4-08-165004-7

◇万葉学藻―伊藤博博士古稀記念論文集　伊藤博博士古稀記念会編　塙書房　1996.7　498p　22cm　〈伊藤博の肖像あり〉　13390円　①4-8273-0075-5

◇万葉集　大岡信著　岩波書店　1996.7　273p　16cm　（同時代ライブラリー274）　1000円　①4-00-260274-5

◇折口信夫全集　14　恋の座・近代短歌―和歌史2　折口信夫全集刊行会編纂　中央公論社　1996.5　506p　20cm　5500円　①4-12-403361-3

◇中西進万葉論集　第5巻　万葉史の研究　下　講談社　1996.5　548p　22cm　9800円　①4-06-252655-7

◇西本願寺本万葉集　巻第16　主婦の友社　1996.5　83p　32cm　〈書名は奥付・背

351

奈良時代

による 標題紙・表紙の書名：万葉集 監修：林勉 お茶の水図書館蔵の複製と翻刻 普及版 発売：おうふう〉 4900円 ⓘ4-273-02662-7

◇西本願寺本万葉集 巻第17 主婦の友社 1996.5 132p 32cm 〈書名は奥付・背による 標題紙・表紙の書名：万葉集 監修：林勉 お茶の水図書館蔵の複製と翻刻 普及版 発売：おうふう〉 4900円 ⓘ4-273-02663-5

◇西本願寺本万葉集 巻第18 主婦の友社 1996.5 103p 32cm 〈書名は奥付・背による 標題紙・表紙の書名：万葉集 監修：林勉 お茶の水図書館蔵の複製と翻刻 普及版 発売：おうふう〉 4900円 ⓘ4-273-02664-3

◇西本願寺本万葉集 巻第19 主婦の友社 1996.5 118p 32cm 〈書名は奥付・背による 標題紙・表紙の書名：万葉集 監修：林勉 お茶の水図書館蔵の複製と翻刻 普及版 発売：おうふう〉 4900円 ⓘ4-273-02665-1

◇西本願寺本万葉集 巻第20 主婦の友社 1996.5 178p 32cm 〈書名は奥付・背による 標題紙・表紙の書名：万葉集 監修：林勉 お茶の水図書館蔵の複製と翻刻 普及版 発売：おうふう〉 4900円 ⓘ4-273-02666-X

◇万葉集釈注 3 伊藤博著 集英社 1996.5 532p 22cm 9800円 ⓘ4-08-165003-9

◇万葉集の風土的研究 清原和義著 塙書房 1996.5 506p 22cm 9785円 ⓘ4-8273-0074-7

◇万葉の歌と環境 上代文学会編 笠間書院 1996.5 233p 20cm （万葉夏季大学 第18集） 2800円 ⓘ4-305-70109-X

◇越中万葉と記紀の古伝承 広瀬誠著 富山 桂書房 1996.4 426p 22cm 5665円

◇古代文学講座 8 万葉集 古橋信孝ほか編 勉誠社 1996.4 268p 22cm 3800円 ⓘ4-585-02047-0

◇上代の日本文学―初期万葉歌を読む 稲岡耕二編著 放送大学教育振興会 1996.3 203p 21cm （放送大学教材 1996） 2060円 ⓘ4-595-57023-6

◇中西進万葉論集 第4巻 万葉史の研究 上 講談社 1996.3 540p 22cm 9800円 ⓘ4-06-252654-9

◇万葉恋歌抄 森本治吉著, 槙弥生子編 短歌研究社 1996.3 532p 22cm 6000円 ⓘ4-88551-198-4

◇万葉集歌匂い立つ 北原淑郎著 近代文芸社 1996.3 255p 20cm 1800円 ⓘ4-7733-5316-3

◇折口信夫全集 11 万葉集辞典 折口信夫全集刊行会編纂 中央公論社 1996.2 473p 20cm 5500円 ⓘ4-12-403358-3

◇万葉集釈注 2 伊藤博著 集英社 1996.2 700p 22cm 12000円 ⓘ4-08-165002-0

◇清川妙の万葉集 清川妙著 集英社 1996.1 298p 16cm （集英社文庫） 700円 ⓘ4-08-748432-7

◇中西進万葉論集 第8巻 山上憶良 講談社 1996.1 627p 22cm 〈折り込図2枚〉 9800円 ⓘ4-06-252658-1

◇新編日本古典文学全集 8 万葉集 3 （巻第10～巻第14） 小島憲之ほか校注・訳 小学館 1995.12 574p 23cm 4600円 ⓘ4-09-658008-2

◇万葉集古代の夢 今泉忠芳著 信山社出版 1995.12 141p 19cm 1500円 ⓘ4-7972-9002-1

◇折口信夫全集 10 口訳万葉集 下 折口信夫全集刊行会編纂 中央公論社 1995.11 491p 20cm 5500円 ⓘ4-12-403357-5

◇記紀万葉の謎―ことばのタイムトンネル 藤村由加著 実業之日本社 1995.11 265p 20cm 1400円 ⓘ4-408-53268-1

◇校本万葉集 17 佐佐木信綱ほか編 〔1995〕新増補版 岩波書店 1995.11 1冊 23cm 16000円 ⓘ4-00-008597-2

◇初期万葉をどう読むか 梶川信行著 翰林書房 1995.11 302p 20cm 3000円 ⓘ4-906424-77-5

◇中西進万葉論集 第7巻 万葉集原論・柿本人麻呂 講談社 1995.11 564p 22cm 9800円 ⓘ4-06-252657-3

◇万葉歌の詩法 扇畑忠雄著 おうふう 1995.11 399p 22cm （扇畑忠雄著作集 第1巻） 16000円 ⓘ4-273-02844-1

◇万葉集釈注 1 伊藤博著 集英社

1995.11　525p　22cm　9800円　①4-08-165001-2
◇万葉集響き合う心の世界―愛と死、旅と人生、自然へのまなざし　日本抒情の原点　婦人画報社　1995.11　127p　21cm　（Ars books 27）　〈監修：中西進〉　1600円　①4-573-40027-3
◇折口信夫全集　9　口訳万葉集　上　折口信夫全集刊行会編纂　中央公論社　1995.10　666p　20cm　6000円
◇校本万葉集　16　佐竹昭広ほか編〔1995〕新増補版　岩波書店　1995.10　1冊　23cm　〈第2刷（第1刷：1981年）〉13000円　①4-00-008596-4
◇西本願寺本万葉集　巻第11　主婦の友社　1995.10　111p　32cm　〈書名は奥付・背による　標題紙・表紙の書名：万葉集　監修：林勉　お茶の水図書館蔵の複製と翻刻　普及版　発売：おうふう〉　4900円　①4-273-02656-2
◇西本願寺本万葉集　巻第12　主婦の友社　1995.10　84p　32cm　〈書名は奥付・背による　標題紙・表紙の書名：万葉集　監修：林勉　お茶の水図書館蔵の複製と翻刻　普及版　発売：おうふう〉　4900円　①4-273-02657-0
◇西本願寺本万葉集　巻第13　主婦の友社　1995.10　94p　32cm　〈書名は奥付・背による　標題紙・表紙の書名：万葉集　監修：林勉　お茶の水図書館蔵の複製と翻刻　普及版　発売：おうふう〉　4900円　①4-273-02658-9
◇西本願寺本万葉集　巻第14　主婦の友社　1995.10　103p　32cm　〈書名は奥付・背による　標題紙・表紙の書名：万葉集　監修：林勉　お茶の水図書館蔵の複製と翻刻　普及版　発売：おうふう〉　4900円　①4-273-02659-7
◇西本願寺本万葉集　巻第15　主婦の友社　1995.10　113p　32cm　〈書名は奥付・背による　標題紙・表紙の書名：万葉集　監修：林勉　お茶の水図書館蔵の複製と翻刻　普及版　発売：おうふう〉　4900円　①4-273-02660-0
◇万葉一枝　渡瀬昌忠著　塙書房　1995.10　220, 4p　18cm　（塙新書）　1200円　①4-8273-4071-4
◇万葉恋歌―日本人にとって「愛する」とは　永井路子著　光文社　1995.10　230p　18cm　（カッパハード）　〈名著愛蔵〉　1300円　①4-334-04203-1
◇万葉集訓法の研究　鶴久著　おうふう　1995.10　619p　22cm　38000円　①4-273-02854-9
◇万葉の詩と詩人　中西進著　弥生書房　1995.10　260p　20cm　〈新装版〉　2000円　①4-8415-0704-3
◇私の万葉集　3　大岡信著　講談社　1995.10　249p　18cm　（講談社現代新書）　650円　①4-06-149172-5
◇校本万葉集　15　佐竹昭広ほか編〔1995〕新増補版　岩波書店　1995.9　1冊　23cm　〈第2刷（第1刷：1981年）〉13000円　①4-00-008595-6
◇中西進万葉論集　第6巻　万葉集形成の研究・万葉の世界　講談社　1995.9　655p　22cm　9800円　①4-06-252656-5
◇万葉集歌の原形―その発生と再生　姜吉云著　三五館　1995.9　445p　20cm　2500円　①4-88320-055-8
◇折口信夫全集　7　万葉集講義・日本古代抒情詩集―万葉集2　折口信夫全集刊行会編纂　中央公論社　1995.8　596p　20cm　6000円　①4-12-403354-0
◇校本万葉集　14　佐竹昭広ほか編〔1995〕新増補版　岩波書店　1995.8　111, 178, 163p　23cm　〈第2刷（第1刷：1981年）〉　13000円　①4-00-008594-8
◇万葉―文学とその背景　加藤静雄ほか共著　おうふう　1995.8　157p　21cm　1800円　①4-273-02297-4
◇折口信夫全集　6　万葉びとの生活―万葉集1　折口信夫全集刊行会編纂　中央公論社　1995.7　440p　20cm　5000円　①4-12-403353-2
◇記紀・万葉を科学する　吉田舜著　福岡葦書房　1995.7　356p　19cm　2000円　①4-7512-0596-X
◇校本万葉集　13　佐竹昭広ほか編〔1995〕新増補版　岩波書店　1995.7　135, 137, 145p　23cm　13000円　①4-00-008593-X
◇中西進万葉論集　第3巻　万葉と海彼・万葉歌人論　講談社　1995.7　596p　22cm　9800円　①4-06-252653-0

奈良時代

◇万葉集の叙景と自然　野田浩子著　新典社　1995.7　622p　22cm　（新典社研究叢書 84）　18540円　ⓓ4-7879-4084-8

◇逆説の日本史　3（古代言霊編）　平安建都と万葉集の謎　井沢元彦著　小学館　1995.6　361p　20cm　1600円　ⓓ4-09-379414-6

◇校本万葉集　12　佐竹昭広ほか編　〔1995〕新増補版　岩波書店　1995.6　166, 128p　23cm　〈第2刷（第1刷：1980年）〉　12000円　ⓓ4-00-008592-1

◇年表万葉文化誌　尾崎富義ほか編　おうふう　1995.6　232p　21cm　（古典と民俗学叢書 別集）〈監修：桜井満〉　2900円　ⓓ4-273-02836-0

◇万葉の風土・文学―犬養孝博士米寿記念論集　犬養孝博士米寿記念論集刊行委員会編　塙書房　1995.6　720p　22cm　〈犬養孝の肖像あり〉　12360円　ⓓ4-8273-0073-9

◇校本万葉集　11　佐竹昭広ほか編　〔1995〕新増補版　岩波書店　1995.5　1冊　23cm　〈第2刷（第1刷：1980年刊）〉　13000円　ⓓ4-00-008591-3

◇中西進万葉論集　第2巻　万葉集の比較文学的研究　下　講談社　1995.5　611p　22cm　9800円　ⓓ4-06-252652-2

◇校本万葉集　10　佐佐木信綱ほか編、佐竹昭広ほか修訂　〔1995〕新増補版　岩波書店　1995.4　409p　23cm　〈初版：1932年刊〉　8000円　ⓓ4-00-008590-5

◇万葉集珎抄　第2　森重敏著　大阪　和泉書院　1995.4　434p　22cm　（研究叢書 157）　13390円　ⓓ4-87088-684-7

◇『万葉集』という名の双関語―日中詩学ノート　松浦友久著　大修館書店　1995.4　251p　20cm　1854円　ⓓ4-469-22106-6

◇後期万葉論　白川静著　中央公論社　1995.3　366p　20cm　2000円　ⓓ4-12-002406-7

◇校本万葉集　9　佐佐木信綱ほか編　〔1995〕新増補版　岩波書店　1995.3　152, 222, 288p　23cm　〈初版：1932年刊〉　11000円　ⓓ4-00-008589-1

◇中西進万葉論集　第1巻　万葉集の比較文学的研究　上　講談社　1995.3　520p　22cm　9800円　ⓓ4-06-252651-4

◇入門万葉の世界　高岡市万葉歴史館編　高岡　高岡市万葉歴史館　1995.3　150p　19cm　（高岡市万葉歴史館叢書 5）

◇万葉事始　坂本信幸, 毛利正守編　大阪　和泉書院　1995.3　122p　21cm　720円　ⓓ4-87088-728-2

◇万葉集の民俗学的研究　桜井満著　おうふう　1995.3　749p　22cm　15000円　ⓓ4-273-02825-5

◇万葉論攷　植村文夫著　おうふう　1995.3　267p　22cm　15000円　ⓓ4-273-02807-7

◇紀伊万葉の研究　村瀬憲夫著　大阪　和泉書院　1995.2　288p　22cm　（研究叢書 158）　10300円　ⓓ4-87088-700-2

◇校本万葉集　8　佐佐木信綱ほか編　〔1994〕新増補版　岩波書店　1995.2　1冊　23cm　〈第3刷（第1刷：1931年）〉　11000円　ⓓ4-00-008588-3

◇万葉の課題―森淳司博士古稀記念論集　森淳司博士古稀記念論集刊行会編　翰林書房　1995.2　481p　22cm　〈森淳司の肖像あり〉　15000円　ⓓ4-906424-64-3

◇校本万葉集　7　佐佐木信綱ほか編　〔1995〕新増補版　岩波書店　1995.1　318, 242, 178p　23cm　〈初版：1931年刊〉　12000円　ⓓ4-00-008587-5

◇万葉集―校訂　中西進著　角川書店　1995.1　486p　22cm　3800円　ⓓ4-04-861007-4

◇現在訳万葉集　峯陽訳・詞　ばるん舎　〔1995〕　82p　21cm　1200円　ⓓ4-89340-010-X

◇校本万葉集　18（追補）　佐竹昭広ほか編　〔1994〕新増補版　岩波書店　1994.12　784, 57p　23cm　18000円　ⓓ4-00-008487-9

◇万葉魂の歌　犬養孝著　京都　世界思想社　1994.12　228p　20cm　（Sekaishiso seminar）　1850円　ⓓ4-7907-0527-7

◇校本万葉集　別冊 3　広瀬捨三ほか編　岩波書店　1994.11　778p　23cm　〈複製〉　12000円　ⓓ4-00-008490-9

◇古代都市文学論―書紀・万葉・源氏物語の世界　高橋文二ほか著　翰林書房　1994.11　293p　20cm　2900円　ⓓ4-906424-57-0

◇万葉歌の形成と形象　高野正美著　笠間

奈良時代

◇書院 1994.11 437p 22cm 〈笠間叢書 273〉 13500円 ⓘ4-305-10273-0
◇万葉集総索引 正宗敦夫編 平凡社 1994.11 2冊 22cm 〈第7刷(第1刷:1974年) 「単語篇」「漢字篇」に分冊刊行〉 全28000円 ⓘ4-582-35200-6
◇金沢文庫本万葉集 巻第十八 中世万葉学 朝日新聞社 1994.10 478, 60p 22cm 〈冷泉家時雨亭叢書 第39巻〉〈複製 折り込1枚 叢書の編者:冷泉家時雨亭文庫〉 28000円 ⓘ4-02-240339-X
◇校本万葉集 別冊 2 広瀬捨三ほか編 岩波書店 1994.10 688p 23cm 〈複製〉 12000円 ⓘ4-00-008489-5
◇宮廷挽歌の世界―古代王権と万葉和歌 身崎寿著 塙書房 1994.9 271, 6p 19cm 〈塙選書 96〉 3090円 ⓘ4-8273-3096-4
◇万葉集―歌のはじまり 古橋信孝著 筑摩書房 1994.9 222p 18cm 〈ちくま新書〉 680円 ⓘ4-480-05606-8
◇万葉女性とその時代 星野五彦著 おうふう 1994.9 207p 22cm 3900円 ⓘ4-273-02793-3
◇校本万葉集 6 佐佐木信綱ほか編 〔1994〕新増補版 岩波書店 1994.8 226, 358p 23cm 〈第3刷(第1刷:1931年)〉 9500円 ⓘ4-00-008586-7
◇万葉の詩情 竹井左馬之亮著 宮崎鉱脈社 1994.8 262p 20cm 2000円
◇校本万葉集 5 佐佐木信綱ほか編 〔1994〕新増補版 岩波書店 1994.7 270, 262p 23cm 〈第3刷(第1刷:1931年)〉 9500円 ⓘ4-00-008585-9
◇校本万葉集 別冊 1 広瀬捨三ほか編 岩波書店 1994.7 668p 23cm 〈第3刷(第1刷:1931年)複製〉 9500円 ⓘ4-00-008488-7
◇初期万葉歌の史的背景 菅野雅雄著 大阪 和泉書院 1994.7 179p 20cm 〈和泉選書 87〉 2884円 ⓘ4-87088-674-X
◇日本抒情詩論―記紀・万葉の世界 青木生子著 パルトス社 1994.7 363p 22cm 〈弘文堂昭和32年刊の複製〉 15000円
◇万葉集 上 桜井満訳注 旺文社 1994.7 575p 19cm 〈全訳古典撰集〉 1500円 ⓘ4-01-067241-2
◇万葉集 中 桜井満訳注 旺文社 1994.7 607p 19cm 〈全訳古典撰集〉 1500円 ⓘ4-01-067242-0
◇万葉集 下 桜井満訳注 旺文社 1994.7 623p 19cm 〈全訳古典撰集〉 1500円 ⓘ4-01-067243-9
◇万葉集事典 稲岡耕二編 学灯社 1994.7 436p 22cm 〈『別冊国文学』改装版〉 3500円
◇校本万葉集 4 佐佐木信綱ほか編 〔1994〕新増補版 岩波書店 1994.6 218, 270p 23cm 〈第3刷(第1刷:1931年)〉 9000円 ⓘ4-00-008584-0
◇万葉集研究 第20集 伊藤博, 稲岡耕二編 塙書房 1994.6 343p 22cm 〈奥付の著者表示(誤植):稲藤耕二 監修:小島憲之〉 8549円 ⓘ4-8273-0520-X
◇万葉のこころ(たましひ) 犬養孝述 伊勢 皇学館大学出版部 1994.6 88p 19cm 〈皇学館大学講演叢書 第76輯〉 300円
◇校本万葉集 3 佐佐木信綱ほか編 〔1994〕新増補版 岩波書店 1994.5 358, 304p 23cm 〈第3刷(第1刷:1931年)〉 10000円 ⓘ4-00-008583-2
◇新編日本古典文学全集 6 万葉集 1 (巻第1～巻第4) 小島憲之ほか校注・訳 小学館 1994.5 500p 23cm 4400円 ⓘ4-09-658006-6
◇西本願寺本万葉集 巻第6 主婦の友社 1994.5 113p 32cm 〈書名は奥付・背による 標題紙・表紙の書名:万葉集 監修:林勉 お茶の水図書館蔵の複製と翻刻普及版 発売:おうふう〉 4900円 ⓘ4-273-02650-3
◇西本願寺本万葉集 巻第7 主婦の友社 1994.5 100p 32cm 〈書名は奥付・背による 標題紙・表紙の書名:万葉集 監修:林勉 お茶の水図書館蔵の複製と翻刻普及版 発売:おうふう〉 4900円 ⓘ4-273-02651-1
◇西本願寺本万葉集 巻第8 主婦の友社 1994.5 139p 32cm 〈書名は奥付・背による 標題紙・表紙の書名:万葉集 監修:林勉 お茶の水図書館蔵の複製と翻刻普及版 発売:おうふう〉 4900円 ⓘ4-

◇西本願寺本万葉集　巻第9　主婦の友社　1994.5　99p　32cm　〈書名は奥付・背による　標題紙・表紙の書名：万葉集　監修：林勉　お茶の水図書館蔵の複製と翻刻普及版　発売：おうふう〉　4900円　①4-273-02653-8

◇西本願寺本万葉集　巻第10　主婦の友社　1994.5　141p　32cm　〈書名は奥付・背による　標題紙・表紙の書名：万葉集　監修：林勉　お茶の水図書館蔵の複製と翻刻普及版　発売：おうふう〉　4900円　①4-273-02654-6

◇万葉歌小見　尾崎暢殃著　武蔵野書院　1994.5　183p　22cm　4500円　①4-8386-0146-8

◇万葉集研究入門ハンドブック　森淳司編　第2版　雄山閣出版　1994.5　373p　19cm　2980円　①4-639-00707-8

◇校本万葉集　2　佐佐木信綱ほか編　〔1994〕新増補版　岩波書店　1994.4　248, 304p　23cm　〈第3刷（第1刷：1932年）〉　9500円　①4-00-008582-4

◇私の万葉集　2　大岡信著　講談社　1994.4　203p　18cm　〈講談社現代新書〉　650円　①4-06-149171-7

◇校本万葉集　1　佐佐木信綱ほか編　〔1994〕新増補版　岩波書店　1994.3　536, 136p　23cm　〈第4刷（第1刷：1931年）〉　10000円　①4-00-008581-6

◇万葉韻律考　高田昇著　大阪　和泉書院　1994.3　360p　22cm　〈研究叢書148〉　11330円　①4-87088-654-5

◇万葉秀歌選集—作者別時代順　猪股静弥編　大阪　和泉書院　1994.3　231p　21cm　1854円　①4-87088-655-3

◇万葉集漢文漢字総索引　日吉盛幸編　笠間書院　1994.3　1067, 123p　27cm　（笠間索引叢刊106）　19000円　①4-305-20106-2

◇万葉の女たち男たち　石丸晶子著　朝日新聞社　1994.3　276p　15cm　〈朝日文庫〉　580円　①4-02-261007-7

◇青吹く風—万葉論攷　猪股静弥著　大阪　和泉書院　1994.2　328p　22cm　〈研究叢書142〉　10300円　①4-87088-635-9

◇万葉の詩情　吉野秀雄著　弥生書房　1994.2　203p　20cm　〈新装版〉　1854円　①4-8415-0684-5

◇万葉歌"海人"の歌抄出資料　深山栄編　富山　深山栄　1994　34p　21cm

◇奈良万葉における大陸文学との交流—主として歌人兼詩人の作品に見る新たな文学展開を巡って　胡志昴著, 富士ゼロックス小林節太郎記念基金編　富士ゼロックス小林節太郎記念基金　1993.12　34p　26cm　〈富士ゼロックス小林節太郎記念基金1992年度研究助成論文〉　非売品

◇万葉歌物語　田崎幾太郎著　勁草出版サービスセンター　1993.12　217, 10p　20cm　〈発売：勁草書房〉　1648円　①4-326-93311-9

◇万葉集草木歌　須永義夫著　短歌新聞社　1993.12　228p　20cm　3000円　①4-8039-0724-2

◇訳文万葉集　鶴久編　おうふう　1993.11　525p　22cm　2000円　①4-273-02747-X

◇怕ろしき物の歌—万葉集があかす謎の七世紀　李寧煕著　文芸春秋　1993.10　299p　20cm　1500円　①4-16-348020-X

◇肥後万葉論攷　久保昭雄著　武蔵野書院　1993.10　209p　22cm　4000円　①4-8386-0140-9

◇万葉集作家の表現　森斌著　大阪　和泉書院　1993.10　326p　22cm　〈研究叢書136〉　8755円　①4-87088-619-7

◇万葉その詩と真実—万葉私話続編　村松和夫著　六法出版社　1993.10　205p　20cm　2500円　①4-89770-295-X

◇万葉挽歌の世界—未完の魂　渡辺護著　京都　世界思想社　1993.10　299p　20cm　(Sekaishiso seminar)　2300円　①4-7907-0480-7

◇和歌文学論集　1　うたの発生と万葉和歌　『和歌文学論集』編集委員会編　風間書房　1993.10　394p　22cm　5974円　①4-7599-0863-3

◇私の万葉集　1　大岡信著　講談社　1993.10　243p　18cm　〈講談社現代新書〉　600円　①4-06-149170-9

◇上代歌謡と万葉集　岡本雅彦著　奈良　飛鳥書房　1993.9　250p　22cm　2000円

◇西本願寺本万葉集　巻第1　主婦の友社　1993.9　91p　32cm　〈書名は奥付・背

◇西本願寺本万葉集　巻第2　主婦の友社　1993.9　115p　32cm　〈書名は奥付・背による　標題紙・表紙の書名：万葉集　監修：林勉　お茶の水図書館蔵の複製と翻刻普及版　発売：おうふう〉　4900円　⓪4-273-02645-7

◇西本願寺本万葉集　巻第3　主婦の友社　1993.9　146p　32cm　〈書名は奥付・背による　標題紙・表紙の書名：万葉集　監修：林勉　お茶の水図書館蔵の複製と翻刻普及版　発売：おうふう〉　4900円　⓪4-273-02646-5

◇西本願寺本万葉集　巻第4　主婦の友社　1993.9　136p　32cm　〈書名は奥付・背による　標題紙・表紙の書名：万葉集　監修：林勉　お茶の水図書館蔵の複製と翻刻普及版　発売：おうふう〉　4900円　⓪4-273-02647-3

◇西本願寺本万葉集　巻第5　主婦の友社　1993.9　111p　32cm　〈書名は奥付・背による　標題紙・表紙の書名：万葉集　監修：林勉　お茶の水図書館蔵の複製と翻刻普及版　発売：おうふう〉　4900円　⓪4-273-02648-1

◇万葉文草　高野正巳著　長野　銀河書房　1993.9　215p　19cm　1600円

◇万葉歌林逍遥　遠藤一雄著　大阪　和泉書院　1993.9　293p　20cm　（和泉選書78）　3090円　⓪4-87088-603-0

◇日本文化の原形　河村望著　人間の科学社　1993.8　326p　20cm　1854円　⓪4-8226-0118-8

◇よみがえる万葉人　永井路子著　文芸春秋　1993.8　318p　16cm　（文春文庫）　450円　⓪4-16-720029-5

◇歴史に咲いた女たち―飛鳥の花奈良の花　石丸晶子著　広済堂出版　1993.7　247p　20cm　1600円　⓪4-331-50407-7

◇万葉の恋い歌　中里富美雄著　府中（東京都）　渓声出版　1993.6　223p　19cm　1300円　⓪4-905847-70-2

◇古代和歌の成立　森朝男著　勉誠社　1993.5　428,13p　22cm　13500円　⓪4-585-03015-8

◇万葉集辞典　尾崎暢殃ほか編　武蔵野書院　1993.5　682p　22cm　9000円　⓪4-8386-0375-4

◇万葉集・その美　渋谷虎雄著　翰林書房　1993.5　115p　21cm　1200円　⓪4-906424-10-4

◇万葉集と中国文学　第2　辰巳正明著　笠間書院　1993.5　845p　22cm　（笠間叢書256）　25000円　⓪4-305-10256-0

◇万葉・古今・新古今　扇畑忠雄ほか編　桜楓社　1993.4　158p　22cm　〈重版（初版：昭和37年）　付：年表（折り込）〉　1650円　⓪4-273-00835-1

◇万葉集全注　巻第8　井手至著　有斐閣　1993.4　353p　22cm　5480円　⓪4-641-07138-1

◇万葉集の民俗学　並木宏衛ほか編　桜楓社　1993.4　349p　22cm　〈監修：桜井満〉　3600円　⓪4-273-02630-9

◇万葉―人と歴史―額田王・柿本人麻呂・山上憶良・大伴家持　特別企画展　姫路文学館編　姫路　姫路文学館　1993.4　76p　26cm　〈会期：平成5年4月23日～6月6日〉

◇遊文録―井手至論文集　万葉篇1　井手至著　大阪　和泉書院　1993.4　423p　22cm　13390円　⓪4-87088-581-6

◇ユートピア幻想―万葉びとと神仙思想　中西進著　大修館書店　1993.4　301p　20cm　1854円　⓪4-469-29067-X

◇古代文明と日本―万葉集　大伴家持を中心として　中西進述,富山県民生涯学習カレッジ編　富山　富山県民生涯学習カレッジ　1993.3　54p　19cm　（県民カレッジ叢書40）

◇上州万葉の世界　根岸謙之助著　前橋　煥乎堂　1993.3　175p　19cm　1067円　⓪4-87352-025-8

◇奈良前期万葉歌人の研究　村山出著　翰林書房　1993.3　382p　22cm　6800円　⓪4-906424-12-0

◇万葉集作者未詳群考　永広禎夫著　有朋堂　1993.3　230p　22cm　3200円　⓪4-8422-0172-X

◇万葉集作歌とその場―人麻呂孜序説　続篇　緒方惟章著　桜楓社　1993.3　341p　22cm　19000円　⓪4-273-02624-4

奈良時代

◇万葉の世界　高岡市万葉歴史館編　高岡
高岡市万葉歴史館　1993.3　176p　19cm
（高岡市万葉歴史館叢書 3）

◇万葉の旅人　清原和義著　学生社
1993.3　217p　19cm　1880円　ⓘ4-311-
20180-X

◇甦える万葉集―天智暗殺の歌　李寧熙著
文芸春秋　1993.3　276p　20cm　1300
円　ⓘ4-16-347320-3

◇和歌文学講座　第3巻　万葉集 2　有吉
保ほか編　稲岡耕二責任編集　勉誠社
1993.3　404p　20cm　3600円　ⓘ4-585-
02024-1

◇上田秋成全集　第4巻　万葉集研究篇 3
中村幸彦ほか編　中央公論社　1993.2
506p　23cm　9200円　ⓘ4-12-402944-6

◇万葉歌の成立　古橋信孝著　講談社
1993.2　318p　15cm　（講談社学術文
庫）　900円　ⓘ4-06-159061-8

◇万葉集の作品と基層　中川幸広著　桜楓
社　1993.2　703p　22cm　16000円
ⓘ4-273-02609-0

◇万葉集と漢文学　和漢比較文学会編　汲
古書院　1993.1　286p　22cm　（和漢比
較文学叢書 第9巻）　6500円　ⓘ4-7629-
3233-7

◇記紀万葉の新研究　尾畑喜一郎編　桜楓
社　1992.12　799p　22cm　〈著者の肖
像あり〉　34000円　ⓘ4-273-02618-X

◇万葉歌人列伝　阿部万蔵著　高科書店
1992.12　278, 2p　22cm　4800円

◇万葉難訓歌の解読―「新用字法」の提唱
を中心に　永井津記夫著　大阪　和泉書
院　1992.12　286p　20cm　（和泉選書
76）　3090円　ⓘ4-87088-586-7

◇人麻呂の暗号　藤村由加著　新潮社
1992.11　350p　15cm　（新潮文庫）
440円　ⓘ4-10-125821-X

◇万葉王族歌人群像　北島徹著　京都　世
界思想社　1992.11　230p　20cm
（Sekaishiso seminar）　2300円　ⓘ4-
7907-0441-6

◇万葉歌の墓標　鬼頭参郎著　東京経済
1992.11　287p　20cm　2000円　ⓘ4-
8064-0327-X

◇万葉集各句索引　高田昇著　桜楓社
1992.11　620p　27cm　48000円　ⓘ4-
273-02606-6

◇万葉集全注　巻第18　伊藤博著　有斐閣
1992.11　276p　22cm　4120円　ⓘ4-
641-07148-9

◇詩の自覚の歴史　山本健吉著　筑摩書房
1992.10　580p　15cm　（ちくま学芸文
庫）　1560円　ⓘ4-480-08020-1

◇秘の鎮魂歌―万葉集は何故編まれたか
伊村正之著　八重岳書房　1992.10
295p　20cm　2500円　ⓘ4-8412-2148-4

◇万葉集と古今集―古代宮廷叙情詩の系譜
小沢正夫著　新典社　1992.10　298p
22cm　（新典社研究叢書 55）　9400円
ⓘ4-7879-4055-4

◇万葉集と仏教思想―古代インド語でわか
る万葉歌　佐伯恵達著　宮崎　鉱脈社
1992.9　279p　21cm　1500円

◇和歌文学講座　第2巻　万葉集 1　有吉
保ほか編　稲岡耕二責任編集　勉誠社
1992.9　408p　20cm　3600円　ⓘ4-585-
02023-3

◇古代文学私論　横倉長恒著　武蔵野書院
1992.7　258p　22cm　2800円　ⓘ4-
8386-0130-1

◇高市黒人古注釈集成　星野五彦編　新典
社　1992.7　222p　22cm　（新典社叢書
17）〈所在一覧・論文一覧付〉　7000円
ⓘ4-7879-3017-6

◇万葉の知―成立と以前　内田賢徳著　塙
書房　1992.7　419, 18p　19cm　（塙選
書 94）　4429円　ⓘ4-8273-3094-8

◇類聚古集　1　藤原敦隆撰，上田万年校訂
縮刷新版　京都　臨川書店　1992.7　1冊
22cm　〈解説：佐佐木信綱　新解説：小島
憲之　複製〉　ⓘ4-653-00088-3, 4-653-
00087-5

◇類聚古集　2　藤原敦隆撰，上田万年校訂
縮刷新版　京都　臨川書店　1992.7　1冊
22cm　〈解説：佐佐木信綱　新解説：小島
憲之　複製〉　ⓘ4-653-00089-1, 4-653-
00087-5

◇類聚古集　3　藤原敦隆撰，上田万年校訂
縮刷新版　京都　臨川書店　1992.7　1冊
22cm　〈解説：佐佐木信綱　新解説：小島
憲之　複製〉　ⓘ4-653-00090-5, 4-653-
00087-5

◇類聚古集　4　藤原敦隆撰，上田万年校訂
縮刷新版　京都　臨川書店　1992.7　1冊

22cm 〔解説：佐佐木信綱 新解説：小島憲之 複製〕 ⓘ4-653-00091-3, 4-653-00087-5

◇類聚古集 5 小島憲之編 縮刷新版 京都 臨川書店 1992.7 112p 22cm ⓘ4-653-00092-1, 4-653-00087-5

◇万葉ルネッサンス―万葉秀歌二百歌選の賦 野島芳明著 ASG出版会 1992.6 246p 22cm 〔発売：展転社〕 2200円 ⓘ4-88656-081-4

◇記紀万葉論叢 吉井巖編 塙書房 1992.5 370p 22cm 8961円 ⓘ4-8273-0069-0

◇枕詞の秘密 李寧熙著 文芸春秋 1992.5 295p 16cm （文春文庫） 460円 ⓘ4-16-753902-0

◇万葉集栞抄 森重敏著 大阪 和泉書院 1992.5 380p 22cm （研究叢書 112） 10300円 ⓘ4-87088-528-X

◇万葉集歌句漢字総索引 日吉盛幸編 桜楓社 1992.4 2冊 27cm 全38000円 ⓘ4-273-02585-X

◇万葉集表記別類句索引 日吉盛幸編 笠間書院 1992.4 640p 27cm （笠間索引叢刊 102） 9785円

◇越中万葉歌碑めぐり 高岡市万葉歴史館編 富山 桂書房 1992.3 111p 21cm 1500円

◇古代和歌史研究 8 万葉集の歌群と配列 下 伊藤博著 塙書房 1992.3 491, 31p 22cm 14420円 ⓘ4-8273-0067-4

◇古代和歌史研究 別冊 参考年表・事項索引―新訂版 伊藤博著 塙書房 1992.3 176p 22cm 非売品

◇上代日本文学―後期万葉へ 稲岡耕二編著 改訂版 放送大学教育振興会 1992.3 229p 21cm （放送大学教材 1992） 1960円 ⓘ4-595-55478-8

◇万葉研究史の周辺 河野頼人著 大阪 和泉書院 1992.3 228p 22cm （研究叢書 117） 7210円 ⓘ4-87088-533-6

◇万葉の魅力 高岡市万葉歴史館編 高岡 高岡市万葉歴史館 1992.3 188p 19cm （高岡市万葉歴史館叢書 2）

◇万葉表記・文体論叢 板垣徹著 近代文芸社 1992.3 323p 20cm 2200円 ⓘ4-7733-1611-X

◇万葉和歌史論考 阿蘇瑞枝著 笠間書院 1992.3 782p 22cm （笠間叢書 248） 24720円

◇万葉集を学ぶ人のために 中西進編 京都 世界思想社 1992.1 337p 19cm 1950円 ⓘ4-7907-0414-9

◇万葉集歌人事典 大久間喜一郎ほか編 雄山閣出版 1992.1 486p 20cm 〈新装版〉 5000円 ⓘ4-639-00136-3

◇万葉びとの世界―民俗と文化 桜井満著 雄山閣出版 1992.1 226p 19cm （日本の民俗学シリーズ 10） 1980円 ⓘ4-639-01077-X

◇万葉の歌人笠金村 犬養孝, 清原和義著 大阪 和泉書院 1991.12 206p 20cm （和泉選書 61） 2200円 ⓘ4-87088-501-8

◇万葉茶話 金沢直人著 水戸 金沢直人先生退官記念事業会 1991.11 319p 19cm 〔著者の肖像あり〕

◇泊瀬小国―記紀万葉の世界 和田嘉寿男著 桜楓社 1991.10 193p 20cm 3600円 ⓘ4-273-02558-2

◇万葉歌人とその時代 星野五彦著 新典社 1991.10 254p 22cm （新典社研究叢書 44） 8000円 ⓘ4-7879-4044-9

◇万葉恋の歌 犬養孝著 京都 世界思想社 1991.10 220p 20cm （Sekaishiso seminar） 1850円 ⓘ4-7907-0409-2

◇万葉集古註釈集成 近世篇 2 第11巻-第20巻 万葉集古註釈集成編集委員会編 日本図書センター 1991.10 22cm 〈複製〉 ⓘ4-8205-9175-4

◇古代国家と万葉集 森田悌著 新人物往来社 1991.9 249p 20cm 2200円 ⓘ4-404-01846-0

◇韓訳万葉集―古代日本歌集 4 金思燁訳 成甲書房 1991.8 445p 22cm 6180円 ⓘ4-88086-066-2

◇古代史からみた万葉歌 岸俊男著 学生社 1991.7 238p 19cm 1600円 ⓘ4-311-20165-6

◇万葉歌の表現 多田一臣著 明治書院 1991.7 381p 19cm （国文学研究叢書） 2900円 ⓘ4-625-58056-0

◇万葉集と中国古典の比較研究 孫久富著 新典社 1991.7 398p 22cm （新典社

奈良時代

◇研究叢書 40) 12360円 ⓘ4-7879-4040-6
◇もう一つの万葉集 李寧熙著 文芸春秋 1991.7 279p 16cm (文春文庫) 440円 ⓘ4-16-753901-2
◇万葉風土記 2 東日本編 猪股静弥文,川本武司写真 偕成社 1991.6 210p 19cm 2000円 ⓘ4-03-529140-4
◇昭和時代年次別万葉集研究書要覧 尾崎暢殃ほか編 武蔵野書院 1991.5 298p 22cm 2500円 ⓘ4-8386-0369-X
◇万葉集研究 第18集 伊藤博,稲岡耕二編 塙書房 1991.5 325p 22cm 〈監修:小島憲之〉 7725円 ⓘ4-8273-0518-8
◇万葉への誘い 高岡市万葉歴史館編 高岡 高岡市万葉歴史館 1991.3 119p 19cm (高岡市万葉歴史館叢書 1)
◇万葉集—表現と歴史 村山出編 三鷹 丘書房 1991.3 164p 21cm 1900円 ⓘ4-87141-050-1
◇万葉集事典 伊藤博ほか編 4版 有精堂出版 1991.3 624p 19cm 〈『万葉集講座』別巻 万葉集年表:p217〜273 研究書目録・万葉集研究年表:p492〜576〉 4800円 ⓘ4-640-30267-3
◇万葉集表記別類句索引 日吉盛幸編 改訂2版 大東文化大学文学部日本文学科日吉研究室 1991.3 575p 26cm
◇万葉歌の発想 尾崎暢殃著 明治書院 1991.2 277p 19cm (国文学研究叢書) 2900円 ⓘ4-625-58054-4
◇万葉語源—文学と語学をつなぐ 吉田金彦著 創拓社 1991.2 366p 18cm 1800円 ⓘ4-87138-108-0
◇万葉集の作品と歌風 橋本達雄著 笠間書院 1991.2 457p 22cm (笠間叢書 241) 12875円
◇古代和歌の基層—万葉集作者未詳歌論序説 遠藤宏著 笠間書院 1991.1 422p 22cm (笠間叢書 237) 12360円
◇新訓万葉集 上巻 佐佐木信綱編 新訂 岩波書店 1991.1 447p 19cm (ワイド版岩波文庫) 1200円 ⓘ4-00-007014-2
◇新訓万葉集 下巻 佐佐木信綱編 新訂 岩波書店 1991.1 354p 19cm (ワイド版岩波文庫) 1100円 ⓘ4-00-007015-0
◇万葉の風土と歌人 犬養孝編著 雄山閣出版 1991.1 320p 22cm 3880円 ⓘ4-639-01005-2
◇The Man'yo-shu—a complete English translation in 5-7 rhythm by Teruo Suga. 1st ed. 〔Tokyo?〕 Kanda Institute of Foreign Languages 1991. 20 v. in 3 : ill. (some col.), geneal. tables 27 cm. 〈万葉集.Some poem also in Japanese.In portfolio(28×20×11 cm.).Includes indexes.〉 ⓘ4-483-00140-X
◇古代の歌と説話—論集 坂本信幸ほか編 大阪 和泉書院 1990.11 300p 22cm (研究叢書 96) 9270円 ⓘ4-87088-448-8
◇古代和歌史論 鈴木日出男著 東京大学出版会 1990.10 931p 22cm 18540円 ⓘ4-13-080057-4
◇天武と持統—歌が明かす壬申の乱 李寧熙著 文芸春秋 1990.10 286p 20cm 1300円 ⓘ4-16-344670-2
◇ふるさとの万葉—越中 高岡市万葉歴史館編 富山 桂書房 1990.10 253p 20cm 1300円
◇万葉集への視角 吉井巌著 大阪 和泉書院 1990.10 424p 22cm (研究叢書 93) 11330円 ⓘ4-87088-441-0
◇万葉集歌人集成 中西進ほか著 講談社 1990.10 949, 27p 19cm 3600円 ⓘ4-06-204657-1
◇万葉集の一首—倭姫皇后挽歌の考察 仁科由人著 現代短歌館 1990.10 75p 21cm 780円
◇古代和歌史研究 7 万葉集の歌群と配列 上 伊藤博著 塙書房 1990.9 430, 26p 22cm 9270円 ⓘ4-8273-0066-6
◇玉藻—万葉集訓義抄 岩松空一著 大阪 和泉書院 1990.8 209p 20cm (和泉選書 55) 2060円 ⓘ4-87088-438-0
◇雲梯 第2集 石川栄一著 そうぶん社出版 1990.7 104p 19cm 〈第1集の出版者:竹頭社〉
◇万葉集注釈 巻第5 沢瀉久孝著 2版 中央公論社 1990.7 315p 22cm 〈普

◇万葉集注釈　巻第6　沢瀉久孝著　2版　中央公論社　1990.7　277p　22cm　〈普及版〉　4500円　①4-12-400526-1

◇万葉集注釈　巻第8　沢瀉久孝著　2版　中央公論社　1990.7　327p　22cm　〈普及版〉　4500円　①4-12-400528-8

◇万葉集注釈　巻第9　沢瀉久孝著　2版　中央公論社　1990.7　268p　22cm　〈普及版〉　4500円　①4-12-400529-6

◇万葉集注釈　巻第10　沢瀉久孝著　2版　中央公論社　1990.7　512p　22cm　〈普及版〉　5500円　①4-12-400530-X

◇万葉風土記　1　大和編　猪股静弥著,川本武司写真　偕成社　1990.6　231p　19cm　2000円　①4-03-529130-7

◇よみがえる万葉人　永井路子著　読売新聞社　1990.6　308p　20cm　1500円　①4-643-90055-5

◇記紀万葉の伝承と芸能　本田義寿著　大阪　和泉書院　1990.5　260p　22cm　（研究叢書 87）〈著者の肖像あり〉　9270円　①4-87088-391-0

◇枕詞の秘密　李寧熙著　文芸春秋　1990.4　291p　20cm　1300円　①4-16-344170-0

◇万葉学論攷―松田好夫先生追悼論文集　松田好夫先生追悼論文集編集委員会編　美夫君志会　1990.4　612p　22cm　〈発行所：続群書類従完成会　松田好夫の肖像あり〉　14420円

◇万葉集　森淳司, 俵万智著　新潮社　1990.4　111p　20cm　（新潮古典文学アルバム　2）　1300円　①4-10-620702-8

◇万葉集枕詞辞典　朴炳植著　小学館　1990.4　359p　22cm　4300円　①4-09-387050-0

◇万葉と海彼　中西進著　角川書店　1990.4　353p　20cm　3400円　①4-04-884074-6

◇万葉集大和の歌五十五話　北谷幸冊著　大阪　和泉書院　1990.3　174p　20cm　（和泉選書 52）　1800円　①4-87088-416-X

◇上代日本文学―万葉の世界　稲岡耕二編著　放送大学教育振興会　1990.2　229p　21cm　（放送大学教材 1988）〈発売：日本放送出版協会〉　1960円　①4-14-554741-1

◇万葉集入門　土屋文明著　筑摩書房　1989.12　233p　15cm　（ちくま文庫）　480円　①4-480-02365-8

◇万葉の愛と死　山本藤枝著　立風書房　1989.12　224p　20cm　1300円　①4-651-13018-6

◇菊沢季生国語学論集　第4巻　万葉集難訓歌考　下　教育出版センター　1989.11　243p　22cm　4940円　①4-7632-2553-7

◇万葉歌人の詩想と表現　次田真幸著　明治書院　1989.11　310p　22cm　9800円　①4-625-41094-0

◇万葉集　大庭みな子著　講談社　1989.11　248p　20cm　（古典の旅 1）　1200円　①4-06-192071-5

◇万葉集研究　第17集　伊藤博, 稲岡耕二編　塙書房　1989.11　313p　22cm　〈監修：小島憲之〉　6489円

◇万葉長歌の表現研究　下田忠著　大阪　和泉書院　1989.11　257p　22cm　（研究叢書 83）　8500円　①4-87088-370-8

◇万葉集―人麻呂と人麻呂歌集　身崎寿編　有精堂出版　1989.10　272p　22cm　（日本文学研究資料新集 2）〈参考文献：p255〜271〉　3650円　①4-640-30951-1, 4-640-32528-2

◇菊沢季生国語学論集　第3巻　万葉集難訓歌考　上　教育出版センター　1989.9　234p　22cm　4940円　①4-7632-2552-9

◇今日に生きる万葉　永井路子著　文芸春秋　1989.8　299p　16cm　（文春文庫）　400円　①4-16-720019-8

◇万葉集研究年報　万葉三水会編　大阪　和泉書院　1989.8　3冊　22cm　〈復刻責任：伊藤博, 渡瀬昌忠　岩波書店昭和6年〜昭和17年刊の合本複製〉　全30900円　①4-87088-368-6

◇もう一つの万葉集　李寧熙著　文芸春秋　1989.8　286p　20cm　1200円　①4-16-343560-3

◇菊沢季生国語学論集　第2巻　万葉集訓詁研究　教育出版センター　1989.6　162p　22cm　4940円　①4-7632-2551-0

◇わたしの万葉集　平岩弓枝著　新潮社　1989.6　208p　16cm　（新潮文庫）　320

円　①4-10-124107-4
◇万葉集全注　巻第10　阿蘇瑞枝著　有斐閣　1989.5　627p　22cm　7910円　①4-641-07140-3
◇鑑賞万葉集　大矢武師ほか共編　学術図書出版社　1989.4　186p.　22cm　1751円
◇万葉集古註釈集成　近世編1 第1巻-第10巻　万葉集古註釈集成編集委員会編　日本図書センター　1989.4　22cm　〈複製〉　①4-8205-9001-4
◇万葉びとの歌ごころ　前登志夫述,日本放送協会編　日本放送出版協会　1989.4　142p　21cm　（ラジオNHK市民大学）〈1989年4月8日〜6月17日　付：万葉集関連年表〉　350円
◇万葉集―その漲るいのち　広瀬誠著　国民文化研究会　1989.3　327p　18cm　（国文研叢書 no.30）　800円
◇万葉の色―その背景をさぐる　伊原昭著　笠間書院　1989.3　385, 22p　22cm　（笠間叢書 220）　12000円
◇万葉の歌びとと風土　犬養孝著　中央公論社　1988.12　299p　20cm　1600円　①4-12-001756-7
◇万葉の伝統　小田切秀雄著　講談社　1988.12　365p　15cm　（講談社学術文庫）　880円　①4-06-158855-9
◇万葉集研究　第16集　伊藤博,稲岡耕二編　塙書房　1988.11　352p　22cm　〈監修：小島憲之〉　6800円
◇坂本太郎著作集　第4巻　風土記と万葉集　坂本太郎著作集編集委員会編　吉川弘文館　1988.10　391, 8p　22cm　5600円　①4-642-02219-8
◇大和三山―記紀万葉の世界　和田嘉寿男著　桜楓社　1988.10　239p　20cm　2400円　①4-273-02268-0
◇古典文学検証―万葉集を中心にして　岡部政裕著　風間書房　1988.8　302p　22cm　5800円　①4-7599-0707-6
◇万葉集成立考　伊丹末雄著　増補　笠間書院　1988.8　302p　22cm　（笠間叢書 215）　8500円
◇万葉集全注　巻第15　吉井巌著　有斐閣　1988.7　357p　22cm　4800円　①4-641-07145-4
◇万葉集の文学と歴史―土橋寛論文集上　土橋寛著　塙書房　1988.6　399p　22cm　7300円
◇万葉和歌集成―古文献所収　総索引　渋谷虎雄編著　桜楓社　1988.6　1044p　22cm　〈限定版〉　48000円　①4-273-02251-6
◇古代和歌と祝祭　森朝男著　有精堂出版　1988.5　170p　20cm　（新鋭研究叢書 11）　2200円　①4-640-30810-8
◇万葉歌人の研究　藤田寛海著　東京堂出版　1988.5　444p　22cm　7000円　①4-490-20134-6
◇万葉集　桜井満訳注　旺文社　1988.5　3冊　16cm　（対訳古典シリーズ）　各800円　①4-01-067201-3
◇図説日本の古典　2　万葉集　伊藤博ほか編　集英社　1988.4　222p　28cm　〈企画：秋山虔ほか 新装版〉　2800円　①4-08-167102-8
◇万葉集の音韻論的研究　加倉井正著　東京学芸社　1988.4　502p　22cm　（千葉国文学研究会叢書 第1巻）　7000円
◇万葉集略解抄―影印本　橘千蔭著,川上富吉編　新典社　1988.4　158p　21cm　（影印本シリーズ）　1600円　①4-7879-0424-8
◇万葉集巻十五の研究―連作歌巻論　高橋庄次著　桜楓社　1988.3　717p　22cm　〈限定版〉　38000円　①4-273-02226-5
◇記紀・万葉の女性　久保昭雄著　武蔵野書院　1988.2　249p　19cm　（武蔵野文庫 10）　1800円　①4-8386-0361-4
◇万葉集研究入門ハンドブック　森淳司編　雄山閣出版　1988.2　358p　19cm　2800円　①4-639-00707-8
◇万葉集　折口信夫訳　河出書房新社　1988.1　2冊　18cm　（日本古典文庫 2, 3）〈新装版〉　各1600円　①4-309-71302-5
◇万葉集全注　巻第20　木下正俊著　有斐閣　1988.1　360p　22cm　4600円　①4-641-07150-0
◇万葉集莫囂円隣歌の試読と紫草の研究　久下司著　小宮山書店　1988.1　1冊　27cm　〈付（1枚 袋入）〉　25000円
◇万葉―花・風土・心　犬養孝著　社会思想社　1987.12　398p　15cm　（現代教

養文庫 1214）〈著者の肖像あり〉 880円 ⓘ4-390-11214-7
◇万葉雑記帳 清水克彦著 桜楓社 1987.12 250p 19cm 1900円 ⓘ4-273-02207-9
◇万葉集の発見―「万葉集」は韓国語で歌われた 朴炳植著 学習研究社 1987.12 242p 18cm 1200円 ⓘ4-05-102761-9
◇和歌文学の世界 第11集 論集万葉集 和歌文学会編 笠間書院 1987.12 314p 20cm 3000円
◇韓訳万葉集―古代日本歌集 3 金思燁訳 成甲書房 1987.11 457p 22cm 4800円 ⓘ4-88086-059-X
◇万葉集研究 第15集 伊藤博,稲岡耕二編 塙書房 1987.11 346p 22cm 〈監修：小島憲之〉 6700円
◇万葉史の論笠金村 梶川信行著 桜楓社 1987.10 356p 22cm 12000円 ⓘ4-273-02204-4
◇茨城の万葉歌碑 有馬潔子著 土浦 筑波書林 1987.9 100p 18cm （ふるさと文庫）〈発売：茨城図書〉 600円
◇完訳日本の古典 第7巻 万葉集 6 小島憲之ほか校注・訳 小学館 1987.9 424p 20cm 1700円 ⓘ4-09-556007-X
◇万葉と古今をつなぐ 阿部正路著 泉書房 1987.9 261p 20cm 1600円 ⓘ4-900138-05-3
◇万葉のふるさと―文芸と歴史風土 稲垣富夫著 右文書院 1987.9 311p 22cm 2800円 ⓘ4-8421-8709-3
◇万葉枕詞辞典 高橋公麿著 万葉学舎 1987.9 267p 22cm 〈奥付の書名：万葉集枕詞辞典〉 2000円
◇万葉論考と吉野歌集 政所賢二著 武蔵野書院 1987.9 271p 22cm 7000円 ⓘ4-8386-0097-6
◇万葉集 曽倉岑ほか校注・訳 ほるぷ出版 1987.7 3冊 20cm （日本の文学）
◇万葉秀歌評釈 井上豊著 古川書房 1987.6 280p 20cm 3000円 ⓘ4-89236-257-3
◇万葉集評釈 金子元臣著 秀英書房 1987.5 4冊 22cm 〈明治書院昭和17年～20年刊の複製〉 全80000円 ⓘ4-87957-075-3

◇万葉集全釈 鴻巣盛広著 秀英書房 1987.4 6冊 22cm 〈広文堂書店昭和7～10年刊の複製 付（別冊126p）：万葉集語彙索引〉 全126000円 ⓘ4-87957-074-5
◇万葉集比較文学ノート 藤井清著 新星書房 1987.4 230p 20cm （国民文学叢書 第286篇） 2500円
◇万葉集必携 稲岡耕二編 2版 学燈社 1987.4 234p 22cm 〈『別冊国文学』改装版〉 1550円 ⓘ4-312-00503-6
◇万葉集必携 2 稲岡耕二編 学燈社 1987.4 226p 22cm 〈『別冊国文学』改装版〉 1500円
◇万葉の長歌 西野寿二著 五日市町（東京） あきがわ書房 1987.4 107p 20cm 〈著者の肖像あり〉 1000円
◇万葉の大和路 犬養孝文,入江泰吉写真 旺文社 1987.4 223p 16cm （旺文社文庫） 650円 ⓘ4-01-064360-9
◇万葉歌人論―その問題点をさぐる 犬養孝編 明治書院 1987.3 343p 22cm 〈尾崎暢殃博士古稀記念〉 4800円
◇万葉秀歌鑑賞 山本健吉著 講談社 1987.3 290p 15cm （講談社学術文庫） 740円 ⓘ4-06-158777-3
◇万葉集評釈 第4巻 窪田空穂著 新訂版 東京堂出版 1987.3 434p 22cm 4700円
◇万葉文庫蔵書目録 橿原 奈良県立橿原図書館 1987.3 33p 26cm
◇万葉集と中国文学 辰巳正明著 笠間書院 1987.2 759p 22cm （笠間叢書 203） 19000円
◇万葉の歌―人と風土 3 大和東部 山内英正著 大阪 保育社 1987.2 232p 図版16p 19cm 〈企画：中西進〉 1400円 ⓘ4-586-70003-3
◇万葉論序説 清水克彦著 桜楓社 1987.1 213p 19cm 〈青木書店1960年刊の新版〉 3200円 ⓘ4-273-02145-5
◇大伴家持と越中万葉の世界 高岡市万葉のふるさとづくり委員会編 雄山閣出版 1986.12 266p 22cm 2500円 ⓘ4-639-00613-6
◇橋本四郎論文集 万葉集編 角川書店 1986.12 302p 22cm ⓘ4-04-854012-2

奈良時代

◇万葉歌人群像　山崎馨著　大阪　和泉書院　1986.12　349,13p　22cm　〈研究叢書37〉　9000円　⓪4-87088-216-7
◇万葉の歌―人と風土　4　大和南西部　岡野弘彦著　大阪　保育社　1986.12　206p　図版16p　19cm　〈企画：中西進〉　1400円　⓪4-586-70004-1
◇井上通泰上代関係著作集　9　万葉集雑攷・万葉集追攷　秀英書房　1986.11　304, 358p　22cm　〈複製〉　⓪4-87957-073-7
◇井上通泰上代関係著作集　10　万葉雑話―他　秀英書房　1986.11　246, 15, 70p　22cm　〈複製〉　⓪4-87957-073-7
◇続々 万葉の風土　犬養孝著　塙書房　1986.11　392, 24p　21cm　4800円
◇万葉集講話　沢瀉久孝著　講談社　1986.11　190p　15cm　〈講談社学術文庫〉　480円　⓪4-06-158762-5
◇万葉の歌―人と風土　13　関東南部　桜井満著　大阪　保育社　1986.11　235p　図版16p　19cm　〈企画：中西進〉　1400円　⓪4-586-70013-0
◇万葉のこころ　続　西野寿二著　五日市町（東京都）　あきがわ書房　1986.11　107p　20cm　1000円
◇万葉の風土　続々　犬養孝著　塙書房　1986.11　392, 24p　図版12枚　22cm　4800円
◇赤ら小船―万葉作家作品論　井村哲夫著　大阪　和泉書院　1986.10　286, 26p　22cm　8500円　⓪4-87088-215-9
◇井上通泰上代関係著作集　1　万葉集新考　第1　秀英書房　1986.10　612p　22cm　〈国民図書昭和4年刊の複製　付（別冊20p 19cm）〉　⓪4-87957-070-2
◇井上通泰上代関係著作集　2　万葉集新考　第2　秀英書房　1986.10　p613～1212　22cm　〈国民図書昭和3年刊の複製〉　⓪4-87957-070-2
◇井上通泰上代関係著作集　3　万葉集新考　第3　秀英書房　1986.10　p1213～1904, 3p　22cm　〈国民図書昭和3年刊の複製〉　⓪4-87957-070-2
◇井上通泰上代関係著作集　4　万葉集新考　第4　秀英書房　1986.10　p1905～2545, 4p　22cm　〈国民図書昭和3年刊の複製〉　⓪4-87957-070-2
◇井上通泰上代関係著作集　5　万葉集新考　第5　秀英書房　1986.10　p2547～3188, 2p　22cm　〈国民図書昭和3年刊の複製〉　⓪4-87957-070-2
◇井上通泰上代関係著作集　6　万葉集新考　第6　秀英書房　1986.10　p3189～3669, 3p　22cm　〈国民図書昭和3年刊の複製〉　⓪4-87957-070-2
◇井上通泰上代関係著作集　7　万葉集新考　第7　秀英書房　1986.10　p3671～4261, 1p　22cm　〈国民図書昭和3年刊の複製〉　⓪4-87957-070-2
◇井上通泰上代関係著作集　8　万葉集新考　第8　秀英書房　1986.10　p4263～4919, 2, 3p　22cm　〈国民図書昭和4年刊の複製　著者の肖像あり〉　⓪4-87957-070-2
◇完訳日本の古典　第6巻　万葉集　5　小島憲之ほか校注・訳　小学館　1986.10　443p　20cm　1700円　⓪4-09-556006-1
◇万葉―その異伝発生をめぐって　吉永登著　増訂版　大阪　和泉書院　1986.10　331p　22cm　〈初版：万葉学会昭和30年刊〉　6800円　⓪4-87088-206-X
◇万葉地理研究論集　第5巻　大和志考決上　奥野健治著, 奥野健治著作刊行会編　秀英書房　1986.10　539p　22cm　〈著者の肖像あり　付(12p)：栞〉　30000円　⓪4-87957-071-0
◇万葉地理研究論集　第6巻　大和志考決下　奥野健治著, 奥野健治著作刊行会編　秀英書房　1986.10　650p　22cm　〈著者の肖像あり　付(12p)：栞〉　30000円　⓪4-87957-072-9
◇万葉の歌―人と風土　7　京都　芳賀紀雄著　大阪　保育社　1986.10　230p　図版16p　19cm　〈企画：中西進〉　1400円　⓪4-586-70007-6
◇万葉びとの歌ごころ　前登志夫述, 日本放送協会編　日本放送出版協会　1986.10　142p　21cm　（NHK市民大学）　〈1986年10月～12月期　付：万葉集関連年表〉　350円
◇万葉百景　下　中西進著, 笹川弘三写真　平凡社　1986.10　211p　22cm　2500円　⓪4-582-61826-X
◇五味智英万葉集講義　第3巻　光村図書

◇出版　1986.9　296p　22cm　〈編集：阿蘇瑞枝ほか〉　2500円　ⓉⒹ4-89528-008-X
◇万葉集全注　巻第14　水島義治著　有斐閣　1986.9　418p　22cm　5200円　ⓉⒹ4-641-07144-6
◇万葉集の発想と表現　扇畑忠雄著　桜楓社　1986.9　518p　22cm　12000円　ⓉⒹ4-273-02119-6
◇万葉集の表現の研究―古代的言語イメージをさぐる　山崎良幸著　風間書房　1986.9　292,5p　22cm　7000円　ⓉⒹ4-7599-0658-4
◇万葉の歌―人と風土　6　兵庫　神野富一著　大阪　保育社　1986.9　237p　図版16p　19cm　〈企画：中西進〉　1400円　ⓉⒹ4-586-70006-8
◇万葉集研究　第14集　小島憲之編　塙書房　1986.8　355p　22cm　〈五味智英先生追悼記念　五味智英の肖像あり〉　6500円
◇万葉の歌―人と風土　5　大阪　井村哲夫著　大阪　保育社　1986.7　226p　図版16p　19cm　〈企画：中西進〉　1400円　ⓉⒹ4-586-70005-X
◇万葉百景　上　中西進著, 笹川弘三写真　平凡社　1986.7　211p　22cm　2500円　ⓉⒹ4-582-61825-1
◇元暦校本万葉集　勉誠社　1986.6　4冊　31cm　〈『万葉集』（朝日新聞社昭和3～4年刊）の複製〉　各20000円
◇万葉集大成　第1巻　総記篇　平凡社　1986.6　400p　22cm　〈昭和28年刊の複製　新装版〉　ⓉⒹ4-582-35210-3
◇万葉集大成　第2巻　文献篇　平凡社　1986.6　362p　22cm　〈昭和28年刊の複製　新装版〉　ⓉⒹ4-582-35210-3
◇万葉集大成　第3巻　訓詁篇　上　平凡社　1986.6　391p　22cm　〈昭和29年刊の複製　新装版〉　ⓉⒹ4-582-35210-3
◇万葉集大成　第4巻　訓詁篇　下　平凡社　1986.6　410p　22cm　〈昭和30年刊の複製　新装版〉　ⓉⒹ4-582-35210-3
◇万葉集大成　第5巻　歴史社会篇　平凡社　1986.6　347p　22cm　〈昭和29年刊の複製　新装版〉　ⓉⒹ4-582-35210-3
◇万葉集大成　第6巻　言語篇　平凡社　1986.6　352p　22cm　〈昭和30年刊の複製　新装版〉　ⓉⒹ4-582-35210-3
◇万葉集大成　第7巻　様式研究・比較文学篇　平凡社　1986.6　420p　22cm　〈昭和29年刊の複製　新装版〉　ⓉⒹ4-582-35210-3
◇万葉集大成　第8巻　民俗篇　平凡社　1986.6　389p　22cm　〈昭和28年刊の複製　新装版〉　ⓉⒹ4-582-35210-3
◇万葉集大成　第9巻　作家研究篇　上　平凡社　1986.6　356p　22cm　〈昭和28年刊の複製　新装版〉　ⓉⒹ4-582-35210-3
◇万葉集大成　第10巻　作家研究篇　下　平凡社　1986.6　353p　22cm　〈昭和29年刊の複製　新装版〉　ⓉⒹ4-582-35210-3
◇万葉集大成　第11巻　特殊研究篇　平凡社　1986.6　362p　22cm　〈昭和30年刊の複製　新装版〉　ⓉⒹ4-582-35210-3
◇万葉集大成　第12巻　美論篇　平凡社　1986.6　357p　22cm　〈昭和30年刊の複製　新装版〉　ⓉⒹ4-582-35210-3
◇万葉集大成　第13巻　風土篇　平凡社　1986.6　362p　22cm　〈昭和30年刊の複製　新装版〉　ⓉⒹ4-582-35210-3
◇万葉集大成　第14巻　研究書誌・年表・索引篇　平凡社　1986.6　92, 124, 125p　22cm　〈昭和31年刊の複製　新装版〉　ⓉⒹ4-582-35210-3
◇万葉集大成　〔第15巻〕　総索引　漢字篇　平凡社　1986.6　318p　22cm　〈昭和30年刊の複製　新装版〉　ⓉⒹ4-582-35210-3
◇万葉集大成　〔第16巻〕　総索引　諸訓説篇　平凡社　1986.6　273p　22cm　〈昭和30年刊の複製　新装版〉　ⓉⒹ4-582-35210-3
◇万葉集大成　〔第17巻〕　総索引　単語篇　平凡社　1986.6　1339p　22cm　〈昭和28～30年刊の合本複製　新装版〉　ⓉⒹ4-582-35210-3
◇万葉集大成　〔第18巻〕　総索引　本文篇　平凡社　1986.6　991p　22cm　〈昭和28～29年刊の合本複製　新装版〉　ⓉⒹ4-582-35210-3
◇万葉集大成　別巻　「月報」集　平凡社　1986.6　1冊　22cm　〈昭和28～30年刊の合本複製　新装版〉　ⓉⒹ4-582-35210-3
◇万葉の歌―人と風土　14　中部・関東北

奈良時代

部・東北　渡部和雄著　大阪　保育社
1986.6　229p 図版16p　19cm　〈企画：
中西進〉　1400円　Ⓓ4-586-70014-9

◇万葉の世界　柴生田稔著　岩波書店
1986.6　239p　19cm　2200円　Ⓓ4-00-
002140-0

◇わたしの万葉集　平岩弓枝著　大和書房
1986.6　222p　20cm　1200円　Ⓓ4-479-
01028-9

◇万葉の歌―人と風土　8　滋賀　広岡義
隆著　大阪　保育社　1986.5　219p 図版
16p　19cm　〈企画：中西進〉　1400円
Ⓓ4-586-70008-2

◇万葉の歌人―文学と時代のあいだ　加藤
静雄著　桜楓社　1986.5　194p　19cm
1800円

◇山口正著作集　第4巻　万葉集百首歌の
研究　教育出版センター　1986.5　520p
23cm　〈発売：冬至書房新社〉　8000円
Ⓓ4-88582-353-6

◇山の辺の道―記紀万葉の世界　和田嘉寿
男著　桜楓社　1986.5　244p　20cm
1800円　Ⓓ4-273-02100-5

◇万葉集で読む古代争乱　中津攸子著　新
人物往来社　1986.4　204p　20cm
1500円　Ⓓ4-404-01345-0

◇万葉の歌―人と風土　11　九州　林田正
男著　大阪　保育社　1986.4　243p 図版
16p　19cm　〈企画：中西進〉　1400円
Ⓓ4-586-70011-4

◇万葉の女たち男たち　石丸晶子著　講談
社　1986.4　262p　20cm　1300円　Ⓓ4-
06-202269-9

◇五味智英万葉集講義　第2巻　光村図書
出版　1986.3　280p　22cm　〈編集：阿
蘇瑞枝ほか　著者の肖像あり〉　2500円
Ⓓ4-89528-007-1

◇万葉訓点史　前野貞男著　教育出版セン
ター　1986.3　542p　22cm　（万葉集研
究基本文献叢書）〈忍書院昭和33年刊の
複製　発売：冬至書房〉

◇万葉集成立攷　徳田浄著　教育出版セン
ター　1986.3　405p　26cm　（万葉集研
究基本文献叢書）〈関東短期大学昭和42
年刊の複製　発売：冬至書房〉

◇万葉集の国語学的視点　津之地直一著
桜楓社　1986.3　197p　22cm　8800円
Ⓓ4-273-02087-4

◇万葉集論究　松岡静雄著　教育出版セン
ター　1986.3　2冊　22cm　（万葉集研
究基本文献叢書）〈章華社昭和9年刊の
複製　発売：冬至書房〉

◇万葉書誌学　前野貞男著　教育出版セン
ター　1986.3　436p　22cm　（万葉集研
究基本文献叢書）〈忍書院昭和31年刊の
複製　発売：冬至書房〉

◇万葉の歌―人と風土　12　東海　加藤静
雄著　大阪　保育社　1986.3　236p 図版
16p　19cm　〈企画：中西進〉　1400円
Ⓓ4-586-70012-2

◇清川妙の万葉集　清川妙著　集英社
1986.2　286p　20cm　（わたしの古典
2）　1400円　Ⓓ4-08-163002-X

◇万葉集　1　稲岡耕二校注　7版　明治書
院　1986.2　346p　19cm　（校注古典叢
書）　1300円

◇万葉集抄　池田裕編　柏　広池学園出版
部　1986.2　179p　26cm　〈5刷（初版：
昭和49年））　1500円

◇万葉地理研究論集　第4巻　淡海志考・
三国志考・我執　奥野健治著，奥野健治
著作刊行会編　秀英書房　1986.2　635p
22cm　〈著者の肖像あり〉　20000円
Ⓓ4-87957-069-9

◇万葉の歌―人と風土　10　中国・四国
下田忠著　大阪　保育社　1986.2　237p
図版16p　19cm　〈企画：中西進〉　1400
円　Ⓓ4-586-70010-6

◇万葉和歌集成―古文献所収　別巻　万葉
類葉鈔―改編本　渋谷虎雄編著　桜楓社
1986.2　622p　22cm　〈限定版〉　36000
円　Ⓓ4-273-02081-5

◇万葉の歌―人と風土　2　奈良　中西進
著　大阪　保育社　1986.1　228p 図版
16p　19cm　〈企画：中西進〉　1400円
Ⓓ4-586-70002-5

◇万葉のことばと四季―万葉読本3　中西
進著　角川書店　1986.1　256p　19cm
（角川選書 165）　960円　Ⓓ4-04-
703165-8

◇万葉論考　尾崎暢殃著　明治書院
1986.1　304p　22cm　5800円

◇韓訳万葉集―古代日本歌集　2　金思燁
訳　成甲書房　1985.12　461p　22cm
4800円　Ⓓ4-88086-054-9

◇万葉集―全訳注原文付　別巻　万葉集事典　中西進編　講談社　1985.12　585p　15cm　〈講談社文庫〉　980円　ⓄI4-06-183651-X

◇万葉の歌―人と風土　15　北陸　山口博著　大阪　保育社　1985.12　259p　図版16p　19cm　〈企画：中西進〉　1400円　ⓄI4-586-70015-7

◇万葉集傍註　恵岳著　冬至書房新社　1985.11　20冊　27cm　〈せきね文庫第II期〉〈〈万葉集基本文献・稀覯叢書〉監修：佐伯梅友，山口正　寛政1年刊の複製帙入〉　全110000円

◇万葉地理研究論集　第3巻　山代志考.地理三題.恭仁考　奥野健治著，奥野健治著作刊行会編　秀英書房　1985.11　638p　22cm　〈著者の肖像あり　付（1枚）：栞〉　20000円　ⓄI4-87957-067-2

◇万葉の歌―人と風土　1　明日香・橿原　清原和義著　大阪　保育社　1985.11　237p　図版16p　19cm　〈企画：中西進〉　1400円　ⓄI4-586-70001-7

◇万葉の女性たち　山本藤枝著　立風書房　1985.11　242p　20cm　〈参考文献：p241〉　1200円　ⓄI4-651-13013-5

◇完訳日本の古典　第5巻　万葉集　4　小島憲之ほか校注・訳　小学館　1985.10　491p　20cm　1900円　ⓄI4-09-556005-3

◇万葉集伝説歌考　川村悦磨著　教育出版センター　1985.10　584,9p　22cm　〈万葉集研究基本文献叢書〉〈甲子社書房昭和11年刊の複製　発売：冬至書房新社〉

◇万葉集難語難訓攷　生田耕一著　教育出版センター　1985.10　676,3p　22cm　〈万葉集研究基本文献叢書〉〈春陽堂昭和8年刊の複製　発売：冬至書房新社〉

◇五味智英万葉集講義　第1巻　光村図書出版　1985.9　264p　22cm　〈監修：阿蘇瑞枝ほか　著者の肖像あり〉　2500円　ⓄI4-89528-006-3

◇万葉集研究　第13集　五味智英，小島憲之編　塙書房　1985.9　324p　22cm　5800円

◇万葉集逍遥　山崎馨著　大阪　和泉書院　1985.9　264p　19cm　〈和泉選書 24〉　2000円　ⓄI4-87088-166-7

◇万葉集全注　巻第7　渡瀬昌忠著　有斐閣　1985.8　398p　22cm　4900円　ⓄI4-641-07137-3

◇万葉集評釈　第11巻　窪田空穂著　新訂版　東京堂出版　1985.8　394p　22cm　4700円

◇万葉地理研究論集　第2巻　地名小考.古墳寸言.摂河泉志考　奥野健治著，奥野健治著作刊行会編　秀英書房　1985.8　742p　22cm　〈著者の肖像あり　付（1枚）：栞〉　20000円　ⓄI4-87957-066-4

◇万葉集評釈　第10巻　窪田空穂著　新訂版　東京堂出版　1985.7　454p　22cm　4700円

◇ふるさとの万葉　小沢昭巳編著　富山　桂書房　1985.6　191p　21cm　〈付（図1枚）：万葉碑案内図〉　1400円

◇万葉集全注　巻第17　橋本達雄著　有斐閣　1985.6　313p　22cm　3900円　ⓄI4-641-07147-0

◇万葉集評釈　第9巻　窪田空穂著　新訂版　東京堂出版　1985.6　369p　22cm　4700円

◇夜の船出―古代史からみた万葉集　直木孝次郎著　塙書房　1985.6　324p　20cm　2300円

◇校注万葉集筑紫篇　林田正男編　新典社　1985.5　270p　19cm　〈新典社校注叢書 3〉　1900　ⓄI4-7879-0803-0

◇万葉集評釈　第8巻　窪田空穂著　新訂版　東京堂出版　1985.5　414p　22cm　4700円

◇万葉地理研究論集　第1巻　大和志考・地名寸見　奥野健治著，奥野健治著作刊行会編　秀英書房　1985.5　637p　図版12枚　22cm　〈著者の肖像あり　付（1枚）：栞〉　20000円　ⓄI4-87957-065-6

◇万葉の精神　中河与一著　古川書房　1985.5　264p　19cm　〈古川叢書〉　2000円　ⓄI4-89236-032-5

◇研究資料日本古典文学　第5巻　万葉・歌謡　大曽根章介ほか編　明治書院　1985.4　409p　22cm　3900円

◇万葉集　大岡信著　岩波書店　1985.4　269p　20cm　〈古典を読む 21〉　1800円　ⓄI4-00-004471-0

◇万葉集　下巻　伊藤博校注　角川書店

◇1985.4　490p　15cm　〈角川文庫〉
〈『新編国歌大観』準拠版〉　660円
ⓘ4-04-400202-9

◇万葉集全注　巻第2　稲岡耕二著　有斐閣　1985.4　475p　22cm　5200円　ⓘ4-641-07132-2

◇万葉集の周辺　上代文学会編　笠間書院　1985.4　239p　20cm　〈万葉夏大学　第12集〉〈執筆：奈良弘元ほか〉　2500円

◇万葉集評釈　第7巻　窪田空穂著　新訂版　東京堂出版　1985.4　316p　22cm　4700円

◇山口正著作集　第3巻　万葉集序歌の研究　教育出版センター　1985.4　514p　23cm　〈発売：冬至書房新社〉　8000円
ⓘ4-88582-352-8

◇入門万葉集の読み方―現代に脈打つ万葉びとのこころと知恵　扇野聖史著　日本実業出版社　1985.3　228p　19cm　1100円　ⓘ4-534-01013-3

◇万葉集　上巻　伊藤博校注　角川書店　1985.3　442p　15cm　〈角川文庫〉〈『新編国歌大観』準拠版〉　620円
ⓘ4-04-400201-0

◇万葉集評釈　第2巻　窪田空穂著　新訂版　東京堂出版　1985.3　407p　22cm　4700円

◇和文古典　1　万葉の世界　稲岡耕二編著　放送大学教育振興会　1985.3　158p　21cm　〈放送大学教材〉〈東京　日本放送出版協会（発売）〉　ⓘ4-14-552741-0

◇万葉集の作品と方法―口誦から記載へ　稲岡耕二著　岩波書店　1985.2　395,13p　22cm　5600円　ⓘ4-00-002137-0

◇万葉集評釈　第3巻　窪田空穂著　新訂版　東京堂出版　1985.2　344p　22cm　4700円

◇万葉和歌集成―古文献所収　室町後期　渋谷虎雄編著　桜楓社　1985.2　877p　22cm　〈限定版〉　38000円

◇万葉集を読みなおす―神謡から"うた"へ　古橋信孝著　日本放送出版協会　1985.1　253p　19cm　〈NHKブックス 472〉　750円　ⓘ4-14-001472-5

◇万葉集とその世紀　下　北山茂夫著　新潮社　1985.1　356p　20cm　1500円
ⓘ4-10-355403-7

◇万葉集評釈　第6巻　窪田空穂著　新訂版　東京堂出版　1985.1　542p　22cm　4700円

◇明日香風―万葉風土　第3　犬養孝著　社会思想社　1984.12　292p　15cm　〈現代教養文庫 1125〉〈著者の肖像あり〉　680円　ⓘ4-390-11125-6

◇万葉集とその世紀　中　北山茂夫著　新潮社　1984.12　380p　20cm　1500円
ⓘ4-10-355402-9

◇万葉集評釈　第5巻　窪田空穂著　新訂版　東京堂出版　1984.12　510p　22cm　4700円

◇万葉の遣唐使船―遣唐使とその混血児たち　高木博著　教育出版センター　1984.12　210p　22cm　〈研究選書 36〉　2500円　ⓘ4-7632-1119-6

◇山口正著作集　第2巻　万葉調の研究　教育出版センター　1984.12　514p　23cm　〈発売：冬至書房新社〉　8000円
ⓘ4-88582-351-X

◇梅原猛全対話　第6巻　万葉人と詩の心　集英社　1984.11　646p　20cm　1800円
ⓘ4-08-151006-7

◇完訳日本の古典　第4巻　万葉集　3　小島憲之ほか校注・訳　小学館　1984.11　644p　20cm　1900円　ⓘ4-09-556004-5

◇万葉―ことばの森　清原和義著　京都世界思想社　1984.11　261p　19cm　（Sekaishiso seminar）　1900円　ⓘ4-7907-0271-5

◇万葉かるた　川崎　万葉かるた振興会　1984.11　200枚　10cm　〈監修：中西進　付（別冊 100p 21cm）：解説書　近藤信義訳と解説　箱入(22cm)〉　48000円

◇万葉詩史の論　金井清一著　笠間書院　1984.11　376p　22cm　〈笠間叢書 185〉　9000円

◇万葉集とその世紀　上　北山茂夫著　新潮社　1984.11　346p　20cm　1500円

◇万葉の歌びと　上代文学会編　笠間書院　1984.11　173p　20cm　〈万葉夏季大学　第11集〉〈執筆：戸谷高明ほか〉　1800円

◇万葉の山旅　楠目高明著　草思社　1984.11　279p　20cm　1600円

◇古京逍遥　山崎馨著　大阪　和泉書院

1984.10 274p 19cm （和泉選書 13）
2000円 Ⓣ4-87088-128-4

◇万葉集―全訳注原文付 中西進著 講談
社 1984.9 1534p 23cm 7800円
Ⓣ4-06-201319-3

◇万葉集 5 青木生子ほか校注 新潮社
1984.9 470p 20cm （新潮日本古典集
成） 2200円 ⓉⓉ4-10-620366-9

◇万葉集全注 巻第6 吉井巌著 有斐閣
1984.9 313p 22cm 3900円 ⓉⓉ4-641-07136-5

◇万葉集注釈 索引篇 沢瀉久孝著 中央
公論社 1984.9 367p 22cm 〈普及
版〉 2800円 ⓉⓉ4-12-400542-3

◇万葉集評釈 第1巻 窪田空穂著 新訂
版 東京堂出版 1984.9 493p 22cm
4700円

◇山口正著作集 第1巻 万葉修辞の研究
教育出版センター 1984.9 523p 23cm
〈発売：冬至書房新社〉 8000円

◇私の万葉集 杉本苑子著 光文社
1984.9 265p 16cm （光文社文庫）
320円 ⓉⓉ4-334-70022-5

◇韓訳万葉集―古代日本歌集 1 金思燁
訳 成甲書房 1984.8 469p 22cm
4800円 ⓉⓉ4-88086-052-2

◇万葉作品考 藤原芳男著 大阪 和泉書
院 1984.8 289p 22cm （神戸女子大
学東西文化研究所叢書 第3册） 6500円

◇万葉集・世紀末の光芒―大伴宿禰家持試
論 山岸はじめ著 至芸出版社 1984.8
237p 18cm （樹木新書 第5集）〈折り
込図1枚〉 1500円 ⓉⓉ4-88189-042-5

◇万葉集注釈 本文篇 沢瀉久孝著 中央
公論社 1984.8 584p 22cm 〈普及
版〉 3500円 ⓉⓉ4-12-400541-5

◇万葉のこころ 西野寿二著 五日市町
（東京都） あきがわ書房 1984.8 105p
20cm 1000円

◇作者類別年代順万葉集 沢瀉久孝, 森本
治吉著 勉誠社 1984.7 864, 5p 20cm
〈新潮社昭和7年刊の複製 付（2枚 袋入）：
万葉歌人系譜, 系譜の見方〉 5000円

◇万葉集美夫君志 木村正辞撰 勉誠社
1984.7 828, 4p 22cm 〈訂正4版（光風
館昭和4年刊）の複製 著者の肖像あり〉
15000円

◇万葉語管見 福田寛著 茨木 林泉短歌
会 1984.6 252p 19cm 1500円

◇万葉集―西本願寺本 主婦の友社
1984.6 20冊 32cm 〈鎌倉時代後期写
本（お茶の水図書館蔵）の複製 付（別冊
17p 26cm）：解説 築島裕著 箱入 限定版
和装〉 1500000円 ⓉⓉ4-07-919447-1

◇万葉集全注 巻第5 井村哲夫著 有斐
閣 1984.6 296p 22cm 3500円 ⓉⓉ4-641-07135-7

◇万葉の秀歌 下 中西進著 講談社
1984.6 243p 18cm （講談社現代新
書） 480円 ⓉⓉ4-06-145734-9

◇記紀万葉集の世界 三谷栄一著 有精堂
出版 1984.5 358p 22cm 8500円
ⓉⓉ4-640-30562-1

◇万葉集注釈 巻第18 沢瀉久孝著 中央
公論社 1984.5 180p 22cm 〈普及
版〉 2200円 ⓉⓉ4-12-400538-5

◇万葉の秀歌 上 中西進著 講談社
1984.5 265p 18cm （講談社現代新
書） 520円 ⓉⓉ4-06-145733-0

◇万葉集研究 第12集 五味智英, 小島憲
之編 塙書房 1984.4 314p 22cm
5500円

◇万葉集注釈 巻第17 沢瀉久孝著 中央
公論社 1984.4 243p 22cm 〈普及
版〉 2400円 ⓉⓉ4-12-400537-7

◇私の万葉集 杉本苑子著 海竜社
1984.4 243p 19cm 〈新装版〉 980円
ⓉⓉ4-7593-0013-9

◇万葉集古義 巻10 鹿持雅澄著 高知
高知県文教協会 1984.3 135, 118丁
27cm 〈稿本（高知県立図書館所蔵）の複
製〉 13000円

◇万葉集全注 巻第3 西宮一民著 有斐
閣 1984.3 470p 22cm 4800円 ⓉⓉ4-641-07133-0

◇万葉集注釈 巻第16 沢瀉久孝著 中央
公論社 1984.3 261p 22cm 〈普及
版〉 2400円 ⓉⓉ4-12-400536-9

◇万葉挽歌論 青木生子著 塙書房
1984.3 437, 10p 22cm 6800円

◇万葉集注釈 巻第15 沢瀉久孝著 中央
公論社 1984.2 181p 22cm 〈普及
版〉 2200円 ⓉⓉ4-12-400535-0

◇万葉の魅力 鮫島正英著 教育出版セン

◇万葉和歌集成―古文献所収　室町前期　渋谷虎雄編　桜楓社　1984.2　885p　22cm　〈限定版〉　38000円

◇和歌文学講座　第4巻　万葉集と勅撰和歌集　和歌文学会編　桜楓社　1984.2　363p　22cm　2800円

◇完訳日本の古典　第3巻　万葉集　2　小島憲之ほか校注・訳　小学館　1984.1　427p　20cm　1700円　①4-09-556003-7

◇万葉集注釈　巻第14　沢瀉久孝著　中央公論社　1984.1　274p　22cm　〈普及版〉　2400円　①4-12-400534-2

◇天治本万葉集―冠纓神社蔵　重要文化財　伊藤博, 佐藤恒雄編　勉誠社　1983.12　1軸　29cm　〈複製　付（別冊46p）：解題　箱入〉　50000円

◇万葉集全注　巻第4　木下正俊著　有斐閣　1983.12　436p　22cm　4500円　①4-641-07134-9

◇万葉集注釈　巻第13　沢瀉久孝著　中央公論社　1983.12　265p　22cm　〈普及版〉　2400円　①4-12-400533-4

◇神田秀夫論稿集　3　万葉歌の技法　明治書院　1983.11　375p　22cm　6800円

◇万葉集形成の謎　山口博著　桜楓社　1983.11　272p　19cm　1280円

◇万葉集注釈　巻第12　沢瀉久孝著　中央公論社　1983.11　296p　22cm　〈普及版〉　2600円　①4-12-400532-6

◇万葉集―文芸読本　河出書房新社　1983.10　247p　21cm　〈新装版〉　880円

◇万葉集―全訳注原文付　4　中西進校注　講談社　1983.10　368p　15cm　〈講談社文庫〉　480円　①4-06-131385-1

◇万葉集注釈　巻第11　沢瀉久孝著　中央公論社　1983.10　515p　22cm　〈普及版〉　3200円　①4-12-400531-8

◇万葉集の伝承と創造　佐藤文義著　桜楓社　1983.10　302p　22cm　10000円

◇万葉集―抒情の流れ　上代文学会編　笠間書院　1983.9　201p　19cm　〈笠間選書 145〉　〈執筆：橋本達雄ほか〉　1300円

◇万葉集古義　巻7　鹿持雅澄著　高知　高知県文教協会　1983.9　105, 99丁　27cm　〈稿本（高知県立図書館所蔵）の複製〉　10500円

◇万葉集古義　巻8　鹿持雅澄著　高知　高知県文教協会　1983.9　84, 82丁　27cm　〈稿本（高知県立図書館所蔵）の複製〉　10500円

◇万葉集全注　巻第1　伊藤博著　有斐閣　1983.9　307p　22cm　3900円　①4-641-07131-4

◇万葉集注釈　巻第10　沢瀉久孝著　中央公論社　1983.9　512p　22cm　〈普及版〉　3200円

◇万葉のあゆみ　伊藤博著　塙書房　1983.9　238p　18cm　（塙新書）　650円

◇万葉の大和路　犬養孝文, 田中真知郎写真　講談社　1983.9　211p　22cm　〈編集：第一出版センター〉　2400円　①4-06-200680-4

◇万葉歌とその周辺　尾崎暢殃著　明治書院　1983.8　344p　22cm　5800円

◇万葉集注釈　巻第9　沢瀉久孝著　中央公論社　1983.8　268p　22cm　〈普及版〉　2000円

◇万葉集注釈　巻第8　沢瀉久孝著　中央公論社　1983.7　327p　22cm　〈普及版〉　2200円

◇万葉集撰定時代の研究　徳田浄著　ゆまに書房　1983.6　402, 6p　22cm　（国文学研究資料文庫 27）　〈目黒書店1937年刊の復製〉　7828円

◇万葉集注釈　巻第7　沢瀉久孝著　中央公論社　1983.6　387p　22cm　〈普及版〉　2400円

◇万葉のいのち　伊藤博著　塙書房　1983.6　228p　18cm　（塙新書）　650円

◇万葉のいぶき　犬養孝著　新潮社　1983.6　210p　15cm　（新潮文庫）　320円　①4-10-126102-4

◇万葉の相聞歌　谷村能男著　奈良　豊住書店　1983.6　68p　21cm　600円

◇万葉の道　巻の4　総集編　扇野聖史編著　福武書店　1983.6　381p　21cm　〈監修：犬養孝〉　2200円　①4-8288-1023-4, 4-8288-1019-6

◇万葉集歌疑義　河野喜雄著　近代文芸社

1983.5　332p　20cm　〈著者の肖像あり〉　1500円　①4-89607-357-6
◇万葉集注釈　巻第6　沢瀉久孝著　中央公論社　1983.5　277p　22cm　〈普及版〉　2000円
◇万葉序詞の研究　上田設夫著　桜楓社　1983.5　594p　22cm　〈限定版〉　28000円
◇万葉の系譜　西野寿二著　五日市町(東京都)　あきがわ書房　1983.5　331p　19cm　〈著者の肖像あり〉　1800円
◇万葉集注釈　巻第5　沢瀉久孝著　中央公論社　1983.4　315p　22cm　〈普及版〉　2200円
◇万葉和歌集成─古文献所収　南北朝期　渋谷虎雄編　桜楓社　1983.4　847p　22cm　48000円
◇全釈万葉集昭和略解　巻14　平野秀吉著　巻町(新潟県)　巻町教育委員会　1983.3　170p　22cm　(巻町叢書 第31集)
◇永松忠雄先生著作集　永松忠雄先生著作刊行会編　神戸　永松忠雄先生著作刊行会　1983.3　704p　22cm　〈著者の肖像あり〉
◇万葉集古義　巻5　鹿持雅澄著　高知　高知県文教協会　1983.3　81, 102丁　27cm　〈稿本(高知県立図書館所蔵)の複製〉　10500円
◇万葉集古義　巻6　鹿持雅澄著　高知　高知県文教協会　1983.3　102, 97丁　27cm　〈稿本(高知県立図書館所蔵)の複製〉　10500円
◇万葉集注釈　巻第4　沢瀉久孝著　中央公論社　1983.3　623p　22cm　〈普及版〉　3200円
◇万葉集の民俗学的研究　中山太郎著　パルトス社　1983.3　313p　22cm　〈校倉書房昭和37年刊の複製〉　5000円
◇万葉集私注　10　補巻　土屋文明著　新訂版　筑摩書房　1983.2　620p　20cm　〈新装版〉　3200円
◇万葉集注釈　巻第3　沢瀉久孝著　中央公論社　1983.2　670p　22cm　〈普及版〉　3500円
◇万葉歌人の研究　川上富吉著　桜楓社　1983.1　268p　22cm　4800円
◇万葉集研究　第11集　五味智英, 小島憲之編　塙書房　1983.1　331p　22cm　5600円
◇万葉集私注　9　巻第十八・巻第十九・巻第二十　土屋文明著　新訂版　筑摩書房　1983.1　439, 7p　20cm　〈新装版〉　2600円
◇万葉集注釈　巻第2　沢瀉久孝著　中央公論社　1983.1　528p　22cm　〈普及版〉　2800円
◇万葉地理考　豊田八十代著　有明会館図書部　1983.1　439p 図版18枚　22cm　〈大岡山書店昭和7年刊の複製　発売：有明書房　付(地図8枚 袋入)：万葉地図〉　12000円
◇万葉集私注　8　巻第十五・巻第十六・巻第十七　土屋文明著　新訂版　筑摩書房　1982.12　443, 7p　20cm　〈新装版〉　2600円
◇万葉の道　巻の3　奈良編　扇野聖史著　福武書店　1982.12　348p　21cm　〈監修：犬養孝〉　2200円　①4-8288-1022-6, 4-8288-1019-6
◇完訳日本の古典　第2巻　万葉集　1　小島憲之ほか校注・訳　小学館　1982.11　401p　20cm　1700円
◇万葉集　4　青木生子ほか校注　新潮社　1982.11　387p　20cm　(新潮日本古典集成)　1900円
◇万葉集私注　7　巻第十三・巻第十四　土屋文明著　新訂版　筑摩書房　1982.11　414, 6p　20cm　〈新装版〉　2600円
◇万葉集注釈　巻第1　沢瀉久孝著　中央公論社　1982.11　463p　22cm　〈普及版〉　2800円
◇万葉集の作家と作品　五味智英著　岩波書店　1982.11　452, 25p　22cm　4200円
◇万葉の歌ことば辞典　稲岡耕二, 橋本達雄編　有斐閣　1982.11　376p　20cm　(有斐閣選書R 9)　2500円　①4-641-02294-1
◇川﨑庸之歴史著作選集　第1巻　記紀万葉の世界　東京大学出版会　1982.10　494p　20cm　3200円
◇万葉集私注　6　巻十一・巻十二　土屋文明著　新訂版　筑摩書房　1982.10　494, 12p　20cm　〈新装版〉　2800円

◇万葉の詩情　吉野秀雄著　弥生書房　1982.10　203p　20cm　1300円
◇万葉の争点　上代文学会編　笠間書院　1982.10　241p　19cm　（笠間選書 139）〈執筆：菅野雅雄ほか〉　1300円
◇わが万葉集　保田与重郎著　新潮社　1982.10　399p　22cm　3500円
◇万葉私考　万葉集誤字愚考　宮地春樹著，正宗敦夫編纂校訂，大村光枝著，正宗敦夫編纂校訂　現代思潮社　1982.9　321, 95p　16cm　（覆刻日本古典全集）〈書名は奥付による　標題紙等の書名：万葉集私考・万葉集誤字愚考　日本古典全集刊行会昭和6年の複製〉
◇万葉集古義　巻3　鹿持雅澄著　高知高知県文教協会　1982.9　115, 69, 118丁　27cm　〈稿本（高知県立図書館所蔵）の複製〉　14000円
◇万葉集古義　巻4　鹿持雅澄著　高知高知県文教協会　1982.9　129, 111丁　27cm　〈稿本（高知県立図書館所蔵）の複製〉　14000円
◇万葉集私注　5　巻第九・巻第十　土屋文明著　新訂版　筑摩書房　1982.9　442, 10p　20cm　〈新装版〉　2600円
◇万葉集略解　橘千蔭著，与謝野寛ほか編纂校訂　現代思潮社　1982.9　8冊　16cm　〈覆刻日本古典全集　日本古典全集刊行会大正14年～昭和2年刊の複製〉
◇校本万葉集　17　諸本輯影．補遺　佐佐木信綱ほか編　新増補版　岩波書店　1982.8　1冊　23cm　〈初版：1932年刊〉　14000円
◇万葉集私注　4　巻第七・巻第八　土屋文明著　新訂版　筑摩書房　1982.8　408, 9p　20cm　〈新装版〉　2600円
◇万葉集私注　3　巻第五・巻第六　土屋文明著　新訂版　筑摩書房　1982.7　369, 5p　20cm　〈新装版〉　2600円
◇梅原猛著作集　12　さまよえる歌集　集英社　1982.6　838p　20cm　2200円
◇万葉集作者未詳歌の研究　高野正美著　笠間書院　1982.6　305p　22cm　（笠間叢書 170）　7800円
◇万葉集私注　2　巻第三・巻第四　土屋文明著　新訂版　筑摩書房　1982.6　488, 8p　20cm　〈新装版〉　2800円

◇万葉の時代　雄山閣出版　1982.6　130p　23cm　（歴史公論ブックス 13）　1500円　①4-639-00167-3
◇万葉の道　巻の2　山辺編　扇野聖史著　福武書店　1982.6　348p　21cm　〈監修：犬養孝〉　2200円　①4-8288-1021-8, 4-8288-1019-6
◇万葉挽歌と終末期古墳　福島隆三著　三一書房　1982.6　255p　20cm　2500円
◇近江の万葉―その風土と歴史　藤井五郎著　第一法規出版　1982.5　253p　19cm　1500円
◇記紀歌謡と万葉の間　菅野雅雄著　桜楓社　1982.5　143p　19cm　（国語国文学研究叢書 第33巻）　1500円
◇万葉集私注　1　巻第一・巻第二　土屋文明著　新訂版　筑摩書房　1982.5　380, 4p　20cm　〈新装版〉　2600円
◇万葉集筑紫歌群の研究　林田正男著　桜楓社　1982.5　322p　22cm　16000円
◇万葉集巻十三の研究―日本連作詩歌史考　高橋庄次著　桜楓社　1982.5　710p　22cm　〈限定版〉　34000円
◇万葉動物考　東光治著　有明書房　1982.5　2冊　22cm　〈人文書院昭和10～19年刊の複製〉　全20000円　①4-87044-055-5
◇万葉集古義　巻1　鹿持雅澄著　高知高知県文教協会　1982.4　94, 84, 84丁　27cm　〈稿本（高知県立図書館所蔵）の複製　付（8p 24cm）：「万葉集古義」稿本について　小関清明著〉　13500円
◇万葉集古義　巻2　鹿持雅澄著　高知高知県文教協会　1982.4　107, 155丁　27cm　〈稿本（高知県立図書館所蔵）の複製〉　13500円
◇万葉のこだま　犬養孝著　京都　PHP研究所　1982.4　309p　20cm　1300円
◇万葉の里―古人の歌ごころの原郷を求めて　暁教育図書　1982.4　148p　30cm　（日本発見　心のふるさとをもとめて 34）　1700円
◇万葉集歌人事典　大久間喜一郎ほか編　雄山閣出版　1982.3　486p　20cm　4800円
◇万葉道しるべ　大森亮尚ほか編　大阪　和泉書院　1982.3　115p　21cm　600円

奈良時代

①4-900137-50-2
◇万葉集訓義弁証　木村正辞著　勉誠社　1982.2　96, 3p　22cm　（勉誠社文庫103）〈解題：神田喜一郎 早稲田大学出版部明治37年刊の複製〉　2200円
◇万葉集―作品の秘密　鮫島正英著　教育出版センター　1982.1　191p　22cm（研究選書 26）　3800円
◇校本万葉集　16　新増補巻第17～巻第20　佐竹昭広ほか編　新増補版　岩波書店　1981.12　1冊　23cm　12000円
◇万葉集―全訳注原文付　3　中西進校注　講談社　1981.12　346p　15cm（講談社文庫）　480円　①4-06-131384-3
◇万葉集の世界―うたの歴史を探る　稲岡耕二編著　旺文社　1981.12　159p　21cm（ラジオ大学講座）　690円
◇万葉の長歌―古典鑑賞　中西進著　教育出版　1981.12　2冊　19cm　各1700円　①4-316-35040-4
◇万葉の人びと　犬養孝著　新潮社　1981.12　309p　15cm（新潮文庫）　360円　①4-10-126101-6
◇万葉の道　巻の1　明日香編　扇野聖史著　福武書店　1981.12　358p　21cm〈監修：犬養孝〉　2200円　①4-8288-1020-X, 4-8288-1019-6
◇万葉集研究　第10集　五味智英, 小島憲之編　塙書房　1981.11　383p　22cm　5800円
◇『万葉集』動物索引―付・枕詞となっている動物　阿部万蔵編著　小金井　阿部万蔵　1981.11　12p　22cm　非売品
◇万葉集遠江歌考　賀茂真淵著　湖西　湖西文化研究協議会　1981.11　1冊　26cm〈付：万葉集遠江歌考附録2種 夏目甕麿著（1種は写本の複製）〉
◇校本万葉集　15　新増補巻第12～巻第16　佐竹昭広ほか編　新増補版　岩波書店　1981.9　1冊　23cm　12000円
◇万葉から古今へ　和田嘉寿男著　明治書院　1981.9　205p　19cm　1600円
◇校本万葉集　14　新増補巻第9～巻第11　佐竹昭広ほか編　新増補版　岩波書店　1981.6　1冊　23cm　12000円
◇シルクロードと万葉集　森豊著　六興出版　1981.5　230p　20cm（シルクロード史考察 正倉院からの発見 16）　1500円
◇万葉集註釈　20巻　仙覚著, 京都大学文学部国語学国文学研究室編　京都　臨川書店　1981.5　541p　22cm（京都大学国語国文資料叢書 別巻 2）〈解説：木下正俊 仁和寺所蔵の複製〉　8500円　①4-653-00588-5
◇万葉集と万葉びと　市村宏著　明治書院　1981.5　285p　19cm（国文学研究叢書）　2400円
◇万葉集の歴史地理的研究　続　夏目隆文著　京都　法蔵館　1981.5　206p　22cm　4800円
◇万葉の民俗　根岸謙之助著　桜楓社　1981.5　282p　19cm　1800円
◇万葉―その探求　吉永登著　大阪　現代創造社　1981.4　318, 12p　22cm（現代創造社学術選書 1）　4800円　①4-87477-015-0
◇万葉集入門　土屋文明著　筑摩書房　1981.4　212p　19cm　950円
◇校本万葉集　13　新増補巻第6～巻第8　佐竹昭広ほか編　新増補版　岩波書店　1981.3　135, 137, 145p　23cm　12000円
◇全釈万葉集昭和略解　巻3　平野秀吉著　巻町（新潟県）　巻町教育委員会　1981.3　251p　22cm（巻町叢書）〈共同刊行：潟東村教育委員会（新潟県潟東村）〉
◇万葉歌の形成　尾崎暢殃著　明治書院　1981.3　376p　22cm　4800円
◇万葉集入門―その歴史と文学　中西進著　角川書店　1981.3　218p　15cm（角川文庫）　260円
◇万葉集入門　上村悦子著　講談社　1981.2　330p　15cm（講談社学術文庫）　640円
◇Man'yôshû ; a translation of Japan's premier anthology of classical poetry. v.1.　Translated by Ian Hideo Levy.〔Tokyo〕　University of Tokyo Press, c1981. 409p　23cm（Unesco collection of representative works, Japanese series）　5400円
◇校本万葉集　12　新増補巻第4～巻第5　佐竹昭広ほか編　新増補版　岩波書店　1980.12　166, 128p　23cm　11000円
◇万葉群像　北山茂夫著　岩波書店

373

奈良時代

1980.12　221p　18cm　（岩波新書）　380円
◇万葉拾遺─わたしの中の万葉集　続　西野寿二著　秋川　あきがわ書房　1980.12　184p　19cm　〈著者の肖像あり〉　700円
◇万葉集　3　青木生子ほか校注　新潮社　1980.11　490p　20cm　（新潮日本古典集成）　2300円
◇万葉集研究　第9集　五味智英,小島憲之編　塙書房　1980.11　310p　22cm　5000円
◇『万葉集』の世界　阿蘇瑞枝ほか著　筑摩書房　1980.11　297p　19cm　（読書マップ）　1400円
◇校本万葉集　11　新増補巻第1〜第3　佐竹昭広ほか編　新増補版　岩波書店　1980.9　1冊　23cm　12000円
◇万葉集作家と抒情　野上久人著　桜楓社　1980.9　206p　22cm　2800円
◇万葉の歌びとたち─万葉読本2　中西進著　角川書店　1980.9　252p　19cm　（角川選書 116）　840円
◇記紀万葉集の研究　浜田清次著　桜楓社　1980.7　605p　22cm　24000円
◇現代語訳日本の古典　2　万葉集　山本健吉著　学習研究社　1980.7　179p　30cm　2400円
◇万葉集─その社会と制度　上代文学会編　笠間書院　1980.6　207p　19cm　（笠間選書 131）　1300円
◇万葉とその伝統　大久保正編　桜楓社　1980.6　475p　22cm　14000円
◇万葉集抜書　佐竹昭広著　岩波書店　1980.5　277p　22cm　2800円
◇万葉・その後─犬養孝博士古稀記念論集　犬養孝博士古稀記念論集刊行委員会編　塙書房　1980.5　620p　〈犬養孝の肖像あり〉　6500円
◇万葉の展開　星野五彦著　桜楓社　1980.5　256p　22cm　6800円
◇万葉論集　第2　清水克彦著　桜楓社　1980.5　208p　19cm　2400円
◇万葉集　稲岡耕二著　尚学図書　1980.4　483p　20cm　（鑑賞日本の古典 2）　〈発売：小学館〉　1800円
◇万葉集の諸相　大久保正著　明治書院　1980.4　398p　22cm　5400円
◇万葉の時代と風土─万葉読本1　中西進著　角川書店　1980.4　256p　19cm　（角川選書 112）　840円
◇全釈万葉集昭和略解　総論・巻1・巻2　平野秀吉著　巻町（新潟県）　巻町教育委員会　1980.3　393p　22cm　（巻町叢書第28集）　〈共同刊行：潟東村教育委員会〉
◇万葉集年表　土屋文明編　第2版　岩波書店　1980.3　567p　22cm　7800円
◇校本万葉集　10　校本万葉集増補　佐佐木信綱ほか編　新増補版　岩波書店　1980.2　409p　23cm　〈初版：1932年刊〉　5500円
◇万葉集─全訳注原文付　2　中西進校注　講談社　1980.2　406p　15cm　（講談社文庫）　480円
◇万葉集助動詞の研究　小路一光著　明治書院　1980.2　798p　22cm　12000円
◇校本万葉集　9　巻第18〜巻第20　佐佐木信綱ほか編　新増補版　岩波書店　1980.1　222, 288p　23cm　〈初版：1932年刊〉　8500円

東　歌
あずまうた

古代の東国で詠まれた和歌。『万葉集』巻14と『古今和歌集』巻20の一部に東歌の標題で収められている。『万葉集』には遠江・信濃以東の12ヶ国の90首と国の不明な140首を収めるが、いずれも短歌形式で作者は不明。その多くは労働・儀礼・宴席の際などに口誦された在地歌謡で、庶民の哀歓を率直に表現しており、相聞歌が188首を占める。また、東国方言を多く含み、国語学上も貴重な資料とされる。『古今和歌集』には伊勢・甲斐・相模・常陸・陸奥5ヶ国の13首を収める。

＊　　　＊　　　＊

◇東歌と防人歌─東国万葉の跡を訪ねて　瀬古碓著　右文書院　2009.7　325p　19cm　〈著作目録あり〉　1800円
①978-4-8421-0733-2
◇万葉の歌人と作品─セミナー　第11巻　東歌・防人歌　後期万葉の男性歌人たち　神野志隆光,坂本信幸企画編集　大阪　和泉書院　2005.5　324p　22cm　〈文献

◇万葉集東歌論 続 加藤静雄著 おうふう 2001.3 233p 22cm 6800円 ⓘ4-273-03171-X
◇万葉集東歌・防人歌の心 阪下圭八著 新日本出版社 2001.1 205p 18cm （新日本新書） 950円 ⓘ4-406-02779-3
◇万葉集東歌形成私論―無限の謎で構成される秘匿の遊芸作品 初稿本 工藤進著 札幌 工藤進 2000.4 675p 26cm 12000円
◇桜井満著作集 第1巻 万葉集東歌研究 桜井満著, 伊藤高雄ほか編 おうふう 2000.3 342p 22cm 15000円 ⓘ4-273-03131-0
◇万葉東歌の世界 加藤静雄著 塙書房 2000.2 205, 3p 18cm （塙新書） 1100円 ⓘ4-8273-4076-5
◇万葉東歌―古代東方の歌謡 土井清民著 笠間書院 1997.9 247p 22cm （笠間叢書 305） 6500円 ⓘ4-305-10305-2
◇折口信夫全集 8 東歌疏・選註万葉集抄―万葉集3 折口信夫全集刊行会編纂 中央公論社 1995.9 438p 20cm 5000円 ⓘ4-12-403355-9
◇東歌における衣食住 樋口秀次郎著 榛名町（群馬県） 樋口秀次郎 1993.10 99p 22cm
◇万葉集東歌の抒情―東国文学の源泉 志村士郎著 新典社 1993.7 303p 22cm （新典社研究叢書 61） 10000円 ⓘ4-7879-4061-9
◇万葉東歌の諸相 中金満著 武蔵野書院 1992.4 185p 20cm 2000円 ⓘ4-8386-0372-X
◇英訳万葉集巻14（東歌） 岡節三著 〔高野町（和歌山県）〕 岡節三著『英訳万葉集巻14（東歌）』刊行委員会 1990.8 87p 27cm 〈背の書名：An English translation of Manyôsyû vol.14 （Adumauta）付（13p）：Yells to Mr.Oka〉 非売品
◇万葉集東歌鑑賞 島津忠史著 桜楓社 1990.4 251p 19cm 2884円 ⓘ4-273-02381-4
◇菊沢季生国語学論集 第1巻 万葉集東歌未勘国の地名考 教育出版センター 1989.5 212p 22cm 4940円 ⓘ4-7632-2550-2
◇民族学より見たる東歌と防人歌 松岡静雄著 教育出版センター 1985.10 448p 22cm （万葉集研究基本文献叢書）〈大岡山書店昭和3年刊の複製 発売：冬至書房新社〉
◇東歌 佐佐木幸綱著 筑摩書房 1984.6 208, 4p 19cm （日本詩人選 21） 1800円
◇万葉集東歌本文研究並びに総索引 水島義治著 笠間書院 1984.6 958p 23cm 33000円
◇万葉集東歌の国語学的研究 水島義治著 笠間書院 1984.5 680p 23cm 〈折り込図2枚〉 22000円
◇万葉集東歌の研究 水島義治著 笠間書院 1984.2 1215p 23cm 40000円
◇東歌の風土と地理―上毛野国 中金満著 教育出版センター 1983.8 169p 22cm （研究選書 32） 2800円
◇万葉集東歌 佐佐木幸綱著 東京新聞出版局 1982.9 177p 21cm 1500円 ⓘ4-8083-0126-1
◇万葉集東歌論攷 大久保正著 塙書房 1982.3 449, 6p 22cm 6000円
◇万葉集東歌論稿 尾関栄一郎著 増補改訂版 白玉書房 1980.6 176p 20cm 2500円
◇万葉東歌私攷 竹内金治郎著 桜楓社 1980.5 261p 19cm （国語国文学研究叢書 第30巻） 2800円
◇万葉東歌の世界 加藤正雄著 桜楓社 1980.5 205p 19cm 1900円
◇上野万葉紀行・東歌の世界 樋口秀次郎著 榛名町（群馬県） 樋口秀次郎 1978.10 610p 22cm
◇東歌と防人歌―東国万葉の跡を訪ねて 瀬古確著 右文書院 1978.4 277p 19cm （右文選書） 1600円
◇万葉集東歌論 加藤静雄著 桜楓社 1976 194p 22cm 2400円
◇東歌難歌考 後ани利雄著 桜楓社 1975 235p 図 19cm 1800円
◇万葉集東歌防人歌新考 鈴木清市著 短歌新聞社 1975 247p 19cm 2000円
◇万葉集東歌解釈 新藤知義著 高文堂出

◇万葉集東歌研究　桜井満著　桜楓社　1972　340p　図　22cm　3800円
◇万葉集東歌古注釈集成　桜井満編　桜楓社　1972　1040p　22cm　18000円
◇東歌の世界―東国農民の生活と文学　根岸謙之助著　養神書院　1970　214p　19cm　600円
◇俗謡東歌―万葉集東歌の平易七五調訳　芦沢武幸著　短歌新聞社　1966　258p　19cm　500円
◇万葉集東歌　田辺幸雄著　塙書房　1963　216p　19cm　（塙選書）
◇万葉集東歌及び防人歌　水島義治編著　札幌　天使女子短期大学　1963　326p　図版　22cm　〈附（別綴）：特殊仮名遣表等〉
◇万葉集東歌論稿　尾関栄一郎著　文栄社　1950　184p　19cm

防人歌
さきもりのうた

　防人やその家族が詠んだ和歌。『万葉集』の巻14と巻20に、防人の歌87首、妻の歌10首、父の歌1首が収められ、長歌1首を除いて全て短歌である。東国方言を用いた素朴で率直な歌が多く、東歌と共に古代東国の庶民の歌として貴重である。ただし、防人歌は家族との別離を嘆く歌や故郷を想い家族を偲ぶ歌がほとんどで、在地の歌である東歌とは詠み人の立場が根本的に異なっている。なお、防人歌のうち84首は天平勝宝7年（755年）に大伴家持が難波で採録したものだが、家持は当時兵部少輔として防人に関する事務にあたっていた。

　　　　＊　　　＊　　　＊

◇万葉集防人歌の研究　水島義治著　笠間書院　2009.4　674p　22cm　（笠間叢書374）〈文献あり〉　16500円　ⓘ978-4-305-10374-1
◇万葉の歌人と作品―セミナー　第11巻　東歌・防人歌　後期万葉の男性歌人たち　神野志隆光, 坂本信幸企画編集　大阪　和泉書院　2005.5　324p　22cm　〈文献あり〉　3500円　ⓘ4-7576-0319-3
◇万葉集防人歌の国語学的研究　水島義治著　笠間書院　2005.2　362, 11p　22cm　（笠間叢書358）〈折り込1枚〉　12000円　ⓘ4-305-10358-3
◇「醜の御楯」考―万葉防人歌の考察　手崎政男著　笠間書院　2005.1　550p　22cm　（笠間叢書351）　14000円　ⓘ4-305-10351-6
◇万葉集防人歌全注釈　水島義治著　笠間書院　2003.2　873, 32p　22cm　（笠間注釈叢刊33）　23500円　ⓘ4-305-30033-8
◇防人歌―万葉集巻二十　嶋津忠史編　おうふう　2001.9　87p　21cm　2000円　ⓘ4-273-03204-X
◇万葉集東歌・防人歌の心　阪下圭八著　新日本出版社　2001.1　205p　18cm　（新日本新書）　950円　ⓘ4-406-02779-3
◇防人とその周辺　落合正男著　横浜　門土社　1998.12　91p　19cm　1000円　ⓘ4-89561-220-1
◇防人の歌は愛の歌　山本藤枝著　立風書房　1988.7　174p　20cm　〈参考文献：p169〉　1000円　ⓘ4-651-13015-1
◇民族学より見たる東歌と防人歌　松岡静雄著　教育出版センター　1985.10　448p　22cm　（万葉集研究基本文献叢書）〈大岡山書店昭和3年刊の複製　発売：冬至書房新社〉
◇有由縁歌と防人歌―続万葉集論究　松岡静雄著　教育出版センター　1985.10　532p　22cm　（万葉集研究基本文献叢書）〈瑞穂書院昭和10年刊の複製　発売：冬至書房新社〉
◇防人歌研究　2　星野五彦著　教育出版センター　1985.9　244p　22cm　（研究選書41）　3600円　ⓘ4-7632-1120-X
◇万葉防人歌の諸相　林田正男著　新典社　1985.5　278p　22cm　（新典社研究叢書11）　10000円　ⓘ4-7879-4011-2
◇東歌と防人歌―東国万葉の跡を訪ねて　瀬古確著　右文書院　1978.4　277p　19cm　（右文選書）　1600円
◇防人歌研究　星野五彦著　教育出版センター　1978.4　191p　22cm　（研究選書19）　2000円
◇防人歌古訓注釈集成　星野五彦編著　教育出版センター　1976　323p　22cm　（資料叢書3）　4800円

◇万葉防人歌新注　竹内金治郎編　桜楓社　1976　155p　22cm　1200円
◇万葉集東歌防人歌新考　鈴木清市著　短歌新聞社　1975　247p　19cm　2000円
◇万葉集東歌及び防人歌　水島義治編著　札幌　天使女子短期大学　1963　326p　図版　22cm　〈附（別綴）：特殊仮名遣表等〉

山上　憶良
やまのうえの　おくら

斉明6年（660年）～天平5年（733年）6月

奈良時代前期の歌人・官人。出自は未詳。大宝2年（702年）に遣唐少録として入唐し、慶雲4年（707年）頃に帰国。その後、伯耆守や東宮侍講を経て、神亀3年（726年）頃に筑前守となった。筑前守在任中には大宰権帥の大伴旅人と交友し、大宰府を中心に歌壇を形成。天平4年（732年）頃に帰京したが、弱小氏族出身のため官位は従五位下に留まった。『万葉集』に長歌11首、短歌68首、旋頭歌1首、漢詩文12編を収める。その大部分は筑前赴任後の晩年の作で、思想性・社会性に富み、人生の哀歓を歌い上げており、特に「貧窮問答歌」や「思子等歌（子等を思ふ歌）」が有名。歌集『類聚歌林』を編纂したとされるが現存しない。

＊　　　＊　　　＊

◇悲しみは憶良に聞け　中西進著　光文社　2009.7　237p　20cm　〈年表あり　索引あり〉　1800円　①978-4-334-97582-1
◇山上憶良の研究　東茂美著　翰林書房　2006.10　1014p　22cm　28000円　①4-87737-230-X
◇筑紫文学圏と高橋虫麻呂　大久保広行著　笠間書院　2006.2　407, 19p　22cm　（笠間叢書 363）　8800円　①4-305-10363-X
◇山上憶良万葉歌文集　山上憶良著, 憶良まつり短歌会編, 大久保広行監修　稲築町（福岡県）　稲築文化連合会　2005.9　128p　27cm
◇万葉集歌人研究叢書　2　青木周平ほか編・解説　クレス出版　2004.4　280, 12, 4p　22cm　5800円　①4-87733-209-X, 4-87733-207-3
◇読み歌の成立―大伴旅人と山上憶良　原田貞義著　翰林書房　2001.5　465p　22cm　12000円　①4-87737-119-2
◇万葉の歌人と作品―セミナー　第5巻　神野志隆光, 坂本信幸企画編集　大阪　和泉書院　2000.9　305p　22cm　3500円　①4-7576-0068-2
◇万葉の歌人と作品―セミナー　第4巻　神野志隆光, 坂本信幸企画編集　大阪　和泉書院　2000.5　324p　22cm　3500円　①4-7576-0046-1
◇万葉歌人の愛そして悲劇―憶良と家持　中西進著　日本放送出版協会　2000.1　246p　16cm　（NHKライブラリー）〈年表あり〉　870円　①4-14-084108-7
◇憶良・虫麻呂と天平歌壇　井村哲夫著　翰林書房　1997.5　253p　22cm　6800円　①4-87737-013-7
◇山上憶良―筑紫文学圏論　大久保広行著　笠間書院　1997.3　289, 9p　22cm　（笠間叢書 302）　8000円　①4-305-10302-8
◇憶良における儒仏道三教思想の位相　胡志昂著, 富士ゼロックス小林節太郎記念基金編　富士ゼロックス小林節太郎記念基金　1996.3　37p　26cm　（富士ゼロックス小林節太郎記念基金1993年度研究助成論文）　非売品
◇中西進万葉論集　第8巻　山上憶良　講談社　1996.1　627p　22cm　〈折り込図2枚〉　9800円　①4-06-252658-1
◇外来思想と日本人―大伴旅人と山上憶良　谷口茂著　町田　玉川大学出版部　1995.5　196p　19cm　2472円　①4-472-09681-1
◇憶良―人と作品　上代文学会編　笠間書院　1994.7　234p　20cm　（万葉夏季大学　第17集）　2800円　①4-305-70108-1
◇山上憶良―志賀白水郎歌群論　渡瀬昌忠著　翰林書房　1994.5　196p　20cm　2800円　①4-906424-45-7
◇山上憶良注疏　久下貞三著　横浜　文芸モリキュール　1993.9　166p　19cm　1700円
◇長安明月記―貧窮問答歌考　藤井清著　砂子屋書房　1992.12　200p　20cm　（国民文学叢書　第374篇）　2000円
◇人麿・憶良と家持の論　川口常孝著　桜楓社　1991.10　693p　22cm　48000円　①4-273-02554-X

◇山上憶良―人と作品　中西進編　桜楓社　1991.6　333p　20cm　2800円　ⓘ4-273-02440-3
◇山上憶良―病みてまなび病みて惑うた孤独の老詞客 万葉集の異色詞人　長谷川鉱平著〔長谷川鉱平〕　1987.8　255p　19cm〈製作：鹿島出版会〉　1800円
◇大伴旅人・山上憶良―憂愁と苦悩　村山出著　新典社　1983.11　278p　19cm（日本の作家2）　1500円　ⓘ4-7879-7002-X
◇山上憶良―行路死人歌の文学　土井清民著　笠間書院　1979.7　203p　20cm（並木の里シリーズ3）　2000円
◇山上憶良　中島幸夫著　甲陽書房　1977.8　196p（図・肖像共）　22cm　非売品
◇高木市之助全集　第3巻　舎人人麿,憶良と旅人　講談社　1976　486p 肖像20cm〈貧窮問答歌の論 付貧窮問答歌校本　解説（犬養孝）解題（深萱和男）〉3800円
◇山上憶良の研究　村山出著　桜楓社　1976　333p　22cm　6000円
◇貧窮問答歌の論　高木市之助著　岩波書店　1974　198p　20cm　1100円
◇憶良と虫麻呂　井村哲夫著　桜楓社　1973　275p　22cm　4800円
◇山上憶良　中西進著　河出書房新社　1973　593p 図　22cm　3500円
◇大伴旅人・山上憶良　高木市之助著　筑摩書房　1972　201,3p 図　19cm（日本詩人選4）
◇憶良の悲劇　森本治吉著　生活社　1946　31p　19cm（日本叢書 第82）

は神亀元年（724年）から天平8年（736年）の間に限られ、主要な作品は長屋王が政権を掌握していた神亀5年（728年）までに集中する。長歌よりも短歌を得意とし、旅の歌が多く、自然を題材とした叙景歌に優れる。後世、柿本人麻呂と共に歌聖と讃えられた。『万葉集』に長歌17首・短歌37首を収める。

　　　＊　　　＊　　　＊

◇高市黒人・山部赤人人と作品　中西進編　おうふう　2005.9　207p　20cm　2800円　ⓘ4-273-03381-X
◇無による創造の系譜　山本昇著　冬至書房　2003.8　259p　20×14cm　2000円　ⓘ4-88582-237-8
◇万葉の歌人と作品―セミナー　第7巻　神野志隆光,坂本信幸企画編集　大阪和泉書院　2001.9　313p　22cm　3500円　ⓘ4-7576-0125-5
◇山部赤人―万葉史の論　梶川信行著　翰林書房　1997.10　590p　22cm　15750円　ⓘ4-87737-025-0
◇赤人の諦観　梅原猛著　集英社　1987.12　457p　16cm（集英社文庫）　620円　ⓘ4-08-749285-0
◇梅原猛著作集　12　さまよえる歌集　集英社　1982.6　838p　20cm　2200円
◇山部赤人の研究　尾崎暢殃著　増訂版　明治書院　1977.8　341p　22cm　3800円
◇さまよえる歌集―赤人の世界　梅原猛著　集英社　1974　365p 図　20cm　980円
◇高市黒人・山部赤人　池田弥三郎著　筑摩書房　1970　276,2p 図版　19cm（日本詩人選3）
◇山部赤人の研究―その叙景表現　尾崎暢殃著　明治書院　1969　289p　22cm　2800円
◇山部赤人の研究　尾崎暢殃著　明治書院　1960　259p　22cm

山部 赤人
やまべの あかひと

生没年不詳
　奈良時代前期の歌人・官人。三十六歌仙の一人。姓は宿祢。赤人の名は史書にみられず事跡は未詳だが、下級官人であったと思われる。聖武天皇の紀伊・吉野・播磨・難波などへの行幸に供奉して和歌を詠むなど、宮廷歌人として活躍。また、下総・駿河・伊予などを旅し、富士山などを詠じている。制作時期の明らかな作品

大伴 旅人
おおともの たびと

天智4年（665年）～天平3年（731年）7月25日
　奈良時代の歌人・官人。名は多比等。大伴安麻呂の長男で、母は巨勢郎女（一説には石川内命婦）、妹に大伴坂上郎女がいる。大伴家持の父。

和銅3年(710年)左将軍正五位上、養老2年(718年)中納言を経て、養老4年(720年)の隼人の反乱に際して征隼人持節大将軍として出征。亀神5年(728年)頃に大宰帥として筑前に下向し、山上憶良らと共に筑紫に歌壇を形成したが、任地で妻を失った。天平2年(730年)に大納言に任ぜられて帰京、翌年従二位となった。気品ある抒情的歌風で知られ、神仙思想・老荘思想の影響を受けた作品も多い。『万葉集』に大宰府赴任中の歌を中心に70余首を収める他、『懐風藻』に五言詩1首を残す。

＊　　＊　　＊

◇万葉集歌人研究叢書　1　青木周平ほか編・解説　クレス出版　2004.4　386, 4p　22cm　7800円　Ⓘ4-87733-208-1, 4-87733-207-3
◇万葉集歌人研究叢書　2　青木周平ほか編・解説　クレス出版　2004.4　280, 12, 4p　22cm　5800円　Ⓘ4-87733-209-X, 4-87733-207-3
◇読み歌の成立―大伴旅人と山上憶良　原田貞義著　翰林書房　2001.5　465p　22cm　12000円　Ⓘ4-87737-119-2
◇万葉の歌人と作品―セミナー　第5巻　神野志隆光,坂本信幸企画編集　大阪　和泉書院　2000.9　305p　22cm　3500円　Ⓘ4-7576-0068-2
◇万葉の歌人と作品―セミナー　第4巻　神野志隆光,坂本信幸企画編集　大阪　和泉書院　2000.5　324p　22cm　3500円　Ⓘ4-7576-0046-1
◇大伴旅人―人と作品　中西進編　おうふう　1998.10　215p　20cm　2800円　Ⓘ4-273-03022-5
◇大伴旅人・筑紫文学圏―筑紫文学圏論　大久保広行著　笠間書院　1998.2　420, 20p　22cm　（笠間叢書 312）　11165円　Ⓘ4-305-10312-5
◇外来思想と日本人―大伴旅人と山上憶良　谷口茂著　町田　玉川大学出版部　1995.5　196p　19cm　2472円　Ⓘ4-472-09681-1
◇大伴旅人逍遥　平山城児著　笠間書院　1994.6　479, 8p　22cm　（笠間叢書 275）　15500円　Ⓘ4-305-10275-7
◇大伴旅人論　米内幹夫著　翰林書房　1993.4　235p　20cm　4200円　Ⓘ4-906424-08-2
◇大伴旅人・家持とその時代―大伴氏凋落の政治史的考察　木本好信著　桜楓社　1993.2　260p　20cm　3400円　Ⓘ4-273-02621-X
◇大伴旅人・山上憶良―憂愁と苦悩　村山出著　新典社　1983.11　278p　19cm　（日本の作家 2）　1500円　Ⓘ4-7879-7002-X
◇万葉大伴旅人―憂愁の老歌人　金子武雄著　公論社　1982.5　204p　20cm　1900円
◇大伴旅人・山上憶良　高木市之助著　筑摩書房　1972　201, 3p 図　19cm　（日本詩人選 4）

大伴 家持
おおともの やかもち

養老2年(718年)～延暦4年(785年)8月28日

奈良時代の歌人・官人。三十六歌仙の一人。大和国の人。大伴旅人の子。天平17年(745年)に従五位下、翌年に越中守となり、任地で「北越三賦」など多くの歌を詠んだ。天平勝宝3年(751年)に少納言に任ぜられて帰京、その後中央・地方の諸官を歴任。宝亀11年(780年)に参議、翌年に従三位、延暦2年(783年)に中納言となり、兼任の陸奥按察使節征東将軍として多賀城に没した。この間、しばしば陰謀に連座して左遷されている。『万葉集』編纂者の一人で、防人歌収集は家持の功績とされる。収録作品数も長歌46首・短歌425首・旋頭歌1首と群を抜いて多い。繊細・優美な叙情的歌風で、万葉末期を代表する歌人とされる。

＊　　＊　　＊

◇大伴家持　北山茂夫著　平凡社　2009.8　428p　16cm　（平凡社ライブラリー 675）〈並列シリーズ名：Heibonsha library　年譜あり　索引あり〉　1700円　Ⓘ978-4-582-76675-2
◇能登の家持歌碑めぐり―ふるさと紀行　西仙関著　金沢　橋本確文堂　2008.1　167p　21cm　1000円　Ⓘ978-4-89379-114-6
◇大伴家持自然詠の生成　古舘綾子著　笠間書院　2007.3　271, 9p　22cm　6600円　Ⓘ978-4-305-70344-6
◇大伴家持「歌日誌」論考　鉄野昌弘著　塙書房　2007.1　507, 18p　22cm

11000円　①978-4-8273-0106-9
◇大伴家持の暗号─編纂者が告発する大和朝廷の真相　小林惠子著　祥伝社　2006.11　247p　19cm　〈本当は怖ろしい万葉集 完結編〉〈文献あり 著作目録あり 年表あり〉　1500円　①4-396-61279-6
◇わが心の大伴家持　清川妙著　逗子　雄飛企画　2006.1　191p　19cm　〈東京 星雲社(発売)〉　952円　①4-434-06796-6
◇天平の歌人大伴家持　菊池威雄著　新典社　2005.10　525p　22cm　〈新典社研究叢書 172〉　13500円　①4-7879-4172-0
◇家持歌の形成と創造　針原孝之著　おうふう　2004.6　413p　22cm　12000円　①4-273-03333-X
◇万葉集歌人研究叢書　1　青木周平ほか編・解説　クレス出版　2004.4　386, 4p　22cm　7800円　①4-87733-208-1, 4-87733-207-3
◇万葉の歌人と作品─セミナー　第9巻　神野志隆光, 坂本信幸企画編集　大阪　和泉書院　2003.7　291p　22cm　〈文献あり〉　3500円　①4-7576-0217-0
◇万葉歌人大伴家持─作品とその方法　広川晶輝著　札幌　北海道大学図書刊行会　2003.5　310, 10p　22cm　(北海道大学大学院文学研究科研究叢書 2)　5000円　①4-8329-6381-3
◇大伴家持　太田光一著　郁朋社　2002.7　209p　20cm　〈年譜あり〉　1500円　①4-87302-183-9
◇坂上郎女と家持─大伴家の人々　小野寺静子著　翰林書房　2002.5　366p　22cm　8000円　①4-87737-148-6
◇万葉の歌人と作品─セミナー　第8巻　神野志隆光, 坂本信幸企画編集　大阪　和泉書院　2002.5　357p　22cm　3500円　①4-7576-0156-5
◇家持の争点　2　高岡市万葉歴史館編　高岡　高岡市万葉歴史館　2002.3　226p　19cm　(高岡市万葉歴史館叢書 14)
◇万葉集の精神─その成立と大伴家持　保田與重郎著　新学社　2002.1　531p　16cm　(保田與重郎文庫 12)　〈シリーズ責任表示：保田與重郎著〉　1730円　①4-7868-0033-3
◇大伴家持と奈良朝和歌　吉村誠著　おうふう　2001.9　454p　22cm　15000円　①4-273-03201-5
◇大伴家持と万葉集　なかのげんご著　花神社　2001.6　465p　20cm　3000円　①4-7602-1645-6
◇家持の争点　1　高岡市万葉歴史館編　高岡　高岡市万葉歴史館　2001.3　253p　19cm　(高岡市万葉歴史館叢書 13)
◇鄙が良かった家持卿─万葉　円山義一著　七尾　生生会　2000.12　261p　19cm　〈年譜あり〉
◇大伴家持─その生涯の軌跡　第4回企画展図録　高岡市万葉歴史館企画・編集　高岡　高岡市万葉歴史館　2000.10　103p　30cm
◇秋田城木簡に秘めた万葉集─大伴家持と笠女郎　吉田金彦著　おうふう　2000.9　271p　22cm　4800円　①4-273-03111-6
◇大伴家持作品研究　佐藤隆著　おうふう　2000.5　393p　22cm　15000円　①4-273-03126-4
◇家持と万葉集　高岡市万葉歴史館編　高岡　高岡市万葉歴史館　2000.3　255p　19cm　(高岡市万葉歴史館叢書 12)
◇万葉歌人の愛そして悲劇─憶良と家持　中西進著　日本放送出版協会　2000.1　246p　16cm　(NHKライブラリー)　〈年表あり〉　870円　①4-14-084108-7
◇大伴家持と女性たち　高岡市万葉歴史館編　高岡　高岡市万葉歴史館　1999.3　221p　19cm　(高岡市万葉歴史館叢書 11)
◇歌人家持　浜田数義著　高知　南の風社　1999.2　138p　21cm　1000円　①4-905936-43-8
◇絵草紙越中の家持　富山　北日本新聞社　1998.9　136p　26cm　1800円　①4-906678-26-2
◇大伴家持論─文学と氏族伝統　市瀬雅之著　おうふう　1997.5　297p　22cm　18000円　①4-273-02954-5
◇大伴家持・因幡への道　高見茂著　鳥取　富士書店　1996.4　310p　19cm　〈文献あり〉
◇家持とその後　扇畑忠雄著　おうふう　1996.1　379p　22cm　(扇畑忠雄著作集 第2巻)　16000円　①4-273-02845-X

奈良時代

◇大伴家持研究　江口洌著　おうふう　1995.6　395p　22cm　19000円　ⓓ4-273-02839-5
◇大伴家持―万葉歌人の歌と生涯　第6巻　もののふ残照　中西進著　角川書店　1995.3　380p　20cm　3200円　ⓓ4-04-581006-4
◇大伴家持―万葉歌人の歌と生涯　第5巻　望郷幻想　中西進著　角川書店　1995.2　293p　22cm　3200円　ⓓ4-04-581005-6
◇大伴家持―万葉歌人の歌と生涯　第4巻　越路の風光　中西進著　角川書店　1995.1　347p　20cm　3200円　ⓓ4-04-581004-8
◇大伴家持―万葉歌人の歌と生涯　第3巻　越中国守　中西進著　角川書店　1994.12　315p　20cm　3200円　ⓓ4-04-581003-X
◇大伴家持―万葉歌人の歌と生涯　第2巻　久邇京の青春　中西進著　角川書店　1994.10　309p　22cm　3200円　ⓓ4-04-581002-1
◇大伴家持―万葉歌人の歌と生涯　第1巻　佐保の貴公子　中西進著　角川書店　1994.8　308p　22cm　3200円　ⓓ4-04-581001-3
◇大伴家持―古代和歌表現の基層　多田一臣著　至文堂　1994.3　238p　20cm　（至文堂国文学書下ろしシリーズ）　2800円　ⓓ4-7843-0170-4
◇大伴家持作品論説　佐藤隆著　おうふう　1993.10　300p　22cm　19000円　ⓓ4-273-02749-6
◇大伴旅人・家持とその時代―大伴氏凋落の政治史的考察　木本好信著　桜楓社　1993.2　260p　20cm　3400円　ⓓ4-273-02621-X
◇万葉集の作品と基層　中川幸広著　桜楓社　1993.2　703p　22cm　16000円　ⓓ4-273-02609-0
◇大伴家持論　1　町野修三著　短歌新聞社　1992.3　435p　20cm　4000円
◇人麿・憶良と家持の論　川口常孝著　桜楓社　1991.10　693p　22cm　48000円　ⓓ4-273-02554-X
◇万葉への誘い　高岡市万葉歴史館編　高岡　高岡市万葉歴史館　1991.3　119p　19cm　（高岡市万葉歴史館叢書 1）
◇越路の家持　針原孝之著　新典社　1990.3　142p　19cm　（叢刊・日本の文学 10）　1009円　ⓓ4-7879-7510-2
◇大伴家持―孤愁の人　小野寛著　新典社　1988.12　294p　19cm　（日本の作家 4）　1500円　ⓓ4-7879-7004-6
◇家持を考える　上代文学会編　笠間書院　1988.8　218p　20cm　（万葉夏季大学　第14集）　2200円
◇人伴家持の人と歌　青田伸夫著　短歌新聞社　1987.4　181p　20cm　2000円
◇大伴家持と越中万葉の世界　高岡市万葉のふるさとづくり委員会編　雄山閣出版　1986.12　266p　22cm　2500円　ⓓ4-639-00613-6
◇セミナー古代文学　1985　家持の歌を〈読む〉　古代文学会セミナー委員会編　古代文学会　1986.7　162p　21cm
◇大伴家持光と影と　北日本新聞社編　富山　北日本新聞社出版部　1985.12　198p　19cm　1400円
◇大伴家持作品論攷　橋本達雄著　塙書房　1985.11　429p　22cm　7300円
◇大伴家持―人と作品　中西進編　桜楓社　1985.10　362p　20cm　2500円　ⓓ4-273-02042-4
◇大伴家持の認識論的研究―万葉集と「日本神道」　有木摂美著　教育出版センター　1985.10　684p　22cm　9800円
◇王朝の歌人　2　大伴家持―天平の孤愁を詠ず　橋本達雄著　集英社　1984.12　264p　20cm　〈編集：創美社〉　1400円　ⓓ4-08-164002-5
◇大伴家持と越中万葉の世界　高岡　高岡市万葉のふるさとづくり委員会　1984.11　266p　22cm　〈発行所：雄山閣出版（東京）〉　2500円
◇大伴家持研究序説　針原孝之著　桜楓社　1984.10　366p　22cm　9800円
◇万葉集・世紀末の光芒―大伴宿禰家持試論　山岸はじめ著　至芸出版社　1984.8　237p　18cm　（樹木新書　第5集）〈折り込図1枚〉　1500円　ⓓ4-88189-042-5
◇大伴家持研究　小野寛著　笠間書院　1980.3　489p　22cm　（笠間叢書 145）　10000円
◇越中の家持　犬養孝著　富山　富山県教育委員会　1977.2　66p　19cm　（精神

381

◇大伴家持　川口常孝著　桜楓社　1976　1365p　22cm　〈革装〉　32000円
◇大伴家持論攷　尾崎暢殃著　笠間書院　1975　487p　22cm　（笠間叢書 54）　9500円
◇大伴家持　加倉井只志著　短歌研究社　1974　400p　22cm　6000円
◇大伴家持　山本健吉著　筑摩書房　1971　253, 3p 図　19cm　（日本詩人選 5）
◇大伴家持　北山茂夫著　平凡社　1971　360p　20cm　760円
◇大伴家持の研究　瀬古確著　増補改訂　白帝社　1970　257, 11, 27p 図　22cm　2800円
◇大伴家持の研究　尾山篤二郎著　平凡社　1956　429p 図版　22cm
◇大伴家持の研究　上巻　尾山篤二郎著　京都　大八洲出版　1948　310p　22cm

額田王
ぬかだのおおきみ

生没年不詳

　飛鳥時代の歌人。鏡王の娘。大海人皇子（天武天皇）に嫁いで十市皇女を生み、後にその兄天智天皇の妃となった。それ以外の事跡は未詳だが、舒明朝（629年〜641年）中頃の生まれと推定され、持統朝（686年〜697年）の歌が残されている。『万葉集』に長歌3首・短歌10首（重複1首）を収めるが、主要作品は斉明・天智両朝（655年〜672年）の頃に集中しており、中でも斉明天皇が百済救援軍を率いて西征する際に詠んだ熟田津の歌、天智天皇の近江遷都の際に詠んだ三輪山の歌などが有名。技巧に優れ、優美で格調高い作風で、万葉初期を代表する歌人とされる。

＊　　＊　　＊

◇吉田金彦著作選　4　額田王紀行　吉田金彦著　明治書院　2008.7　381p　22cm　15000円　⓵978-4-625-43416-7
◇額田王　直木孝次郎著　吉川弘文館　2007.12　340p　19cm　（人物叢書 新装版）〈年譜あり　文献あり〉　2200円　⓵978-4-642-05242-9
◇額田王　高岡市万葉歴史館編　高岡　高岡市民文化振興事業団高岡市万葉歴史館　2006.3　200p　21cm　（高岡市万葉歴史館叢書 18）
◇女流歌人（額田王・笠郎女・茅上娘子）人と作品　中西進編　おうふう　2005.9　197p　20cm　2800円　⓵4-273-03383-6
◇生への情念を探る―もうひとつの額田王論　宮地たか著　文芸社　2005.1　266p　20cm〈年譜あり　文献あり〉　1700円　⓵4-8355-8164-4
◇額田王の謎歌―古歌燦燦　大沢滋著　丹精社　2004.8　43p　19cm　〈東京 明文書房（発売）〉　600円　⓵4-8391-1008-5
◇額田王の謎―「あかねさす」に秘められた衝撃のメッセージ　梅沢恵美子著　PHP研究所　2003.8　253p　15cm　（PHP文庫）〈年表あり〉　667円　⓵4-569-66013-4
◇額田王論―万葉論集　多田一臣著　若草書房　2001.5　318p　22cm　（古代文学研究叢書 6）　12000円　⓵4-948755-69-9
◇創られた万葉の歌人―額田王　梶川信行著　塙書房　2000.6　275p　18cm　（はなわ新書）〈年譜あり〉　1600円　⓵4-8273-4077-3
◇解読額田王―この悲壮なる女性　福沢武一著　彩流社　1999.1　364p　22cm　3800円　⓵4-88202-462-4
◇額田王―万葉歌人の誕生　身崎寿著　塙書房　1998.9　390p　20cm　4500円　⓵4-8273-0084-4
◇額田王の実像―紫のにほへる妹　向井毬夫著　集英社　1997.3　277p　20cm〈額田王略年譜：p275〜277〉　2369円　⓵4-08-781149-2
◇「悲」の巫女額田王の謎　梅沢恵美子著　学習研究社　1994.4　234p　18cm　（歴史群像新書）〈通史と万葉集の関係年表：p230〜232　参考文献：p234〉　780円　⓵4-05-400311-7
◇額田王の暗号　藤村由加著　新潮社　1994.3　358p　15cm　（新潮文庫）〈付：額田王関係年表〉　480円　⓵4-10-125822-8
◇額田姫王　谷馨著　紀伊国屋書店　1994.1　206p　20cm　（精選復刻紀伊国屋新書）〈年表：p197〜202〉　1800円　⓵4-314-00633-1
◇沼の司祭者額田王　吉田金彦著　毎日新

聞社　1993.3　299p　20cm　1900円　Ⓡ4-620-30917-6
◇額田王の暗号　藤村由加著　新潮社　1990.8　239p　20cm　〈付：額田王関係年表〉　1250円　Ⓡ4-10-371902-8
◇額田王—むらさきのにおえる妹　菊池威雄著　新典社　1989.6　214p　19cm　（日本の作家1）　〈略年譜：p206〜210〉　1545円　Ⓡ4-7879-7001-1
◇万葉集莫囂円隣歌の試読と紫草の研究　久下司著　小宮山書店　1988.1　1冊　27cm　〈付（1枚 袋入）〉　25000円
◇額田女王　福島隆三著　東洋書院　1983.11　282p　19cm　1900円
◇額田姫王　谷馨著　紀伊国屋書店　1980.12　206p　20cm　〈新装版　年表：p197〜202〉　1400円
◇額田王—激動に生きた万葉女流歌人　山本藤枝著　講談社　1979.7　224p　20cm　〈参考文献：p223〜224〉　980円
◇額田姫王　生方たつゑ著　読売新聞社　1976　218p　20cm　〈巻末：参考文献〉　980円
◇初期万葉の女王たち　神田秀夫著　塙書房　1969　268p　18cm　（塙新書）　300円
◇額田王年代考　五唐勝著　川崎　カリタス学園出版部　1968.9　53p　19cm　（カリタス叢書）　〈参考年表：p37〜53〉　非売品
◇額田姫王　谷馨著　紀伊国屋書店　1967　206p　18cm　（紀伊国屋新書）　300円
◇額田王　谷馨著　早稲田大学出版部　1960　348p　図版　22cm

高橋 虫麻呂
たかはしの むしまろ

生没年不詳
　奈良時代前期の歌人・下級官人。姓は連。養老3年（719年）頃に国司の一員として常陸国に赴任、常陸守藤原宇合の下僚を務め、以後その庇護を受けたとされる。一説には『常陸風土記』の編纂に関与したともいわれるが、経歴は未詳。地方の自然を詠んだ歌や真間手児名（ままのてこな）・菟原処女（うないおとめ）・水江浦島子（みずえのうらしまのこ）など各地の伝説を題材とす る歌が多く、旅の歌人・伝説の歌人と呼ばれる。『万葉集』に長歌14首・短歌19首・旋頭歌1首を収める。また、家集『高橋虫麻呂歌集』を編んだが、後に散逸した。

　　　　＊　　　＊　　　＊

◇筑紫文学圏と高橋虫麻呂　大久保広行著　笠間書院　2006.2　407, 19p　22cm　（笠間叢書363）　8800円　Ⓡ4-305-10363-X
◇笠金村・高橋虫麻呂・田辺福麻呂人と作品　中西進編　おうふう　2005.9　268p　20cm　2800円　Ⓡ4-273-03382-8
◇万葉集歌人研究叢書　6　青木周平ほか編・解説　クレス出版　2004.4　270, 5p　22cm　〈複製〉　5400円　Ⓡ4-87733-213-8, 4-87733-207-3
◇万葉の歌人と作品—セミナー　第7巻　神野志隆光、坂本信幸企画編集　大阪　和泉書院　2001.9　313p　22cm　3500円　Ⓡ4-7576-0125-5
◇万葉の歌人高橋虫麻呂　犬養孝著　京都　世界思想社　1997.7　263p　20cm　（Sekaishiso seminar）　1900円　Ⓡ4-7907-0664-8
◇憶良・虫麻呂と天平歌壇　井村哲夫著　翰林書房　1997.5　253p　22cm　6800円　Ⓡ4-87737-013-7
◇旅に棲む—高橋虫麻呂論　中西進著　中央公論社　1993.2　404p　16cm　（中公文庫）　820円　Ⓡ4-12-201974-5
◇旅に棲む—高橋虫麻呂論　中西進著　角川書店　1985.4　338p　20cm　1900円　Ⓡ4-04-864010-0
◇高橋虫麻呂—東国をうたう万葉歌人　中根誠著　土浦　筑波書林　1980.4　128p　18cm　（ふるさと文庫）　〈発売：茨城図書〉　580円
◇万葉高橋虫麻呂—旅と伝説の歌人　金子武雄著　公論社　1977.10　213p　20cm　（公論教養）　1600円
◇憶良と虫麻呂　井村哲夫著　桜楓社　1973　275p　22cm　4800円

大伴 坂上郎女
おおとものさかのうえのいらつめ

生没年不詳

奈良時代前期の歌人。大伴安麻呂の娘で、母は石川郎女。大伴旅人の異母妹で、大伴家持の叔母にあたる。持統10年(696年)頃に生まれ、13歳頃に穂積親王と結婚。20歳頃に親王と死別した後は藤原麻呂の寵を受けたが、麻呂も死亡。その後異母兄の坂上宿奈麻呂に嫁ぎ坂上大嬢(家持の妻)・坂上二嬢を生んだが、33歳頃に宿奈麻呂とも死別した。神亀年間(724年～729年)に旅人の妻が死ぬと旅人の身辺の世話や家持の養育にあたり、旅人の死後は家刀自として大伴家に重きをなすなど、家持の作歌や家庭生活に大きな影響を与えたとされる。『万葉集』に女流歌人としては最多の長歌6首・短歌78首を収めるが、これらの歌は神亀から天平勝宝年間(724年～756年)頃に詠んだものである。

＊　　＊　　＊

◇万葉の歌人と作品—セミナー　第10巻　大伴坂上郎女　後期万葉の女性歌人たち　神野志隆光, 坂本信幸企画編集　大阪和泉書院　2004.10　341p　22cm　〈文献あり〉　3500円　⑭4-7576-0256-1

◇坂上郎女と家持—大伴家の人々　小野寺静子著　翰林書房　2002.5　366p　22cm　8000円　⑭4-87737-148-6

◇坂上郎女—人と作品　中西進編　おうふう　1998.5　207p　20cm　2800円　⑭4-273-03023-3

◇女歌の系譜　馬場あき子著　朝日新聞社　1997.4　263p　19cm　(朝日選書575)　1400円+税　⑭4-02-259675-9

◇天平の女　宮地たか著　勉誠社　1995.1　277p　20cm　2575円　⑭4-585-05011-6

◇大伴坂上郎女　東茂美著　笠間書院　1994.12　739p　22cm　(笠間叢書279)　18500円　⑭4-305-10279-X

◇大伴坂上郎女の研究　浅野則子著　翰林書房　1994.6　382p　22cm　6800円　⑭4-906424-46-5

◇大伴坂上郎女　小野寺静子著　翰林書房　1993.5　253p　20cm　〈大伴坂上郎女文献目録：p237～252〉　4200円　⑭4-906424-17-1

◇天平の郎女たち　清水澄子著　大阪　編集工房ノア　1987.12　273p　22cm　2000円

◇人物日本の女性史　第1巻　華麗なる宮廷才女　集英社　1977.3　260p　図　20cm　〈監修：円地文子〉

◇日本女流文学史　同文書院　1969　2冊　23cm　1200-1700円

万葉仮名
まんようがな

漢字の音や訓を仮借して日本語を表記するのに用いた文字。『万葉集』に多く用いられたことからこの名があり、平仮名・片仮名に対して真仮名・男仮名とも呼ばれる。表意文字である漢字を、その字義(意味)とは無関係に表音文字として用いたもので、字音を借りたものを音仮名、和訓を借りたものを訓仮名といい、一字で一音節を表す文字が多い。5・6世紀頃の金石文で固有名詞の表記に用いられ、8世紀には歌謡・書簡文などにも広く用いられた。9世紀には万葉仮名を元に平仮名・片仮名が成立したが、その後も正式の漢文の書物で長く用いられた。

＊　　＊　　＊

◇上代文字言語の研究　犬飼隆著　増補版　笠間書院　2005.12　431, 8p　22cm　5500円　⑭4-305-70306-8

◇万葉集の表記と文字　古屋彰著　大阪和泉書院　1998.5　503p　22cm　(研究叢書215)　15000円　⑭4-87088-889-0

◇上代文字言語の研究　犬飼隆著　笠間書院　1992.2　412, 8p　22cm　11330円

◇万葉用字格　春登著　大阪　和泉書院　1984.7　116p　21cm　(和泉書院影印叢刊42)　〈解説：鈴置浩一　文化15年刊の複製〉　2000円　⑭4-87088-125-X

◇万葉仮名考　堀田勝郎著　高知　堀田勝郎　1983.2　200p　19cm　2000円

◇吏読と万葉仮名の研究　姜斗興著　大阪和泉書院　1982.10　306p　22cm　8800円　⑭4-900137-49-9

◇万葉集訓義弁証　木村正辞著　勉誠社　1982.2　96, 3p　22cm　(勉誠社文庫103)　〈解題：神田喜一郎　早稲田大学出版部明治37年刊の複製〉　2200円

◇万葉集字音弁証　木村正辞著　勉誠社　1982.2　70p　21cm　(勉誠社文庫102)　〈解題(神田喜一郎)は、『万葉集訓義弁

証』(勉誠社文庫103)の巻末に掲載　早稲田大学出版部明治37年刊の複製〉1600円
◇万葉集文字弁証　木村正辞著　勉誠社　1982.2　72p　22cm　（勉誠社文庫101）〈解題(神田喜一郎)は、『万葉集訓義弁証』(勉誠社文庫103)の巻末に掲載 早稲田大学出版部明治37年刊の複製〉1600円
◇再び万葉仮名の甲乙について　堀田勝郎著　高知　市民出版　1980.10　92p　19cm　1000円
◇万葉仮名甲乙の再考　補追記　堀田勝郎著　高知　市民出版　1979.8　27p　19cm　500円
◇万葉仮名甲乙の再考　堀田勝郎著　高知　市民出版　1979.2　77p　19cm　500円
◇仮字遣奥山路　石塚竜麿著, 正宗敦夫編纂校訂　現代思潮社　1978.7　317p　16cm　（覆刻日本古典全集）〈日本古典全集刊行会昭和4年刊の複製〉
◇万葉仮名音韻字典　大塚毅著　川口　大塚毅　1978.4　2冊　22cm　〈製作・発売：勉誠社（東京）〉
◇万葉仮名の研究―古代日本語の表記の研究　大野透著　新訂　高山本店　1977.3　1022p　22cm　7000円
◇万葉仮名の研究　続　大野透著　高山本店　1977.3　922p　22cm　9000円
◇万葉仮名の研究―古代日本語の表記の研究　大野透著　明治書院　1962　1022p　22cm

事項名索引

事項名索引

【あ】

相沢忠洋　→岩宿遺跡 …………………4
アイノ式土器　→縄文土器 …………19
明石原人　→明石原人（明石人骨）………6
明石人骨　→明石原人（明石人骨）………6
秋篠寺　→天平文化 …………………276
秋篠安人　→続日本紀 ………………325
阿醍寺　→石上宅嗣 …………………334
阿修羅像　→興福寺 …………………280
飛鳥浄御原令
　→近江令・飛鳥浄御原令 …………201
　→天武天皇 …………………………204
飛鳥時代 …………………………………162
飛鳥大仏
　→法興寺 ……………………………232
　→鞍作止利 …………………………236
飛鳥寺
　→蘇我馬子 …………………………180
　→法興寺 ……………………………232
飛鳥藤原京　→藤原京 ………………206
飛鳥仏教　→聖徳太子 ………………171
飛鳥文化 …………………………………220
東歌 …………………………………………374
校木　→校倉造 …………………………294
校倉造
　→正倉院 ……………………………286
　→校倉造 ……………………………294
按察使
　→出羽国 ……………………………274
　→多賀城 ……………………………274
朝臣　→八色の姓 ……………………205
直　→氏姓制度 ………………………138
阿直岐　→儒教の伝来 ………………160
阿知使主　→帰化人・渡来人 ………149
熱田神宮　→日本武尊 ………………119
阿弖流為　→蝦夷 ……………………139
阿刀　→玄昉 ……………………………259
天名地鎮　→神代文字 ………………157
穴穂部間人皇女　→中宮寺 …………233

阿比留　→神代文字 …………………157
阿倍内麻呂　→大化の改新 …………187
阿倍仲麻呂 ………………………………186
阿倍比羅夫
　→蝦夷 ………………………………139
　→阿倍比羅夫 ………………………194
天照大神
　→天照大神 …………………………109
　→伊勢神宮 …………………………110
天岩戸　→天照大神 …………………109
天ノ朝　→高天原 ……………………118
アメノウズメ　→記紀神話 …………96
天日槍　→帰化人・渡来人 …………149
漢氏　→帰化人・渡来人 ……………149
新益京　→藤原京 ……………………206
有馬皇子　→万葉集 …………………339
淡路廃帝　→淳仁天皇 ………………269
位階六十階　→天武天皇 ……………204
伊賀皇子　→弘文天皇 ………………201
斑鳩御所　→中宮寺 …………………233
斑鳩寺　→法隆寺 ……………………223
斑鳩尼寺　→中宮寺 …………………233
斑鳩宮　→聖徳太子 …………………171
伊弉諾尊　→記紀神話 ………………96
伊弉冉尊　→記紀神話 ………………96
石川氏　→豪族 …………………………167
石川麻呂　→大化の改新 ……………187
石塚山古墳　→古墳 …………………124
伊治呰麻呂の乱
　→光仁天皇 …………………………270
　→多賀城 ……………………………274
石舞台古墳　→蘇我馬子 ……………180
夷人雑類　→隼人 ……………………275
和泉　→五畿七道 ……………………213
出雲王権　→地方政権 ………………86
出雲神話　→記紀神話 ………………96
出雲大社　→記紀神話 ………………96
出雲国風土記　→風土記 ……………328
伊声耆　→邪馬台国 …………………51
伊勢神宮 …………………………………110
石上氏　→豪族 …………………………167
石上神宮　→古代朝鮮外交 …………142

389

事項名索引

石上乙麻呂　→漢詩 ……………333
石上宅嗣
　→懐風藻 …………………333
　→石上宅嗣 ………………334
板櫃川の戦い　→藤原広嗣 ……259
位田　→租庸調・雑徭 …………216
稲置　→八色の姓 ………………205
稲倉　→高床倉庫 ………………41
稲作伝来　→弥生時代 …………28
稲荷山古墳出土鉄剣 ……………156
犬上御田鍬　→遣隋使・遣唐使 …184
忌寸　→八色の姓 ………………205
壹与
　→邪馬台国 ………………51
　→卑弥呼 …………………70
磐井　→地方政権 ………………86
磐井の乱 …………………………167
岩宿遺跡 …………………………4
岩戸遺跡　→旧石器時代 ………1
岩戸山古墳　→地方政権 ………86
宇佐八幡神託事件
　→孝謙天皇(称徳天皇) ……268
　→道鏡 ……………………269
　→和気清麻呂 ……………270
氏　→氏姓制度 …………………138
牛川人　→旧石器時代 …………1
姥山貝塚　→貝塚 ………………24
馬飼部　→国造制・部民制 ……138
厩坂寺　→興福寺 ………………280
厩戸皇子　→聖徳太子 …………171
芸亭　→石上宅嗣 ………………334
駅家　→駅制・駅家 ……………272
駅亭　→駅制・駅家 ……………272
駅伝　→駅制・駅家 ……………272
駅馬　→駅制・駅家 ……………272
駅鈴　→駅制・駅家 ……………272
駅路　→駅制・駅家 ……………272
恵慈　→法興寺 …………………232
蝦夷遠征　→阿倍比羅夫 ………194
江田船山古墳　→古墳 …………124
衛府　→八省 ……………………212
蝦夷 ………………………………139

恵美押勝
　→大宝律令・養老律令 ……210
　→藤原仲麻呂 ……………269
恵美押勝の乱　→藤原仲麻呂 …269
延喜通宝　→皇朝十二銭 ………273
置賜郡　→出羽国 ………………274
王権神話　→記紀神話 …………96
応神天皇 …………………………122
応神陵　→応神天皇 ……………122
小碓命　→日本武尊 ……………119
王墓　→古墳 ……………………124
近江大津宮
　→天智天皇 ………………191
　→近江大津宮 ……………195
淡海三船　→懐風藻 ……………333
近江令
　→天智天皇 ………………191
　→近江令・飛鳥浄御原令 …201
大海人皇子
　→壬申の乱 ………………202
　→天武天皇 ………………204
大炊王　→淳仁天皇 ……………269
大王　→大王(大君) ……………90
大国主命　→記紀神話 …………96
大蔵省　→八省 …………………212
大鷦鷯尊　→仁徳天皇 …………124
大隅国　→隼人 …………………275
大津京　→天智天皇 ……………191
大津皇子
　→懐風藻 …………………333
　→大津皇子 ………………334
大津宮　→近江大津宮 …………195
男大迹　→継体天皇 ……………165
大伴氏　→豪族 …………………167
大伴坂上郎女
　→万葉集 …………………339
　→大伴坂上郎女 …………384
大伴旅人
　→万葉集 …………………339
　→大伴旅人 ………………378
大友皇子
　→弘文天皇 ………………201

390

事項名索引

 →壬申の乱 …………………202
 →懐風藻 …………………333
大伴家持
 →万葉集 …………………339
 →防人歌 …………………376
 →大伴家持 ………………379
大野城 →白村江の戦い ………194
太安麻呂
 →古事記 …………………296
 →太安麻呂 ………………312
大森貝塚 →貝塚 ……………24
御陰参り →伊勢神宮 ………110
雄勝郡 →出羽国 ……………274
刑部親王 →大宝律令・養老律令 …210
ヲシテ →神代文字 …………157
乙巳の変
 →大化の改新 ……………187
 →蘇我蝦夷 ………………190
 →蘇我入鹿 ………………191
 →天智天皇 ………………191
 →藤原鎌足 ………………193
男仮名 →万葉仮名 …………384
小野妹子 ……………………………185
首 →氏姓制度 ………………138
首皇子 →聖武天皇 …………255
臣
 →氏姓制度 ………………138
 →八色の姓 ………………205
音仮名 →万葉仮名 …………384
音数律 →和歌 ………………335

【か】

貝殻文土器 →弥生土器 ………34
改新の詔 →大化の改新 ……187
貝塚 …………………………………24
貝塚土器 →縄文土器 …………19
懐風藻
 →漢詩 ……………………333
 →懐風藻 …………………333
 →大津皇子 ………………334
火焰土器 →縄文土器 …………19

過海大師 →鑑真 ……………283
鏡王女 →興福寺 ……………280
鍵遺跡 →唐古遺跡 ……………41
柿本人麻呂
 →柿本人麻呂 ……………243
 →万葉集 …………………339
部曲 →国造制・部民制 ……138
楽毅論 →光明皇后 …………257
格式 →律令 …………………196
学生 →大学寮・国学 ………296
笠郎女 →万葉集 ……………339
春日大社
 →記紀神話 ………………96
 →興福寺 …………………280
歌聖
 →柿本人麻呂 ……………243
 →山部赤人 ………………378
加曽利貝塚 →貝塚 ……………24
片歌 →和歌 …………………335
葛城国 →地方政権 ……………86
葛城氏 →豪族 ………………167
葛城王 →橘諸兄 ……………258
姓 →氏姓制度 ………………138
上毛野氏 →豪族 ……………167
甕棺 →弥生時代の埋葬 ………45
蒲生君平 →前方後円墳 ……133
伽耶 →古代朝鮮外交 ………142
加羅 →古代朝鮮外交 ………142
唐古遺跡 ……………………………41
伽藍配置 …………………………234
軽皇子
 →大化の改新 ……………187
 →孝徳天皇 ………………189
 →文武天皇 ………………210
河島皇子 →懐風藻 …………333
河内 →五畿七道 ……………213
河内王権 →大和政権 …………83
西漢氏 →帰化人・渡来人 …149
西文氏 →帰化人・渡来人 …149
冠位十二階
 →聖徳太子 ………………171
 →冠位十二階・十七条憲法 …180

391

事項名索引

冠位二十六階の制 →天智天皇 ……191
岩偶 →磨製石器 ……22
元興寺 ……232
環濠集落 ……41
漢詩 ……333
漢式鏡 →銅剣・銅戈・銅鐸・銅鏡 ……36
乾漆像 ……295
漢字の伝来 ……155
環状列石 →縄文時代 ……8
漢書地理志 →『漢書』地理志 ……47
鑑真 ……283
漢委奴国王印 ……51
寛平大宝 →皇朝十二銭 ……273
桓武天皇
　→長岡京 ……271
　→続日本紀 ……325
紀 →日本書紀 ……313
記 →古事記 ……296
帰化人 →帰化人・渡来人 ……149
記紀
　→古事記 ……296
　→日本書紀 ……313
記紀歌謡 →和歌 ……335
記紀神話 ……96
紀氏 →豪族 ……167
魏志倭人伝
　→邪馬台国 ……51
　→『魏志』倭人伝 ……72
吉祥天画像 →薬師寺 ……239
紀伝道 →大学寮・国学 ……296
キトラ古墳 →古墳 ……124
畿内七道 →五畿七道 ……213
畿内大和説 →邪馬台国 ……51
吉備王権 →地方政権 ……86
吉備大臣入唐絵巻 →吉備真備 ……259
吉備真備 ……259
旧辞
　→古事記 ……296
　→帝紀・旧辞 ……313
九州王権 →地方政権 ……86
旧石器時代 ……1
宮都 →都城 ……207

行基
　→東大寺 ……262
　→大仏開眼 ……267
　→行基 ……267
京制 →都城 ……207
夾紵 →乾漆像 ……295
刑部省 →八省 ……212
浄御原令 →近江令・飛鳥浄御原令 ……201
金印 →漢委奴国王印 ……51
郡家 →国郡里 ……214
草薙剣 →日本武尊 ……119
櫛描文土器 →弥生土器 ……34
櫛目文土器 →弥生土器 ……34
倶舎宗 →南都六宗 ……282
倶舎曼陀羅図 →東大寺 ……262
葛生人 →旧石器時代 ……1
救世観音像 →法隆寺 ……223
百済
　→古代朝鮮外交 ……142
　→好太王碑（広開土王碑） ……147
　→白村江の戦い ……194
百済観音 →法隆寺 ……223
百済大寺 →大官大寺 ……241
屈葬 ……25
宮内省 →八省 ……212
国生み神話 →記紀神話 ……96
恭仁京
　→聖武天皇 ……255
　→橘諸兄 ……258
国作り神話 →記紀神話 ……96
国造制 →国造制・部民制 ……138
国譲り神話 →記紀神話 ……96
口分田
　→班田収授法 ……215
　→租庸調・雑徭 ……216
熊凝精舎 →大官大寺 ……241
熊襲 ……141
鞍作止利
　→法興寺 ……232
　→鞍作止利 ……236
郡 →国郡里 ……214
郡衙 →国郡里 ……214

392

事項名索引

訓仮名　→万葉仮名 ……………384
郡司　→国郡里 ………………214
群集墳 ……………………………135
継体天皇 …………………………165
計帳　→戸籍・計帳 …………215
華厳宗　→南都六宗 …………282
毛野国　→地方政権 ……………86
毛野氏　→蝦夷 ………………139
乾元大宝　→皇朝十二銭 ……273
建国神話　→記紀神話 …………96
遣隋使
　→聖徳太子 …………………171
　→遣隋使・遣唐使 …………184
　→小野妹子 …………………185
　→高向玄理 …………………186
　→旻 …………………………186
遣唐使
　→遣隋使・遣唐使 …………184
　→阿倍仲麻呂 ………………186
　→聖武天皇 …………………255
　→吉備真備 …………………259
遣唐少録　→山上憶良 ………377
玄昉 ………………………………259
憲法十七条　→冠位十二階・十七条憲
　　法 …………………………180
元明天皇
　→平城京 ……………………253
　→古事記 ……………………296
　→風土記 ……………………328
興　→倭の五王 ………………148
郷　→国郡里 …………………214
広開土王碑　→好太王碑（広開土王碑）
　………………………………147
甲賀寺　→大仏開眼 …………267
甲賀宮　→紫香楽宮（信楽宮）…260
皇極天皇　→斉明天皇（皇極天皇）…194
高句麗
　→古代朝鮮外交 ……………142
　→好太王碑（広開土王碑） …147
孝謙天皇　→孝謙天皇（称徳天皇）…268
庚午年籍　→天智天皇 ………191
洪積世　→旧石器時代 …………1

恒説華厳寺　→東大寺 ………262
甲倉　→校倉造 ………………294
豪族 ………………………………167
好太王碑　→好太王碑（広開土王碑）…147
皇朝十二銭
　→和同開珎 …………………273
　→皇朝十二銭 ………………273
功田　→租庸調・雑徭 ………216
孝徳天皇
　→大化の改新 ………………187
　→孝徳天皇 …………………189
光仁天皇
　→光仁天皇 …………………270
　→懐風藻 ……………………333
興福寺
　→藤原不比等 ………………256
　→玄昉 ………………………259
　→興福寺 ……………………280
弘文天皇
　→弘文天皇 …………………201
　→壬申の乱 …………………202
　→懐風藻 ……………………333
光明皇后 …………………………257
広隆寺
　→聖徳太子 …………………171
　→飛鳥文化 …………………220
後漢書東夷伝　→『後漢書』東夷伝 …50
五畿七道 …………………………213
国　→国郡里 …………………214
国衙　→国郡里 ………………214
国学　→大学寮・国学 ………296
国郡里 ……………………………214
国司　→国郡里 ………………214
国史　→六国史 ………………325
国府　→国郡里 ………………214
国分寺
　→聖武天皇 …………………255
　→国分寺 ……………………260
　→行基 ………………………267
国分尼寺
　→聖武天皇 …………………255
　→国分寺 ……………………260

393

事項名索引

穀物倉　→高床倉庫 …………41	坂上郎女　→大伴坂上郎女 …………384
極楽坊　→元興寺 …………232	防人
五言詩　→懐風藻 …………333	→防人 …………217
古事記	→防人歌 …………376
→古事記 …………296	防人歌
→稗田阿礼 …………312	→防人 …………217
→太安麻呂 …………312	→防人歌 …………376
→帝紀・旧辞 …………313	→大伴家持 …………379
古事記伝　→古事記 …………296	刪定律令　→吉備真備 …………259
子代　→国造制・部民制 …………138	作宝宮　→長屋王 …………257
戸籍　→戸籍・計帳 …………215	載斯烏越　→邪馬台国 …………51
巨勢氏　→豪族 …………167	座葬　→屈葬 …………25
古代歌謡　→和歌 …………335	雑集　→聖武天皇 …………255
古代朝鮮外交 …………142	讃　→倭の五王 …………148
古代文字　→神代文字 …………157	山陰道　→五畿七道 …………213
骨角器 …………23	三角縁神獣鏡　→銅剣・銅戈・銅鐸・
古風土記　→風土記 …………328	銅鏡 …………36
古墳 …………124	三韓　→古代朝鮮外交 …………142
古墳時代 …………77	三経義疏
思子等歌　→山上憶良 …………377	→聖徳太子 …………171
古陵　→古墳 …………124	→三経義疏 …………182
御陵　→古墳 …………124	三十六歌仙
金光明最勝王経　→西大寺 …………279	→柿本人麻呂 …………243
金光明四天王護国寺	→山部赤人 …………378
→国分寺 …………260	→大伴家持 …………379
→東大寺 …………262	三世一身法
墾田永年私財法 …………272	→長屋王 …………257
金銅像　→金銅像（金銅仏） …………235	→三世一身法 …………271
金銅仏　→金銅像（金銅仏） …………235	三代実録　→六国史 …………325
	三内丸山遺跡　→縄文時代 …………8
【さ】	山陽道　→五畿七道 …………213
	三論宗　→南都六宗 …………282
済　→倭の五王 …………148	四王院　→西大寺 …………279
斎王　→伊勢神宮 …………110	滋賀大津宮　→近江大津宮 …………195
西海道　→五畿七道 …………213	紫香楽宮
斎宮　→伊勢神宮 …………110	→都城 …………207
彩色壁画　→高松塚古墳 …………242	→聖武天皇 …………255
細石器　→打製石器 …………5	→紫香楽宮（信楽宮） …………260
西大寺 …………279	信楽宮　→紫香楽宮（信楽宮） …………260
在地歌謡　→東歌 …………374	式年遷宮　→伊勢神宮 …………110
西都原古墳群　→古墳 …………124	式部省　→八省 …………212
斉明天皇　→斉明天皇（皇極天皇） …………194	私教類聚　→吉備真備 …………259

394

事項名索引

氏姓豪族　→豪族 …………………167	正倉院宝物　→正倉院 ……………286
氏姓制度 ………………………………138	正倉院文書 …………………………292
支石墓 ……………………………… 46	上代学制　→大学寮・国学 ………296
氏族　→豪族 ………………………167	上代歌謡　→和歌 …………………335
思託　→鑑真 ………………………283	招提寺　→唐招提寺 ………………284
七支刀　→古代朝鮮外交 …………142	常騰　→西大寺 ……………………279
七道　→駅制・駅家 ………………272	聖徳憲法　→冠位十二階・十七条憲法‥180
賜田　→租庸調・雑徭 ……………216	聖徳宗　→法隆寺 …………………223
四天王寺	聖徳太子 ……………………………171
→聖徳太子 …………………171	聖徳太子絵伝　→聖徳太子 ………171
→飛鳥文化 …………………220	聖徳太子五憲法　→冠位十二階・十七
持統天皇 ……………………………205	条憲法 ……………………………180
品部　→国造制・部民制 …………138	聖徳太子創建七ヶ寺
司馬鞍作部首止利　→鞍作止利 …236	→法隆寺 ……………………223
紫微中台　→光明皇后 ……………257	→中宮寺 ……………………233
治部省　→八省 ……………………212	聖徳太子伝暦　→聖徳太子 ………171
嶋大臣　→蘇我馬子 ………………180	称徳天皇　→孝謙天皇(称徳天皇)……268
釈椎仏像　→仏教の伝来 …………158	条坊制
収公　→班田収授法 ………………215	→藤原京 ……………………206
周溝墓　→方形周溝墓 ……………… 46	→都城 ………………………207
十七条憲法	→平城京 ……………………253
→聖徳太子 …………………171	勝鬘経義疏　→三経義疏 …………182
→冠位十二階・十七条憲法 …180	聖武天皇 ……………………………255
儒学	縄文時代 ……………………………… 8
→儒教の伝来 ………………160	縄文土器 ……………………………… 19
→大学寮・国学 ……………296	条里制 ………………………………216
儒教　→大学寮・国学 ……………296	丈六金銅釈迦如来像　→鞍作止利 …236
儒教の伝来 …………………………160	承和昌宝　→皇朝十二銭 …………273
淳仁天皇 ……………………………269	続日本紀
饒益神宝　→皇朝十二銭 …………273	→六国史 ……………………325
荘園　→墾田永年私財法 …………272	→続日本紀 …………………325
貞観永宝　→皇朝十二銭 …………273	続日本後紀　→六国史 ……………325
聖観音菩薩立像　→薬師寺 ………239	食貨　→皇朝十二銭 ………………273
上宮王家	続紀
→聖徳太子 …………………171	→六国史 ……………………325
→山背大兄王 ………………191	→続日本紀 …………………325
上宮聖王　→聖徳太子 ……………171	女帝　→天皇 ………………………… 91
上宮太子　→聖徳太子 ……………171	白壁王
成実宗　→南都六宗 ………………282	→光仁天皇 …………………270
正倉院 ………………………………286	→懐風藻 ……………………333
正倉院御物　→正倉院 ……………286	新羅
正倉院籍帳　→正倉院文書 ………292	→古代朝鮮外交 ……………142

395

事項名索引

→白村江の戦い ·················194
調　→租庸調・雑徭 ············216
止利様式　→鞍作止利 ·········236
辛亥銘鉄剣　→稲荷山古墳出土鉄剣 ·····156
神祇官　→神祇官・太政官 ······212
親魏倭王　→卑弥呼 ·············70
神宮　→伊勢神宮 ···············110
神功紀　→神功皇后 ············123
神功皇后 ·····························123
神功開宝　→皇朝十二銭 ········273
壬申紀　→壬申の乱 ············202
壬申の乱
　→弘文天皇 ······················201
　→壬申の乱 ·····················202
　→天武天皇 ·····················204
　→大津皇子 ·····················334
神代記　→古事記 ···············296
神代文字 ·····························157
神武天皇 ·····························121
新薬師寺　→天平文化 ··········276
推古天皇 ·····························170
隋書東夷伝倭国条　→『隋書』東夷伝
　倭国条 ····························187
須恵器　→土師器・須恵器 ····153
少彦名命　→記紀神話 ···········96
宿禰　→八色の姓 ···············205
素戔嗚尊　→記紀神話 ···········96
崇神天皇　→古墳時代 ···········77
隅田八幡神社　→隅田八幡人物画像
　鏡 ·································157
隅田八幡人物画像鏡 ·············157
崇道天皇　→古墳時代 ···········77
住吉大社　→神功皇后 ··········123
正史
　→日本書紀 ·····················313
　→六国史 ·······················325
　→続日本紀 ·····················325
製鉄　→鉄器 ······················39
青銅器 ································35
聖明王　→仏教の伝来 ··········158
籍帳　→戸籍・計帳 ············215
石器時代土器　→縄文土器 ·····19

摂津　→五畿七道 ···············213
旋頭歌　→和歌 ··················335
施薬院　→光明皇后 ············257
遷宮　→伊勢神宮 ···············110
先縄文時代　→旧石器時代 ······1
先代旧辞　→帝紀・旧辞 ······313
尖底土器　→縄文土器 ··········19
尖頭器
　→打製石器 ·······················5
　→骨角器 ·························23
先土器時代　→旧石器時代 ······1
前方後円墳 ·························133
前方後方墳　→古墳 ············124
租　→租庸調・雑徭 ············216
雑歌　→万葉集 ··················339
総国分寺　→東大寺 ············262
装飾古墳　→古墳 ···············124
宋書倭国伝　→『宋書』倭国伝 ·····149
造東大寺司写経所　→正倉院文書 ·····292
双方中円墳　→古墳 ············124
相聞歌
　→和歌 ···························335
　→万葉集 ························339
　→東歌 ···························374
雑徭　→租庸調・雑徭 ··········216
蘇我倉山田石川麻呂　→大化の改新 ·····187
蘇我氏　→豪族 ··················167
蘇我入鹿
　→大化の改新 ··················187
　→蘇我入鹿 ·····················191
蘇我馬子
　→蘇我馬子 ·····················180
　→法興寺 ························232
蘇我蝦夷
　→大化の改新 ··················187
　→蘇我蝦夷 ·····················190
即　→乾漆像 ····················295
塑像 ·································295

【た】

大安寺　→大官大寺 ············241

事項名索引

大学　→大学寮・国学 …………………296
大化の改新 ……………………………187
大官大寺 ………………………………241
大華厳寺　→東大寺 …………………262
太政官　→神祇官・太政官 …………212
大嘗宮　→伊勢神宮 …………………110
太政大臣　→神祇官・太政官 ………212
大仙陵　→仁徳天皇 …………………124
大僧都　→鑑真 ………………………283
大唐伝戒師僧名記大和上鑑真伝　→鑑真 …………………………………283
大仏　→聖武天皇 ……………………255
大仏開眼
　→大仏開眼 ………………………267
　→孝謙天皇(称徳天皇) …………268
大仏建立
　→聖武天皇 ………………………255
　→大仏開眼 ………………………267
大仏殿　→東大寺 ……………………262
帯方郡　→楽浪郡・帯方郡 …………46
大宝律令
　→文武天皇 ………………………210
　→大宝律令・養老律令 …………210
　→藤原不比等 ……………………256
当麻氏　→當麻寺 ……………………234
當麻寺 …………………………………234
當麻曼荼羅　→當麻寺 ………………234
高丘親王入唐記　→遣隋使・遣唐使 …184
多賀城 …………………………………274
多賀柵　→多賀城 ……………………274
高野天皇　→孝謙天皇(称徳天皇) …268
高橋虫麻呂
　→万葉集 …………………………339
　→高橋虫麻呂 ……………………383
高橋虫麻呂歌集　→高橋虫麻呂 ……383
高天原 …………………………………118
高天原神話　→記紀神話 ……………96
高松塚古墳 ……………………………242
高向玄理 ………………………………186
高安城　→白村江の戦い ……………194
高床倉庫 ………………………………41
武内宿禰　→蝦夷 ……………………139

高市大寺　→大官大寺 ………………241
高市黒人　→万葉集 …………………339
大宰府
　→大宰府 …………………………212
　→防人 ……………………………217
打製骨器　→骨角器 …………………23
打製石器 ………………………………5
橘寺　→聖徳太子 ……………………171
橘諸兄 …………………………………258
多紐細文鏡　→銅剣・銅戈・銅鐸・銅鏡 …36
脱活乾漆　→乾漆像 …………………295
脱乾漆　→乾漆像 ……………………295
竪穴式石室　→竪穴式石室・横穴式石室 …………………………………134
竪穴住居 ………………………………23
玉虫厨子
　→法隆寺 …………………………223
　→玉虫厨子 ………………………236
短歌　→和歌 …………………………335
炭素14年代測定法　→縄文時代 …8
地域王国　→地方政権 ………………86
筑紫王国　→地方政権 ………………86
地方豪族　→豪族 ……………………167
地方政権 ………………………………86
仲哀天皇　→古墳時代 ………………77
中央豪族　→豪族 ……………………167
中宮寺
　→聖徳太子 ………………………171
　→中宮寺 …………………………233
中国正史
　→『漢書』地理志 ………………47
　→『後漢書』東夷伝 ……………50
　→『魏志』倭人伝 ………………72
　→『宋書』倭国伝 ………………149
　→『隋書』東夷伝倭国条 ………187
長歌　→和歌 …………………………335
朝鮮　→古代朝鮮外交 ………………142
長年大宝　→皇朝十二銭 ……………273
珍　→倭の五王 ………………………148
鎮護国家思想　→天平文化 …………276
沈線文土器　→弥生土器 ……………34
造山古墳　→地方政権 ………………86

397

事項名索引

対馬　→防人 ……………………217
帝紀
　　→古事記 ………………………296
　　→帝紀・旧辞 …………………313
帝皇日嗣　→帝紀・旧辞 …………313
鉄器 …………………………………39
出羽郡　→出羽国 …………………274
出羽国 ………………………………274
出羽柵　→出羽国 …………………274
転害門　→東大寺 …………………262
天智天皇 ……………………………191
天寿国繡帳
　　→中宮寺 ……………………233
　　→天寿国繡帳 ………………237
天寿国曼荼羅　→天寿国繡帳 ……237
点睛　→大仏開眼 …………………267
天台典籍　→鑑真 …………………283
天皇 ……………………………………91
天皇記　→聖徳太子 ………………171
天皇陵　→古墳 ……………………124
天平文化 ……………………………276
天武天皇
　　→近江令・飛鳥浄御原令 ……201
　　→壬申の乱 …………………202
　　→天武天皇 …………………204
唐　→白村江の戦い ………………194
銅戈　→銅剣・銅戈・銅鐸・銅鏡 …36
東海道　→五畿七道 ………………213
道鏡 …………………………………269
銅鏡　→銅剣・銅戈・銅鐸・銅鏡 …36
銅剣　→銅剣・銅戈・銅鐸・銅鏡 …36
東国
　　→蝦夷 ………………………139
　　→東歌 ………………………374
藤三娘　→光明皇后 ………………257
東山道　→五畿七道 ………………213
唐招提寺
　　→鑑真 ………………………283
　　→唐招提寺 …………………284
東征伝　→鑑真 ……………………283
東大寺
　　→国分寺 ……………………260

　　→東大寺 ……………………262
　　→大仏開眼 …………………267
東大寺毘盧遮那仏
　　→聖武天皇 …………………255
　　→行基 ………………………267
唐大和上　→鑑真 …………………283
唐大和上東征伝　→鑑真 …………283
銅鐸　→銅剣・銅戈・銅鐸・銅鏡 …36
動物土偶　→土偶 ……………………26
東北　→蝦夷 ………………………139
銅矛　→銅剣・銅戈・銅鐸・銅鏡 …36
唐律招提寺　→唐招提寺 …………284
遠朝廷　→大宰府 …………………212
尖石遺跡　→縄文時代 ………………8
土偶 ……………………………………26
都城
　　→藤原京 ……………………206
　　→都城 ………………………207
　　→平城京 ……………………253
舎人親王 ……………………………324
豊受大神　→伊勢神宮 ……………110
臺与　→卑弥呼 ………………………70
渡来人　→帰化人・渡来人 ………149
止利仏師　→鞍作止利 ……………236
登呂遺跡 ………………………………42

【な】

直良信夫　→明石原人（明石人骨） ………6
長岡京
　　→和気清麻呂 ………………270
　　→長岡京 ……………………271
中務省　→八省 ……………………212
中臣鎌足
　　→大化の改新 ………………187
　　→藤原鎌足 …………………193
中大兄皇子
　　→大化の改新 ………………187
　　→天智天皇 …………………191
長屋王
　　→長屋王 ……………………257
　　→懐風藻 ……………………333

398

事項名索引

長屋王家木簡　→木簡 …………217
難升米　→邪馬台国 …………… 51
名代　→国造制・部民制 ………138
難波王朝　→地方政権 ………… 86
難波京
　　→都城 ……………………207
　　→聖武天皇 ………………255
難波長柄豊碕宮　→難波宮 …189
難波宮
　　→孝徳天皇 ………………189
　　→難波宮 …………………189
奈良時代 ……………………………249
奈良大仏　→大仏開眼 …………267
奈良六宗　→南都六宗 …………282
南海道　→五畿七道 ……………213
南都　→平城京 …………………253
南都七大寺
　　→法隆寺 …………………223
　　→元興寺 …………………232
　　→薬師寺 …………………239
　　→東大寺 …………………262
　　→西大寺 …………………279
　　→興福寺 …………………280
　　→南都六宗 ………………282
　　→唐招提寺 ………………284
南都仏教　→南都六宗 …………282
南都六宗 ………………………………282
二官　→神祇官・太政官 ………212
二官八省
　　→神祇官・太政官 ………212
　　→八省 ……………………212
日朝関係　→古代朝鮮外交 …142
入唐使　→遣隋使・遣唐使 …184
ニッポナントロプス・アカシエンシス
　　→明石原人（明石人骨）……… 6
瓊瓊杵尊　→記紀神話 ………… 96
日本紀
　　→日本書紀 ………………313
　　→六国史 …………………325
日本後紀　→六国史 ……………325
日本三戒壇　→東大寺 …………262
日本三代実録　→六国史 ………325

日本書紀
　　→太安麻呂 ………………312
　　→帝紀・旧辞 ……………313
　　→日本書紀 ………………313
　　→舎人親王 ………………324
　　→六国史 …………………325
日本神話　→記紀神話 ………… 96
日本文徳天皇実録　→六国史 …325
仁徳天皇 ……………………………124
仁徳陵　→仁徳天皇 ……………124
額田王
　　→万葉集 …………………339
　　→額田王 …………………382
農耕文化　→弥生時代 ………… 28
納税　→租庸調・雑徭 …………216

【は】

陪冢　→古墳 ……………………124
白村江の戦い
　　→天智天皇 ………………191
　　→白村江の戦い …………194
白鳳文化 ……………………………237
箱式石棺　→弥生時代の埋葬 … 45
土師器　→土師器・須恵器 …153
箸墓古墳　→弥生時代 ………… 28
秦氏　→帰化人・渡来人 ………149
発掘捏造　→旧石器時代 ………… 1
八省 ……………………………………212
八省百官　→八省 ………………212
埴輪 ……………………………………135
浜北人　→旧石器時代 ………… 1
隼人 ……………………………………275
播磨国風土記　→風土記 ………328
挽歌　→万葉集 …………………339
班田収授法 …………………………215
班田図　→班田収授法 …………215
稗田阿礼
　　→古事記 …………………296
　　→稗田阿礼 ………………312
聖嶽洞穴　→旧石器時代 ………… 1
肥前国風土記　→風土記 ………328

399

事項名索引

常陸国風土記　→風土記 ……… 328
悲田院　→光明皇后 ……… 257
人麻呂歌集　→柿本人麻呂 ……… 243
日文　→神代文字 ……… 157
卑弥呼
　→邪馬台国 ……… 51
　→卑弥呼 ……… 70
日向神話　→記紀神話 ……… 96
氷河期　→旧石器時代 ……… 1
兵部省　→八省 ……… 212
平鹿郡　→出羽国 ……… 274
毘盧遮那仏
　→聖武天皇 ……… 255
　→東大寺 ……… 262
　→大仏開眼 ……… 267
貧窮問答歌　→山上憶良 ……… 377
武　→倭の五王 ……… 148
府学　→大学寮・国学 ……… 296
葛井広成　→懐風藻 ……… 333
藤ノ木古墳　→古墳 ……… 124
富寿神宝　→皇朝十二銭 ……… 273
藤原恵美押勝　→藤原仲麻呂 ……… 269
藤原京
　→持統天皇 ……… 205
　→藤原京 ……… 206
　→都城 ……… 207
藤原京木簡　→木簡 ……… 217
藤原氏
　→豪族 ……… 167
　→興福寺 ……… 280
藤原宇合　→漢詩 ……… 333
藤原鎌足
　→藤原鎌足 ……… 193
　→近江令・飛鳥浄御原令 ……… 201
藤原仲麻呂
　→大宝律令・養老律令 ……… 210
　→藤原仲麻呂 ……… 269
藤原仲麻呂の乱　→藤原仲麻呂 ……… 269
藤原広嗣 ……… 259
藤原広嗣の乱　→藤原広嗣 ……… 259
藤原不比等
　→大宝律令・養老律令 ……… 210

　→藤原不比等 ……… 256
豊前王朝　→地方政権 ……… 86
仏教公伝　→仏教の伝来 ……… 158
仏教の伝来 ……… 158
仏足石歌　→和歌 ……… 335
仏足石歌碑　→薬師寺 ……… 239
風土記 ……… 328
富本銭　→和同開珎 ……… 273
豊後国風土記　→風土記 ……… 328
文章道　→大学寮・国学 ……… 296
墳墓　→古墳 ……… 124
平城宮朱雀門　→平城京 ……… 253
平城宮木簡　→木簡 ……… 217
平城京
　→都城 ……… 207
　→平城京 ……… 253
　→聖武天皇 ……… 255
　→藤原不比等 ……… 256
平城天皇　→古墳時代 ……… 77
壁画古墳
　→古墳 ……… 124
　→高松塚古墳 ……… 242
部民制　→国造制・部民制 ……… 138
宝亀の乱　→光仁天皇 ……… 270
方形周溝墓 ……… 46
法興寺
　→蘇我馬子 ……… 180
　→法興寺 ……… 232
宛製鏡　→銅剣・銅戈・銅鐸・銅鏡 ……… 36
法大王　→聖徳太子 ……… 171
方墳　→古墳 ……… 124
宝物殿　→正倉院 ……… 286
法隆寺
　→聖徳太子 ……… 171
　→法隆寺 ……… 223
法隆寺金堂釈迦三尊像　→鞍作止利 ……… 236
北越三賦　→大伴家持 ……… 379
北部九州説　→邪馬台国 ……… 51
北陸道　→五畿七道 ……… 213
菩提僊那　→大仏開眼 ……… 267
渤海使　→遣隋使・遣唐使 ……… 184
法起寺　→聖徳太子 ……… 171

400

事項名索引

法華義疏　→三経義疏	182
法華寺	
→国分寺	260
→天平文化	276
法華堂　→東大寺	262
法華滅罪之寺　→国分寺	260
法相宗	
→法隆寺	223
→行基	267
→興福寺	280
→南都六宗	282
ホツマツタヘ　→神代文字	157
本辞　→帝紀・旧辞	313
本朝十二銭　→皇朝十二銭	273

【ま】

真仮名　→万葉仮名	384
纏向遺跡　→弥生時代	28
磨製石器	22
真人　→八色の姓	205
万年通宝　→皇朝十二銭	273
万葉歌人　→万葉集	339
万葉仮名	
→万葉集	339
→万葉仮名	384
万葉集	
→大津皇子	334
→万葉集	339
→大伴家持	379
万葉類葉抄　→万葉集	339
水城　→白村江の戦い	194
三ヶ日人　→旧石器時代	1
港川人	7
任那	
→古代朝鮮外交	142
→好太王碑（広開土王碑）	147
屯倉　→国造制・部民制	138
妙安寺　→聖徳太子	171
明経道　→大学寮・国学	296
明経道院　→儒教の伝来	160
明法道　→大学寮・国学	296

三輪山　→大和政権	83
旻	186
民部省　→八省	212
民部省例　→和気清麻呂	270
民部・家部の制　→天智天皇	191
無土器時代　→旧石器時代	1
連	
→氏姓制度	138
→八色の姓	205
最上郡　→出羽国	274
木心乾漆　→乾漆像	295
モース,E.S.　→貝塚	24
百舌鳥古墳群　→古墳	124
木棺　→弥生時代の埋葬	45
木簡	217
本居宣長　→古事記	296
物部氏　→豪族	167
物部麁鹿火　→磐井の乱	167
モヨロ貝塚　→貝塚	24
文徳実録　→六国史	325
文武天皇	
→文武天皇	210
→大宝律令・養老律令	210
→懐風藻	333

【や】

八色の姓	
→天武天皇	204
→八色の姓	205
薬師三尊像　→薬師寺	239
薬師寺	239
八咫烏　→神武天皇	121
邪馬壱国　→邪馬台国	51
山階寺　→興福寺	280
山城　→五畿七道	213
山背大兄王	191
邪馬台国	51
耶馬台国　→邪馬台国	51
大和　→五畿七道	213
倭男具那王　→日本武尊	119
大和上伝　→鑑真	283

401

大和政権 …………………………… 83	→律令 ……………………………196
日本武尊 ……………………………119	→近江令・飛鳥浄御原令 ………201
大和朝廷　→大和政権 ………………83	律令国家
東天皇　→天皇 …………………… 91	→飛鳥時代 ……………………162
山上憶良	→律令 ……………………………196
→万葉集 ………………………339	隆平永宝　→皇朝十二銭 …………273
→山上憶良 ……………………377	令制　→律令 ………………………196
山部赤人	良田百万町開墾計画　→長屋王 ………257
→万葉集 ………………………339	令義解　→大宝律令・養老律令 ………210
→山部赤人 ……………………378	令集解　→大宝律令・養老律令 ………210
弥生時代 …………………………… 28	陵墓　→古墳 ………………………124
弥生時代の埋葬 …………………… 45	類聚歌林　→山上憶良 ……………377
弥生土器 …………………………… 34	瑠璃宮薬師寺　→薬師寺 …………239
槍先形尖頭器　→打製石器 ………… 5	礫器　→打製石器 …………………… 5
維摩経義疏　→三経義疏 …………182	連歌　→和歌 ………………………335
弓削道鏡　→道鏡 …………………269	良弁　→東大寺 ……………………262
弓月君　→帰化人・渡来人 ………149	六宗　→南都六宗 …………………282
夢違観音　→法隆寺 ………………223	ローム層　→岩宿遺跡 ……………… 4
夢殿　→法隆寺 ……………………223	
庸　→租庸調・雑徭 ………………216	【わ】
養老律令	
→大宝律令・養老律令 ………210	委　→倭 …………………………… 47
→藤原不比等 …………………256	倭 …………………………………… 47
→藤原仲麻呂 …………………269	倭歌　→和歌 ………………………335
横穴式石室　→竪穴式石室・横穴式石	和歌 …………………………………335
室 ………………………………134	若草伽藍跡　→法隆寺 ……………223
吉野ヶ里遺跡 ……………………… 43	和歌文学　→万葉集 ………………339
余豊璋　→白村江の戦い …………194	和気清麻呂 …………………………270
	別部穢麻呂　→和気清麻呂 ………270
	倭国　→倭 ………………………… 47
【ら】	倭人伝　→『魏志』倭人伝 ……… 72
	和同開珎
楽浪郡　→楽浪郡・帯方郡 ……… 46	→和同開珎 ……………………273
里　→国郡里 ………………………214	→皇朝十二銭 …………………273
里長　→国郡里 ……………………214	王仁
六国史	→帰化人・渡来人 ……………149
→日本書紀 ……………………313	→漢字の伝来 …………………155
→六国史 ………………………325	→儒教の伝来 …………………160
→続日本紀 ……………………325	倭の五王 ……………………………148
律宗	
→南都六宗 ……………………282	
→鑑真 …………………………283	
律令	

402

「縄文弥生から飛鳥奈良」を知る本

2010年2月25日 第1刷発行

発 行 者／大高利夫
編集・発行／日外アソシエーツ株式会社
　　　　　〒143-8550 東京都大田区大森北1-23-8 第3下川ビル
　　　　　電話(03)3763-5241(代表)　FAX(03)3764-0845
　　　　　URL http://www.nichigai.co.jp/
発 売 元／株式会社紀伊國屋書店
　　　　　〒163-8636 東京都新宿区新宿3-17-7
　　　　　電話(03)3354-0131(代表)
　　　　　ホールセール部(営業)　電話(03)6910-0519

電算漢字処理／日外アソシエーツ株式会社
印刷・製本／光写真印刷株式会社

不許複製・禁無断転載　《中性紙H-三菱書籍用紙イエロー使用》
〈落丁・乱丁本はお取り替えいたします〉
ISBN978-4-8169-2231-2　　*Printed in Japan, 2010*

本書はディジタルデータでご利用いただくことができます。詳細はお問い合わせください。

考古博物館事典
A5・480頁　定価13,650円(本体13,000円)　2010.1刊
考古学関連の博物館・資料館、埋蔵文化財センター、遺跡ガイダンス施設等209館の最新情報を紹介した利用ガイド。各館にアンケート調査を行い、沿革、展示・収蔵、事業、出版物、周辺遺跡などの情報を収録。外観写真、展示写真、案内地図も掲載。

新訂 歴史博物館事典
A5・610頁　定価12,600円(本体12,000円)　2008.10刊
全国の歴史博物館・資料館、記念館等288館の最新情報を紹介した利用ガイド。各館にアンケート調査を行い、沿革、収蔵品、展示内容、開館時間などを詳細に収録。外観写真、展示写真、案内地図も掲載。

読書案内　「戦国」を知る本
①武将―下剋上の世を生きた人物群像
　　A5・400頁　定価7,980円(本体7,600円)　2008.9刊
②戦乱―天下太平までの合戦・事件
　　A5・420頁　定価7,980円(本体7,600円)　2008.10刊
③文化―戦の世に花開いた芸術・文学
　　A5・410頁　定価7,980円(本体7,600円)　2008.11刊

読書案内　「昭和」を知る本
①政治―軍国主義から敗戦、そして戦後民主主義へ
　　A5・380頁　定価7,140円(本体6,800円)　2006.9刊
②社会―金融恐慌・闇市から高度成長・バブル経済へ
　　A5・390頁　定価7,140円(本体6,800円)　2006.10刊
③文化―昭和を彩った科学・芸術・文学・風俗
　　A5・400頁　定価7,140円(本体6,800円)　2006.11刊

読書案内　中国を知る本
①政治・経済―13億人の今
　　A5・430頁　定価8,400円(本体8,000円)　2008.5刊
②歴史―4000年の繁栄と興亡
　　A5・420頁　定価8,400円(本体8,000円)　2008.6刊
③文化―四書五経から美術・音楽まで
　　A5・410頁　定価8,800円(本体8,381円)　2008.7刊

データベースカンパニー
日外アソシエーツ　〒143-8550　東京都大田区大森北 1-23-8
TEL.(03)3763-5241　FAX.(03)3764-0845　http://www.nichigai.co.jp/